Goethe medial

Goethe medial

Aspekte einer vieldeutigen Beziehung

Herausgegeben von
Margrit Wyder, Barbara Naumann und Georges Felten

DE GRUYTER

ISBN 978-3-11-153755-9
e-ISBN (PDF) 978-3-11-073287-0
e-ISBN (EPUB) 978-3-11-073293-1

Library of Congress Control Number: 2021938139

Bibliografische Information der Deutschen Nationalbibliothek
Die Deutsche Nationalbibliothek verzeichnet diese Publikation in der Deutschen Nationalbiblio-grafie; detaillierte bibliografische Daten sind im Internet über http://dnb.dnb.de abrufbar.

© 2024 Walter de Gruyter GmbH, Berlin/Boston
Dieser Band ist text- und seitenidentisch mit der 2021 erschienenen gebundenen Ausgabe.
Coverabbildung: J. W. v. Goethe: *Via mala,* aus zwei Stücken
montierte Zeichnung, mit Bleistift und Feder in Schwarz,
braun laviert. Klassik Stiftung Weimar, Bestand Museen,
Inv-Nr. GGz/1197. Layout nach einer Idee von Anna Büsching

www.degruyter.com

Inhalt

Siglenverzeichnis der zitierten Goethe-Ausgaben —— IX

Georges Felten, Barbara Naumann und Margrit Wyder
Einleitung —— 1

Teil I: Goethes Umgang mit Medien

Nacim Ghanbari
Erste Briefe —— 9

Sebastian Böhmer
Sein Gedicht von *ihrer* Hand
      Charlotte von Stein soll Goethe schreiben —— 27

Margrit Wyder
Reiserouten – Reiseträume
      Goethes Schweizer Landkarten —— 45

Andreas Kilcher
Goethes Medienangst
      Unmittelbarkeitspostulat und Medienkritik vom *Faust* zur *Farbenlehre* —— 81

Teil II: Mediale Aspekte in Goethes Werk

Alexander Honold
Das Gegebene
      Goethes *Werther* und seine Kalender-Poetik —— 103

Sophie Witt
Pathognomische Körper und Übertragungsszenerien
      Goethes Singspiel *Lila* —— 125

Marisa Siguan
Explodierende Schreibtische in den *Unterhaltungen deutscher Ausgewanderten* —— 145

Peter Schnyder
Das Megatherium
  Mediologie und Poetologie eines Urtiers bei Cuvier und Goethe —— 157

Teil III: **Text und Bild: Intermedialität bei Goethe**

Anke Bosse
Zur Medialität der Literatur
  ,Goethe' als Beispiel und Modell —— 173

Hans-Jürgen Schrader
„Da ist das Liebchen doppelt gefährdet"
  Emblematische Reflexe im *West-östlichen Divan* —— 195

Caroline Torra-Mattenklott
Sprache der Dinge
  Medialität und Präsenz in Goethes *Italienischer Reise* —— 225

Barbara Naumann
„... den Anblick durch Ungeduld nicht verderben"
  Zeit und Zeichnung in Goethes *Italienischer Reise* —— 247

Teil IV: **Goethe-Rezeption als mediale Spiegelung**

Georges Felten
Pulverisierung der Poesie
  Wilhelm Buschs groteske Wertheriade *Balduin Bählamm, der verhinderte Dichter* —— 271

Claudia Keller
Schattenlehre
  Goethe'sche Nachbild-Poetik bei Peter Handke —— 295

Gerhard Lauer
Goodread Goethe —— 323

Teil V: **Goethe digital: Editionen im Netz**

Thomas Richter
Der Briefwechsel zwischen Goethe und Lavater
　　Überlegungen zur digitalen Neuedition im Rahmen des Projekts
　　Johann Caspar Lavater: Historisch-kritische Edition ausgewählter
　　Briefwechsel (JCLB) —— **339**

Bernhard Fischer und Dominik Kasper
Goethes Biographica
　　Präsentation und Werkstattbericht zur Forschungsplattform
　　PROPYLÄEN —— **355**

Erich Kästner
Das Goethe-Derby (1949) —— 377

Verzeichnis der Autorinnen und Autoren —— 379

Siglenverzeichnis der zitierten Goethe-Ausgaben

FA Goethe, Johann Wolfgang. *Sämtliche Werke. Briefe, Tagebücher und Gespräche.* 40 Bde. Hg. Hendrik Birus et al. Frankfurt a. M.: Deutscher Klassiker Verlag, 1987–2013 (Frankfurter Ausgabe).
GB Goethe, Johann Wolfgang. *Briefe. Historisch-kritische Ausgabe.* Hg. im Auftrag der Klassik Stiftung Weimar, Goethe- und Schiller-Archiv, von Georg Kurscheidt, Norbert Oellers und Elke Richter. Berlin: Akademie Verlag / De Gruyter: Berlin und Boston, 2008–.
GT Goethe, Johann Wolfgang. *Tagebücher. Historisch-kritische Ausgabe.* Hg. Jochen Golz, unter Mitarbeit von Wolfgang Albrecht et al. Stuttgart und Weimar: Metzler, 1998–.
HA Goethe, Johann Wolfgang. *Werke.* 14 Bde. Hg. Erich Trunz. Hamburg und München: Wegner, 1948–1964 (Hamburger Ausgabe).
LA Goethe. *Die Schriften zur Naturwissenschaft. Vollständige mit Erläuterungen versehene Ausgabe im Auftrage der Deutschen Akademie der Naturforscher Leopoldina.* Hg. Dorothea Kuhn und Wolf von Engelhardt, Weimar: Hermann Böhlaus Nachfolger, 1947–2019 (Leopoldina-Ausgabe).
MA Goethe, Johann Wolfgang. *Sämtliche Werke nach Epochen seines Schaffens.* 21 Bde. (in 33). Hg. Karl Richter in Zusammenarbeit mit Herbert G. Göpfert, Norbert Miller, Gerhard Sauder und Edith Zehm. München: Hanser, 1985–1998 (Münchner Ausgabe).
WA Goethe. Werke. Hg. im Auftrag der Großherzogin Sophie von Sachsen. 143 Bde, Weimar: Hermann Böhlaus Nachfolger, 1887–1913. Nachdruck München: DTV, 1987 (Weimarer Ausgabe).

Georges Felten, Barbara Naumann und Margrit Wyder
Einleitung

> Alle Träume meiner Jugend seh' ich nun lebendig, die ersten Kupferbilder deren ich mich erinnere, (mein Vater hatte die Prospekte von Rom auf einem Vorsale aufgehängt) seh' ich nun in Wahrheit, und alles was ich in Gemälden und Zeichnungen, Kupfern und Holzschnitten, in Gyps und Kork schon lange gekannt, steht nun beisammen vor mir, wohin ich gehe finde ich eine Bekanntschaft in einer neuen Welt, es ist alles wie ich mir's dachte und alles neu (FA I 15.1, 135).

Man muss nicht weit suchen, um Goethe als einen mediensensitiven oder im modernen Sinne medienreflektierten Autor zu entdecken. Eine Fülle von Notizen, die seinen Umgang mit Forschung und Wissen, mit Erinnerung und Phantasie, mit Schrift, Schreiben, Kommunikation und Dokumentation, mit Sammeln und Ordnen betreffen, weisen ihn als einen Denker aus, der die Mittelbarkeit und Vermittlung von allem Gedachten und Geschaffenen vor Augen hat.

Goethes Mediengebrauch und Goethes Präsenz in modernen und zeitgenössischen Medien – diese Doppelperspektive bestimmt das Erkenntnisinteresse des Bandes *Goethe medial*. Da Gebrauch und Verständnis des Begriffs Medium in den gegenwärtigen Debatten unzweifelhaft breit, heterogen und vielfältig und nicht selten widersprüchlich sind, mag eine Vorinformation über die mediale Orientierung der hier versammelten Beiträge hilfreich sein: Als Eckpunkte eines breiteren Spektrums sollen zum einen im Wortsinne Mittel, nämlich Mittel der Kommunikation, Repräsentation, Dokumentation und der ästhetischen Wirkung verstanden werden. Goethes eigene Praxis des Mediengebrauchs bildet daher einen Fokus der Untersuchungen, ebenso mediale Aspekte in Goethes eigenen Werken sowie deren produktive Umschrift durch spätere Autoren. Von heute aus nimmt der Band zugleich die Digitalisierung in den Blick, mit deren Einsatz Goethes Hinterlassenschaften aufbewahrt, verwaltet, immer noch erschlossen und der Forschung und Öffentlichkeit zugänglich gemacht werden. Das Ziel ist, Fragen des Mediengebrauchs und Fragen der Überlieferung bzw. Rezeption in einem Zusammenhang zu beleuchten. In folgenden fünf Themenschwerpunkten versuchen wir daher, das Feld von *Goethe medial* zu umkreisen und jeweils den Bezug zu heutigen Fragestellungen herauszustellen: *Goethes Umgang mit Medien*, *Mediale Aspekte in Goethes Werk*, *Text und Bild: Intermedialität bei Goethe*, *Goethe-Rezeption als mediale Spiegelung*, und schließlich *Goethe digital: Editionen im Netz*.

Goethes Werk erscheint für diese Fragestellung, die sich für eine Verbindung von historischer und gegenwärtiger Medialität interessiert, als besonders geeignet: Sowohl die fiktionalen wie die wissenschaftlichen Schriften Goethes geben breite Auskunft über medienpraktische Aspekte; Goethe war, modern gesprochen, in jeder Hinsicht ein medienbewusster Autor. Das ist auch der älteren Forschung in vor-medialen bzw. prä-medienreflexiven Zeiten aufgefallen; dort taucht das Denken Goethes in vermittelnden und übertragenden Formen als „Übergängliches" und vor allem als symbolisches Denken auf. Welche Affinität es zwischen dem Goethe'schen Begriff des Symbols und einem modernen Begriff von Medialität gibt, mag Goethes ebenso kurzer wie berühmter Text *Wiederholte Spiegelungen* (1823) verdeutlichen: Aus „entoptischen Erscheinungen [...] welche [...] von Spiegel zu Spiegel nicht etwa verbleichen sondern sich erst recht entzünden", ‚gewinnt' er ein „Symbol [...] dessen was in der Geschichte der Künste und Wißenschaften, der Kirche, auch wohl der politischen Welt sich mehrmals wiederholt hat und noch täglich wiederholt." (FA I 17, 371) Insofern stellt Goethes oft diskutierter Umgang mit dem Symbol keinen Sonderfall dar, sondern exponiert geradezu ein Verständnis von Medialität, das den (praktischen) Gebrauch des Mediums und die Form der Artefakte und Wissensbereiche in ihrem untrennbaren Verhältnis erkennt: So geht Goethe nicht von einer direkten Subjekt-Objekt-Relation aus, sondern untersucht die Modi und die Medien der Vermittlung, Übertragung, Übersetzung, Darstellung. Ihn interessiert die erkenntniskritische oder ästhetische Einordnung des Beobachteten und Untersuchten. Dabei beschränkt sich Goethe nicht auf die seit Lessings *Laokoon*-Schrift (1766) eingeführte semiotische Orientierung und auf dessen Terminologie der *Kunst*medien. Vielmehr befasst er sich mit Modi der Übertragung, indem er in seinem grundsätzlich *relational* und symbolisch orientierten Denken die Prozesse aufzeigt, in denen Dinge und Beobachtungen untereinander symbolisierende und kommentierende Verhältnisse eingehen können.

Das gegenüber dem Symbolischen Neue am Ansatzpunkt des medialen Denkens liegt nun darin, dass das Medium selbst gewissermaßen aus dem Übertragungsprozess hervortritt und zum Gegenstand der Beobachtung und Reflexion werden kann, zu einem Gegenstand, der als „Intermedium" auftritt und sich nicht nur vom Ergebnis des Übermittelten her denken lässt.[1] Ebenso wenig kann das Medium sich aber auf apparativ-instrumentelle Aspekte (im Sinne von Friedrich Kittler) reduzieren lassen. Vielmehr legt es nahe – und so auch in diesem Band –, mediale Übertragungsprozesse im weiten Sinne in den Blick zu nehmen.

Goethes in vielen Kontexten und über Jahrzehnte hinweg immer wieder geäußerte Insistenz auf dem Primat der Anschaulichkeit gegenüber abstrakt-

---

[1] Vgl. dazu: Kleihues, Alexandra, Barbara Naumann und Edgar Pankow (Hg.). *Intermedien. Artistische und kulturelle Dynamiken des Austauschs*. Zürich: Chronos, 2010, sowie Wyder, Margrit, und Barbara Naumann (Hg.). *Ein Unendliches in Bewegung. Das Ensemble der Künste im Wechselspiel mit der Literatur bei Goethe*. Bielefeld: Aisthesis, 2012.

analytischen Verfahren ließe die Vermutung zu, dass insbesondere visuelle bzw. optische Medien seine Aufmerksamkeit auf sich zogen. Dies ist im Zusammenhang der kunsthistorischen, optischen wie botanischen Studien Goethes ohne Zweifel der Fall. Doch lässt sich Goethes Mediengebrauch weder auf den Bildgebrauch noch auf Gerätschaften allgemein beschränken. In den fiktionalen Werken werden auch Gegenstände wie Briefe, Eigenheiten der Handschrift oder Kleidungsstücke etc. eng mit der Entfaltung von Problematiken und Handlungssträngen in Verbindung gebracht: Diese Dinge können als Medien der Gestaltung zwischenmenschlicher Bereiche erscheinen, insofern sich an ihnen die semiotische Lesewut und die Schicksalsgläubigkeit der literarischen Figuren entzündet. Zum einen gewinnen Dinge dadurch häufig den Status magischer Objekte, die einen bestimmten Sachverhalt nicht nur bezeichnen, sondern mit diesem in eins fallen.[2] Zugleich aber entfalten sie mediale Eigenschaften, indem sie gegenüber den mit ihnen verbundenen Gefühlen, Geschicken und Handlungsweisen in den Hintergrund treten und doch wirkmächtig bleiben.

Dementsprechend lässt sich bei Goethe in (natur-)wissenschaftlicher ebenso wie in literar- und bildästhetischer Hinsicht ein – zumeist produktives – Spannungsverhältnis zwischen Vermittlung und Unmittelbarkeit im Ringen um Anschaulichkeit beobachten. Ein derart gesteigertes kritisches Medienbewusstsein entpuppt sich geradezu als Katalysator seines Arbeitens überhaupt. Auf diesen theoretisch bedeutsamen Umstand weisen im vorliegenden Band besonders die Beiträge von Andreas Kilcher, Peter Schnyder und Marisa Siguan hin (mit speziellem Bezug auf *Faust*, die *Wanderjahre* und die *Gespräche deutscher Ausgewanderten*). In genuin ästhetischer Hinsicht spielt der Konflikt in Caroline Torra-Mattenklotts und Barbara Naumanns Beiträgen zu Goethes Italienreise, in psychologisch-pathologischer bei Sophie Witt eine besondere Rolle. Nacim Ghanbari und Sebastian Böhmer gehen ihrerseits den medialen Unwägbarkeiten und Konflikten nach, in die Goethe als Briefeschreiber eingebunden ist, und Hans-Jürgen Schrader verfolgt das Fortwirken ‚westlicher' Emblematik in der vermeintlich ‚orientalischen' Bildlichkeit des *West-Östlichen Divans*. In eben diesem spannungsvollen Sinn als Medien begriffen wird in den Beiträgen von Margrit Wyder und Alexander Honold aber auch die Goethe'sche Modellierung der Kategorien Zeit und Raum: bei Honold in Gestalt der ‚Kalender-Poetik' des *Werthers* und bei Margrit Wyder am Beispiel von Goethes weithin unerforschtem Umgang mit Landkarten.

---

2 So Böhme, Hartmut. „Fetisch und Idol. Die Temporalität von Erinnerungsformen in Goethes *Wilhelm Meister*, *Faust* und *Der Sammler und die Seinigen*". *Goethe und die Verzeitlichung der Natur*. Hg. Peter Matussek. München: C.H. Beck, 1998. 178–202.

Goethe medial zielt indes nicht allein auf Goethes eigenen Mediengebrauch und sein Medienverständnis, sondern ebenso auf die Rezeption, Archivierung und Vermittlung seiner Werke. Wie medienreflexiv dieser Aspekt mitunter schon zu Goethes Lebzeiten aufgeladen ist, legt exemplarisch Anke Bosse dar, am Beispiel der intermedialen Rahmungen der *Divan*-Editionen von 1819 und 1827. Genauso exemplarisch zeigen die Lektüren von Claudia Keller und Georges Felten, mit welcher Präzision so unterschiedliche Autoren wie Peter Handke und Wilhelm Busch ihre eigene intermediale Poetik in Auseinandersetzung mit Goethes vielfältigem Mediengebrauch entwerfen und reflektieren.

Nicht zuletzt werden hier aktuelle Fragen nach Goethes Fortleben in der Ära des Digitalen einbezogen. Den Brückenschlag zwischen historischen und aktuellen Medien vollzieht Gerhard Lauer. Gegen den kulturkritischen Topos vom Tod des Buchs argumentierend, legt er dar, mit welcher Intensität Goethes Werke – gerade auch von jungen Leser*innen – auf einschlägigen Internet-Plattformen besprochen werden. In Sachen Digitalität liegt der Fokus des Bandes vor allem aber auch auf der Speicherung und Präsentation von Goethes Werken und Sammlungen selber, da in diesem Bereich – der IT-gestützten Arbeit an der und mit der literarischen Überlieferung – derzeit gravierende Umbrüche stattfinden. Sie sind für die gesamte Problematik der kulturellen Erforschung und Überlieferung des literarischen Wissens entscheidend. So umfasst die digitale historisch-kritische *Faust*-Edition, die bereits abgeschlossen und im Netz zugänglich ist, ein Archiv der Handschriften und der zu Lebzeiten erschienenen textkritisch relevanten Drucke, einen Lesetext beider Teile der Tragödie sowie Visualisierungen zur Werkgenese.[3] In der Realisierungsphase befinden sich zurzeit zwei ebenso ambitionierte Projekte, die in diesem Band vorgestellt werden: Bernhard Fischer und Dominik Kasper erläutern die *Propyläen: Forschungsplattform zu Goethes Biographica*, ein Projekt, das als Kooperation der Klassik Stiftung Weimar, der Digitalen Akademie Mainz und der Sächsischen Akademie der Wissenschaften zu Leipzig seit 2015 besteht. Thomas Richter kommentiert die Edition ausgewählter Briefwechsel von Johann Caspar Lavater – darunter auch der Briefwechsel mit Goethe –, die zur Zeit am Deutschen Seminar der Universität Zürich entsteht. Beide Projekte sind auf eine vieljährige Laufzeit angelegt. Wie sie sich im nächsten großen Goethejahr 2032 präsentieren werden und wie sich Goetheforschung und Medialität bis dahin weiterentwickeln, dürfte spannend zu beobachten sein. Als augenzwinkernden Schlusspunkt haben wir deswegen Erich Kästners Text *Das*

---

[3] http://beta.faustedition.net (28. August 2020). Da diese Edition nun allseits zugänglich ist, wurde der Tagungs-Beitrag der Chef-Editorin des *Faust*, Anne Bohnenkamp, auf ihren Wunsch nicht in den Band aufgenommen.

Goethe-Derby zum Goethejahr 1949 in diesen Band aufgenommen: Indem er das breite und teilweise beliebige Spektrum von Goethes medialer Präsenz genüsslich persifliert, lässt er unsere mediendominierte Epoche in ihrer schon damals bemerkbaren Überfülle zu Wort kommen.

Die Beiträge dieses Bandes gehen zurück auf zwei zusammengehörende Tagungen in Zürich (2018) und am Deutschen Literaturarchiv in Marbach (2019). Die Doppeltagung wurde von der Goethe-Gesellschaft Schweiz organisiert und in Zusammenarbeit mit der Universität Zürich, der Zentralbibliothek Zürich sowie dem Marbacher Literaturarchiv durchgeführt. Der Schweizerische Nationalfonds sowie die Universität Zürich und das Marbacher Literaturarchiv haben den wissenschaftlichen Austausch in Zürich und Marbach finanziell unterstützt. Allen diesen beteiligten Institutionen sei nochmals unser herzlicher Dank ausgesprochen.

Teil I: **Goethes Umgang mit Medien**

Nacim Ghanbari
Erste Briefe

Um die Frage nach „Goethes Umgang mit Medien"[1] zu diskutieren, setze ich bei dem wohl alltäglichsten Medium kommunikativen Austauschs im 18. Jahrhundert an: dem Brief. Ausgangspunkt meiner Überlegungen ist ein Aufsatz Albrecht Schönes aus dem Jahr 1976, der 2015 im Band *Der Briefschreiber Goethe* als Wiederabdruck erscheint (Schöne 1976, 2015). Schönes Band präsentiert anhand von neun einzelnen Brieflektüren Fallstudien zu Goethes epistolarer Praxis und verbindet Briefe unterschiedlichen Charakters. Die erste Lektüre ist Goethes Brief an Ludwig Ysenburg von Buri gewidmet. Inwieweit lässt sich dieser Brief als Initialmoment eines sozialen Netzwerks beschreiben? Inwieweit lassen sich Charakteristiken dieses Briefs auf weitere Briefe Goethes – und zum Vergleich: Klopstocks – übertragen?

1 Goethe an Ysenburg von Buri

Goethes Brief vom 23. Mai 1764 an Ysenburg von Buri ist in zweifacher Hinsicht als ein ‚erster Brief' zu bezeichnen: Er ist zum einen der erste überlieferte Brief Goethes. Er ist zum anderen ein ‚erster Brief' im Sinne eines Anwerbungsschreibens, mit dem der vierzehnjährige Goethe um Aufnahme in eine literarische Gesellschaft bittet, welcher der Adressat des Briefs, Ludwig Ysenburg von Buri, vorsitzt (GB 1 I, 3). Im Folgenden soll es um diesen Begriff eines ersten Briefs gehen – und damit um Briefe, die im achtzehnten Jahrhundert geschrieben wurden, um eine Patron-Klient-Beziehung einzugehen oder sich (um es in Begriffen der gegenwärtigen Sozialtheorie zu sagen) Zugang zu einem sozialen Netzwerk zu verschaffen.[2]

---

[1] https://networks.h-net.org/node/79435/discussions/3063263/konf-goethe-medial-z%C3%BCrich-15%E2%80%9316112018 (20. Dezember 2019). Dieser Beitrag ist im Kontext des DFG-Sonderforschungsbereichs 1187 „Medien der Kooperation", Teilprojekt „Literarische Öffentlichkeiten im deutschsprachigen 18. Jahrhundert: Medienpraktiken von Patronage und Freundschaft" entstanden. Teile des Aufsatzes erscheinen unter dem Titel „First Letters" in Tautz und Hall [in Vorbereitung].
[2] Eine erste Bestimmung des sozialen Netzwerks findet sich in einem Aufsatz des Ethnologen und Mathematikers J.A. Barnes (1954). Darin wird das soziale Netzwerk als ein Gebilde definiert, das durch soziale Interaktionen zustande kommt, die neben und außerhalb von familialen, berufsständischen und institutionellen Verbindungen unterhalten werden und aufgrund ihres (scheinbar) marginalen Charakters eine eigene Kraft entwickeln können. Es kann sich hierbei

Schöne dechiffriert die verschiedenen Verweise und Anspielungen und die Form dieses Briefs als Elemente eines rhetorisch geschulten, höflichen Aufnahmegesuchs und bezeichnet den Brief entsprechend als „Bewerbungsschreiben" (Schöne 2015, 52). Zu den genannten Elementen gehören der ‚Ich-Verzicht' im ersten Satz des Briefs, der Abstand, den Goethe auf dem Briefpapier wahrt, indem er zwischen der Anrede und dem Briefbeginn einen deutlichen Leerraum lässt, das Datum, das er am Ende des Briefs anbringt, das Kompliment an Ysenburg von Buri, das den Brief eröffnet, und schließlich eine Selbstdarstellung, die ausschließlich aus literarischen Anspielungen besteht. Schöne hält sich dennoch zurück, den Brief als mustergültig bzw. in den Worten Ysenburg von Buris, der Goethe aus ganz und gar „außerliterarische[n] Gründe[n]" (Schöne 2015, 67) ablehnen wird, als ‚artig' zu bezeichnen, da der Brief sein Bauprinzip ‚nach allen Regeln der Kunst' allzu raffiniert, vielleicht sogar polemisch ausstellt: Mehrfach nimmt der Brief eine kommentierende, fast schon erklärende Stellung zu sich selbst ein, so als wollte der Briefschreiber dem Adressaten des Briefs zu verstehen geben, dass er genau wisse, wie ein formvollendeter Brief geschrieben wird (Schöne 2015, 54–65).

Schönes Lektüre verweist in ihrer Komposition auf ein gleichermaßen sozial- sowie literarhistorisches Argument: Sie ist gerahmt durch eine Anekdote, die eine um die Mitte des achtzehnten Jahrhunderts in den Häusern des Bürgertums sich verbreitende Gewohnheit betrifft, Schneider als Diener einzustellen, um die Haushaltsausgaben möglichst niedrig zu halten. Die Leidtragenden dieser schönen neuen Idee findiger Hausväter sind zum einen die Schneider, die ihre Kunst durch die Nachbarschaft zu den rein dienenden Funktionen in einem Haus herabgewürdigt, aber auch die auf elegantes Auftreten bedachten Söhne dieser Väter, die sich um den Gang zu ausgesuchten Schneidern betrogen sehen. Goethe ist im Jahr seines ersten Briefs (1764) Sohn eines solchen Vaters und wird entsprechend ‚seltsam', nämlich altmodisch ‚eingewickelt'.[3] Das Ablegen der alten Kleider und der Abschied von alten Schnittmustern erfolgen erst mit dem Verlassen des väterlichen Hauses und dem Umzug nach Leipzig kurze Zeit später (Schöne 2015, 43–48 u. 70–71). Schöne ‚wickelt' – um das Wort Goethes aufzunehmen – die Lektüre des ersten Briefs in Beobachtungen vestimentärer Art und suggeriert damit, dass dieser erste Brief im übertragenen Sinn der ständischen Kleiderord-

---

sowohl um symmetrische als auch asymmetrische Beziehungen handeln. Zur Bedeutung von Barnes' Aufsatz für die Netzwerktheorie vgl. Ghanbari 2013, 315–335. Eine gute Zusammenfassung bisheriger Forschung auf dem Feld Netzwerktheorie und Literaturwissenschaft bieten Thomalla et al. (2019).

3 Schöne bezieht sich auf eine Passage in einem Brief an Charlotte von Stein (vgl. Schöne 2015, 46).

nung verpflichtet sei, wiewohl die selbstreflexiven Elemente darin auf Modebewusstsein bzw. auf das Bewusstsein vom eigenen altmodischen Aufzug hinweisen. In epistolographischer Hinsicht entspricht die ständische Kleiderordnung – nach Schöne – der Ordnung der Briefsteller.

Schöne deutet die selbstreflexiven Hinweise und die Selbstkommentierung als souveräne Distanzierung von den Vorgaben der Briefsteller. Der junge Goethe beuge sich zwar noch deren Regeln; doch indem er sie gewissermaßen kostümiert auftreten lasse, bereite er seine Emanzipation von ihnen vor (Schöne 2015, 51–59). Ich möchte Schönes Deutung zur Diskussion stellen und – zum einen – weitere erste Briefe Goethes vergleichend hinzuziehen. Eine solche Erweiterung ist insofern sinnvoll, als Schönes Lektüre eine Art Ausnahmestellung von Goethes erstem Brief suggeriert und diesen als Dokument eines unumkehrbaren Stilwandels interpretiert. Ich möchte – zum anderen – die Briefsteller auf den ersten Brief hin befragen. Es wird sich zeigen, dass diese selbst den ersten Brief als prekäre Textform ansehen, deren Kommentierung sie mitunter aussparen.

2 „Hiebey finde ich wenig zu erinnern": Der erste Brief in den Briefstellern

In seiner Lektüre von Goethes erstem Brief bezieht sich Schöne auf Christian Weises Briefschemata aus dem *Neu-Erleuterten Politischen Redner* (1684) und den *Curiösen Gedancken Von Deutschen Brieffen* (1691). Mustergültig ist Goethes Brief in der Befolgung von Weises fünfgliedriger Chrie, welche die beiden Basiselemente eines Briefs, bestehend aus Vorsatz und Nachsatz, um die Verknüpfung und das Initial- und Final-Kompliment erweitert.[4]

Die Briefbeispiele, die Weise in seine Ausführungen einflicht, sind fast vollständig der Sphäre von Patron-Klient-Verhältnissen entnommen. Eine Vielzahl von Briefen hebt mit der Anrede „Mein Patron" an und schließt mit der Formel „Meines Herrn Dienstergebenster". Für die Frage nach den ersten Briefen wiederum bietet Weises Buch insofern ein interessantes Bild, als es kein einziges Beispiel eines ersten Briefs enthält. Die soziale Welt, von der die Briefmuster

---

[4] Weise vereinfacht damit das bis dahin geltende Dispositionsschema für Briefe. Mit seinen *Curiösen Gedancken* setzt er sich für eine lexikalische Verschlankung des Briefs ein, indem er vorschlägt, eine klar umrissene Sache mit nur einem Wort zu bezeichnen, statt rhetorisch geschulte Verdopplungen aufzusetzen. Dem galanten Ideal des Höfischen verpflichtet, plädiert er für die Einbindung von Fremdwörtern im Brief und verbindet damit die Maxime der Kürze und Deutlichkeit mit der Forderung nach ‚galanter Farbigkeit' (vgl. Nickisch 1969, 108–111).

zeugen, ist eine schon bestehender Patron-Klient-Verhältnisse, die durch Gratulations-, Einladungs- und Bittschreiben aufrechterhalten werden.

Lediglich im dritten Kapitel des ersten Buchs, das von „weitläufigen Schreiben" handelt, findet sich ein Briefschema, das der Idee des ersten Briefs sehr nahe kommt und überdies deutlich macht, warum der erste Brief in Weises Buch eine Leerstelle bleiben muss:

> *Initial-Compliment.* Ich nehme die Kühnheit / bey seinen vielfältigen Verrichtungen an ihn zu schreiben.
> *Antecedens.* Ich möchte gerne mit dem Patron bekandt seyn.
> *Connexio.* Nun weiß ich / daß derselbe mit ihm in guten Vernehmen stehet:
> *Conseqvens.* Als bitte ich / Er wolle mir seine *Recommendation* nicht versagen.
> *Final-Compliment.* Ich will solches zum wenigsten mit einem andächtigen Gebet verschulden. (Weise 1691, 86)

‚Vorsatz' in Weises Termini ist die Suche nach einem Patron. Weise stattet das ‚Ich', das sich hier zu sprechen erkühnt, in weiteren Amplifikationen seines Beispiels mit einer kurzen Geschichte aus: „Ich habe mein Studieren nunmehro so weit fortgesetzet / daß ich mich / auff Einrathen vornehmer Freunde / nach einem Patron umsehen solte / durch dessen gnädige cooperation der Weg zur Beförderung etwas leichter möchte gewiesen werden." (Weise 1691, 87) Adressat dieses Schreibens ist ein Freund, der „bey seinen wichtigen Expeditionibus, an gedachten Hochfürstl. Hofe nicht eine geringe Bekandtschafft erworben hat" (Weise 1691, 87) und dem Briefverfasser behilflich sein kann. Die Bekanntschaft mit einem potentiellen Patron bedarf der Vermittlung durch einen Freund; eine direkte Ansprache durch den potentiellen Klienten scheint in Weises Briefuniversum undenkbar.

Eine vergleichbare Überlegung findet sich in Benjamin Neukirchs *Anweisung zu Teutschen Briefen*. Im Abschnitt „Von der bekanntschafft" (Neukirch 1727, 26) kommt Neukirch auf die Adressierung von vornehmen Gönnern, denen der Briefschreiber unbekannt ist, zu sprechen und empfiehlt in diesem Fall, eine befreundete Mittelsperson einzuschalten. Zum Ende seiner Ausführungen bestimmt er diese Form indirekter Adressierung als spezifisch ‚teutsch' und in Abgrenzung zur französischen Briefkultur, die eine direkte Kontaktaufnahme – so zumindest Neukirchs Fiktion – wohl kennt: „Denn die art, welche man in Franckreich hat, an fürnehme Herren auch unbekannter weise scharffsinnig und galant zu schreiben, gehet in Teutschland so leicht nicht an, und wird von denen meisten für eine verwegenheit ausgeleget." (Neukirch 1727, 28)

Befragt man die einschlägigen Briefsteller des achtzehnten und ausgehenden siebzehnten Jahrhunderts nach dem Status des ersten Briefs, drängt sich der Verdacht auf, dass die Autoren mehrheitlich von der Warte einer schon bestehenden Welt klientelärer Beziehungen argumentieren. Das Eingehen eines Patron-Klient-Verhältnisses wird in den Briefstellern höchst unterschiedlich, mitunter nur am Rande problematisiert.

In der ersten Hälfte des achtzehnten Jahrhunderts bieten August Bohse und Christian Friedrich Hunold auf die Frage, worum der Briefschreiber eigentlich bittet, wenn er von „Freundschaft" spricht, ein vielschichtiges Bild als Antwort. Die Briefbeispiele entfalten das weite Feld der Dienste, Verbindungen und Gegenstände, um die ein (prospektiver) Klient den (prospektiven) Patron ersuchen konnte. In den Briefstellern der zweiten Hälfte des achtzehnten Jahrhunderts verschwindet die Vielfalt der ausgetauschten Dienste und die durch die Einbindung zahlreicher Fremdwörter differenzierte sprachliche Ausgestaltung der Anwerbungsschreiben zugunsten der einfachen Bezeichnung „Freundschaft". Johann Christoph Stockhausen kennt zwar noch die Form des „Anwerbungsschreibens", „worinn man sich die Freundschaft eines andern ausbittet" (Stockhausen 1751, 190). Er verliert jedoch in den *Grundsätzen wohleingerichteter Briefe* (1751) kaum ein Wort zur Erläuterung der Anwerbungsschreiben: „Hiebey finde ich wenig zu erinnern." (Stockhausen 1751, 190) Als eigenständige Rubrik verschwindet das Anwerbungs- oder Insinuationsschreiben aus den Briefstellern. Es macht Platz für „Bewerbungsbriefe" im Sinne von Heiratsanträgen ([Bolte] 1786, 384–405). In Karl Philipp Moritz' *Allgemeiner deutscher Briefsteller* (1797) wird sogar die Möglichkeit eines ersten Briefs negiert, wenn einem solchen – unter der Sammelbezeichnung „Bittschreiben" aufgeführt – in Klammern der Kommentar folgt: „Man muß sich niemanden [!] aufdringen, weder mündlich noch schriftlich, und am wenigsten auf eine solche affektirte und gezwungene Art, wie es in diesem Briefe geschiehet." (Moritz 1797, 180)

Um dem Schweigen auf die Spur zu kommen, in das sich die Briefsteller der zweiten Hälfte des achtzehnten Jahrhunderts hüllen, wenn die Rede auf Anwerbungsschreiben kommt, lohnt es sich, Christian Fürchtegott Gellerts Sammlung *Briefe, nebst einer praktischen Abhandlung von dem guten Geschmacke in Briefen* (1751) vor dem Horizont der Tradition der Briefsteller zu lesen. Die Sammlung enthält nur einen einzigen – als solchen deutlich erkennbaren – ersten Brief. Zwar sind einige Beispiele in der Vorrede und auch zahlreiche der zur Nachahmung empfohlenen dreiundsiebzig Briefe dem Zusammenhang der Patronage zuzuordnen, die im halb-verbindlichen Austausch von Wohltaten, Gefälligkeiten und Dienstleistungen besteht (vgl. Gellert 1989, 111–112, 116, 166–167, 190–191, 207–208). Und doch scheint es sich hierbei wieder um Briefe zu handeln, die ein Klient schreibt, um ein bereits schon bestehendes Verhältnis der Patronage durch ein Danksagungsschreiben zu bestätigen (vgl. Gellert 1989, 199–200, 202, 211–212).

Ausgehend von der (scheinbar) fehlenden Aufmerksamkeit für Anwerbungsschreiben in den Briefstellern nach 1750 ist dies kaum mehr überraschend und zeigt sich Gellerts Sammlung zumindest in dieser Hinsicht in unverkennbarer Tradition der Briefsteller.

Für die Frage nach der Problematisierung des Patron-Klient-Verhältnisses ist Gellerts Sammlung dennoch von großer Bedeutung – und dies aus zwei Gründen: Sie erklärt zum einen den offenbar unsicheren Status des ersten Briefs erstmals aus der Fragilität der Beziehung selbst, die dem Statusunterschied von Patron und Klient entspringt, und verabschiedet damit die in den Briefstellern implizit herrschende Annahme, wonach sich das Aufsetzen des Anwerbungsschreibens von selbst verstünde und kaum erläuterungsbedürftig sei. Erst Gellert bestimmt Briefe an Gönner und Wohltäter als einen Grenzfall, der sich dem Ideal des natürlichen Briefs als „freye Nachahmung des guten Gesprächs" (Gellert 1989, 111)[5] kaum annähern lässt, da das Verhältnis zwischen Ungleichen genau jene Freimütigkeit verhindere, die es in Briefform zu bringen gilt: „Man soll mit großen Herrn nicht frey reden; und was ist alsdann möglicher, als daß man ängstlich spricht?" (Gellert 1989, 141) Die unmögliche Ansprechbarkeit großer Herren zeigt sich in den Briefstellern ‚vor Gellert' in der Zurückhaltung, ausgefeilte Beispiele erster Briefe zu bieten. Sie begnügen sich höchstens mit kurzen Musterschreiben nach Art von Formularen.

Der Vergleich der unterschiedlichen Briefsteller zeigt, dass die unvermittelte Kontaktaufnahme auf brieftheoretischer Ebene problematisiert wird. Und doch stehen den Leerstellen und lakonischen Anmerkungen zum ersten Brief in den Briefstellern die zahlreichen ersten Briefe gegenüber, die im achtzehnten Jahrhundert von den Autorinnen und Autoren tatsächlich geschrieben wurden: Denn gerade in der Möglichkeit der sozialen Grenzüberschreitung erweist sich der erste Brief als hervorragendes Medium autorschaftlicher Selbstinszenierung.

3 Goethes erste Briefe im Vergleich

Eine erste Stichprobe aus Goethes Briefen der Jahre 1764 bis 1804 fördert mindestens sieben erste Briefe zu Tage.[6] Bei einem ersten kursorischen Vergleich der

---

5 Dass es sich bei dieser Definition um einen Topos handelt, der „allerdings auf ein ehrwürdiges Alter zurückblicken" kann, wird hervorgehoben bei Brüggemann (1971, 145).
6 Adressaten und Adressatin seiner Briefe sind Gottfried August Bürger (Frankfurt, 12. Februar 1774) (GB 2 I, 72), Friedrich Gottlieb Klopstock (Frankfurt, 28. Mai 1774) (GB 2 I, 89), Elisabeth Charlotte Constantia von der Recke (Weimar, 30. Mai 1785) (GB 6 I, 60–61), Christian Gottfried Körner (Weimar, 21. Oktober 1790) (WA IV 9, 233–234), Johann Gottfried Steinhäuser (Jena, 17. September 1799) (WA IV 14, 187–188), Georg Wilhelm Friedrich Hegel (Jena, 27. November 1803) (WA IV 16, 357), Johann Adam Schmidt (Jena, 23. Dezember 1803) (WA IV 16, 387–389).

Briefe untereinander sticht das Konzept eines Briefs im Sinne einer Abweichung hervor, von der aus sich die übrigen kommentieren lassen:

Am 17. September 1799 entwirft Goethe einen Brief an den Physiker und Mathematiker Johann Gottfried Steinhäuser, dessen Publikationen ihm bekannt sind. Der erste Satz des Briefs setzt bei den gemeinsamen wissenschaftlichen Interessen an, um den Wunsch zu äußern, mit Steinhäuser „in Verhältniß zu kommen":

> Da mich die magnetischen Erscheinungen seit einiger Zeit besonders interessiren, so wünsche ich mit einem Manne in Verhältniß zu kommen, der in diesem Fache vorzügliche Kenntnisse besitzt. Dieselben sind mir als ein solcher bekannt geworden, ich nehme mir daher die Freyheit einige Anfragen zu thun. (WA IV 14, 187)

Der letzte Satz des Briefs, der ausschließlich aus Fragen zu Steinhäusers magnetischem Magazin besteht, macht wiederum deutlich, dass das insinuierte Verhältnis die wohlbekannte Form der Gelehrtenkorrespondenz annehmen soll: „Ich bitte um gefällige Antwort und um die Erlaubniß alsdann über die Sache selbst einen Briefwechsel fortzusetzen." (WA IV 14, 188) Die Auffälligkeit des Briefs besteht in der Tatsache, dass Goethe hier um die Aufnahme einer Korrespondenz ersucht – vermitteln doch die übrigen der ersten Briefe Goethes den Eindruck, einen solchen Briefwechsel geradezu verhindern und die Kommunikation stattdessen auf das Feld mündlichen Austauschs verschieben zu wollen.[7] Der Entwurf eines Briefs an den Wiener Arzt und Chirurgen Johann Adam Schmidt, der dem Briefentwurf an Steinhäuser am nächsten kommt, da Goethe hier erneut bei gemeinsamen gelehrten Interessen ansetzt, markiert die erste wichtige Abweichung vom Kommunikationsmodell der Gelehrtenkorrespondenz, weil hier Schriftlichkeit angesprochen und – kaum angesprochen – sofort wieder zurückgenommen und durch den Wunsch nach persönlichem Umgang ersetzt wird:

> Ohne daß ich Ihre Gesinnungen über meine Arbeiten vernehmen kann, betrachte ich alsdann meine Arbeiten in Ihrem Sinne, und sehe getrost der Zeit entgegen wo ich sie Ihnen dereinst senden oder lieber bringen möchte, welche letzte Hoffnung ich mir nie ganz nehmen kann, um so weniger als ich bisher die große Kaiserstadt zu sehen unverantwortlich versäumte. (WA IV 16, 389)

---

[7] Zur Verbindung von Freundschaft und kommunikativer Abstinenz vgl. auch folgenden Gedanken: „Meine Freunde sind diejenigen, die zurückhaltend genug sind, um nie nachzufragen, ob ich ihre Bücher gelesen habe." (Kaufmann 2011, 43–44) Für diesen Hinweis danke ich herzlich Anton Tantner.

Ähnlich verhält es sich mit dem ersten Brief an Georg Wilhelm Friedrich Hegel. Das lakonische Schreiben begleitet eine von Goethes Schriften, die er dem Philosophen mit der Bitte um Lektüre und Kritik zukommen lässt, und enthält gleichzeitig eine Empfehlung, wie die Form des Austauschs über die versendete Schrift auszusehen hat: „Möchten Sie wohl beykommende Schrift durchsehen und mir bey gelegentlicher Zusammenkunft Ihre Gedanken darüber sagen." (WA IV 16, 357) Es ist nun kaum mehr überraschend, dass der erste Brief an Christian Gottfried Körner das Schreiben von Briefen als lästige Pflicht anführt und damit den Adressaten des Briefs implizit darauf verpflichtet, das Schreiben unbeantwortet zu lassen, von einer weiteren Korrespondenz abzusehen und stattdessen auf ein baldiges oder fernes Zusammenkommen zu hoffen: „Nichts wird mir saurer als Briefe zu schreiben und mehr als einmal versäume ich darüber Pflicht und Schicklichkeit." (WA IV 9, 233)

Erste Briefe formatieren Beziehungen, sie schlagen eine Rollenverteilung der Korrespondenten vor, fixieren Positionen oder halten sie beweglich. Durch sie wird der Status der Briefpartner zugleich markiert und maskiert. Goethes erster Brief an Friedrich Gottlieb Klopstock macht einen solchen Aushandlungsprozess kenntlich und wirft überdies ein Licht auf die – aus den Briefstellern wohlbekannte – Praxis der indirekten Vermittlung einer Beziehung der Patronage durch befreundete Dritte:

> Schönborn in einem Briefe aus Algier den ich gestern empfangen habe, schreibt mir: ‚Klopstock wird sie durch Boie um einige ihrer Arbeiten ersuchen lassen'. Und warum soll ich Klopstocken nicht schreiben, ihm selbst schicken was es auch sey, und was für einen Anteil er auch dran nehmen kann! Soll ich den Lebenden nicht anreden, zu dessen Grabe ich wallfahrten würde. (GB 2 I, 89)

Im Grunde schlägt Goethe mit seinem Brief an Klopstock die gängige Konvention der sozialen Triangulierung und damit die ihm zugedachte Rolle des Klienten aus. Das aus der Literaturgeschichte bekannte Zerwürfnis der beiden Autoren wird im ersten Brief vorbereitet und vorweggenommen.

In diesem Brief werden als vermittelnde Dritte Gottlob Friedrich Ernst Schönborn und Heinrich Christian Boie aufgerufen, deren Vermittlungsdienste Goethe zurückweist, um Klopstock direkt zu adressieren. Die Begründung für die Freiheit, die er sich nimmt, ist bemerkenswert: „Soll ich den Lebenden nicht anreden, zu dessen Grabe ich wallfahrten würde." (GB 2 I, 89) Mit der Überblendung der Bilder Anrede und Wallfahrt bekommt der Angesprochene etwas Morbides; der erste Brief macht den Eindruck einer Grabbeigabe. Verstärkt wird dieser Eindruck durch die Unbestimmtheit der Schriften („einige Dinge"), die er in Zukunft Klopstock zuzuschicken beabsichtigt:

> Hier haben Sie also ein Stück das wohl nie gedruckt werden wird, das ich bitte mir gerade zurückzusenden. Sobald einige Dinge von mir die fertig liegen gedruckt sind, schick ich sie Ihnen oder meld es wenigstens, und wünsche dass Sie empfinden mögen mit welch wahrem Gefühl meine Seele an Ihnen hängt. (GB 2 I, 89)

Die Bitte um Lektüre und Kritik fehlt; stattdessen wird um die Zurücksendung des beigelegten Manuskripts gebeten.

Dieses Stück, „das wohl nie gedruckt werden wird", steht sinnbildlich für eine Beziehung der Patronage, die ‚wohl nie zustande kommen wird'. Das Manuskript, von dem in diesem Brief die Rede ist, erinnert kaum an die Materialität intimer Kommunikation (vgl. Benne 2015, 191–198). Weder soll das Manuskript eine exklusive Gemeinschaft zwischen den Briefpartnern herstellen – wird es doch nur kurz vorgezeigt, um sogleich wieder zurückgenommen zu werden –, noch eine kollaborative Situation initiieren – wird doch gerade die Aussicht der gemeinsamen Verbesserung des Textes ‚bis zum Druck' mit dem ersten Brief durchgestrichen. In der Formulierung „oder meld es wenigstens" wird darüberhinaus eine mögliche Nachlässigkeit im weiteren Verlauf des Austauschs angesprochen, rechnet Goethe anscheinend schon in diesem ersten Brief damit, seine fertigen Arbeiten vielleicht doch nicht verschicken, sein Versprechen also vielleicht doch nicht einhalten zu können.

Als deutlicher Kontrast zum ersten Brief an Klopstock liest sich der erste Brief an Gottfried August Bürger:

> Ich schicke Ihnen die zweyte Auflage meines Göz. Ich wollt Ihnen schon lang einmal schreiben, und die Paar Stunden die ich mit Ihrem Freunde Destorp zugebracht habe haben mich determinirt. Ich thue mir was drauf zu gute, dass ich's binn der die Papierne Scheidewand zwischen uns einschlägt. (GB 2 I, 72)

Der Unbestimmtheit des verschickten Manuskripts und der in Aussicht gestellten „Dinge" im Brief an Klopstock steht hier die genaue Angabe eines Buchgeschenks gegenüber. An der Stelle des Bildes von der Wallfahrt, die eine eher langsam bedächtige Gangart assoziieren lässt, findet sich im Brief an Bürger das eigentümliche Bild des Einschlagens einer ‚papiernen Scheidewand'. Der Brief betont mehrmals die Gemeinsamkeiten der Briefpartner, enthält deutliche Angebote eines gegenseitigen Austauschs und scheut vor Wiederholungen nicht zurück: „Wenn Sie was arbeiten schicken Sie mirs. Ich wills auch thun. Das giebt Muth. Sie zeigens nur den Freunden Ihres Herzens, das will ich auch thun." (GB 2 I, 72) Die im Brief an Bürger erwähnten Manuskripte sind kostbare Gegenstände, die es zu schützen und deren Zirkulation es zu überwachen gilt: „Und verspreche nie was abzuschreiben." (GB 2 I, 72)

Erste Briefe lassen sich nur schwer auf einen typologischen Begriff bringen. Das Abpassen der günstigen Gelegenheit zur Kontaktaufnahme als eine Maxime, welche die Briefsteller von Weise bis Gellert umtreibt, findet ihre textuelle Entsprechung in der Formenvielfalt der Briefe, die je nach Gelegenheit als Begleit- und Einladungsschreiben oder aber als Bittgesuch und Empfehlungsschreiben aufgesetzt werden. Die Briefe an Klopstock und Bürger bestechen durch Kürze. Sie sind Begleitschreiben, wie sie häufig in der für die Briefkultur des achtzehnten Jahrhunderts typischen Art den verschickten Gegenständen oder einem anderen Hauptbrief beigefügt wurden.

Goethes Brief an Elisabeth von der Recke schöpft die verschiedenen Möglichkeiten eines ersten Briefs aus und vereint Elemente eines Aufwartungs-, Bitt- und Empfehlungsschreibens zu einem kunstvollen Ganzen. Miteinander verbunden werden die höfliche Anfrage, der Gräfin aufwarten zu dürfen, die für eine Klientin vorgebrachte Bitte um finanzielle Unterstützung, bei der sich Goethe sprachlich als Bote verkleidet, der lediglich die Nachricht fremden Unglücks überbringt („ich glaube Ew Gnaden einen angenehmen Dienst zu erweisen wenn ich Sie davon benachrichtige" [GB 6 I, 61]), und schließlich als Herzstück ein Empfehlungsschreiben, das die Gräfin dazu bewegen soll zu handeln. Es ist auffällig, dass sich auch dieser Brief anhand von Weises Chrie lesen lässt. Goethe erweist sich als Meister der Verknüpfung (von Vor- und Nachsatz) und erfüllt im Grunde Weises Wunsch nach der erzählerischen Erweiterung der ‚connexio' durch galante Exkurse: „Vornehmlich incliniren alle Briefe dahin / daß sie viel Ursachen zugleich in der Connexion anführen / und also hat man schöne Gelegenheit allerhand galante Particulas anzubringen." (Weise 1691, 70)

Der Eingang des Briefs enthält mit der Bitte um Erlaubnis, die Gräfin schriftlich willkommen zu heißen, einen wichtigen Hinweis auf den Status des Briefs als erstem Brief. Die Erwähnung des schriftlichen Grußes lässt darauf schließen, dass Goethe der Gräfin bekannt gewesen sein muss, ohne dass er sich ihr auch schriftlich vorgestellt hätte. Das Überschreiten der Schwelle, das im ersten Brief einer Begründung bedarf, ist hier an die Unterscheidung von mündlicher und schriftlicher Kommunikation gebunden.

Der Beginn des Schreibens evoziert die Szenerie geselligen Trubels: ein unübersichtliches Kommen und Gehen verschiedener Freunde, die namentlich nicht genannt werden müssen. Goethe kündigt sein Kommen an und stellt die Ankunft weiterer Freunde zu einem späteren Zeitpunkt in Aussicht. Das Bild einer ungetrübten Willkommensfeier wird jedoch schon im zweiten Teil des Briefs zurückgenommen, indem Goethe – scheinbar beiläufig – die Nachricht vom Tod des der Gräfin bekannten Bürgermeisters im benachbarten Lobeda einfließen lässt. Was nun folgt, ist ein kurzer Einschub der Geschichte der Mutter der Witwe des plötzlich verstorbenen Bürgermeisters, die sich im offenbar hohen Alter der

Pflicht gegenübersieht, die verwitwete Tochter und deren sieben verwaiste Kinder versorgen zu müssen. Der Brief, der als Aufwartungsschreiben beginnt, verwandelt sich in ein Bittgesuch, möchte Goethe doch die Hinterbliebenen des Verstorbenen mit Hilfe der Gräfin finanziell unterstützt und versorgt sehen.

Die zu Beginn erwähnten Freunde eines geselligen Zirkels finden sich zum Schluss des Briefs in einer Art Unterstützergemeinschaft versammelt, hält der Bittsteller doch fest, dass „[u]nsere gnädigsten Herrschafften" (GB 6 I, 60) zwar schon einen Teil der Versorgung übernommen haben, dass nun aber auch „für Freunde [...] noch etwas zu thun" (GB 6 I, 61) übrig bleibe. Als weitere rhetorische Klammer ist der Einsatz des ‚Heilens' als Metapher zu sehen. Im ersten Absatz ist von der „heilsamen Quelle" (GB 6 I, 60) die Rede, bei der die Freunde die Gräfin willkommen heißen möchten; im letzten Satz des Briefs scheint sich die Gräfin selbst in die Quelle der Heilung verwandelt zu haben, wird sie doch gebeten, die „Wunden, die das Schicksal schlägt, zu heilen" (GB 6 I, 61). Die Bitte um finanzielle Unterstützung wird mit einer organologischen Metapher ummantelt und aus dem Bereich des schier Ökonomischen herausgelöst.

Der zweite Teil des Briefs, in dem Goethe den Tod des Bürgermeisters von Lobeda zum Ausgangspunkt seines (novellistischen) Berichts wählt, lässt sich gleichzeitig als Miniaturausgabe eines in sozioökonomischer Hinsicht restringierten weiblichen Lebenslaufs lesen. Die Klientin, für die Goethe bittet und die zunächst ausschließlich über ihre verwandtschaftliche Beziehung zum Verstorbenen eingeführt wird, ist in erster Linie eine „Grosmutter", die noch vor dem plötzlichen Tod ihres Schwiegersohns „keinen Wunsch hatte als, bey einer sehr eingeschränckten Haushaltung, ihr Leben anständig und ehrbar zu endigen" (GB 6 I, 60). Im dritten Teil des Briefs erst setzt Goethe zu einem Kompliment an, um seine Klientin zu empfehlen:

> Ich weis daß Ew Gnaden, bey Ihrem Aufenthalte in Jena, Sich grosmütig erkundigt: ob dieser, würcklich in ihrer Art seltnen Frau irgend eine Hülfe nötig sey. Damals konnte sie mit einem ruhigen Vertrauen auf ihren Zustand sehn und mit danckbarer Beschämung Ew Gnaden Grosmuth ablehnen. Wie verschieden steht es ietzo mit ihr! (GB 6 I, 60)

In ihrer Art selten ist die Klientin deshalb, da sie neben einem bescheidenen, ehrbaren Leben, das noch vor dem Tod des Schwiegersohns im „ruhigen Vertrauen" das eigene Ende ins Auge fassen konnte, als Autorin in Erscheinung getreten ist.

Mit ihrer Polemik *Winde und Männer. Antwort eines Frauenzimmers auf Dr. Sheridans Wolken und Weiber*, die 1782 in Wielands *Merkur* erscheint ([Bohl] 1782), erregte Johanne Susanne Bohl – so der Name der im Brief ungenannten Klientin – Aufsehen und wurde mit einem Schlag berühmt. Goethe empfiehlt hier also keine

Unbekannte. Zum Zeitpunkt der Niederschrift des Briefs ist Johanne Susanne Bohl in der literarischen Öffentlichkeit, in der sich die Gräfin und Goethe beide bewegen, eine schillernde Figur. Goethes erster Brief an Elisabeth von der Recke lässt sich somit auch als Dokument einer im achtzehnten Jahrhundert noch wenig eingeübten Praxis lesen, Autorinnen zu empfehlen bzw. zum Zweck der Empfehlung weibliche Autorschaft zu maskieren.

4 Kontrast: Klopstock

Die Frage danach, durch welche Praktiken Netzwerke geknüpft wurden und wie durch erste Briefe eine Patron-Klient-Verbindung aufgebaut wurde, lässt sich beantworten, wenn Goethes Briefe mit den ersten Briefen weiterer Autorinnen und Autoren verglichen werden. Der Vergleich mit einer Auswahl der ersten Briefe Klopstocks bietet sich an, da Goethe und Klopstock – zumindest für kurze Zeit – in Korrespondenz standen und wir über den ersten Brief Goethes an Klopstock wissen, dass letzterer sich im Gegensatz zu Goethe um die eher konventionelle Praxis der durch Dritte vermittelten epistolaren Vernetzung bemühte: Der von Klopstock als „Mittler" ins Spiel gebrachte Boie wird von Goethe übergangen, Klopstock direkt und unvermittelt adressiert.

Eine erste Durchsicht der überlieferten Briefe Klopstocks aus den Jahren 1738 bis 1751 – in diesem Jahr gehen Klopstocks Wünsche bezüglich einer Zuwendung durch den dänischen König in Erfüllung – zeigt, dass dieser sowohl die Kunst der vermittelten Kontaktaufnahme als auch die Kunst des unvermittelten, geradezu klandestinen Eröffnungsbriefs beherrschte.

Um die Unterschiede zwischen Goethe und Klopstock als Briefschreiber zu verdeutlichen, möchte ich zunächst bei einer wichtigen Gemeinsamkeit ansetzen: In beiden Fällen zeigt der erste überlieferte Brief den Schreiber als aufnahmewilligen Klienten. Was im Fall von Goethe der Brief an den fast gleichaltrigen Ysenburg von Buri ist, ist im Fall von Klopstock ein Schreiben an Johann Christoph Zeumer, den der vierzehnjährige angehende Poet aufsetzt, um Zeumer um Unterstützung bei der geplanten Aufnahme in die Fürstenschule Pforta zu bitten. Zeumer wird als „[g]roßer Patron" angeredet, Klopstock wünscht ihm „zu des gemeinen bestens und aller Clienten Fortun" (Klopstock 1979, 1) Gesundheit und Wohlergehen. In diesem ersten Brief ist die Sprache der Patronage in der Wahl der Bezeichnungen ‚Patron' und ‚Klient' vollkommen intakt; es gibt (noch) keine Anzeichen der Distanzierung. Im Gegenteil: Auffälligstes sprachliches Merkmal ist der Einsatz von Superlativen bei Begriffen, die einer Steigerung kaum bedürfen. Klopstock adressiert den „[h]öchstzuehrende[n]" Kanzler Zeumer; er bedankt sich für seine „gütigste Bemühung", sich für seine Aufnahme einzusetzen; er ruft

Gott „demüthigst" um das Wohlergehen des Patrons an; abschließend verabschiedet er sich als „unterthänigst verbundenster Friedr: Gottlieb Klopstock" (Klopstock 1979, 1). Verglichen mit diesem Brief ist das Schreiben an Andreas Gottlieb Bernstorff fast dreizehn Jahre später ein geradezu nüchternes Dokument, weist es doch nurmehr in der Schlussformel einen Superlativ auf, wenn sich Klopstock als „Dero gehorsamster Diener" (Klopstock 1985, 3) empfiehlt.

Die Auswahl von sieben ersten Briefen, die Klopstock zwischen den Briefen an Zeumer und Bernstorff verfasst,[8] lässt sich folgendermaßen charakterisieren: Zwar ist der Ausgangspunkt stets die unsichere ökonomische Situation eines Dichters, der befürchtet, ein zeitraubendes Amt antreten und die Poesie aufgeben zu müssen. Doch sind die Briefe in der Frage der Selbstkommentierung und der Selbstreflexion bezüglich des Status eines Klienten sehr verschieden. Je wagemutiger die Kontaktaufnahme, desto höher die Wahrscheinlichkeit, dass Klopstock die Asymmetrie im Brief selbst thematisiert. So distanziert er sich in den auf Latein verfassten Briefen an Albrecht von Haller und Johann Jakob Bodmer von der Konvention des ersten Briefs als einem Bittgesuch an den Patron, wenn er davon spricht, sein „Glück nicht von einem König oder einem Maecenas, [...] wohl aber von einem Haller erbeten" (Klopstock 1979, 196) zu wollen.[9] In beiden Briefen werden Haller und Bodmer auf eigentümliche Weise ins Vertrauen gezogen; die Briefe klingen verschwörerisch, wenn Klopstock darum bittet, seine Kontaktaufnahme in der Öffentlichkeit der gelehrten Republik geheim zu halten: Er bittet zunächst Haller, „niemandem meine Kühnheit [zu] enthüllen, an Sie zu schreiben und solches [eine außerordentliche Professur in den schönen Wissenschaften an der Universität Göttingen, N.G.] von Ihnen zu verlangen." (Klopstock 1979, 196) Etwa einen Monat später, im ersten Brief vom 10. August 1748 an Bodmer, heißt es:

> Wenn Sie in dieser Angelegenheit etwas für mich tun können [die Vermittlung einer jährlichen Pension durch den Prinzen von Oranien, N.G.], tun Sie es, mein bester Bodmer, aber tun Sie es nicht in meinem Namen! Ich möchte mein Glück nicht von Fürsten, ich möchte es von Bodmer erlangt haben. (Klopstock 1979, 201)

---

8 Adressaten seiner Briefe sind Johann Adolf Schlegel (Leipzig, erste Hälfte April 1748) (Klopstock 1979, 6–8), Albrecht von Haller (Langensalza, 11. Juli 1748) (Klopstock 1979, 10–11), Johann Jakob Bodmer (Langensalza, 10. August 1748) (Klopstock 1979, 13–15), Friedrich von Hagedorn (Langensalza, 29. September 1748) (Klopstock 1979, 21), Johann Heinrich Meister (Langensalza, 26. Januar 1749) (Klopstock 1979, 34–36), Johann Friedrich Wilhelm Jerusalem (Langensalza, 29. März 1750) (Klopstock 1979, 71), Adam Gottlob Graf Moltke (Zürich, 18. November 1750) (Klopstock 1979, 143–145).
9 Im ersten Brief an Moltke hingegen ist der Begriff des Mäzens durchaus positiv besetzt (vgl. Klopstock 1979, 143).

Der Brief an Haller sticht dadurch hervor, dass er in der Frage der Formatierung der angestrebten Patron-Klient-Beziehung sehr vieles ausschließt und Gunsterweisung *ex negativo* definiert. Der Briefschreiber distanziert sich von der Tradition des „freundschaftlichen Briefs", wenn es heißt: „Übrigens bitte ich um Ihre Gunst und nicht um Ihre Freundschaft (denn die Freundschaft ist eine heilige Sache und fällt nicht auf irgendeinen Menschen, den man nicht kennt)." (Klopstock 1979, 196) Auch die Bitte um Verbesserung und Kritik der ausgetauschten Manuskripte und Drucke als fester Bestandteil einer freundschaftlichen Korrespondenzaufnahme taucht in veränderter Weise auf, wenn Klopstock diese Bitte unvermittelt in die Bitte um finanzielle Unterstützung münden lässt. Die Bitte um Kritik hat gewissermaßen kein eigenes Recht und wird unverblümt („aufrichtig", wie es im Brief an Bodmer heißt [Klopstock 1979, 200]) in den Dienst der Sache gestellt:

> Ich sende Ihnen den Anfang meines Gedichtes über den Messias. Ich weiß nicht, ob Sie es einer Vollendung für würdig erachten; das aber weiß ich, daß, wenn Sie es für würdig einer Fortsetzung halten, Sie so edel und hochherzig sind, daß Sie hierin dem Autor, wenn Sie nur können, helfen wollen. Denn mir fehlt die Muße für die Poesie, und sie wird mir besonders auch in Zukunft fehlen, wenn ich gezwungen sein werde, irgendein beschwerliches Amt zu übernehmen. (Klopstock 1979, 195–196)

Die Kommentare zu den Briefen an Haller und Bodmer heben die Unterschiede hervor und weisen auf den freundschaftlich-vertraulichen Ton hin, der im Brief an Bodmer vorherrscht: Dieser wird als Vater adressiert („hören Sie mich, wie ein Vater seinen Sohn reden hört" [Klopstock 1979, 201]) und in Klopstocks Liebesverhältnis zu Maria Sophia Schmidt eingeweiht (vgl. Klopstock 1979, 202). Aber auch hier mündet die Geste höchster Vertrautheit („[i]ch will Sie auch, unter dem Siegel der höchsten Verschwiegenheit, in das innere Heiligtum meiner Angelegenheiten führen" [Klopstock 1979, 201]) in die Bitte um Unterstützung: „Ohne sie [Maria Sophia Schmidt, N.G.] aber bin ich gänzlich unglücklich. Ich beschwöre Sie bei dem Schatten des Milton und Ihres seligen kleinen Sohnes und bei Ihrer Großmut, machen Sie mich glücklich, mein Bodmer, wenn Sie können!" (Klopstock 1979, 201–202)

Der Brief an Bodmer ist in stilistischer Hinsicht zwischen dem Brief an Haller und dem ersten Brief an Johann Adolf Schlegel zu verorten. Die briefstellerische Maxime der Kürze von Eröffnungsbriefen außer Acht lassend, bieten die Briefe an Bodmer und Schlegel eine Einleitung, in der Klopstock erzählt, wie er weit vor dem ersten Brief bereits in geistigem Kontakt zu den Adressaten gestanden habe. Bei Bodmer ist es die Lektüre seiner Schriften „in jungen Jahren" (Klopstock 1979, 201), bei Schlegel wird der erste Brief in ein Kontinuum ungeschriebener erster Briefe eingebettet, die Klopstock im Geiste schrieb, bevor er den Entschluss fasste, ‚die papierne Scheidewand' einzuschlagen:

> Ich kenne Sie so, daß ich weiß, ich darf gleich aus vollem Herzen an Sie schreiben, ob dies gleich der erste Brief ist, den Sie von mir bekommen. Ich meine den ersten wirklichen Brief: denn die will ich hier nicht mitrechnen, denen meistentheils weiter nichts, als das Aufschreiben gefehlt hat. (Klopstock 1979, 6–7)

Im Unterschied zu allen übrigen ersten Briefen, in denen Klopstock um Unterstützung bittet oder sich – wie an Bernstorff – für die empfangene Wohltat bedankt, ist der Brief an Schlegel geprägt von Fantasien über die ihnen beiden gemeinsame Liebe zur Poesie.

Der gemeinsame Bezugspunkt der ersten Briefe, die Klopstock in den Jahren 1748 bis 1751 schreibt, ist die Arbeit am *Messias*. Hierbei gelingt es Klopstock, die eigene soziale Gefährdung – nicht selten sind die Briefe überdies durchsetzt von Klagen über physische Beschwerden – damit zu verbinden, dass auch das Werk *Messias*, dem sich der Dichter ausschließlich widmen möchte, gefährdet sei. Soziale und poetische Sphäre werden durch den Begriff der Fortsetzung verbunden: Um das Werk fortsetzen zu können, sind „beständig fortdauernde[] Gütigkeiten" (Klopstock 1985, 2) durch Freunde und Wohltäter nötig.

Im Gegensatz zu den ersten Briefen Goethes, in denen sich (bis auf den Punkt der Unterbrechung schriftlicher Kommunikation zugunsten persönlicher Begegnung) kaum formelhafte Wiederholungen finden lassen, haben Klopstocks erste Briefe einen programmatischen Grundton. Dies betrifft zum einen sein Arbeitsprogramm, das er seinen Gönnern offenzulegen sich bemüßigt fühlt, daneben aber auch das umfassende Programm der Förderung deutscher Autoren, die – so die von ihm oft vorgebrachte Klage – von Friedrich II. im Gegensatz zu französischen Künstlern keine Beachtung erfahren.

Klopstocks erste Briefe richten sich implizit immer auch an Friedrich II. Die Briefe erzeugen Triaden mit Friedrich II. als omnipräsenter dritter Figur. Vor diesem Hintergrund zeigt sich, dass Goethes erste Briefe in auffälliger Weise auf die Persönlichkeit der Empfängerinnen und Empfänger zugeschnitten sind. Sie erzeugen Dyaden. In diesem Sinne ist Goethe ein Anti-Netzwerker.

5 Schluss

Goethes erste Briefe sind von einem Widerspruch gekennzeichnet, der generell seinen Umgang mit Briefen betrifft: Der Wert des Briefs wird auf theoretischer Ebene anerkannt, auf der Ebene des praktischen Handelns jedoch hintertrieben. So hat sich Goethe im Laufe seines Lebens einerseits um die möglichst lückenlose Aufbewahrung der eigenen (und fremden) Briefe bemüht und – in Anbetracht der historischen und biographischen Bedeutung von Briefen – Briefsammlungen von befreundeten Autoren herausgegeben, andererseits hat er mehrfach große Bestände seiner eigenen Briefe, die zur Überlieferung bestimmt waren, vernichtet (vgl. Beutler 1957, 6–8). Angesichts solcher „Vernichtungsakte" spricht Horst Fleig zurecht von einer Art „negative[n] Autobiographie" (FA II 37, 636), die sich aus der bewussten Annullierung von Lebenszeugnissen ergibt. Analog dazu spricht sich in den ersten Briefen das Wissen um deren bindende Kraft aus, sind sie doch dazu bestimmt, eine Verbindung der Patronage zu stiften und soziale Netzwerke zu initiieren. Wohl in Kenntnis des transgressiven Potentials erster Briefe bemüht sich Goethe darum, bereits mit dem ersten Schritt Distanz zu schaffen und kommunikative Spielregeln zu definieren. Dies kann darin bestehen, den einmal eingeschlagenen Weg schriftlicher Kommunikation durch unverbindliche Verweise auf die mündliche Sphäre aufzugeben; die von höher Stehenden vorgeschlagene Form indirekter Kontaktaufnahme durch direkte Ansprache zurückzuweisen; schließlich die empfohlene Kürze erster Briefe durch üppige Empfehlungsschreiben, die erzählerischen Charakter annehmen, offen zu missachten.

Goethes erste Briefe eröffnen in der Regel keine emphatischen Zukunftsperspektiven, sondern nehmen fast schon das Ende der kaum begonnenen Beziehung vorweg. (Vor diesem Hintergrund stellt der Brief an Bürger eine bemerkenswerte Ausnahme dar.) Sie erproben rhetorische Wendungen, um „den Vorhang fallen zu lassen" (Beutler 1957, 27). Die Briefe markieren die Möglichkeit einer Netzwerkverbindung, die jedoch bereits am Anfang in Frage gestellt wird. Zu lesen geben sie ein Vor und Zurück, ein Spiel mit den Möglichkeiten und Grenzen direkter schriftlicher Kontaktaufnahme.

Literaturverzeichnis

Zu den verwendeten Goethe-Ausgaben FA, GB und WA vgl. das Siglenverzeichnis zu Beginn dieses Bandes.

Barnes, J.A. „Class and Committees in a Norwegian Island Parish". *Human Relations* 7.1 (1954): 39–58.
Benne, Christian. *Die Erfindung des Manuskripts. Zur Theorie und Geschichte literarischer Gegenständlichkeit.* Berlin: Suhrkamp, 2015.
Beutler, Ernst. „Goethes Jugendbriefe". Ders. *Wiederholte Spiegelungen. Drei Essays über Goethe.* Göttingen: Vandenhoeck & Ruprecht, 1957. 5–30.
[Bohl, Johanne Susanne]. „Winde und Männer. Antwort eines Frauenzimmers auf Dr. Sheridans Wolken und Weiber, im May des Teutschen Merkurs v.d.J." *Der Teutsche Merkur* 3 (1782): 3–8.

[Bolte, Johann Heinrich]. *Berlinischer Briefsteller für das gemeine Leben. Zum Gebrauch für deutsche Schulen und für jeden, der in der Briefstellerei Unterricht verlangt und bedarf*. Dritte revidirte und verbesserte Auflage. Berlin: Christian Friedrich Himburg, 1786.

Brüggemann, Diethelm. „Gellert, der gute Geschmack und die üblen Briefsteller. Zur Geschichte der Rhetorik in der Moderne". *Deutsche Vierteljahrsschrift für Literaturwissenschaft und Geistesgeschichte* 45.1 (1971): 117–149.

Gellert, Christian Fürchtegott. *Gesammelte Schriften*. Kritische, kommentierte Ausgabe. Hg. Bernd Witte, Bd. 4: Roman, Briefsteller. Berlin und New York: De Gruyter, 1989.

Ghanbari, Nacim. „Netzwerktheorie und Aufklärungsforschung". *Internationales Archiv für Sozialgeschichte der deutschen Literatur* 38.2 (2013): 315–335.

Ghanbari, Nacim. „First Letters". *Network@1800: Non-Linear European Cultural Histories*. Hg. Birgit Tautz und Crystal Hall. Liverpool: Liverpool University Press [in Vorbereitung].

Kaufmann, Vincent. „Sind die Geisteswissenschaften digitalisierbar?" *Kodex. Jahrbuch der Internationalen Buchwissenschaftlichen Gesellschaft* 1 (2011): 43–53.

Klopstock, Friedrich Gottlieb. *Werke und Briefe. Historisch-kritische Ausgabe*. Hg. Horst Gronemeyer et al., Abt. Briefe, Bd. 1: 1738–1750. Hg. Horst Gronemeyer. Berlin und New York: De Gruyter, 1979.

Klopstock, Friedrich Gottlieb. *Werke und Briefe. Historisch-kritische Ausgabe*. Hg. Horst Gronemeyer et al., Abt. Briefe, Bd. 2: 1751–1752. Hg. Rainer Schmidt. Berlin und New York: De Gruyter, 1985.

Moritz, Karl Philipp. *Allgemeiner deutscher Briefsteller, welcher eine kleine deutsche Sprachlehre, die Hauptregeln des Styls und eine vollständige Beispielsammlung aller Gattungen von Briefen enthält*. 3., verm. und verb. Aufl. Berlin: Friedrich Maurer, 1797.

Neukirch, Benjamin. *Anweisung zu Teutschen Briefen*. Leipzig: Thomas Fritsch, 1727.

Nickisch, Reinhard M.G. *Die Stilprinzipien in den deutschen Briefstellern des 17. und 18. Jahrhunderts. Mit einer Bibliographie zur Briefschreiblehre (1474–1800)*. Göttingen: Vandenhoeck & Ruprecht, 1969.

Schöne, Albrecht. „Soziale Kontrolle als Regulativ der Textverfassung. Über Goethes ersten Brief an Ysenburg von Buri". *Wissen aus Erfahrungen. Werkbegriff und Interpretation heute. Festschrift für Herman Meyer*. Hg. Alexander von Bormann. Tübingen: Niemeyer, 1976. 217–241.

Schöne, Albrecht. *Der Briefschreiber Goethe*. München: C.H. Beck, 2015.

Stockhausen, Johann Christoph. *Grundsätze wohleingerichteter Briefe, Nach den neuesten und bewährtesten Mustern der Deutschen und Ausländer; Nebst beygefügten Erläuterungen und Exempeln*. Helmstädt: Christian Friederich Weygand, 1751.

Thomalla, Erika, Carlos Spoerhase und Steffen Martus. „Werke in Relationen. Netzwerktheoretische Ansätze in der Literaturwissenschaft. Vorwort". *Zeitschrift für Germanistik* NF 29.1 (2019): 7–23.

Weise, Christian. *Curiöse Gedancken von Deutschen Brieffen / Wie ein junger Mensch / sonderlich ein zukünfftiger politicus, Die galante Welt wohl vergnügen soll. In kurtzen und zulänglichen Regeln So dann In anständigen und practicablen Exempeln ausführlich vorgestellet*. 2 Teile. Dresden: Johann Christoph Mieth, 1691.

Sebastian Böhmer
Sein Gedicht von *ihrer* Hand
Charlotte von Stein soll Goethe schreiben

In diesem Beitrag werden zwei miteinander verbundene Texte Goethes, ein Brief an Charlotte von Stein und das Gedicht *Warum gabst du uns die Tiefen Blicke*, analysiert, wobei im Brief um eine Abschrift des Gedichts von der Adressatin Hand gebeten wird. Dieser Wunsch lässt eine vom Schreiber erfahrene Unzulänglichkeit der Schrift erkennen, denn die Spezifik des Kommunikationsversuchs kann nicht aus ihrem konventionellen Verständnis heraus erklärt werden.

Goethes Hauptproblem ist, dass das von mir *Semantik von oben* genannte, im Zeitalter der Aufklärung beinahe konkurrenzlos etablierte Phänomen einer vollständigen Übertragung von Sinn in und als Schrift[1] hier nicht (mehr) gelingen kann: Schrift, verstanden als graphisches Abbild der Laute und/oder der Gedanken sowie als Ersatz für ein Gespräch, kann die Besonderheit und Komplexität dieses speziellen Sinns nicht mehr transportieren. Dazu werden andere Kanäle der Übertragung benötigt.

Einer dieser Kanäle ist das Schreiben selbst. Es wird nicht nur als Mittel zur Produktion von Schrift, die wiederum ein Mittel der Übertragung von Sinn ist, verstanden, sondern als selbst Sinn stiftend. Denn Schreiben heißt immer an den Anderen denken; also aktualisieren sich womöglich in dessen gepflegter Schreibepraxis die Gefühle, empfindsam formuliert: das ‚Herz', für den Anderen. Im hier thematisierten Fall ist das von Bedeutung, da Goethe Stein[2] emotional verletzt hatte und nun um Wiederherstellung des Verhältnisses bemüht ist.

Anmerkung: Der Beitrag stammt aus dem Kontext meiner Habilitationsschrift *Zu einer „Semantik von unten". Medien-, material- und diskursphilologische Studien zu Schrift und Schreiben in der Zeit von 1770 bis 1834* (Böhmer 2018). Er wurde für den vorliegenden Band überarbeitet und aktualisiert, wobei auch einige Sachirrtümer, insbesondere zu Goethes brieflichem Hinweis auf Lavater, korrigiert werden konnten.

1 Vgl. zum Konzept der *Semantik von oben* Böhmer 2018, 13–33.
2 Entgegen der nicht nachvollziehbaren Gewohnheit auch wissenschaftlicher Publikationen, Charlotte von Stein entweder gönnerhaft-singulär Frau von Stein oder einfach bei ihrem Vornamen zu nennen (Goethe wird ja parallel dazu niemals Johann Wolfgang oder Herr (von) Goethe genannt), wird sie auf den folgenden Seiten mit ihrem Familiennamen ohne Adelsprädikat benannt. Wenn auch ungewohnt, so werden damit doch zumindest die irritierende und unmanierliche Vertraulichkeit gegenüber ‚der Frau' sowie die implizierte – auch von Goethe selbst inszenierte – Bestimmung der Frau als Objekt des Subjekts Mann vermieden.

Zudem greift Goethe auf empfindsame Muster zurück. In seinem Abschreibewunsch artikuliert sich ein Bewusstsein von der Möglichkeit einer auf Materialität und Form basierenden Semantik. Diese zeichnet sich jedoch nicht allein durch die körperliche Behandlung der Schriftmaterialität aus, sondern durch ihre Verbindung mit dem konkreten Sinn des Geschriebenen. In diesem Fall überführt die Handschrift Steins den Sinn eines Goethe'schen Gedichts in die sinnlich erfahrbare Realität und vervollständigt so dessen poetischen Gehalt. Die Signifikanten von ihrer Hand transportieren seine Signifikate an ihn zurück. So versucht der Dichter die Frau – nach seinen Regeln – schreiben zu machen.

1 Sinn und Form von Goethes Brief an Charlotte von Stein vom 16. April 1776

Am 11. November des Jahres 1775 lernt Goethe, er ist seit vier Tagen in Weimar, Charlotte von Stein kennen. Im Januar 1776 beginnt ihrer beider Briefwechsel und schon nach wenigen Wochen hat der schriftliche Austausch der verheirateten Adligen mit dem jungen, aber bereits weithin berühmten Dichter und nunmehrigen Hofangestellten eine Intensität erlangt, die selbst in dieser an intensiven Liebesbriefwechseln reichen Zeit außergewöhnlich ist.[3]

In Goethes am 14. April 1776 an Stein übersandten Gedicht *Warum gabst du uns die Tiefen Blicke* wird, so darf man annehmen, ihrer beider Beziehung thematisiert. Das Gedicht stellt den ersten poetischen Höhepunkt ihrer Verbindung dar. Zwar hatte Goethe bereits am 12. Februar *Wandrers Nachtlied* versandt, doch in dem nun Gedichteten zum ersten Mal eine poetische Aussage über den Charakter der Beziehung zwischen ihm und Stein getroffen. Wie für beinahe alle lyrischen Einlassungen Goethes während des Briefverkehrs mit Stein typisch,[4] ist der Kommunikationsstatus des Gedichteten zweideutig. Das Schreiben vom 14. April weist weder eine Anrede noch einen begleitenden Text auf. Nicht einmal die abschließende Datumsangabe und die übliche Signatur „G" weisen den vorangestellten Text, also das Gedicht, eindeutig als Teil eines Briefwechsels aus. Der unbetitelte Text ist also ‚Werk' und Kommunikation, Dichtung und Brief zugleich.

---

3 Zur vielfältigen und langen Beschäftigung der Literaturwissenschaft mit den Briefen und der Beziehung Goethe–Stein vgl. Lach 2013 und Richter 2018.
4 So werden z. B. auch *Wandrers Nachtlied* am 12. Februar 1776, *An den Geist des Johannes Sekundus* am 2. November 1776 oder das ganz ohne Datumsangabe und Signatur in der zweiten Septemberhälfte 1781 auf das Papier geworfene *Euch bedaur ich unglück'seelge Sterne* als Briefe verschickt.

Eine Identifikation der Adressatin mit der im Gedicht beschriebenen weiblichen Instanz wird deshalb auf den folgenden Seiten vorausgesetzt.

Nur zwei Tage später, am 16. April, bittet Goethe die Adressatin um eine Abschrift: „Wenn's Ihnen einmal so ist schreiben Sie mir doch mein Gedicht ab, ich habs nicht mehr, möchts von deiner Hand – sollst auch Ruh vor mir haben."[5] Diese zumindest nicht ungewöhnliche Bitte am Ende eines Briefs könnte aus rein praktischen Erwägungen aufgeschrieben worden sein, denn das Verschicken von Briefen ohne Abschrift war im Rahmen der Spontanitätskultur der 1770er Jahre durchaus üblich – gewöhnlich behielten die Briefsteller allerdings eine Abschrift der eigenen Briefe für ihr Korrespondenz-Archiv. Doch offenbar hatte Goethe das Gedicht niedergeschrieben und abgeschickt, ohne eine Abschrift anzufertigen, und aus der Erinnerung konnte er es anscheinend nicht mehr reproduzieren. Seine Bitte blieb unerfüllt, wie es die Publikationsgeschichte des Texts wahrscheinlich macht. Denn Goethe hätte während der zahlreichen Revisionen und Versammlungen seiner lyrischen Arbeiten mehrfach Gelegenheit gehabt, das Gedicht zu veröffentlichen, was jedoch nicht geschah: „Erst Jahre nach Goethes Tod wurde es 1848 aus dem Nachlaß Charlotte von Steins publiziert." (Reinhardt 1996, 79)

Doch der zitierte, auf das Gedicht folgende Brief vom 16. April 1776 deutet noch auf ein anderes Bittmotiv hin, das dem Schreibakt der Geliebten und der aus ihm entstehenden Handschrift eine besondere Bedeutung zumisst; schließlich werden auch die Optionen Abschrift durch einen Dritten sowie zeitweise Rückgabe des Originals zur Selbstkopie nicht einmal in Erwägung gezogen. Der Brief kombiniert dabei die zeitgenössische authentische, freie, unmittelbare und spontane Selbstaussprache der Briefform[6] mit einer subtil strukturierten, dicht gedrängten sprachlichen Manipulationsarbeit. Man kann ihn jedoch nicht mehr allein als Dokument einer Repräsentationskultur verstehen, da die auf ihn schriftlich übertragenen Gedanken auf zwei Arten über die Ebene der Repräsentation hinausweisen: Erstens generiert der kurze Text in Briefform nicht einfach nur eine antwortende Gegenschrift, lässt also Sinn auf Sinn folgen, sondern will einen sehr spezifischen Schreibakt, nämlich den der angeschriebenen Frau, mit einem sehr spezifischen Inhalt, dem zwei Tage zuvor versandten Gedicht, auslösen. Von der Semantik der Worte führt also ein direkter Weg in die (von Goethe kontrollierte) Praxis des Schreibens, die sich wiederum selbst als – verstanden in erweiterter Form – semantisch aufgeladen auffassen lassen wird. Zweitens lässt

---

5 Goethes Brief wird im Folgenden nach der historisch-kritischen Ausgabe zitiert: GB 3 I, 55–56.
6 Zu dieser zeitgenössischen, auf Gellert zurückreichenden Briefform und dessen Stellung innerhalb der Briefkultur des achtzehnten Jahrhunderts vgl. Koschorke 1999, 190–196 und Vellusig 2000, 83–107.

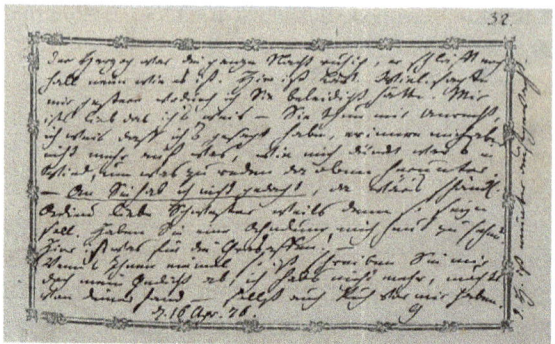

Der Herzog war die ganze Nacht ruhig, er schläfft noch
halb neun wie es ist. Hier ist Lav. Wiel. sagte
mir gestern wodurch ich Sie beleidigt hätte. Mir
ists lieb das ich's weis – Sie thun mir Unrecht,
ich weis dass ich's gesagt habe, erinnre mich aber
nicht mehr auf was, wie mich dünckt war's in
Wind, um was zu reden da oben herunter.
– An Sie hab ich nicht gedacht, da wär's schändl.
Adieu liebe Schwester weils denn so seyn
soll. Haben Sie eine Ahndung mich heut zu sehen?
Hier ist was für die Grasaffen! –
Wenn's Ihnen einmal so ist schreiben Sie mir
doch mein Gedicht ab, ich habs nicht mehr, möchts
von deiner Hand – sollst auch Ruh vor mir haben.
      dl. 16. Apr. 76.   G

D. H. ist munter aufgewacht.

Abb. 1: Brief Goethes an Charlotte von Stein vom 16. April 1776, GSA 29/486,I. Die diplomatische Umschrift folgt dem Wortlaut der historisch-kritischen Ausgabe, GB 3 I, 55–56.

sich der Brief nicht oder nur unzureichend ohne seine materialsemantischen, genauer: seine formsemantischen Elemente verstehen, denn das Schriftbild arbeitet an der Überredungsstrategie mit.

Zunächst zum zweiten Aspekt (vgl. Abb. 1): Die Schreibfläche des ohnehin relativ kleinen, nur ca. 18 x 11 cm messenden Stück Papiers wird durch eine Bordüre mit zwei Balken noch weiter verkleinert. Diese Bordüre ist in weiten Abständen von einer Rocaille umwunden und wird von Goethes Schriftzügen nur minimal berührt, dabei gar nicht überschrieben. Einzig ein Nachsatz steht quer neben dem rechten Rand. Innerhalb der Schreibfläche, an deren rechtem Rand, neigt sich die Schrift in mehreren Zeilen nach unten und ein Wort wird abgekürzt, um die Bordüre nicht zu berühren und somit bereits optisch ‚aus dem Rahmen zu fallen', also unangenehm aufzufallen. Die Handschrift ist durchweg sauber und verrät im Vergleich mit anderen Briefen von Goethes Hand keine Anstrengung,

Unruhe oder Eile, wie überhaupt der nur durch einen Absatz gegliederte, dabei die Schreibfläche beinahe optimal ausfüllende Fließtext insgesamt akkurat wirkt.

Doch die gebeugten Worte am rechten Rand, die so wirken, als müssten sie, von einem zwanghaften Schreibfluss bestimmt, unbedingt noch hier und jetzt niedergeschrieben, in die Zeile eingepflegt werden, deuten im Zusammenspiel mit der kompakten Gedrängtheit des Textganzen – in zugegeben recht simpler Psycho-Physiologisierung des Schreibakts – möglicherweise auf ein gerade noch beherrschtes Mitteilungsbedürfnis, ein Sich-verströmen-Wollen bei gleichzeitigem, aus Gründen der Briefkonventionen zu respektierendem Platzmangel hin: In dieser forcierten äußeren Ordnung wäre dann trotz der inneren ‚Unordnung' des Schreibers bereits sein Wille zur Ordnung bildhaft sichtbar, noch vor jeder Lektüre.

Inhaltlich beginnt der Brief mit zwei Sachinformationen zur Goethe gerade umgebenden Gesellschaft, in die die Zeitangabe *halb neun* als orientierender Marker eingeflochten ist: Dem kranken, noch schlafenden Herzog Carl August gehe es, so mutmaßt Goethe den höfischen Gewohnheiten einer Meldung des Gesundheitszustands des Höchsten gemäß, nach einer ruhig verbrachten Nacht wohl besser.[7] Es folgt der marginale Hauptsatz: „Hier ist Lav[ater].", den die Herausgeber der historisch-kritischen Ausgabe mit einer Manuskript- oder Aushängebogenübersendung erklären können. Weshalb Goethe ausgerechnet in diesem Moment Materialien im Zusammenhang mit Lavaters zweitem Band der *Physiognomischen Fragmente* mitschickt, bleibt allerdings rätselhaft (vgl. GB 3 II A, 216), möglicherweise wollte er ‚Normalität' demonstrieren.

Doch nun drängt die eigentliche Botschaft aus Goethe heraus: „Wiel[and]. sagte mir gestern wodurch ich Sie beleidigt hätte." Goethe wurde also nicht direkt von Stein über eine Verstimmung informiert, sondern über einen Dritten. In einem lokal verdichteten Gesellschaftssystem wie dem Weimarer Hof ist Privatheit im Sinne einer exklusiven Zweierbeziehung kaum möglich. Die Gesellschaft besteht aus einer überschaubaren Menge an Personen, die sich in wechselnden Konstellationen zueinander verhalten. Diesen Umständen entsprechend wählt Goethe als kommunikativen Auftakt eine Nachricht zum Zustand des Herzogs und verweist also auf ein öffentliches Interesse an einem ‚Dritten'.

Doch zugleich hat er die öffentliche Dimension im Medium des nur für Stein bestimmten Briefs bereits überwunden. Denn in der Benutzung der Briefform leistet er eine Individualisierung ihrer Beziehung, in der ihre Differenzen nicht

---

[7] Carl August lag in diesen Tagen mit Fieber zu Bett. Goethes Vermutung bestätigt sich am nächsten Tag, an dem der Herzog nach dem Ausweis von Goethes Tagebuch auch wieder auszufahren im Stande war; vgl. GT I 1, 17.

mehr über Dritte und deren Vermittlungsleistung geregelt, sondern zwischen den zwei Personen selbst ausgemacht werden sollen. Dieser Vorgang korrespondiert mit der im vorangegangenen Gedicht thematisierten Exklusivität der Liebenden, die eine Einbeziehung Dritter generell verbietet, da sie als Einheit gegen die übrige Welt und Gesellschaft konzeptualisiert wird.

Diese mit der Öffentlichkeit der höfischen Konvention kontrastierende Intimisierung der Kommunikation im Medium des Briefs vollzieht sich auch im Inhalt der nun folgenden Zeilen. Goethe sieht sich zu einer Erklärung verpflichtet: „Mir ists lieb das ich's weis – Sie thun mir Unrecht, ich weis dass ich's gesagt habe, erinnre mich aber nicht mehr auf was, wie mich dünckt war's in Wind, um was zu reden da oben herunter." Dieser sprechsprachlich formulierte Satz ist zwar nur unter den Bedingungen Gellerts und dessen Vorstellung eines unverstellten, ‚natürlichen' und daher individuellen Schreibduktus im Brief denkbar, doch Gellerts Diktum der „Wohlredenheit"[8] lässt sich in dieser abrupt paratatktischen, fast stammelnden Konstruktion nicht erkennen. Vielmehr suggeriert die Satzkaskade innere Aufgewühltheit – oder soll sie suggerieren.

Der Wechsel auf der diskursiven Ebene vom Öffentlichen zum Intimen wird nun durch einen tintenintensiven Gedankenstrich, der wegen des zuvor durch einen Punkt regulär markierten Satzendes eigentlich unnötig ist, ziemlich genau in der Mitte des Papiers auch graphisch vollzogen. Ihm folgt die wesentliche, in eine Zeile eingeschriebene und durch Unterstreichung des ersten Satzteils besonders hervorgehobene Beteuerung: „– An Sie hab ich nicht gedacht, da wär's schändℓ." Inhaltlich will der Verfasser die unangenehme Situation zu einem Missverständnis depotenzieren. Er verweist auf die Trennung von Gesagtem und Gemeintem. Zwar nimmt Goethe insofern ‚Schuld' auf sich, als er *weiß dass ich's gesagt habe*, doch nur in einem bedeutungs- und ziellosen und von Stein ganz unabhängigen Kontext (*in Wind*). Diesem Beteuern des Missverständnisses korrespondiert auch eine gezielte und scharfe Form der indirekten Selbstanklage, die

---

[8] Schon 1742 hielt Gellert fest: „So viel ist gewiß, daß wir in einem Briefe mit einem andern reden, und daß dasjenige, was ich einem auf ein Blatt schreibe, nichts anders ist, als was ich ihm mündlich sagen würde, wenn ich könnte oder wollte. Sollten diese Begriffe ohne Ausnahme das Mass von Briefen seyn: So würden wir freylich sehr nachlässig, sehr unordentlich, überflüssig und unzierlich schreiben müssen; weil wir oft so zu reden pflegen." (Gellert 1742, 178) Und fast zehn Jahre später: „Wer Briefe schön schreiben will, muß nicht so wohl schreiben, wie ein jeder im gemeinen Leben reden, sondern wie eine Person im Umgange ohne Zwang sprechen würde, welche die Wohlredenheit völlig in ihrer Gewalt hätte, welche schön redte, ohne daß die Ausdrücke sich von den Ausdrücken andrer so weit entfernten, daß der Unterschied dem Ohre gleich merklich würde." (Gellert 1751, 10 f.) Vgl. dazu Vellusig 2011, 163 – 169 und Vellusig 2000, 126 – 138, in denen er den jungen Goethe als frühen Überschreiter der Gellert'schen Regeln des Maßes und der Wohlredenheit darstellt.

Goethe mit dem Begriff des *Schändlichen* konjunktivisch betreibt (*wär's*). *Schändlich* ist eine weit über das Unmanierlich-Grenzüberschreitende, das ja durchaus Teil des Selbstverständnisses im „Geniewesen"[9] jener Jahre war, hinausreichende, im gesellschaftlich inakzeptablen Bereich liegende Kategorie. Diese hier ohne Not gegebene Selbstanklage im Konjunktiv wirkt spekulativ; als wäre die Anschuldigung, er hätte überhaupt so handeln können, wie sie es offenbar denkt, eine Ungeheuerlichkeit. Lieber ist er ein Trottel als ein Schuft.

Goethe spekuliert weiter, indem er, Steins mögliche Entscheidung zugunsten eines Bruchs vorwegnehmend, von ihr theatralisch Abschied nimmt: „Adieu liebe Schwester weils denn so seyn soll." Diese resignativ-pathetische, die Intimität des Schwester-Motivs aus *Warum gabst du uns die Tiefen Blicke*[10] mit dem Reizwort der *liebe* verknüpfende Anrede ist ein raffiniertes Manipulationsinstrument, welches auf der Ebene der Gefühle operiert. Die Schwester symbolisiert die vertrauteste Person, da Geschwister um 1800 Verschiedenheit des Gleichen repräsentieren. Sie sind als „die männliche und weibliche Lesart ein und derselben Person" (Paglia 1992, 100) verstehbar, allerdings im umgekehrten Sinne zum Liebespaar. Dieses verschmilzt zwei Personen zu einer Einheit, Geschwister dagegen sind zwei Möglichkeiten, dasselbe darzustellen, auch im Dissens.

Jedenfalls scheint Goethe der Überzeugungskraft seiner vorhergehenden Rechtfertigung nicht recht zu trauen und so vollzieht sich der von ihm vorgeblich erwartete und nicht aufzuhaltende Bruch auf schicksalsschwerer Affektstufe, *weils denn so seyn soll*. Dem folgt allerdings unvermittelt und unvermutet die Frage nach einem Wiedersehen: „Haben Sie eine Ahndung mich heut zu sehen?" Die Konkretheit der Frage ist frappierend. Sie depotenziert das Problem vom schon akzeptierten Schicksalsfall der Trennung zur Möglichkeit eines klärenden Gesprächs während eines Hausbesuchs. Diese im Gestus des Ihr-Ausgeliefertseins gestellte Frage formuliert zugleich, obschon sie mit dem Begriff der *Ahndung* Steins Empfindungen im Unkonkreten einer „dunkelen Empfindung des Zukünftigen" (Adelung 1, 187) bestimmt, ihre Handlungsoptionen: Das Missverständnis, auf das Goethe hinaus will, lässt sich nicht allein von seiner Seite her ausräumen, sondern nur gemeinsam. Sie muss tätig werden, indem sie antworten muss. Goethes bereits zuvor bemerkbare Sprunghaftigkeit in Ausdruck und Inhalt zielt nun nicht mehr auf rechtfertigende Selbstaussprache, sondern bietet eine Klärung im Dialog an. Mit dem letzten Satz des ersten Absatzes gelingt es Goethe zudem, endgültig wieder in der ‚Wirklichkeit' anzukommen und erneut die Figur

---

9 Böttiger 1998, 248 (Eintrag vom 20. Januar 1799).
10 „Ach du warst in abgelebten Zeiten / Meine Schwester oder meine Frau." (V. 27–28) Das Gedicht wird zitiert nach MA 2.1, 20–23. Verse werden im laufenden Text in runden Klammern angegeben.

des Dritten in die Kommunikation einzubinden. Denn er macht eine Andeutung über *Grasaffen*, womit wahrscheinlich Steins Kinder gemeint sind (vgl. GB 3 II A, 217), denen er offenbar ein Geschenk zugedacht hat. So fungieren die Kinder Steins rhetorisch als privates Pendant zum öffentlichen Dritten Carl August am Briefbeginn und als emotional instrumentalisierte Empfänger einer zu erwartenden Wohltat, die die Mutter ihnen, so der Subtext, wohl kaum vorenthalten möchte.

Damit entfaltet dieser konfus wirkende Briefpassus eine Dynamik, deren Ziel nicht die schriftliche Entladung in der vollständigen Übertragung von Gefühlen als empfindsame *Rede* an die Leserin ist (vgl. Böhmer 2018, 90 – 97), sondern deren Inszenierung zum Zwecke der Wiederaufnahme der Beziehung. Goethe hatte bereits eine Nacht über der Information geschlafen (*Wiel[and]. sagte mir gestern*) und konnte sich auf eine Niederschrift vorbereiten. Die Sprunghaftigkeit des Textaufbaus erscheint dadurch umso wahrscheinlicher als gewollt. Sichtbar wird der Inszenierungscharakter der zu vermittelnden Erregung gerade im kalkulierten Scheitern der Kontrollversuche in Grammatik und Inhalt sowie in der dezent gezwungenen Ordnung des Schriftbilds. Auch wenn dieses Gemachtsein nicht beweisbar ist und Goethe sich ‚wirklich' spontan Entlastung verschaffen wollte: Die Adressatin soll wenn nicht sehen, so doch auf jeden Fall glauben, dass der Schreiber mit sich ringt. Diese kontrollierte Freilassung der Affekte ist Teil eines – im höfischen Kontext Frankreichs entwickelten – längst erprobten Musters der Liebeskommunikation: „Man zeige seine Passion schlecht, wenn man zeige, daß man sie beherrschen könne."[11] (Luhmann 1994, 83) Der sprech-, ja umgangssprachliche Habitus des Briefs demonstriert die Bedeutung der Sache für den sehnsüchtigen, sich jedoch schuldbeladen Wissenden oder vielleicht nur: schuldgebenden Schreiber, der jedenfalls zugleich zu erklären versucht, was er doch schuldlos tat.

2 Goethe bittet um Abschrift seines Gedichts

Wie Stein reagieren würde, war für den Verfasser der Briefzeilen offenbar ungewiss, so dass er auch mit einem tatsächlichen Bruch rechnen musste. Darauf bereitet er sich vor, wenn er die Adressatin manipulativ als die unersetzliche Instanz seiner Existenz einsetzt. Denn erst jetzt folgt als selbstständiger Absatz die zuvor eingeführte, die Semantik der Worte überschreitende Ebene der bereits zi-

---

11 Vgl. Luhmann 1994, 83, der hier einen Satz von René Bary (aus *L'esprit de cour ou les conversations galantes*, Paris, 1662, 246) wiedergibt,

tierten Bitte um eine Abschrift von *Warum gabst du uns die Tiefen Blicke*, die nun als Reaktion auf diese aktuelle Krisenerfahrung verstanden werden kann: „Wenn's Ihnen einmal so ist schreiben Sie mir doch mein Gedicht ab, ich habs nicht mehr, möchts von deiner Hand". Dass Goethe die zuvor geäußerte Frage nach einem Treffen und damit einer mündlichen Kommunikation durch die Bitte der Abschrift seines Gedichts zumindest implizit ablöst, öffnet zwei Deutungsebenen für die spezifische Funktion des Kommunikationsmediums Schrift:

Erstens setzt der erwünschte Austausch, durch den sie das Gedicht von seiner Hand und er das Gedicht von ihrer Hand hätte, einen besonderen Wert und eine besondere Funktion der Handschrift, ihrer Lektüre und/oder Anschauung voraus. Da Goethe bereits eigenhändige Briefe von Stein erhalten hatte, könnte in dem Gedicht ein spezifischer Anlass verborgen liegen, der diesen Wunsch erklärt.

Zweitens weist die Bitte um Abschrift auf einen Prozess hin, der durch den Schreibakt in der Schreiberin angestoßen werden soll. Über den Grad der Intimität zwischen Goethe und Stein können wir nichts Verlässliches aussagen, doch aus den überlieferten Briefzeugnissen Goethes wird klar, dass diese Beziehung sich vor allem über das Medium Schrift mit-konstituierte. Indem Goethe nun Stein zum Schreiben in dieser speziellen Krisensituation bewegen möchte, spekuliert er auf eine spezifische Leistungsfähigkeit des Schreibakts, welche auf die Fortführung ihrer Beziehung durch eben dessen Vollzug abzielt. Denn das Kommunikationsmedium Schrift wirkt auf die es verwendende Person zurück. Der Mehrwert des Geschriebenen bezieht sich somit nicht nur auf ihn als Empfangenden, sondern auch auf sie als Schreibende. Schrift wäre dann ein zu produzierendes Phänomen, welches verspricht, ein Gefühl durch den Produktionsakt zu erschaffen, aufrecht zu erhalten, zu erneuern oder zu intensivieren.

Besonders eine allgemein verbreitete Praxis des empfindsamen Liebesdiskurses, der zärtliche Imperativ: „schreibe mir", würde sich aus dieser Konzeptualisierung der Schrift erklären. Nicht *was* er oder sie schreibt, sondern nur, *dass* er oder sie schreibt, ist die ersehnte Botschaft, die zum einen die Kontinuität der Beziehung garantiert und zum anderen die Beschäftigung mit dem Angeschriebenen beweist.[12] Goethe greift auf dieses Schreibmodell zurück, indem er Steins Schreibakt initiieren möchte. Würde sie erst schreiben, aktualisierte sich ihr Ge-

---

[12] In diesem Sinne kann die bereits verzweifelte Präsidentin de Tourvel in Laclos' *Gefährlichen Liebschaften* die – mittlerweile eingestellten – Briefe des Vicomte de Valmont nachträglich verorten: „Ihr würdet es nicht glauben und ich schäme mich, es Euch zu sagen, wie ich darunter leide, nicht mehr diese Briefe zu erhalten, die zu lesen ich mich dennoch bis heute weigern würde. So war ich doch wenigstens sicher, daß er mit mir beschäftigt war! Und ich sah etwas, das von ihm kam." (Laclos 1782, 359)

fühl für ihn, und ihrer beider Beziehung hätte diese Belastungsprobe ausgehalten, weil ‚überschrieben'.

Zudem soll Stein nicht nur einfach schreiben im Sinne von antworten, sondern das ausdrücklich in der ersten Person Singular bestimmte Gedicht (*mein Gedicht*) abschreiben. Goethes verkürzte Worte über sein Gedicht sind dabei grammatisch stabil und eindeutig: *möchts von deiner Hand* bezieht sich in der Zusammenziehung von Verb und Pronomen zuerst auf das Gedicht als Objekt, dann erst auf Steins Handschrift als genauere Bestimmung des Objekts. Goethe bedrängt Stein in diesem zweiten Absatz mit einer überwältigenden Raffinesse, schon indem er unvermittelt vom konventionellen Sie zum vertraulichen Du wechselt.[13] Einmal mehr bedient sich der Schreibende eines sprunghaften Stils, der verschiedene Ebenen schroff aneinanderreiht und sich inhaltlich unversehens von ihrer Gunst zu seinem Bedürfnis verändert: Auf die noch lässige, die Verantwortung an sie ableitende Auftaktformel *Wenn's Ihnen einmal so ist* folgt das sachlich hingeworfene *ich habs nicht mehr*, das wiederum von dem als Bitte formulierten Zugriff *möchts von deiner Hand* abgelöst wird. Diese scheinbare Bitte ist eine Zumutung, denn in ihr gipfelt die Überredungsarbeit, die einzig den Zweck hat, Stein zum Schreiben zu bewegen. Schreiben meint hier jedoch nicht nur die Übertragung von Sinn, sondern die Produktion semantisch wirksamer Körperzeichen.

3 Körperzeichen

Der Begriff des *Körperzeichens* bedarf der Definition, denn es existieren verschiedene empfindsame Schriftmodelle, die eine Semiotik jenseits ‚reiner' Sinnübertragung entwerfen.[14] Gemeinsam ist ihnen, dass das Material der Schrift (die Tinte, das Papier usw.) selbst sinnstiftend wird. Schrift ist nicht mehr wie in der *Semantik von oben* arbiträrer Signifikant, ‚reiner' Kanal, sondern wird durch seine spezifische Beschaffenheit als selbst körperhaft und zudem vom Körper des Schreibers gegeben in einem nicht rationalen Sinne selbst ‚bedeutend'. Rezipiert wird diese erweiterte Semantik ebenfalls körperlich, so z. B. beim An-den-Busen-Drücken des Papiers. Der hier verwendete Begriff des *Körperzeichens* umfasst also zum einen Schrift aus organischem Material (aus Tränen, Blut usw.), zum anderen

---

13 Vgl. zu Goethes Sie-Du-Anredeproblematik Richter 2018, 25 – 27.
14 Vgl. für einen aktuellen Überblick zur konzeptuellen und begrifflichen Vielfalt von *Körperzeichen* das *figurationen*-Themenheft *Körper/Zeichen – Body/Signs*. Hg. Sophie Witt (Heft 02/2018).

und wichtiger die gewöhnlich eigen*händig* produzierten und dadurch als semantisch aufgeladen verstandenen Schriftzeichen.[15]

Goethes auf Reziprozität abzielender Abschreibe-Wunsch, nach dem er sein Gedicht von ihr und sie es von seiner Hand besäße, greift auf eine solche materialsemantische Konzeptualisierung zurück. Seit der Antike wurden Briefe als Ersatz oder weniger defizitär: als Vertreter ihres Verfassers verstanden, allerdings seiner geistigen, nicht seiner physischen Existenz – ein Konzept, das sich recht stabil über Jahrhunderte hinweg erhalten konnte.[16] Neu im Modus der Empfindsamkeit ist, dass Briefe nicht mehr nur als Überträger von Sinn aufgefasst werden, sondern dass sich der abwesende, meist vermisste Absender körperlich in das Material des Briefs ‚hineinschreibt'. Diese Konzeptualisierung von Schrift findet ihren Höhepunkt in den empfindsamen Liebesbriefen: Die Handschrift der/des Geliebten transportiert nurmehr in zweiter Linie Botschaften; in erster Linie hinterlässt sie sinnlich erfassbare Körperzeichen auf dem Papier, die für erstens die/den Geliebte/n und zweitens für die Liebesbeziehung selbst einstehen können.

Die rationale Verständlichkeit konventioneller Zeichen wird damit im empfindsamen Diskurs um die exklusive Intimität einer Präsenzerfahrung erweitert. Intim ist diese auf das Material erweiterte Semiotik, weil sie nur dem einen besonderen Adressaten zugänglich ist. Für alle ‚Anderen' bleiben auch die handgeschriebenen Buchstaben bloß sinnübertragende Tintenstriche. Zwar thematisieren empfindsame Briefe häufig die Gefühle des Verfassers, doch sind sie bereits als Geschriebenes materielle Beweise der Liebe oder der Freundschaft. Schreiben ist daher – trotz der andauernd aufgerufenen, dabei formelhaften Du-fehlst-mir-wünschte-Du-wärst-hier-Rhetorik – kein defizitär oder substitutiv verstandener Modus gegenüber dem Gespräch oder überhaupt der Begegnung mit dem Anderen.

---

15 Das funktioniert nicht mit jedem Schriftmaterial, sondern ist nach Neefs Unterscheidung zwischen „*In*schriften" und „*Auf*schriften" nur den Aufschriften, „wo die Spur der Handschrift ins Spiel kommt", vorbehalten (Neef 2008, 75). Denn nur hier ist die Imagination von körperlicher Übertragung und Zirkulation, der Albrecht Koschorke seine Habilitationsschrift gewidmet hat, möglich. Wo Beschreibmaterial (gewaltsam) mit einem Instrument bearbeitet wird, indem ihm etwas genommen wird, z. B. durch Einritzung oder -meißelung, verliert sich der imaginäre Körperkontakt zwischen Schreiber und Leser. Es bleibt dann nur die Botschaft, vielleicht materialsemantisch angereichert, aber nicht im Sinne eines *Körperzeichens*. Das per Hand realisierte Fließen der Tinte lässt sich dagegen kontagiös konzeptualisieren, weil sich die Körper durch den Schriftkörper, dem etwas gegeben wurde, verbunden fühlen können: Von der Hand über die Feder auf das Papier, welches in die Hand genommen wird.
16 Vgl. Koschorke 1999, 224 mit Verweis auf Müller 1980.

Und so sind besonders die Briefe der ‚Nachbarn' Goethe und Stein eben nicht „nur Relikte, schriftliche Fortsetzungen von Gesprächen",[17] kein Ersatz für den derzeit unerreichbaren Zustand des Zusammenseins. Der Schrift wird vielmehr, so in Goethes Brief vom 16. April 1776, ein spezifisch anderes Leistungspotential zugewiesen als dem Gespräch. In ihrer imaginären ‚Anwesenheit' im und als Körperzeichen kann die abwesende Charlotte von Stein in der uneinholbaren Idealität des „du" aus dem Gedicht *Warum gabst du uns die Tiefen Blicke* erfahren werden. Denn ohne den Ballast des Alltäglichen, Bekannten, manchmal auch ‚Niedrigen' realisiert sich im Akt des Schreibens an und für den Anderen das Gefühl des Schreibers allererst in seiner vollen Intensität, da es sich in einen erhebenden Bezug zu dessen imaginierter Idealität setzt. Stein würde, so Goethes Hoffnung, sich beim Schreiben schon an die Bedeutung ihrer Beziehung erinnern und ihr ‚Herz' wiederentdecken.

Goethes Wunsch einer Abschrift *von deiner Hand* greift nun in dieser krisenhaften Situation auf die spezifische Semantik von *Warum gabst du uns die Tiefen Blicke* zurück, so dass es zu einem eigentümlich kongruenten Verhältnis zwischen seinem ‚Geist' und ihrer ‚Hand', der Bedeutung des Texts, der Praxis seiner Realisation als Kopie und dem materiellen Resultat käme. In Steins Handschrift aktualisierte sich für den in einen sich selbst lesenden Verfasser verwandelten Goethe nicht nur das, was man empfindsam-unbestimmt die *Seele* oder das *Herz* der Schreiberin nennen könnte – dazu hätte jeder Text von Steins Hand ausgereicht. Vielmehr realisierte sich in dieser speziellen Kopie der im Gedicht bewahrte Sinn als Sinn- und Präsenzerfahrung: Wovon das Gedicht nur berichten kann, würde materielle Wirklichkeit durch ihre Hand.

Warum gabst du uns die Tiefen Blicke handelt vom Fremdsein der Menschen untereinander und von einer nur zwei Liebenden exklusiv zugehörigen, dieses Fremdsein überwindenden seelischen Vertrautheit. Damit verknüpfen sich im Gedicht Motive der Wiedergeburt und der Seelenwanderung, denen eine bereits in der Vergangenheit gelebte Liebe zur Seite gestellt wird.[18] Die Diskrepanz zwischen

---

17 Koopmann 2002, 58. Koopmanns Aussage ist vor dem Hintergrund zeitgenössischer Briefkonzepte allerdings wenig überraschend: „[Brief, Schreiben, Epistola, Literæ, Lettre] ist eine kurze, wohlgesetzte und von allerhand Sachen handelnde Rede, so man einander unter einem Siegel schriftlich zuschickt; wenn man nicht mündlich mit einander sprechen kann." (Zedler 4, 1359) Dies lässt sich durch Beispiele plausibilisieren. So schreibt Goethe noch am 13. April 1776, sich selbst durch das beschriebene Papier ersetzend: „Liebe Frau hier ein Zettelgen da ich selbst nicht komme." (GB 3 I, 52) Auch der defizitäre Modus der Schrift gegenüber dem Gespräch wird artikuliert: „Gegen neun! ich wollt du wärst hier! Ich hab dir was zu sagen das fürs Papier zu gut ist." (GB 3 I, 87) Das Problem liegt in Koopmanns Verallgemeinerung, die den phonozentrischen Diskurs der Zeit kritiklos fortschreibt.
18 Für auch frühere Interpretationen berücksichtigende Deutungen vgl. Böschenstein 1996.

dem von Beginn an in den Briefen ausgesprochenen Gefühl intimster Kenntnis voneinander und der ‚in Wirklichkeit' erst wenige Wochen währenden Bekanntschaft des Autors mit der Adressatin wird auf diese Weise poetisch überbrückt. Denn der emphatisch-euphorische Zustand emotionaler Überwältigung, dem Goethe wie wohl auch Stein unterliegen, begründet sich, so lässt sich das Gedicht verstehen, aus ihrer beider in ihm thematisierten imaginären Vorgeschichte.

Goethe entwirft in einer Art platonischer Schau ein goldenes Zeitalter der Liebenden, in dem die ungesellige Intimität eines superioren Paares gegen die ahnungs- und ziellosen „tausend Menschen" (V. 9) beschworen wird. Diesen vollkommenen und beglückenden, jedoch verlorenen Zustand spüren die getrennt Lebenden noch heute, wobei das Wissen um die uneinholbare Vergangenheit zugleich schmerzhaft erlebt wird. Die tragische Frage nach dem *Warum* speist sich aus dem konstatierten Unglück. Doch der rhetorischen *Warum*-Frage an das ja niemals und niemandem antwortende Schicksal kann neben dem Bewusstsein des Unglücks auch das Glück, noch an diesem Zustand über die Erinnerung teilzuhaben, abgerungen werden. Freilich ist auch das Gedicht nicht in der Lage, den Zustand wiederherzustellen, es beschreibt ihn nur als verloren: Der vollkommene Zustand kann nurmehr in der poetischen Vergegenwärtigung der Vergangenheit als vergangen geleistet werden. Im Sinne Schillers ist das Gedicht sentimentalisch: Vereint in der gemeinsamen Erinnerung erleben die lyrischen Subjekte im Bewusstsein der Abwesenheit des Glücks zumindest noch einen Teil eben dieses Glücks in der und als Erinnerung.

Die von Goethe erbetene Abschrift leistet eine Beziehungsarbeit, die nicht durch eine raumzeitliche, sondern eine emotionale Distanzerfahrung geprägt ist. In der überkommenen Vorstellung des Briefs als Substitut wäre sie nicht Ersatz, sondern Ersetzung. Und eben deshalb bestimmt Goethe die von Stein zu produzierenden Körperzeichen so exakt und funktionalisiert dadurch die angestrebte Sinn- und Präsenzerfahrung nach seinem eigenen Bedürfnis.[19] Als Körperzeichen würde die vielleicht für immer abwesende Geliebte in und mittels ihrer Hand-

---

19 Diese Funktionalisierung steht in Zusammenhang mit Goethes generellem ‚Zugriff' auf Charlotte von Stein als eine ihn bildende Instanz. Es war Georg Simmel, der ein solches Funktionsverhältnis als das entscheidende „weibliche Prinzip" in Goethes Existenz und Dichtung ausmachte: „Ausdrücklich spricht er [Goethe, S.B.] dies aus: er brauche sie, um ein selbständiges, ein ganzes Wesen zu werden." (Simmel 1913, 204; vgl. bestätigend Reinhardt 1996, 79: „Wir hören über Jahre immer wieder Goethes Dank für das pädagogische und befriedende Walten der Frau, oft mit der Bitte, ihr wohltuendes Werk fortzusetzen.") Simmel geht in seinen Ausführungen allerdings nicht auf *Warum gabst du uns die Tiefen Blicke* ein; als Soziologe liest er zudem alle Texte als Aussagen über die wirklichen Verhältnisse der Beteiligten.

schrift zu dem anwesenden Idol, von dem das Gedicht berichtet.[20] Sollte sein Schreibakt also nicht den gewünschten Effekt einer Aktualisierung ihrer Gefühle auslösen, dann wäre die Abschrift des Gedichts von der Hand der Geliebten zwar Ausweis ihres (endgültigen) Fernseins, dennoch spendete sie Trost in der letzten, aber dauerhaften symbolischen Teilhabe an den Körperzeichen eines von ihr aktiv behandelten Objekts, welches der Verfasser Goethe sich quasi selbst (zurück-)gegeben hätte. In Steins Handschrift reproduzierte sich die sentimentalische Erfahrung des im Gedicht beschriebenen Glücks vom gemeinsamen Wissen um das verlorene goldene Zeitalter als und im Material.

4 Verkehrte Schreibe-Welt: Der Dichter will die Frau schreiben machen

In der Nachschrift am rechten Blattrand nimmt Goethe demonstrativ optimistisch den thematischen Anfang auf: *D[er]. H[erzog]. ist munter aufgewacht.* Einerseits sprengt diese neben den eigentlichen Schriftraum quer geschriebene Anmerkung das Schriftbild, andererseits schließt sie die im ersten Satz eröffnete Schreibszene zeitlich und inhaltlich ab. Goethes bisher gelungener Versuch, das zu Sagende innerhalb der vom bedruckten Papier gegebenen Grenzen zu artikulieren und damit Konventionen der Form auch in dieser schwierigen Situation zu erfüllen, wird hier suspendiert. Aus zwei Gründen war Goethe diese Nachricht so wichtig, dass er sie als quergeschriebenen Zusatz noch hinzufügte:

Erstens weist die Nachschrift den Brief als unredigiert niedergeschrieben und damit nach den Mustern der Zeit als ‚wahren', d. h. vollständigen, weil unmittelbaren Ausdruck eines Gefühlszustands aus. Sonst hätte Goethe die neue Infor-

---

20 Vgl. besonders die Verse 29–44: Sie formt ihn, gibt ihm in ihren „Engelsarmen" (V. 35) Richtung und Maß, deshalb gehört er ihr an. Dabei lässt sich die Funktionalisierung der ‚Frau' auf ‚ihn' als personale Asymmetrie im Gedicht wiederfinden, nicht, wie Simmel meint, als stetige Verringerung der Differenzerfahrung zwischen dem Ich und dem Ihr, die schließlich – idealerweise – in einer Verschmelzung endet. Denn niemals in *Warum gabst du uns die Tiefen Blicke* vereinigen sich die beiden Personen zu einer höheren Einheit. In aller Kürze sei darauf hingewiesen, dass selbst die schicksalsschwere erste Strophe und in ihr der sechste Vers „Uns einander in das Herz zu sehn" – bezogen auf ein Paarsein - Formel bleiben, denn der Gebrauch der Personalpronomen *uns* und *wir* stellt nur die Zusammengehörigkeit gegen andere Entitäten, das im Gedicht angeredete, sie aneinander bindende Schicksal (V. 1 und 51–52) sowie die ‚anderen' Menschen und deren naive Beziehungen (V. 15) aus. Das lyrische Sie ist als funktionale Instanz niemals um ihretwillen als einzigartige Persönlichkeit, sondern selbst- und identitätslos um seinetwillen im Gedicht präsent.

mation in einen ins Reine geschriebenen Haupttext integriert und die anfangs noch unsichere Nachricht über den schlafenden Herzog weggelassen. Erst indem Goethe dem Geschriebenen diese temporale Dimension eines *danach* verleiht und damit den Schreibakt spontanisiert, gewinnt der Inhalt des Briefs die offenbar gewünschte Geschlossenheit. Was zu Beginn der Niederschrift noch neutrale, nur vorsichtig optimistische Beobachtung des Genesenden war, wird in der seelisch-körperlichen Dimension der *Munterkeit* nun zur frohen Botschaft für beide Briefpartner.

Dies hängt mit dem zweiten Grund zusammen. Denn Goethe greift mit der Briefform zwar auf ein intimes Medium zurück, dennoch bindet er andere Personen, ‚Dritte', ein. So endet das Schreiben mit einem Verweis auf den größeren gesellschaftlichen Zusammenhang, in den er und Stein eingespannt sind. Zu Beginn des Briefs nannte Goethe Wieland, der ihn über das Beleidigtsein Steins unterrichtet hatte. Der über diesen Dritten vermittelten Krise entspricht nun der Versuch, einen neuen Vermittler für die Wiederherstellung des Verhältnisses aufzurufen. Der Herzog und seine sich anbahnende Genesung fungieren hier als Möglichkeit einer gemeinsamen Freude. Denn diese Nachricht führt die beiden nicht allein zurück in die Öffentlichkeit des Hofs, sondern Goethes Manipulationsrhetorik mündet optimistisch in eine gemeinsame Erfahrung verdoppelter Freude, denn die Heilung des Herzogs steht auch symbolisch für die Heilung ihrer Beziehung.

Doch offenbar blieb diese Heilung zunächst aus und die krisenhafte Situation bestand auch nach diesem Brief unaufgelöst weiter. Goethes Wunsch nach Steins schriftlicher Kommunikation spitzte sich zu: „Nur ein einzig Wort ich bitte Sie. Wenn Sie wollen nur Ihren Nahmen auf ein Zettelgen dass ich nur was von ihnen sehe."[21] Das Autograph wird zum Autogramm, zu einer Reduktion auf das *einzig Wort*: „Charlotte" als Zeichen der Intimität. Auf die Sinnhaftigkeit eines *Worts* im Gegensatz zur bloßen Zeichenfolge kann Goethe nicht verzichten, weil dies im Diskurs der Zeit unmöglich ist: Schreiben meint immer die Produktion von sinnübertragenden Schriftzeichen.[22]

---

21 Brief Goethes an Charlotte von Stein ohne Datum, wahrscheinlich zwischen dem 16. und 21. April 1776 verfasst; GB 3 I, 56. Der Brief beginnt mit dem heute nur schwer entschlüsselbaren Satz: „Ich bin noch eben so ungewiss ob ich recht hatte zu gehen, als ich gestern unentschlossen war."

22 „Im Anfang war BlaBla" war nach Friedrich Kittler zwar noch unschreibbar (Kittler 2003, 24), aber als auf reinen Klang gerichtete Dichtung einige Jahre später zumindest planbar: „Gedichte – blos *wohlklingend* und voll schöner Worte – aber auch ohne allen Sinn und Zusamenhang – höchstens einzelne Strofen verständlich – sie müssen, wie lauter Bruchstücke aus den verschiedenartigsten Dingen [seyn]." (Hervorhebung im Original; Novalis 1999, 2, 769).

Dieser Minimal-Signifikant ist hier jedoch nicht mehr nur seiner Repräsentationsfunktion unterstellt, sondern gewinnt mehr noch als die erbetene Kopie des Gedichts durch die Einbeziehung der materiellen und praktischen Dimensionen von Schrift und Schreiben seinen Bedeutungsumfang. Gerade die äußerliche Verknappung auf den Eigennamen lässt diesen zur körperlich-materiellen Chiffre für die ‚ganze' Person werden. Die dekontextualisierte, auch sprachlich markierte Präsenz des Minimalen (dreimal das bescheiden-einschränkende *nur*; der Diminutiv des Mediums: *Zettelgen*) ist dabei präzise optisch vermittelt (*sehe*); sie ist weder lesbar noch empfindsam-diffus ‚spürbar'. Wieder verwendet Goethe eine Bittformel (*Wenn Sie wollen*), die Stein zur vermeintlichen Entscheidungsträgerin über den weiteren Verlauf ihrer Beziehung macht – so war es schon im Brief vom 16. April mit Formeln wie *Haben Sie* oder *schreiben Sie*. Das empfindsame Muster von der alleinigen Bedeutung, *dass* sie schreibt, entpuppt sich angesichts des spezifischen Worts *Charlotte* bzw. der spezifischen Worte des Gedichts als überholt: Forderte der Dichter zuvor schon seine Worte zurück, so fordert er jetzt ihr *einzig Wort*.

So kommt es zur Verkehrung eines der zentralen Dichtungsdiskurse um 1800: Nicht die sprechende Frau macht den Dichter schreiben, sondern der schreibende Dichter will die schweigende Frau schreiben machen – freilich zu seinen Bedingungen und für seine Bedürfnisse allein.

Literaturverzeichnis

Zu den verwendeten Goethe-Ausgaben FA, GB, GT und MA vgl. das Siglenverzeichnis zu Beginn dieses Bandes.

Adelung, Johann Christoph (Hg.). *Grammatisch-kritisches Wörterbuch der Hochdeutschen Mundart. Mit beständiger Vergleichung der übrigen Mundarten, besonders aber der Oberdeutschen*. 4 Bde. Hildesheim: Olms, 1990 (2. Nachdruck der Ausgabe Leipzig 1793–1801).

Böhmer, Sebastian. *Zu einer „Semantik von unten". Medien-, material- und diskursphilologische Studien zu Schrift und Schreiben in der Zeit von 1770 bis 1834*. Heidelberg: Winter, 2018.

Böschenstein, Renate. „Warum gabst du uns die Tiefen Blicke". *Goethe Handbuch*. Band 1. *Gedichte*. Hg. Regine Otto und Bernd Witte. Stuttgart und Weimar: Metzler, 1996. 176–180.

Böttiger, Karl August. *Literarische Zustände und Zeitgenossen. Begegnungen und Gespräche im klassischen Weimar*. Hg. Klaus Gerlach und René Sternke. Berlin: Aufbau-Verlag, ²1998.

Gellert, Christian Fürchtegott. „Gedanken von einem guten deutschen Briefe, an den Herrn F. H. v. W." *Die epistolographischen Schriften.* Stuttgart: Metzler, 1971 (Faksimiledruck nach der Ausgabe von 1742).

Gellert, Christian Fürchtegott. „Briefe, nebst einer praktischen Abhandlung von dem guten Geschmacke in Briefen". *Die epistolographischen Schriften.* Stuttgart: Metzler, 1971 (Faksimiledruck nach der Ausgabe von 1751).

Kittler, Friedrich A. *Aufschreibesysteme 1800/1900.* München: Fink, ^{4}2003.

Koopmann, Helmut. *Goethe und Frau von Stein. Geschichte einer Liebe.* München: C.H. Beck, 2002.

Koschorke, Albrecht. *Körperströme und Schriftverkehr. Mediologie des 18. Jahrhunderts.* München: Fink, ^{2}2003.

Lach, Roman. „‚Meine Selbstgespräche sind an dich gerichtet'. Goethes monologische Briefe an Charlotte von Stein". *SchreibLust. Der Liebesbrief im 18. und 19. Jahrhundert.* Hg. Renate Stauf und Jörg Paulus. Berlin und Boston: De Gruyter, 2013. 15–32.

Laclos, Pierre-Ambroise-François Choderlos de. *Gefährliche Liebschaften oder Briefe gesammelt in einer Gesellschaft und veröffentlicht zur Unterweisung einiger anderer.* München: Hanser, 2003.

Luhmann, Niklas. *Liebe als Passion. Zur Codierung von Intimität.* Frankfurt a. M.: Suhrkamp, 1994.

Müller, Wolfgang G. „Der Brief als Spiegel der Seele. Zur Geschichte eines Topos der Epistolartheorie von der Antike bis zu Samuel Richardson". *Antike und Abendland* 26 (1980): 138–157.

Neef, Sonja. *Abdruck und Spur. Handschrift im Zeitalter ihrer technischen Reproduzierbarkeit.* Berlin: Kadmos, 2008.

Novalis. *Werke, Tagebücher und Briefe Friedrich von Hardenbergs.* Hg. Hans-Joachim Mähl und Richard Samuel. 3 Bde. Darmstadt: wbg, 1999.

Paglia, Camille. *Die Masken der Sexualität.* Berlin: Byblos, 1992.

Reinhardt, Hartmut. „Warum gabst du uns die Tiefen Blicke – Goethes Anamnesis-Gedicht". *Goethe-Gedichte. Zweiunddreißig Interpretationen.* Hg. Gerhard Sauder. München: Hanser, 1996. 77–85.

Richter, Elke. „‚Wie kann ich seyn ohne Ihnen zu schreiben.' Goethes frühe Briefe an Charlotte von Stein". *Charlotte von Stein. Schriftstellerin, Freundin und Mentorin.* Hg. Elke Richter und Alexander Rosenbaum. Berlin und Boston: De Gruyter, 2018. 3–49.

Simmel, Georg. „Goethe". *Gesamtausgabe.* Bd. 15. Hg. Uta Kösser, Hans-Martin Kruckis und Otthein Rammstedt. Frankfurt a. M.: Suhrkamp, 2003. 7–270.

Vellusig, Robert. *Schriftliche Gespräche. Briefkultur im 18. Jahrhundert.* Wien, Köln, Weimar: Böhlau, 2000.

Vellusig, Robert. „Aufklärung und Briefkultur. Wie das Herz sprechen lernt, wenn es zu schreiben beginnt". *Das achtzehnte Jahrhundert* 35 (2011), 2. Themenheft *Kulturmuster der Aufklärung: Ein neues Heuristikum in der Diskussion*: 154–171.

Zedler, Johann Heinrich. *Grosses vollständiges Universal-Lexicon Aller Wissenschafften und Künste, Welche bißhero durch menschlichen Verstand und Witz erfunden und verbessert worden.* 64 Bde. plus Suppl. Leipzig und Halle: Zedler, 1732–1754.

Margrit Wyder
Reiserouten – Reiseträume

Goethes Schweizer Landkarten

Sich mit der Karte durch eine Landschaft zu bewegen stellt uns vor die Aufgabe, die dreidimensionale Wirklichkeit mit dem abstrahierten zweidimensionalen Bild auf Papier in Übereinstimmung zu bringen. Die Differenz zwischen Vorbild und Abbild ist dort besonders groß, wo hohe Berge in den Himmel ragen, wie es in vielen Teilen der Schweiz der Fall ist. Wie kann man diese in einer (simulierten) senkrechten Ansicht von oben korrekt darstellen? Die Herausforderung durch die Topographie trieb gerade Schweizer Kartenmacher zu Höchstleistungen an. Zu Goethes Zeit befand sich die Technik der Kartographie in reger Entwicklung, und er bediente sich dieser Leistungen gern. Doch Landkarten sind nicht nur ein wissenschaftlich-technisches Medium der Raumerkundung und -repräsentation, sie nähren auch Sehnsüchte und Fantasien. Noch die ‚rationalste' Karte kommt irrationalen Wünschen und Ideen entgegen. Dies zeigt sich auch an Goethes Umgang mit Karten der Schweiz, der im Folgenden näher beleuchtet wird.

1 Mignons Atlas oder von den Funktionen der Karte

> Kennst du den Berg und seinen Wolkensteg?
> Das Maultier sucht im Nebel seinen Weg,
> In Höhlen wohnt der Drachen alte Brut,
> Es stürzt der Fels und über ihn die Flut.
> Kennst du ihn wohl?
>   Dahin! Dahin!
> Geht unser Weg! o Vater, laß uns ziehn! (FA I 9, 503)

Der Weg in das Land, „wo die Zitronen blühn" (FA I 9, 503), dem die dritte Strophe von Mignons Lied in *Wilhelm Meisters Lehrjahren* gewidmet ist, führt über einen wilden Bergpass – man darf ihn wohl als den Gotthard identifizieren, der in der Entstehungszeit des Gedichts (1782/83) auch das Alpenerlebnis des Autors Goethe geprägt hatte. Um in das Heimat- und Sehnsuchtsland Mignons zu gelangen, sind gefährliche Stege zu überwinden, die Wanderung wird erschwert durch Nebel und mythische Drachen. Orientierung böte da eine Landkarte. – Mignon, so erfahren wir bald darauf im Roman, ist fasziniert von Karten. Sie versetzt sogar ihre silbernen Schuhschnallen als Pfand beim „Bildermann", einem wandernden

Händler, um „einen kleinen geographischen Atlas" zu erwerben (FA I 9, 625–626). Der Erzähler erläutert dazu:

> Sie hatte bei dem Pfarrer unterwegs mit großer Verwundrung die ersten Landkarten gesehen, ihn viel darüber gefragt, und sich, so weit es gehen wollte, unterrichtet. Ihr Verlangen etwas zu lernen schien durch diese neue Kenntnis noch viel lebhafter zu werden. Sie bat Wilhelmen inständig, ihr das Buch zu kaufen. [...] Es ward ihr bewilligt, und sie fing nun an, dasjenige, was sie wußte, teils herzusagen, teils nach ihrer Art die wunderlichsten Fragen zu tun. (FA I 9, 625–626)

Mignon, die kaum lesen kann und nur gebrochen Deutsch spricht, hat mit dem Atlas einen Wissensschatz erworben. Trotz ihrer Mühe zu lernen eignet sie sich auf solche Weise ein Bild der Welt an. Ihr Weltbild ist allerdings durch ein spezifisches Interesse geprägt. Dies zeigt sich im fünften Buch der *Lehrjahre*, als Mignon den kleinen Felix mit ihren Kenntnissen unterhält:

> Auch wollte sie ihm die Landkarten erklären, mit denen sie sich noch immer sehr abgab, wobei sie jedoch nicht mit der besten Methode verfuhr. Denn eigentlich schien sie bei den Ländern kein anderes Interesse zu haben, als ob sie kalt oder warm seien? Von den Weltpolen, von dem schrecklichen Eise daselbst, und von der zunehmenden Wärme, je mehr man sich von ihnen entfernte, wußte sie sehr gut Rechenschaft zu geben. Wenn jemand reiste, fragte sie nur, ob er nach Norden oder nach Süden gehe, und bemühte sich die Wege auf ihren kleinen Karten aufzufinden. (FA I 9, 650)

Der Autor der *Lehrjahre* hatte den Umgang mit Landkarten schon in früher Jugend gelernt. Gemäß den Aufzeichnungen Bettine von Arnims von ihren Gesprächen mit Goethes Mutter gehörten Karten zur Lebenswelt der Familie Goethe. Ihre Funktion als Lehrmittel und Reiseersatz war durch Vater Johann Caspar Goethe im privaten Kontext sehr präsent. Bettine berichtet über ihn:

> [E]ine große Leidenschaft hatte er fürs Reißen, sein Zimmer war mit Landkarten behängt, in müssigen Stunden spazierte er mit den Fingern drauf herum, und erzehlte dabei alle Merkwürdigkeiten alle Ebentheuer, die andern Reißebeschreibern begegnet waren, dieß war der Mutter eine angenehme Unterhaltung. (von Arnim 1992, 706)

Typisch für die damalige Zeit erscheint hier die Geschlechterverteilung: Der – reale oder potentielle – Reisende ist üblicherweise ein Mann, er richtet sich auch an männliche Rezipienten.[1] Die Frau fungiert als mehr oder weniger interessierte

---

[1] Trotzdem existierte auch eine Reiseliteratur von Frauen, vgl. Maurer 1990 sowie Griep und Pelz 1995.

Zuhörerin der berichteten Abenteuer.² Goethe hat diesen Bericht Bettines letztlich nicht in seine Autobiographie aufgenommen, doch erwähnt er in *Dichtung und Wahrheit*, dass sein Vater eine „vortreffliche Landkartensammlung der Schenkischen³ und anderer damals vorzüglicher geographischen Blätter" besessen habe (FA I 14, 87). Noch deutlicher manifestiert sich dieser geschlechtsspezifische Umgang mit Landkarten bei einer anderen Funktion, der politisch-militärischen. Auch davon erhielt der kleine Johann Wolfgang schon früh einen anschaulichen Eindruck. Der provenzalische Graf François de Théas de Thoranc nahm während der französischen Besetzung Frankfurts von 1759 bis 1761 Quartier im Goethehaus. Dabei zeichnete sich der rücksichtsvolle Adlige laut den Angaben in *Dichtung und Wahrheit* auch dadurch aus, dass er die Tapeten im frisch renovierten Haus schonte: „Graf Thorane [sic] indessen betrug sich musterhaft. Nicht einmal seine Landkarten wollte er an die Wände genagelt haben, um die neuen Tapeten nicht zu verderben." (FA I 14, 95)

Karten waren über lange Zeit ein Attribut des Adels, denn sie verzeichnen Besitzverhältnisse oder Machtansprüche. Aufgrund der politisch-militärischen Bedeutung und angesichts der aufwändigen Herstellung einer Landkarte wurde dieses Medium meist von der Obrigkeit in Auftrag gegeben und bezahlt; die Landbevölkerung beobachtete die Tätigkeit der Landvermesser mit Misstrauen, da ihr deren Produkte noch unbekannt waren (vgl. Schneider 2018, 48). Auch Herzog Carl August von Sachsen-Weimar legte um 1785 eine Militär- und Landkartenbibliothek an (vgl. Barnert 2014), die mit jedem neuen Konflikt Zuwachs erhielt – insbesondere während der napoleonischen Kriege. Die Karten mussten nun oft neu gezeichnet werden, und so konnte Goethe etwa am 15. Februar 1811 an Sara von Grotthuis metaphorisch schreiben: „Spanien ist jetzt ein sehr wunder Fleck auf der Landcharte." (WA IV 22, 31) Ebenfalls im Februar 1811 heißt es in einem Brief von ihm an den Göttinger Historiker Georg Sartorius – die Universitätsstadt war 1807 Teil des neu gebildeten Königreichs Westphalen geworden: „Mögen die mannigfaltigen neuen Illuminationen der geographischen Charten auf Sie keinen ungünstigen Einfluss haben." (WA IV 22, 27)

---

2 Bettine hat die oben zitierte Briefpassage vom 14. November 1810 für die Verwendung in *Goethes's Briefwechsel mit einem Kinde* (1835) stark redigiert und die Reaktion der Mutter – um der Kontrastierung willen? – sogar ins Gegenteil verkehrt. Hier heißt es nun über den Vater: „Seine Zimmer waren mit Landkarten, Planen von großen Städten behängt, und während Du die Reisebeschreibung vorlasest, spazierte er mit dem Finger drauf herum um jeden Punkt aufzusuchen, dies sagte weder deiner Ungeduld noch dem eilfertigen Temperament der Mutter zu, ihr sehntet euch nach Hindernissen solcher langweiligen Winterabende (von Arnim 1992, 399).

3 Die Kartenstecher Jan und Leonard Schenk waren in der ersten Hälfte des achtzehnten Jahrhunderts in Amsterdam tätig.

Als Medium auf Papier hat die Karte ihren Platz zwischen Buch und Bild. Sie teilt die Materialität mit anderen Druckerzeugnissen und kann auch koloriert werden, doch verfügt sie nicht über den Nimbus eines künstlerischen Kupferstichs. Im Zentrum steht ihr Informationsgehalt, auch wenn Kartenbild und Rahmenelemente durchaus einen ästhetischen Anspruch erheben können. Deshalb ist auch das für Kunstblätter übliche Berührungsverbot bei den Karten nicht gültig – im Gegenteil: das ‚Herumspazieren' mit den Fingern auf der Landkarte, wie es Goethes Vater praktizierte, gehört wesentlich zum Gebrauch dieses Mediums. Man könnte die Karte somit als „digitales Medium" im ursprünglichen Sinn des Wortes bezeichnen. Karten „lesen" schließlich ist eine Kulturtechnik, die sich erst im Laufe des achtzehnten Jahrhunderts verbreitet hat; denn das Kartenbild stellt eine Landschaft abstrahiert dar und arbeitet mit Symbolen für Orte und Grenzen.

Thematische Karten enthalten meist zusätzlich eine Legende, um die spezifischeren Symbole aufzuschlüsseln. Sie erfüllen damit auch ökonomisch-technische und wissenschaftliche Funktionen. Als Verantwortlicher für die Wiedereröffnung der Bergwerke in Ilmenau war Goethe ab 1776 mit thematischen Karten aus dem Gebiet der Geologie und Mineralogie zunehmend vertraut geworden (Nickol 2000). Er ließ selbst eine Bergwerkskarte der Umgebung von Ilmenau herstellen, die im Februar 1782 gedruckt vorlag,[4] und im November 1782 teilte er dem Freund Johann Heinrich Merck noch viel weiter reichende Pläne mit:

> Ich habe die Charpentierische mineralogische Charte[5] erweitern laßen, so daß sie nun vom Harze biß an den Fichtelberg, von dem Riesengebürge biß an die Rhön reicht, laß dir doch etwa nur eine Homannische Charte[6] durchzeichnen und trage mit Charpentiers Zeichen darauf die Gebürgarten ein wie du sie erfährst. Es ist das sicherste Mittel bald Begriffe von dem Ganzen zu kriegen. Ich habe große Lust bald eine mineralogische Charte von ganz Europa zu veranstalten das man mit weniger Arbeit schon gegenwärtig im allgemeinen wird machen können. (WA IV 6, 81–82)

Es verwundert nicht, dass Goethe, der Sammler so vieler Kunst- und Naturobjekte, auch eine eigene Landkartensammlung besaß, die er allerdings nicht systematisch ausbaute. Nach 1804 bezog er viele seiner Karten vom neu gegründeten Verlag des Geographischen Instituts in Weimar, einer Einrichtung des umtriebigen Verlegers

---

4 Abgebildet in LA I 1, Tafel II/III. Vgl. auch LA II 7, 5–7.
5 Der Freiberger Geologe und Zeichenlehrer Johann Friedrich Wilhelm von Charpentier (1738–1805) hatte 1778 in seiner *Mineralogischen Geographie der Chursächsischen Lande* eine geologische Karte veröffentlicht, deren Umfang sich auf die Grenzen des Staatsgebiets beschränkte.
6 Nach dem Kartenstecher und Geographen Johann Baptist Homann (1663–1724). Die Firma Homannsche Erben gab um 1740 geographische Karten von Deutschland heraus.

Friedrich Justin Bertuch, die bald ein großes Renommee erlangte (vgl. Christoph 2012). Die 1965 zu Goethes Kartensammlung erstellte Liste von Konrad Kratzsch umfasst „337 Landkarten, Pläne und Prospekte", geordnet nach Ländern und Sachthemen.[7] Nicht berücksichtigt sind dabei Atlaswerke oder Kartenbeilagen zu Büchern, die Goethe in seiner Bibliothek aufbewahrte. Doch Landkarten waren letztlich auch Gebrauchs- und Verbrauchsmaterial; so sind nicht alle von Goethe nachweislich benutzten Karten auch in seiner Sammlung erhalten. Im Verzeichnis von Kratzsch (1965, 8–10, 62) beziehen sich die Nummern 41 bis 48 auf die Schweiz, dazu kommt mit Nr. 330 eine Post-Karte aus Graubünden. Es handelt sich insgesamt um ein sehr heterogenes Material, auf das im Folgenden nur eingegangen wird, wo Quellen zum Gebrauch durch Goethe vorliegen.

2 Die Gotthardwanderung oder Probleme der Topographie

Karten erhielten für Goethe durch seine Reisen praktische Bedeutung. Er nutzte dabei die bis heute wichtigsten privaten Funktionen der Landkarte: Sie hilft, Reiserouten vorzubereiten, sie begleitet die Reisenden im besuchten Land, und sie dient nach der Rückkehr zur Erinnerung an die Stationen, die man bereist hat. In der Goethezeit fehlte es allerdings noch an genauen Karten der Eidgenossenschaft. Erst in Goethes Todesjahr 1832 begann General Henri Dufour mit der Vermessung des Landes, die zu der nach ihm benannten Dufourkarte führte – Grundlage für die Schweizer Karten bis in die 1930er-Jahre.[8]

Auf seiner ersten Schweizer Reise von 1775 war Goethe anscheinend ohne Karte unterwegs und folgte Routenempfehlungen von Bekannten und Einheimischen, auf der dritten Reise 1797 bewegte er sich mit dem Schweizer Freund Johann Heinrich Meyer auf bereits begangenen Wegen. Doch auf der zweiten Reise, die im Herbst 1779 stattfand und mehrere Wochen dauerte, waren Karten unentbehrlich. Denn diese *Grand Tour* führte Goethe als Begleiter seines Dienstherrn, Herzog Carl August von Sachsen-Weimar, von Basel durch den Jura nach Bern und ins Berner Oberland, danach von Genf über Chamonix ins Unterwallis und von dort über die Furka zum Gotthard. Die Rückreise nach Norden fand via Luzern, Zürich und Schaffhausen statt.

---

[7] Kratzsch 1965, I. Das Verzeichnis ist digital einsehbar unter https://haab-digital.klassik-stiftung.de/viewer/image/1590865170/3/LOG_0000/ (28. August 2020).
[8] Zu Dufours 1865 vollendetem Kartenwerk und seiner Bedeutung bei der Herausbildung eines schweizerischen Nationalverständnisses vgl. Gugerli und Speich Chassé 2012.

Beim Reisen mit Karten ergibt sich allerdings ein praktisches Problem: Eine Landkarte kann die in ihr enthaltenen Informationen nur auf der Fläche darstellen, wofür es eine gewisse Ausdehnung braucht. Um ihre Maße zu verkleinern, konnte man die Karten rollen – so wurden sie meistens in Sammlungen aufbewahrt – oder falten. Nachteilig bei diesem Vorgehen ist, dass die Kartenfalze bald brüchig werden. Auch hier fand sich aber eine Lösung: Man zerschnitt die Karte in einzelne Rechtecke und klebte diese in der gleichen Anordnung mit wenigen Millimetern Abstand auf einen Leinenstoff. Durch dieses Trägermaterial ließ sich die Karte auch bei häufigem Gebrauch ohne Probleme auf- und zuklappen. – In der *Campagne in Frankreich* hat Goethe beschrieben, wie er seine Karten für den Feldzug aus einem Atlas entnehmen und so herrichten ließ (vgl. FA I 16, 403, 410).

Wenige Monate nach der Rückkehr von der zweiten Schweizer Reise legte Goethe mit den *Briefen aus der Schweiz* einen literarisch gestalteten Bericht darüber vor. Der Text umfasst aber nicht die ganze Reise: Er beginnt mit dem Ritt durch das Münstertal von Basel nach Biel und verfolgt dann die Route in der Westschweiz bis zum Genfersee, schließlich von Genf nach Chamonix und durchs Wallis. Goethe benutzte dazu die Tagebuchaufzeichnungen des Herzogs, seine eigenen Notizen sowie Briefe, die er von unterwegs an Charlotte von Stein gesandt hatte. Der Text endet mit dem Aufenthalt im Gotthardhospiz, wo Goethe nur vier Jahre nach seinem ersten Besuch wieder eintraf; er lässt also den Rückweg durch die Zentral- und Nordschweiz weg.

In den *Briefen aus der Schweiz* ist genau zweimal von einer Karte die Rede. Die erste Erwähnung findet sich beim Eintritt ins Wallis, der von Chamonix über den Col de Balme erfolgte. Die Reisenden erreichten von Süden her am Abend des 6. November 1779 Martigny, und Goethe hat die Stimmung bei der Ankunft am Rhoneknie sehr eindringlich wiedergegeben:

> Zu Nacht sind wir in ein Land getreten, nach welchem unsre Neugier schon lange gespannt ist. Noch haben wir nichts als die Gipfel der Berge, die das Tal von beiden Seiten einschließen, in der Abenddämmerung gesehn. Wir sind im Wirtshause untergekrochen, sehen zum Fenster hinaus die Wolken wechseln, es ist uns so heimlich und so wohl, daß wir ein Dach haben, als Kindern, die sich aus Stühlen, Tischblättern und Teppichen eine Hütte am Ofen machen und sich darin bereden, es regne und schneie draußen, um angenehme eingebildete Schauer in ihren kleinen Seelen in Bewegung zu bringen. So sind wir in der Herbstnacht in einem fremden unbekannten Lande. (FA I 16, 54)

Nach dieser auf kindliche Gefühle rückweisenden Darstellung des Geborgenseins mitten in der Fremde folgen einige Sätze, die gedanklich bereits wieder aus der nächtlichen Eingelung herausführen:

> Aus der Karte wissen wir, daß wir in dem Winkel eines Ellenbogens sitzen, von wo aus der kleinere Teil des Wallis, ohngefähr von Mittag gegen Mitternacht, die Rhone hinunter sich an den Genfersee anschließt, der andre aber und längste, von Abend gegen Morgen, die Rhone hinauf bis an ihren Ursprung, die Furka, streicht. Das Wallis selbst zu durchreisen macht uns eine angenehme Aussicht; nur wie wir oben hinauskommen werden, erregt einige Sorge. (FA I 16, 54–55)

In dieser Passage gewinnt das planende ‚Erwachsenen-Ich' die Oberhand; der weitere Weg ins Unbekannte ist durch die Karte vorgezeichnet, und mit der Frage nach dem Ziel am oberen Ende des Wallis wird ein Spannungsbogen angelegt, der sich während der ganzen Reise talaufwärts immer mehr intensiviert. Die strapaziöse Überquerung des Furkapasses im nun nicht mehr imaginierten, sondern realen Schnee wird zum emotionalen Höhepunkt der ganzen Unternehmung, und die anschließende Wanderung zum Gotthardpass ist die krönende Bestätigung der von der Karte abgelesenen direkten Wegführung. Die Alternative wäre die Route von Brig über den Simplonpass zum Lago Maggiore und von dort durch die Valle Leventina zum Gotthard gewesen – ein weiter Umweg. Mit der einführenden Floskel: „Im Kurzen nur!" resümierte Goethe nach der Ankunft im Gotthardhospiz in einem Brief an Charlotte von Stein am 13. November 1779 die Reiseroute ab Genf; mit der Anmerkung: „Es ist diese Lienie auf dem Papier geschwind mit dem Finger gefahren, der Reichthum von Gegenständen aber unbeschreiblich" (WA IV 4, 120), betonte er zugleich den Unterschied zwischen Kartenstudium und realem Raumerlebnis.

Auf welche Karte sich Goethe hier bezogen hat, wird weder in den Briefen noch im redigierten Text von der Reise genannt. Im Nachhinein hat er aber eine zeitgenössische Schweizer Karte besonders hervorgehoben. Als nämlich sein Freund Karl Ludwig von Knebel sich ein Jahr nach Goethe und Carl August selbst zu einer Schweizer Reise vorbereitete, sandte ihm Goethe am 4. Juni 1780 einen ausführlichen Reiseplan zu, der auch von ihm selbst nicht begangene Varianten enthielt (vgl. Wyder 2018, 163–164), und fügte an: „Die zum *Dictionaire de la Suisse* gehörende Charte mußt du dir in Schafhausen oder Zürich gleich zu verschaffen suchen, sie ist sehr gut und zum Verständniß meines Reisevorschlags unentbehrlich." (WA IV 7, 366)

Bei dem von Goethe erwähnten Schweizer *Dictionnaire* handelt es sich um ein in Genf gedrucktes zweibändiges Lexikonwerk, das 1775 erstmals erschienen war und 1777 eine verbesserte zweite Auflage erlebte.[9] Die dazu gehörige Karte im

---

[9] Der vollständige Titel lautet: *Dictionnaire géographique, historique et politique de la Suisse*. Die anonymen Verfasser waren zwei Berner Historiker und Politiker, Gottlieb Emanuel von Haller – ein Sohn Albrecht von Hallers – und Vincenz Bernhard von Tscharner.

Abb. 1: E. Dussy und C. Aldring. *Carte de la Suisse où sont les treize cantons, leurs alliés, et leurs sujets.* Lausanne: François Grasset, 1769; 49 x 66 cm. https://doi.org/10.3931/e-rara-43251 (28. August 2020).

Format 49 x 66 cm war 1769 bei François Grasset in Lausanne gedruckt worden (Abb. 1). Sie zeigt die dreizehn damaligen Kantone und Zugewandten Orte farbig umrandet, legt also den Fokus auf die politische Einteilung des Landes. Die wichtigsten Orte und Flüsse sind nach dem damaligen Wissenstand gut erkennbar wiedergegeben – nicht befriedigend gelöst ist aber die Crux aller Schweizer Karten, die Gebirgsdarstellung. Die Karte zeigt die Gebirge noch in der so genannten Maulwurfshügeldarstellung; die Hügel werden dabei von Westen her beleuchtet. Der Ostschweizer Pfarrer und Geograph Gabriel Walser schrieb 1770: „Man hat verschiedene Landcharten von der Schweiz; allein alle haben ihre Mängel und Fehler; denn es ist was schweres, eine accurate Landcharte von einem Land auszufertigen, das so viele hohe Berge und Thäler hat." (Studer 1863, 287–288) So beruhten die meisten der damaligen Drucke noch auf der Schweizer Karte von Johann Jakob Scheuchzer, dem Zürcher Stadtarzt und Alpenforscher, der zu Beginn des achtzehnten Jahrhunderts erste barometrische Höhenmessungen in den Alpen unternommen hatte.[10] Nur in dreidimensionalen Modellen, wie sie ab der Mitte des achtzehnten Jahrhunderts der Luzerner Generalleutnant Franz Ludwig Pfyffer von Wyher als Pionier geschaffen hat, war ein realistischer Eindruck von der Topographie des Landes zu vermitteln. Goethe und Carl August haben das vielgelobte Relief Pfyffers von der Zentralschweiz denn auch auf der Rückreise vom Gotthard am 17. November 1779 in Luzern besichtigt und bewundert (vgl. Wyder 2003, 49–51). Es entstand zwischen 1762 und 1786 und zeigt die Landschaft um den Vierwaldstättersee im Massstab 1:12.500 auf einer Fläche von 6,6 x 3,9 Metern. Das Relief diente auch als Vorlage für verbesserte Karten (vgl. Bürgi 2007).

Der erwähnte *Dictionnaire* von Haller und Tscharner findet sich weder in Goethes Bibliothek noch in seinen Ausleihlisten; auch die Karte von Grasset fehlt in seiner Sammlung. Anders verhält es sich mit derjenigen Karte, die Goethe im Manuskript der *Briefe aus der Schweiz* explizit nennt: Sie kommt am Ziel des in Martigny angepeilten Weges ins Spiel, auf dem Gotthardpass. Die evozierte Situation ist eine sehr ähnliche wie beim Eintritt ins Wallis: Wieder sind die Reisenden nach anstrengender Wanderung in einem Refugium angekommen und ziehen sich für die Nacht unter ein schützendes Dach zurück. Im Gegensatz zum ersten Besuch Goethes im Hospiz, der im Juni 1775 stattfand, herrscht jetzt, Mitte November 1779, spätherbstliche Kälte:

---

10 Scheuchzer stützte sich seinerseits stark auf eine Karte Hans Conrad Gygers von 1657. Goethe besaß zwei Blätter der aus vier Teilen zusammengesetzten Scheuchzer-Karte in einem Amsterdamer Nachstich (Kratzsch 1965, 10, Nr. 48) von ca. 1720, der vor allem wegen seines barocken Bildschmucks bekannt war (vgl. Grosjean und Cavelti Hammer 1971, 28–30).

> Gegen Abend traten wir einen Augenblick vor die Haustüre heraus, um uns vom Pater denjenigen Gipfel zeigen zu lassen, den man für den höchsten des Gotthards hält; wir konnten aber kaum einige Minuten dauern, so durchdringend und angreifend kalt ist es. Wir bleiben also wohl für diesmal in dem Hause eingeschlossen, bis wir Morgen fortgehen, und haben Zeit genug, das Merkwürdige dieser Gegend in Gedanken zu durchreisen. (FA I 16, 87–88)

Diese Gedankenreise nimmt den nun folgenden längeren Abschnitt des Reiseberichts ein. Er beginnt so:

> Aus einer kleinen geographischen Beschreibung werden Sie sehen, wie merkwürdig der Punkt ist, auf dem wir uns jetzt befinden. Der Gotthard [...] behauptet [...] den Rang eines königlichen Gebirges über alle andere, weil die größten Gebirgketten bei ihm zusammen laufen und sich an ihn lehnen. Ja, wenn ich mich nicht irre, so hat mir Herr Wyttenbach[11] zu Bern, der von dem höchsten Gipfel die Spitzen der übrigen Gebirge gesehen, erzählt, daß sich diese alle gleichsam gegen ihn zu neigen schienen. (FA I 16, 88)

Es folgt eine Passage über die vier Flüsse, die hier entspringen: Tessin, Rhein, Reuss und Rhone. Goethe resümiert: „[S]o befindet man sich hier auf einem Kreuzpunkte, von dem aus Gebirge und Flüsse in alle vier Himmels-Gegenden auslaufen." (FA I 16, 88) Damit enden die *Briefe aus der Schweiz* – jedenfalls in den gedruckten Fassungen. Im Manuskript folgen hier aber noch zwei Sätze:

> Einen guten obgleich nur allgemeinen Begriff kann man sich davon machen, wenn man die zu Gruners Beschreibung gehörige Karte übersieht. Wie viel interessantes würde man finden, wenn man von hier aus mit Muse und in guter Jahreszeit die Thäler und Berge durchstreichen könnte. (WA I 19, 451)

Diese beiden Schlusssätze hat Schiller gestrichen, als er das Manuskript 1796 für den Erstdruck in den *Horen* redigierte, und sie wurden auch in spätere Druckfassungen nicht mehr aufgenommen.

Die im Manuskript genannte Karte ließ der Berner Gottlieb Sigmund Gruner 1760 für sein bis zum Ende des achtzehnten Jahrhunderts viel gelesenes topographisches Werk *Die Eisgebirge des Schweizerlandes* herstellen. Sie ist nach Süden orientiert – damals schon eine Ausnahme,[12] doch die Karte vermittelt so den Blick eines städtischen Naturforschers im schweizerischen Mittelland, der

---

[11] Der Berner Pfarrer Jakob Samuel Wyttenbach (1748–1830) war ein Pionier der Alpenforschung und hatte einen Führer durch das Berner Oberland geschrieben, den auch Goethe und Carl August benutzten; Goethe besuchte ihn am 19. Oktober 1779 (vgl. Wyder 2013, 38).
[12] Die Nordorientierung war im achtzehnten Jahrhundert zwar Konvention geworden, aber noch nicht für alle Karten verbindlich; vgl. Schneider 2018, 91.

die Alpen von Norden her betrachtete und besuchte. Gruner beschreibt in seinem Text, dem „erste[n] Versuch einer selbständigen, in's Einzelne gehenden Topographie der schweizerischen Hochalpen" (Studer 1863, 341), alle vergletscherten Gebirgsmassive der Schweiz; die Karte zeigt denn auch nur diese höchsten Bergketten und lässt die Voralpen mit ihren immerhin über 2000 m hohen Gipfeln weg. Dagegen wird die zentrale Stellung des Gotthardmassivs, wie sie Goethe in seinem Reisebericht beschrieben hat, sowohl graphisch wie im Text hervorgehoben. Aufgrund fehlerhafter Messungen hielt Gruner den Gotthard sogar für die höchste Erhebung der Alpen, und Goethe teilte diese Meinung gern.[13]

Entstanden sind Goethes Texte über die Tour durchs Wallis und die abschließende Betrachtung zur zentralen Stellung des Gotthardmassivs in den ersten Monaten des Jahres 1780. Am 2. April las er die *Briefe aus der Schweiz* bei Hofe vor. Auch Wieland gehörte zu den Zuhörern und lobte Goethes Kunst der Komposition (vgl. FA I 16, Komm. 720–721). Es lässt sich vermuten, dass Goethe die Betrachtung von Gruners Karte in seine Lesung der *Briefe aus der Schweiz* einbezog. So konnte er einen Medienwechsel inszenieren, um auf dem Höhepunkt der Reise aus dem Text ‚auszusteigen'. Was ihm realiter nicht vergönnt war, nämlich in Muße die Täler und Berge der Gotthardregion zu „durchstreichen", wurde nun vielleicht in den auf die Lesung folgenden Gesprächen mit dem Finger auf der Landkarte möglich. Das in Goethes Sammlung befindliche Exemplar zeigt, dass Gruners Karte sowohl für die Reise wie für die Präsentation eingerichtet war (Abb. 2). Sie weist jedoch keinerlei Gebrauchsspuren auf, so dass dieses Exemplar nicht auf der Reise selbst verwendet wurde. Das vom Licht gebräunte Papier lässt vermuten, dass Goethe sie längere Zeit bei sich aufgehängt hat.

Wie der Titel von Gruners Karte angibt, verzeichnet sie zudem mit Symbolen zahlreiche Mineralienvorkommen der Schweiz.[14] Gesteine und Mineralien aus der Schweiz stehen denn auch am Beginn von Goethes Sammeltätigkeit auf diesem Gebiet (vgl. Wyder 2013, 51–52). Über mehrere Jahre hinweg widmete er den Erdwissenschaften ab 1780 einen großen Teil seiner Zeit. Dabei befasste er sich vornehmlich mit dem „Urgestein" Granit, das auch die Höhen des Gotthards bildet. Als Goethe im Jahr 1821 vom Hallenser Juristen und Geologen Christian Keferstein um Farbvorschläge zu einer geologischen Karte von Mitteleuropa gebeten wurde, wählte er für den Granit die dominante Farbe Purpurrot – manche dieser Farben

---

13 Vgl. Gruner 1760, Bd. 2, 23, und Bd. 3, 23–26. Goethe änderte erst für den Druck seiner Werkausgabe bei Cotta 1807 die Angaben zur besonderen Höhe des Gotthards in den *Briefen aus der Schweiz*, vgl. Wyder 2013, 49–50.
14 Vgl. dazu die Übersicht zu den geologischen Karten der Schweiz bei Heitzmann 2008, bes. 23–25.

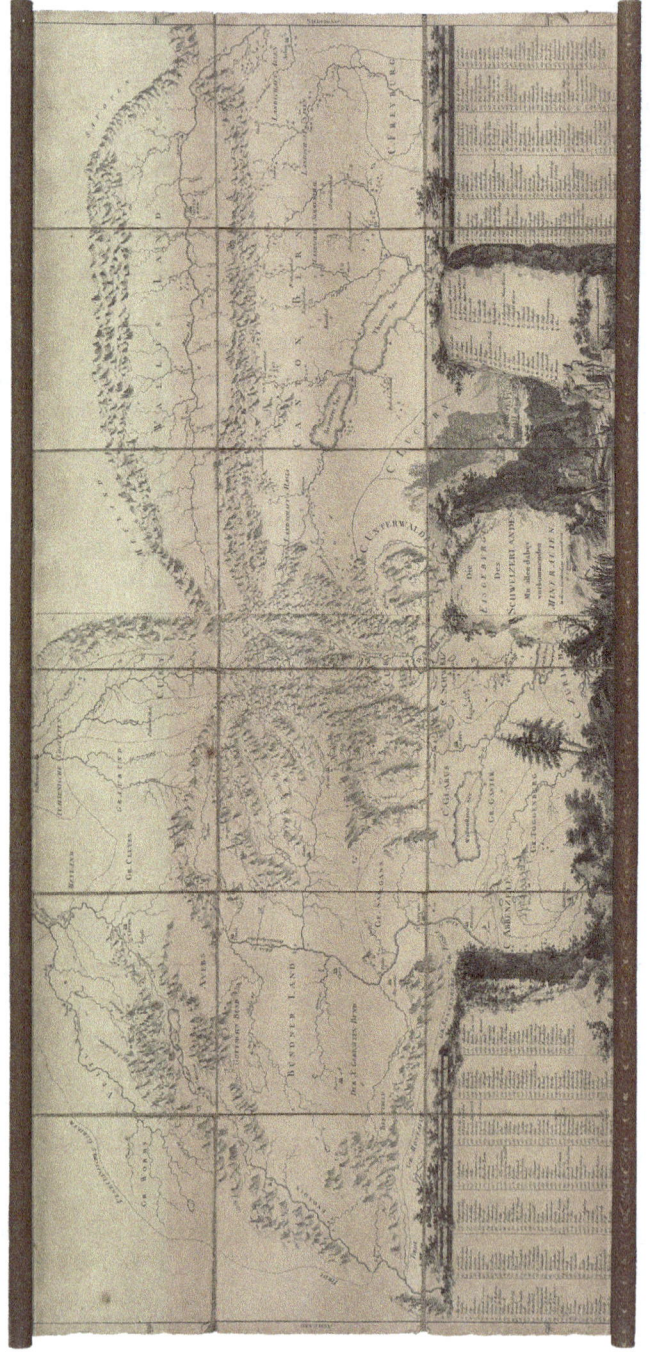

Abb. 2: G.S. Gruner und Adrian Zingg. *Die Eisgebyrge Des Schweizerlandes, Mit allen dabey vorkommenden Mineralien.* [Bern: Abraham Wagner, Sohn, 1760]. Kratzsch 1965, 9, Nr. 42. Klassik Stiftung Weimar, KS 44. Die 37 x 80 cm messende Karte wurde in zwei Blättern herausgegeben (vgl. www.e-rara.ch/zut/doi/10.3931/e-rara-23148).

sind bis heute gleich geblieben (vgl. Ho 2012). Gedruckt wurde Kefersteins Karte im renommierten Verlag des Geographischen Instituts in Weimar.

3 Abschied von Rousseau oder neue Verkehrsgeschichte(n)

Die moderne Verkehrsgeschichte der Schweiz beginnt mit Napoleon. Im Jahr 1800 fasste er den Plan, eine fahrbare Verbindung zwischen Paris und Mailand über den Simplonpass bauen zu lassen. Zwischen Brig und Domodossola waren die tiefen Schluchten der Saltina und der Diveria bei Gondo zu überwinden, wo bis dahin nur ein Saumpfad hindurchführte. Nach einer längeren Planungsphase konnte der Bau dieser *Route impériale* 1802 beginnen. Die Straße mit ihren imposanten Kunstbauten wurde im Oktober 1805 eröffnet – zu spät für Bonaparte, um zu seiner Krönung zum König von Italien über den Simplon nach Mailand zu fahren. Er musste dafür im Mai 1805 noch den Col du Mont Cenis benutzen. Auch ist der militärische Zweck der Simplonstraße, nämlich Artillerietruppen darüber zu verschieben, nie realisiert worden (Campana 1994, 22). Umso mehr aber profitierten bald Handel und Tourismus von dem verbesserten Verkehrsweg. Im frühen neunzehnten Jahrhundert wurden Bildungs- und Vergnügungsreisen für immer zahlreichere Menschen möglich. Aufwändige Kunstbauten machten weitere Alpenpässe für Kutschen befahrbar, und technische Neuerungen wie Dampfschiff und Eisenbahn erleichterten den Reiseverkehr. Damit lohnte es sich nun für private Unternehmer vermehrt, Karten von denjenigen Ländern und Gegenden herzustellen, die von Reisenden frequentiert wurden.[15]

Im Sommer 1817 unternahm Großherzog Carl August – diesen Titel hatte er mit der Neuordnung Europas 1815 erhalten – eine Reise nach Norditalien. Seine Route ist wegen fehlender Unterlagen nur anhand von Indizien zu rekonstruieren. Wahrscheinliche Reisestationen sind aber folgende: Auf dem Hinweg gelangte er via Genf und Aix-les-Bains über den Mont Cenis nach Turin und von da nach Mailand, wo er sich länger aufhielt; für den Rückweg wählte er die Route über den Simplonpass.[16] Die Fahrt durch die Schweiz nutzte der Großherzog zu einem

---

15 Zu den Reisekarten der Schweiz vgl. Heft 53 der *Cartographica Helvetica* (2016), besonders die Beiträge von Feldmann zu den Straßenkarten (11–16) und von Reichen zu den Reisekarten für den Tourismus (43–47).
16 Vgl. das Verzeichnis des Mitgebrachten bei Wahl 1971, 414–415, wo u. a. ein Bäderführer von Aix und eine Gesteinsprobe vom Mont Cenis aufgeführt sind. Die Vermutung zur Reiseroute stützt sich auf die Abfolge auf der Liste; eine umgekehrte Reiseroute wäre auch möglich.

Besuch in Philipp Emanuel von Fellenbergs pädagogischem Institut in Hofwil bei Bern, wo zwei uneheliche Söhne von ihm und Caroline Jagemann erzogen wurden. Von der Reise brachte Carl August nebst Büchern und Gesteinsproben auch einige „Alpendurchschnitte" und Landkarten, ein Alpenpanorama und zwei Bergreliefs mit nach Weimar (Wahl 1971, 414–415). Hier übernahm es Goethe, diese Objekte zu katalogisieren (vgl. WA III 6, 111). Auf Goethes Liste, datiert vom 22. September 1817, findet sich auch eine als „Route du Simplon" bezeichnete Karte (Wahl 1971, 414). Um welches Werk es sich dabei handelte, ist nicht mehr eindeutig feststellbar.[17]

Im Zusammenhang mit den Reisemitbringseln des Großherzogs ist über Landkarten vorerst nichts mehr zu vernehmen, wohl aber über das aus fünf Blättern zusammenzusetzende Alpenpanorama[18] und die beiden Reliefs. Die Liste spezifiziert diese so: „An Modellen (Reliefkarten): Gipfel des Gotthards; Thuner- und Brienzersee." (Wahl 1971, 415). Carl August hatte offenbar geographische Erinnerungsstücke an seine Schweizer Reise von 1779 mit Goethe gekauft. Solche dreidimensionalen Bergmodelle wurden einige Jahrzehnte nach Pfyffers Pionierleistung als Andenken für Touristen produziert, zu diesem Zweck stellte man sie in praktischen Größen her (vgl. Imhof 1981, 120–125). Diesen neuen und visuell attraktiven Medien zur Landschaftsdarstellung galt nun die volle Aufmerksamkeit Goethes, der die Objekte vorübergehend bei sich zuhause aufbewahrte, bevor sie nach Jena in die wissenschaftlichen Sammlungen überführt wurden. Am 20. September 1817 meldet sein Tagebuch: „Mit dem Modell des Gotthard beschäftigt, ingleichen was Serenissimus von der Reise mitgebracht." (WA III 6, 110) Am 2. Oktober empfing Goethe bei sich Großherzogin Louise und „die jungen Herrschaften nebst Damen" – also Erbprinz Carl Friedrich mit Gattin Maria Pawlowna und Gesellschafterinnen –, nachdem er am Vortag für den hohen Besuch die „Schweizergebirge [...] durchstudirt" hatte (WA III 6, 116). Das Interesse an den

---

17 In der Schweizerischen Nationalbibliothek ist eine *Carte de la route du Simplon entre Brigg et Domo d'Ossola* von Céard aufgeführt, die auf „avant 1813" datiert wird; http://permalink.snl.ch/bib/sz001038334 (28. August 2020). Die lithographierte Karte war bei Charles Motte in Paris erschienen und beruhte auf den Plänen des für den Bau der Straße zuständigen Ingenieurs Nicolas Céard. Weitere Ausgaben sind 1820 und 1823 erschienen. Zu Céard vgl. Campana 1994, 14–16. Ein *Plan de la route du Simplon* von D. Duval nach Plänen des Ingenieurs Joseph Cordier, abgebildet bei Feldmann (2016, 14–15), erschien offenbar gerade 1817.
18 Vgl. Goethes briefliche Meldung an Carl August vom 10. Oktober 1817, er habe „das Panorama von Neufchatel zusammengeklebt und in den angeordneten Zirkelbogen aufgestellt, wo es sich ganz munter ausnimmt." (Wahl 1971, 195). Zu dem fünfteiligen Panorama von Neuchâtel, das 1806 erschienen war, vgl. Solar 1979, 124–126 und die Abbildung https://www.imagesdupatrimoine.ch/notice/article/la-naissance-des-panoramas-alpins.html (28. August 2020).

Schweizer Souvenirs war offenbar groß.[19] Goethe hat nach dieser Präsentation die beiden Reliefs nochmals genauer „untersucht" (WA III 6, 119) und bearbeitet, so dass er am 10. Oktober 1817 dem Großherzog melden konnte: „Die erhabenen Berg-Modelle, sind durch Inschriften, an den Seiten angebracht, näher bestimmt und zu Vergleichung mit Landcharten geeigneter gemacht worden." (Wahl 1971, 195) Goethe kombinierte also die zwei unterschiedlichen Medien der Raumdarstellung, die sich gegenseitig ergänzten, und übertrug Informationen – die „Inschriften" – vom einen zum andern. So wurde das Relief besser ‚lesbar' und der Informationsdichte einer Karte angenähert. Doch im Gegensatz zur Karte kann die Beschriftung nicht direkt ins Relief eingetragen werden; höchstens Zahlen oder Buchstaben mit einer gedruckten Erläuterung sind möglich. Goethe löste das Problem also, indem er die Seitenflächen des Modells beschriftete.

Mitte Oktober erhielt der Großherzog eine Sendung aus Genf, wo er auf seiner Reise mit dem Physiker Marc-Auguste Pictet in Kontakt getreten war. Sie enthielt offenbar Gesteinsproben (vgl. Wahl 1971, 197) und weitere „Panoramen und Modells von der Schweiz" (WA III 6, 123), die Carl August sogleich an Goethe weiterleiten ließ. Dieser hat am 18. Oktober 1817 die neuen „Schweizer Reliefs durchstudirt", und der Großherzog besichtigte schon am folgenden Tag bei Goethe „die angekommenen *Helvetica*" (WA III 6, 124), die leider nicht weiter spezifiziert wurden.[20]

Etwa einen Monat später gelangte noch ein weiteres damals aktuelles Medium der Landschaftsdarstellung in Goethes Blickfeld. Es handelte sich um die *Voyage pittoresque de Genève à Milan par le Simplon* von Vater und Sohn Gabriel Lory, 1811 in Neuchâtel und Paris verlegt. Die zwei bekannten Berner Landschaftsmaler hatten mit ihren 35 Illustrationen zur Simplonstraße, von Genf bis Sesto Calende, neue romantische Landschaftsikonen geschaffen (vgl. Campana 1994). Auf dem Pass verband sich das „Malerische" bestens mit dem Technischen: Die Tunnels und Galerien schufen gerahmte Durchblicke, und die waagrechte Straße betonte die Steilheit der Bergflanken (Abb. 3).

---

19 Maria Pawlowna pflegte schon am Hof in Petersburg persönliche Beziehungen zur Schweiz. Ihre Gouvernante Jeanne Huc-Mazelet stammte aus Morges und lebte ab 1804 wieder am Genfersee, wo sie von der Zarentochter mehrmals besucht wurde. Die beiden Frauen führten auch einen Briefwechsel; vgl. Perrochon 1937 und Huc-Mazelet 2018.
20 Dass es zwischen den schweizerischen Mitbringseln von der Reise im September und einer kunsthistorisch ausgerichteten Sendung aus Mailand im November zudem im Oktober diese Sendung aus Genf gab, ist nur aus den hier angeführten Zeugnissen herauszulesen und von früheren Herausgebern offenbar nicht bemerkt worden.

Abb. 3: Gabriel Lory fils: „Vue près de Gondo" aus der *Voyage pittoresque de Genève à Milan par le Simplon* (²1819), Tafel 22. Zentralbibliothek Zürich, Sign. BZ 29.

Die alphabetische Liste der Neuerwerbungen der Weimarer Bibliothek gibt an, dass das Buch der Lorys am 21. Oktober 1817 eingegangen ist,[21] es muss also aus der Genfer Sendung stammen. Laut der Benutzerliste der Weimarer Bibliothek lieh sich Goethe vom 19. bis 21. November dieses Werk offiziell aus (Keudell 1982, 178). Schon am 18. November abends heißt es in seinem Tagebuch: „Malerische Reise über den Simplon." (WA III 6, 137).[22] Am 20. November meldet das Tagebuch: „Weg über den Simplon in Modell und Zeichnung." (WA III 6, 137) Der Ausdruck „Zeichnung" dürfte sich auf die Abbildungen der Lorys beziehen, „Modell" aber kann nur ein Relief meinen. Es muss damit ebenfalls zu der Lieferung aus Genf gehört haben und könnte vom Westschweizer Modellbauer Léonard Gaudin stammen.[23] Goethe versuchte auch hier, zwei verschiedene

---

[21] Verzeichnet unter dem Buchstaben G wie „Genève": https://haab-digital.klassik-stiftung.de/viewer/image/1442474513/7/LOG_0005/ (28. August 2020).

[22] Nachdem Goethe Mitte November 1817 von Carl August die Meldung erhalten hatte, eine Sendung mit Büchern und Kunstobjekten aus Mailand sei angekommen, unterbrach er seinen damaligen Aufenthalt in Jena für einige Tage und kehrte nach Weimar zurück; vgl. Wahl 1971, 197. Vermutlich gaben die damit verbundenen Reminiszenzen an die Italienreise des Großherzogs den Anstoß, dessen damalige Route nochmals genauer nachzuverfolgen.

[23] Léonard Gaudin (1762–1843) hatte ebenso wie sein Vorläufer Charles-François Exchaquet (1746–1792) bzw. dessen Werkstatt ein Relief vom Simplongebiet im Angebot; vgl. Imhof 1981, 122,

Medien zu kombinieren, um durch den Vergleich mehr Informationen über diese ihm unbekannte Landschaft zu gewinnen. – Von all den erwähnten Bergmodellen findet sich in Weimar und Jena heute keines mehr. Als Objekte aus bemaltem Gips, Holz, Porzellan, Papiermaché oder Wachs sind sie schlecht überlieferbar, da sie schnell Schaden nehmen oder verstauben und so unansehnlich werden[24] – ein gewichtiger Nachteil gegenüber alten Karten, die dank ihrer historischen Bedeutung und ästhetischen Wirkung mit der Zeit eher an Wert gewonnen haben.

Die napoleonische Simplonstraße begann bereits in Genf und führte von dort am französischen Ufer des Genfersees entlang. Sie findet sich deshalb auch auf einer touristischen Karte vom Lac Léman, die in Goethes Bibliothek aufbewahrt ist, gefaltet und zusammengebunden mit der erläuternden Borschüre (Ruppert 1958, 577, Nr. 4025). Das 1824 bei Charles Briquet in Genf verlegte anonyme Werk trägt den Titel *Itinéraire du tour du lac Léman, ou de Genève, avec une table des hauteurs des principales sommités qui l'environnent et leurs distances de ses rives*. Die Karte und der Reiseführer sind in Verbindung mit der neuesten Touristenattraktion in der Region entstanden, denn seit dem Sommer 1823 verkehrte dort die *Guillaume Tell*, das erste Dampfschiff der Schweiz. Die Karte stammt vom Panoramenzeichner Jean Dubois;[25] ungewöhnlich daran ist, dass sie Vogelschau und Panoramasicht kombiniert und damit zwei unterschiedliche Arten der Landschaftsdarstellung verbindet (Abb. 4). Integriert wurde mit dem im Titel genannten Höhendiagramm sogar noch ein drittes zeitgenössisches Mittel zur Darstellung der Bergwelt, und diese Beigabe könnte auch der Grund für die Anschaffung gewesen sein, war Goethe doch mit seiner Zeichnung *Höhen der alten und neuen Welt* 1807 selbst im Genre der vergleichenden Höhendarstellung tätig geworden.[26]

Goethe erhielt das Werk vermutlich von Fréderic Soret, der aus Genf stammte und seit 1822 als Prinzenerzieher am weimarischen Hof angestellt war. Der stu-

---

124. Der Emailmaler Gaudin wurde von Marc-Auguste Pictet zum Modellbau angeleitet; vgl. Asselborn 2019, 111–112, 258. In der Herzogin Anna Amalia Bibliothek zu Weimar findet sich eine undatierte *Designation des numéros indicatifs de la nouvelle route du Simplon*, also eine Erläuterung zu Nummern auf einem Relief, die den Herkunftsvermerk „Se vendent chez l'artiste Léonard Gaudin" trägt (Signatur: HAAB 19 A 3130). Sie könnte aber auch aus der Zeit nach 1817 stammen: Der Katalog einer Genfer Gewerbeausstellung verzeichnet noch im Jahr 1828 von Gaudin u. a. ein „Modèle de la route du Simplon", das zu Fr. 100 verkauft wurde (*Livret* 1828, 8).
24 Zur Problematik der Überlieferung und Restauration von Reliefmodellen vgl. Mair 2018.
25 Aus technischer Sicht vereint dieses Panorama Parallel- und Zentralperspektive; vgl. Germann 2001, 26 u. 29.
26 Zu Goethes Höhenbild vgl. Nickel 2000 sowie Wyder 2004 und 2009. Zur Beliebtheit dieses Genres im neunzehnten Jahrhundert vgl. Bailly et al. 2014.

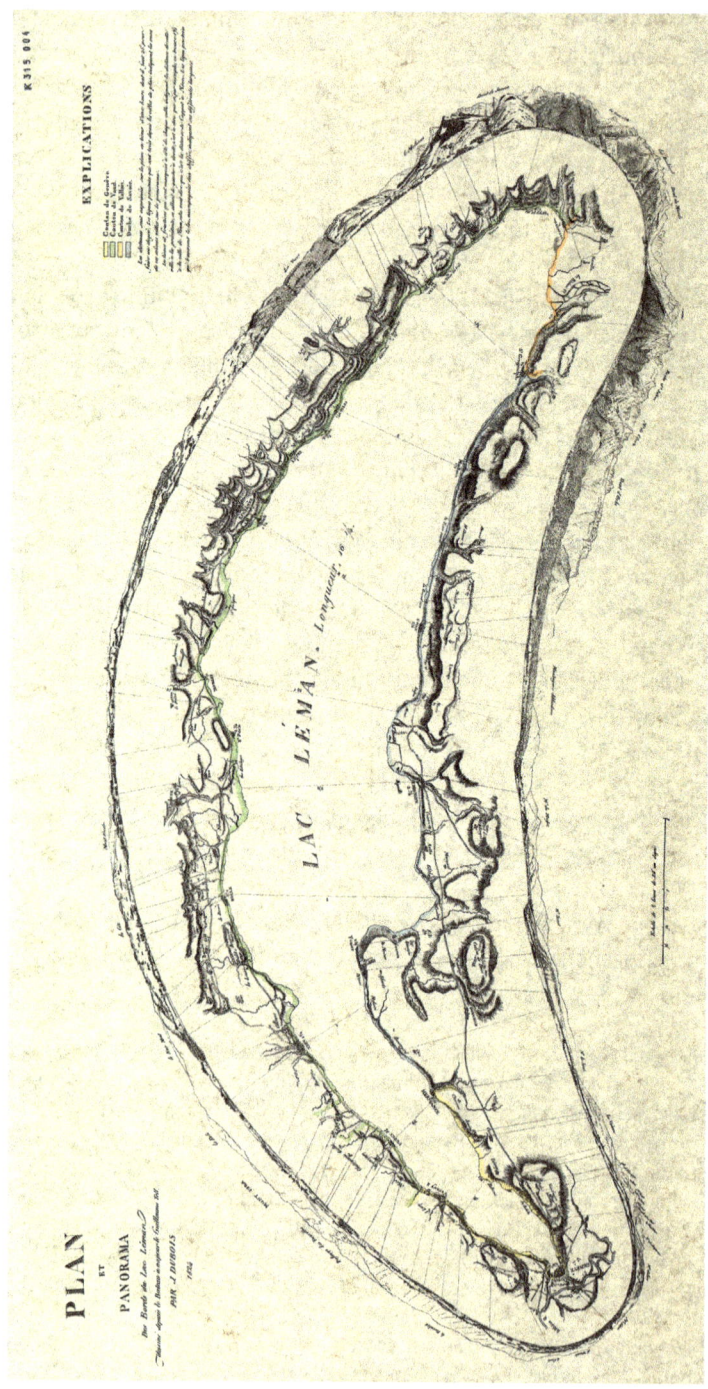

Abb. 4: *Plan et Panorama Des Bords du Lac Léman dessiné depuis le Bateau à vapeur le Guillaume Tell* von Jean Dubois, 45 × 95 cm. Abgebildet nach einer ungefalteten Faksimileausgabe (Dubois1982), ETH-Kartensammlung K 315004. Farbig markiert sind die Gebiete der Kantone Genf (gelb), Waadt (grün) und Wallis (rot) sowie des Herzogtums Savoyen (blau). Diese Version besaß auch Goethe. Eine zeitgenössische Version mit durchgehend kolorierter Panoramaansicht findet sich digitalisiert auf: oai:doc.rero.ch:20141002112351-ZZ (28. August 2020).

dierte Naturwissenschaftler hielt die Beziehungen zu seiner Heimatstadt stets aufrecht (vgl. Wyder 2013, 90, 93, 105–109). Goethe stand durch ihn in dieser Zeit auch in Kontakt mit dem Genfer Medailleur Antoine Bovy, bei dem Soret 1824 eine Medaille auf Goethe bestellt hatte (vgl. Soret 1929, 126–130). Am 29. März 1825 diente die Genferseekarte als Gesprächsstoff für den wöchentlichen Besuch von Großherzogin Louise bei Goethe, wie sein Tagebuch vermerkt: „Vorgelegt die Uferfahrt am Genfer See" (WA III 10, 36). Gab es dafür einen besonderen Grund? Nun, am Donnerstag zuvor war dieser gewohnte Besuch ausgefallen – aus dramatischem Anlass: In der Nacht vom 21. zum 22. März war das Weimarer Theater abgebrannt. Goethe fühlte sich davon so betroffen, dass er den Besuch der Großherzogin hatte absagen lassen. Dies wurde ihm von Soret übel vermerkt, der am 22. März 1825 in sein Tagebuch schrieb:

> Goethe ist von diesem Brand so erschüttert, daß er vormittags im Bett blieb und die Großherzogin nicht empfangen konnte. Welche Schwachheit von dem großen Manne! Sie, die ihre liebste Gewohnheit aufgeben muß, ist völlig gefaßt und wollte ihn noch heute vormittag besuchen, nachdem sie die ganze Nacht auf den Beinen gewesen; und er, der viele Jahre hindurch das Theater nicht von innen gesehen und das alles völlig aus dem Gesicht verloren hatte, ist ganz außer sich. – Das Unglück hat ihm den recht sentimentalen Ausruf entlockt: „Jedem von uns sind damit viele Erinnerungen zerstört!" (Soret 1929, 150)

Goethe hatte also etwas gutzumachen, als die Großherzogin nun nach Wochenfrist wieder zu Besuch kam. Er wählte mit der „Uferfahrt" ein örtlich und zeitlich weit abgelegenes Thema, das ihnen beiden ein Eintauchen in vom Theaterbrand nicht tangierte Erinnerungen erlaubte, die in seinem Fall 45, in ihrem Fall 50 Jahre zurück reichten. Denn Louise hatte als 17-jährige Prinzessin von Hessen-Darmstadt im Sommer 1774 die Schweiz bereist, zusammen mit ihrer Schwester Caroline und ihrem Schwager, dem Landgrafen Friedrich V. von Hessen-Homburg (vgl. Franz 2005, 327). Die Reisenden waren dabei in Genf, Bern und Zürich mit den Berühmtheiten der Epoche zusammengetroffen.[27] Die Karte wurde nun zum eskapistischen Medium, das Goethe und der Großherzogin ein Abschweifen von der Brandkatastrophe ermöglichte. – Anderseits lag für ihn die gedankliche Verbindung von Louise und Genf nahe, denn er war gerade in diesen Tagen in Ver-

---

27 Vgl. Schwartz 1878, Bd. 2, 46–48. Neben Voltaire in Ferney besuchte man u. a. Albrecht von Haller und Johann Caspar Lavater. Mit Letzterem blieb die Großherzogin in dauernder Verbindung, auch über ihre Rolle als Patin von Lavaters Tochter Louise; vgl. Bojanowski 1903, 156. Landgraf Friedrich hielt die Beziehungen zu Lavater und zur Schweiz ebenfalls aufrecht und brachte 1787 seine beiden ältesten Söhne nach Genf, um sie dort für ein Jahr erziehen zu lassen; vgl. Schwartz 1878, Bd. 1, 90–96.

handlungen mit Soret begriffen, um bei Bovy eine Medaille auf die Großherzogin in Auftrag zu geben.[28]

Goethe selbst kannte den Lac Léman von seiner Schweizer Reise mit Carl August im Herbst 1779. Auf der Strecke von Lausanne nach Genf hatte er von Vevey aus das gegenüberliegende Seeufer mit den berühmten Felsen von Meillerie betrachtet und dabei wie viele andere Leser und Leserinnen Rousseaus an dessen Roman *Julie ou la nouvelle Héloïse* gedacht, wo das Liebespaar St. Preux und Julie schicksalhafte Erlebnisse bei diesen steil in den See abfallenden Felsen teilt. Am 23. Oktober 1779 hatte Goethe an Charlotte von Stein geschrieben: „[I]ch konnte mich der Trähnen nicht enthalten, wenn ich nach Melleraye [Meillerie] hinübersah und den *dent de Chamant* [Jaman] und die ganzen Pläzze vor mir hatte, die der ewig einsame Rousseau mit empfindenden Wesen bevölckerte." (WA IV 4, 93) Gewiss kannte die literarisch interessierte Louise Rousseaus Roman ebenfalls, so dass beim gemeinsamen Betrachten der Karte nicht nur persönliche Erinnerungen, sondern auch literarisch vermittelte Erlebnisse evoziert wurden, erinnerte und angelesene Landschaftseindrücke verschmolzen.

Die Genferseekarte bzw. ihr Panoramateil wurde – so jedenfalls lautet der aufgedruckte Vermerk – an Bord des Dampfschiffes *Guillaume Tell* gezeichnet (Abb. 5a). Erst mit diesem neuen Verkehrsmittel war eine Längsfahrt auf dem Genfersee für die „amateurs de la belle nature" ersprießlich geworden, wie im Führer betont wird (*Itinéraire* 1824, 3). Zuvor waren die Distanzen zu groß gewesen. Mit dem Dampfschiff erfuhren die Zeitgenossen eine vorher unbekannt stetige und vom Wind unabhängige Beschleunigung auf dem Wasser. Jetzt konnte man den von Genf bis zur Rhonemündung 72 km langen See entlang dem Schweizer oder dem französischen Ufer fahrplanmäßig erkunden.

Allerdings hatte sich seit den 1770er Jahren dieses Ufer verändert. Gerade die Felsen von Meillerie waren durch die napoleonische Uferstraße tangiert, wie dies der Reiseführer bedauernd vermerkt: „Ici commencent ces rochers pittoresques rendus célèbres par les descriptions de Rousseau, mais auquels les travaux de la route du Simplon ont ôté une partie de leurs sauvages beautés; on ne la perd pas de vue; elle côtoie le bord du lac" (*Itinéraire* 1824, 13).[29] – Das Dilemma des

---

28 Vgl. Soret 1929, 148–151. Bovys Medaille zum 50-jährigen Regierungsjubiläum des Großherzogpaars im Herbst 1825 wurde Louise am Jahrestag der Schlacht bei Jena, am 14. Oktober, überreicht (ebd. 169–175). Sie trägt in Erinnerung an das mutige Auftreten der Großherzogin gegenüber Napoleon und den französischen Besatzern die Inschrift: „Das gerettete Weimar MDCCCVI" (abgebildet ebd., nach Seite 160).
29 Übersetzung: „Hier beginnen die pittoresken Felsen, die Rousseau durch seine Schilderungen berühmt machte. Doch die Arbeiten an der Simplonstraße haben ihnen einen Teil ihrer wilden Schönheiten geraubt; man verliert sie nicht aus den Augen; sie verläuft dem Seeufer entlang […]."

Abb. 5a: „Das Dampfschiff Wilhelm Tell, auf dem Genfersee vor la Meillerie". Lithographie aus *Neue Bildergallerie für die Jugend*, Bd. III. Gotha: Carl Hellfarth 1830, Nr. 268.

Tourismus wurde bereits im frühen neunzehnten Jahrhundert offenbar: Man gelangte nun einfacher an landschaftlich reizvolle Orte, doch gerade durch die technische Erschließung verloren diese viel von ihrer früheren Aura. Der von Rousseau gestiftete Wallfahrtsort der Reisenden des achtzehnten Jahrhunderts war zum Opfer der Verkehrsgeschichte geworden und musste neuen landschaftlichen Sensationen Platz machen.

Napoleon konnte seine acht Meter breite *Route impériale* in Schloss Fontainebleau auf dem Porzellanservice betrachten. Die auf einem Teller wiedergegebene Ansicht der Straße bei Meillerie hebt die neue Route hervor und macht deutlich, wie die pittoreske Felslandschaft durch sie gleichsam durchgestrichen wurde (Abb. 5b). – Ironie der Geschichte: Als eine österreichische Armee von über 40'000 Mann im Juni 1815 gegen die Franzosen vorrückte, konnte sie dank der Simplonstraße in drei Tagen von Italien an den Genfersee gelangen. Österreichische Truppen besetzten die Straße an der engsten Stelle, also bei Meillerie, und schlugen in der „Schlacht von Meillerie" die von Genf her angerückten Franzosen zurück (vgl. *Allgemeine Zeitung* 1815).

Gegen Ende seines Lebens sollte Goethe durch seinen Sohn nochmals Reiseeindrücke von der Simplonstraße aus erster Hand erhalten. August von Goethe überquerte im Mai 1830 den Pass mit der Kutsche. Auf der gemeinsam mit Johann Peter Eckermann unternommenen Reise nach Italien, von der er nicht mehr zurückkehren sollte, übermittelte er dem Vater ein in Briefen abgefasstes Tagebuch

Abb. 5b: Die Simplonstraße bei Meillerie; Teller aus dem Spezialservice von Napoleon in Schloss Fontainebleau. Foto © RMN-Grand Palais (Château de Fontainebleau), Jean-Pierre Lagiewski.

von ihrer Route, die via Bern und Lausanne zunächst nach Bex führte. Vom Walliser Ort St. Maurice an, den sie am 6. Mai durchfuhren, empfahl August dem Vater das illustrierte Werk der Lorys: „[H]ier nehmen sie den Vojage Pittoresque von der Biebliothek zur Hand, denn es ist alles von *hier* bis Sesto unvergleichlich treu gezeichnet" (Goethe 2003, 19). August von Goethe erklärte die Illustrationen aber doch nur zum Notbehelf: „Oben erwähnte Reise über den Simplon steht zwar über jeder Beschreibung, aber die Wirklichkeit ist so, daß nur das wirkliche Anschauen einen richtigen Begriff geben kann." (Goethe 2003, 21) So vermochte er dem Vater auch nur summarische Eindrücke von diesem Triumph der Ingenieurkunst zu vermitteln: „Die durch die Felsen gesprengten sogenannten Gallerien, sind Riesenwerke, so wie die herrlich und kühn gebauten Brüken" (Goethe 2003, 21). – Goethe befolgte anscheinend den Rat seines Sohnes nicht: Ausleihen der *Voyage pittoresque* durch ihn sind nach 1817 nur noch zweimal vermerkt, 1821 und 1826. Zu Beginn des Jahres 1821 interessierte ihn das Werk im Zusammenhang mit der Arbeit an der Fortsetzung des *Wilhelm Meister*.

4 Mignons Heimat oder ein „feenhafter Reiseplan"

Die Simplonstraße verbindet den Genfersee mit dem Lago Maggiore, wo die Borromäischen Inseln bei Stresa bald nach Napoleons Rücktritt zu einem beliebten und nun leicht erreichbaren Reiseziel wurden. Goethe hat sich für seine Fortsetzung von *Wilhelm Meisters Lehrjahren* genau diese Landschaft ausgesucht, die als *Hotspot* für den Tourismus galt. Er lieh sich während der Arbeit am Roman am 28. Januar 1821 zum zweiten Mal die *Voyage pittoresque de Genève à Milan par le Simplon* aus, zusammen mit anderen illustrierten Werken;[30] die „Schweizer und Savoyer Reisen" (WA III 8, 12) wurden mit Freund Meyer zusammen diskutiert und bildeten die landschaftliche Anregung für das Kapitel 12 von *Wilhelm Meisters Wanderjahren*. Eine Landkarte spielt in Goethes Roman, dessen erste Fassung im Mai 1821 erschien, eine handlungsrelevante Rolle. Seine Wanderungen führen Wilhelm in Erinnerung an die verstorbene Mignon über die Berge nach Italien: Er will ihren Geburtsort am Lago Maggiore aufsuchen. Gleichzeitig verspricht ihm ein Brief von Hersilie dort im Süden die Begegnung mit Hilarie und der schönen Witwe, zwei Figuren aus der Binnennovelle *Der Mann von fünfzig Jahren*. Den Aufenthaltsort der beiden Frauen muss Wilhelm aber zuerst auf einer Landkarte ausfindig machen. Er erhält dafür einen Kartenausschnitt mit einem von ihnen aufgemalten Pfeil, wie sie sonst als Symbol der Kompassnadel die Nordrichtung anzeigen (vgl. FA I 10, 126). Hier verhält es sich anders: „Der Wanderer prüfte nunmehr an einer größeren Landkarte den kleineren Ausschnitt und stand verwundert, erstaunt, erschrocken, als die Nadel gerade nach Mignons Geburtsgegend, nach ihren Wohnungen hindeutete." (FA I 10, 129). Wilhelm wird also durch gleichsam magnetische Kräfte an den Lago Maggiore geführt, wo er die beiden Frauen schließlich auch antrifft. Begleitet wird er dabei von einem „wirklich ausgezeichneten Künstler" (FA I 10, 129), bei dem man an Lory den Jüngeren denken darf.[31]

Die Karte ist *das* Medium der geographischen Orientierung. Durch die eigenmächtigen Eingriffe der Frauen – Fragmentierung des Kartenblatts und Überschreibung mit dem Pfeil – erfährt Wilhelm aber zunächst eine Des-Orientierung. Erst durch den Vergleich mit einer ‚unversehrten' Karte kann er eine Um-Orientierung vornehmen und seine neue Richtung finden. Das persönliche Koordinatensystem wird zunächst vom geographischen abgetrennt, dann wieder daran angeglichen. In der Kartographie war dies historisch gesehen ebenfalls geschehen, denn „Orientierung" ist ein Begriff aus der Kartenkunde: Im Mittel-

---

30 Vgl. Keudell 1982, 222–223; zurückgegeben am 26. März. Im Tagebuch ist vom 29. bis zum 31. Januar 1821 mehrmals eine Beschäftigung damit vermerkt; vgl. WA III 8, 12–13. Eine weitere Ausleihe der *Voyage pittoresque* fand vom 13. März bis 13. April 1826 statt, nun zusammen mit einem illustrierten Werk zum Vierwaldstättersee, vgl. Keudell 1958, 269. Diese Ausleihe stand wohl im Zusammenhang mit dem Tagebucheintrag vom 11. März 1826: „Schweizerreise vorgesucht im Original und Mundum", nachdem Goethe am Vortag mit Riemer das Jahr 1797 für die *Annalen* durchgegangen war (WA III 10, 170). Die dritte Schweizer Reise sollte offenbar für die *Ausgabe letzter Hand* bearbeitet werden, was aber erst posthum durch Eckermann geschah.
31 Goethe ließ sich bei der Beschreibung einiger Bilder des Künstlers vom Werk Lorys inspirieren und fügte auch eine diesen betreffende Rezension J. H. Meyers in den Roman ein. Vgl. FA I 10, 138–140, 506–507, und den Kommentar FA I 10, 1130–1131, 1338.

Abb. 6: Gabriel Lory fils: „Vue de l'Isola Bella prise de Stresa", aus der *Voyage pittoresque de Genève à Milan par le Simplon* (²1819), Tafel 33. Zentralbibliothek Zürich, Sign. BZ 29.

alter wurden Karten nach dem Orient, genauer nach der heiligen Stadt Jerusalem ausgerichtet. Später gab es, veranlasst durch die Hauptrichtung der Entdeckungsreisen, auch gesüdete Karten. Im siebzehnten Jahrhundert etablierte sich langsam die Einnordung, und im achtzehnten Jahrhundert war schließlich der magnetische Nordpol als geographisch definierte Größe zum neuen Orientierungspunkt geworden: Der Pfeil der Kompassnadel weist unfehlbar in diese Richtung (vgl. Schneider 2018, 89–91).

Die (um-)orientierende Funktion der Karte gilt in den *Wanderjahren* jedoch allein für Wilhelm. Der fiktive Redaktor des Archivs, das als Quelle zum Roman angegeben wird, stößt damit schnell auf Probleme und gibt seine Unsicherheit an die Leserschaft weiter:

> Sodann treffen wir auf eine mit mehrern auf einander weisenden Pfeilen bezeichnete Landkarte, neben welcher wir, in gewisser Folge, mehrere Monatstage angeschrieben finden, so daß wir uns also überreden dürften, wieder in der wirklichen Welt zu wandeln und über die nächste Marschroute unseres Freundes ziemlich im Klaren zu sein, wenn uns nicht auch hier verschiedentlich hinzugefügte Zeichen und Chiffren befürchten ließen, eine geheimere Bedeutung werde uns immer verborgen bleiben. (FA I 10, 162)

Ohne erläuternde Legende zu den Symbolen auf der Landkarte lässt sich zwar die „Marschroute" Wilhelms feststellen, aber nicht ihre „geheimere Bedeutung" für den Protagonisten. So entzieht sich die persönlich ‚angereicherte' Karte dem deutenden Zugriff des Redaktors – sie steht damit exemplarisch für ein poetologisches Verfahren, das den ganzen Roman kennzeichnet. Das orientierende Medium *par excellence* wird von Goethe hier für eine „offene Lektüre" (Mittermüller 2008, 204) präpariert.

Statt einer „Marschroute" in den Süden wurden bald nach dem Erscheinen der ersten Fassung der *Wanderjahre* bequemere Reisewege aktuell. Eine Postroutenkarte in Goethes Sammlung (Abb. 7) nimmt die Erweiterung der Verkehrsverbindungen zwischen Norden und Süden auf, die in den 1820er Jahren geschah. Denn nach dem Wiener Kongress, der die europäischen Machtverhältnisse auf längere Zeit sicherte, begann man die Verkehrswege auch im Osten der Schweiz, in Graubünden, zu verbessern. So öffneten sich neben dem Simplon weitere Passrouten zu den oberitalienischen Seen. Fast zeitgleich mit dem Splügen, den Goethe auf der Rückreise von Italien 1788 überquert hatte, wurde auch der San Bernardino für Pferdewagen ausgebaut. Ökonomische und politische Gründe waren dafür entscheidend, gleich beide Passstraßen befahrbar zu machen. Obwohl sie beide im Tal des Hinterrheins beginnen, führen sie in unterschiedliche Regionen: Über den Splügen kommt man nach Chiavenna und in die Lombardei, vom Bernardino gelangt man durch das Tessin ins Piemont. Die Regierung des Kantons Graubünden ließ sich diese kurzen Verbindungen zwischen dem Bodenseeraum und den norditalienischen Metropolen Mailand und Turin von den interessierten Großmächten mitfinanzieren: An die Bernardinostraße zahlte das Königreich Sardinien, zu dem das Piemont damals gehörte. Die Österreicher bauten auf eigene Kosten die Splügenstraße aus, da ihnen nun die Lombardei gehörte (vgl. Roth-Bianchi 2007, 18–19); parallel dazu erstellten sie zwischen 1820 und 1825 auch die hochalpine Straße über das Stilfserjoch, die vom Tirol ins Veltlin führt.

Die Bündner Kantonsregierung ließ zu der Verbindung über den Bernardino 1824 eine Beschreibung veröffentlichen. Dies war die eigentliche *Neue Post- und Handels-Strasse* – so der Titel der Boschüre – mit offiziellem Postbetrieb, der Splügenpass wurde dagegen vorerst nur marginal abgehandelt. Für beide Pässe führt die Route zunächst von Chur durch das Domleschg und die Via-mala-Schlucht ins Hochtal des Rheinwalds, wo die beiden Passstraßen sich bei Splügen trennen und dann nur wenige Kilometer voneinander entfernt nach Süden führen. Das Vorwort nimmt Bezug auf die Konkurrenzsituation, die sich aus der stetig zunehmenden Reisetätigkeit ergab:

> Je grösser die Anzahl der Reiseanleitungen, Itineraires, Handbücher und Landkarten aller Art ist, welche über die Verbindungsstrassen zwischen Deutschland und Italien schon erschienen sind und noch täglich erscheinen; je umständlicher und zuverlässiger dieselben oft alle möglichen Strassenrichtungen und auf selbigen anwendbaren Reisemethoden anzugeben behaupten: desto mehr Aufmerksamkeit verdient die Bekanntmachung einer neuen fahrbaren Strasse, welche ihrer Richtung nach als Verbindung zwischen Ober-Italien und dem Innern von Deutschland die kürzeste, ihre Oertlichkeit wegen eine der sehenswerthen ist, und die, obgleich seit mehr als einem Jahr fahrbar, dennoch auch in den allerneusten Reisewerken entweder gar nicht berührt, oder höchstens als unfahrbarer Bergweg angeführt wird. (Graubünden 1824, III–IV)

Aktuelle Karten waren also auch ein wirtschaftlich relevanter Faktor, da man damit die Reise- und Handelsströme beeinflussen konnte. Die parallel zu der Broschüre herausgegebene Postroutenkarte trägt den Titel *Neue fahrbare Post u. Handelsstrassen v. Deutschland nach Italien durch die schweizerischen Cantone St. Gallen, Graubünden und Tessin* und zeigt beide Passwege. In Goethes Sammlung gelangte das Blatt in einer überarbeiteten Fassung, die 1826 oder etwas später erschienen ist. Auf der Rückseite ist die nicht gefaltete Karte von unbekannter Hand sorgfältig adressiert: „Sr. Exzellenz dem Herrn Staatsminister und wirklichen geheimen Rathe von Göthe in Weimar". Auf der Vorderseite wird am unteren Rand in derselben Handschrift auf einen Aufsatz in der *Leipziger Zeitung* verwiesen (1825, 2699–2700). Der Artikel vom 1. Oktober 1825 weist vor allem auf die Erleichterung und Beschleunigung der internationalen Warentransporte durch die neuen Passverbindungen hin – ein Thema, das Goethe auch in Bezug auf andere Verkehrsprojekte sehr interessierte.[32]

Die Karte ist mit einem durch Stempel und Unterschrift von der Kantonsbehörde autorisierten Aufkleber versehen, der auf die 1825 ergänzte offizielle Broschüre und auf ein kommerzielles Werk verweist, das zur touristischen Propagierung beider Verkehrsverbindungen 1825/26 entstand. Es trägt den Titel: *Die neuen Strassen durch den Kanton Graubündten. In dreyssig Blättern von Chur über den Splügen bis zum Comersee, und über den Bernhardino bis Bellinzona dargestellt.*[33] Der Text stammte vom bekannten Reiseschriftsteller Johann Gottfried Ebel, die Bilder vom Zürcher Künstler Johann Jakob Meyer.[34] Ein detaillierter Plan

---

[32] Vgl. etwa seine Bemerkungen zu Eckermann über die Durchstichprojekte Panama-, Rhein-Donau- und Suezkanal vom 21. Februar 1827, FA II 39, 580–581.
[33] Das Werk erschien 1825 und 1826 in fünf Lieferungen, die letzte mit abweichendem Titel: *Die Bergstrassen durch den Canton Graubündten nach dem Langen- und Comer See.*
[34] Johann Jakob Meyer (1787–1858) schuf vor allem Landschaftsdarstellungen und arbeitete auch einige Jahre im Atelier der Lorys in Neuchâtel. Er war nicht verwandt mit Goethes Freund Johann Heinrich Meyer.

Abb. 7: Bündner Postroutenkarte (ca. 1826) aus Goethes Sammlung, 27 x 16 cm. Kratzsch 1965, 62, Nr. 330. Klassik Stiftung Weimar, KS 199.

der Passrouten aus der Werkstatt des Zürcher Verlegers und Kartenmachers Heinrich Keller lag dem Buch bei.

Die damals meistgebrauchte Schweizer Reisekarte stammte ebenfalls von Keller. Sie war mit der Bezeichnung von verschiedenen Straßenkategorien und Symbolen für Aussichtspunkte, Denkmäler, Wasserfälle etc. ganz auf die Bedürfnisse von Touristen zugeschnitten. Die Gebirgszüge wurden aber nur als raupenförmige Gebilde wiedergegeben. Seine 1813 erstmals herausgegebene Karte revidierte Keller alle paar Jahre, bis 1833 eine zweite Fassung entstand (vgl. Grosjean und Cavelti Hammer 1971, 35–36). Der alte Goethe besaß die Keller-Karte auch, sogar in zweifacher Ausführung: in einer undatierten Version, die zwischen 1815 und 1820 entstanden sein muss, und in einer 1827 vom Originalverlag herausgegebenen aktualisierten Fassung.[35] Er sollte diese Karte, ebenso wie das Werk von Ebel und Meyer, noch nutzen können. Denn im August 1828 erkundete das befreundete Ehepaar Willemer aus Frankfurt auf einer Reise zu den norditalienischen Seen die neuen Passrouten, worüber sie Goethe schon im Voraus informierten:[36] Johann Jakob und Marianne von Willemer fuhren zunächst von Innsbruck über das Stilfserjoch ins Veltlin; die Rückreise war über Lugano und den San Bernardino geplant (vgl. WB 197–198), doch wählten sie vom Comersee schließlich die kürzere Strecke nach Chiavenna und über den Splügenpass (vgl. WB 200). Goethe war den Willemers dabei als „steter Begleiter" (WB 199) gegenwärtig, und er bat seinerseits das Paar um das Tagebuch der Reise (vgl. WB 198). In Mariannes Brief vom 2. November 1828 an Goethe findet sich neben dem Lob der neuen Verkehrsmöglichkeiten auch ein gewisses Bedauern über damit verbundene Verluste an ‚romantischer' Erlebnisintensität:

> Wenn noch die Chaussee dem Comer See entlang und über den Gotthard fertig ist, so wird eine Reise dahin zu einer Art Landpartie, die man bequem in 14 Tagen machen kann, und das Merkwürdigste sieht, was jene Alpenpässe bieten; wiewohl man nicht leugnen kann, daß ein großer Reiz, den das Unzugängliche dieser Berge hatte, beinahe schwindet. Der Weg in ‚das Land, wo die Zitronen blühn', ist nicht mehr von Gefahren aller Art bedroht; wiewohl selbst die sichersten Straßen übermütig erscheinen [...], so ist doch *scheinbar* jedes Hindernis überwunden, und wo sonst das Maultier im Nebel seinen Weg suchte, rollt jetzt ein Phaëton, mit raschen Pferden bespannt (WB 201).

---

35 Vgl. Kratzsch 1965, 10, Nr. 46 (KS 45) von 1827, mit Aufkleber des Verlags, und Nr. 47 (KS 46); diese einige Jahre ältere Karte stammte laut einem Aufkleber auf der Rückseite von der Schweighauser'schen Buchhandlung in Basel. Zahlreiche Fassungen der Karte sind digital einsehbar, z. B. doi.org/10.3931/e-rara-33691 (28. August 2020).
36 Der Briefwechsel zwischen den Willemers und Goethe (Weitz 1965) wird im Folgenden mit der Sigle WB bezeichnet.

Marianne – die „Suleika" des *West-östlichen Divans* – hat in ihren Briefen an Goethe mehrmals auf die literarischen Figuren Mignon und Wilhelm Meister angespielt, aber auch auf seine eigene Italienreise Bezug genommen, die vierzig Jahre früher stattgefunden hatte. Goethe sprach diesen Epochenunterschied ebenfalls an: „[B]eide Linien hab ich auch bereist,[37] und der Bogenweg, welcher sie jetzt zusammenbindet, war zu meiner Zeit völlig unwegsam und eine solche Vereinigung weder gedacht noch zu denken." (WB 207) – Die von Marianne versprochene Übermittlung des Reisetagebuchs verzögerte sich allerdings um Monate. Deshalb konnte Goethe erst am 12. Juni 1829, „doch immer noch lebhaft genug" (WB 207), darauf antworten: „Nach erhaltenem freundlichen Bericht kann ich also nun schon eher die Fußtapfen der Teuern verfolgen, wobei es mir durch Neigung und Sehnsucht vollkommen erleichtert wird, frühere Eindrücke hervorzurufen und aus dem Bekannten mir das Unbekannte nachzubilden." (WB 207–208)

Abb. 8a: Goethe: *Via mala*, 1788; Zeichnung mit Graphit und Feder in Braun. Klassik Stiftung Weimar, Bestand Museen, Inv.-Nr. GGz/0439.

Abb. 8b: Johann Jakob Meyer: „Die mittlere Brücke in der Via mala", aus *Die neuen Strassen durch den Kanton Graubündten*. 1825/26, Tafel 11. Zentralbibliothek Zürich, Res 1432.

---

37 Goethe hatte 1786 auf dem Weg nach Italien den Brennerpass benutzt, der von Innsbruck aus nach Bozen führt.

Abb. 9: *Via mala*, aus zwei Stücken zusammenmontierte Zeichnung, mit Bleistift und Feder in Schwarz, braun laviert. Klassik Stiftung Weimar, Bestand Museen, Inv-Nr. GGz/1197.

Zum „Bekannten": Da Goethe auf der Rückreise von Italien im Mai 1788 von Chiavenna ausgehend den Splügenpass überquert hatte, fand er in seinen Unterlagen noch „eine ziemlich deutliche Skizze von der Via mala" (WB 208, vgl. Abb. 8a). – Er meinte damit wohl die Ansicht der „mittleren Brücke", die Meyer vom fast gleichen Standort aus aufgenommen hat (Abb. 8b). Unter Goethes Zeichnungen findet sich aber auch eine phantastische Komposition mit einer Brücke hoch über dem Abgrund (Abb. 9), was der Schlucht eine enorme Tiefendimension verleiht.[38] Der linke Teil der Zeichnung wurde zwischen unterer und oberer Brücke herausgeschnitten und mit neuem Papier unterlegt. Hier schneidet nun eine Felswand den Weg nach links ab; dieser zieht vielmehr nach rechts, wo er hinter einem Felsvorsprung verschwindet. Aus der Brücke im Vordergrund wird so ein Unterbau zur Stützung der Wegkonstruktion an der rechten Wand, und die obere Brücke avanciert zum einzigen Verbindungselement Der gewölbte Über-

---

[38] Vgl. *Corpus der Goethezeichnungen* (1958–1973), IVa, Nr. 95. Die Datierung der Zeichnung auf ca. 1807 erfolgte dort aufgrund stilistischer Merkmale und verschiedener Indizien; so studierte Goethe damals Landschaftszeichnungen von Johann Heinrich Wilhelm Tischbein.

gang mit dem gestikulierenden ‚Männchen' – oder ist es ein Gebüsch? – in der Mitte wirkt dadurch unnahbar, erhält aber zugleich eine schwungvolle Leichtigkeit. Die Zeichnung kann so gleichsam als Illustration für Goethes „Sehnsucht" nach dem „Unbekannten" dienen. Und diese Sehnsucht hatte noch neue Nahrung erhalten. Denn Goethe ging in seinem Antwortbrief vom 12. Juni 1829 auch auf einen Passus ein, den Johann Jakob von Willemer als Nachschrift unter den Brief Mariannes vom 2. November 1828 gesetzt hatte:

> Ein schöner Traum.
> Meine Frau ist ein Engel ohne Flügel in ihrem Hauswesen, aber ein Engel mit Flügel, wenn sie reist. Daß wir doch eine solche Reise zusammen machen könnten, Sie und Mariane in einer leichten Chaise und Ihr Bedienter mit 3 Pferden, ich und mein Bedienter in einer noch leichtern mit 2 Pferden; aber ich erwache, und ...... Doch zur Verwirklichung meines Traums ist nur eins erforderlich: Ihre Beistimmung nächsten Sommer. (WB 203)

Der bald achtzigjährige Dichter spann diesen „Traum" offenbar weiter. Darauf Bezug nehmend schrieb er:

> [W]as mich aber bei dem Unternehmen, Ihrem Tagebuch auf der Karte zu folgen, einerseits belebte, andererseits verwirrte, war ein holdes Märchen, welches unser Freund mir vor einiger Zeit vorspiegelte: als könne eine dergleichen Fahrt von vereinten Wohldenkenden unternommen, und auf dieser irdischen Erde eine Art von feenhaftem Reiseplan durchgeführt werden. Hierüber entstand eine solche Vermischung des wirklich Vollbrachten, des kaum zu Unternehmenden, des Wünschenswerten, aber nicht zu Hoffenden, daß man besser tat, alles zusammen aus dem Sinne zu schlagen (WB 208).

Marianne schrieb am 22. Juni 1289 zurück: „Es freut mich gar sehr, daß unsre Reise Ihnen wichtig genug erscheint, und Sie auf der Karte uns folgen mögen." (WB 210) Bei Goethe stiftete die Gedankenreise mit der Karte aber eher Verwirrung statt Orientierung. Den Sehnsüchte und Phantasien nährenden Effekt dieses Mediums erlebte er hier am eigenen Leibe – und vielleicht hat diese Verwirrung sogar seine Dichtung beeinflusst? Denn in der gleichen Zeit, in der seine Gedanken dem „Traum" Willemers nachhingen, arbeitete er intensiv an der Schlussredaktion der *Wanderjahre*.[39] In der neuen Fassung von 1829 herrscht nun ebenfalls eine Verwirrung, die seither Leserschaft und Herausgeber beschäftigt: Goethe hatte nämlich bei der Umarbeitung des Textes den Brief von Hersilie an Wilhelm mit der Erwähnung des Kartenblättchens und des hinweisenden Pfeils weggelassen, und

---

39 Der Roman ist im Frühling 1829 erschienen, das auf drei Bände aufgeteilte Manuskript sandte Goethe vom Dezember 1828 bis zum Februar 1829 in Portionen an den Verlag; vgl. FA I 10, Komm. 794.

ebenso den Kommentar des Redaktors zur Karte; so blieb nun den Lesern der zweiten Fassung rätselhaft, warum Wilhelm am Lago Maggiore plötzlich auf Hilarie und die schöne Witwe trifft. Ohne Anbindung an Früheres steht da der Satz: „Die Frauenzimmer einigermaßen betroffen faßten sich sogleich, als Wilhelm das Blättchen vorwies und beide den von ihnen selbst vorgezeichneten Pfeil, ohne Bedenken, anerkannten." (FA I 10, 501) Der Pfeil, Garant der Orientierung, ist im Roman selbst nun orientierungslos geworden. Damit hat die im Roman allgegenwärtige Ambivalenz der Zeichen auch den Autor selbst erreicht, als er sich ein letztes Mal eine Reise in den Süden imaginierte.

Während Goethe die Reiseaufzeichnungen Mariannes von 1828 verfolgte, bat er zugleich um ein Echo auf die „letzten Lieferungen meiner Werke" (WB 212), also auf die *Wanderjahre*. So wurde Marianne als Romanleserin ebenfalls in den Süden verwiesen, und die Reisepläne der Willemers für den Sommer 1829 nahmen Gestalt an. Goethes ‚Entsagung', sein Entschluss zum Verzicht auf eine Reise mit den Willemers, übersetzte sich schließlich in eine Imagination, die über das Kartenstudium hinausging. Dazu diente ihm nun das Bildmedium. Am 28. Juli 1829 schrieb Goethe an die Freunde:

> Eine sehr angenehme Zufälligkeit brachte mir in dem Augenblick, als das vollständige Tagebuch zu mir gelangte, das wohlgearbeitete Werk von Jakob Meyer, ‚Die Bergstraßen durch den Kanton Graubünden' betitelt, vor die Augen,[40] welches, wenn es mich auch die Freunde nicht überall hinbegleiten läßt, mir doch Gelegenheit gibt, ihnen hin und wieder an merkwürdigen Stellen zu begegnen. Da ich denn auch wohl einmal ein vertrauliches Paar im zweisitzigen Wäglein begrüße und mein Verlangen genauerer Ansichten und Annäherungen dadurch einigermaßen beschwichtigt wird. Die landschaftlichen Darstellungen sind wirklich allerliebst [...], welches mir denn zu ganz vielfachem Vergnügen bei Rekapitulation jenes lieben Tagebuchs zu Statten kommt. (WB 212–213)

Eben ein solches „vertrauliches Paar" im „zweisitzigen Wäglein" zeigt Meyers Blatt von Chiavenna (Abb. 10). Marianne von Willemer bereicherte ihre Reiseträume ebenfalls durch eine zusätzliche mediale Dimension – bei ihr war es die literarische: Als sie Goethe am 7. August 1829 die aktuellen Reisepläne mitteilte, nahm sie explizit auf die *Wanderjahre* Bezug:

---

[40] Goethe lieh sich das Werk vom 26. Juli bis zum 1. August 1829 in der Weimarer Bibliothek aus; vgl. Keudell 1982, 319. Es war 1825 (Teile 1–4) und 1826 (Teil 5) unter „Meyer" bei den Neuanschaffungen verzeichnet worden; vgl. Zugangsbücher https://haab-digital.klassik-stiftung.de/viewer/image/1442481781/265/LOG_0006/ (28. August 2020). Gleichzeitig mit Meyers Buch bezog Goethe von der Bibliothek drei weitere illustrierte Reisewerke: zum Fluss Hudson, zu Jamaica und zur Seine von Paris bis zum Meer.

Abb. 10: Johann Jakob Meyer: „Cleven [Chiavenna], vom Splügenberg herkommend", aus *Die neuen Strassen durch den Kanton Graubündten*. 1825/26, Tafel 29. Zentralbibliothek Zürich, Res 1432.

> [D]ie Bergstraßen Graubündens sollen aufs neue, und zwar diesmal auch der Comer See in seiner ganzen Länge, befahren werden, der Luganer See und die Borromeischen Inseln[41] sind auch in dieser Linie nicht zu umgehen – vielleicht bin ich so glücklich, Hilarie und ihre Begleiter dort zu treffen, vielleicht, daß mir Wilhelm einiges über jene interessante Witwe vertraut (WB 213–214).

Trotz schlechten Wetters und der angegriffenen Nerven von Johann Jakob von Willemer (vgl. WB 214) brach das Paar am 17. August 1829 nach Süden auf; es musste aber wegen Willemers Erkrankung noch in Deutschland wieder umkehren. So blieb es auch für die Willemers beim Traum von der Reise in Mignons Heimat.

---

[41] Marianne von Willemer scheint hier den Lago di Lugano mit dem Lago Maggiore zu verwechseln, in dem die Inseln liegen – oder die geplante Reiseroute umfasste tatsächlich alle drei Seen.

Literaturverzeichnis

Zu den verwendeten Goethe-Ausgaben FA und WA vgl. das Siglenverzeichnis zu Beginn dieses Bandes.

Allgemeine Zeitung, 30. Juni 1815, Nr. 181, 729.
Arnim, Bettine von. *Goethe's Briefwechsel mit einem Kinde.* Dies. *Werke und Briefe in vier Bänden.* Hg. Walter Schmitz und Sibylle von Steinsdorff. Bd. 2. Frankfurt a. M.: Deutscher Klassiker Verlag, 1992.
Asselborn, Éric. *Mont-Blanc: La conquête naturaliste.* Les Houches: Éditions du Mont-Blanc, 2019. (*Montagne-Culture*).
Bailly, Jean-Christophe, Jean-Marc Besse und Gilles Palsky. *Le monde sur une feuille: Les tableaux comparatifs de montagnes et de fleuves dans les atlas du XIXe siècle.* Lyon: Fage, 2014.
Barnert, Arno. „Die Weimarer Militärbibliothek 1630 bis 1930 – klassische Ordnungsvorstellungen vom Krieg". *Militärgeschichtliche Zeitschrift* 73.1 (2014): 1–21.
Bojanowski, Eleonore von. *Louise Großherzogin von Sachsen-Weimar und ihre Beziehungen zu den Zeitgenossen.* Stuttgart: Cotta, 1903.
Bürgi, Andreas. *Relief der Urschweiz. Entstehung und Bedeutung des Landschaftsmodells von Franz Ludwig Pfyffer.* Zürich: Verlag Neue Zürcher Zeitung, 2007.
Campana, Cesare [et al.]. *Voyage pittoresque de Genève à Milan par le Simplon 1800–1820.* Bern: Schweizerisches PTT-Museum, 1994 (Schriftenreihe des Schweizerischen PTT-Museums).
Christoph, Andreas. *Geographica und Cartographica aus dem Hause Bertuch: Zur Ökonomisierung des Naturwissens um 1800.* München: Fink, 2012 (Laboratorium Aufklärung 16).
Corpus der Goethezeichnungen. Hg. von den Nationalen Forschungs- und Gedenkstätten der klassischen deutschen Literatur in Weimar. Bearb. von Gerhard Femmel. 7 Bde. Leipzig: VEB E. A. Seemann, 1958–1973.
Dubois, Jean. *Plan et Panorama des Bords du Lac Léman.* Ed. S.l: [Chapalay Mottier SA], 1982 (Faksimileausgabe).
Ebel, Johann Gottfried, und Johann Jakob Meyer. *Die neuen Strassen durch den Kanton Graubündten: In dreyssig Blättern von Chur über den Splügen bis zum Comersee, und über den Bernhardino bis Bellinzona.* Zürich: J. J. Meyer, 1825/26.
Feldmann, Hans-Uli. „Straßenkarten". *Cartographica Helvetica* 53 (2016): 11–16.
Franz, Eckhart G. *Das Haus Hessen: Eine europäische Familie.* Stuttgart: Kohlhammer, 2005.
Germann, Thomas. „Perspektive, Projektion und Perfektion". *Augenreisen – Das Panorama in der Schweiz.* Hg. Schweizerisches Alpines Museum, Schweizer Alpen-Club und Schweizerische Ausstellung Alpiner Kunst. Bern: Schweizerisches Alpines Museum, 2001. 25–43.
Goethe, August von. *Auf einer Reise nach Süden: Tagebuch 1830.* Hg. Andreas Beyer und Gabriele Radecke. München: dtv, 2003.
[Graubünden:] *Neue Post- und Handels-Strasse durch die südöstliche Schweiz, als kürzester Verbindungsweg zwischen Deutschland und Italien.* Hg. Direktion der Extraposten und Diligencen des schweizerischen Kantons Graubünden. Chur: A.T. Otto, 1824.

Griep, Wolfgang, und Annegret Pelz. *Frauen reisen: Ein bibliographisches Verzeichnis deutschsprachiger Frauenreisen 1700 bis 1810*. Bremen: Edition Temmen, 1995 (Eutiner Kompendien 1).
Grosjean, Georges, und Madlena Cavelti Hammer. *500 Jahre Schweizer Landkarten*. Zürich: Orell Füssli, 1971.
Gruner, Gottlieb Sigmund. *Die Eisgebirge des Schweizerlandes*. 3 Bde. Bern: Abraham Wagner, Sohn, 1760.
Gugerli, David, und Daniel Speich Chassé. *Topografien der Nation: Politik, kartografische Ordnung und Landschaft im 19. Jahrhundert*. Zürich: Chronos, 2002.
Heitzmann, Peter. „Die ersten geologischen Karten der Schweiz 1752–1853". *Cartographica Helvetica* 37–38 (2008): 21–36.
Ho, Shu Ching. „Keferstein, Christian (1784–1866)". *Goethe Handbuch*, Supplemente 2: *Naturwissenschaften*. Hg. Manfred Wenzel. Stuttgart: Metzler, 2012. 498–499.
Huc-Mazelet, Jeanne. *Je suis moi, ils sont eux: Lettres et journal d'une gouvernante à la cour de Russie, 1790–1804*. Hg. Danièle Tosato-Rigo, Denise Francillon, Geneviève Heller. Lausanne: Éditions d'en bas, 2018.
Imhof, Eduard. *Bildhauer der Berge: Ein Bericht über alpine Gebirgsmodelle in der Schweiz*. Bern: Verlag des SAC, 1981 (*Wissenschaftliche Mitteilungen des Schweizerischen Alpinen Museums* 11).
Itinéraire du tour du lac Léman, ou de Genève, avec une table des hauteurs des principales sommités qui l'environnent et leurs distances de ses rives. Genève: Charles Briquet, 1824.
Keudell, Elise von. *Goethe als Benutzer der Weimarer Bibliothek: Ein Verzeichnis der von ihm entliehenen Werke*. Weimar: Böhlaus Nachfolger, 1931. / Bulling, Karl. *Goethe als Erneuerer und Benutzer der jenaischen Bibliotheken*. Jena: Frommannsche Buchhandlung, 1932. Reprint beider Ausgaben: Leipzig: Zentralantiquariat der Deutschen Demokratischen Republik, 1982.
Kratzsch, Konrad (Hg.). *Verzeichnis von Goethes Landkarten: nach den Beständen der Nationalen Forschungs- und Gedenkstätten der klassischen deutschen Literatur in Weimar*. Typoskript. Weimar, 1965. https://haab-digital.klassik-stiftung.de/viewer/epnresolver?id=1590865170 (28. August 2020).
Leipziger Zeitung, 1. Oktober 1825, 2699–2700.
Livret soit catalogue explicatif des objets qui font partie de l'Exposition des produits de l'industrie genevoise, ouverte par la Classe d'industrie de la Société des Arts, en juin 1828. Genève: Guil[lau]me Fick-Bonnant, 1828.
Lory, Gabriel (père et fils). *Voyage pittoresque de Genève à Milan par le Simplon*. Basel: Haas, ²1819.
Mair, Toni, und Susanne Grieder. *Das Landschaftsrelief: Symbiose von Wissenschaft und Kunsthandwerk*. Baden: Hier und Jetzt, 2006.
Maurer, Michael. „Der Anspruch auf Bildung und Weltkenntnis: Reisende Frauen". *Lichtenberg-Jahrbuch* (1990): 122–158.
Mittermüller, Christian. *Sprachskepsis und Poetologie: Goethes Romane „Die Wahlverwandtschaften" und „Wilhelm Meisters Wanderjahre"*. Niemeyer: Tübingen, 2008 (Hermaea: Germanistische Forschungen 116).
Nickel, Gisela: „Höhen der alten und neuen Welt bildlich verglichen: Eine Publikation Goethes in Bertuchs Verlag". *Friedrich Justin Bertuch (1747–1822). Verleger, Schriftsteller und*

Unternehmer im klassischen Weimar. Hg. Gerhard R. Kaiser und Siegfried Seifert. Tübingen: Niemeyer, 2000. 673–688.

Nickol, Thomas. „Über eine Landkarte des Harzes aus Goethes ‚Miscellan-Atlas'". *Goethe Jahrbuch* 117 (2000): 92–102 [mit Kartenbeilage].

Perrochon, Henri. „Une amie vaudoise de Mme Schiller: Jeanne Huc-Mazelet". *Revue Historique Vaudoise* 42.6 (1937): 321–340.

Reichen, Quirinus. „Reisekarten für den Tourismus". *Cartographica Helvetica* 53 (2016): 43–47.

Roth-Bianchi, Werner. *Historische Verkehrswege im Kanton Graubünden: Eine Publikation zum Inventar historischer Verkehrswege der Schweiz IVS*. Bern: Bundesamt für Strassen (ASTRA), 2007.

Ruppert, Hans. *Goethes Bibliothek. Katalog*. Weimar: Arion, 1958.

Schneider, Ute. *Die Macht der Karten: Eine Geschichte der Kartographie vom Mittelalter bis heute*. Darmstadt: wbg Theiss, ^{4}2018.

Schwartz, Karl. *Landgraf Friedrich V. von Hessen-Homburg und seine Familie*. 3 Bde. in 1 Bd. Rudolstadt: Hofbuchdruckerei, 1878.

Solar, Gustav. *Das Panorama und seine Vorentwicklung bis zu Hans Conrad Escher von der Linth*. Zürich: Orell Füssli, 1979.

Studer, Bernhard. *Geschichte der Physischen Geographie der Schweiz bis 1815*. Bern: Stämpflische Verlagshandlung / Zürich: Friedrich Schulthess, 1863.

Wahl, Hans (Hg.). *Briefwechsel des Herzogs-Großherzogs Carl August mit Goethe*. Bd. II. Berlin: Mittler, 1916 (Nachdruck Bern: Herbert Lang, 1971).

WB = Weitz, Hans-Joachim (Hg.) *Marianne und Johann Jakob Willemer: Briefwechsel mit Goethe: Dokumente – Lebens-Chronik – Erläuterungen*. Frankfurt a. M.: Insel, 1965.

Wyder, Margrit. „Landschaften und Begegnungen auf Goethes Schweizer Reisen: der Vierwaldstättersee". *Goethe Jahrbuch* 120 (2003): 44–57.

Wyder, Margrit: „Vom Brocken zum Himalaja. Goethes ‚Höhen der alten und neuen Welt' und ihre Wirkungen". *Goethe Jahrbuch* 121 (2004): 141–164.

Wyder, Margrit. „Höhen der alten und neuen Welt – Goethes Beitrag zum Genre der vergleichenden Höhendarstellung". *Cartographica Helvetica* 39 (2009): 11–26.

Wyder, Margrit. „Gotthard, Gletscher und Gelehrte. Schweizer Anregungen zu Goethes naturwissenschaftlichen Studien". *Goethe und die Schweiz*. Hg. Oliver Ruf. Hannover: Wehrhahn, 2013. 23–109.

Wyder, Margrit. „Bergabenteuer mit Goethe. Zur Praxis der Schweizer Reise im späten 18. Jahrhundert". *Adolf Traugott von Gersdorfs Schweizer Reise 1786*. Hg. Vanja Hug, Martin Schmid, Gerd Folkers. Zürich: Chronos, 2018 (Edition Collegium Helveticum 10).

Andreas Kilcher
Goethes Medienangst

Unmittelbarkeitspostulat und Medienkritik vom *Faust* zur *Farbenlehre*

Es scheint auf den ersten Blick eine gesuchte Konstruktion zu sein, dass die Figur des humanistischen Universalgelehrten in Friedrich Maximilian Klingers Roman *Faust's Leben, Thaten und Höllenfahrt* (1791) zugleich als Erfinder der Buchdruckerkunst porträtiert ist. Auf diese Weise erscheint Faust nicht nur als eminenter Produzent, sondern zugleich als Propagator von Wissen. Vor allem aber wird das dergestalt verteilte Wissen ebenso mit dem Dämonischen assoziiert wie die neue Medientechnik des Buchdrucks sich als „schwarze Kunst" in einem doppelten Sinn erweist: als Drucktechnologie einerseits und als Instrument von Magie andererseits, wie schon in den ersten Zeilen des Romans festgestellt wird:

> Lange hatte sich Faust mit den Seifenblasen der Metaphysik, den Irrwischen der Moral und den Schatten der Theologie herumgeschlagen, ohne eine feste, haltbare Gestalt für seinen Sinn herauszukämpfen. Ergrimmt warf er sich in die dunklen Gefilde der Magie und hoffte nun der Natur gewaltsam abzuzwingen, was sie uns so eigensinnig verbirgt. Sein erster Gewinn war die merkwürdige Erfindung der Buchdruckerei, der zweite war schaudervoller. Er entdeckte durch Forschen und Zufall die furchtbare Formel, den Teufel aus der Hölle zu rufen und ihn dem Willen des Menschen untertänig zu machen. (Klinger 1986, 9)[1]

Die überraschende Charakterisierung Fausts als Buchdrucker ist bei genauerem Hinsehen allerdings nicht allein Klingers literarische Erfindung. Sie hat zunächst einen *historischen* Index in dem Mainzer Buchdrucker und Verleger Johannes Fust bzw. latinisiert Faustus (1400–1466), einem Förderer der Gutenberg-Bibel und „Miterfinder" des Buchdrucks.[2] Im 18. Jahrhundert, etwa in Johann Christoph Gottscheds *Lob- und Gedächtnisrede auf die Erfindung der Buchdruckerkunst* (1740), galt Faustus gar als dessen primärer Erfinder. Selbstverständlich ist der Buchdrucker Faustus mit der Figur des Zauberers Faustus keineswegs historisch verbunden, aber auch in den *legendenhaften* Fausterzählungen des 16. und 17. Jahrhunderts ist dieser Konnex zunächst noch gänzlich absent. Tatsächlich wurde dieser erst im 18. Jahrhundert hergestellt, aber eben nicht erst durch Klinger. Er findet sich etwa in einem 1726 gedruckten Brief des Theologen Johann Conrad Dürr, der die Faustsage als mönchische Intrige gegen den dämonisierten

---
1 Zu Klingers Faust vgl. Habel 2012.
2 Vgl. auch Stöckl et al. 1988; Stöckl et al. 2000; Schaab 1830.

Buchdruck deutete, sodann in der historisierenden Darstellung *Vernünfftige Gedancken über das Leben des beruffenen Zauberers Johannes Fausti* (1714), oder in Daniel Defoes *Political History of the Devil* (1726).[3] Aber auch Gottsched konnte es in seiner *Lob- und Gedächtnisrede auf die Erfindung der Buchdruckerkunst* nicht lassen, diesen Konnex herzustellen, wenn er das Staunen der Zeitgenossen darüber erklärte, wie der Buchdrucker Faust es schaffen konnte, in kurzer Zeit und für wenig Geld eine große Zahl an Bibeln in den Handel zu bringen: „Man hält ihn für einen Schwarzkünstler, der durch des Satans Beystand, übermenschliche Dinge bewirken kann: und daher entspringt endlich, in den Klöstern unwissender Mönche, die lächerliche Fabel, von dem großen Zauberer D. Faust." (Gottsched 1749, 163) Die Identifikation des Zauberers mit dem Buchdrucker bedeutete freilich nicht nur eine Dämonisierung der neuen Technik, sondern zugleich auch eine Naturalisierung der Magie. Die „schwarze Kunst" wurde buchstäblich.

Lange konnte diese ahistorische Identifikation der beiden Fauste der aufkommenden historischen Kritik nicht Stand halten, wie das Beispiel des Zwickauer Rektors Georg Andreas Weinhold zeigt. In seinen *Historischen Remarquen über D. Johann Faustens, des Schwartz-Künstlers, geführtes Leben, und dessen Ausgang* (1722) hinterfragt er insbesondere die auch in Zwickau kursierenden Buchvorstellungen zu Faust, d. h. konkret: „ob Faust selber Bücher geschrieben habe", „warum hat man so begierig nach Faust's Büchern gefragt, und solche an sich zu bringen getrachtet?", „ob Fausts Bücher auf der Zwickauischen Bibliothec anzutreffen?", schließlich: ob der Zauberer mit dem Buchdrucker identisch sei. Scharf widerspricht er dieser „Confusion oder Vermengung zweyer Personen eines Nahmens", um dagegen festzuhalten: „Der böse Faust, hat, bey Erfindung der vortreflichen Buchdrucker-Kunst, nicht das mindeste beygetragen." (Weinhold 1722, 33). Zumindest aber findet Weinhold für jene „Confusion" eine Erklärung, die auch für ihre künftige literarische Überbietung bei Klinger bemerkenswert ist: den Umstand nämlich, dass man „von Johann Faustens, des Schwartz-Künstlers, Büchern groß Wesen gemacht, und Johann Faustens, des Buchdruckers Buch, auch so hoch geschätzt worden" (Weinhold 1722, 33), mit anderen Worten: dass den beiden noch so unterschiedlichen Faustgestalten das Buch gleichermaßen von zentraler Bedeutung war. Der Umstand also, dass Klinger die seinerzeit schon als ahistorisch zurückgewiesene Identifikation in Romanform noch einmal aufgriff,[4] war folglich nichtsdestoweniger dazu angetan, die entscheidende Rolle des Buchs als Wissensmedium *par excellence* des analogen Zeitalters,

---

[3] Die Quellen finden sich in Tille 1980 [1900], 415–416 (*Vernünfftige Gedancken*), 514–515 (Defoe); vgl. dazu Detering 2018, 121–129; Brown 2010, 140–158.

[4] Klinger blieb damit im Übrigen nicht ganz allein; vgl. Schultes 1865.

bzw. noch allgemeiner: die mediale Bedingtheit der Produktion und Zirkulation von Wissen überhaupt kritisch in den Blick zu rücken.

Das gilt nicht erst für das „tintenklecksende Säkulum", so bekanntlich Karl Moor in Schillers *Die Räuber* (1781) über sein achtzehntes Jahrhundert, wobei er demonstrativ ein Buch aus der Hand legt, sondern schon für die Pionierzeit des gedruckten Buches. Diese historische Bewusstseinssteigerung für das (neue) Medium bestätigt auch die Kontroverse um das neue Gutenberg- bzw. Faustmedium um 1500.[5] Nicht nur *obwohl*, sondern auch *weil* dieses die Zirkulation von Wissen massiv steigerte, erschien es – je nach Standpunkt – auch als bedrohlich. Während es – grob gesagt – vor allem durch die Humanisten und Reformatoren für die Verbreitung ihres neuen Wissens eingesetzt und gefeiert wurde,[6] wurde es von ihren (kirchlichen) Gegnern auch häretisiert.[7] Das zeigen Versuche von Päpsten wie Innozenz VIII., Alexander VI. und Leo X., mit einer Reihe von Bullen um 1500 mittels Zensur, Bann, Aufrufen zu Verbrennung und, ab 1559, dem *Index librorum prohibitorum*, dem „römischen Index", gegen das gedruckte Buch zu agieren (vgl. Wolf 2003; 2006). Mit philologischen Motiven wiederum verteidigte der Benediktinerabt Johannes Trithemius, von dem zugleich eines der ersten historischen Zeugnisse des Gelehrten Faust aus dem Jahr 1506 stammt, unter dem Titel *De laude scriptorum* (1494) die klösterlichen Schreiber gegen den konkurrierenden Buchdruck. Teilweise analog argumentierte Francesco Petrarca in *De remediis utriusque fortunae*, in deutscher Übersetzung unter Mitarbeit von Sebastian Brant und mit Holzschnitten des Petrarcameisters zuerst unter dem Titel *Von der Artzney bayder Glück* (1532) und danach vielfach gedruckt, im Kapitel „Von menge und vile der buecher". Mit dem Augustinisch-Cusanischen Topos der *docta ignorantia* vor Augen, wird in Form eines Dialogs zwischen Freude und Vernunft die *copia librorum* von der ersteren immer neu behauptet und gefeiert – „Groß ist die menge meiner buecher"; „Uberschwencklich hab ich der buecher Menge" (Petrarca 1532, LVI–LVII). Von der letzteren aber werden die Bücher als höchst ambivalent hinterfragt, führen doch „etliche zu kunst / etliche zu unsinigkeit" (Petrarca 1532, LVI), denn mit den „unzalbarlichen buechern" kommen „auch unzahbare yrsale", nicht nur Wissen also, sondern auch „unwyssenheit und unkündighait" (Petrarca 1532, LVII). Der *copia librorum* wird zudem auf theologischer Ebene der christliche Topos der ‚geistigen Armut' entgegengestellt, wie es in der Subscriptio des emblematischen Holzstichs zum Büchernarr in späteren Ausgaben heißt: „Wenig kunst / vnd Bücher vil / Das ist der narren

---

5 Vgl. dazu etwa Giesecke 1991; Hänggi 2015, 41–55; Schneider 2016; Gardt et al. 2011.
6 Vgl. Oehmig 2016; Pettegree und Hall 2006, 343–372.
7 Vgl. Widmann 1973; Giesecke 1991.

freuden spil. / Der darff nit vil der bücher hon / Der Christlich lebt vnd recht will thuon." (Petrarca 1551, XLV)

Nicht theologisch motiviert, sondern kritisch gerade dagegen verhandelten menippeische Satiren wie imaginierte Kataloge die Bücher-Gelehrsamkeit, scheinbar widersprüchlich, just im Modus enzyklopädischer Bücher-Gelehrsamkeit. Das ist der Fall etwa im fiktiven, gegen den scholastischen Wissenschaftstypus gerichteten Katalog der Pariser *Librairie de Saint Victor* in François Rabelais' *Gargantua et Pantagurel* (1532), oder dem die „Pantagruelische Bibliothek" auf 526 Titel erweiternden *Catalogus Catalogorum* (1590) Johann Fischarts, der erst recht die „vnendtlichkeit deß Büchermachens" ironisch übertreibend vor Augen führt (Fischart 1590, Vorrede; vgl. Werle 2007). Das Buch wurde damit auch im Kontext des Humanismus von Petrarca bis Rabelais keineswegs nur affirmativ als Bedingung der Möglichkeit der Erzeugung und Verbreitung von Wissen gefeiert, sondern auch als Symptom eines Übermaßes eines technisch vermittelten Wissens, schärfer noch: als Verlust von Wissen in den Informationsfluten des neuen technischen Mediums kritisch verhandelt.

Vor diesem Hintergrund kann es nicht überraschen, dass das Buch auch in der Faust-Erzählung des sechzehnten Jahrhunderts als das Accessoire *par excellence* des Universalgelehrten ebenfalls unter einem kritischen Vorzeichen erscheinen konnte, indem es etwa mit dem Dämonischen assoziiert wird. Symptomatisch dafür erhält Faust in der *Historia von Dr. Johann Fausten* (1587) – eine reformatorische Polemik – als Quelle seines okkulten Universalwissens „ein grosses Buch von allerley Zauberey unnd Nigromantia" (Petzold 1996, 32) von Mephistopheles. Das genuine Medium des von der Theologie zu den weltlichen Wissenschaften übergehenden neuen Typus des Universalgelehrten im Zeitalter des Humanismus, das „Gutenbergische" oder „Faustische", erscheint damit schon hier polemisch als ein Korrelat schwarzer Magie (vgl. Kilcher 2010, 55–90).

Klinger nun, um auf seinen Roman zurückzukommen, stellte an dem Buchdrucker Faust – wenn auch freilich mit anderen Motiven und vor einem ganz anderen historischen Kontext – ebenfalls ein kritisches Moment ins Zentrum, das sich gegen das Medium des Buches als solches richtete. Nicht nur machte auch er den Universalgelehrten zum Erfinder der Buchdruckerkunst und profilierte damit das Buch als das privilegierte Medium moderner Bildung von der Renaissance bis zur Aufklärung. Er assoziierte es allerdings auch mit einem neuen Typus des Dämonischen. Wenn in Klingers philosophischem Sturm-und-Drang-Roman das Buch nicht mehr als das optimistische Mittel zur Verbreitung humanistischer Bildung fungiert (vgl. Segeberg 1974), dann dadurch, dass es sich als ein höchst problematisches Instrument einer ins Negative umschlagenden Aufklärung erweist, genauer eines rückhaltlosen Skeptizismus à la Voltaire, der in Klingers Roman ausdrücklich mit Faust assoziiert wird: „Wenigstens war er [Faust, A.K.]

auf dem Wege, ein Philosoph wie Voltaire zu werden, der nur überall das Böse sah, es hämisch hervorzog und alles Gute verzerrte, wo er es fand. Oder mit einem edlern Philosophen [J.J. Rousseau, A.K.] zu reden: *der überall den Teufel sah, ohne an ihn zu glauben.*" (Klinger 1986, 197)[8] Präzise dafür wird der Buchdrucker Faust von Luzifer, der hier als der Patron radikaler Aufklärung erscheint (vgl. Doering-Manteuffel 2015), als „kühnes" Höllen-„Genie" gefeiert: für die Kühnheit nämlich, nichts unhinterfragt zu lassen, indem er vermittels des neuen Mediums des Buches einen alles zersetzenden Zweifel ausbildet und ausbreitet:

> Vernehmt nun die Veranlassung zu dem Feste, das ich heute mit euch feiern will. Faust, ein kühner Sterblicher, der gleich uns mit dem Ewigen hadert und durch die Kraft seines Geistes würdig werden kann, die Hölle einst mit uns zu bewohnen, hat die Kunst erfunden, die Bücher, das gefährliche Spielzeug der Menschen, die Fortpflanzer des Wahnsinns, der Irrtümer, der Lügen und Greuel, die Quelle des Stolzes und die Mutter peinlicher Zweifel, auf eine leichte Art tausend und tausendmal zu vervielfältigen. Bisher waren sie zu kostbar und nur in den Händen der Reichen, blähten nur diese mit Wahn auf und zogen sie von der Einfalt und Demut ab, die der Ewige zu ihrem Glück in ihr Herz gelegt hat und die er von ihnen fordert. Triumph! bald wird sich das gefährliche Gift des Wissens und Forschens allen Ständen mitteilen! Wahnwitz, Zweifel, Unruhe und neue Bedürfnisse werden sich ausbreiten, und ich zweifle, ob mein ungeheures Reich sie alle fassen möge, die sich durch dieses reizende Gift hinrichten werden. (Klinger 1986, 22–23)

Diese dämonische Metamorphose von Wissen in Zweifel durch das Buch verhandelte beinahe zeitgleich zu Klingers philosophischem Roman noch ein zweiter Faust-Text des Sturm-und-Drang: Goethes Tragödie, die 1790 in einer ersten Fassung als *Faust. Ein Fragment* erstmals im Druck erschien. Zwar ist Goethes Faust kein Buchdrucker. Dennoch spielen Bücher in diesem Gelehrtendrama keine geringere Rolle als in Klingers *Faust*. Das Profil von Goethes Faust ist, auch im Sinne von Weinholds *Historischen Remarquen über D. Johann Faustens [...] Leben*, gleichermaßen über das Buch definiert: Der Gelehrte ist der Mann des Buches. Während aber bei Klinger das Buch als Instrument zur Verbreitung einer in radikalen Skeptizismus umschlagenden Aufklärung negativ verhandelt wird, wird bei Goethe das Buch – und werden mit ihm, wie sich zeigt, letztlich alle Medien –

---

8 Den Verweis auf Rousseau gibt Klinger in einer Fußnote zu Voltaire, wobei er auch deutlich macht, dass dieser Verweis keineswegs gegen Voltaire gerichtet sein sollte: „Man glaube ja nicht, daß ich mich hier nach der Weise eines großen Teils unsrer teutschen Schriftsteller an diesem großen und einzigen Genie der alten und neuen Zeit vergehen will. Ihnen muß man diese Freude freilich wohl so lange lassen, bis wir einst selbst einen Voltaire erhalten! Ich wollte hier nur so viel sagen, daß Rousseau einiges Recht hat wenn er von Voltaire sagt: que Voltaire, en paraissant croire en Dieu, n'a réellement jamais cru, qu'au diable." Zu Voltaire und Faust vgl. auch Lörke 2004, 149–164; Hinrichs et al. 1996.

zum Gegenstand eines grundsätzlichen Zweifels an der Möglichkeit des Wissens überhaupt. Klingers Faust verbreitet den Skeptizismus vermittels Bücher, Goethes Faust dagegen zweifelt an einem durch Bücher und Medien vermittelten Wissen überhaupt. Klingers Faust ist ein Schöpfer und Propagator, Goethes Faust hingegen ist zwar ein extensiver Nutzer, wird aber ein vehementer Kritiker des Papiermediums. Skeptiker sind damit beide. Doch während Klingers Faust seinen Skeptizismus an Büchern entfaltet und das Buch zum Leitmedium radikalaufklärerischer, ins Dämonische umschlagender Kritik macht, richtet sich Goethes Faust, wiewohl ebenfalls ein Buchgelehrter *par excellence*, gerade gegen das Buch, um – mit der Magie – über das Buch hinaus nach einem unmittelbaren Wissen, einem Wissen jenseits medialer Vermittlung, zu streben.

In der Szene „Nacht", mit der das *Faust*-Fragment von 1790 direkt anhebt, wird dies in der paradigmatischen Abkehr von einem nachgerade enzyklopädischen Buchwissen dramatisch in Szene gesetzt. Faust, der alle Fakultäten beherrscht, tritt zunächst als klassischer Gelehrter des ‚gutenbergischen' bzw. ‚faustischen' Zeitalters auf, wie schon das Frontispiz dieses ersten Drucks zeigt (Abb. 1). Es handelt sich um eine in Goethes Auftrag von dem Zürcher Kupferstecher Johann Heinrich Lips gestochene Radierung, die Rembrandts ikonischer Radierung B 270 von 1652 nachgestochen ist, welche anfänglich unter dem Titel „der praktizierende Alchemist", ab Mitte des achtzehnten Jahrhunderts aber mehrheitlich als „Dr. Faustus" bekannt war; Goethe besaß einen Abzug von Rembrandts „Faust" (vgl. Maisak 2008, 109–152). Das von Lips nachgestochene *Faust*-Frontispiz zeigt – verkleinert, gespiegelt, zugleich aber detaillierter als bei Rembrandt – das Studierzimmer des humanistischen Gelehrten mit seinem primären Accessoire: dem Buch. Doch Rembrandts/Lips' Radierung durchbricht dieses humanistische Gelehrten-Bild *par excellence* zugleich: zum einen mit der orientalisierenden Gestalt des Gelehrten mit Gebetsmantel, zum zweiten mit der enigmatischen Spiegel-Lichtvision; in einer Bildlegende dazu, die teils – allerdings fälschlicherweise – Goethe selber zugeschrieben wurde, ist die Vision als „magisches Zeichen" charakterisiert: „Faust im Studierzimmer am Pult stehend, wie er ein am Fenster erscheinendes magisches Zeichen betrachtet."[9] Was also optisch bzw. katoptrisch und dioptrisch verschoben und verrätselt zur Erscheinung gebracht wird, ist – ohne hier auf die komplexe Semiotik und Semantik von

---

[9] Brüggemann (2001, 149) zitiert diese als „Goethes Bildlegende". In Tat und Wahrheit stammt die Legende jedoch von Gerhard Gräf (1904, 3), der das Kupfer des Erstdrucks so beschreibt: „H. Lips sc., Verkleinerung nach einem Stiche Rembrandts, darstellend: Faust im Studirzimmer, am Pult stehend, wie er ein am Fenster erscheinendes magisches Zeichen betrachtet." Für die Hilfe bei dieser Klärung danke ich Anne Bohnenkamp.

Abb. 1: Rembrandts Gelehrter, nachgestochen in Goethes Auftrag von Johann Heinrich Lips für den Druck von „Faust. Ein Fragment" 1790.

Rembrandts „magischem Zeichen" eingehen zu können[10] – seinerseits Schrift und entspricht damit erneut dem Buchmedium. Mehr noch: Gerade als Spiegelschrift folgt es der gutenbergischen Technik: Im Bleisatz werden die Buchstaben spiegelverkehrt gesetzt, was zugleich eine hintergründige Leseanleitung ist.[11] Aller-

---

10 Vgl. dazu Brüggemann 2001.
11 Tatsächlich sind die Buchstaben der Kreise rückwärts zu lesen, gleich einer Spiegelschrift bzw. gleich dem Hebräischen, das in den hier verschlüsselten Engels- und Gottesnamen erkennbar wird. Dazu folgt an anderer Stelle mehr.

dings weist die magische Spiegelschrift zugleich über das konventionelle Bleisatzbuch hinaus, so wie die Magie über die klassischen buchvermittelten Wissenschaften hinausgeht. Im Sinne der neuplatonischen humanistischen *magia naturalis* (etwa bei Marsilio Ficino, Giambattista Della Porta oder Paracelsus) zielt sie aber nicht etwa auf ein übernatürliches, sondern vielmehr auf ein natürliches Wissen: auf das Wissen von der Natur und ihren verborgenen Kräften und Wirkungszusammenhängen.[12]

Dies gilt auch für die von Faust beschworenen „Zeichen" aus dem „geheimnisvolle[n] Buch, von Nostradamus eigner Hand", die allerdings eher einem Buch aus der magisch-alchemistischen Literatur im Stil des Goethe bekannten *Opus mago-cabbalisticum et theologicum* (1719) Georg von Wellings entsprechen, wo derartige „Zeichen" vielfach visualisiert sind.[13] Die Schrift dieses Zeichentypus ist ontologisch aufgeladen und metaphorisch erweitert. Gemäss der *magia naturalis* und der alchemistischen Signaturenlehre ist die Natur gleich einer Schrift, die Welt überhaupt, als *liber mundi*, gleich einem Buch lesbar.[14] Zugleich ist die dergestalt schriftförmige Natur vermittels magisch wirksamer Zeichen, wie etwa Fausts „Zeichen des Makrokosmos" oder das „Zeichen des Erdgeistes", unmittelbar affizierbar, d. h. auch ‚beschwörbar'. Das primäre Naturwissen der Magie ist folglich ebenfalls schrift- und buchförmig. Doch ersetzt es das Paradigma des vermittelten, konventionellen und arbiträren Sprach- und Buchwissens durch die Vorstellung unmittelbarer natürlicher Signaturen-Zeichen, adamitischer Namen und „geheimnisvoller" Welt-Bücher (vgl. Berns 2010, 153–168). Nicht aus menschengemachten Büchern also, sondern aus der Natur selber ist demnach umfassendes Wissen zu erwarten. Wenn sich Fausts Skepsis folgerecht gegen das tradierte Buchwissen richtet, dessen herausragenden humanistischen Typus er doch selber repräsentiert, so betrifft diese wesentlich die Medialität. Unter diesem Gesichtspunkt einer Medienkritik erweist sich dem faustischen Skeptiker das

---

12 Vgl. Heinekamp 1978; Shumaker 1989.
13 Nostradamus' *Propheties* (1555) sind dagegen ohne Abbildungen bzw. „Zeichen". Abgesehen vom ersten Vers der ersten Zenturie bei Nostradamus – „Estant assis de nuict secret estude,/ Seul, reposé sur la selle d'ærain ?/ Flambe exigue sortant de sollitude, / Fait prosperer qui n'est à croire vain." –, auf den die erste Studierzimmerszene im Faust rekurrieren könnte, gibt es keinen Hinweis darauf, dass Goethe auf Nostradamus' Schrift rekurriert; auf ihn dürfte er allenfalls indirekt durch Gottfried Arnolds *Unpartheyische Kirchen- und Ketzerhistorie* (1699–1715) gestoßen sein, die in der Bibliothek seines Vaters stand. Modelle für jene „Zeichen" finden sich dagegen in Georg von Wellings *Opus mago-cabbalisticum et theologicum. Vom Ursprung und Erzeugung des Salzes, dessen Natur und Eigenschaft, wie auch dessen Nutz und Gebrauch* (1719), das Goethe 1768/69 auf Rat von Susanne von Klettenberg, neben alchemistischen Werken von Basilius Valentinus und Paracelsus, studiert hatte, wie er im 8. Buch von *Dichtung und Wahrheit* bezeugt.
14 Vgl. Winkler 1996; Ohly 1999; Blumenberg 1981.

tradierte Buchwissen als ein bloß scheinhaftes, mehr noch: als ein eigentliches Nichtwissen. Denn Medien – Bücher, Worte, aber auch Instrumente – ermöglichen den Zugang zum Wissen der Natur gerade nicht. Vielmehr verstellen sie ihn und führen zu Verblendung und Nichtwissen. Die Magie dagegen – verstanden als Wissenschaft von den inneren Gesetzen und Kräften der Natur – verspricht unmittelbare Naturerfahrung:

> Drum hab' ich mich der Magie ergeben,
> Ob mir durch Geistes Kraft und Mund
> Nicht manch Geheimniß würde kund;
> Daß ich nicht mehr mit sauerm Schweiß,
> Zu sagen brauche, was ich nicht weiß;
> Daß ich erkenne, was die Welt
> Im Innersten zusammenhält,
> Schau' alle Wirkenskraft und Samen,
> Und thu' nicht mehr in Worten kramen.
>
> O sähst du, voller Mondenschein,
> Zum letztenmal auf meine Pein,
> Den ich so manche Mitternacht
> An diesem Pult herangewacht:
> Dann über Büchern und Papier,
> Trübsel'ger Freund, erscheinst du mir!
> Ach! könnt' ich doch auf Berges-Höh'n,
> In deinem lieben Lichte gehn,
> Um Bergeshöle mit Geistern schweben,
> Auf Wiesen in deinem Dämmer weben,
> Von allem Wissensqualm entladen,
> In deinem Thau gesund mich baden!
>
> Weh! steck' ich in dem Kerker noch?
> Verfluchtes, dumpfes Mauerloch!
> Wo selbst das liebe Himmelslicht
> Trüb' durch gemahlte Scheiben bricht.
> Beschränkt mit diesem Bücherhauf,
> Den Würme nagen, Staub bedeckt,
> Den, bis an's hohe Gewölb' hinauf,
> Ein angeraucht Papier umsteckt;
> Mit Gläsern, Büchsen rings umstellt,
> Mit Instrumenten vollgepfropft,
> Urväter Hausrath drein gestopft –
> Das ist deine Welt! das heißt eine Welt! (GF, 27–28)

Fausts Skepsis richtet sich also gegen alles, was ein klassisches, scholastisches wie humanistisches Studierzimmer als Institution zur Wissenskonstitution ausmacht. Gleich einer seriell verschalteten Apparatur aus „Büchern" und „Instrumenten" sollte es demnach die Natur mit medientechnischen Mitteln beobachtbar, messbar, klassifizierbar, beschreibbar und darstellbar machen. Doch anstatt sie auf diesem Wege zu erkennen, wird sie, so Fausts Medienkritik, durch die vielfältigen Vermittlungen und Brechungen verschleiert und verstellt. Diese Skepsis ergreift sogar einzelne Zeichen jenes „geheimnisvollen Buches" des Nostradamus, wiewohl diese doch gerade unmittelbare Naturerfahrung versprechen. So erweist sich etwa das „Zeichen des Makrokosmos", das jenes Versprechen anfangs einzulösen scheint, zuletzt als nicht weniger scheinhaft als alle anderen Medien des Wissens: als bloße Vorspiegelung der „unendlichen Natur", die unerkennbar und unfassbar zu bleiben droht:

> *Er schlägt das Buch auf und erblickt das Zeichen des Makrokosmus.* [...]
> War es ein Gott, der diese Zeichen schrieb?
> Die mir das innre Toben stillen, [...]
> Die Kräfte der Natur rings um mich her enthüllen.
> Bin ich ein Gott? Mir wird so licht!
> Ich schau' in diesen reinen Zügen
> Die wirkende Natur vor meiner Seele liegen. [...]
>
> *Er beschaut das Zeichen.*
> Wie alles sich zum Ganzen webt,
> Eins in dem andern wirkt und lebt!
> Wie Himmelskräfte auf und nieder steigen
> Und sich die goldnen Eimer reichen!
> Mit segenduftenden Schwingen
> Vom Himmel durch die Erde dringen,
> Harmonisch all das All durchklingen!
> Welch Schauspiel! aber ach! ein Schauspiel nur!
> Wo faß' ich dich, unendliche Natur? (GF, 29–30)

Scheinbar nebensächlich, keineswegs aber zufällig erfasst Fausts zur Verzweiflung gesteigerter Skeptizismus neben Worten, Zeichen, Büchern und Instrumenten auch die farbigen Scheiben, die das Studierzimmer von der Außenwelt abgrenzen. Die Fenster gehören damit integral zum Mediendispositiv der Wissensgeneration: Als Schnittstelle und Grenze zwischen Welt und Labor scheinen sie zunächst eine Öffnung hin zur Natur zu versprechen. Allerdings wirken sie durch das Glas vielmehr als ein vermittelndes Medium, durch das das natürliche Licht nicht ungebrochen, vielmehr gebrochen, getrübt und verfärbt in den Raum der Wissenserzeugung eindringt: „Wo selbst das liebe Himmelslicht / Trüb' durch gemahlte Scheiben bricht." Die Brechung und Trübung des Lichts ist symptomatisch für das Mediendispositiv des Gelehrten überhaupt: In dem Maß, wie die Scheiben das natürliche Tageslicht, von dem im Titelkupfer die magische Spiegelschrift-Lichterscheinung ausgeht, trüben und brechen, machen sie auch die Natur nur vermittelt und verzerrt erfahrbar. Was sich folglich im Innern des Studierzimmers zeigt, ist immer nur ein unzulängliches, gebrochenes Halb- und Doppelbild der Natur. Es gleicht einer Platonischen Höhle, die dem Gelehrten nur medientechnisch aufbereitete Zerr- und Schattenbilder der Dinge vorspiegelt, nicht aber die Natur als solche sichtbar macht. Fausts durch das Fenster hindurchstrahlende Lichtvision in Rembrandts/Lips' Kupfer ließe sich damit als Moment konträrer, nämlich unmittelbarer visionärer Naturanschauung (des „Himmelslichts") verstehen, eine Anschauung, die Faust in seiner langjährigen Arbeit als Wissenschaftler versagt geblieben war und erst jetzt im Versprechen der „magischen Zeichen" erreichbar zu sein scheint.

Die optischen Medien-Phänomene, die kryptisch-katoptrische Lichterscheinung sowie die Brechung und Trübung des natürlichen Lichts an den farbigen Scheiben sind symptomatisch nicht nur für Fausts dramatisches Wissensszenario. Sie verweisen offensichtlich auch auf Goethes eigene zeitgleiche naturwissenschaftliche Arbeiten, namentlich seine Untersuchungen optischer und chromatischer Phänomene um 1790, deren erste Ergebnisse er 1791 und 1792 unter dem Titel *Beyträge zur Optik* veröffentlichte, eine Vorstufe zur *Farbenlehre* von 1810. Ein kurzer Blick darauf kann zeigen, dass Goethe dort die Rolle des Mediums bei der Konstitution des Wissens in ähnlicher Weise wie im *Faust*, nämlich ebenso bewusst wie kritisch, reflektiert. Zwar spielt das Buch in diesem Kontext vordergründig eine geringere Rolle, die größere spielen naturgemäß optische Medien. Zur Debatte stehen aber wesentlich auch die Sprache im Allgemeinen sowie die Sprache der Wissenschaft im Besonderen. Die erkenntnis- und medienkritische Stoßrichtung von Goethes naturwissenschaftlichen Arbeiten ist insgesamt analog zum *Faust*: Im Zentrum steht die Herausarbeitung und Kritik der epistemologischen Rolle der Medien bei der Generierung von Wissen. Tatsächlich dominiert in Goethes naturwissenschaftlichen Schriften eine grundsätzliche Skepsis gegenüber technischen Medien. Und auch hier wird ihnen die Unmittelbarkeit der Naturerfahrung entgegengestellt, die er am ehesten durch die menschlichen Sinnesorgane ermöglicht sieht, nicht etwa durch technische Instrumente, die diese verfeinern und verlängern. Die Maxime am Ende von *Wilhelm Meisters Wanderjahre* bringt dies auf den Punkt; sie findet sich in „Makariens Archiv", jener allegorischen Figur intuitiver Naturerkenntnis, die auch dort in Opposition zur berechnenden Wissenschaft steht:

> Der Mensch an sich selbst, insofern er sich seiner gesunden Sinne bedient, ist der größte und genaueste physikalische Apparat, den es geben kann; und das ist eben das größte Unheil der neuern Physik, daß man die Experimente gleichsam vom Menschen abgesondert hat und bloß in dem, was künstliche Instrumente zeigen, die Natur erkennen, ja, was sie leisten kann, dadurch beschränken und beweisen will. (HA 8, 473)

Goethes Polemik gegen Newton im Kontext der Farbenlehre ist von eben dieser Überzeugung geleitet. Seine Kritik richtet sich nicht nur gegen den Inhalt von Newtons Erkenntnis,[15] sondern auch und vor allem gegen das medientechnische Dispositiv der Wissensgenerierung, in Goethes Sprache: gegen die „vielfachsten Complication[en]" seiner Versuchsanordnung, zu der nicht nur das „gläserne Prisma" gehört, sondern eine Reihe weiterer technischer Einrichtungen wie u. a. (auch hier) das Fenster, die das eigens dafür eingerichtete Arbeitszimmer insgesamt zu einer Apparatur der Vermittlung machen und sich förmlich zwischen das erkennende Subjekt und seinen Erkenntnisgegenstand stellen. Das Produkt dieser wissenschaftlichen Apparatur ist nach Goethe jedoch keine Erkenntnis, sondern vielmehr die ‚Erscheinung eines Gespenstes', eine trügerische Erscheinung mithin, bloßer „Hokuspokus" gar, wie es in einer Aufzeichnung aus dem Nachlass heißt:

> Der Newtonische Versuch [...] ist von der vielfachsten Complication, er verknüpft folgende Bedingungen.
> Damit das Gespenst erscheine ist nöthig:
>
> 1. ein gläsern Prisma;
> 2. dieses dreyseitig,
> 3. klein.
> 4. Ein Fensterladen,
> 5. eine Öffnung darin,
> 6. Diese, sehr klein.
> 7. Sonnenbild, das hereinfällt
> 8. Das in einer gewissen Entfernung,
> 9. In einer gewissen Richtung aufs Prisma fällt;
> 10. Sich auf einer Tafel abbildet,
> 11. Die in einer gewissen Entfernung hinter das Prisma gestellt ist. [...]
>
> Man spricht geheimnißvoll von einem wichtigen Experimente, womit man die Lehre erst recht befestigen will; ich kenn es recht gut und kann es auch darstellen, das ganze Kunststück ist daß zu obigen Bedingungen noch ein paar hinzugefügt werden, wodurch das Hokuspokus sich noch mehr verwickelt. (FA I 13, 407–408)

Ähnlich kritisch gegen den Einsatz von Medien bei der wissenschaftlichen Erkenntnisgewinnung äußerte sich Goethe in der Selbstanzeige der *Farbenlehre* im *Morgenblatt für gebildete Stände* (Juni 1810). Hier beurteilt er auch die Konsequenz von Newtons Medienarrangement – selbstverständlich kritisch: Sie führe zu falschen Schlussfolgerungen wie etwa der Herleitung der Farben aus dem

---

15 Vgl. dazu in jüngerer Zeit Müller (2015). Vgl. dazu kritisch Hampe (2018).

weißen Licht. Diese falsche Folgerung ergebe sich just aus der medialen Aufbrechung des Lichts:

> Newton behauptet, in dem weißen farblosen Lichte überall, besonders aber in dem Sonnenlicht, seien mehrere verschiedenfarbige Lichter wirklich enthalten, deren Zusammensetzung das weiße Licht hervorbringe. Damit nun diese bunten Lichter zum Vorschein kommen sollen, setzt er dem weißen Licht gar mancherlei Bedingungen entgegen: vorzüglich brechende Mittel, welche das Licht von seiner Bahn ablenken; aber diese nicht in einfacher Vorrichtung. Er gibt den brechenden Mitteln allerlei Formen, den Raum in dem er operiert, richtet er auf mannigfaltige Weise ein; er beschränkt das Licht durch kleine Öffnungen, durch winzige Spalten, und nachdem er es auf hunderterlei Art in die Enge gebracht, behauptet er: alle diese Bedingungen hätten keinen andern Einfluß, als die Eigenschaften, die Fertigkeiten des Lichts rege zu machen, so daß sein Inneres aufgeschlossen und sein Inhalt offenbart werde. (FA I 23.1, 1048)

Die Kritik an Newtons medientechnisch aufwändiger Versuchsanordnung bedeutet allerdings nicht, dass Goethe bei der Gewinnung von Erkenntnissen zur Optik und Chromatik seinerseits auf den Einsatz von Medien gänzlich verzichten konnte. Allein der historische Teil der Farbenlehre zeigt eindrücklich, dass er sich eine ganze Bibliothek einschlägiger Literatur erarbeitet hatte, wie er in der Einleitung zu diesem Teil deutlich macht, mit dem Zweck, durch eine wissenschaftsgeschichtliche „Spiralbewegung" (HA 14, 7) durch die physikalische und chemische Literatur „eine Art Archiv" zur Theorie der Farben aufzubauen (HA 14, 8). Die den historischen Teil abschließende „Konfession des Verfassers" wiederum reflektiert den Übergang von solchem Bücherwissen zum Erfahrungswissen, mithin vom Lesen zu eigenen physikalischen Versuchen. Dabei wird erneut eine willentliche Zurückhaltung gegenüber eben diesen Mitteln deutlich, wenn er in seinen Anfängen des Studiums von Farbphänomenen um 1791 nicht nur die Bücher demonstrativ weglegte, um, wie er schrieb, „die Phänomene wenigstens selbst zu sehen" (HA 14, 257), sondern auch den sogenannten „Apparat" nur zögerlich einsetzte, den ihm der Jenaer Naturhistoriker und Hofrat Christian Wilhelm Büttner zur Verfügung gestellt hatte: Prismen, für deren Einsatz Goethe eigens eine Dunkelkammer einrichten sollte. Beides zögerte er jedoch lange hinaus, wie er in der „Konfession" weiter schreibt: „die dunkle Kammer kam nicht zustande. Die Prismen standen eingepackt, wie sie gekommen waren, in einem Kasten unter dem Tische." (HA 14, 257–258) Erst als ihn Büttner 1791 zum wiederholten Male „aufs lebhafteste bat, die Prismen zurückzusenden", und Goethe schon dabei war, dieser Bitte endlich nachzukommen, wagte er es, „noch geschwind durch ein Prisma [zu] sehen" (HA 14, 258–259).

> Eben befand ich mich in einem völlig geweißten Zimmer; ich erwartete, als ich das Prisma vor die Augen nahm, eingedenk der Newtonischen Theorie, die ganze weiße Wand nach

verschiedenen Stufen gefärbt, das von da ins Auge zurückkehrende Licht in so viel farbige Lichter zersplittert zu sehen. Aber wie verwundert war ich, als die durchs Prisma angeschaute weiße Wand nach wie vor weiß blieb, daß nur da, wo ein Dunkles dran stieß, sich eine mehr oder weniger entschiedene Farbe zeigte, daß zuletzt die Fensterstäbe am allerlebhaftesten farbig erschienen, indessen am lichtgrauen Himmel draußen keine Spur von Färbung zu sehen war. Es bedurfte keiner langen Überlegung, so erkannte ich, daß eine Grenze notwendig sei, um Farben hervorzubringen, und ich sprach wie durch einen Instinkt sogleich vor mich laut aus, daß die Newtonische Lehre falsch sei. Nun war an keine Zurücksendung der Prismen mehr zu denken. (HA 14, 259)

Was Goethe abwechselnd als „Instrument", „Apparat" und „Maschine" bezeichnet (vgl. Helbig 2004, 111–113), war letztlich kaum einfacher als Newtons Versuchsanordnung. Die Vorrichtung bestand aus Dunkelkammer, schwarzweißen wie farbigen Bildern, Tafeln und dem Prisma. „Der Apparat meiner Tafeln war sorgfältig und reinlich zusammengeschafft, vereinfacht soviel wie möglich und so eingerichtet, daß man die sämtlichen Phänomene in einer gewissen Ordnung dabei betrachten konnte (vgl. Helbig 2004, 260). Obwohl Goethe von da an ausgiebig mit Prismen experimentierte, blieb sein medienkritisches Bewusstsein stets alert und seine Haltung ihnen gegenüber ambivalent. Davon zeugen etwa die zahlreichen Experimente zu den „physischen Farben" (HA 13, § 136, 359). Diese sind folgerecht dadurch definiert, dass sie durch „materielle Mittel" (HA 13, § 136, 359) in Erscheinung treten, die an sich farblos, aber unterschiedlich transparent sind, konkret entweder „trübes" und gefärbtes Glas (HA 13, § 168–170, 365), oder aber „durchsichtige Mittel" wie Prismen, mit denen die vielfältigen Erscheinungen der „Refraktion" bzw. „Brechung" des Lichts erzielt werden können. Goethe gliedert diese in katoptrische (an der Oberfläche brechend), paroptische (am Rand brechend), dioptrische (durchscheinend, trüb oder durchsichtig) und epoptische (ohne Mitteilung) Farben. Den Fall der „Refraktion" des Lichts durch trübe oder farbige Fensterscheiben – den Fall in Fausts Studierzimmer – verhandelt Goethe folgerecht als dioptrischen (u. a. HA 13, § 168, 365). Die so entstehenden Farben werden daher, so Goethe, als „colores apparentes, fluxi, fugitivi, phantastici, falsi, variantes" (HA 13, § 137, 359) bezeichnet und damit als bloße Erscheinungen, nicht als Phänomene eingestuft. Namentlich mit Bezug auf die dioptrischen Farben warnt Goethe daher (sowohl in den *Beiträgen zur Optik* als auch in der *Farbenlehre*) davor, sich durch die durch Prismen erzeugten „Brechungen", „Verrückungen" und „Hebungen" und die so entstehenden Doppel-, Neben- und Halbbilder (vgl. HA 13, § 226, 379), die dem Auge als „eine Art von durchsichtigem Gespenst" (HA 13, § 233, 381) erscheinen, täuschen zu lassen:

Die größte Verrückung des Bildes, ohne daß desselben Gestalt bedeutend verändert werde, bringen wir durch Prismen hervor, und dies ist die Ursache, warum durch so gestaltete Gläser die Farbenerscheinung höchst mächtig werden kann. Wir wollen uns jedoch bei dem Gebrauch derselben von jenen glänzenden Erscheinungen nicht blenden lassen, vielmehr die oben festgesetzten einfachen Anfänge ruhig im Sinne behalten. (HA 13, § 211, 376)

Goethes Widerstände gegen Prismen wurden jedoch mit zunehmender Vertrautheit etwas geringer. Das zeigt sich auch daran, dass er ihren epistemologischen Stellenwert aufwertete, indem er sie als Teil des auf „Anschauung" basierenden wissenschaftlichen Verfahrens einstufte, das über Beobachtungsreihen zur Erkenntnis von „Grund- oder Urphänomen[en]" führen soll (vgl. HA 13, § 174, 367).

Insgesamt aber blieb seine Skepsis gegenüber Medien im Prozess der Erkenntnis nicht nur bestehen, sondern weitete sich von physikalischen und technischen Medien – dem „Apparat" (HA 13, § 173, 367) – auf sprachliche Medien aus, in denen die empirisch gewonnene Erfahrung singulärer Erscheinungen verarbeitet und zu allgemeinen Beobachtungen und Schlussfolgerungen ausformuliert wird. An die Seite der Medienkritik stellte Goethe daher konsequent eine Sprachkritik, die zudem eine theorieskeptische Konsequenz hat. Worte ebenso wie Hypothesen leisten auf der Ebene des Verstandes, was auf der Ebene der Erfahrung die physikalischen und technischen Medien zur Erkenntnisgewinnung tun: Sie schieben zwischen die Natur und das Subjekt eine vermittelnde, nunmehr abstrakte Zwischenwelt aus Zeichen. Dagegen gilt es auch auf der Ebene des Verstandes, dem Anspruch der Anschauung der Natur treu zu bleiben; exakt an dieser erkenntnistheoretischen Stelle tritt das Konzept der „Urphänomene" auf:

> Das, was wir in der Erfahrung gewahr werden, sind meistens nur Fälle, welche sich mit einiger Aufmerksamkeit unter allgemeine empirische Rubriken bringen lassen. [...] Von nun an fügt sich alles nach und nach unter höhere Regeln und Gesetze, die sich aber nicht durch Worte und Hypothesen dem Verstande, sondern gleichfalls durch Phänomene dem Anschauen offenbaren. Wir nennen sie Urphänomene, weil nichts in der Erscheinung über ihnen liegt, sie aber dagegen völlig geeignet sind, dass man stufenweise, wie wir vorhin hinaufgestiegen, von ihnen herab bis zu dem gemeinsten Falle der täglichen Erfahrung niedersteigen kann. (HA 13, § 175, 367–368)

Goethe richtete sich also nicht nur gegen spezifische Begriffe wie etwa die von Newton stammenden Termini der „Brechung" und der „Zerstreuung" des Lichts.[16]

---

[16] „Man sieht ein, wie sehr die Theorie [die Theorie der Brechung, A.K.] periklitiert, ja daß sie tödlich verletzt ist. Weil sie aber eigentlich nur in Worten lebte, so war sie auch durch ein Wort zu heilen. Man schrieb die Farbenerscheinung der Brechung zu, welche diese Elemente aus dem Licht entwickeln sollte [...]. Man fasse daher das Wort Zerstreuung auf, und setzte hinter diese Brechung und Brechbarkeit noch eine von ihr unabhängige Zerstreuung und Zerstreubarkeit, und dieses Flickwerk wurde in der wissenschaftlichen Welt [...] ohne Widerspruch aufgenommen." (WA II 4, 476). Vgl. Shapiro 1975.

Im Namen der Anschauung richtete er sich – erkenntniskritisch – gegen wissenschaftliche Terminologie- und Theoriebildung überhaupt. Das bestätigt auch Goethes von seinen optischen Versuchen ausgehenden und von Kants *Kritik der Urteilskraft* (1790) inspirierter erkenntnistheoretischer Essay *Der Versuch als Vermittler von Objekt und Subjekt* (1792). Auch hier ermittelt er eine „Gefahr" bei der Findung und Konstitution von Wissen, die er hier in der Medialität der Erkenntnissituation als solcher ausmacht. Zwar entspringt die wissenschaftliche Arbeit idealerweise dem „lebhaften Trieb nach Kenntnis, die Gegenstände der Natur an sich selbst und in ihren Verhältnissen untereinander zu beobachten", auf dass der Beobachter „die Data der Beurteilung nicht aus sich, sondern aus dem Kreise der Dinge" gewinne (HA 13, 10). Wenn aber diese Naturbeobachtung nicht „unmittelbar" erfolgen kann, sondern stets über den „Versuch als Vermittler von Objekt und Subjekt", so sind die in diesem Vermittlungsvorgang inhärenten Gefahren bewusst zu machen. Diese bestehen nicht nur im Einsatz von „Apparaten", die die Bedingungen des Erkenntnissubjekts in den Vordergrund rücken, sondern auch dessen „Neigung zu Hypothesen, zu Theorien, Terminologien und Systemen", die die Naturphänomene durch Zeichensysteme überblenden und damit verzerren (HA 13, 16). Vom Bewusstsein dieser Gefahr ausgehend, gelangte Goethe zur Behauptung eines allerdings gewagten „Paradoxons", wonach „ein Versuch, ja mehrere Versuche in Verbindung nichts beweisen, ja daß nichts gefährlicher sei, als irgendeinen Satz unmittelbar durch Versuche bestätigen zu wollen, und daß die größten Irrtümer eben dadurch entstanden sind, daß man die Gefahr und die Unzulänglichkeit dieser Methode nicht eingesehen." (HA 13, 15). Die Konsequenz aus Goethes Medien- *und* Wissenschaftskritik ist demnach eine Art parawissenschaftliche Unmittelbarkeit der Anschauung.

So konsistent und konsequent Goethes Medienkritik auch und gerade in diesem gewagten Paradoxon ist, so bleibt dennoch ein performativer Widerspruch bestehen, soll die wissenschaftliche Praxis beibehalten werden. Will der Naturwissenschaftler zu Erkenntnissen gelangen und diese ausformulieren, so muss er auf solche Instrumente zugleich auch bauen, sei es auf der primären, sensuellen Ebene der Erfahrung als naturwissenschaftlicher Experimentator (vermittels Versuchen und Apparaten), oder auf der sekundären, intellektuellen Ebene des Verstandes als Verfasser von naturwissenschaftlichen Zeichensystemen, Hypothesen und Theorien. Für diesen performativen Widerspruch der Rolle der Medien für die Konstitution von Wissen fand Goethe in den *Maximen und Reflexionen* die treffende Metapher des „Gerüsts":

> Hypothesen sind Gerüste, die man vor dem Gebäude aufführt, und die man abträgt, wenn das Gebäude fertig ist. Sie sind dem Arbeiter unentbehrlich; nur muß er das Gerüste nicht für das Gebäude ansehn. – Wenn man den menschlichen Geist von einer Hypothese befreit, die

ihn unnötig einschränkte, die ihn zwang, falsch oder halb zu sehen, falsch zu kombinieren, anstatt zu schauen zu grübeln, anstatt zu urteilen zu sophistisieren, so hat man ihm schon einen großen Dienst erzeigt. Er sieht die Phänomene freier, in anderen Verhältnissen und Verbindungen an, er ordnet sie nach seiner Weise, und er erhält wieder die Gelegenheit, selbst und auf seine Weise zu irren, eine Gelegenheit, die unschätzbar ist, wenn er in der Folge bald dazu gelangt, seinen Irrtum selbst wieder einzusehen. (HA 12, 441)

Goethes anhaltende Ambivalenz gegenüber den Medien des Wissens (sei es der primären empirischen Erfahrung oder der sekundären semiotischen Verarbeitung) ist allerdings kein negativer Widerspruch, der die wissenschaftliche Praxis am Ende in einem grundlegenden Skeptizismus verunmöglichen sollte (wie etwa bei Faust). Vielmehr handelt es sich um eine produktive Spannungs- und Reibungsfläche wissenschaftlicher Praxis im Ringen um Naturanschauung zwischen Vermittlung und Unmittelbarkeit. Das gesteigerte kritische Medienbewusstsein ist insofern auch ein Katalysator wissenschaftlicher Arbeit. Mehr noch: Die Medienkritik wurde integraler Teil eines wissenschaftlichen Unterfangens, dessen Programm darin bestand, die Phänomene der Natur so unvermittelt wie möglich, aber zugleich so mittelbar wie nötig zu beobachten und zu beschreiben. Faust ist die figurale Gestaltung einer radikalen Medienskepsis, die verzweifelt nach unmittelbarer Naturanschauung jenseits von Büchern und Instrumenten ringt und dabei jede Vermittlung als trügerisch zurückzuweist. In seinem eigenen wissenschaftlichen Erkenntnisanspruch war Goethe selber von einem vergleichbaren Widerstand gegen technische wie sprachliche Medien ausgegangen, blieb dennoch letztlich weniger kompromisslos als seine Kunstfigur. Anders gesagt: Das „Gerüst" bleibt notwendig, solange es als solches relativiert – und nicht für das Gebäude selbst genommen wird.

Literaturverzeichnis

Zu den verwendeten Goethe-Ausgaben FA, HA, und WA vgl. das Siglenverzeichnis zu Beginn dieses Bandes.

Brüggemann, Diethelm. „Alchemie ohne Labor: Aufschlüsselung des Kryptogramms in Rembrandts Radierung ‚Sogenannter Faust'". *Jahrbuch der Berliner Museen* 43 (2001): 133–151.
Berns, Jörg J. „Medienwissenschaftliche Implikationen der Magia naturalis. Bemerkungen zu den sinnlichen Affizierungsstrategien der Inventions- und Merkkünste in naturmagischen Kompendien von Della Porta und Harsdörffer". *Gedächtnisparagone – Intermediale Konstellationen*. Hg. Sabine Heiser und Christiane Holm. Göttingen: Vandenhoeck & Ruprecht, 2010. 153–168.
Blumenberg, Hans. *Die Lesbarkeit der Welt*. Frankfurt a. M.: Suhrkamp, 1981.

Brown, Georgia. „The Other Black Arts. Doctor Faustus and the Inky Worlds of Printing and Writing". *Doctor Faustus. A critical guide*. Hg. Sarah Munson Deats. London: Continuum Renaissance Drama, 2010. 140–158.

Detering, Nicolas. „Buchdruck". *Faust-Handbuch: Konstellationen – Diskurse – Medien*. Hg. Carsten Rohde, Thorsten Valk und Mathias Mayer. Stuttgart: Springer, 2018. 121–129.

Doering-Manteuffel, Sabine. „Analyse. Der Teufel ist ein Logiker: Verschwörung, Verwandlung und die Macht des Bösen im Zeitalter der Aufklärung". *Zeitschrift für Politik und Gesellschaft* 4 (2015): 7–13.

Fischart, Johann, und Michael Schilling (Hg.). *Catalogus Catalogorum perpetuo durabilis*. Tübingen: Niemeyer, 1993 [1590].

Gardt, Andreas, Mireille Schnyder und Jürgen Wolf (Hg.). *Buchkultur und Wissensvermittlung in Mittelalter und Früher Neuzeit*. Berlin und Boston: De Gruyter, 2011.

GF = Goethe, Johann Wolfgang von. *Faust. Eine Tragödie. Konstituierter Text*. Bearb. Gerrit Brüning und Dietmar Pravida. Göttingen: Wallstein, 2018.

Giesecke, Michael. *Der Buchdruck in der frühen Neuzeit. Eine historische Fallstudie über die Durchsetzungen neuer Informations- und Kommunikationstechnologien*. Frankfurt a. M.: Suhrkamp, 1991.

Gottsched, Johann C. *Gesammelte Reden in drey Abtheilungen, nochmahls von ihm selbst übersehen und verbessert*. Leipzig: B. G. Breitkopf, 1749.

Gräf, Hans Gerhard. *Goethe über seine Dichtungen: Versuch einer Sammlung aller Äußerungen des Dichters über seine poetischen Werke*. 2. Teil, 2. Band. Frankfurt a. M.: Rütten und Loening, 1904.

Habel, Sabrina. *Die Signatur des Bösen. Fausts Leben, Thaten und Höllenfahrt von Friedrich Maximilian Klinger*. Heidelberg: Winter, 2012.

Hampe, Michael. „Deciding Staged Battles of the Past: On the Rhetorics of Olaf Müller's Historical Philosophy of Science". *Journal for General Philosophy of Science* 49.4 (2018): 569–580.

Hänggi, Marcel. *Fortschrittsgeschichten. Für einen guten Umgang mit Technik*. Frankfurt a. M.: S. Fischer, 2015.

Heinekamp, Albert und Dieter Mettler (Hg.). *Magia naturalis und die Entstehung der modernen Naturwissenschaften. Symposion der Gottfried-Wilhelm-Leibniz-Gesellschaft Hannover, 14. und 15. November 1975*. Wiesbaden: Steiner, 1978.

Helbig, Holger. *Naturgemäße Ordnung. Darstellung und Methode in Goethes Lehre von den Farben*. Köln: Böhlau, 2004.

Hinrichs, Ernst, Roland Krebs und Ute van Runset. *Pardon, mon cher Voltaire: Drei Essays zu Voltaire in Deutschland*. Göttingen: Wallstein, 1996.

Kilcher, Andreas. „Das absolute Buch. Zur enzyklopädischen Form esoterischen Wissens". *Die Enzyklopädie der Esoterik. Allwissenheitsmythen und universalwissenschaftliche Modelle in der Esoterik der Neuzeit*. Hg. Andreas Kilcher und Philipp Theisohn. München: Fink, 2010. 55–90.

Klinger, Friedrich M., Esther Schöler und Uwe Heldt (Hg.). *Faust's Leben, Taten und Höllenfahrt*, Stuttgart: Reclam, 1986.

Lörke, Tim. „Die Hybris der richtenden Vernunft: Klingers ‚Faust' und die Aufklärung". *Faust-Jahrbuch* 1 (2004): 149–164.

Maisak, Petra. „Von Rembrandts sogenanntem ‚Doctor Faustus' zu Goethes ‚Faust'". *Jahrbuch des Freien Deutschen Hochstifts* (2008): 109–152.

Müller, Olaf. *Mehr Licht. Goethe mit Newton im Streit um die Farben*. Frankfurt a. M.: S. Fischer, 2015.

Oehmig, Stefan. *Buchdruck und Buchkultur im Wittenberg der Reformationszeit*. Leipzig: Evangelische Verlagsanstalt, 2016.

Ohly, Friedrich, und Uwe Ruberg (Hg.). *Zur Signaturenlehre der frühen Neuzeit: Bemerkungen zur mittelalterlichen Vorgeschichte und zur Eigenart einer epochalen Denkform in Wissenschaft, Literatur und Kunst*. Stuttgart: Hirzel, 1999.

Petrarca, Francesco. *Von der Artzney bayder Glueck, des guten vnd widerwertigen*. Augsburg: Heinrich Steiner, 1532 (Nachdruck Hamburg: Friedrich Wittig, 1984).

Petrarca, Francesco. *Von Hülff vnd Rath in Allem anligen: Des hochweisen, fürtreflichen Francisci Petrarche zwei Trostbücher, Von Artznei, beydes des guten vnd widerwertigen Glücks*. Frankfurt a.M, Egenolff, 1551.

Pettegree, Andrew, und Matthew Hall. „Buchdruck und Reformation – eine Nachbetrachtung". *Bücher, Drucker, Bibliotheken in Mitteldeutschland. Neue Forschungen zur Kommunikations- und Mediengeschichte um 1500*. Hg. Enno Bünz. Leipzig: Leipziger Universitätsverlag, 2006. 343–372.

Petzoldt, Leander (Hg.). *Das Volksbuch von Doktor Faust: 1587, mit Materialien*. Stuttgart: Klett 1996.

Schaab, Karl A. *Die Geschichte der Erfindung der Buchdruckerkunst durch Johann Gensfleisch genannt Gutenberg zu Mainz: pragmatisch aus den Quellen bearbeitet*. 3 Bde. Mainz: F. Kupferberg, 1830–1831.

Schneider, Ulrich Johannes (Hg.). *Textkünste: Buchrevolution um 1500*. Darmstadt: wbg Philipp von Zabern, 2016.

Schultes, Carl. *Fust und Gutenberg: Dramatische Dichtung in 3 Abteilungen und einem Vorspiele: „Der Teufel in Schiltigheim"*. München: Rubinverlag, 1865.

Segeberg, Harro. *Friedrich Maximilian Klingers Romandichtung. Untersuchungen zum Roman der Spätaufklärung*. Heidelberg: Winter, 1974.

Shapiro, Alan E. „Newton's Definition of a Light Ray and the Diffusion Theories of Chromatic Dispersion". *Isis* 66.2 (1975): 194–210.

Shumaker, Wayne. *Natural magic and modern science. Four treatises 1590–1657*. Binghamton und New York: State University, 1989.

Stöckl, Alois Thomas, und Jörg A. Kuenzer. *Gutenberg war's nicht allein. Gutenberg, Fust und Schöffer als Erfinder der Buchdruckkunst*. Karlsruhe: von Loeper, 1988.

Stöckl, Alois Thomas, und Peter Soubbotnik. *Gutenberg – nur ein Gehilfe der Erfindung des Buchdrucks? Johannes Fust (seine Ehrenrettung zum 600. Jubiläum) und Peter Schöffer, Miterfinder des Buchdrucks und Gründer der Frankfurter Buchmesse*. Freiburg [Breisgau]: Jung, 2000.

Tille, Alexander. *Die Faustsplitter in der Literatur des 16. bis 18. Jahrhunderts*. Hildesheim: Olms, 1980 [Berlin 1900].

Von Welling, Georg. *Opus mago-cabbalisticum et theologicum. Vom Ursprung und Erzeugung des Saltzes, dessen Natur und Eigenschaft, wie auch dessen Nutz und Gebrauch*. Frankfurt a. M.: Heinscheidt, 1719.

Weinhold, Georg A. *Historische Remarqven über D. Johann Faustens, des Schwartz–Künstlers, geführtes Leben, und dessen Ausgang, nebst andern sich hiebey ereigneten Begebenheiten, auch was sonst von Faustens Büchern, ohne Grund, ausgestreut worden*. Zwickau: Johann Friedrich Höfern, 1722.

Werle, Dirk. *Copia librorum: Problemgeschichte imaginierter Bibliotheken 1580–1630*. Tübingen: Niemeyer, 2007.
Widmann, Hans. *Vom Nutzen und Nachteil der Erfindung des Buchdrucks – aus der Sicht der Zeitgenossen des Erfinders*. Mainz: Verlag der Gutenberg-Gesellschaft, 1973.
Winkler, Norbert. „Von der Physiognomie des Weltlabyrinths oder: Das Projekt einer unendlichen Enzyklopädie; Reflexionen zur Signaturenlehre bei Paracelsus". *Deutsche Zeitschrift für Philosophie* 44 (1996): 57–74.
Wolf, Hubert. *Index. Der Vatikan und die verbotenen Bücher*. München: C.H. Beck, 2006.
Wolf, Hubert. *Inquisition, Index, Zensur. Wissenskulturen der Neuzeit im Widerstreit*. Paderborn: Ferdinand Schöningh, 2003.

Teil II: **Mediale Aspekte in Goethes Werk**

Alexander Honold
Das Gegebene
Goethes *Werther* und seine Kalender-Poetik

1 Im Namen Shakespeares

Am 14. Oktober 1771 hält der 22-jährige, von seinen Straßburger Studienjahren in seine Vaterstadt Frankfurt am Main zurückgekehrte Johann Wolfgang von Goethe eine Rede auf William Shakespeare, jenen ungebärdigen, im Sinne der Aufklärung nicht regelkonformen Dramatiker, welchen die Sturm-und-Drang-Poeten als kraftvolles Dichtergenie ersten Ranges verehrten. Die Ansprache *Zum Schäckespears Tag* ist schriftlich konzipiert worden, enthält aber zahlreiche Elemente mündlich-appellativen Charakters, an einer Stelle sogar eine direkte Anrede an den rhetorisch evozierten Geist des gefeierten toten Dichters. „Schäckespear, mein Freund", ruft Goethe dem auserkorenen Vorbild zu, „wenn du noch unter uns wärest ich könnte nirgend leben als mit dir, wie gern wollt ich die Nebenrolle eines Pylades spielen, wenn du Orest wärst, lieber als die geehrwürdigte Person eines Oberpriesters im Tempel zu Delphos." (MA 1.2, 413) Dass er, Goethe selbst, auf der Hoftheaterbühne Weimars zwei Jahrzehnte später tatsächlich *in personam* die Rolle des Orest ausfüllen würde, im Kontext eines von eigener Hand geschriebenen Versdramas klassischen Stils über das mythische Schicksal der Iphigenie auf Tauris, wo überdies auch ein von der Protagonistin als Tempelpriesterin mit halbem Herzen verwalteter, archaischer Opferkult darzustellen war, dieser Zukunftsumstand rückt die frühe Shakespeare-Ehrung in das Licht eines kühnen divinatorischen Vorgriffs.

Ganz ungedämpft überwältigt Goethe sein Vorbild mit vehementer identifikatorischer Emphase, denn er will zur Feier Shakespeares keine sachlich basierte *laudatio* abliefern, sondern eine geradezu liturgische Intensität der Anrufung und Vergegenwärtigung herstellen. William ist hier der Meister, der erste und einzige, wie er es später nochmals im theatralen Bildungsroman des ein wenig aus der Art geschlagenen Kaufmannssohnes Wilhelm Meister sein wird, unerreichtes Vorbild all derjenigen, die auf der Suche sind nach sich selbst. Goethe deklariert: „Wir ehren heute das Andenken des größten Wandrers, und tun uns dadurch selbst eine Ehre an. Von Verdiensten die wir zu schätzen wissen, haben wir den Keim in uns." (MA 1.2, 411) Die Idee zu dieser Shakespeare-Hommage scheint noch im Straßburger Freundeskreis entstanden zu sein; vergleichbar mit der stilistischen Opposition der Stürmer und Dränger gegen den architektonischen Absolutismus der französischen Barockzeit, bei der als positives ‚deutsches' Gegenbild zu Prunkanlagen im Stile Versailles die gotisch steilen Fassadenverstrebungen des Straßburger Münsters in leuchtender Helle hervorgehoben wurden, so speisten sich auf theatralem Gebiete viele Erneuerungsimpulse aus der antifranzösischen bzw. antifeudalen Opposition. Statt *bienséance*, also stilistischer und gesellschaftlicher Rücksichtnahme, wurde die bewusste Provokation gesucht, man stellte die Kunst des dramatischen Effekts über diejenige einer formalen Ausbalancierung. Für Goethe selbst, der sich biographisch zum damaligen Zeitpunkt auf der Schwelle zur Künstlerexistenz befand, wenngleich noch ohne letzte Entschiedenheit, war die Kontaktnahme mit Shakespeare eine Art Initialzündung gewesen, die dem noch nicht Zu-Ende-Geborenen buchstäblich die Augen geöffnet hatte.

> Die erste Seite die ich in ihm las, machte mich auf Zeitlebens ihm eigen, und wie ich mit dem ersten Stücke fertig war, stund ich wie ein blindgeborner, dem eine Wunderhand das Gesicht in einem Augenblicke schenkt. Ich erkannte, ich fühlte aufs lebhafteste meine Existenz um eine Unendlichkeit erweitert, alles war mir neu, unbekannt, und das ungewohnte Licht machte mir Augenschmerzen. Nach und nach lernt ich sehen, und, dank sei meinem erkenntlichen Genius, ich fühle noch immer lebhaft was ich gewonnen habe. (MA 1.2, 411–412)

Die Idee eines Feiertages für Shakespeare hatte Goethe mehreren Gleichgesinnten und Gönnern vorgetragen, unter anderem suchte er bei Salzmanns „Deutscher Gesellschaft" um einen „*Ehrentag des edlen Schäkespears*" an (HA 12, 691), wie er am 21. September 1771 an Röderer schrieb. Am 14. Oktober fand im Familienkreise des Frankfurter Vaterhauses, wie das Haushaltsbuch ausweist, ein „Dies Onomasticus Schackspear" statt (HA 12, 691), zu welchem Anlass Goethe seine vorbereitete Rede auf das Genie des englischen Dramatikers vortrug. Das Dokument dieser Shakespeare-Verehrung ist aus zweierlei Gründen aufschlussreich: Zum einen, weil es den Entwurf eines selbstgestifteten Rituals niederlegt und damit auf Goethes spätere Festlichkeiten und Zeremonialdramaturgien vorausweist, zum anderen, weil sich darin, und wohl ebenfalls erstmalig, der Versuch einer künstlerbiographischen Selbstbegründung Bahn bricht, einer Neuerschaffung des eigenen Selbst mittels des Instrumentes eines selbstgeschaffenen Geburtstags. Ein klarer Versuch von *invention of tradition* also, der einerseits für das im deutschsprachigen Raume noch unterentwickelte institutionelle Renommee Shakespeares eintrat, andererseits und vor allem aber den Durchbruch des eigenen Künstlertums manifestieren und mit einem signifikanten zeremoniellen Akt unterstreichen wollte. Insofern kann der Gedenktag als doppelt codiertes Datum fungieren, indem Goethe seinen literarischen Werdegang hier wie bei einem Taufakt unter das Sinnzeichen Shakespeares stellt.

Das gewählte Datum des Feiertages ist arbiträr, in gewisser Weise trifft das sogar auf den ausgesuchten Gewährsmann zu, unter dessen symbolische Protektion sich Goethe mit dem Akt der Ehrung stellt. Wichtig erscheint vor allem die hierdurch geschmiedete symbolisch-kalendarische Allianz als solche. Denn das Begehen des Festtages folgt der kulturellen Logik einer synchronisierenden Resonanzbildung,[1] die es erlaubt, eine Gelenkstelle des eigenen lebensgeschichtlichen Entwicklungsweges mit einem übergeordneten, ins Weltgeschichtliche und Weltliterarische weisenden Zusammenhang zu verknüpfen. Der junge Goethe spricht dabei bedeutungsvoll von einem „geheimen Punkt", welcher Selbst und Gesellschaft, Handeln und Schicksal aufeinander zu beziehen erlaube. Wörtlich heißt es:

> Schäckespears Theater ist ein schöner Raritäten Kasten, in dem die Geschichte der Welt vor unsern Augen an dem unsichtbaren Faden der Zeit vorbeiwallt. Seine Plane, sind nach dem gemeinen Styl zu reden, keine Plane, aber seine Stücke, drehen sich alle um den geheimen Punkt, (den noch kein Philosoph gesehen und bestimmt hat) in dem das Eigentümliche unsres Ichs, die prätendierte Freiheit unsres Wollens, mit dem notwendigen Gang des Ganzen zusammenstößt. Unser verdorbner Geschmack aber, umnebelt dergestalt unsere Augen, daß wir fast eine neue Schöpfung nötig haben, uns aus dieser Finsternis zu entwickeln. (MA 1.2, 413)

Erst unlängst hat Volker Braun eine Sammlung seiner Essays mit der von dem jungen Goethe gebrauchten Formulierung jenes „geheimen Punkts" überschrieben (Braun 2019), klingt darin doch ein Grundthema seines eigenen politischen Denkens wieder, die intrikate Frage der Kontaktstelle zwischen individueller Freiheit und notwendigem Gang des Ganzen. Für Goethe steht sie 1771 unter dem Programm eines lebensgeschichtlichen Neuanfangs. Dass der Mensch als junger Erwachsener eine charakterliche Neuschöpfung nötig habe, war in den protestantischen Religionsdiskursen des achtzehnten Jahrhunderts unter anderem die Überzeugung der Pietisten und anderer Verfechter religiöser Rituale der Eingliederung, der Buße oder der Konversion; eine Glaubenswelt, die Goethe aus etlichen Beispielen seines Bekanntenkreises geläufig war. Auch ihm selbst war, bei aller Diesseitsbejahung, Sinnlichkeit und antiklerikalen Freigeisterei, das Bedürfnis und der Anspruch vertraut, die eigene planlose Existenz müsse mit den Plänen höherer Mächte in Einklang zu bringen sein. Doch peilt Goethe zur Zeit des Shakespearetages jenen geheimen Punkt, an dem die Verbindung von Ich und Welt, von subjektiver Willensfreiheit und gesellschaftlich bedingter Notwendigkeit zu suchen sei, eben durch den symbolischen Beistand des selbstgewählten literarischen Paten an, statt sie durch metaphysische Garantieinstanzen abge-

---

[1] Zum Konzept der sozialen und psychologischen Resonanzbildung vgl. Rosa 2016.

segnet zu glauben. Es sind und bleiben jeweils kulturell bedingte Behelfskonstruktionen, durch die Goethe das Wirken höherer Mächte statuiert, und die er dabei dezidiert an die Stelle der überkommenen kirchlichen Heilszusagen setzt. Schon das frühkindliche Weihnachtsfest mit dem lebenslang prägenden Faszinosum des Puppentheaters war ein solches Substitut, und noch die über Wilhelm Meisters Lebenswendungen als Regieinstanz wachende Turmgesellschaft oder das Finale von *Faust II* werden im Zeichen solcher Konstrukte des „geheimen Punkts" stehen, an dem das Individuelle versöhnt in die Ordnung des Ganzen eintritt.

Der Behelfscharakter dieser postreligiösen Sinnstiftungen musste sichtbar bleiben, um ihnen den Charme eines eben nicht mit letzter Gewissheit auftretenden Provisoriums zu erhalten. Deshalb tritt auch in Goethes ad hoc geschaffener Invention eines Shakespearetages das Arbiträre und Artifizielle hervor; es handelt sich um eine Konstruktion, für die das Medium chronographischer Datierung und die damit verbundene astrokalendarische Zeitordnung eine konstitutive Bedeutung haben. Es geht dabei um die Frage, welchen Stellenwert die kalendarische Synchronisierung von Lebensgeschichte und Weltlauf für Goethes Poetik haben konnte, für seine eigene narrative Identitätsbildung wie auch für seine Bemühungen um einen gesellschaftlichen Resonanzraum literarischer Produktion.

2 Werthers epistolare Sendung

Versteht man unter Medialität eine diskursive Vermittlungsfunktion, bei der sich das literarische Schaffen zu standardisierten gattungspoetischen Schemata in Beziehung setzt, sich auf eine bestimmte diskursive Form, einen materiellen Träger und eine institutionelle Rahmung einlässt, dann gehören zum Spektrum dieser medialen Konditionen auch und gerade jene hinzu, die sich von der chronographischen Dimension des Lebens herleiten und sich im weiteren Sinne mit Fragen der kulturellen Zeitordnung und Zeitdeutung beschäftigen. Für die Praxis des Schreibens spielen zweierlei Felder metatextueller Auszeichnung eine herausgehobene Rolle: erstens die namentliche Validierung eines Schriftstücks durch das Institut der Autorschaft – ein Faktor, über dessen diskursgenerierende Bedeutung sich im Anschluss an Barthes und Foucault intensive Forschungsdebatten gebildet haben[2] –, und zweitens die Gepflogenheit der kalendarischen

---

[2] Die Diskussion um die analytische Relevanz der Konzepte Autor und Autorschaft wurde stark

Datierung: eine ebenso basale Diskurspraxis, die freilich als mediale Komponente bislang weniger in den Blick geraten ist.[3]

Ein Schriftstück wird zu einem solchen, indem es durch identifizierende Metadaten wie den Namen des Urhebers, das Datum der Niederschrift, gegebenenfalls auch eine mitlaufende Seitenzählung oder Sequenzierung durch Überschriften mit einem intrinsischen Set von deskriptiven Markierungen versehen worden ist. Besonders bei Briefen und Urkunden hängt ihre Belastbarkeit als legale Dokumente entscheidend von dieser medialen Codierung durch Metadaten ab, doch auch für komplexere ästhetische Kommunikationstypen fiktionaler oder semifiktionaler Art sind personale und chronographische Markierungen von hoher Relevanz. So pflegt ein Autor wie Peter Handke seit seinem Wechsel zur Schreibweise mit Bleistift jedes seiner Manuskripte am Ende zwar nicht mit dem Verfassernamen, wohl aber mit dem Notat der genauen Zeitspanne zu signieren, die er für die Niederschrift des vorgelegten Werkes benötigt hat.[4] Was soll die Angabe dieser Zeitspanne den Lesern zu verstehen geben? Dass es dem Autor durch begünstigte Umstände und eigenen Fleiß möglich gewesen ist, in bestaunenswerter Kürze eine Dichtung von formaler Stringenz und bleibender Schönheit zu erschaffen? Oder dass sich während der Schreibphase Lebens- und Arbeitszeit aufs Engste miteinander verflochten hatten, so dass mit dem fertigen Text dem Publikum auch ein Stück privaten Lebens ausgehändigt wird? Zumindest betont und bestätigt die eingetragene Zeitmarke als Abschluss der Niederschrift die Einmaligkeit des damit getätigten Wurfes, der so und nicht anders als Zeitwerk in seine Welt hinaustritt. Ich habe geschrieben, was ich geschrieben habe. Statt wie beim Schulaufsatz vor aller Dinge Anfang gesetzt zu werden, ist das Schreibdatum als Sigel werkpoetischer Finalität ans Textende gerückt.

Das *Datum* fungiert als unmittelbarer (oder besser gesagt: *scheinbar* unmittelbarer) Ausdruck des Zeitbezuges literarischer Schreibakte, indem es die eindeutige kalendarische Markierung eines bestimmten Tages angibt, einer Spanne von Tagen oder Phasen im Jahreslauf. Ein jeder Tag wird im Vorgang seiner Datierung einerseits durch sprachliche Benennung des Wochentags und Monats mit kulturell geprägten Ausdrücken belegt, andererseits durch die numerische Kombination aus fortlaufender Zählung von Jahr, Monats- und Tagesreihe als eine unverwechselbare Zeitstelle bezeichnet. Numerisches System und Namensreihen verleihen in ihrer Kombination jedem Datum eine doppelt gefügte Semantik, bei

---

befördert durch die Beiträge eines Symposiums unter der programmatischen Formel der „Rückkehr des Autors"; vgl. Jannidis et al. 1999.
3 Vgl. zur Interrelation von kulturellen und astronomischen Datierungsweisen Honold 2013, bes. 7–33.
4 Vgl. die Faksimiles der Werkmanuskripte in Kastberger 2009, 70, 159, 165 u. ö.

der die Tage als elementare Bestandteile der Chronographie mit einem je individuellen Charakter versehen und zugleich als unverwechselbare Zeitstelle markiert werden.

Den Rhythmus des Lichtwechsels und damit auch die Abfolge unserer Tage gibt letztlich die Rotationsgeschwindigkeit der Erde um ihre eigene Achse vor. Aus dem Zusammenspiel mit der elliptischen Bahnbewegung des Planeten um die Sonne ergibt sich sodann eine Kombinatorik von Tages- und Jahreszyklus, welcher für irdische Betrachter an der Höhe und Länge des täglichen virtuellen Sonnenbogens und an dem periodischen Wechsel der nächtlichen Gestirnskonfigurationen ablesbar ist – das erste und bis heute bedeutendste natürliche Uhrwerk, ein Schauspiel unserer Zeitordnung.[5] Die Individuierung eines bestimmten Tages erfolgt somit über astrokalendarische Praktiken, deren Mechanismen und Regeln bis in die Astronomie treibenden frühen Hochkulturen etwa der Babylonier und Ägypter zurückreichen (so insbesondere der Schattenwurf und Rundlauf des Zeigestabs und die in der Chronometrie bis heute dominierende Sexagesimalordnung) und sich in der griechischen und römischen Antike zu kulturellen Mustern ausgeformt haben, welche für die Matrix des westlichen kalendarischen Systems mit ihren interzyklischen Relationen von 7 Wochentagen, 12 Monaten und 4 Jahreszeiten in hohem Maße prägend wurden.

Ein Datum ist im wörtlichen Sinne etwas Gegebenes, eigentlich: *das Gegebene* schlechthin. Als Referenz auf die Zeiteinheit des Tages ist jedes Datum zugleich Effekt komplexer astrokalendarischer Korrelationen und deshalb in seiner Gegebenheit Ausdruck elaborierter menschlicher Bemühungen, den Kräften und Bewegungen der umgebenden Natur eine gewisse Regelmäßigkeit und Sinnhaftigkeit abzugewinnen. Gegeben allerdings ist und bleibt das Datum in dem Sinne, dass diese Chronographie jeder anderen *Graphie* als institutionelle Matrix vorausliegt und an dieser kalendarischen Ausrichtung wiederum jeder einzelne Kommunikationsakt seine uneinholbare Basis und Rahmung findet. Ein bekanntes Textbeispiel möge zur Veranschaulichung dienen:

am 4. Mai 1771

> Wie froh bin ich, daß ich weg bin! Bester Freund, was ist das Herz des Menschen! Dich zu verlassen, den ich so liebe, von dem ich unzertrennlich war, und froh zu sein! Ich weiß, Du verzeihst mir's. (MA I.1, 197)

Gehört das Datum zur ästhetischen Botschaft des Briefes und Briefromans hinzu? Goethe selbst schien hierüber in Zweifel, hat er doch für die zweite Auflage zu-

---

5 Honold 2004, 22–24.

mindest die Jahreszahl bei der Datierung von Werthers Eröffnungsbrief getilgt.[6] Es ist eine eigentümliche Inversion, mit der dieser Briefroman einsetzt. Um mit dem Schreibakt überhaupt beginnen zu können, muss nicht der Absender, wohl aber der Adressat bzw. das intendierte Publikum „weg" sein, damit und solange geschrieben wird. Wenn der junge Werther, Protagonist in Goethes jugendlichem Briefroman, zu Beginn des Geschehens erstmals die Feder ergreift, um seinem Freunde Wilhelm nach dem offenbar kurz zuvor erfolgten Abschied aus der Ferne ein briefliches Lebenszeichen zu senden, dann ist mit diesem Schreibakt zugleich ein Aufmerksamkeit heischender Auftritt der epistolaren Kommunikation als solcher verbunden.

Die Leiden des jungen Werthers sind gemäß der Herausgeberfiktion eine aus hinterlassenen brieflichen Zeugnissen der Hauptfigur ex post von dritter Hand zusammengesetzte Narration. Indem Goethes Briefroman die polyperspektivische Dimension der Gattung ausschlägt und stets nur *einen* Briefautor bzw. Sprecher berichten lässt, wird die Subjektivität der Auslassungen Werthers noch zusätzlich betont, was dem Briefduktus wiederholt den Charakter von Tagebuchblättern oder von Soliloquien verleiht. Dem Mitteilungsakt liegt (der Schreibfiktion zufolge) keine langwierige literarische Gestaltungsarbeit und auch keine strategische Publikationsabsicht zugrunde. Werthers Geschichte muss aus dem Mosaik einseitig überlieferter Freundschaftsbriefe postum erschlossen werden, insgesamt 75 an der Zahl,[7] die in mal kürzere, mal längere Textquanten gestückelt und auf einen Zeitraum von etwas mehr als anderthalb Jahren verteilt sind. Diese Fiktion der Nicht-Literatur erhöht den Authentizitätswert der Briefe ungemein. Und ebenso, wie der abwesende Freund vermittels des Briefes nun zum weiterhin die Fährnisse Werthers miterlebenden Korrespondenzpartner werden kann, so rückt umgekehrt der Brief als Trägermedium selbst in die stellvertretende Rolle des Freundes ein. Der *Brief*, bzw. das Ensemble von Briefpapier, Schreibakt und

---

6 Vgl. den Paralleldruck der Fassungen von 1774 und 1787 (FA I 8, 9–267, hier 11). Eigentümlicherweise bezieht sich diese Tilgung nur auf den Eröffnungsbrief des Ersten Teils, während die erneute Nennung des Jahres (dann für das Fortsetzungsjahr 1772) im Eingangsbrief des Zweiten Teils auch in der späteren Fassung erhalten bleibt (FA I 8, 125).
7 37 Briefe im ersten und 38 Briefe im zweiten Teil werden ohne Kommentierung durch den Herausgeber, in direkter Wiedergabe und jeweils mit Datumszeile versehen im Roman wiedergegeben. Eingangs und am Ende ist diese Briefsammlung durch Bemerkungen des Herausgebers gerahmt, der in seinem Nachwort beim Bericht über das Ende Werthers zudem absatzweise Passagen aus dem Abschiedsbrief Werthers an Lotte mitteilt; dieser stellt insofern keine selbständige Text-Entität dar und ist in der Bilanz des epistolaren Medieneinsatzes deshalb nicht mitgezählt.

kommunikativer Adressierung,[8] wird zu einem Depot der Abschlagszahlungen von emotionalem Überschwang und vertraulichen Beichterzählungen. Dass anstelle des supponierten Freundes problemlos der unspezifische Adressatenkreis eines zeitgenössischen oder späteren Lesepublikums in die Position des vertrauensvoll eingeweihten Partners einrücken kann, stellt eine der diskursiven Errungenschaften der Empfindsamkeit dar, die mit all ihren stilistischen Registern darauf abzielte, literarische Artefakte in den Individualhaushalt psychischer und somatischer Energieflüsse zu integrieren.

Der *Brief* und das *Buch* übernehmen bereitwillig die von ihnen selbst geschaffene Diskursposition eines treuen Begleiters und guten Freunds. „Und du gute Seele, die du eben den Drang fühlst wie er, schöpfe Trost aus seinem Leiden, und laß das Büchlein deinen Freund sein, wenn du aus Geschick oder eigner Schuld keinen nähern finden kannst." (MA I.2, 197) Brief und Buch schließen sich durch die Aufgabe zusammen, Gegebenes weiterzuleiten. In den Leiden Werthers wird der Brief dasjenige Medium sein, über welches die beiden Freunde in Verbindung bleiben; das Medium, das die räumliche Entfernung zwischen ihnen sowohl kenntlich macht wie auch zu überbrücken hilft, und zu dessen Existenzbedingungen deshalb die Raumdistanz zwischen den Briefpartnern ebenso sehr erforderlich ist wie ein eingespieltes postalisches Verkehrs- und Transportwesen, dem die Beförderung jedes einzelnen Schreibens zuverlässig anvertraut werden kann.

Als eine der wohl erfolgreichsten Gattungsinnovationen des achtzehnten Jahrhunderts ermöglicht es der Briefroman, komplexe Handlungen aus mehreren Perspektiven abwechselnd zu beleuchten und dabei die subjektive Einfärbung der Erlebnisse und Wahrnehmungen plastisch zum Ausdruck zu bringen. Zu einer Vorzugsgattung der literarischen Empfindsamkeit kann der Briefroman im *Werther*-Jahrzehnt vor allem deshalb avancieren, weil sich auch die Stilistik des Briefschreibens selbst seit der Mitte des achtzehnten Jahrhunderts einer radikalen Wandlung unterzogen hatte. Statt der Förmlichkeiten des Kanzleistils, in dem der Briefduktus gespickt war mit allerhand Floskeln und zeremoniellen Wendungen und dadurch seine artifizielle Schriftlichkeit hervorkehrte,[9] galt seit den briefpoetischen Reformen Gellerts, Klopstocks, Lessings und anderer die größtmögliche Nähe zum mündlichen Gesprächsbeitrag als das neue Briefideal.[10]

Es ist evident (und Teil seines generationstypischen Charakterprofils), dass auch der junge Werther den Gestus spontaner, mündlicher Expression bevorzugt,

---

8 Vgl. zu diesem medialen Zusammenspiel Bohnenkamp und Wiethölter 2008; Wiethölter und Bohnenkamp 2010.
9 Vgl. Schöne 2015, 14–15.
10 Ebrecht, Nörtemann und Schwarz 1990.

bis hin zu dramaturgisch effektvoll eingesetzten Manövern der Interjektion, des Anakoluths oder der Aposiopese, also des brüsken Aussageabbruchs. In einem für die Kunst der Aussparung beispielhaften Brief, nur wenige Wochen später, wird der Protagonist jene Wendung der Geschehnisse, die ihn in das unheilvolle Dreiecksverhältnis mit Lotte und Albert hineinführt, durch einen ins Negative gekehrten Exordialtopos ankündigen, der die briefliche Säumigkeit des Absenders gegenüber dem Adressaten rechtfertigt und dokumentiert.

> am 16. Juni
>
> Warum ich dir nicht schreibe? Fragst du das und bist doch auch der Gelehrten einer. Du solltest raten, daß ich mich wohl befinde, und zwar – Kurz und gut, ich habe eine Bekanntschaft gemacht, die mein Herz näher angeht. Ich habe – ich weiß nicht. (MA I.1, 207)

Zwei Abbrüche der Satzperiode in nur wenigen Zeilen, das ist selbst für ein Schriftdokument der Empfindsamkeit eine bemerkenswert hohe Frequenz. Noch bedeutender allerdings ist, was diesem Stocken vorausgeht, eine Lücke im Briefwechsel von ganzen drei Wochen, nachdem Werther den ganzen Mai hindurch seinen Briefverkehr mit Wilhelm regelmäßig und mit Zeitintervallen von höchstens fünf Tagen geführt hatte. Wer beständig und stetig Meldung macht über seine Lebensumstände und deren kleinste Veränderungen, droht dabei erzähltechnisch in die Falle des Paradoxons von Achill und der Schildkröte zu geraten; denn je kleinteiliger die Rapporte ausfallen, umso weniger finden darin fundamentale Brüche oder Glückswechsel Raum. Da nun die Geschichte Werthers eine handlungsformende Wendung nehmen soll, kann zur Vorbereitung dieses Lenkungsimpulses nichts hilfreicher sein, als eine kleine erzählerische Pause einzulegen.[11] Der Protagonist wird karger in seinem Briefverhalten, weil ihn unterdessen eine anderweitige Interessenlage zunehmend okkupiert. Als vermeintlicher Menschenkenner hätte Wilhelm deshalb nicht nach dem Grund für Werthers pausierende Briefkommunikation zu fragen brauchen, sondern selbst den Schluss ziehen können, dass hier wahrscheinlichster Weise Symptome hochgradiger Verliebtheit vorliegen. Für das Lesepublikum wiederum, das einem kontinuierlich fortgehenden Text folgt, wird das längere Intervall in der Brieffolge erst fühlbar, wenn es durch die Konversation auf Figurenebene eigens darauf auf-

---

11 Der Begriff *Pause* wird hier terminologisch im Sinne der strukturalen Narratologie Gérard Genettes gebraucht: Die Handlung schreitet voran, ohne dass dies innerhalb des Erzählvorganges isochron abgebildet würde. Stattdessen wird im vorliegenden Fall mittels der beiden bemerkenswert weit auseinanderliegenden Briefdaten indirekt eine klare Lücke markiert. (Vgl. Genette 1994, 71– 65).

merksam gemacht wird, und dann einen kontrollierenden Blick auf die Datierung und die darin erkennbare Zeitlücke werfen kann.

3 Der Zyklus der Liebe

Selbstredend werden nun auch und gerade Werthers Liebesgefühle einen Überschwang brieflicher Geständnisse, Exklamationen und Beteuerungen generieren, nachdem die erste Stockung überwunden ist. Doch der Umstand, dass Werther den Anfang seines Abenteuers nicht gleich (also selbigen Tages), sondern erst in einer umfangreichen Analepse berichtet, verleiht dieser nachgetragenen Narration den Unterton eines von Schuldgefühlen und Rechtfertigungszwang erfüllten Geständnisses. Was Werther dem Freunde nach der längeren Unterbrechung zu berichten hat, läuft in seiner emotionalen Entwicklungslogik mehreren ausdrücklichen Versicherungen zuwider, die der Protagonist in seinen Briefen zuvor angegeben hatte, so dass diese retrospektiv in das Zwielicht sich selbst dementierender Prophezeiungen rücken.

Im ersten Brief vom neuen Ort hatte Werther noch „Die arme Leonore!" (MA I.1, 197) beklagt, eine von ihm offenbar zugunsten der attraktiven Schwester zurückgewiesene oder observierte Verehrerin. „Ich [...] will mich bessern", hatte der Protagonist seinem Freunde gelobt, der erklärte Vorsatz lautet deshalb: „das Gegenwärtige genießen, und das Vergangene [...] vergangen sein" lassen und sich im Übrigen der „Einsamkeit [...] in dieser paradiesischen Gegend" anheim zu geben (MA I.1, 197–198). Trotz „allerlei Bekanntschaft" (MA I.1, 201) will sich der Briefschreiber möglichst ganz aus der gesellschaftlichen Sphäre zurückziehen, getreu seinem selbstgefassten Motto: „Ich kehre in mich selbst zurück, und finde eine Welt!" (MA I.1, 203) All diese mit erheblichem Pathos abgegebenen Absichtserklärungen dienen lediglich dazu, in dramaturgischem Kontrast die absehbare Malaise jener Ménage à trois hervortreten zu lassen, in die sich Werther durch seine Liebe zu Charlotte verstricken wird.

Und selbst noch an jenem Abend, der mit seiner Ballnacht und Gewitterszene zwischen Lotte und Werther den Funken eines emotionalen Kurzschlusses auslösen wird, kommt das Stilmittel negativer Vorausdeutung erzählerisch noch mehrfach zum Einsatz.

> Nehmen sie sich in Acht, versetzte die Base, daß Sie sich nicht verlieben! Wie so? sagt' ich: Sie ist schon vergeben, antwortete jene, an einen sehr braven Mann, der weggereist ist, seine Sachen in Ordnung zu bringen nach seines Vaters Tod, und sich um eine ansehnliche Versorgung zu bewerben. Die Nachricht war mir ziemlich gleichgültig. (MA I.2, 208–209)

Ein paar Stunden später, als Werther und Lotte wiederholt und begeistert zusammen ‚walzen', registriert der Protagonist in Gestalt einer besorgten Beobachterin ein weiteres mahnendes Stoppschild am Wegesrand. „Sie sieht Lotten lächelnd an, hebt einen drohenden Finger auf, und nennt den Namen Albert zweimal im Vorbeifliegen mit viel Bedeutung." (MA I.2, 213) Durch das längere Briefintervall hat sich auch Werthers Bericht in ein breiteres Erzählformat fügen müssen, bei dem ihm nun die Differenz zwischen erlebendem und erzählendem Ich gewisse Spielräume der Erzählregie eröffnet, die er als pünktlicher Tagebuchschreiber weniger gehabt hätte. Der Erzählende liefert hier selbst schon jene Vorbehalte, die gegenüber seiner beginnenden Liaison mit einer verlobten jungen Frau nun angebracht werden müssten. Er erzählt von all den warnenden Begleitzeichen getreulich, und doch bemerkt er sie scheinbar nicht, oder geht achselzuckend darüber hinweg.

Gründe und Folgen sind logische Implikationen einer narrativen Sukzession, doch ihr mächtiger Gegner ist die Intensität des Augenblicks. Den Kern des Lotte-Erlebnisses bildet die unmittelbare Sinnlichkeit eines einmaligen Datums, die Zeitfunktion des *kairos* bzw. der *occasio*. Zwei Menschen drehen sich miteinander im Schwunge der Musik, ihre Körper beginnen eine Einheit zu bilden, indem sie rückhaltlos in einen Wirbel von wogenden Wellenbewegungen hineintauchen, so dass selbst in der nachträglichen Schilderung noch etwas nachzittert von der dabei durchlebten Ekstase. „Nie ist mir's so leicht vom Flecke gegangen. Ich war kein Mensch mehr. Das liebenswürdigste Geschöpf in den Armen zu haben, und mit ihr herum zu fliegen wie Wetter, daß alles rings umher verging" (MA I.2, 213). Was diese beiden wider alle Vernunft und Absicht zueinander führt, ist die evidente Eigenmacht der bei diesem engumschlungenen Walzertanz ausgeführten Bewegungen; ihr gemeinsamer Tanz ist entfesselt und koordiniert zugleich.

Es ist an diesem unbedachten und fatalen In-Liebe-Fallen zwischen Werther und Lotte ein Effekt kultureller Synchronisierung zu besichtigen. Rhythmusbetonter Musik ist es eigen, Menschen in Bewegung zu versetzen; das Gleichmaß einer mehrere Individuen durchwirkenden gemeinsamen rhythmischen Formation ist im regulierten Tanze wiederum kein anderes, als es auch in der kalendarischen Zeitordnung am Werke ist. Beide kulturellen Sphären sind schon dadurch miteinander verzahnt, dass sich die pulsgebenden Gestirns- und Planetenbewegungen als eine himmlische Choreographie darstellen, deren Nachahmung durch irdische Gestaltungsformen in Architektur, Poesie und Tanz zu den ältesten Bekundungen eines elementaren „mimetischen Vermögens" gehört, wie es Walter Benjamin (1977, 204–213) in seinen Notizen zu einer *Lehre vom Ähnlichen* beschrieben hat.

Was Menschen über Standesgrenzen und Geschlecht hinweg miteinander verbinden kann, sind die schrankenlos sich ausdehnenden Wellen elementarer

Bewegungsenergie. Indem es Werther mit Lotte umherzuwirbeln genießt „wie Wetter", stellt er eine explizite Verbindung zu den Phänomenen meteorologischer Entladung her und ruft dabei überdies den semantischen und etymologischen Zusammenhang von *tempus* und *tempestas* in Erinnerung. „Der Tanz war noch nicht zu Ende, als die Blitze, die wir schon lange am Horizonte leuchten gesehn, und die ich immer für Wetterkühlen ausgegeben hatte, viel stärker zu werden anfingen, und der Donner die Musik überstimmte." (MA I.2, 214)

Die berühmte Gewitter-Szene mit dem unter Rührung erwirkten zärtlichen Tête-à-Tête, sie führt persönliches und atmosphärisches Spannungsfeld als parallele dramaturgische Stränge einer zeitgleich sich anbahnenden Entladung zu, die in der Trigger-Funktion des von Lotte angerufenen Dichternamens Klopstock ihren kunstvoll arrangierten Höhe- und Umschlagspunkt findet. „Wir traten ans Fenster, es donnerte abseitswärts und der herrliche Regen säuselte auf das Land" (MA I.2, 215); wo Wetter und Stimmung solcherart zusammenwirken, da waltet bald auch ein Gleichklang der Seelen, so dass der Dichtervater Klopstock nicht umhin könnte, die in seinem Geiste geschlossene Verbindung zu autorisieren. Wie Shakespeare den Gewährsmann für Goethes literarisches Taufzeremoniell abgegeben hatte, so beansprucht Goethes Romanfigur nun die deutsche Dichterinstanz Klopstock als den segnenden Übervater eines imaginären Verlöbnisses. Denn ein solches scheint Werther für Momente ebenso greifbar wie die Utopie einer Verbrüder- und Verschwisterung aller im entgrenzenden Tanzerlebnis.

Zur privaten *occasio* scheint atmosphärisch die Bindekraft eines allgemeinen *kairos* hinzuzutreten, so jedenfalls glaubt es der Held selbst zu fühlen. Indem die ländliche Ballgesellschaft sich unter dem Banner einer musikalischen Choreographie versammelte, brachte sie das Prinzip ihrer temporären Aggregation als ein ästhetisches lebhaft zur Anschauung. Wo dieser Modus ästhetischer Gemeinschaftlichkeit versagt, wie etwa bei jenem feudalen Gesellschaftsanlass des zweiten Teils, als Werthers Gegenwart von den höheren Kreisen gemäß der Ständeklausel als unpassend und degoutant beurteilt wird, hat dies nicht mehr einfach nur den Ausschluss des Betroffenen zur Folge, sondern zieht dessen schwere narzisstische Kränkung nach sich, weil in ihm das verbindende Momentum von Gemeinschaftlichkeit überhaupt desavouiert und beleidigt worden ist. An die „noble Gesellschaft" hatte Werther zuvor nach eigenem Bekunden „nie gedacht" noch darüber räsoniert, „daß wir Subalternen nicht hinein gehören"; nun aber flieht er hochgradig empört, um in ländlicher Einsamkeit in seinem Homer nachzulesen, „wie Ulyß von dem trefflichen Schweinhirten bewirtet wird" (MA 1.2, 254–255). Der Eklat bereitet ihm „einen Verdruß", der ihn mit den Zähnen knirschen und seinen Abschied nehmen lässt – mit bittern Vorwürfen gegen seine wohlmeinenden Freunde, „die ihr mich spornetet und triebt und quältet, mich in einen Posten zu begeben, der nicht nach meinem Sinne war." (15. März 1772, MA I.2, 253)

Werthers unglücklicher Furor zielt als prärevolutionäre Tendenz dieses Romans darauf ab, die Schranken des Standes und des Besitzes aus Gefühlsgründen spontan niederzureißen, obwohl es dem Verfasser hinsichtlich der Folgen solcher Entgrenzung mitunter selbst schon recht unbehaglich und bange wurde.[12] Doch weder die Aufhebung der Ständeklausel noch diejenige der Besitzansprüche, die Albert an Lotte stellen darf, gelingt. Von Brief zu Brief steigert sich Werther in ein zunehmend wilderes, verzweifelteres Anrennen gegen das Gegebene hinein – mit den bekannten, unabwendbaren Folgen. Als er die Tanzpartnerin am Ende jener denkwürdigen Nacht in der Kutsche nach Hause geleitet hatte, trennte sich Werther von ihr nur unter der Versicherung, „sie selbigen Tags noch zu sehn" (MA I.2, 216) und nahm damit einen ungedeckten Kredit auf sein Lebensglück auf, der nur unter Absehung von jeder kalendarischen Ökonomie überhaupt zustande kommen konnte: „[Ich] hab mein Versprechen gehalten, und seit der Zeit können Sonne, Mond und Sterne geruhig ihre Wirtschaft treiben, ich weiß weder daß Tag noch daß Nacht ist, und die ganze Welt verliert sich um mich her." (MA I.2, 216)

Für den kalendarisch geregelten Gang der Dinge kann Werther in seiner Liebesglut immer weniger Interesse aufbringen, während sich hinterrücks seinen Briefzeugnissen die Chronologie einer zunehmenden Verstrickung und Verwirrung einschreiben wird. Es ist, wie könnte es auch anders sein, die Zeit selbst, die gegen ihn arbeiten wird. Und je selbstvergessener die Einträge des Leidenden ausfallen, desto unerbittlicher schreiten an der mitgeführten Zeitleiste die kalendarischen Briefdaten im Jahreslauf voran. Auf die überschwänglichen Turbulenzen des Frühjahrs folgt die verlangsamte Höhe eines warmen Landsommers, zu dessen Neigepunkt unweigerlich der schon wiederholt beschworene Nebenbuhler am Ort des Geschehens eintrifft.

am 30. Juli

Albert ist angekommen, und ich werde gehen, und wenn er der beste, der edelste Mensch wäre, unter den ich mich in allem Betracht zu stellen bereit wäre, so wär's unerträglich, ihn vor meinem Angesichte im Besitze so vieler Vollkommenheiten zu sehen. Besitz! – Genug, Wilhelm der Bräutigam ist da. (MA I.2, 229)

---

12 Der autobiographische Rückblick auf die damalige Schreibphase in *Dichtung und Wahrheit* unternimmt merkliche Anstrengungen, die gesellschaftskritischen Impulse Werthers zu relativieren. „In dieser Zeit war meine Stellung gegen die oberen Stände sehr günstig, wenn auch im Werther die Unannehmlichkeiten an der Grenze zweier bestimmter Verhältnisse mit Ungeduld ausgesprochen sind, so ließ man das in Betracht der übrigen Leidenschaftlichkeiten gelten indem jedermann wohl fühlte daß es hier auf keine unmittelbare Wirkung angesehen sei." (FA I 14, 772)

Gleich zwei andere Männernamen auf dem engsten Raum von drei Briefzeilen, das verheißt nichts Gutes, denn es treibt Werther gewaltsam aus dem Gehäuse seiner Ichbezogenheit heraus. Es braucht von hier aus nur mehr knapp zwei weitere Wochen, bis Werther von Albert dessen Pistolen ausleihen und hernach mit ihm in einen vielsagenden Disput über die Legitimität des Suizids geraten wird. „Die menschliche Natur", so gibt Werther dem ungewollten Freunde zu bedenken, „hat ihre Grenzen, sie kann Freude, Leid, Schmerzen bis auf einen gewissen Grad ertragen, und geht zu Grunde, sobald der überstiegen ist." Im weiteren Verlauf der Kontroverse belegt Werther jenen so kenntnisreich beschriebenen Hang zu Niedergedrücktheit und Resignation, der auch ihn selbst ereilen wird, mit dem Begriff einer „Krankheit zum Tode" (MA I.2, 235), womit ausgedrückt ist, dass gegen ihren Verlauf anzukämpfen eine vergebliche Willensanstrengung sei.

Der astronomische Sonnenlauf durch das virtuelle Band der Tierkreiszeichen ging vermeintlich eine gute Strecke mit dem Gefühlsaufschwung des Helden d'accord, doch bei abnehmendem Tagesbogen verflachen sich zusehends auch Werthers Aspirationen, bis er zu Anfang September, noch vor dem Einsetzen des Herbstes, den Entschluss fasst, vom Ort der triangulären Liaison fortzugehen.[13] (Allerdings nur, um im folgenden Jahr unveränderten Sinnes an die Stätte seines Liebens und Leidens zurückzukehren.) Wie von unsichtbarer Hand sind die kalendarischen Daten der Briefsequenz auf solche Weise geordnet, dass Klimax und Antiklimax durch die jeweils exponierten Positionen im Jahreslauf in der symbolischen Ordnung des Zodiaks schon vorgezeichnet sind. Das tragische Ende mit Werthers Abschiedsbrief und Suizid wird im folgenden Jahr nicht von ungefähr zu den Daten des 21. und des 22. Dezember erfolgen, jenen Tagen, die auf der nördlichen Halbkugel die längste und tiefste aller Nächte flankieren, weil zu dieser Zeit dort die Erdachse mit größtem Abkehrwinkel zum Sonnengestirn steht. Die jahreszeitlichen Schwankungsamplituden führen Werther im zweiten Durchgang von Homer zu Ossian, von der Liebesaufwallung über die Zerknirschung zur autoaggressiven Verzweiflung. Nähe und Ferne der Geliebten liegen mit den hohen und flachen Tagesbögen des Zentralgestirns teils in Übereinstimmung, teils allerdings auch konträr, was dann noch schlimmer ist – etwa wenn Werther um die Fastnachtszeit des zweiten Jahres herum von der ohne sein Wissen vollzogenen Hochzeit Charlottes und Alberts erfährt.

Den 21. Juni des ersten Jahres wiederum, das sommerliche Komplementärstück zum nachmaligen traurigen Ende, widmet Werther dem Aufenthalt in sei-

---

[13] „[A]m 3. Sept. / Ich muß fort! ich danke Dir, Wilhelm, daß Du meinen wankenden Entschluß bestimmt hast. Schon vierzehn Tage geh ich mit dem Gedanken um, sie zu verlassen." (MA I.2, 242)

nem „Wahlheim", das so bemerkenswert „nahe am Himmel" steht, wie es einem ländlichen Idyll zur Zeit des längsten Sommertages geziemt. Der Punkt des Solstitiums ist erreicht und damit ein Moment von kalendarischer Zweideutigkeit, da das Jahr von hier an nur mehr abwärts laufen kann. Durchaus passend also, wenn Werther gerade zu diesem Datum über die zwei gegenläufigen Bestrebungen des Menschen nachsinnt, die in einer „Begier [...] sich auszubreiten" und in dem „innern Trieb" zur „Einschränkung" bestehen (MA I.2, 216), dabei nur selten einander das Gleichgewicht haltend.

4 Unter dem Joch des Kalenders

Die Ausrichtung am exzentrischen Bahngesetz des irdischen Sonnenjahrs passt nicht nur zum Generationsstil der Stürmer und Dränger, sie geschieht auch mit existentieller Konsequenz. Selten ist die Evidenz jahreszeitlicher Alterierung dramaturgisch effektvoller in Szene gesetzt worden, als es in diesem epistolaren Zyklus mittels der Datumspositionen und Gefühlsamplituden Werthers geschieht. Die Ankertage des Kirchenjahrs, die Gedenktage gekrönter Häupter oder verehrter Kulturheroen vermögen der Bahnkurve des Schwärmers keinen Halt mehr zu geben. Was ihn hingegen getreulich durch den Wechsel der Zeiten geleiten kann, ist das naturale Prinzip der periodischen Schwankungen als solches.

Indem anhand der skizzierten Beobachtungen und Indizien hier nun dafür plädiert wird, die astronomische bzw. astrokalendarische Lesbarkeit des *Werther*-Briefromans als intrinsische und durchgängige Komponente seines poetischen Konstruktionskalküls zu behandeln, sollen auch die daraus resultierenden hermeneutischen Folgen und Schwierigkeiten nicht unerwähnt bleiben. Zunächst ist darauf hinzuweisen, dass längst nicht alle der planetarisch markanten Jahrespunkte mit einem eigenen Eintrag in Werthers Brieffolge versehen sind, so werden beispielsweise weder das Frühjahrs- noch das Herbstäquinoktium jemals erwähnt. Zu einer gewissen Komplexität von Werthers Spiel gegen die Zeit trägt zweitens der Umstand bei, dass sich aus der Überlagerung von astrozyklischer und chronologischer Zeitskala der Effekt ergibt, dass dem linearen Fortschreiten der Handlung jahreszeitlich alternierend sowohl auf- wie absteigende Schwingungsbögen zugeordnet sind, weshalb sich Werthers Stimmungsveränderungen teilweise konsonant zu den saisonalen Phasen der vegetativen Natur, teilweise auch dissonant zu ihnen verhalten. Drittens schließlich ist der kompositorischen Gliederung des Briefromans in zwei Teile Rechnung zu tragen, die grosso modo auch zwei aufeinanderfolgende Jahre überstreichen. Durch die spätere Tilgung der Jahreszahl hat der Autor die damit gesetzte buchhalterische Jahresordnung zwar wieder abgemildert zugunsten eines Ineinanderfließens von Monats- und

Tagesangaben, doch ihren trennenden Einschnitt damit nicht wirklich ungeschehen gemacht.

Im Aufbau der Handlung sind infolgedessen zwar zyklische Indikatoren durchgehend präsent (und aus der Datierungsleiste unschwer ablesbar), doch wird ihr zirkulärer Lauf dabei von einem dual angelegten Erzählmodell gewissermaßen überschrieben, welches von ferne an den doppelten Kursus in der Karriere mittelalterlicher Artushelden erinnert. Und an die Techniken theologischer Allegorese, welche die zwei Teile eines supponierten Ganzen nach dem Schema von Typus und Antitypus miteinander in Korrelation zu setzen erlauben. Hierfür geben insbesondere die im Garten eines benachbarten Pfarrhofes prangenden zwei hohen Nussbäume ein Beispiel ab, ein Paar von würdiger und geheimnisvoller Observanz. „Den alten sagte er, wissen wir nicht, wer den gepflanzt hat, einige sagen dieser, andere jener Pfarrer. Der jüngere aber dorthinten ist so alt als meine Frau, im Oktober funfzig Jahre. Ihr Vater pflanzte ihn des Morgens, als sie gegen Abend geboren wurde." (MA I.2, 219)

Die Anpflanzung eines Nussbaums kann in bürgerlichen Zeiten einen privatmythologischen Gründungsakt darstellen, der dem Geburtstag eines neuen Lebens Schutz und Gedeihen verheißt. Weil zudem der Ursprung des Nachbarbaumes im Dunkel bleibt, können alter und neuer Nussbaum allegorisch die einander komplementären Funktionen des alten und neuen Bundes, des alten und neuen Testaments einnehmen. Der frühere Baum verkörpert die unvordenkliche Tradition, der spätere ihre Restituierung durch das providentielle Handeln des Menschen. Als beisammenstehendes Paar wiederum verheißen die Bäume ein strukturelles Dilemma, weil kein Motiv in diesem Roman unverändert bleibt, jedes an mindestens noch einer zweiten Stelle wieder auftritt und dabei oft nicht zu seinem Besten. Auch das Schicksal der Nussbäume wendet sich bei zweiter Lesung ins Trauervolle; die beiden Bäume wurden, wie der Protagonist nach seiner verdüsterten Wiederkehr herausfindet, in der Zwischenzeit ebenso fühllos wie grundlos „abgehauen" (MA I.2, 262). Diese ins Leiden gedrehte Episode ist nur ein Beispiel aus einer ganzen Serie von Parallelgeschichten, die zu der niedergehenden Handlungskurve des Helden ein sinnverstärkendes Resonanzfeld bieten. Ein weiteres eröffnet sich in der Begegnung mit einem unglücklichen Wanderburschen, ehemals Schreiber bei Lottes Vater, der aus unglücklicher Liebe erst seine Anstellung und dann den Verstand verlor.

am 30. Nov.

[...] Ich gehe an dem Wasser hin in der Mittagsstunde, ich hatte keine Lust zu essen. [...] Von ferne seh ich einen Menschen in einem grünen schlechten Rocke, der zwischen den Felsen herumkrabbelte und Kräuter zu suchen schien. Als ich näher zu ihm kam und er sich auf das Geräusch, das ich machte, herumdrehte, sah ich eine gar interessante Physiognomie, darin eine stille Trauer den Hauptzug machte, die aber sonst nichts als einen graden guten Sinn ausdrückte (MA I.2, 269).

Es könnte, abgesehen von dem mutmaßlich eher „geringe[n] Stande" dieses Vagabunden, fast ein Selbstporträt Werthers sein, was in der skizzierten Gefühlsverbindung von Trauer und gradem Sinn Ausdruck findet. Auf die Frage Werthers nach Sinn und Zweck seines Herumirrens aber zeigt sich der Angesprochene im Zustande offenkundiger Verwirrtheit: „Ich suche, antwortete er mit einem tiefen Seufzer, Blumen – und finde keine – Das ist auch die Jahrszeit nicht, sagt' ich lächelnd." (MA I.2, 270) Noch lange bebt diese Begegnung in Werther nach, ruft ihm die Vergeblichkeit auch des eigenen Strebens beklemmend deutlich in den Sinn.

> Gott im Himmel! Hast du das zum Schicksal der Menschen gemacht, daß sie nicht glücklich sind, als eh sie zu ihrem Verstande kommen, und wenn sie ihn wieder verlieren! Elender und auch wie beneid ich deinen Trübsinn, die Verwirrung deiner Sinne, in der du verschmachtest! Du gehst hoffnungsvoll aus, deiner Königin Blumen zu pflücken – im Winter – und traurest, da du keine findest, und begreifst nicht, warum du keine finden kannst. (MA I.2, 271)

Da ist einer, der es sich in den Kopf gesetzt hatte, nichts weniger als das Unmögliche zu begehren und darüber verzweifelt war. Die Spiegelbildlichkeit zu Werthers eigenem Los liegt auf der Hand, nur das letzterer die Gnade der Verwirrung nicht vollständig empfangen hat.

Das Beharren des Unglücklichen, „Blumen im Winter" zu suchen, ist durch die protokollarische Unbestechlichkeit des Datums (es handelt sich um den 30. November) leichterdings als absurd und aussichtslos abzuqualifizieren; gerade deshalb indes zieht es die Sympathie idealisch gesonnener Gemüter auf sich, die ihre Regungen und Taten nicht allein auf Opportunitätsüberlegungen gründen. Es sind die Helden vom Schlage Don Quijotes, die vorzugsweise ins Kontrafaktische ausreiten: Der Komponist Franz Schubert und Wilhelm Müller als Textdichter seiner *Winterreise* verdanken diesem antizyklischen Impuls des verirrten Wanderers ein Grundmotiv ihres haltlosen Helden, der seinerseits ebenso durch alle Stationen der Entbehrung und Liebesverzweiflung hindurch muss, weil auch er in unglücklicher Sehnsucht nach den Blumen im Winter strebt. „Ich träumte von bunten Blumen, / So wie sie wohl blühen im Mai", heißt es in dem Gedicht *Frühlingstraum*, dem elften Lied des Zyklus – um dann die umso schmerzhaftere Desillusionierung folgen zu lassen: „Ihr lacht wohl über den Träumer, / Der Blumen im Winter sah?" (Bostridge 2015, 240–242)

In dieser kurz vor dem Ende positionierten Episode hat Goethes Briefroman das kalendarische Bauprinzip nochmals in verschärfter Prägnanz akzentuiert, so dass nun auch der Mechanismus eines pathologischen Auseinanderdriftens von Eigenzeit und sozialer Kalenderordnung mitsamt seinen schmerzlichen Konsequenzen zur Anschauung kommt. Werthers Leiden ist, in chronometrischer Hinsicht analysiert, Produkt einer selbstinduzierten Phasenverschiebung, die sich den Wechselgesetzen zu- und abnehmender Gefühlsintensität entgegenstemmt. Die Briefe Werthers durchlaufen eine symbolisch überdeterminierte Bahn, weil sie gleich zweimal mit dem zyklischen Schema von Nähe und Distanz, von aufkeimender Hoffnung und beklemmender Enttäuschung kollidieren, bis am Ende die subjektive Passionszeit ausgerechnet auf das gesellschaftliche Datum des Weihnachtsfestes fällt, was einer kontrapunktischen Zeitverschiebung um drei bzw. neun Monate entspricht.

Ein durchaus folgenreicher Wirkungsaspekt des mit der Werther-Figur entworfenen Modells literarisch ermächtigter Subjektivität ist darin zu sehen, dass Werther sich permanent und ohne Pistolen duelliert, nämlich mit der objektivierten Zeitlichkeit nüchtern voranschreitender Datierungen, mit der Welt des Gegebenen. Am ehesten noch folgen Werthers Gefühlsamplituden der naturgebundenen zyklischen Ordnung, die sich auf die elementaren Gewalten des Wetters, der Vegetation, der periodischen Veränderungen von Licht und Temperatur gründet – in dieser Hinsicht kommt sein spätes Überwechseln zu Ossian dem Eingeständnis gleich, bewusst in eine offene Dissonanz hineingesteuert zu sein. Trotz gewisser christologischer Märtyreranspielungen muss gesagt werden, dass insbesondere der kirchliche Jahreslauf am Lebensgang des armen Werthers seine Definitionsmacht vollständig verloren hat. Das unterstreicht der Schlusssatz der Herausgeber-Narration nochmals in unmissverständlicher Deutlichkeit mit seiner Feststellung: „Kein Geistlicher hat ihn begleitet." (MA I.2, 299)

Auch die Anlässe bürgerlicher oder adliger Geselligkeit scheiden als Zeitgerüst zur emotionalen Ausrichtung des eigenen Lebensganges weitgehend aus, sind sie doch allzu sehr den hierarchischen Scheidelinien und Ressentiments einer Ständeordnung unterworfen, welche ein gemeinschaftliches Miteinander allenfalls in den kurzen bewegten Phasen einer wirbelnden Walzer-Choreographie zulässt. Es wird noch Jahre, Jahrzehnte sogar, dauern, bis sich Goethe seinerseits nolens volens einverstanden findet, für die Maskenumzüge und Festlichkeiten zum Geburtstag der Weimarer Fürstin Louise am 30. Januar jeweils den Panegyrikus zu spielen. Dennoch gehörten auch solche Residuen fürstlicher Zeremonialkultur in eine umfassende Behandlung von Goethes kalendarischer Poetik mit hinein, zumal die dort erprobten performativen und allegorischen Schaustellungen später in den zweiten Teil des *Faust*-Dramas Eingang finden werden, um dort zur Choreographie einer epochenübergreifenden Nummernrevue ausgebaut zu werden. Die gesellschaftliche Kalenderordnung der Deutschen ist anders als die der linksrheinischen Nachbarn zu Goethes Zeit nicht oder kaum aus kulturellen Impulsen heraus reformulierbar. Betrachtet man Szenen wie die von politischen Kannegießern nachgespielte Nationalversammlung in den *Aufgeregten* oder führt man sich Goethes epochales Urteil zur Kanonade von Valmy in seinen Aufzeichnungen über den französischen Feldzug vor Augen, so wird klar, dass hier bei aller politischen Distanzierung und humanistischen Ironisierung jeweils auch ein deutliches Quantum an epistemischer Bewunderung mitschwang, an Respekt und Faszination für eine Gesellschaft, die es zumindest ansatzweise vermochte, ihr Zusammenleben auf die Basis einer neu geschaffenen Zeitordnung zu stellen. Zum Datum der Tag-und-Nachtgleiche des Jahres 1792 hatte sowohl der militärische Erfolg von Valmy stattgefunden, wie auch die konstituierende Sitzung der neuen französischen Nationalversammlung. Anlass genug, auf diesen Zeitpunkt das Experiment einer postklerikalen neuen Zeitrechnung zu datieren, wie es im französischen Revolutionskalender denn auch für mehr als eine Dekade lang geschah.

Die einzige Möglichkeit, um in der deutschen Bürgerlichkeit ersatzweise die Stelle eines solchen geheimen Punktes darzustellen, an dem persönliches Streben und gesellschaftliche Notwendigkeit durch Synchronie miteinander verzahnt werden konnten, lag in einer schicksalhaft überhöhten Auffassung von der Bedeutsamkeit des individuellen biographischen Ausgangspunktes.[14] Produkt einer solchen Wendung ins Subjektive wäre ein Kalender, dessen Ursprungsstelle nichts Geringeres als die Entstehung der bürgerlichen Persönlichkeit schlechthin verzeichnet, die sich am Einzelleben exemplarisch zu werden vermag. Just eine solche kalendarische Zeitrechnung wird Goethe in seiner Lebensbeschreibung *Dichtung und Wahrheit* in Gestalt des zum Auftakt mitgeteilten astrologischen Prognostikons zum 28. August 1749 entwerfen.[15] „Die Konstellation war glücklich", denn sie erlaubte es, nicht nur sich selbst, sondern zugleich der Karriere des neuen bürgerlichen Datums schlechthin das Horoskop zu stellen, den von nun an als Grund zur Maximalfeierlichkeit geltenden Koordinaten von Tag und Stunde der eigenen Geburt. Sie bilden dasjenige Momentum, mit dem auch Goethes

---

14 Den eigentlichen festlichen Modus der zeremoniell wiederholten Selbstbegründung wird deshalb im bürgerlichen Zeitalter (und erst dann) das Datum des eigenen Geburtstages und seine Wiederkehr stiften. Vgl. Hopf-Droste 1979, 229–237. Zur ritualtechnischen Ambivalenz des Geburtstages vgl. Macho 2004, 147.

15 „Am 28. August 1749, Mittags mit dem Glockenschlage zwölf, kam ich in *Frankfurt am Main* auf die Welt. Die Konstellation war glücklich; die Sonne stand im Zeichen der Jungfrau, und kulminierte für den Tag; Jupiter und Venus blickten sie freundlich an, Merkur nicht widerwärtig; Saturn und Mars verhielten sich gleichgültig; nur der Mond, der so eben voll ward, übte die Kraft seines Gegenscheins um so mehr, als zugleich seine Planetenstunde eingetreten war. Er widersetzte sich daher meiner Geburt, die nicht eher erfolgen konnte, als bis diese Stunde vorübergegangen." (*Dichtung und Wahrheit*, FA I 14, 15).

Briefroman von der Erfordernis eines autobiographischen Gründungsaktes durchschlagen wird. Es ist das Datum aller Daten, zu dem der Protagonist mit dem symbolischen Geschenk der Literatur begabt wird, mit der Gabe des Textes in beiderlei Gestalt, als Stoff und als Werk.

am 28. Aug.

> Es ist wahr, wenn meine Krankheit zu heilen wäre, so würden diese Menschen es tun. Heut ist mein Geburtstag, und in aller Frühe empfang ich ein Päckgen von Alberten. Mir fällt beim Eröffnen sogleich eine der blaßroten Schleifen in die Augen, die Lotte vorhatte, als ich sie kennen lernte, und um die ich sie seither etlichemal gebeten hatte. Es waren zwei Büchelgen in duodez dabei, der kleine Wetsteinische Homer, ein Büchelgen, nach dem ich so oft verlangt, um mich auf dem Spaziergange mit dem Ernestischen nicht zu schleppen. Sieh! so kommen sie meinen Wünschen zuvor, so suchen sie all die kleinen Gefälligkeiten der Freundschaft auf, die tausendmal werter sind als jene blendende Geschenke, wodurch uns die Eitelkeit des Gebers erniedrigt. Ich küsse diese Schleife tausendmal, und mit jedem Atemzuge schlürfe ich die Erinnerung jener Seligkeiten ein, mit denen mich jene wenige, glückliche unwiederbringliche Tage überfüllten. (MA I.2, 241)

Literaturverzeichnis

Zu den verwendeten Goethe-Ausgaben FA, HA und MA vgl. das Siglenverzeichnis zu Beginn dieses Bandes.

Benjamin, Walter. „Lehre vom Ähnlichen / Über das mimetische Vermögen". Ders. *Gesammelte Schriften*. Hg. Rolf Tiedemann und Hermann Schweppenhäuser. Bd. II.1, Frankfurt a.M.: Suhrkamp, 1977. 204–213.
Bohnenkamp, Anne, und Waltraud Wiethölter (Hg.). *Der Brief – Ereignis & Objekt*. Katalog der Ausstellung im Freien Deutschen Hochstift – Frankfurter Goethe-Museum 2008. Frankfurt a.M.: Stroemfeld, 2008.
Bostridge, Ian. *Schubert's Winter Journey. Anatomy of an obsession*. New York: Alfred A. Knopf, 2015.
Braun, Volker. *Verlagerung des geheimen Punkts. Schriften und Reden*. Berlin: Suhrkamp, 2019.
Ebrecht, Angelika, Regina Nörtemann und Herta Schwarz (Hg.). *Brieftheorie des 18. Jahrhunderts. Texte, Kommentare, Essays*. Stuttgart: Metzler, 1990.
Genette, Gérard. *Die Erzählung*. Aus dem Französischen von Andreas Knop. München: Fink, 1994.
Honold, Alexander. *Hölderlins Kalender. Astronomie und Revolution um 1800*. Berlin: Vorwerk, 2004.
Honold, Alexander. *Die Zeit schreiben. Jahreszeiten, Uhren und Kalender als Taktgeber der Literatur*. Basel: Schwabe, 2013.
Hopf-Droste, Marie-Luise. „Der Geburtstag. Ein Beitrag zur Entstehung eines modernen Festes". *Zeitschrift für Volkskunde* 75 (1979): 229–237.

Jannidis, Fotis, Gerhard Lauer, Matías Martinez und Simone Winko (Hg.). *Rückkehr des Autors. Zur Erneuerung eines umstrittenen Begriffs*. Tübingen: Niemeyer, 1999.
Kastberger, Klaus (Hg.). *Peter Handke. Freiheit des Schreibens – Ordnung der Schrift*. Wien: Paul Zsolnay, 2009.
Macho, Thomas. *Das zeremonielle Tier. Rituale – Feste – Zeiten zwischen den Zeiten*. Wien: Styria, 2004.
Rosa, Hartmut. *Resonanz. Eine Soziologie der Weltbeziehung*. Berlin: Suhrkamp, ^{4}2016.
Schöne, Albrecht. *Der Briefschreiber Goethe*. München: C.H. Beck, 2015.
Wiethölter, Waltraud und Anne Bohnenkamp (Hg.). *Der Brief – Ereignis & Objekt*. Frankfurter Tagung. Frankfurt a. M.: Stroemfeld, 2010.

Sophie Witt
Pathognomische Körper und Übertragungsszenerien

Goethes Singspiel *Lila*

1 Mediologie und Pathognomik

‚Übertragung' hat eine neue medien- sowie auch kulturwissenschaftliche Aufmerksamkeit erfahren im Zuge der Erfindung der ‚Mediologie' als neuer Wissenschaftsdisziplin, die sich, so Régis Debray über seinen Neologismus, „mit den höheren sozialen Funktionen und deren Beziehung zu den technischen Strukturen der Übertragung beschäftigt" (Debray 1994, 67). Übertragung meint hier nicht mehr, wie in der klassische Medienwissenschaft,[1] ‚Transport' oder ‚Sendung' oder auch ‚Botschaft', die dann zu ‚Kommunikation' würden. Vielmehr berücksichtigt ‚Übertragung' mediologisch gedacht Momente des Transformativen, d.h. Wechselspiele zwischen Materiellem/Technischem und Ideologischem/Kulturellem, innerhalb eines nicht nur medientheoretischen, sondern kulturgeschichtlichen Forschungssettings.[2] ‚Übertragung' artikuliert dabei „ein starkes Votum für das Körperliche und das Technologische bzw. die medialen Infrastrukturen als Ermöglichungsbedingungen von Medien" und deren Vermittlungsfunktion. (Hartmann 2014, 160) Debray schlägt damit vor, dass sich „die Dynamik des Denkens […] nicht von der physischen Beschaffenheit der Spuren trennen [lässt]." (Debray 1994, 67)

Diese Überlegungen zu einer Mediologie lassen sich mit einer Aussage Johann Heinroths über Goethes Denken als ein „gegenständlich[es]" verbinden: Goethes Denken sei nicht „philosophisch[ ], abstrakt[ ]", so Heinroth in seinem *Lehrbuch der Anthropologie* (1822), sondern vielmehr „nicht von den Gegenständen abge-

---

[1] So kann man etwa in der Einführung von Knut Hickethier nachlesen: Die klassische Medienwissenschaft sortiert unterschiedliche Medien hinsichtlich drei Grundformen: 1. Beobachten, 2. Speichern und Bearbeiten, 3. Übertragen; diese Grundformen machen drei der insgesamt vier Medienfunktionen aus, die vierte ist: Kommunikation und eine Kombination aller drei Grundformen (vgl. Hickethier 2003, 20 – 21).
[2] Debray definiert als „‚mediologische Methode' […] die von Fall zu Fall vorzunehmende Erstellung von möglichst verifizierbaren Korrelationen zwischen den symbolischen Aktivitäten einer Gruppe von Menschen (Religion, Ideologie, Literatur, Kunst etc.), deren Organisationsformen und deren Modi, Spuren zu erfassen, zu archivieren und zirkulieren zu lassen." (Debray 1994, 67)

sondert", d. h., „daß die Elemente der Gegenstände, die Anschauungen, in dasselbe eingehen und von ihm auf das innigste durchdrungen werden." (Heinroth 1822, 387–388) Goethe begrüßt Heinroths „Beifall" in einem der Aufsätze zur *Naturwissenschaft im allgemeinen* (1823) und referiert die Passage aus Heinroths *Anthropologie*.[3] Mediologisch gesprochen handelt er sich damit implizit denjenigen medizinischen Kontext ein, in dem sich Heinroth für ‚gegenständliches Denken' interessiert: nämlich seine Frage – als erstem Lehrstuhlinhaber für Psychische Medizin –, wie sich ein Wesen jenseits der Oberfläche der biologischen Körper erfassen lasse. Dem Diktum gemäß sei „[d]ie Person […] mehr als der bloße Körper, auch mehr als die bloße Seele, sie ist der *ganze* Mensch." (Heinroth 1825, 4) Heinroth votiert dabei für eine quasi-geisteswissenschaftliche Erweiterung empirischer Naturbeobachtung.[4] Er will jedoch den „Denker" Goethe „ganz vom Dichter sondern" (Heinroth 1822, 387) – und lässt außer acht, was hier im Folgenden vorgeschlagen wird: dass ‚gegenständlich' Literatur in ihrem Denken in *Szenerien* sein kann, das das Augenmerk auf die Konkretheit von Schauplätzen und ‚Umwelten' sowie auf die Unumgänglichkeit medialer Rahmungen lenkt. Gegen die Einschätzung Heinroths nämlich argumentiert Goethe selbst, auch seine Dichtung sei „gegenständlich"; quasi-körperlich „drückten sich gewisse Motive […] tief in den Sinn", was auch die „Neigung zu Gelegenheitsgedichten" erkläre, „wozu jedes *Besondere* irgendeines Zustandes mich unwiderstehlich aufregte." (HA 13, 38–39; meine Hervorhebung, S.W.)[5]

Vor dem Hintergrund dieser Gegenständlichkeit ist interessant, noch einmal die Debatte zwischen Johann Caspar Lavater und Goethe um Physiognomik und Pathognomik auszugraben und dem oben benannten mediologisch starkzumachenden „Votum für das Körperliche" in seiner Verschränkung mit dem Kulturellen nachzugehen; denn hier drängt sich die von Goethe im Gefolge Georg Christoph Lichtenbergs gegen Lavater ins Feld geführte Frage nach der Habitualisierung von Körperzeichen und Körperlektüren – im Unterschied zu deren nicht nur Semiotisierung, sondern auch Essentialisierung bzw. ‚De-Medialisierung' bei Lavater – nachgerade auf.[6]

---

[3] J. W. v. Goethe: *Zur Naturwissenschaft im allgemeinen*, in: HA 13, 7–52, hier 37.
[4] Vgl. Heinroth 1822, bes. 389–401.
[5] Goethe dreht damit das Argument Heinroths für eine geistige „Ausgleichung" (Heinroth 1822, 386–388) des Naturwissenschaftlichen um und macht umgekehrt die ‚Stofflichkeit' geistiger Bildungen stark.
[6] Eine exzellente kulturwissenschaftliche Problemgeschichte liefert Schmölders 2007.

In Lavaters *Physiognomischen Fragmenten* (1775–1778) taucht Physiognomik bekanntlich als „Oberbegriff für Körpersemiotik im Allgemeinen" auf (Begemann 2009, 17).[7] In *Von der Physiognomik* definiert sie Lavater als die

> *Fertigkeit durch das Aeußerliche eines Menschen sein Inneres zu erkennen*; das, was nicht unmittelbar in die Sinne fällt, vermittelst irgend eines natürlichen Ausdrucks wahrzunehmen. (Lavater 1984, 21)

Zu diesem Fragment gibt es eine „Zugabe" von Goethe, die „das Gebiet des Physiognomisten [erweitert]": Goethe nämlich fragt, was dieses ‚Äußerliche' überhaupt sei und schlägt vor, die Bestimmung des Menschen nicht am Körperäußeren als maximaler Außengrenze, sondern aus seiner Einbettung in eine erweiterte und vor allem *soziale* Umwelt abzulesen: Demzufolge seien auch alle Verhaltensweisen, Attribute oder Gegenstände – „Stand, Gewohnheit, Besitztümer, Kleider", kurz: der gesamte Habitus – miteinzubeziehen in das Geschäft des Physiognomisten (Lavater 1984, 24–25). In einem der späteren Fragmente aus Band IV fließt diese Zugabe in Lavaters Unterscheidung von *Physiognomik und Pathognomik* ein: Physiognomik sei „*Kraftdeutung*" und allgemeine „*Wissenschaft der Zeichen der Kräfte*"; Pathognomik demgegenüber eingeschränkter, nämlich „*Leidenschaftsdeutung*, oder *Wissenschaft der Zeichen der Leidenschaften*" (Lavater 1984, 275). Hinter Physiognomik und Pathognomik verbirgt sich das Spannungsfeld zwischen ‚stehendem' vs. ‚bewegtem' Charakter, was Physiognomik zu einer Frage der Naturforscher, Pathognomik hingegen zum „Spiegel der Hof- und Weltleute" mache (Lavater 1984, 275).

Lavater verbirgt nicht, dass er die allgemeine Wissenschaft der Physiognomik höher wertet, unterschlägt damit aber vor allem, dass es mit Goethes *Zugabe* um mehr und anderes geht als um die bloße Frage, ob der Mensch als Natur- oder als Sozialwesen zu verstehen sei. Was auf dem Spiel steht, wird auf dem Umweg über Lichtenbergs Kritik an Lavater deutlich: Mit seiner Schrift *Über Physiognomik; wider die Physiognomen* (1778) ist Lichtenberg bekanntlich einer von Lavaters grundsätzlichsten Kritikern. Wir wüssten noch zu wenig über die „Verbindungsart" von Leib und Seele, heißt es dort; außerdem stehe der „Körper zwischen Seele und der übrigen Welt in der Mitte, Spiegel der Wirkungen von beiden; erzählt nicht allein von unseren Neigungen und Fähigkeiten, sondern auch die Peitschenschläge des Schicksals, Klima, Krankheit, Nahrung und tausend Ungemach" (Lichtenberg 1994, 266). Hinter Lavaters pathognomischen „Leidenschaf-

---

[7] Die folgenden Überlegungen schließen an Begemanns Diagnose an, das „physiognomische Paradigma" bewege sich in der „Spannung zwischen einem Begehren nach Lesbarkeit und der permanenten Gefahr ihres Misslingens" (Begemann 2009, 16).

ten" verbergen sich also die Lichtenberg'schen ‚Schicksalspuren', mit denen der Körper nicht mehr länger Ausdrucksmedium der unveränderlichen Seele oder des ‚stehenden Charakters' – der geistigen Wesenheit – ist, sondern zu einer Eindrucksfläche wird. Die anthropologische Ausformulierung dieser Prämisse wird sich später bei Heinroth finden, nicht zufällig in den Passagen über das „Leibliche Leben", welche die Ausführung zum „gegenständlichen Denken" der *Anthropologie* (im Anhang der Schrift) kommentiert. Das „leibliche Leben" sei „das Medium, der Vermittler zwischen unserm inneren Ich, unserm im Bewußtseyn und in der Zeit fortlaufenden Leben, und zwischen der gesammten äußern Natur, so weit sie in unsern Bereich kommt." (Heinroth 1822, 39) In den folgenden Paragraphen zeichnet Heinroth den Zeugungsvorgang und die Embryonalentwicklung nach, und zwar als Wechselspiel zwischen geistiger erregender Kraft und plastischem Stoff sowie zwischen Gestaltbildung und äußerer Umwelt. (Heinroth 1822, 41–56) In Goethes *Zugabe* bei Lavater wiederum ist formuliert, dass es sich hierbei um ein transformatives Übertragungsgeschehen handeln könnte – es sollte, so schreibt Goethe, der Physiognomik nicht um die „nackte Gestalt" gehen: „Was den Menschen umgiebt, wirkt nicht allein auf ihn, er wirkt auch wieder zurück auf selbiges, und indem er sich modificiren läßt, modificirt er wieder rings um sich her." (Lavater 1984, 24) Umgekehrt lässt sich diese Medialität – als ein transformatives Wechselspiel zwischen Materialität und Idee/Ideologie, heute würde man von ‚Natur' und ‚Kultur' sprechen – noch einmal in Abgrenzung von Lavater unterstreichen, dessen gesamte *Fragmente* von einem eminenten Unmittelbarkeitsphantasma durchzogen sind:

> In so fern ich von Physiognomik als einer Wissenschaft rede – begreif' ich unter Physiognomie alle *unmittelbaren* Aeußerungen des Menschen. [...] alles wodurch der leidende oder handelnde Mensch unmittelbar bemerkt werden kann, wodurch er seine *Person* zeigt – ist Gegenstand der Physiognomik. (Lavater 1984, 21–22)

Oder ein paar Seiten später:

> [Das] Aeußerliche und Innere stehen offenbar in einem genauen unmittelbaren Zusammenhange. Das Aeußerliche ist nichts, als die Endung, die Gränzen des Innern – und das Innre eine unmittelbare Fortsetzung des Aeußern. Es ist also ein wesentliches Verhältniß zwischen seiner Außenseite, und seinem Innwendigen. (Lavater 1984, 25–26)

Ausgehend vom physiognomischen Körper als ‚Ausdrucksfläche' meint *Unmittelbarkeit* ‚direkte' nicht-mediatisierte Lesbarkeit, darauf wiederum verweist Lichtenberg, allerdings mit dem Hinweis, dass unser „Lesen auf der Oberfläche" sich als „Quelle unserer Irrtümer und in manchen Dingen unserer gänzlichen Unwissenheit" erweise (Lichtenberg 1994, 265).

Lichtenberg benennt damit die ambivalente Rolle der Physiognomik als eines Vorzeigegegenstands und einer Leitwissenschaft der sich neu gründenden Anthropologie im ausgehenden achtzehnten Jahrhundert. Ging es der Anthropologie darum, ‚den Menschen ganz zu wissen' – so prominent bei Herder, aber auch bei Schiller sowie Heinroth –, dann mischen sich in der Physiognomik anthropologische Fragen nach dem Wesen des Menschen (Stichwort: Leib-Seele-Verhältnis) mit mediologischen und epistemologischen: nämlich nach den jeweiligen und transformativ-wechselseitigen Medialisierungen, die sich am Körper und gegenüber dem Wissen/Erkennen/Lesen ausmachen lassen.[8] Die Angewiesenheit der Physiognomik auf die „Unterstützung aus dem Bereich der Künste"[9], die sich z. B. in Lavaters Sammelwut von Portraitzeichnungen und -stichen (davon berichtet Goethe im 18. und 19. Buch von *Dichtung und Wahrheit*) niederschlägt, ist daher also keine zufällige und beschränkt sich nicht auf das Phänomen der Veranschaulichung. In *Dichtung und Wahrheit* benennt Goethe explizit den zutiefst antimedialen (oder auch: anti-mediologischen) Zug der Lavater'schen Physiognomik, die davon ausgehe, „daß die sinnliche Gegenwart mit der geistigen durchaus zusammenfalle"; er diagnostiziert zudem Lavaters letztendliche Skepsis gegenüber den „Kunstidealen [...], weil er, bei seinem scharfen Blick, solchen Wesen die Unmöglichkeit, lebendig organisiert zu sein, nur allzusehr ansah, und sie daher ins Fabelreich, ja in das Reich des Monstrosen verwies." (HA 10, 156) Potentiell ‚monstros', so mag man vermuten, sind die Künste im Hinblick auf das Unternehmen des Physiognomisten, weil sie die Ordnung der Sichtbarkeit durchkreuzen können, in Lavaters Worten, das unmittelbare Verhältnis zwischen „sichtbare[r] Oberfläche" und „unsichtbare[m] Innhalt" (Lavater 1984, 22). Denn Physiognomik bei Lavater ist Wissenschaft des Sehsinns: „*empyrische Menschenkenntnis*", „was aus Zeichen, die in die Sinne fallen, erkannt wird, was hiemit Erfahrungserkenntniß giebt." – „Ich *sehe* den Menschen, seh' ihn in seinen Bewegungen und Gebärden!" (Lavater 1984, 92–93). Statt des „ungeübte[n] Auge[s] des Unaufmerksamen" geht es um das „neue[] Auge [...] des Gesichtserkenners". (Lavater 1984, 95) In *Dichtung und Wahrheit* wiederum schreibt Goethe, es sei besonders das „Dramatisieren" gewesen, das Lavater „den Kopf so warm gemacht, indem wir alles Vorkömmliche nur unter dieser Form darstellten und keine andere wollten gelten lassen"; das habe ihn so sehr „aufgeregt", dass er „in

---

[8] Vgl. zum Stellenwert von Physiognomie und Pathognomie im achtzehnten Jahrhundert insgesamt Groddeck und Stadler 1994; sowie zum Topos des „ganzen Menschen" einschlägig: Schings 1994.
[9] Vgl. Begemann zu den aus der Verschwisterung mit den Künsten resultierenden Schwierigkeit, „die Schwelle zu einer allgemein anerkannten Wissenschaft zu überschreiten". (Begemann 2009, 16)

seinem ‚Pontius Pilatus' mit Heftigkeit zu zeigen bemüht ist: es gebe doch kein dramatischeres Werk als die Bibel", die Leidensgeschichte Christi sei das „Drama aller Dramen". (HA 10, 157)

Mich interessiert im Folgenden, inwiefern man dieses Goethe'sche „Dramatisieren" als eine kritische Auseinandersetzung mit den physiognomischen Sicht- und Lesbarkeitsprämissen, als pathognomisches und mediologisches Körperdenken stark machen kann. In Abgrenzung von den anti-medialen Unmittelbarkeitssehnsüchten wird im Folgenden Goethes Singspiel *Lila* als ‚Drama der Mittelbarkeit' vorgeschlagen, in dem die Frage nach dem Zugang zur Psyche als eine mediale durchgespielt wird.[10] Einer Relektüre wird dergestalt dasjenige gängige Narrativ über die diskursive Funktion des Theaterdispositivs im achtzehnten Jahrhundert unterzogen, dass auf die Phantasmen der Unmittelbarkeit der Körper im Theater abhebt und nicht nur in der Schauspieltheorie, sondern auch im Zusammenfallen von Physiognomik und Theaterdenken in den philosophischen Debatten (etwa um Mimik bei Johann Jakob Engel oder auch bei Christian Wolff) zu finden ist.[11] Wie Graf argumentiert, ist ‚Theater' hier jedoch ein Abstraktum: „[D]er Triumph des Theaters wird in erster Linie nicht auf der Bühne, sondern auf dem Papier erkämpft, und dieser ‚Sieg' [...] hat nicht so sehr mit dem wirklichen Theater zu tun als vielmehr mit einer im Denken des achtzehnten Jahrhunderts tief verankerten Utopie der menschlichen Gesellschaft, der Sprache und der Kommunikation." (Graf 1994, 17) Gegenüber dieser philosophischen und abstrakten Utopie wird im Folgenden Goethes „Dramatisieren" – mit Heinroth – als eine ‚gegenständliche' Praxis gelesen.[12] Mit dem ‚Drama' geht es dabei nicht um Gattungsfragen, sondern um ‚Theater' als eine konkrete mediale Umwelt sowie ansatzweise um die Frage, wie Wissens- und Mediengeschichte miteinander verbunden sind.

---

10 Meine Überlegungen stehen in Dialog mit folgenden Studien zu *Lila*: Huber 1999, Schmaus 2009, bes. 73–100, Sichardt 1957; Diener 1971, Kaiser 2012 und 2019, bes. 106–126, Busch-Salmen 2008, bes. 1–53 und 200–220. Eine kürzere Version meiner Lektüre mit anderer Schwerpunktsetzung ist zuerst erschienen als Witt 2019.

11 Vgl. exemplarisch Graf 1994, 16–33. *Das* Kernelement der Unmittelbarkeit ist die Idee des ‚Natürlichen'; vgl. einschlägig Heeg 2000.

12 Das folgt der Einschätzung Erika Fischer-Lichtes, dass Theaterpraxis im achtzehnten Jahrhundert durchaus in Abweichung von den gesellschaftspolitischen Prämissen der literarischen Theaterreformer studiert und positioniert werden sollte (Fischer-Lichte und Schönert 1999), s. bes. die Einleitung der Herausgeberin, 11–20.

2 *Lilas* Übertragung – Drama der Mittelbarkeit

Die im sogenannten Weimarer Jahrzehnt entstandenen musiktheatralen Singspiele (neben *Lila Jery und Bätely*, 1779, und *Die Fischerin*, 1782) haben es nicht in den Kanon der bedeutenden Goethe-Werke geschafft; *Lila* ist aber durchaus eine Ausnahme, wurde sogar als selbstreflexiver, poetologischer „Schlüsseltext" bezeichnet (Huber 1999, 136) sowie als „Abbreviatur des G[oethe']schen Dichtens" im Hinblick auf die ‚großen' Texte, vor allem *Iphigenie auf Tauris*.[13] Das Singspiel *Lila* erzählt von Lilas „Wahnsinn" und dessen therapeutischer Behandlung: Immer schon zu „tiefe[r] Melancholie" neigend, glaubt sie schließlich ihren Gatten, Baron Sternthal, in den Fängen eines Ogers und hält ihn bei seiner Rückkehr – sowie zunehmend auch ihre ganze Familie und höfische Umwelt – für bloße „Schattenbilder". (L 844, Z. 7 bzw. 6 und 838, Z. 4)[14] Lilas Leid ist dabei eine Schicksalsprobe für die gesamte Familiengemeinschaft, die vormals „in einem ewigen freudigen Leben von Tanz, Gesang, Festen und Ergetzungen schwebte" und nun melancholisch angesteckt, „wie Gespenster", bald „selbst den Verstand [verliert]." (L 844, Z. 34–37) Alle Körperkuren, „sezieren, klystieren, elektrisieren" (L 840, Z. 20–21), scheitern und so schlägt schließlich ein neuer Arzt, Doktor Verazio, folgende „psychische Kur" vor:

> Lassen Sie uns der gnädigen Frau die Geschichte ihrer Phantasien spielen! *Sie* sollen die Feen, Ogern und Dämonen vorstellen. *Ich* will mich ihr als weiser Mann zu nähern suchen [...] Zuletzt wird Phantasie und Wirklichkeit zusammen treffen. Wenn sie ihren Gemahl in ihren Armen hält, den sie sich selbst wieder errungen, wird sie wohl glauben müssen, daß er wieder da ist. (L 846, Z. 8–32)

Nicht nur szenisch aufgeführt, sondern aufwendig *szenografisch aufgestellt* wird im Folgenden Lilas Phantasiewelt mit Feen, Ogern, Höhlen, Gärten ... Im Spiel-im-Spiel befreit Lila schließlich den Gatten und die übrigen Familien- und Hofmitglieder und wird so von den Wahnvorstellungen geheilt.

Lila ist eine ‚Gelegenheitsdichtung': Entstanden um die Jahreswende anlässlich des nahenden Geburtstags der Herzogin Louise, wurde das Schauspiel mit „Sang und Tanz und Feenrei"[15] am 30. Januar 1777 auf der Weimarer Lieb-

---

13 Hartmut Reinhardt im Kommentar zu *Lila*, MA 2.1, 614–624, hier 614.
14 Die Sigle L wird im Folgenden verwendet für den Druck der 3. Fassung von *Lila* in FA I 5, 835–869.
15 Aus einem Lobgedicht auf Goethes „entzückendes Spiel" als Magus [Verazio als Arzt im Spiel-im-Spiel] in der ersten Vorstellung des Stücks: aus der Zeitschrift *Olla Potrida* II, 1778, 11–12; zit. nach Diener 1971, 16.

Abb. 1: Heinrich Lips: Frontispiz und Titelvignette zu *Goethes Schriften. Sechster Band*. Leipzig 1790. Links: Lila und der Magus (= Dr. Verazio), rechts: Gefesselte Psyche.

haberbühne uraufgeführt.[16] Für die erste Aufführung der *Lila* konnte zwar mit u. a. Corona Schröter (als Fee Sonna) eine semiprofessionelle Besetzung gewonnen werden, dennoch folgte das Weimarer Liebhabertheater, dem Goethe zwischen 1775 und 1784 als Spiritus Rector vorstand, dem Vorbild anderer Dilettantenbühnen und war im Kern ein „Privattheater zu Weimar von Damen und Herren der Hofgesellschaft" (Diener 1971, 16). Goethe selbst spielte den Doktor Verazio.

Der Aufführungskontext beinhaltet sehr explizit die Frage gesellschaftlicher Selbstverständigung im Spiel. Goethes Engagement in der Weimarer Liebhabertheaterszene führte zu einer Fusion zwischen vormals getrennten Theaterkultu-

---

[16] Goethe hat über 10 Jahre an dem Text/Stoff weitergearbeitet: 1778 entstand eine 2. Fassung, nun mit dem Titel *Festspiel mit Gesang und Tanz* – diese Textversion fällt in den zeitlichen Kontext der Physiognomik-Debatte. Eine 3. Fassung stellte Goethe 1788 in Italien fertig und publizierte sie in der Werkausgabe von 1790. Zur Schriftgeschichte des therapeutischen Fests vgl. Witt 2019.

ren: dem höfischen Repräsentationstheater, das dem Adel vorbehalten und dem französischen Klassizismus verpflichtet war, und dem bürgerlichen Gesellschaftstheater, in dem nicht zuletzt spielfreudige Hofbeamte deutschsprachige Schauspiele und Singstücke gaben. Lilas therapeutische Reintegration lässt sich daher als Befragung des ‚heilsamen' Einzugs einer ‚natürlichen' bürgerlichen Gefühls- und Familienkultur in die Artifizialität höfischer Gesellschaftsstrukturen lesen. In diesem Sinne macht Martin Huber *Lila* zum Beispiel jener oben erwähnten ‚abstrakt-philosophischen' Positionierung von „Theater im Kulturwandel des 18. Jahrhunderts". Er liest den Text (theater-)semiotisch als eine reintegrierende Unterweisung des „psychischen Subjekts", das

> [...] sich selbst als Körper und Individuum durch die sinnliche Wahrnehmung wie Hören, Sehen und Berühren [erfährt]; sinnhaft wird diese Erfahrung jedoch nur, wenn es sich als sozialer Körper in direkter Auseinandersetzung mit anderen sozialen Körpern und der Einbindung in Codes der Gesellschaft erlebt. Die Aufgabe von Theater, wie es das Festspiel *Lila* vorführt, wäre, jenen positiv sozialen Prozeß in Gang zu bringen und damit zu einer funktionierenden Gesellschaft beizutragen. (Huber 1999, 148–149)

Theater ist in dieser Lesart deshalb ein paradigmatisches „Kulturmodell des 18. Jahrhunderts", weil an ihm ein Kulturbegriff ersichtlich würde, wie dies in Goethes *Lila* der Fall sei, „in dem das Theater nicht zuletzt die Funktion hätte, zu zeigen, daß es eine Wahrheit gibt, deren Evidenz im Sehen und Berühren körperlich zu erfahren ist." „Sinnlich erfahrbare Evidenz von Wahrheit" sei dabei der „Aspekt des Theatermodells in *Lila*, der etwa auch in Goethes *Iphigenie* bestimmend wirk[e]" und erst mit Kleist sein Ende fände (Huber 1999, 149). Hubers Lektüre zielt zwar darauf herauszustellen, dass die sinnlich erfahrbare Evidenz „nur über die Inszenierung ihrer selbst" zu erreichen ist (Huber 1999, 149) – *dass das Theater im achtzehnten Jahrhundert eine spezifische und gesellschaftlich relevante Unmittelbarkeitssehnsucht ausagiere*, wird aber als Erzählung zugleich weitergetragen. Diese Erzählung über das achtzehnten Jahrhunderts hat eine erstaunliche Resistenz weit über Kleist hinaus: So fand etwa 2019 eine Tagung des *eikones*-Projekts Basel statt, die nach der „programmatische[n] Konjunktur" von „Unmittelbarkeit" im achtzehnten Jahrhundert fragt, nach „Präsenz, Direktheit oder Gegenwärtigkeit" und deren „weitreichenden Konnotationen [...] wie Authentizität, Nähe und Intensität"; nach „kulturelle[n] und künstlerische[n] Praktiken, die darauf aus [seien], ihre eigene Medialität zu negieren, zu verschleiern, zum Verschwinden zu bringen" sowie umgekehrt nach dem „Status der Medien zwischen den Körpern" „zwischen körper-und medienhistorischen Diskursen und

Praktiken."¹⁷ Mit „Goethe medial" oder „*Lila* medial" stehen also potentiell auch unsere andauernden Unmittelbarkeitssehnsüchte gegenüber dem achtzehnten Jahrhundert bzw. die Herausforderungen des Medialen als im weiteren Sinne technische aber auch historische Übertragung zur Debatte.

Vor diesem Hintergrund ist es ergiebig, noch einmal den medizinischen Kontext des Stücks in Erinnerung zu rufen. Aus Interesse an den „psychischen Kurmethoden" der Goethezeit, so Gottfried Diener in seiner bis heute einschlägigen Studie über die Entwicklungsgeschichte der drei Fassungen, habe Goethe eine „psychologische und symbolische Vertiefung" vorgenommen (Diener 1971, 134–146), so dass in der letzten Fassung, wie Goethe in einem Brief 1818 an Karl Friedrich Graf von Brühl bemerkt, „das Sujet" der *Lila* „eigentlich eine *psychische Kur*" sei, „wo man den Wahnsinn eintreten läßt, um den Wahnsinn zu heilen".¹⁸ Entscheidend ist dabei, dass Lila Melancholikerin ist: In ihrem Status vergleichbar der Physiognomik, kann die Melancholie – so etwa das Argument Hans-Jürgen Schings' – als Testfall der Anthropologie des achtzehnten Jahrhunderts angesehen werden (vgl. Schings 1977). Ähnlich grundsätzlich steht hier der Status der Körper und der mit ihnen verbundenen bzw. an ihnen erfundenen epistemologischen und hermeneutischen Ordnung zur Debatte. Wie Jean Starobinski in seiner einschlägigen *Geschichte der Melancholiebehandlung* argumentiert, markiert das achtzehnte Jahrhundert dabei eine „Grenze im Wissen", durch die die alte Wissensformation in der Folge abgelöst wird: Die auf die Antike zurückgehende Körperbehandlung und somatisch-humoralpathologische Wissensordnung der Melancholie durch die Erfindung des modernen „psychischen Subjekts", das fortan „mit seinem Körper die psychischen Symptome mimen [muss], es ist gezwungen, die Repräsentation der Krankheit zu somatisieren." (Wild 2011, 13–14) Am Theater-Körper der *Lila* steht also die eingangs diskutierte Lesbarkeitsfrage der Physiognomik/Pathognomik zur Debatte.

Es soll nicht gesagt sein, dass es nicht zutreffend wäre, *Lila* als eine Dekonstruktion der Dominanz des Sehsinns und als Auseinandersetzung mit Haptik zu lesen: Schon wenn im Ersten Aufzug der neue Arzt Verazio auftritt und gleich etwas „an Ihren Augen" (L 840, Z. 37) gesehen haben will, vermuten Lilas Schwestern misstrauisch: „Er ist wohl gar ein Physiognomist?" (L 841 Z. 3). – der zudem noch „Ohren [hat] wie ein Zauberer" (L 840, Z. 36) Und unleugbar erweist sich jenes durch die Kur erzeugte heilsame ‚Zusammentreffen' von „Phantasie und Wirklichkeit" nicht als Anagnorisis im Sinne des Sehsinns, sondern als Szene

---

17 Unter: https://eikones.philhist.unibas.ch/fileadmin/user_upload/eikones/Dokumente/Ausschreibungen__Events__etc/Tagungsprogramm_Unmittelbarkeit.pdf (29. Mai 2021).
18 Goethe an Karl Friedrich Graf von Brühl, 1. Oktober 1818; zit. nach Komm. FA I 5, 928–947, hier 937.

der Haptik bzw. als ‚Politik der Berührung oder des Erfassens': „Wenn sie ihren Gemahl in ihren Armen hält, den sie sich selbst wieder errungen, wird sie wohl glauben müssen, dass er wieder da ist." (L 846, Z. 29–32) Heilung also im Fest – Fassen, Umarmen, Küssen – Lila soll sich „in seinen Küssen [empfinden],/ Und glaub[en] an [ihrer] Liebe Glück" (L 869, Z. 1–2). Heilung ist eine Frage des Erfassens – „Es ist vergebens", so Lila vormals in der Stimme der Melancholie, „ich kann nicht ergreifen was ihr bietet. Eure Liebe, eure Güte fließt mir wie klares Wasser durch die fassenden Hände." (L 855, Z. 19–20) Bzw. umgekehrt die heilsame ‚Fee' Almaide: „Der Mensch hilft sich selbst am besten. [...] er muß zugreifen es [das Glück] zu fassen" (L 854, Z. 36–855, Z. 1).[19]

Aber: Die Haptik führt in *Lila* explizit *nicht* in die Phantasmatik ‚vormedialer' Präsenz und schließt an Goethes Ironisierung jedweder Unmittelbarkeitshoffnungen des Tastens an. Dessen Aufwertung als dem grundlegenden Wirklichkeitssinn ist im achtzehnten Jahrhundert bekanntlich wesentlich mit Herders Ästhetik verbunden – an den Goethe 1772 schreibt:

> Dreingreiffen, packen ist das Wesen ieder meisterschafft. Ihr habt das der Bildhauerey vindizirt, und ich finde dass ieder Künstler so lang seine Hände nicht plastisch arbeiten nichts ist. Es ist alles so Blick bey euch, sagtet Ihr mir offt. Jetzt versteh ich's tue die Augen zu und tappe.[20]

Ironisch schließt Goethe nicht die Augen, um zu *tasten*, sondern lässt ‚im Dunkeln tappen' und nimmt damit die regelrechte Abwertung von Taktilität im Kontext der *Farbenlehre* vorweg: Der Tastsinn sei der „stumpfste[]" heißt es hier etwa, die „Forderungen einer erhöhten geschärften Sinnlichkeit" führten zu einer Neigung zum „Oberflächlichen".[21] Nicht also gegen das Tasten per se, sondern – wie schon gegen Lavater – gegen jedwede Annahme einer unmittelbar sinnlichen – zugleich ‚begreiflichen' wie ‚gewissen' – Gegenwart, argumentiert Goethe.

Schaut man sich von dem Gesagten her noch einmal eine der zentralen Szenen des Singspiels an, von der aus sich die Gemeinschaft angeblich als eine ‚unmittelbar'-körperliche restituiert, fällt auf, dass *Lila* – weit entfernt etwa von einem friedlichen ‚Naturzustand' und dessen Anti-Theatralität – von eindeutigen Gewaltimplikationen durchzogen ist: Um Lila ‚sinnlich' davon zu überzeugen,

---

19 Marion Schmaus argumentiert entsprechend, Lila werde „im Therapiespiel [...] durch eine Schule der Sinne geführt, durch die ihr Defekt, die ausschließliche Privilegierung des Sehsinns, behoben werden soll" (Schmaus 2009, 88).
20 Goethe an Johann Gottfried Herder, Brief vom 10. Juli 1772. FA II 28, 256 (Nr. 106,); vgl. Püschel 2019, 149.
21 HA 14, 34; zit. nach Püschel 2019, 150.

ihren Gatten aus den Fängen des Oger befreien zu müssen, lässt das Spiel-im-Spiel Lilas Familienmitglieder als *Chor der Gefangenen* auftreten – „*in Ketten, beklagen [sie] ihr Schicksal in einem traurigen Tanze*" (L 858, Z. 11–12), woraufhin Lila prompt überlegt: „Vielleicht bin ich bestimmt euch zu befreien und glücklich zu machen" (L 858, Z. 15–16). Die ‚Befreiung' setzt aber nicht unmittelbar das Fassen, Umarmen, Küssen in Gang, sondern auch Lila selbst wird in Ketten gelegt, (halb) freiwillig: „Ich biete dir Trutz / Gib her deine Ketten! / Die Götter erretten, / Gewähren mir Schutz." (L 861, Z. 3–6) Ist das noch als Aufbegehren gegenüber dem Oger bzw. ihrer eigenen verwirrten Psyche zu deuten – „Ich soll vor dir erzittern? / Mir regt sich alles Blut, / Und in den Ungewittern / Erzeigt sich erst der Mut" – (L 861, Z. 7–10), ist die Gemeinschaft, die sich daraus ergibt eine, in der die Körper miteinander ‚gefangen sind' und dadurch Schutz bzw. Heil(ung) haben: „Gefangen hier mit diesen Geliebten. Ihre Gegenwart tröstet mich über alles und belebt meine Hoffnung" (L 861, Z. 33–35). Lilas Heilung führt also nicht zu einem vor-pathologischen Urzustand körperlicher Anwesenheit zurück, sondern stellt diese Ko-Präsenz der Körper in ihrer ‚gewaltsamen' Hergestelltheit von einer sozialen Umwelt aus her.

3 Zur „physischen Beschaffenheit der Spuren"

Von hier aus fällt die Besonderheit der Spiel-im-Spiel-Situation auf: Sie funktioniert anders als etwa im prototypischen *Hamlet*, in dem den Stückfiguren ein Theaterspiel vorgeführt wird, um den Unterschied zwischen Wahrheit und Schein zu entlarven. Lilas Binnenspiel hingegen kennt auf den ersten Blick keine Zuschauer – wer soll eigentlich was erkennen, wenn alle als Feen, Oger etc. mittanzen? Aus der Binnenlogik des Therapiespiels ist es Lila, die als Akteurin und Zuschauende zugleich dem Theater entnehmen soll, dass ihre Phantasie ihr etwas vorspielt: „Zuletzt wird Phantasie und Wirklichkeit zusammentreffen. Wenn sie ihren Gemahl in ihren Armen hält ..." (L 846, Z. 29–30). Das hat sich allerdings nicht Goethe selbst ausgedacht. Wenn er 1818 das Heilverfahren der *Lila* als „psychische Kur" charakterisiert, kann er mittlerweile direkt an Johann Christian Reils *Rhapsodieen über die Anwendung der psychischen Curmethode auf Geisteszerrüttungen* (1803) anknüpfen, die er kannte und für wichtig befand.[22] Reil schlägt dort vor, jedes „Tollhaus" solle „ein für diese Zwecke besonders eingerichtetes, durchaus praktikables Theater haben [...], das mit allen nöthigen Apparaten, Masquen, Maschinerien und Decorationen" eingerichtet sei – die

---

[22] Vgl. dazu ausführlich Diener 1971, 152–154.

„Hausofficianten" und potentiell auch die Ärzte sollten „jede Rolle eines Richters, Scharfrichters, Arztes, vom Himmel kommender Engel, und aus den Gräbern wiederkehrender Toter, nach des jedesmaligen Bedürfnissen des Kranken, bis zum höchsten Grad der Täuschung vorstellen [können]" (Reil 1803, 209–210). Wie Starobinski rekonstruiert, wurde die Idee von der Heilsamkeit einer solchen Täuschung seit dem ausgehenden achtzehnten Jahrhundert u. a. von Philippe Pinel, leitendem Arzt am Hôpital Salpêtrière, und seinem Schüler Jean-Etienne Dominique Esquirol popularisiert. Die Methode geht auf die Antike zurück und heißt „frommer Betrug", d. h. die Patientin glauben machen, man selbst glaube den Vorstellungen: „Der Zweck [...] ist es, den Kranken zu einer Handlung zu bewegen, die ihn am Ende selbst und mit seinen eigenen Augen die Zerstörung des Gegenstandes seines Wahns feststellen lässt" (Starobinski 2011, 123). Damit soll die „Unwirklichkeit des eingebildeten Gegenstandes" unter Beweis gestellt werden (Starobinski 2011, 123). Pinels „Melancholie"-Eintrag in der *Encyclopédie méthodique* führt über viele Seiten eine Unzahl Geschichten derartiger Heilungen an, als „legendenhafte Illustration für die Wirklichkeit heilender Vorspiegelungen", so Starobinski (2011, 124). Bei Pinel ist der Modus der therapeutischen Theorie also die Erzählung (bzw. Nacherzählung) in ihrer schlichten quantitativen Evidenzbehauptung. Bei Reil hingegen wird ‚Theater' zum Programm, und zwar durchaus in einer Art ‚Vergegenständlichung' der Pinel'schen Frage nach den Vorstellungen und Vorspiegelungen: Er interessiert sich für die „Beeinflussung der Seele durch sichtbare Gegenstände", eingesetzt „auf festliche Weise und durch eindrucksvolle Rituale" (Starobinski 2011, 126). Das Heilungs-Theater soll nicht nur alle vorstellbaren Rollen, sondern auch ausgefeilte Szenerien bieten: „Ein solches Theater könnte zu Gefängnissen und Löwengruben, zu Richtplätzen und Operationssälen formiert werden" – von „demselben [Theater] und dessen Apparat" soll der Arzt „mannichfaltigen Gebrauch machen" (Reil 1803, 210). Basiert bei Reil die Therapie der Melancholie auch auf Prämissen der Sichtbarkeit („mit seinen eigenen Augen"), ist doch mitgedacht, dass diese Sichtbarkeit eben nicht unmittelbar, sondern *medial* funktioniert – die Theaterpassage bei Reil fragt entsprechend nach „*Objekten* für den Sinn des Gesichts" (Reil 1803, 209; meine Hervorhebung, S.W.). Einen Eindruck von der immensen ‚Gegenständlichkeit' dieses Theaters bietet folgendes Beispiel Reils von einem Tobsüchtigen, den man

> [...] an einem Stricke in die Höhe gezogen, ihn dadurch schnell zahm gemacht und bald ganz geheilt habe. Man legt zu diesem Behuf dem Kranken bequeme Leibriemen an, bringt diese durch Stricke und Flaschenzüge mit einem hohen Gewölbe oder mit einem ungeheuren Mastbaum in Verbindung, und zieht ihn in die Höhe, daß er wie ein Himmelsbote in den Lüften schwebt. Der Eindruck wird um desto grausender seyn, je höher der Kranke, oder wenn er über Feuerbrände, über eine tobende See aufgezogen wird. (Reil 1803, 210–211)

Diese Gegenständlichkeit der heilenden Szenerie bei Reil ist, so behaupte ich, eine entscheidende Brücke zum Verständnis des umfangreichen Aktenbestands im Thüringischen Hauptstaatsarchiv über die Drechsler- und Schlosserarbeiten, die zur Fertigung der Szenerie besagter Uraufführung der *Lila* im Liebhabertheater vorgenommen wurden – an seinen Komponisten Karl Siegmund von Seckendorff schreibt Goethe über den immensen Szenenaufwand: „Es ist ein großes Schaustück mit Gesang und Tanz und einer Anzahl von Dekorationen, die vielleicht einzig in ihrer Art sind und von denen ich wohl wünschte, daß Du sie gesehen hättest".[23] Dass von diesem immensen Aufwand keine visuellen Darstellungen, sondern nur die Materialrechnungen überliefert sind, mag man als materialistische Erfüllung der Dekonstruktion des Sehsinns in *Lila* ansehen. Neu gefertigt, das belegen die Rechnungen, wurden Vorhänge, Kulissen, der Hinterprospekt, der Horizont und das Portal sowie außerdem Kostüme und Requisiten – so etwa „5 Stück Kätten von weißen Pollierten Blech in der Länge 5 Schu".[24]

Das widerspricht entschieden der gängigen Einschätzung, die Liebhaberbühne speise den privat-intimen Charakter der Selbstverständigung aus der Reduktion der Bühnenmittel, vor allem der Requisiten und Kulissen (vgl. Hartmann 2004, 81). Vielmehr scheint nahezuliegen, die Frage der Inszenierung nicht nur auf die verhandelten gesellschaftlichen Rollen, sondern vor allem auf die konkrete Szenerie und Umwelt zu beziehen: Statt als Illusionstheater wäre *Lila* vielleicht als eine Art *Objekt*theater anzusehen. Dabei bleibt zu berücksichtigen, dass es ein immenser medialer Unterschied ist, ob eine medizinische Abhandlung, wie diejenige Reils, vom Theater und dessen Objekten handelt – oder ob ‚dramatisiert' wird. Neben *Lilas* Binnenperspektive impliziert dieses wie jedes Drama immer einen äußeren Zuschauerblick – das vergessen Literaturwissenschaftler*innen gerne, wenn sie Dramen lesen. Aus der Perspektive des impliziten Theaterzuschauers des gesamten Goethe'schen Festspiels weist die ausgestellte Theatralität des Binnenspiels mitsamt der aufwendigen Szenerie von *„geschmückte[m] Garten"* und *„Gebäude mit sieben Hallen"* sowie Türen, *„an deren Mitte ein Rocken und eine Spindel befestigt"* sind (L 865, Z. 12–19), auf die Verschleierungsgeste hin, die in der ‚Politik des Erfassens' hinsichtlich der Medialität der Körper von statten geht. Goethes Text ist als Theatertext nicht einfach poetologisch, sondern metatheatral – und metatheatral gerade *nicht* im Sinne einer Reflexion auf die Trennung bzw. Unterscheidbarkeit von Sein und Schein, Wirklichkeit und Inszenierung, sondern weil er die Konstitution des „psychischen Subjekts" in der und durch die Gemeinschaft als performative Hervorbringung ausweist, und zwar als

---

23 Zit. nach Busch-Salmen 2008, 207.
24 Busch-Salmen 2008, 16; vgl. Sichardt 1957, 42.

eine am eigenen Körper und vermittels der (belebten und unbelebten) Körper einer Objekt-Umwelt. Diese ‚umgebenden Objekte' sind für den Theatertext auch die potentiellen Theaterzuschauer – deren Körper eine Gesamtszene der Ko-Präsenz oder auch der: Um-Welt ausmachen, jedoch eine qua Theaterrahmen genuin und unhintergehbar als medial ausgewiesene.

Nur vor dem Hintergrund *dieser* Theatralität macht Goethes Bericht Sinn, das „Dramatisieren" habe Lavater „den Kopf so warm gemacht" (s. o. Seite 129). Wenn Lavater Pathognomik als „Spiegel der Hof- und Weltleute" versteht und fürchtet, sie habe im Unterschied zu der behauptet a-medialen Physiognomik „mit der Verstellungskunst zu kämpfen" (Lavater 1984, 275), dann kann man Goethes *Lila* und ihr therapeutisches Festspiel als eine Bekräftigung des mediologischen ‚Umweltbewusstseins' Goethes lesen. Dass sich Goethe noch mit *Lila* für die Medialität der Pathognomie und ihre Übertragungsmechanismen interessiert, zeigt vielleicht auch, dass Lilas Melancholie in ihrer Symptomsprache so ganz und gar un-semiotisch funktioniert. In dem zwischen 1780 und 1789 entstandenen *Torquato Tasso*, der als *die* Pathographie des Melancholikers gilt, artikuliert sich das Leid der gequälten Dichterseele sichtbar am Körper:

> O nehmt ihn [Vergils Kranz, S.W.] weg von meinem Haupte wieder,
> Nehmt ihn hinweg! Er sengt mir meine Locken!
> Und wie ein Strahl der Sonne, der zu heiß
> Das Haupt mir träfe, brennt er mir die Kraft
> Des Denkens aus der Stirne. Fieberhitze
> Bewegt mein Blut. (L 747, Z. 88–93)

Aufgrund seiner Handlungsarmut gilt *Tasso* nicht nur als „kein Drama im herkömmlichen Gattungssinn", sondern auch als der *Bühne* fern (Komm. L 1406). Es erstaunt insofern nicht, dass sich Goethe in einem Brief 1811 bei der Schauspielerin Frederike Bethmann dafür bedankt, „dieses theaterscheue Werk hervorgezogen und in ein günstiges Bühnenlicht *(im Berliner Hoftheater)* gestellt" zu haben.[25] Während Goethe zwar in der *Italienischen Reise* erinnert, er habe am *Tasso* in den „Lust- und Prachtgärten" von Florenz geschrieben und die entsprechenden Stellen riefen „noch jetzt jene Zeit, jene Gefühle unmittelbar zurück[]",[26] stehen im Dramtext dann die ausdrücklichen Körper (der Schauspieler*innen) für jene

---

25 Goethe an Frederike Bethmann, 17. Dezember 1811; zit. nach Stuart Atkins et al., Kommentar zu *Torquato Tasso*, in: HA 5: *Dramatische Dichtungen III*, 496–568, hier 502.
26 Goethe, Aus den Papieren zur *Italienischen Reise*. Erste Fassung des Abschieds von Rom, Weimar, den 31. August 1817; zit. nach Komm. FA I 5, 1386.

Umwelthaftigkeit lebensweltlicher Prägung ein.[27] In *Lila* und ihrer immensen Szenerie gibt es eine solche Ausdruckslogik der Körper nicht: Statt in „günstige[m] Bühnenlicht" scheint Lila in jener ‚ungünstigen' Geschichte zu verbleiben, die Starobinski bis weit über 1900 hinaus für die Melancholiebehandlung erzählt, in der der „melancholische Mensch" letztlich „derjenige Typus eines unzugänglichen Wesens" bleibt, zu dem der Schlüssel noch zu finden ist (Starobinski 2011, 193).

Innerhalb des wissensgeschichtlich nächsten großangelegten Versuchs, am Körper die Psyche zugänglich zu machen – nämlich in den *Studien über Hysterie* (1895) –, werden Sigmund Freud und Josef Breuer den Begriff der Übertragung erstmalig einführen, und zwar als Hinweis auf die konkrete Szene, die sich zwischen Arzt und Patientin abspielt. Dass die Therapie nicht nur der ‚heilsamen' Wiedereingliederung in ein bestehendes Gesellschaftsspiel dient, sondern *selbst* eines ist, weiß allerdings schon Goethes Lila, wenn sie mit Blick auf den Therapeuten wünscht: „Warum bleibt er nicht, daß ich *an seiner Hand* meinen Wünschen entgegen gehe?" (L 852, Z. 3–4; meine Hervorhebung, S.W.). Das sind zwischenleibliche Übertragungsphänomene im proto-psychoanalytischen Sinne – und an dieser „Hand" als Markierung der konkret-gegenständlichen Seite der Symbolisierungsleistung hat sich die Psychoanalyse in ihrer Fortentwicklung zu einer Hermeneutik des Symbols immer abarbeiten müssen.[28]

Abschließend soll noch einmal an die eingangs zitierte „physische[] Beschaffenheit der Spuren" erinnert werden, die aus einer mediologischen Perspektive „die Dynamik des Denkens" durchdringe: Lila nämlich hat es nicht nur als gefesselte Psyche auf das Titelblatt von Band 6 der Goethe'schen Schriften in

---

27 Für diese Umwandlung der Umwelt spricht auch, dass Goethe die Idee zu *Tasso* laut einer Tagebuchaufzeichnung 1780 während eine Spaziergangs kam – „Zu Mittag nach Tiefurt zu Fuß Gute Erfindung Tasso" (zit. nach Komm. FA I 5, 1376); dieses ursprünglich konkret räumliche Gehen findet dann eine Übersetzung ins Psychologische, wenn Goethe später in einem Brief schreibt: „Auf der Reise wird Tasso durchgedacht und also auf einer Wandrung, die Schicksale eines Mannes dramatisiert, dessen ganzes Leben ein Hin- und Herwandern war." (Goethe an Friedrich Bertuch, 5. April 1788, zit. nach FA I 5, 1383.

28 Wie Starobinski gezeigt hat, ist es dabei gerade die Geschichte der Melancholie(behandlung), an der die ‚gegenständliche' Dimension der Übertragung lesbar bleibt: „Das Parasitentum der *ausschließlichen Idee* [„idée exclusive", die Pinel als Fixierung einer Wahnvorstellung für die Melancholie verantwortlich macht]", schreibt Starobinski, „ist das geistige Äquivalent zum Parasitentum der schwarzen Galle" – was wissensgeschichtlich statthat, ist also eine Übertragung „eine[s] Ausdruck[s] aus der somatischen Behandlung auf die psychische Ebene. (Wer versucht ist darüber zu lächeln, sei daran erinnert, dass für die Psychoanalyse, wenigstens in ihren Anfängen, die psychischen *Komplexe* verdinglicht waren und die Katharsis eine wörtlich verstandene seelische Reinigung)." (Starobinski 2011, 121).

Abb. 2: Johann Heinrich Meyer, Amor erweckt Psyche durch sein Flötenspiel, Sopraporte im Urbinozimmer im Goethe-Haus am Frauenplan, Foto: Burzik, Alexander, Copyright: Klassik Stiftung Weimar, Bestand Museen.

der Ausgabe von 1790 geschafft (vgl. Abb 1). Die figurierte Psyche fand auch Eingang in diejenige konkrete Szenerie, in der Goethe selbst gesellig wirkte und auch dachte: als Sopraporte nämlich im ‚Urbinozimmer' im Goethe-Haus am Frauenplan (Abb. 2). Vermeintlich antik, war die Vorlage tatsächlich eine zeitgenössische, unsignierte Gemme. Hier kommen nicht nur mediale und historische Übertragungen zusammen, sondern wird Szenerie von der spezifischen Materialität und ausgestellten Medialität der (Re-)Produktion her denkbar – neben der

Psyche integriert Goethe auch zwei Kupferstiche in das Urbinozimmer nach Originalkartonen von Raffael für die Wandteppiche in der Sixtinischen Kapelle, über die er aus Italien schrieb: „[N]icht [...] das fromme Festgewirre [die Fronleichnamsprozession, S.W.], [...] sondern die Anschauung der Teppiche nach Raffaels Kartonen hat mich wieder in den Kreis höherer Betrachtungen zurückgeführt."[29]

Literaturverzeichnis

Zu den verwendeten Goethe-Ausgaben FA, HA, LA und MA vgl. das Siglenverzeichnis zu Beginn dieses Bandes.

Begemann, Christian. „Das ‚Titelblatt der Seele'. Stifters Gesichter und das Dilemma der Physiognomik". *Figuren der Übertragung. Adalbert Stifter und das Wissen seiner Zeit*. Hg. Michael Gamper und Karl Wagner. Zürich: Chronos, 2009. 15–43.

Busch-Salmen, Gabriele (Hg.): *Goethe-Handbuch:* Supplemente Bd. 1: Musik und Tanz in den Bühnenwerken. Stuttgart und Weimar: Metzler, 2008.

Debray, Régis. „Für eine Mediologie" [1994]. *Kursbuch Medienkultur. Die maßgeblichen Theorien von Brecht bis Baudrillard*. Hg. Lorenz Engell et al. Stuttgart: DVA, 5. Aufl. 2004. 67–75.

Diener, Gottfried. *Goethes Lila. Heilung eines „Wahnsinns" durch „psychische Kur". Vergleichende Interpretation der drei Fassungen*. Mit ungedruckten Texten und Noten und einem Anhang über psychische Kuren der Goethe-Zeit und das Psychodrama. Frankfurt a. M.: Athenäum, 1971.

Fischer-Lichte, Erika und Jörg Schönert (Hg.). *Theater im Kulturwandel des 18. Jahrhunderts. Inszenierung und Wahrnehmung von Körper – Musik – Sprache*. Göttingen: Wallstein, 1999.

Graf, Ruedi. „Utopie und Theater. Physiognomik, Pathognomik, Mimik und die Reform von Schauspielkunst und Drama im 18. Jahrhundert." *Physiognomie und Pathognomie*. Hg. Wolfram Groddeck und Ulrich Stadler. Berlin und New York: De Gruyter, 1994. 16–33.

Groddeck, Wolfram, und Ulrich Stadler (Hg.). *Physiognomie und Pathognomie. Zur literarischen Darstellung von Individualität*. Festschrift für Karl Pestalozzi zum 65. Geburtstag. Berlin: De Gruyter, 1994.

Hartmann, Frank. „Mediologie." *Handbuch Medienwissenschaft*. Hg. Jens Schröter. Stuttgart: Metzler, 2014. 159–165.

Hartmann, Tina. *Goethes Musiktheater: Singspiele, Opern, Festspiele, „Faust"*. Tübingen: Niemeyer, 2004.

Heeg, Günther. *Das Phantasma der natürlichen Gestalt. Körper, Sprache und Bild im Theater des 18. Jahrhunderts*. Frankfurt a. M.: Stroemfeld, 2000.

Heinroth, Johann Christian August. *Lehrbuch der Anthropologie*. Leipzig: Vogel, 1822.

---

29 Goethe, *Italienische Reise* (Zweiter Römischer Aufenthalt, vom Juni 1787 bis April 1788, Juni, Korrespondenz, Rom, den 8. Juni 1787), HA 11, 350.

Heinroth, Johann Christian August. *Anweisung für angehende Irrenärzte zu richtiger Behandlung ihrer Kranken: Als Anhang zu seinem Lehrbuche der Seelenstörungen.* Leipzig: Vogel 1825.
Hickethier, Knut. *Einführung in die Medienwissenschaft.* Stuttgart: Metzler, 2003.
Huber, Martin. „Inszenierte Körper. Theater als Kulturmodell in Goethes Festspiel *Lila.*" *Theater und Öffentlichkeit im 18. Jahrhundert.* Hg. Erika Fischer-Lichte und Jörg Schönert. Göttingen: Wallstein, 1999. 133–150.
Kaiser, Céline. „Spiel und Rahmen in der Theatrotherapie um 1800". *Spielformen des Selbst.* Hg. Regine Strätling. Bielefeld: transcript, 2012. 151–166.
Kaiser, Céline. *Szenen des Subjekts. Eine Kulturmediengeschichte szenischer Therapieformen seit dem 18. Jahrhundert.* Bielefeld: transcript, 2019.
Lavater, Johann Caspar. *Physiognomische Fragmente zur Beförderung der Menschenkenntnis und Menschenliebe. Eine Auswahl.* Hg. Christoph Siegrist. Stuttgart: Reclam, 1984.
Lichtenberg, Georg Christoph. „Über Physiognomik; wider die Physiognomen. Zu Beförderung der Menschenliebe und Menschenkenntnis". *Schriften und Briefe.* Bd. 3. Hg. Wolfgang Promies. Frankfurt a. M.: Zweitausendeins, 1994.
Püschel, Gudrun. „Das Berühren der Erinnerung. Praktiken der Erinnerungskultur Goethes." *Themenheft Komparatistik-online: Berühren. Relationen des Taktilen in Literatur, Philosophie und Theater,* 2019: 148–168.
Reil, Johann Christian. *Rhapsodieen über die Anwendung der psychischen Curmethode auf Geisteszerrüttungen.* Halle: Curtsche Buchhandlung, 1803.
Schings, Hans-Jürgen. *Melancholie und Aufklärung. Melancholiker und ihre Kritiker in Erfahrungsseelenkunde und Literatur des 18. Jahrhunderts.* Stuttgart: Metzler, 1977.
Schings, Hans-Jürgen (Hg). *Der ganze Mensch. Anthropologie und Literatur im 18. Jahrhundert.* Stuttgart, Weimar: Metzler, 1994.
Schmaus, Marion. „Psychogenese der Krankheit und psychische Kurmethoden. Theatralische und prosaische Heilverfahren in der Goethezeit". Dies. *Psychosomatik: literarische, philosophische und medizinische Geschichten zur Entstehung eines Diskurses (1778–1936).* Tübingen: Niemeyer, 2009. 73–168.
Schmölders, Claudia. *Das Vorurteil im Leibe. Eine Einführung in die Physiognomik.* Berlin: Akademie Verlag, 3. Aufl. 2007.
Seckendorff, Curt v. *Karl Siegmund Freiherr v. Seckendorff am Weimarer Hofe in den Jahren 1776–1785.* Leipzig: Brockhaus, 1885.
Sichardt, Gisela. *Das Weimarer Liebhabertheater unter Goethes Leitung.* Weimar: Arion, 1957.
Starobinski, Jean. *Geschichte der Melancholiebehandlung von den Anfängen bis 1900.* Hg. und übers. Cornelia Wild. Berlin: August, 2011.
Wild, Cornelia. „Die psychische Kur: Anagrammatik und Epistemologie". Jean Starobinski. *Geschichte der Melancholiebehandlung von den Anfängen bis 1900.* Hg. und übers. Cornelia Wild. Berlin: August, 2011. 13–28.
Witt, Sophie. „‚Ist's erlaubt, dass ihr so einen Lärmen macht?' Therapie/Spiel und Fest/Schrift mit Goethes *Lila. Ein Festspiel mit Gesang und Tanz*'. *Fest/Schrift. Für Barbara Naumann.* Hg. Stéphane Boutin, Marc Caduff, Georges Felten, Caroline Torra-Mattenklott und Sophie Witt. Bielefeld: Aisthesis, 2019. 353–358.

Marisa Siguan
Explodierende Schreibtische in den *Unterhaltungen deutscher Ausgewanderten*

Mitten in den *Unterhaltungen deutscher Ausgewanderten*, nachdem zwei unheimliche, unerklärliche Geschichten erzählt worden sind, reißt plötzlich mit großem Knall der Deckel eines wertvollen, besonders elaborierten Schreibtisches. Genau zur gleichen Zeit verbrennt in einem entfernt liegenden, von den Revolutionsarmeen in Brand gesetzten Schloss sein Zwilling, ein anderer Schreibtisch. Was hat dieses seltsame Geschehen mit den *Unterhaltungen*, den Geschichten und deren Erzählern zu tun? Wie lässt es sich erklären? Und was für eine Funktion hat eine mögliche Erklärung für den Novellenkreis der *Unterhaltungen*? Diesen Fragen möchte ich hier nachgehen. Dazu werde ich von der Entstehung der *Unterhaltungen* ausgehen und den gesamten Text zugrunde legen, um dann die Funktion der beschädigten Schreibtische zu erörtern.

Wie allgemein bekannt, lädt Schiller am 13. Juni 1794 Goethe zur Mitarbeit an seiner geplanten Zeitschrift *Die Horen* ein. Am 24., also sehr bald, sagt Goethe zu. Schiller dachte bei seiner Einladung an erster Stelle an Fragmente des *Wilhelm Meister*, an dem Goethe gerade schrieb. Dem konnte Goethe aber nicht Folge leisten, weil er den *Meister* schon dem Verleger Unger versprochen hatte, und so schrieb Goethe die *Unterhaltungen deutscher Ausgewanderten*. Am 27. November schickt er Schiller den ersten Teil. Im Begleitbrief beschreibt er seine Freude über diese Erzählungen, die er als Erholung vom *Wilhelm Meister* ansieht: „Zu den Erzählungen habe ich große Lust, nach der Last die einem so ein pseudo epos als der Roman ist auferlegt" (Bauschinger 1997, 233).

Dieser erste Teil erscheint im ersten Stück der *Horen* im Januar 1795. Schiller ist allerdings beim Empfang des Manuskripts ziemlich bestürzt. In einem Brief an Körner am 5. Dezember 1794 bezeichnet er die Tatsache, dass dieser erste Teil der *Unterhaltungen* zusammen mit den ersten neun seiner *Briefe zur ästhetischen Erziehung des Menschen* im ersten Heft der Horen erscheinen soll, als ein Unglück. Denn es scheint ihm, als ob dieser erste Teil der *Unterhaltungen* gerade die Vorsätze, die sich Schiller vorgenommen und in der Ankündigung zu den *Horen* formuliert hat, über den Haufen wirft:

> Einer heitern und leidenschaftsfreien Unterhaltung soll sie gewidmet sein, und dem Geist und Herzen des Lesers, den der Anblick der Zeitbegebenheiten bald entrüstet, bald niederschlägt, eine fröhliche Zerstreuung gewähren. Mitten in diesem politischen Tumult soll sie für Musen und Charitinnen einen engen vertraulichen Zirkel schließen, aus welchem alles verbannt sein wird, was mit einem unreinen Parteigeist gestempelt ist. (MA 4.1, 1042)

Mit diesem Prozedere solle das Ziel erreicht werden „an dem stillen Bau besserer Begriffe, reinerer Grundsätze und edlerer Sitten [...] geschäftig zu sein" und damit „wahre Humanität zu befördern" (MA 4.1, 1042). Diesem Vorsatz entsprechen die *Briefe zur ästhetischen Erziehung des Menschen*, die in den *Horen* erscheinen. Gerade im „Zweiten Brief" stellt Schiller die Frage, ob die Abwendung von der politischen Bühne, wo das Schicksal der Menschheit verhandelt werde, um sich auf die Suche nach den Gesetzen zu machen, die die ästhetische Welt regieren, nicht eine tadelnswerte Gleichgültigkeit gegenüber dem Wohlergehen der Gesellschaft zeige. Er beantwortet diese Frage mit einem der Grundsätze seines Programms der ästhetischen Erziehung: Man müsse, um die politischen Probleme in der Praxis zu lösen, den Weg der Ästhetik nehmen, denn durch die Schönheit werde man zur Freiheit gelangen.

Die *Unterhaltungen* aber, im selben Heft nur wenige Seiten entfernt, beginnen mit einer Diskussion über den erwähnten „politischen Tumult" – gemeint ist natürlich die Französische Revolution –, und zwar wird die Diskussion zwischen dem Befürworter und dem Kritiker der Französischen Revolution so leidenschaftlich und aggressiv geführt, dass sie katastrophale Folgen für die Gruppe von Flüchtlingen zeitigt, die in den *Unterhaltungen* zur Sprache kommen. Der von Schiller benutzte Begriff des „unreinen Parteigeist[es]" zeigt sich also mit unangenehmsten Folgen für das Zusammenleben der Gruppe von Auswanderern, die unter der Führung der Baronesse vor den französischen Revolutionsarmeen auf das rechte Rheinufer geflohen sind und dabei ihr linksrheinisches Hab und Gut, ihre Güter und Höfe haben verlassen müssen. Die große Familie ist nun erleichtert am rechten Rheinufer auf einem weiteren Schloss des Familienbesitzes angekommen und hat sich vorübergehend dort eingerichtet. Die entbrannte Diskussion zwischen dem revolutionsbegeisterten jüngeren Vetter Karl und dem älteren Geheimrat von S., dessen Frau mit der Baronesse befreundet und die mit ihrem Mann zu Besuch gekommen ist, verursacht die überstürzte Abfahrt des Geheimrats, so dass die Baronesse um den Besuch ihrer Freundin gebracht wird und eine beträchtliche Unruhe in der Gruppe entsteht.

Das anschließende Verbot der Baronesse, in der Öffentlichkeit politische oder überhaupt kontroverse Themen zu berühren und die Bitte, sich dafür auf private Gespräche unter Gleichgesinnten zu beschränken, sowie der Vorschlag, in geselliger Runde allerlei Geschichten über ferne Länder, Geschichte, Literatur und Natur zu erzählen, bildet die Rahmenhandlung der *Unterhaltungen*. Sie definiert eigentlich, dem Erstaunen der *Horen*-Leser zum Trotz, Goethes komplementären Vorschlag zu Schillers ästhetischer Erziehung, nämlich das Konzept der geselligen Erziehung, des Dialogs als Medium des Zusammenlebens, womit auch die Frage nach der sozialen Rolle der Literatur im Kontext einer Auseinandersetzung mit der Französischen Revolution gestellt wird. Wie Rainer Wild schon in der

Münchner Ausgabe betont,[1] findet die Auseinandersetzung Goethes mit der Französischen Revolution anhand von ganz unterschiedlichen Textsorten statt. Man könnte sagen, dass Goethe mit ihnen allen experimentiert.

Eine Schlüsselrolle spielen dabei die *Unterhaltungen* als Vorschlag eines Dialogs, der über die Literatur geführt wird. Sie beschäftigen sich mit den Problemen der Subjektbildung, der moralischen Verantwortung, der Möglichkeit des individuellen Glücks, der Liebe, der Sittlichkeit des Einzelnen in Verbindung mit der Ordnung des Zusammenlebens im Kollektiv. Es sind Themen, die Goethe auch im *Wilhelm Meister* beschäftigen und die hier in dialogischem, offenem Medium geführt werden. Die klassischen Formen, die Goethe nach der Italienreise entwickelt hat, kann er bezeichnenderweise für die Auseinandersetzung mit der Französischen Revolution, dem extremen Zeitgeschehen, nicht gebrauchen. Dass die *Unterhaltungen* im Zusammenhang mit der Niederschrift des *Wilhelm Meister* und natürlich mit Schillers *Briefen* zu betrachten sind, ist zu Genüge erläutert worden. Interessant dabei scheint mir Goethes Vorschlag des Dialogs als neuem Medium der Verständigung, des Zusammenlebens – der sozialen Integration, wenn man eine modernere Terminologie benutzen möchte. Denn die Geschichten, die in den *Unterhaltungen* erzählt werden, sind nicht einfach aneinandergereiht wie Perlen einer Kette, wie es in *Tausendundeiner Nacht* oder bei Bocaccio der Fall ist, sondern sie werden aus der Dynamik der Diskussionen, des Dialogs, der Unterhaltungen eben, heraus erzählt. Die Geschichten entstehen in diesem Rahmen und sind aus dieser Dialogdynamik heraus zu verstehen. Dass dabei auch voneinander weit entfernte Zwillingsschreibtische gleichzeitig reißen, bzw. der eine reißt und der andere verbrennt, verbindet Rahmen- und Binnenerzählungen und fungiert als fundamentales strukturierendes Medium – sowohl inhaltlich als auch formal.

Die Baronesse formuliert den Vorsatz, im Zusammenleben der Gruppe, die auch als kleine Karawane bezeichnet wird, „lehrreich, nützlich und besonders gesellig zu sein" und auch „die Früchte einer freundschaftlichen Unterhaltung [zu] genießen" (MA 4.1, 450). Der Begriff „Unterhaltung" beinhaltet sowohl den Aspekt des Leichten, Lockeren, Zerstreuenden wie den Aspekt des Redens, des Dialogs. All das fließt in den Begriff der *Unterhaltung* ein, so wie er im Text benutzt wird. Auf kalkulierte Weise kommt das Lehrreiche und Nützliche, also das Bildende hinzu. Das Geschichtenerzählen soll aus der Perspektive der Baronesse zu einem Bildungsmittel werden und auch der Vorschlag der Erziehung als ästhetische Erziehung darin Eingang finden.

---

[1] Siehe seinen Kommentar in MA 4.1 und MA 4.2.

Wie steht es nun um den Dialog im Umfeld der Unterhaltung? Er bringt unterschiedliche Perspektiven zur Sprache, genauso wie es die erzählten Geschichten tun. Der Dialog läuft aber prinzipiell auch Gefahr, zu einer Konfrontation zwischen Monologen zu werden, wie es in der ersten katastrophalen Diskussion der *Unterhaltungen* geschieht. Der erste gescheiterte Dialog wird durch die Privatisierung der Konflikte gelöst: mit dem Verbot, öffentlich potentiell konfligierende Themen zu erörtern. Anschließend geht die Rahmenerzählung dazu über, eine Folge von offenen, in Dialogform gehaltenen Diskussionen zu bilden, in die sich die erzählten Geschichten einfügen, die ihrerseits auf die Dialoge der Ausgewanderten einwirken, sie motivieren, im Medium der Literatur dargestellte Probleme sozusagen polyphonisch zur Sprache bringen. In dem Moment, da die verschiedenen Standpunkte und Meinungen erläutert worden sind, da man an die Grenze des Diskussionswürdigen gelangt ist, werden weitere Geschichten erzählt, die in gewisser Weise das Erläuterte mit anderen Mitteln erwägen und von anderen Perspektiven ausgehen, von literarischen, fantastischen, mysteriösen, exemplarischen. Auf diese Weise wird in der Rahmenerzählung der *Unterhaltungen* auch über die soziale Rolle der Literatur diskutiert; sie wird geradezu exemplarisch vorgeführt.

Der erste in den *Horen* veröffentlichte Teil der *Unterhaltungen* enthält die katastrophal verlaufende Diskussion über die Französische Revolution, den Vorschlag der Baronesse, Geschichten zu erzählen, und eine weitere Diskussion zwischen Luise, der älteren, etwas herrschsüchtigen, unangenehmen und hausbackenen Tochter, und dem mit der Familie befreundeten älteren Geistlichen, der sich erboten hat, aus seiner Sammlung von Geschichten zu erzählen. Es wird aber noch keine Geschichte erzählt: Goethe weiß, wie man Spannung mit Fortsetzungsstrategien erzeugt. Die folgenden Teile erscheinen schnell im Laufe der nächsten Monate: der zweite schon im Februarheft. Er enthält die vier ersten Geschichten, drei davon Spuk- oder Gespenstergeschichten, sowie die Episode der zerreißenden Zwillingsschreibtische. Die nächsten Teile bis zum sechsten, dem *Märchen*, erscheinen bis Oktober 1795, und zwar als Fortsetzungsgeschichten, ohne Autorangabe, und sie entstehen nicht nach Plan, sondern im Prozess des Schreibens, als Stationen eines Schreibprozesses.

Bezeichnenderweise erzählen die ersten drei Geschichten unerklärliche, unheimliche Begebenheiten. Die Baronesse ist schon schlafen gegangen, der Geistliche erzählt die erste, in Neapel angesiedelte Geschichte von der Sängerin Antonelli, die nach dem Tod ihres verlassenen Liebhabers immer, wenn sie mit einem Mann zusammen ist, durch spukhafte Schusslaute, später durch entsetzliche Klagelaute erschreckt wird. Die Sängerin hatte der Bitte ihres sterbenden Ex-Liebhabers, ihn noch zu besuchen, keine Folge geleistet, die spukhaften Geräusche wären somit seine Rache aus dem Jenseits.

In seiner Diskussion mit Luise hatte der Geistliche erklärt, dass er zur „Übersicht der großen Geschichte [...] weder Kraft noch Mut" fühle und dass ihn „die einzelnen Weltbegebenheiten verwirren" (MA 4.1, 453). Die Welt, und damit die Geschichte, ist viel zu kompliziert und verwirrend geworden, um sie erzählen zu können, würde man wohl heute sagen. Dafür mag er aber Privatgeschichten, und zwar:

> Manche die durch eine geistreiche Wendung uns immer zu erheitern Anspruch machen, manche die uns die menschliche Natur und ihre innere Verborgenheiten auf einen Augenblick eröffnen, andere wieder, deren sonderbare Albernheiten uns ergötzen. (MA 4.1, 453).

Solche Geschichten berühren sowohl den Verstand wie das Gemüt und gewähren reine und ruhige Heiterkeit. Und sie behandeln „die Empfindungen, wodurch Männer und Frauen verbunden oder entzweit, glücklich oder unglücklich gemacht, öfters aber verwirrt als aufgeklärt werden." (MA 4.1, 454) Außerdem erbittet er sich ganz ausdrücklich, man solle keine seiner Geschichten deuten. Etwas, das natürlich eine Unmöglichkeit darstellt, weil das Lesen immer auch nach Deutung verlangt. Die Ausgewanderten versuchen sich im Laufe der *Unterhaltungen* immer wieder im Deuten.

Indem die ‚große' Geschichte ausgeblendet und die ‚kleine', ‚private', angesprochen wird, rückt das Momenthafte, Augenblickliche, das Anekdotische, als Thema in den Vordergrund, und damit auch das Unerklärliche und Mysteriöse (ganz besonders, da man es ja nicht deuten soll.) Gerade die ersten drei Geschichten handeln von unerklärlichen, beklemmenden Begebenheiten: als ob die Erschütterungen, die die politische Geschichte verursacht und die aus der Gesellschaft verdrängt werden bzw. verboten werden sollen, in den Spukgeschichten zurückkehrten. Es scheint, als ob die Geschichten aus der psychischen Verfassung der Gruppe hervorgingen, denn man kann sie kaum als heiter beschreiben, wie der Geistliche es für seine Sammlung im Prinzip beansprucht.

Es ist wohl kein Zufall, dass die *Unterhaltungen* mit Spukgeschichten einsetzen, wenn Goethe zudem meint, dass man mit solchen Erzählungen gut beim Publikum ankomme: Er fragt Schiller am 5. Dezember 1794, ob ihm die Geschichte, die angeblich der französischen Schauspielerin Hippolyte Clairon passiert sei und die im Februar 1794 in dem hocharistokratischen Informationsblatt *Correspondance Littéraire* erschienen war, bekannt sei. Wenn das nicht der Fall sei, werde er sie liefern und, so schreibt er, „wir fingen so recht vom unglaublichen an, welches uns sogleich ein unendliches Zutrauen erwerben würde" (zit. nach Bauschinger 1997, 236). Nachdem ihn Schiller beruhigt hat, versetzt Goethe die Geschichte nach Neapel und macht aus Mlle. Clairon die Sängerin Antonelli.

Natürlich wird gleich von den Zuhörern nach möglichen rationalen Erklärungen gesucht, einem raffinierten Trick zum Beispiel, aber der Geistliche ist selber der Sache in Neapel ohne Erfolg nachgegangen. Außerdem wurden die Ereignisse durch „Polizei", „Schildwachen", „Beobachter" und sogar „Spione" verfolgt (MA 4.1, 463, 465); er kann also nur bestätigen, dass es sich um keinen Betrug handelt. Fritz, der ältere Sohn der Baronesse, hat zwar einen erklärenden Verdacht, den er aber nicht äußern möchte; stattdessen erzählt er eine weitere Spukgeschichte: die vom Klopfgeist, eine Geschichte, die drei Jahre früher in Weimar kursierte, wie Frau von Stein an Schillers Frau am 19. Februar 1794 schreibt (vgl. Bauschinger 1997, 241). Auch in diesem Fall kennt der Erzähler die Geschichte aus eigenem Erleben, so dass an ihrer Wahrhaftigkeit nicht gezweifelt werden kann. Sie handelt von einer jungen Waise, die in einem Fritz bekannten Hause als Kammermädchen dient. Als sie etwas älter wird, zieht sie Freier an, an denen sie aber kein größeres Interesse zu haben scheint, so dass diese abgewiesen werden. Danach wird sie aber, immer wenn sie im Haus ist, bei jedem Schritt von ständigen Klopfgeräuschen verfolgt, was den Hausherrn dazu bringt, den Boden hinter ihren Tritten aufreißen zu lassen, ohne eine Erklärung für das Klopfen zu finden. Dieses hört erst auf, als der Hausherr droht, das Mädchen bei weiterem Klopfen mit einer Hetzpeitsche zu Tode zu prügeln. Das Mädchen hat dadurch aber seine Gesundheit verloren, ist abgezehrt und gleicht einem Geist.

Man kommt nicht dazu, lange darüber zu rätseln. Karl kann noch die Unzulänglichkeit der Mittel bedauern, die zur Untersuchung solcher Vorfälle nötig wären, und stellt fest, dass man zur Erklärung immer zwischen Wahrscheinlichkeiten schwanken muss. Denn plötzlich wird die Gesellschaft durch einen starken Knall erschreckt, und es erweist sich, dass die Decke des schönen und wertvollen, in der Werkstatt der Brüder Roentgen angefertigten Schreibtisches quer hindurch gerissen ist. Nun ist zwar die Ursache des Geräusches geklärt, nur: Warum ist er geplatzt? Es lässt sich keine naturwissenschaftliche Erklärung finden. Die Temperatur hat sich nicht plötzlich verändert; leider ist kein Hygrometer zur Hand. Der Geistliche ironisiert: „Es scheint [...], dass uns immer die nötigsten Instrumente abgehen, wenn wir Versuche auf Geister anstellen wollen" (MA 4.1, 470), und gibt damit Goethes Skepsis gegenüber den Messapparaten wieder, die die Experimente vom Menschen absondern und so dessen Erkenntnis beschränken (vgl. FA I 13, 166).

Der reißende Schreibtisch verbindet die Rahmenerzählung mit den Binnengeschichten insofern, als das Unerklärliche zur Wirklichkeit wird. Und bevor weitere Vermutungen angestellt werden können, stürzt ein Bedienter herein und meldet ein großes Feuer am Himmel, das sich wahrscheinlich bei einem weiteren Schloss des Familienbesitzes ausbreitet. Damit bricht die aus den Gesprächen ausgeschlossene, in den Geschichten als unheimliches Geschehen sublimierte

Realität des Krieges jetzt wieder mit aller Kraft in die Wirklichkeitsebene der Rahmengeschichte ein; sie lässt sich offensichtlich nicht verdrängen. Das brennende Schloss holt die Realität des Krieges in die Handlung zurück, und zwar im Kontext der erzählten unheimlichen Geschichten, die noch nachklingen, im Kontext der Zerstörung und des Todes. Für das Zusammenfallen des Knalls und des Feuers versucht Fritz eine Erklärung, die er als wunderlichen Gedanken definiert: Es gebe einen Zwillingsschreibtisch auf dem brennenden Gut der Tante, der wahrscheinlich zur gleichen Zeit verbrannt sei, als der andere riss. Im nachfolgenden Gespräch wird eine sympathetische Beziehung zwischen den beiden Schreibtischen vermutet:

> [S]ie ergriffen die Gelegenheit über manche unleugbare Sympathien zu sprechen und fanden am Ende eine Sympathie zwischen Hölzern die auf Einem Stamm erzeugt worden, zwischen Werken die Ein Künstler verfertigt, noch ziemlich wahrscheinlich. Ja, sie wurden einig, dergleichen Phänomene eben so gut für Naturphänomene gelten zu lassen, als andre, welche sich öfter wiederholen, die wir mit Händen greifen und doch nicht erklären können. (MA 4.1, 471)

Die Schreibtische verschränken so die Rahmenhandlung mit dem Erzählen der Binnengeschichten. Auch bei ihnen könnten sympathetische Erklärungen versucht werden: Der Geistliche hatte schon bei der Antonelli-Geschichte gemeint, „es sei keinesweges ausgemacht, daß geistige Naturen nicht sollten auf Elemente und Körper wirken können" (MA 4.1, 457). Das lässt sich durchaus auch auf die Klopfgeist-Geschichte beziehen. Wenn jetzt eine sympathetische Beziehung zwischen den beiden Zwillingsschreibtischen als Erklärung für deren gleichzeitige Beschädigung gegeben wird, befinden wir uns im Kontext des Sympathetischen, des Magnetismus, des Galvanismus – dieser gesamten naturwissenschaftlichen Theorienwelt, die eine universale naturwissenschaftliche Welterklärung sucht und die in den 1790er Jahren große Mode und Konversationsthema der Salons war. Hans-Jürgen Schrader (2003) ist diesem Kontext akribisch nachgegangen und hat einleuchtende Argumente für den Erklärungszusammenhang zwischen den Schreibtischen und den Geschichten genannt. Damit kann er auch das Interesse Goethes am Magnetismus und an einem universalen Galvanismus schon auf die *Unterhaltungen* vordatieren, ein Interesse, das sich in den *Wahlverwandtschaften* an der Figur Ottiliens[2] zeigt, oder in den von Goethe selber in den späten 1790er Jahren realisierten, vom Physiker Karl Ritter angeleiteten Versuchen zum Galvanismus, denen die arme Froschpopulation der Teiche rings um Weimar in ziemlicher Menge zum Opfer fiel (s. Schrader, 50–52).

---

2 Siehe ihre sympathetischen Kopfschmerzen und siderischen Pendelversuche.

Nach Goethes in den folgenden Jahren entwickelter Auffassung müssten sich die Grundideen seiner Naturanschauung wie Polarität und Steigerung, Einheit und Harmonie, Vielfalt der Phänomene und einfache Grundmuster in allen Bereichen der Naturlehre, in den magnetischen Erscheinungen ebenso wie in der Farbenlehre, in Elektrizität und Galvanismus oder in der Chemie zeigen (vgl. Wenzel 2012, 232). Goethe versucht, die Verwandtschaft der Naturphänomene untereinander zu untersuchen, und wünscht durchaus, sie in den Einzelheiten belegt zu sehen. Die Tabelle *Physische Wirkungen* aus dem Juli 1798 dient bereits der Durchführung dieses Grundgedankens, der stets sichtbar bleibt, so wie sich in Goethes Vorstellungen Naturwissenschaften, Poesie und Kunst zu einer Einheit formen, die von nur wenigen Grundgesetzen bestimmt wird.[3]

Mesmers *Mémoire sur la découverture du magnétisme animal* war schon lange vor den *Unterhaltungen* erschienen, 1779, auf Deutsch 1781, und hatte für genügend Skandalgeschichten magnetisierender Heilpraktiker gesorgt. Mesmer und seine Schüler nahmen an, dass der tierische Magnetismus oder Lebensmagnetismus als unbekannte Kraft auf das „Nervenfluidum" der Lebewesen wirke; bei den Heilkuren wurden elektrische und magnetische Kräfte zur Behandlung eingesetzt. Ganz neu war aber Galvanis *De viribus electricitatis in motu musculari commentarius* (1791), deren deutsche Übersetzung *Abhandlung über die Kräfte der thierischen Elektrizität auf die Bewegung der Muskeln* 1793 erschienen war und von Goethe sofort erworben wurde. Galvani hatte an Froschpräparaten die Kontraktion von Muskeln unter dem Einfluss von Metallen beobachtet, und zwar von einem Bogen aus zwei verschiedenen Metallen. Er ging fälschlich davon aus, die Quelle der Elektrizität liege im tierischen Gewebe.[4] In dieser Zeit besaß Goethe weitere Bände, die den aktuellsten Stand der physikalischen Forschungen po-

---

3 Zwischen dem 2. Oktober 1805 und dem 11. Juni 1806 hielt Goethe jeweils am Mittwochvormittag physikalische Vorlesungen für einen Kreis von Damen am Weimarer Hof, wo er alle diese Ideen vorstellte und auch seine Versuche erläuterte. Sie dienen zugleich ihm selber, schreibt er an Zelter am 18. November 1805: „Ich werde bey dieser Gelegenheit erst selbst gewahr, was ich besitze und nicht besitze" (Wenzel 2012, 232). In *Dichtung und Wahrheit* schildert Goethe seine ersten kindlichen Versuche mit Magneten. Vierzig Jahre später, am 16. Juli 1798, teilt er Wilhelm von Humboldt mit, dass er sich die magnetischen Phänomene nach seiner Art auf- und zusammenstelle. Am 15. November 1798 kann er eine im Anschluss an eine Unterhaltung des Vorabends mit Schiller angefertigte Farbtafel vorweisen: „Symbolische Annäherung zum Magneten". Die Untersuchung magnetischer Phänomene geht bei Goethe Hand in Hand mit den Überlegungen zur Farbenlehre (Wenzel 2012, 232).
4 Später von Volta berichtigt: die verschiedenen Metalle produzieren Elektrizität im Medium einer leitenden Flüssigkeit. Die romantische Naturphilosophie sah in galvanischen Phänomenen den Hinweis auf eine aller lebendigen Natur innewohnenden „Lebenskraft" in der spekulativen Einheit von Materie und Geist (Schweizer 2012, 415).

pularisierten: Während der Campagne in Frankreich 1792/93 führte er ein großes Kompendium der Physik seiner Zeit zumindest in Teilen mit: Johann Samuel Traugott Gehlers *Physikalisches Wörterbuch* in sechs Bänden, die zwischen 1787 und 1796 in Leipzig erschienen. Dies alles liefert genügend Indizien dafür, diesen ganzen Komplex von naturwissenschaftlichen Theorien um den Elektromagnetismus als Erklärungszusammenhang für die Geschichten und die reißenden Schreibtische anzunehmen, auch wenn man bedenkt, dass die beiden erzählten Geschichten in Weimar kursierten und sicher Thema der Salongespräche waren. Eigentlich wurden sie eher negativ rezipiert, ganz im Gegensatz zu dem, was Goethe erwartet hatte. So schreibt Charlotte von Stein an Charlotte Schiller am 19. Februar 1795:

> Dem Goethe scheint's gar nicht mehr Ernst um's Schreiben zu sein, daß er die bekannte Geschichte der Mademoiselle Clairon, die er nach Italien transportiert, die vom Klopfen, welche mir vor drei Jahren Herr von Pannewitz erzählte, daß sie sich in seiner Eltern Haus zugetragen, und die aus des Bassompierre sehr bekannten mémoires, die er doch wahrhaftig nicht wird für eine Geistergeschichte wollen passieren lassen, indem sie sehr körperlich war, gut genug zum Inhalt eines so respektabeln Journals wie die ‚Horen' hält. (MA 4.1, 1057).

Nun wird der Erklärungszusammenhang über die elektromagnetischen und sympathetischen Theorien im Text zwar erwähnt, aber er lässt sich nicht eindeutig festlegen. Es wird letzten Endes dem Urteil der Leser überlassen, ob die Unterhaltung der Ausgewanderten endlos fortgesetzt werden könnte oder ob eine Erklärung letzten Endes nicht zu finden wäre – vielleicht auch nur mit weiteren Geschichten. Denn die mögliche Erklärung wird von der Erzählstimme mit Skepsis eingeführt:

> Ob Friedrich wirklich diese Meinung hegte, oder ob der Wunsch, seine Schwester zu beruhigen, ihm zu diesem Einfall geholfen, wollen wir nicht entscheiden, genug sie ergriffen die Gelegenheit über manche unleugbare Sympathien zu sprechen (MA 4.1, 471).

Und Karl misstraut ohnehin den Erklärungen der Naturforscher und Historienschreiber:

> Aber eine einzelne Handlung oder Begebenheit ist interessant, nicht weil sie erklärbar oder wahrscheinlich, sondern weil sie wahr ist. Wenn gegen Mitternacht die Flamme den Schreibtisch der Tante verzehrt hat, so ist das sonderbare Reißen des unsern zu gleicher Zeit für uns eine wahre Begebenheit, sie mag übrigens erklärbar sein und zusammenhängen mit was sie will. (MA 4.1, 471)

An diesem Punkt angelangt, sind alle zu aufgeregt, um schlafen zu gehen, und deshalb werden noch zwei weitere Geschichten erzählt. Es handelt sich um Geschichten aus den Memoiren des Marschalls von Bassompierre, an erster Stelle die von der schönen, selbstbewussten Krämerin, die später auch von Hofmannsthal neu geschrieben wird, und um die Geschichte des Schleiers. In der Geschichte der schönen Krämerin geht es weiterhin um Rätselhaftes. Sie bittet den Marschall um eine Liebesnacht, und nachdem diese wunderbar beglückend verlaufen ist, noch um eine zweite. Aber als er an das von ihr angegebene Haus kommt, werden dort Pestleichen verbrannt; es bleibt ein für immer ungelöstes Rätsel, was mit der schönen Frau passiert ist. In der vierten Geschichte hingegen geht es schon um erklärbares menschliches Handeln, und sie entwickelt sich insofern aus dem Gespräch der Anwesenden, als Karl die vorher durch eine unbedachte Äußerung von ihm erschreckte Luise beruhigen will; Luise möchte außerdem nicht nach solch unerklärlichen Geschichten und Vorfällen zu Bett gehen. Auch diese Geschichte stammt aus den Memoiren von Bassompierre. Es geht dabei um einen Ahnherrn, der sich zwei Jahre lang immer an einem bestimmten Wochentag heimlich mit seiner Geliebten in seinem Sommerhaus trifft. Als seine Ehefrau Verdacht schöpft und die beiden schlafend dort findet, legt sie ihren Schleier über die Füße der Schlafenden und geht wieder. Beim Erwachen ist die Geliebte zutiefst erschrocken und verlässt Bassompierres Ahnherrn, nachdem sie ihm drei Gaben für seine rechtmäßigen Töchter schenkt: ein Fruchtmaß, einen Ring und einen Becher. Diese Gaben sind über die Zeiten im Familienbesitz geblieben und werden für glücksbringende Talismane gehalten. Es handelt sich also in diesem Fall um eine versöhnliche Geschichte, in der die individuelle Entsagung die Lösung der konfliktträchtigen Situation garantiert, die Entsagung sowohl der Ehefrau wie auch der Geliebten. Die versöhnliche Geschichte wird ihrerseits in die Rahmenhandlung einbezogen, indem Friedrich verrät, dass auch er so einen Talisman besitzt, der sich in der Familie von Vater zu Sohn vererbt.

Weitere Erzählungen folgen am nächsten Tag unter Beisein der Baronesse, und sie entsprechen diesem Modell der individuellen Entsagung als Garant des funktionierenden Zusammenlebens. Es geht jetzt um die eigentlichen Bildungsgeschichten der *Unterhaltungen*, die vom Prokurator und von Ferdinand. In beiden geht es bekanntlich um Identitätsbildung durch Entsagung. Sie werden demnach auch von der Baronesse als moralische Geschichten beschrieben. Nach der Prokurator-Geschichte führt die Definition „moralische Geschichte" zu einem Gespräch, in dem über Pflicht und Neigung in den Positionen Kants und Schillers diskutiert wird; darauf folgt die Ferdinand-Geschichte als einzige von Goethe erfundene. Sowohl in diesen Geschichten wie im Gespräch der Rahmenhandlung wird die Sittlichkeit des Einzelnen im Verhältnis zum Kollektiv thematisiert. Beide Geschichten erzählen von einer Entwicklung, in der diese Sittlichkeit durch Entsagung erreicht wird. In der Prokurator-Geschichte hat ein älterer Handelsmann für die Zeit einer langwährenden Handelsfahrt seine junge Frau allein gelassen und ihr vernünftigerweise die Erlaubnis gegeben, wenn es ihr zu einsam werde, sich einem Liebhaber hinzugeben, nur solle er gut ausgewählt, diskret und ehrlich sein und ihm keine Schande machen. Der Prokurator, den sich die junge Frau nach längerem Zögern schließlich auswählt, lässt sie durch langes Hinauszögern selber zur Erkenntnis und zum Entschluss kommen, treu auf ihren Mann zu warten. In der Geschichte um Ferdinand kommt der Protagonist ebenfalls zum Entschluss, durch Entsagung seine jüngeren Exzesse, die bis zum Stehlen aus den väterlichen Geldbörsen gegangen waren, gutzumachen und damit eine tadellose Laufbahn als Kaufmann und Familienvater zu realisieren.

Weiter oben wurde ausgeführt, dass die reißenden Schreibtische sowohl ein Medium seien, um einen Sinnzusammenhang zwischen Rahmen- und Binnenerzählungen zu schaffen, wie auch, um die Struktur der *Unterhaltungen* zu bündeln. Sie lassen die aus den Gesprächen verbannte, in den Spukgeschichten sublimierte Wirklichkeit schlagartig wieder hereinbrechen und schaffen einen Erklärungszusammenhang zwischen Phänomenen mittels elektromagnetischer, sympathetischer Theorien. Darüber hinaus haben diese Schreibtische auch selber einen Symbolwert, auf den ich nicht eingegangen bin, der mir aber evident zu sein scheint: Die Brüder Roentgen hatten in ihrer riesigen Werkstatt besonders raffinierte Luxusmöbel geschaffen und waren zu Lieferanten der gesamten europäischen Höfe geworden, unter ihnen Louis XVI und Marie Antoinette. Dass gerade Roentgen-Möbel der Revolution zum Opfer fallen, ist genauso symbolisch aufgeladen wie die Tatsache, dass es sich bei den reißenden Möbeln um luxuriöse Schreibtische handelt, die für Notizen und Zettelchen, Briefe und Geheimfächer geeignet waren. Mit ihnen wird symbolisch die ganze alte Ordnung zerstört. Ihre strukturierende Funktion hingegen erweist sich insofern, als sie Rahmenhandlung und Binnengeschichten in Verbindung bringen und die Binnengeschichten auch gewissermaßen einrahmen: Nachdem die letzten, gerade erwähnten „moralischen Geschichten" erzählt sind, kommt Friedrich von seinem Erkundungsritt zurück und bestätigt, dass beide Schreibtische gleichzeitig gerissen oder verbrannt sind; man habe es durch eine im Moment der Brandes gerettete und stehengebliebene Standuhr feststellen können. Damit bestätigt er die Plausibilität der sympathetischen Erklärung. So wird das Erzählte durch die zerstörten Schreibtische eingerahmt, und die *Unterhaltungen* werden zu dem Punkt geführt, wo die Gruppe nach dem Moralischen der beiden letzten Geschichten nun die Einbildungskraft zu Wort kommen lässt: Karl verlangt ein Märchen, das aus der reinen Einbildungskraft entsteht. Diese solle lieber nicht versuchen, das, was wirklich geschehen sei, zu verarbeiten, weil sie dann im Widerspruch zu Verstand und Vernunft stehe, sondern:

> Sie muß sich, deucht mich, an keinen Gegenstand hängen, sie muß uns keinen Gegenstand aufdringen wollen, sie soll, wenn sie Kunstwerke hervorbringt, nur wie eine Musik auf uns selbst spielen, uns in uns selbst bewegen und zwar so daß wir vergessen, daß etwas außer uns sei, das diese Bewegung hervorbringt. (MA 4.1, 517)

Dem entspricht das wunderschöne *Märchen*, das konsequent zum Schluss der *Unterhaltungen* erzählt wird.

Die Erzählstimme lässt uns aber auch nicht zum Schluss mit einer eindeutigen Erklärung für die sympathetisch explodierenden Schreibtische das Buch aus der Hand legen. Denn nachdem Friedrich seinen Beweis zum gleichzeitigen Reißen bzw. Verbrennen der armen Schreibtische abgegeben hat, lächelt die Baronesse, und

> [...] der Hofmeister behauptete, daß wenn zwei Dinge zusammenträfen, man deswegen noch nicht auf ihren Zusammenhang schließen könne! Luisen gefiel es dagegen diese beiden Vorfälle zu verknüpfen, besonders da sie von dem Wohlbefinden ihres Bräutigams Nachricht gehabt hatte, und man ließ der Einbildungskraft abermals vollkommen freien Lauf. (MA 4.1, 517)

So werden die beiden Schreibtische zu einem Medium der Vermittlung von Erklärungszusammenhängen und gleichzeitig zu einem Mittel des Verbindens von Rahmen- und Binnenerzählungen, in denen sowohl die soziale Rolle der Literatur wie auch die Literatur als Medium der Erkenntnis zur Sprache kommen. Dies geschieht in einem Dialogformat, das ein schier unendliches Erzählen und Dialogisieren suggeriert: Denn der Geistliche hat ja verlangt, dass man keine seiner Geschichten deuten solle. Welch eine Provokation für den Leser, also für uns!

Literaturverzeichnis

Zu den verwendeten Goethe-Ausgaben FA und MA vgl. das Siglenverzeichnis zu Beginn dieses Bandes.

Bauschinger, Sigrid. „Unterhaltungen deutscher Ausgewanderten". *Goethe-Handbuch*. Bd. 3: *Prosaschriften*. Hg. Bernd Witte und Peter Schmidt. Stuttgart: Metzler, 1997. 232–252.
Schrader, Hans Jürgen: „‚Unleugbare Sympathien': Roentgen-Schreibtische, Magnetismus und Politik in Goethes ‚Unterhaltungen deutscher Ausgewanderten'". *Dazwischen. Zum transitorischen Denken in Literatur- und Kulturwissenschaft*. Hg. Andreas Härter, Edith Anna Kunz und Heiner Weidmann. Göttingen: Vandenhoeck & Ruprecht, 2003. 41–68.
Schweizer, Claudia. „Galvanismus". *Goethe-Handbuch Supplemente*. Bd. 2: *Naturwissenschaften*. Hg. Manfred Wenzel. Stuttgart: Metzler, 2012. 415.
Wenzel, Manfred. „Schriften zur Allgemeinen Naturlehre". *Goethe-Handbuch Supplemente*. Bd. 2: *Naturwissenschaften*. Hg. Ders. Stuttgart: Metzler, 2012. 225–250.

Peter Schnyder
Das Megatherium

Mediologie und Poetologie eines Urtiers bei Cuvier und Goethe

Mitten in der zweiten Fassung von *Wilhelm Meisters Wanderjahren* (1829) stößt man recht unvermittelt auf den folgenden Satz: „Wenn ich ein zerstreutes Gerippe finde, so kann ich es zusammenlesen und aufstellen; denn hier spricht die ewige Vernunft durch ein Analogon zu mir, und wenn es das Riesenfaultier wäre." (FA I 10, 582) Darin kommt zunächst die für das spinozistisch-pantheistische Naturverständnis Goethes typische Ansicht zum Ausdruck, wonach „jedes Existierende [...] ein Analogon alles Existierenden" ist (FA I 10, 575). Aber was hat es mit dem Riesenfaultier, das hier im syntaktischen Appendix noch angehängt ist, auf sich? Und weshalb soll es besonders schwierig sein, dessen Skelett zu rekonstruieren?

Bei der Suche nach Antworten auf diese Fragen stößt man schnell in weite wissens- und mediengeschichtliche Problemfelder vor. Denn das Riesenfaultier spielte um 1800 eine zentrale Rolle bei der Entdeckung, dass Tiere *aussterben* können. War zumal seit Buffons Arbeiten in der späten Aufklärung deutlich geworden, dass die Erde viel älter ist als die bis dahin auf Grund der biblischen Chronologie errechneten rund 6000 Jahre und dass ihre Vergangenheit zudem über weiteste Strecken ein „plot without man" (Beer 2009, 17) ist, so kam mit dieser Entdeckung neu auch eine Geschichte des Lebens in den Blick (vgl. Rudwick 2005). Zwar hatte man auch schon früher über die Möglichkeit des Aussterbens zu spekulieren begonnen, denn vor allem die Funde von unbekannten Muscheln und Ammoniten legten eine solche Deutung nahe. Doch bei diesen Meertieren konnte nicht ausgeschlossen werden, dass sie sich lediglich in andere, noch unbekannte Regionen der Weltmeere zurückgezogen hatten. Als aber Cuvier 1796 in einer Publikation nachwies, dass es sich bei einem in Südamerika gefundenen Skelett um die Reste eines unbekannten Riesenfaultiers handeln musste (vgl. Cuvier 1796a, 303–310), war das in mehrfachem Sinne ein gewichtiger Beleg für die These der Extinktion. Denn bei der schieren Größe dieses Tiers – nicht umsonst gab ihm Cuvier (1796a, 310) den Namen „Megatherium" – war es eigentlich unmöglich, dass dieses noch irgendwo unbemerkt lebte, oder wie Cuvier selbst formulierte: „[E]s ist wohl nicht wahrscheinlich, daß wenn das Thier

---

Anmerkung: Bei diesem Beitrag handelt es sich um den Wiederabdruck des Aufsatzes: „Das Megatherium. Mediologie und Poetologie eines Urtiers bei Cuvier und Goethe". *Mikrozeit und Tiefenzeit*. Hg. Friedrich Balke, Bernhard Siegert und Joseph Vogl. München: Fink, 2019. 23–33. (Archiv für Mediengeschichte 18 [2018]).

https://doi.org/10.1515/9783110732870-010

noch existirte, eine so merkwürdige Gattung bis jetzt den Nachforschungen der Naturkündiger entgangen sein sollte."[1] Das legte den Schluss nahe, dass diese „merkwürdige Gattung" ausgestorben war. Das Riesenfaultier-Skelett war mithin nicht mehr bloß ein Zeugnis für eine *räumlich* entfernte exotische Fauna, sondern ein Beleg für eine *zeitlich* weit zurückliegende, untergegangene Welt; eine Urwelt, die mit ihrer erst in Ansätzen erkennbaren Flora und Fauna erahnen ließ, dass sich das Leben auf der Erde im Laufe der Zeit verändert haben musste.

Diese Entdeckung des Megatherium als eines Mediums der Tiefenzeit soll im Folgenden zunächst (1.) näher ausgeführt werden, wobei auch die Prozesse der „Transkription" und „Bezugnahme"[2] zwischen den verschiedenen Medien in den Blick rücken, in denen das Riesenfaultier um 1800 verhandelt wurde. Danach wird (2.) gezeigt, wie Goethe direkt in diese Prozesse involviert war und wie bei ihm das Riesenfaultier auch zu einem Medium der (wissens-)poetologischen Reflexion geworden ist.

1 Knochen – Zeichnungen – Texte

Wurde eingangs gesagt, Cuvier habe seine weitreichende These zum Aussterben auf der Grundlage der Analyse eines in Südamerika gefundenen Skeletts entwickelt, so ist das unter dem Aspekt der Medialität ungenau. Denn in Paris, wo er damals lebte, hatte er keinen Zugang zu diesem Skelett. Vielmehr arbeitete er mit Abbildungen davon, die ihm aus Madrid mitgebracht worden waren. Dorthin war das Skelett 1789 vom Vizekönig des Rio de la Plata geschickt worden, oder genauer: Dieser hatte in der Nähe von Buenos Aires gefundene *Knochen* in mehreren Kisten nach Spanien schicken lassen, wo sie dann von Juan Bautista Bru zu einem nahezu vollständigen Skelett eines auffallend schwerfälligen und unförmigen Monsters zusammengefügt wurden, das im königlichen Naturalienkabinett einen Ehrenplatz erhielt.[3] Und Bru war es auch, der die Zeichnungen angefertigt hatte, nach denen die Illustrationen gestochen wurden, die Cuvier vorlagen (Abb. 1), als er eben nachwies, dass das entsprechende Tier auf Grund seiner anatomischen Merkmale zwar Ähnlichkeiten mit den Faultieren aufweise, aber nicht zu jenen gehöre, „die wir heute auf dem Erdboden finden"; dass es mithin aus einer un-

---

[1] Cuvier 1796, 310, hier zitiert nach der zeitgenössischen Übersetzung von Wiedemann (Cuvier 1800, 215).
[2] Vgl. zu diesen Begriffen Ludwig Jäger 2012.
[3] Vgl. dazu Piñero 1988, 147–163.

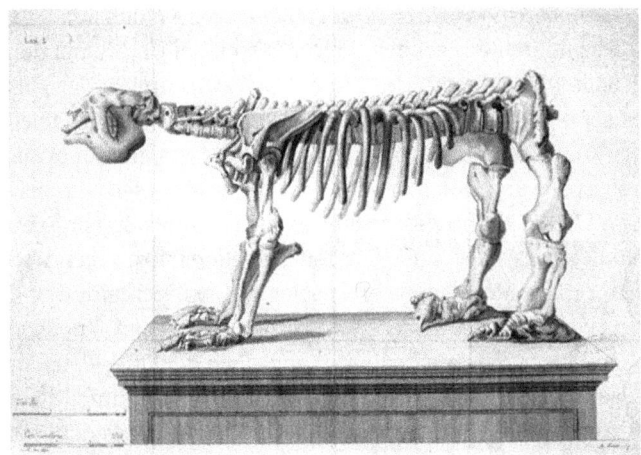

Abb. 1: Seitenansicht des in Madrid ausgestellten Megatherium-Skeletts aus Südamerika. Mit diesem Stich nach einer Zeichnung von Juan Bautista Bru arbeitete Cuvier bei der Vorbereitung seiner ersten einschlägigen Publikation von 1796 (Museo Nacional de Ciencias Naturales de Madrid).

tergegangenen, *vormenschlichen* Urwelt, einer „alten Welt [ancien monde]", stamme.[4]

Damit wurde das Madrider Skelett von einer exotischen Kuriosität und einem Medium königlich-kolonialer Macht zu einem Medium, über das sich eine Perspektive in die schwindelerregende „Tiefe der Zeit [profondeur du temps]" (Buffon 1778, 25) eröffnete – angesichts derer die Bedeutung jeder weltlichen Macht und ihrer Zeitrhythmen radikal relativiert wurde, wie verschiedene Protagonisten der noch jungen Erdgeschichtsforschung um 1800 explizit ausführten.[5]

Cuviers Schlussfolgerungen fanden ein großes Echo. Sie führten allerdings bei manchen auch zu einer gewissen Ernüchterung; so nicht zuletzt bei Thomas Jefferson, der 1797 – in dem Jahr, in dem er Vizepräsident der Vereinigten Staaten wurde – vor der *American Philosophical Society* über einen Fund von Knochen referierte, die, wie sich später herausstellen sollte, den in Südamerika gefundenen sehr ähnlich waren. Bei diesem Vortrag vertrat Jefferson, dem Cuviers Ausführungen noch nicht bekannt waren, die Ansicht, es müsse sich bei diesen Knochen

---

4 Cuvier 1796a, 310 und Cuvier 1800, 215. Vgl. zur Bedeutung von „ancien monde" im damaligen geologischen Diskurs Rudwick 2005, 240.
5 Vgl. zum Beispiel Horace Bénédict de Saussure im Vorwort zum ersten Band seiner *Voyages dans les Alpes* (1779, VI).

um die Reste eines sehr seltenen monströsen Löwen mit riesigen Krallen handeln. Entsprechend gab er diesem furchterregenden, fleischfressenden Ungeheuer den Namen „Megalonyx" oder „Great-Claw" (Jefferson 1799, 248), und anders als Cuvier nahm er an, es sei nicht ausgestorben, sondern habe sich bloß ins noch unerforschte Innere des Kontinents zurückgezogen: „In the present interior of our continent there is surely space and range enough for [...] megalonyxes who may subsist there." (Jefferson 1799, 252) Und zudem gebe es auch mehrere Berichte von Männern, die in die Randzonen jener unbekannten Gebiete eingedrungen und dort manchmal auf schreckliche Monster gestoßen seien, deren Beschreibung gut zu der des Megalonyx passe. Für Jefferson waren die gefundenen Knochen demnach noch kein Medium der Zeitreise in die Vergangenheit der Erde. Vielmehr dienten sie ihm gleichsam als ein politisch-naturgeschichtliches Medium, denn sie waren für ihn, wie zumal in den Schlussabschnitten seines Vortrags deutlich wird, vor allem auch ein Beleg dafür, dass Buffons These, wonach die Natur in Amerika grundsätzlich eine Tendenz zur Verkleinerung und Degenerierung aufweise, falsch sei.[6] An dieser These hatte sich Jefferson schon früher gestoßen, was soweit ging, dass er Buffon noch zu dessen Lebzeiten bereits einen amerikanischen Elch geschickt hatte, um ihm *ad oculos* zu demonstrieren, dass der doch deutlich größer sei als alle europäischen Elche (Jefferson 1799, 258). Und mit dem Megalonyx-Löwen, der mindestens „dreimal größer"[7] war als ein herkömmlicher Löwe, glaubte er nun einen noch schlagenderen Beweis für die ‚Größe' Amerikas vorlegen zu können. Da überrascht es nicht, dass er ernüchtert war, als er aus Cuviers Artikel – der ihm kurz nach der Niederschrift seines Vortrags über eine gekürzte englische Übersetzung im *Monthly Magazine* bekannt wurde (Cuvier 1796b, 636–638) – schließen musste, dass seine Knochen nicht zu einer geschmeidigen Riesenraubkatze mit „Augen wie zwei Feuerbällen [eyes like two balls of fire]" (Jefferson 1799, 253), sondern wahrscheinlich zu einem plumpen Riesenfaultier gehörten. Das Argument der ‚Größe' wurde damit zwar nicht entkräftet, doch ein ausgestorbenes Faultier war dennoch wenig geeignet, die These von der Degenerationstendenz Amerikas zu widerlegen. Mit entsprechend wenig Begeisterung ging Jefferson in einem Postskriptum zu seinem Vortrag auf die Ausführungen des Franzosen ein – und ganz glauben mochte er ihnen nicht: Noch 1804 – unterdessen zum Präsidenten der Vereinigten Staaten gewählt –

---

6 Jefferson (1799, 258) zitiert diese These. Sie findet sich im 9. Band von Buffons *Histoire naturelle* (1761, 103): „Il y a donc dans la combinaison des élémens & des autres causes physiques, quelque chose de contraire à l'agrandissement de la Nature vivante dans ce nouveau monde [Nordamerika]; il y a des obstacles au développement & peut-être à la formation des grands germes [...]."
7 Jefferson 1799, 251: „Let us only say then, what we may safely say, that he was *more* than three times as large as the lion [...]."

beauftragte er die Leiter der großen *Lewis and Clark Expedition* zur Erforschung des Landesinneren damit, nach dem Megalonyx Ausschau zu halten.[8]

Nun sind die medialen Prozesse rund um die Beschäftigung von Cuvier, Jefferson und anderen mit den Knochen des Megatherium (respektive des Megalonyx) anschauliche Beispiele dessen, was in der aktuellen Museumsforschung als „cultural biography of things" bezeichnet wird (vgl. Alberti 2005). Und in ihnen werden exemplarisch jene Übertragungen nachvollziehbar, von denen Bruno Latour im Zusammenhang mit der Genealogie der sogenannten *„immutable mobiles"* gesprochen hat. Wer – wie Latour (1999) in seinem Aufsatz mit dem beziehungsreichen Titel „Drawing Things Together" dargelegt hat – ausfährt und eine Entdeckung macht, muss das Entdeckte in möglichst unveränderter und unveränderlicher Form nach Hause bringen, wo es dann mit anderen unveränderlichen mobilen Elementen zum gleichen Sachverhalt verglichen werden kann. Bei diesen Elementen kann es sich um ganz unterschiedliche Dinge handeln; so können – wie im Falle der fossilen Knochen – die Objekte selbst transportiert werden; in anderen Fällen können Texte, Zeichnungen, Landkarten oder Messresultate nach Hause gebracht werden. In jedem Fall aber werden diese *immutable mobiles* im Zuge der heraufkommenden Moderne nach Möglichkeit zu Sammelstellen im Sinne von Wissenszentren gebracht. Dort werden sie präsentiert, verglichen, eingeordnet und über Kopien, Zeichnungen und Publikationen medial weiter verbreitet und in andere Wissenszentren übertragen.

Mit zu den wichtigen Erscheinungsformen solcher modernen Sammelzentren von *immutable mobiles* gehört nun aber neben anderen Institutionen, wie dem Büro oder dem Archiv, auch das Museum; und spezifischer noch: das naturgeschichtliche Museum, wie es sich im ausgehenden achtzehnten Jahrhundert in seinem modernen Sinne herauszubilden begann und wie es im *Muséum National d'Histoire Naturelle*, wo Cuvier arbeitete, seinen Prototyp gefunden hat. Hier, in diesen „new spaces of natural history" (Outram 1996), ging es endgültig nicht mehr um das unkoordinierte Sammeln von Kuriositäten, sondern um das systematische *drawing things together*, um das systematische ‚Zusammenziehen' und ‚Zusammenzeichnen' von Dingen, um möglichst vollständige Reihen zu bilden und sich so die ganze Welt zu erschließen. Die Medien der *immutable mobiles* ermöglichen es dem Wissenschaftler so, in einer nur auf den ersten Blick paradoxen Wendung, in seinem Museumsarbeitszimmer so frei und souverän wie kein Reisender durch die Welt – und deren Vergangenheit – zu schweifen; ganz im Sinne Cuviers, der später einmal mit einer kritischen Spitze gegen Humboldt und

---

8 Vgl. dazu Rudwick 2005, 414. Auch der spanische König ließ übrigens nach lebenden Exemplaren des südamerikanischen Riesenfaultiers suchen; vgl. ebd. 415, Anm. 94.

andere Feldforscher bemerkte: „[...] ce n'est vraiment que dans le cabinet que l'on peut parcourir l'univers en tout sens."⁹

Die Voraussetzung für ein solches *armchair*-Studium blieb aber, dass immer wieder Wissenschaftler auszogen, um neue *immutable mobiles* zu sammeln sowie bereits gesammelte zu überprüfen und in neuen Meta-Sammlungen zusammenzustellen. Und es ist eine solche Meta-Sammlung, die einen wichtigen weiteren Schritt in der medialen Karriere des Megatherium bedeutete: In den 1810er Jahren unternahm der wissenschaftliche Zeichner Eduard d'Alton zusammen mit Christian Pander eine aufwändige Reise durch viele europäische Museen, um die Skelette aller Säugetiere ‚zusammenzuzeichnen'. Das Resultat dieser ausgedehnten Forschungsarbeit war eine großformatige Publikation, die ab 1821 in mehreren Lieferungen in Bonn erschien (d'Alton und Pander, 1821–1838). Die internationale Fachwelt war begeistert, und Goethe, der schon länger mit d'Alton befreundet war und dieses *opus magnum* in seinen Heften *Zur Morphologie* rezensierte, meinte enthusiastisch, hier habe sich der Künstler-Wissenschaftler „an die Stelle der Natur und, was in diesem Falle noch mehr ist, an die Stelle der Museen" gesetzt und „uns Kenntnis von ihren in der Welt weit umher verbreiteten und zerstreuten Schätzen" gegeben.¹⁰

2 Wissenspoetologie und Romanpoetik

Die erste Lieferung des von d'Alton und Pander ‚zusammengezeichneten' Meta-Museums war – was nach dem Dargelegten kaum noch überrascht – dem urtümlich-unförmigen „Riesen-Faulthier" gewidmet, denn dieses war für die Autoren mit seinem scheinbar ganz dysfunktionalen Körperbau das „merkwürdigste[] Thier[] der Urwelt", und sie vermuteten gar, es sei das „älteste aller Thiere" (d'Alton und Pander 1821, unpag. Vorr. und 14). Um es zu studieren und zu zeichnen, waren sie 1818 extra nach Madrid gereist, wo sie feststellten, dass nicht nur die Illustrationen, mit denen Cuvier gearbeitet hatte, fehlerhaft waren, sondern dass auch das Skelett selbst teilweise falsch rekonstruiert worden war: „Man scheint bei der Aufstellung dieses Scelets mehr bemüht gewesen zu sein, eine weniger missfällige Gestalt zu gewinnen; als wollte man eine Vernachlässigung der Natur verbessern, statt die besondere Bildung und Bedeutung der Glieder in Erwägung zu ziehen." (d'Alton und Pander 1821, 8) Diese Momente einer pro-

---
9 Georges Cuvier: *Analyse d'un ouvrage de M. Humboldt [...]*, unpubl. Manuskript; zit. nach Outram 1984, 63.
10 LA I 9, 314; in Goethes Rezension „Die Raubtiere und Wiederkäuer abgebildet, beschrieben und verglichen von Dr. E. d'Alton" (314–316).

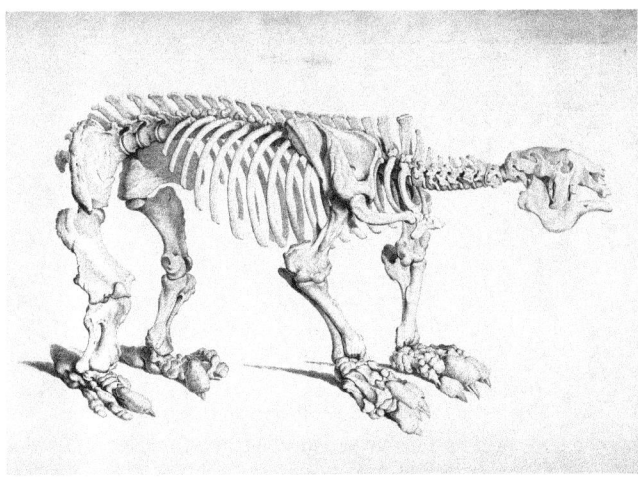

Abb. 2: Seitenansicht des Megatherium-Skeletts (aus: d'Alton und Pander 1821, Tafel I).

blematischen Harmonisierung und Ästhetisierung versuchte d'Alton rückgängig zu machen, und seine neuen Illustrationen (Abb. 2, 3 u. 4) waren so überzeugend, dass Cuvier sie für seine eigenen späteren Publikationen übernahm (Abb. 5).[11]

In Madrid freilich wurde – übrigens bis heute – nichts geändert an Brus Rekonstruktion; zunächst aus Angst, die Knochen zu beschädigen, dann aus der Überzeugung, dass es wichtiger ist, diese Rekonstruktion als Zeugnis der Wissenschaftsgeschichte zu erhalten.[12]

Goethe seinerseits war von d'Altons Publikation zum „Riesen-Faulthier" so begeistert, dass er in den Heften *Zur Morphologie* ausführlich darauf einging: Dabei kommt er nach einem einleitenden Verweis auf seinen persönlichen Bezug zu d'Alton und ihr gemeinsames Interesse an der „ewige[n] Mobilität aller Formen" in den Grenzen eines „allgemeinen Typus"[13] schnell auf den Geist zu sprechen, der sich im plumpen und dysfunktionalen Riesenfaultier-Skelett offenbare. Das Megatherium ist für Goethe, wie für d'Alton und Pander, eine Pro-

---

11 In der ersten Auflage seines Hauptwerks *Recherches sur les ossemens fossiles* (1812) verwendete Cuvier noch die Abbildungen von Bru; ab der zweiten, die in den frühen 1820er Jahren erschien, diejenigen d'Altons; vgl. Cuvier 1812, Bd. 4, separat paginierter Abschnitt VIII, Tafel I und Cuvier 1823, Tafel XVI.
12 Vgl. dazu Piñero 1988, 163 und Rudwick 2005, 357, Anm. 11.
13 LA I 9, 247, in Goethes Rezension „Die Faultiere und die Dickhäutigen abgebildet, beschrieben und verglichen, von Dr. E. d'Alton, das erste Heft von sieben, das zweite von zwölf Kupfertafeln begleitet. Bonn 1821 [1822]" (LA I 9, 246–251).

Abb. 3: Vorderansicht des Megatherium-Skeletts (aus: d'Alton und Pander 1821, Tafel II).

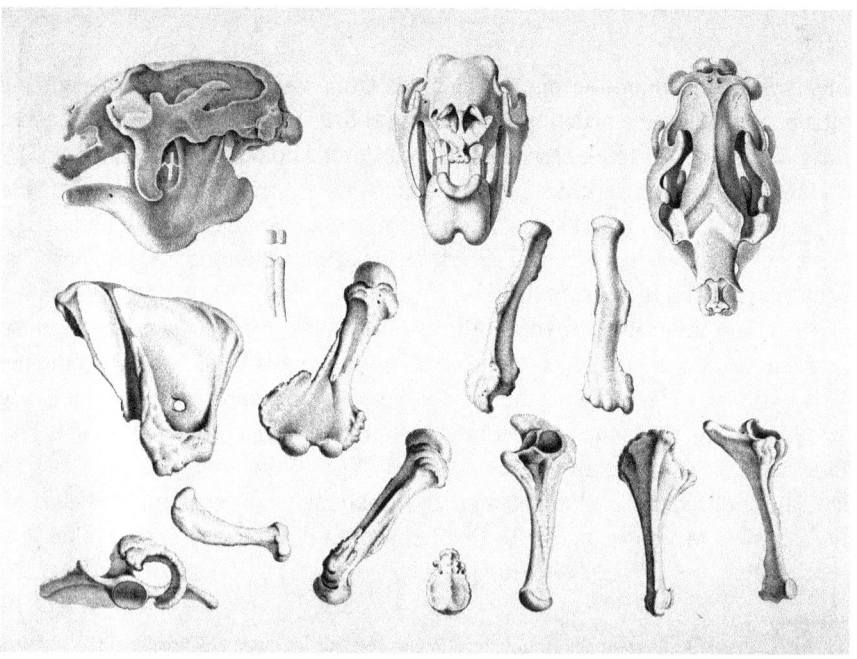

Abb. 4: Osteologische Detailstudien zum Megatherium-Skelett (aus: d'Alton und Pander 1821, Tafel III).

vokation für alle herkömmlichen Vorstellungen eines harmonischen Organismus. Es ist im Spektrum des Lebens ein faszinierend-irritierender Grenzfall, dessen

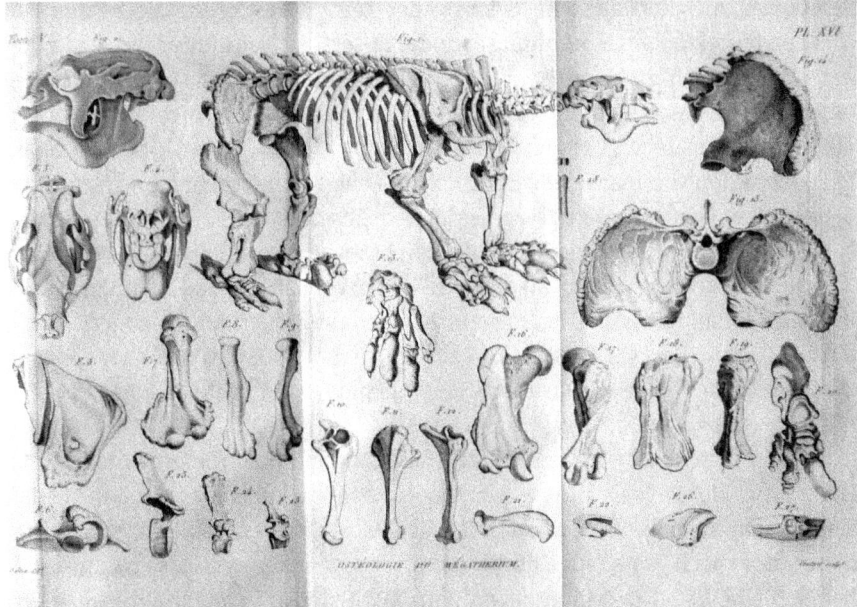

Abb. 5: Übersichtstafel zur Osteologie des Megatherium (aus: Cuvier, 1823, Tafel XVI).

interne Missverhältnisse und dessen Unangepasstheit an äußere Umstände kaum zu verstehen sind. Wer deshalb den „Geist" dieses Monstrums erfassen und in einem emphatischen Sinne *darstellen* will, muss, wie Goethe in seiner medialen Transkription d'Altons ausführt, ins „poetische" Register wechseln:

> Man erlaube uns einigen poetischen Ausdruck, da überhaupt Prose wohl nicht hinreichen möchte. Ein ungeheurer Geist, wie er im Ozean sich wohl als Walfisch dartun konnte, stürzt sich in ein sumpfigkiesiges Ufer einer heißen Zone; er verliert die Vorteile des Fisches, ihm fehlt ein tragendes Element, das dem schwersten Körper leichte Beweglichkeit, durch die mindesten Organe, verleiht. Ungeheure Hülfsglieder bilden sich heran, einen ungeheuren Körper zu tragen. Das seltsame Wesen fühlt sich halb der Erde halb dem Wasser angehörig und vermißt alle Bequemlichkeit die beide ihren entschiedenen Bewohnern zugestehen. (LA I 9, 247–248)

Mit dieser proto-evolutionistischen Sequenz – die freilich noch nicht darwinistisch zu verstehen ist[14] – überführt Goethe das im Bild stillgestellte Megatherium-Skelett in einen diachronen Entwicklungszusammenhang und „überschreitet",

---

14 Vgl. dazu den Kommentar von Dorothea Kuhn, LA II 10 A, 860–863.

mit Cuvier zu sprechen, „die Grenzen der Zeit",[15] das heißt, die temporalen Grenzen der aktuellen Schöpfungsperiode. Er setzt im Schriftmedium seiner Rezension gleichsam zu einer Verlebendigung des Urtiers an; und auch wenn er dies nur im Modus des Als-ob und sehr skizzenhaft tut, schreibt er sich damit doch in die gerade damals zum ersten Mal einsetzenden Versuche ein, über die bloße Rekonstruktion von fossilen Skeletten hinaus auch das Aussehen und das Leben der entsprechenden Urtiere in konjekturalen Ausgriffen zu rekonstruieren;[16] sozusagen – mit einer von Goethe auf d'Alton bezogenen Formulierung gesprochen – „aus dem Tode ein Leben [zu] dichte[n]".[17] Und genau dieser ‚Dichtungsaspekt' in der Paläontologie ist es, der im neunzehnten Jahrhundert alle faszinierte. Nicht umsonst ist in Balzacs Roman *La Peau de chagrin* (1831) von Cuvier als dem „größten Dichter unseres Jahrhunderts" – „le plus grand poète de notre siècle" – die Rede (Balzac 1976, 74).

Wird damit bereits in Goethes Beschäftigung mit dem Riesenfaultier in den Heften *Zur Morphologie* die (wissens-)poetologische Dimension in den medial vermittelten Rekonstruktionsprozessen der Paläontologen deutlich, so gewinnt diese dort noch eine spezifisch literarische Facette, wo das faszinierend-befremdliche Urtier mitten in einem Roman wie den *Wanderjahren* thematisiert wird. Das Megatherium wird in diesem Kontext auch zu einem Medium der poetologischen Reflexion im engeren Sinne.

Die *Wanderjahre* sind ein sperriges Werk. Heute werden sie zwar als eine Quelle des modernen Romans anerkannt. Doch bis in die zweite Hälfte des zwanzigsten Jahrhunderts begegnete man ihnen meist mit Ablehnung oder einer gewissen Ratlosigkeit. Immer wieder wurde auf die Formlosigkeit und das Unzusammenhängende dieses Romans verwiesen, in dem, vermittelt über die Figur eines fiktiven Herausgebers, Briefe, Erzählungen, Reden, Tagebucheinträge und andere Aufzeichnungen aus der Hand des geradezu manisch schreibenden Romanpersonals zu einer (scheinbar) heterogenen Text-Collage, zu einem – wie Thomas Mann meinte – „hochmüde[n], würdevoll sklerotische[n] Sammelsurium"[18] kombiniert sind. Und mit zu diesem „Sammelsurium" gehören auch die in die 1829 publizierte zweite Fassung des Romans integrierten Aphorismen-Sammlungen *Aus Makariens Archiv* und *Betrachtungen im Sinne der Wanderer*, aus

---

15 Cuvier 1812, Bd. 1, 3. Er fragt dort rhetorisch: „[N]'y auroit-il pas aussi quelque gloire pour l'homme à savoir franchir les limites du temps, et à retrouver par quelques observations l'histoire de ce monde [der Erde], et la succession des événemens qui ont précédé la naissance du genre humain?"
16 Vgl. dazu Rudwick 1992 sowie Ralph O'Connor 2007.
17 Goethe an Carus und d'Alton, 6. Januar 1826; FA II 37, 347.
18 Thomas Mann an Hermann Hesse, 8. April 1945; Mann 1963, 424.

deren letzterer die eingangs zitierte Aufzeichnung zum Skelett des Riesenfaultiers stammt.

Noch stärker als an anderen Teilen des Romans entzündete sich an diesen Spruchsammlungen die Frage, ob sie denn wirklich in einem emphatischen Sinne zum ,Werk' gehören – was soweit ging, dass sie nach Goethes Tod, auf der Grundlage von Aussagen Eckermanns, für über hundert Jahre aus allen *Wanderjahre*-Ausgaben gestrichen und erst in den späten 1940er Jahren wieder in den Roman aufgenommen wurden.[19] Dass man Eckermanns massiven editorischen Eingriff so lange unkritisch übernommen hat, überrascht freilich, denn der enge Bezug der Aphorismen zum Roman wird in diesem selbst explizit angesprochen. So wird erzählt, dass es sich bei den Aufzeichnungen um Kernsätze aus Gesprächen im Umfeld Makaries und der Wanderer handle. Diese Kernsätze seien von (den Romanfiguren) Angela und Friedrich schriftlich festgehalten worden, damit man sie bei späterer Gelegenheit wieder lesen und in neuen Gesprächen weiter erörtern könne. Denn bei diesem Prozess der Lektüre und Re-Oralisierung des früher schon einmal mündlich Verhandelten können dann wieder, wie Angela sagt, „auf eine merkwürdige Weise tausend Einzelnheiten hervorspringen" (FA I 10, 388).

Von den „tausend Einzelnheiten", die nun aus der Aufzeichnung über das Riesenfaultier „hervorspringen" – die zum Kontext der im Roman ausführlich geschilderten geologischen und anatomischen Gespräche passt –, wurden schon einige angesprochen, und es ist deutlich geworden, in welchem Sinne hier mit dem Extremfall des Megatherium auch eine Erkundung der Grenzen herkömmlicher Ganzheits- und Organismusvorstellungen angesprochen ist. Damit ist bereits angedeutet, inwiefern diese Aufzeichnung, die hier noch einmal in ihrem Wortlaut in Erinnerung gerufen sei, auch in einem engeren Sinne poetologisch gelesen werden kann: „Wenn ich ein zerstreutes Gerippe finde, so kann ich es zusammenlesen und aufstellen; denn hier spricht die ewige Vernunft durch ein Analogon zu mir, und wenn es das Riesenfaultier wäre." (FA I 10, 582)

Die vermeintliche Heterogenität und Dysfunktionalität im Bau des Megatherium findet – selbstverständlich nicht in einem buchstäblichen, aber doch in einem allgemeinen Sinne – ihre Entsprechung in der eigenwilligen Struktur der *Wanderjahre*, von denen Goethe selbst gesagt hat, sie seien ein „Versuch, [...] disparate Elemente zu vereinigen",[20] und bei aller Disparatheit „doch aus Einem

---

[19] Vgl. dazu den Kommentar in FA I 10, 996–997.
[20] Goethe an Boisserée, 2. September 1829; zit. nach dem Kommentar in FA I 10, 861.

Sinn."[21] Dasselbe gilt *mutatis mutandis* vom Megatherium, das sich damit als ein Medium für die Reflexion einer post-klassischen, modernen Romanpoetik zu lesen gibt; einer Poetik, die (auch) mit unfesten, disharmonischen, einer andauernden Veränderung unterworfenen Formen rechnet. Und gerade weil diese Formen in einem kontinuierlichen Werden begriffen sind, sind sie auch nie ‚zeitlos'. Vielmehr sind sie durch und durch von Zeit und Zeitlichkeit – mithin auch von der in der beginnenden Moderne um 1800 neu entdeckten und menschliche Maßstäbe sprengenden Tiefenzeit – tingiert.

Die damit vorgeschlagene poetologische Lektüre der zitierten Betrachtung „im Sinne der Wanderer" lässt sich schließlich auch noch je durch ein textexternes und ein textinternes Argument stützen: So liegt da, wo im Kontext literarischer Werke von Bauprinzipien eines Tierkörpers die Rede ist, der Anschluss an die uralte poetologische Rede vom Text als Tier nahe. Erinnert sei nur an die einschlägigen Stellen in Aristoteles' *Poetik*[22] und vor allem in Horaz' *Ars poetica*, wo in den ersten Versen ein Vergleich zwischen gewissen Dichtungen und monströsen Tierkörpern gezogen wird.[23] Textintern aber ist mit dem Verb „zusammenlesen" eine entsprechende Spur gelegt, denn darin steckt nicht nur das konkrete *drawing things together*, sondern auch ein *reading things together*, also eben jenes Phänomen des ‚Kollektiven', von dem Goethe selbst wiederholt als einem für die *Wanderjahre* zentralen poetologischen Prinzip gesprochen und damit ganz wörtlich ein Zusammengelesen-Sein gemeint hat.[24] In der Tat muss der fiktive Herausgeber des Romans seinen Text ja – wie ein Archivar[25] – aus bereits vorliegenden Texten zusammenlesen; genau wie partiell auch der wirkliche Autor Goethe, der in den *Wanderjahren* teilweise auf früher Publiziertes zurückgegriffen hat. Und schließlich müssen auch wir als Leserinnen und Leser die scheinbar so heterogenen Teile der *Wanderjahre* in einem emphatischen Sinne zusammenlesen.

---

21 So in Briefen vom 23. Juli 1821 an Boisserée und vom 7. September 1821 an Zauper; zit. nach dem Komm. in FA I 10, 853. Diese Äußerungen beziehen sich noch auf die erste, kaum minder heterogene Fassung der *Wanderjahre* von 1821.
22 Vgl. Aristoteles 1997, 1450b und 1459a.
23 Vgl. Horaz 1962, 348, Verse 8–9.
24 Vgl. dazu v. a. den Brief an Rochlitz vom 28. Juli 1829, in dem Goethe von den *Wanderjahren* als einer „Arbeit" spricht, „die sich selbst als kollektiv ankündigt, indem sie gewissermaßen nur zum Verband der disparatesten Einzelheiten unternommen zu sein scheint"; zit. nach FA I 10, 860. Vgl. allgemein zu Goethes *Wanderjahren* und seinen Heften *Zur Morphologie* als ‚kollektiven' Arbeiten Azzouni 2005.
25 Vgl. dazu Neuhaus 1968, ebenso: Bez 2013.

Literaturverzeichnis

Zu den verwendeten Goethe-Ausgaben FA und LA vgl. das Siglenverzeichnis zu Beginn dieses Bandes.

Alberti, Samuel J.M.M. „Objects and the Museum". *Isis. An International Review Devoted to the History of Science and its Cultural Influences* 96 (2005): 559–571.

d'Alton, Eduard, und Christian Pander. *Vergleichende Osteologie*. Bonn: Eduard Weber, 1821–1838.

d'Alton, Eduard, und Christian Pander. *Das Riesen-Faulthier, Bradypus giganteus, abgebildet, beschrieben und mit den verwandten Geschlechtern verglichen*. Bonn: Eduard Weber, 1821.

Aristoteles. *Poetik*. Hg. und übers. von Manfred Fuhrmann. Stuttgart: Reclam, 1997.

Azzouni, Safia. *Kunst als praktische Wissenschaft. Goethes „Wilhelm Meisters Wanderjahre" und die Hefte „Zur Morphologie"*. Köln, Weimar, Wien: Böhlau, 2005.

Balzac, Honoré de. *La Peau de chagrin*. Ders. *La Comédie humaine*. Édition publiée sous la direction de Pierre-Georges Castex. Bd. 10. Paris: Bibliothèque de la Pléiade, 1976.

Beer, Gillian. *Darwin's Plots. Evolutionary Narrative in Darwin, George Eliot and Nineteenth-Century Fiction* [1983]. Cambridge: Cambridge U.P., ³2009.

Bez, Martin. *Goethes „Wilhelm Meisters Wanderjahre". Aggregat, Archiv, Archivroman*. Berlin und Boston: De Gruyter, 2013.

Buffon, Georges-Louis Leclerc Comte de. *Histoire naturelle, générale et particulière*. vol. 9. Paris: Imprimerie Royale, 1761.

Buffon, Georges-Louis Leclerc Comte de. „Les Epoques de la Nature". Ders. *Histoire naturelle, générale et particulière*. Supplément V. Paris: Imprimerie Royale, 1778.

Cuvier, Georges. „Notice sur le squelette d'une très grande espèce de quadrupède inconnue jusqu'à présent, trouvé au Paraguay [sic!], et déposé au cabinet d'Histoire naturelle de Madrid". *Magasin encyclopédique* 1 (1796a): 303–310.

Cuvier, Georges. „Notice concerning the Skeleton of a very large Species of Quadruped, hitherto unknown [...]". *The Monthly Magazine* (September 1796b): 636–638.

[Cuvier, Georges]. „Cüviers Nachricht von dem Scelette einer sehr großen Art von bisher unbekannten Vierfüßer[n] [...]". Übers. Christian Rudolph Wilhelm Wiedemann. *Archiv für Zoologie und Zootomie* I.2 (1800): 208–215.

Cuvier, Georges. *Recherches sur les ossemens fossiles des quadrupèdes*. Paris: chez Deterville, 1812.

Cuvier Georges. *Recherches sur les ossemens fossiles des quadrupèdes*. Nouvelle édition, vol. V. Paris: chez G. Dufour et E. d'Ocagne, 1823.

Horaz. „De arte poetica [Brief an die Pisonen]". Q. Horatius Flaccus. *Satiren und Briefe*, übers. von Rudolf Helm. Zürich und Stuttgart: Artemis und Winkler, 1962. 348–391.

Jäger, Ludwig. „Bezugnahmepraktiken. Skizze zur operativen Logik der Mediensemantik". *Medienbewegungen. Praktiken der Bezugnahme*. Hg. Ludwig Jäger, Gisela Fehrmann und Meike Adam. München: Fink, 2012. 14–41.

Jefferson, Thomas. „A Memoir on the Discovery of certain Bones of a Quadruped of the Clawed Kind in the Western Parts of Virginia". *Transactions of the American Philosophical Society* 4 (1799): 246–260.

Latour, Bruno. „Drawing Things Together". *Representation in Scientific Practice*. Hg. Michael Lynch und Steven Woolgar. Cambridge (MA): Cambridge University Press, 1990. 19–68.

Mann, Thomas. *Briefe 1937–1947*. Hg. Erika Mann. Frankfurt a. M.: Fischer, 1963.

Neuhaus, Volker. „Die Archivfiktion in ‚Wilhelm Meisters Wanderjahren'". *Euphorion* 62 (1968): 13–27.

O'Connor, Ralph. *The Earth on Show. Fossils and the Poetics of Popular Science 1802–1856*. Chicago: University of Chicago Press, 2007.

Outram, Dorinda. *Georges Cuvier. Vocation. Science and Authority in Post-Revolutionary France*. Manchester: Manchester U.P., 1984.

Outram, Dorinda. „New Spaces in Natural History". *Cultures of Natural History*. Hg. Nicholas Jardine, James Secord und Emma Spary. Cambridge: Cambridge University Press, 1996. 249–265.

Piñero, José M. López. „Juan Bautista Bru (1740–1799) and the Description of the Genus Megatherium". *Journal of the History of Biology* 21 (1988): 147–163.

Rudwick, Martin J.S. *Scenes from Deep-Time. Early Pictorial Representations of the Prehistoric World*. Chicago: University of Chicago Press, 1992.

Rudwick, Martin J.S. *Bursting the Limits of Time. The Reconstruction of Geohistory in the Age of Revolution*. Chicago: University of Chicago Press, 2005.

Saussure, Horace Bénédict de. *Voyages dans les Alpes [...]*. vol. 1. Neuchâtel: chez Samuel Fauche, 1779.

Teil III: **Text und Bild: Intermedialität bei Goethe**

Anke Bosse
Zur Medialität der Literatur
‚Goethe' als Beispiel und Modell

1 Medialität, Medien

Für ‚Medialität' hatte bereits Goethe ein ausgeprägtes Bewusstsein, denn er war überzeugt, „dass jede Beobachtung in Kunst und Natur symbolisch verfasst und mithin unhintergehbar in Vermittlungs- und Übertragungsprozesse eingebunden" sei (Naumann et al. 2018). In heutige Diktion übertragen bedeutet dies: Alles, was wir Menschen beobachten, wahrnehmen, denken, kommunizieren ist *unhintergehbar medial vermittelt* und „wird stets mit Hilfe von und in Medien wahrgenommen, kommuniziert und gedacht" (Krämer 2004, 22). Wir produzieren und deuten permanent Zeichen, weshalb Ernst Cassirer den Menschen als „animal symbolicum" bezeichnete (Cassirer 1944/2007, 51). Medialität ist unausweichlich omnipräsent in unserer Existenz als Menschen: Für uns gibt es „kein Außerhalb von Medien" (Krämer 2004, 2223). Das älteste menschliche Medium ist unser eigener Körper. Mit unseren fünf Sinnesorganen nehmen wir die Welt wahr, deuten sie und ‚docken' sie an uns an. Mit der Gestik, Mimik und Stimme unseres Körpers haben wir als Urmenschen kommuniziert und unser wichtigstes audio-visuelles Archimedium und Weltdeutungsinstrument entworfen: Sprache (Jäger 2011, 19–42). Diese Medien nutzen wir bis heute. Sprache wiederum ist das Material von Literatur.

Insofern es für uns Menschen „kein Außerhalb von Medien" gibt, sind Medien für uns „unbeobachtbar".[1] Wie sollen wir sie dann beschreiben? Wie sollen wir ‚Medien an sich' wahrnehmen, wenn wir immer schon in ihnen sind? Das ginge doch nur von einer Position außerhalb oder zumindest von den Rändern her. Wie sollen wir erklären, was ‚Medialität' ist? Was hat das mit jener Kunst zu tun, deren Material Sprache ist: Literatur?

---

[1] Es gibt keinen archimedischen Punkt, eine Beobachterposition ‚außerhalb', die wir einnehmen könnten: „Dass ‚Medialität' vorgängig, damit unhintergehbar und universell am Werk ist, ist so richtig wie *un*beobachtbar." (Fohrmann 2004, 6) Wir stehen vor der erkenntnistheoretischen Unmöglichkeit, „die *Medialität des Mediums*, seine Struktur und Materialität sowie die Prozesse der Erzeugung von Medieneffekten überhaupt" wahrnehmen oder gar verstehen zu können (Mersch 2004, 76).

Der erste Schritt zur Lösung ist, sich von der Frage zu lösen, was ein Medium sei, denn wir können sie nicht beantworten. Wenn wir aber einer pragmatisch-performativen Bestimmung von Medialität folgen, stellt sich uns die Frage, *wie* ein Medium funktioniert und *wie* es sich im Gebrauch transformiert.[2] Diesen Zugang wiederum fokussiere ich hier auf die:

2 Medialität der Literatur

Wie funktioniert Literatur als Medium? Wie transformiert sie sich im Gebrauch? Ich möchte dazu hier drei Vorschläge machen und an Beispielen erläutern.

> *Literatur als Medium lässt sich von ihren Rändern her beobachten und in ihrer Funktion beschreiben.*

Zu diesen Rändern gehört die konkrete Materialität von Literatur, weshalb ich hier an das Konzept der ‚Paratextualität' anknüpfen möchte, das Gérard Genette entworfen hat. ‚Paratextualität' zielt just auf die Ränder des Textes und auf die leserlenkende Funktion und Macht von Paratexten wie Autorname, Titel, Untertitel, Waschzettel, Widmung, Motto, Vorwort, Nachwort etc. Doch Paratexte können auch nicht-textuelle ‚Materialien' sein wie Buchumschläge, Illustrationen, Fotos etc.[3] Mit einem *intermedialen*, über Genette hinausgehenden Konzept von

---

[2] Ludwig Jäger hat hierfür den Begriff der ‚Transkription' eingeführt (Jäger und Stanitzek 2002, 7–18, 19–41), der m. E. aber zu sehr an die Dispositive ‚Schreiben' (‚Skript', ‚scribere') und ‚Lesen' („Lektüre") gebunden ist. – Albrecht Koschorke schlägt vor, Medien als „Rückkoppelungssysteme" zu verstehen, „die beide Komponenten der Zeichenproduktion, ihre Materialität und ihre Bedeutungspotenz, wechselseitig aufeinander einwirken lassen." Um die so in Gang gehaltenen „selbstevolutionären Prozesse" beschreibbar zu machen, wäre ein „Instrumentarium dafür [zu] entwickeln, die Interdependenz von technischer Medialität und Semiose, die enge Verflochtenheit der ‚Formen' und der ‚Inhalte' von Zeichenvorgängen nachzuvollziehen." (Koschorke 1999/2003, 11) Vorliegender Aufsatz ist ein Versuch dazu.
[3] 1982 veröffentlichte Genette seine Vorschläge zu ‚Hypertextualität', darunter auch die ‚Paratextualität' als Unterform (Genette 1982/1993, 11–12). In seinem Buch *Seuils* von 1987 (dt. *Paratexte. Das Buch vom Beiwerk des Buchs* = Genette 1987/2011) vertiefte er die Untersuchung von Paratexten und ging auch etwas mehr auf „non-verbale Produktionen" ein. Paratexte wie Autorname, Titel, Untertitel, Illustrationen u.v.m. sind der „Begleitschutz" des Textes, sie „umgeben und verlängern" ihn, um ihn „im vollsten Sinn des Wortes zu *präsentieren: sich präsent* zu machen, und damit seine ‚Rezeption' und seinen Konsum in der Gestalt eines Buches zu ermöglichen." Der Paratext „ist also jenes Beiwerk, durch das ein Text zum Buch wird und als solches vor die Leser und, allgemeiner, vor die Öffentlichkeit tritt. Dabei handelt es sich weniger um eine Schranke oder eine undurchlässige Grenze als um eine *Schwelle* [...]." Paratexte „bilden zwischen

Paratext, das ‚Schrift' und ‚Bild' umfasst, lässt sich die Medialität von Literatur als konkrete Materialität genauer beobachten. Die leserlenkende Macht von Paratexten (Genette 1993, 12) bietet uns die Möglichkeit, zur manipulativen Funktion von Medien vorzudringen. Paratexte setzen den Text in Szene, sie generieren beim Leser Vorannahmen und einen Erwartungshorizont.[4] Sie spuren den Gebrauch von Literatur vor (Bosse 2010).

> *Literatur als Medium lässt sich da beobachten und in ihrer Funktion beschreiben, wo sie intramedial autoreferentiell agiert.*

Dass wir Medien nicht ‚an sich' wahrnehmen können, hat zu der Ansicht geführt, Medien könnten niemals selbst über ihre eigene Medialität Auskunft geben. Mit Bartz, Jäger et al. halte ich dagegen, dass sie durchaus auch ‚von innen heraus' erfasst werden können, nämlich da, wo sie sich „intramedial in rekursiven Schleifen" auf sich selbst beziehen (Bartz et al. 2012, 10). Es handelt sich um intramediale ‚Schlüsselstellen' im Text, die sich autoreferentiell auf den Text selbst beziehen. Sie sind genau zu analysieren und auf ihre Funktion zu befragen – etwa als lesersteuernde Selbstinszenierungen des Textes.

> *Literatur als Medium lässt sich da beobachten und in ihrer Funktion beschreiben, wo sie ihre Ränder übertritt und zu anderen Medien in Beziehung tritt, z.B. durch intermediale Bezüge oder durch Medienwechsel.*

Dies setzt voraus, dass die Ränder zwischen Medien erkennbar sind. Allerdings sind Medien meist schon gemischt, insofern sie sich verschiedener semiotischer Systeme bedienen. Literatur z.B. nutzt die semiotischen Systeme der Schrift, des Bilds und des Tons. Zwischen Medien zu unterscheiden, ist eine bloße Konvention, die wir als Hilfsmittel brauchen, um Intermedialität und Medienwechsel beschreiben zu können. Hier ist zu fragen, wie und zu welchem Zweck in einem

---

Text und Nicht-Text nicht bloß eine Zone des Übergangs, sondern der *Transaktion:* den geeigneten Schauplatz für eine Pragmatik und eine Strategie, ein Einwirken auf die Öffentlichkeit" (Genette 1987/2011, 9–10, Hervorhebungen im Original).

4 Insofern geht das – intermedial geöffnete – Konzept ‚Paratext' auch über den Fokus der ihrerseits noch zu textfixierten Rezeptionsästhetik hinaus (Iser 1975, 228–252). Waren diese materialen Dimensionen von Anfang an zentral in der ‚critique génétique', der Erforschung von Schreibprozessen, so rücken sie in letzter Zeit auch vehement in den Fokus der Editionswissenschaften (vgl. Schubert 2010, 24). Das Konzept ‚Paratext' bietet im Verein mit der Einsicht in die prinzipielle ‚Materialität von Kommunikation', ihrer sinnlichen Erscheinungsform, nicht nur Anschlussmöglichkeiten zur Basisdisziplin der Philologie, sondern stellt sich auch jenseits der Frontstellung ‚Philologie' contra kultur- und medienwissenschaftliche Öffnung in der Germanistik (vgl. Gumbrecht und Pfeiffer 1988; Schönert 1996; Pfeiffer 2009).

Medium Bezüge auf andere Medien hergestellt, inszeniert werden, und welche lesersteuernde Funktion diese Bezüge haben. Und welche Konsequenzen hat in dieser Hinsicht ein Medienwechsel? Die für Literatur und ihr Material Sprache wichtigste Unterscheidung verläuft zwischen Schriftlichkeit und Mündlichkeit.[5]

Diese drei Vorschläge werde ich im Folgenden an konkreten Beispielen veranschaulichen: an Goethe und an seinem *West-östlichen Divan*.

3 ‚Goethe' als Beispiel: *West-östlicher Divan*

3.1 Materialität und Paratextualität

Mit 241 Gedichten ist der *West-östliche Divan* das weitaus größte Gedichtensemble in Goethes Gesamtwerk. Der Name ‚Divan' ist von arabisch-persisch *dīwān* = ‚Versammlung von Gedichten' abgeleitet. Goethes *Divan* verdankt sich einer beispiellosen Produktivität, ausgelöst durch ein *Buch:* Im Mai 1814 erhielt der 64-Jährige von seinem Verleger Cotta den *Diwan von Mohammed Schemsed-din Hafis*, eine umfängliche Sammlung persischer Gedichte, die der Wiener Orientalist Joseph von Hammer erstmals vollständig ins Deutsche übersetzt hatte (*Der Diwan ...* 1812/1813). Goethe war begeistert, trat mit Ḥāfiẓ in einen produktiven Wettstreit und dichtete in wenigen Wochen über 50 herausragende Gedichte. Ende 1814 begann er, über Ḥāfiẓ' *Diwan* hinauszugehen und intensive Studien zu orientalischen Literaturen und Kulturen zu betreiben. Er ließ sich inspirieren von über hundert Büchern in deutscher, lateinischer, französischer, englischer Übersetzung. Es handelte sich um poetische Werke, Epen, Beschreibungen von Reisen in den Orient, Enzyklopädien, wissenschaftliche Aufsätze u.v.m. (Bosse 1999, 167–588) Goethes Orient ist also ein ‚Buch'-Orient, ein in Übersetzungen ‚erlesener' Orient – mit undurchdringlicher Demarkation gegenüber den originalen orientalischen Sprachen, Literaturen und Kulturen. Diese für ihn unhintergehbare mediale Vermitteltheit hat Goethe daher versucht für seinen *Divan* zu ‚durchstoßen'. Er entsann sich eines Mittels, das er zeitlebens erfolgreich angewandt hatte – in seinen literarischen Werken, in seinen naturwissenschaftlichen Experimenten, in seinem Alltag. Dieses Mittel ist die sinnliche Anschauung.

---

[5] Vgl. Ong 1987, 10, 26–33, 37–154; Hiebler 2003, 36–39, 46–53. – Nach Oliver Jahraus (2010, 196–197) ist es nun gerade das Spezifische von Literatur, dass sie Differenzierungen regelrecht inszeniert, zu ihrem Thema macht. Sie führt andere Medien auf, um sich selbst *als Medium* in Differenz zu diesen Medien zu setzen und somit die eigene Differenzierungsleistung selbst wiederum von der des angeführten Mediums zu differenzieren. Er zieht daraus die Konsequenz, dass die Medialität von Literatur ihre Literarizität ausmache.

Nun ist zur Goethezeit das Buch das erfolgreichste, aber auch entindividualisierteste Schriftmedium überhaupt. Das gedruckte, immer wieder reproduzierbare Buch ist dem Autor und seiner individuellen Handschrift ent-fremdet. Der Buchdruck ist eine Technik der Entsinnlichung – doch unumgänglich. Denn erst mit der Buchpublikation wird eine literarische Schöpfung überhaupt ‚Werk' und tritt vor eine Leserschaft. Es ist daher bemerkenswert, welchen Aufwand Goethe betrieb, um den Lesern seines *Divan*-Buchs eine sinnliche Anschauung zu vermitteln, und zwar durch sinnliche Materialität.

Als er 1818/1819 den Erstdruck seines *Divans* vorbereitete, entsann er sich der originalen orientalischen Handschriften, die er für die Weimarer Hofbibliothek hatte anschaffen lassen, weil sie ihn begeisterten.[6] So schrieb er an Christian Gottlob Voigt im Januar 1815: „[M]an muß dergleichen Handschriften wenigstens *sehen*, wenn man sie auch *nicht lesen* kann, um sich einen Begriff von der orientalischen Poesie und Literatur zu machen."(WA IV 25, 141; meine Hervorhebungen, A.B.) Der rein visuelle Zugang („sehen") ist der primäre und bleibende, denn Goethe konnte die arabische Schrift „nicht lesen". Die Unmöglichkeit einer Lektüre war aber gerade Voraussetzung dafür, eine unmittelbare ästhetische Wahrnehmung zu ermöglichen. Die arabischen Schriftzeichen waren für Goethe keine Zeichen, die auf einen Inhalt verweisen, sondern pure Zeichnung und damit Teil der wundervollen orientalischen Ornamentik. Nur *so* konnte ihn die pure Sinnlichkeit der Schrift betören. Dies wollte Goethe an die Leser seines *Westöstlichen Divans* weitergeben.[7] Im Erstdruck des *Divans*, der 1819 bei Cotta erschien, sollte daher die sinnlich-materielle Aura der orientalischen Handschriften imitiert und simuliert werden (Abb. 1). Deshalb ließ Goethe nach deren Modell ein

---

6 Vgl. Bosse ²2019, 67–70.
7 Um von der sinnlichen Anschauung zur sinnlichen Erfahrung durchzustoßen, begann Goethe, die arabische Schrift nachzuahmen. Entscheidende Voraussetzung war, dass er die arabische Sprache nie erlernte, so dass die arabische *Schrift* für ihn keinen Zeichencharakter, keine Bedeutung repräsentierende Funktion hatte. Im performativen Akt des Nachfahrens der Schreibezüge ließ sich die pure Materialität der arabischen Schrift nicht nur mit dem Auge, sondern auch mit der Hand als „geistig technische Bemühungen" erfahren (WA I 36, 126). Goethe berichtete an seinen Freund Christian Heinrich Schlosser im Januar 1815: „Wenig fehlt, daß ich noch arabisch lerne, wenigstens soviel will ich mich in den Schreibezügen üben, daß ich die Amulette, Talismane, Abraxas und Siegel in der Urschrift nachbilden kann." (WA IV 25, 165) Die sinnlich-materielle Erfahrung des Hand-Schreibens bekommt magische Züge, will Goethe doch die Schreibezüge in magische, Schutz und Heil bringende Gegenstände wie Amulett und Talisman gravieren (vgl. Bosse 1998, Polaschegg 2005). Eine solche Unmittelbarkeitserfahrung lässt sich nicht vermitteln. Unmittelbarkeit lässt sich nicht vermitteln. Weder das Schreiben noch die Handschrift ‚überleben' den Medienwechsel ins gedruckte Buch.

orientalisches Titelkupfer entwerfen.[8] Ihm gegenübergestellt wurde ein okzidentales Titelblatt. Goethes Wirkungsziel: Der der arabischen Schrift unkundige westliche Leser soll das Titelkupfer rein ästhetisch als Zeichnung, als Bild sehen; die Schrift des deutschen Titels hingegen kann er lesen. Das west-östliche Programm seines *Divans* wird hier in gegengleichen Bewegungen umgesetzt: im ost-westlichen Gegenüber von Titelkupfer und Titelblatt und in der von Goethe veranlassten west-östlichen Rück-Übersetzung von ‚West-östlicher Divan' ins Arabische, die er wiederum in die Kartusche des Titelkupfers setzen ließ.[9] Die ost-westliche Verbindung setzt sich auch *im West-östlichen Divan* (schrift-)materiell fort: Alle 12 Bücher, auf die Goethe seine Gedichte verteilte, tragen einen persischen und deutschen Doppeltitel, wobei der deutsche Titel kleiner gedruckt ist und als ‚bloße' Übersetzung des persischen erscheint: *Moghanni Nameh – Buch des Sängers* ...[10]

Ein Buch hat nicht nur einen Anfang, sondern auch ein Ende. Diese medienspezifische Rahmung nutzte Goethe, indem er ganz ans Ende des *Divans* zwei lesersteuernde Paratexte setzte, zwei Abschluss-Gedichte (Abb. 2 und 3). Auch sie präsentieren dem westlichen Leser west-östliche, ost-westliche Bewegungen: Erst wird west-östlich die ‚lesbare' deutsch-lateinische ‚Schrift' mit dem ‚Bild' der ‚unlesbaren' arabischen Schrift kombiniert (Abb. 2),[11] dann ost-westlich und chiastisch verdreht die Kombination von ‚Bild' und ‚Schrift' (Abb. 3). Mir geht es zunächst um die zweite Hälfte des Gedichts, das Silvestre de Sacy gewidmet ist, dem führenden Orientalisten der damaligen Zeit:

> Hier am Anfang, hier am Ende,
> Oestlich, westlich A und Ω. (vgl. Abb. 2)

Das insistente zweimalige „hier" ist intramedial, also *in* diesem Buch, und zugleich autoreferentiell, denn es bezieht sich auf eben *diese* Stelle im Buch. Ma-

---

[8] Bosse 1998; Bosse 1999, 841–842, 931–932.
[9] Die Rückübersetzung ins Arabische holte Goethe bei Johann Gottfried Ludwig Kosegarten ein, Orientalist an der Universität Jena und der letzte in der Reihe Goethe beratender Orientalisten. Er hat vor allem in der Endphase des *West-östlichen Divans* 1818/19 für Goethe eine wichtige Rolle gespielt (Bosse 1999, 327, 608, 820–821, 825, 843–844, 871–872, 928–929, 931–932, 837–840).
[10] Goethe plante zeitweilig sogar, die persischen Titel in arabischer Schrift wiederzugeben, wie seine Schreibübungen bezeugen (Bosse 1999, 837–840). – Und natürlich sind alle nachfolgenden Seiten des *Divans* mit den Gedichten, die Orientalisches und Eigenpoetisches hybridisieren, in der interkulturell gültigen Antiqua gedruckt – ein starkes Signal zu einer Zeit, in der bei deutschsprachigen Texten die Fraktur Selbstverständlichkeit war.
[11] Kosegarten hat Goethes Gedicht an Silvestre de Sacy in eine arabische Prosaversion übersetzt, nur drucktechnisch wird hier auch im Arabischen ein Gedicht simuliert (vgl. FA I 3.2, 1590–1591).

Zur Medialität der Literatur — 179

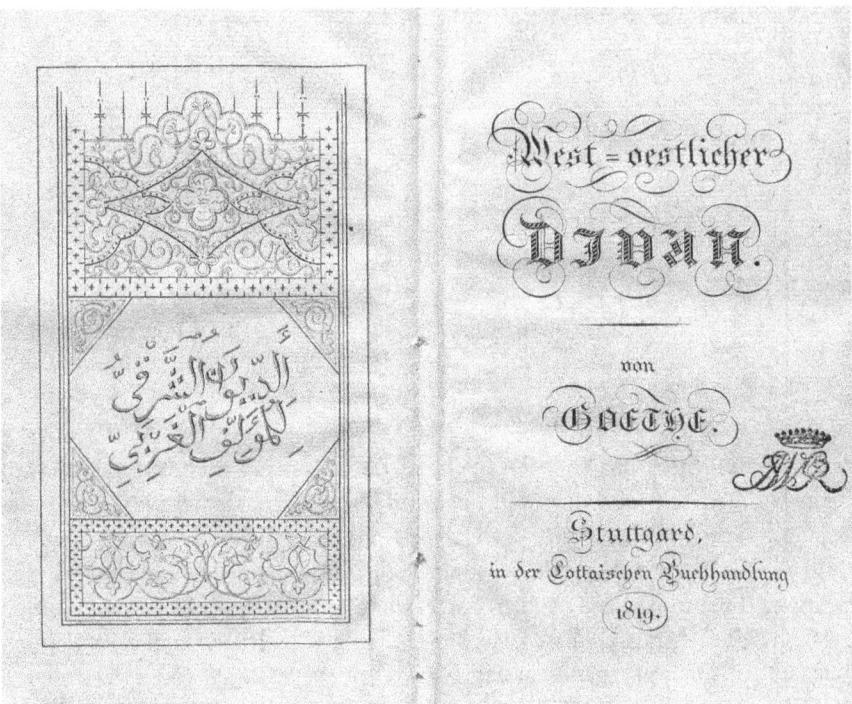

Abb. 1: *West-oestlicher Divan von Goethe.* Stuttgard, in der Cottaischen Buchhandlung 1819. Titelkupfer und Titelblatt. Klassik Stiftung Weimar. Goethe- und Schiller-Archiv: GSA 25/W 789a.

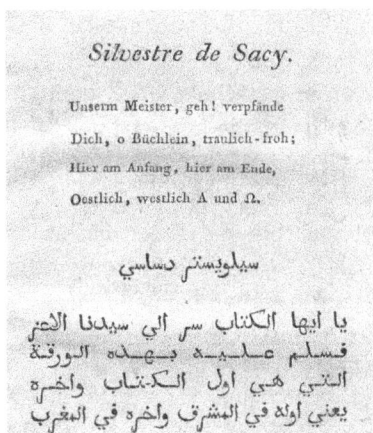

Abb. 2: *West-oestlicher Divan von Goethe*, 1819, Seite 555. Klassik Stiftung Weimar. Goethe- und Schiller-Archiv: GSA 25/W 789a.

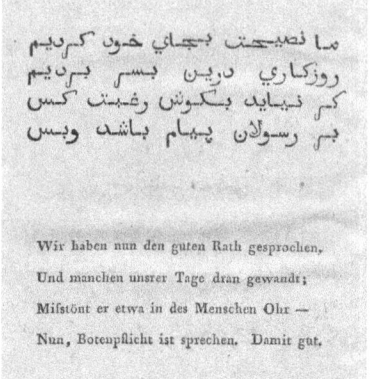

Abb. 3: *West-oestlicher Divan von Goethe*, 1819, Seite 556. Klassik Stiftung Weimar. Goethe- und Schiller-Archiv: GSA 25/W 789a.

teriell ist diese Stelle das Ende des Buchs – jedenfalls in okzidentalen Kulturen mit rechtsläufigen Schriften. Deshalb hat Goethe in diesem Gedicht einen Parallelismus kreiert zwischen „Ende", „westlich" und „Ω" als dem Buchstaben am Ende des griechischen Alphabets. In orientalischen Kulturen hingegen, die linksläufige Schriften benutzen, ist dies hier der Buchanfang. Deshalb hat Goethe einen zweiten Parallelismus kreiert zwischen „Anfang", „oestlich" und „A" als dem Buchstaben am Anfang des griechischen Alphabets. Dank des so gestalteten Materials können wir beim Lesen, in der Lese-*Performance*, die westliche, die östliche Lektüregeste vollziehen.

Hat man sich einmal mit der raffinierten Materialität und Paratextualität des Erstdrucks vertraut gemacht, so kann man nur schockiert sein, wenn man einen Medienvergleich anstellt und sich das Titelkupfer ansieht, das dem *West-östlichen Divan* 1827 in der *Ausgabe letzter Hand* vorstand (Abb. 4). Es rächt sich, dass Goethe die Betreuung dieser Gesamtausgabe seiner Werke an seine Mitarbeiter delegierte. Denn dieses Titelkupfer bringt geballt ausgerechnet jene Orient-Klischees, gegen die der *Divan*-Autor angeschrieben hatte, die hier jetzt aber eine falsche Erwartungshaltung bei den Lesern provozieren und Vor-Urteile bedienen. Fatalerweise erhalten diese Klischees hier aber – in den Augen der Leser – die Billigung, ja ‚Weihe' durch Goethes Namen: er steht direkt darüber und rechts daneben. Hier räkelt sich ein dichtender Orientale in Turban und Pluderhose auf einem Diwan-Sofa. Die Bildunterschrift „Der Divan" befördert bei den Lesern die Fehlleistung, Goethes *Divan* mit einer Nebenbedeutung von *dīwān* zu verbinden, mit ‚Sofa'. Das hier im Bildhintergrund aufgerufene Harem-Stereotyp hat mit den *Divan*-Gedichten Goethes genauso wenig zu tun wie der alberne Blumentopf. Viel schwerer wiegt noch, dass die sinnliche Schrift-Ästhetik, wie Goethe sie im *Divan*-Erstdruck *für seine Leser* geradezu zelebrierte, hier herabgewürdigt ist zu pseudoarabischen Schriftzeichen. Das Krickelkrakel über dem Bild wird dann auch

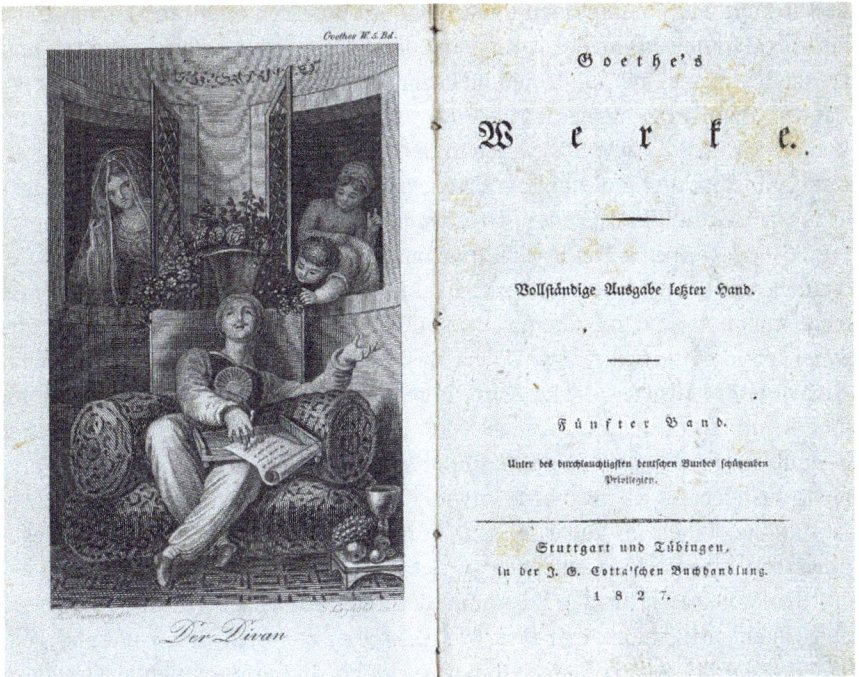

Abb. 4: *Goethe's Werke. Vollständige Ausgabe letzter Hand.* Bd. 5. Stuttgart und Tübingen: Cotta, 1827. Titelkupfer und Titelblatt. Klassik Stiftung Weimar. Herzogin Anna Amalia Bibliothek: N 60487/5.

noch wiederholt und abqualifiziert im Stoffmuster des Sofas. Und nicht zuletzt schreibt dieser ‚orientalische' Dichter okzidental, nämlich von links nach rechts statt von rechts nach links. Schließlich führt die spezifische *Materialität* der Ausgabe letzter Hand zu mehreren Problemen. Erstens ist nun das ost-westliche Gegenüber von Titelkupfer und *Divan*-Titel zerstört. Statt des Titels *West-östlicher Divan* stehen rechts jetzt, wie in allen Bänden, die Angaben zur Ausgabe letzter Hand. Zweitens: Goethe hatte noch vor Erscheinen des Erstdrucks einige seiner *Divan*-Gedichte in Zeitschriften lanciert, um die Reaktion des zeitgenössischen Publikums zu testen. Der ‚Test' war ernüchternd, die zeitgenössischen Leser waren irritiert. Goethe entschloss sich daher, den 12 Büchern mit seinen *Divan*-Gedichten als 13. Buch einen erläuternden Prosateil mit dem Titel *Besserem Verständniß* anzuhängen.[12] Wer immer den Erstdruck des *Divans* in die Hand nahm

---

[12] Bosse 1999, 709–711, 716–717, 724–725, 774–775.

und irritiert war, konnte nach hinten blättern und sich einführen lassen. Doch diese materiale und zugleich lesereinladende Verbindung von Gedichten und Prosateil wurde durch die Materialität der Ausgabe letzter Hand zerstört. Deren Bände hatten ein so kleines Format, dass Goethe sich gezwungen sah, die *Divan*-Gedichte in Band 5 zu veröffentlichen und, davon separiert, in Band 6 den Prosateil. Als Bandtitel funktionierte *Besserem Verständniß* nun nicht mehr, so dass er ersetzt wurde durch *Noten und Abhandlungen zu besserem Verständniß des West-östlichen Divans*. Der im Erstdruck materiell und konzeptionell mit den Gedichten verbundene Prosateil wurde zu einem paratextuellen Epitext, der prompt als Kommentar zu den Gedichten verstanden oder gleich ganz vergessen wurde. Zu letzterem dürfte beigetragen haben, dass er in Band 6 der Ausgabe letzter Hand auch noch ein falsches, die Leser irreführendes Titelkupfer erhielt, das nichts mit dem *Divan* zu tun hat, sondern sich auf Goethes Jugenddrama *Die Geschwister* bezieht. Erneut ein schlagendes Indiz dafür, dass Goethe die Ausgabe letzter Hand nicht ausreichend überwachte. So geriet der Prosateil bis weit ins zwanzigste Jahrhundert hinein in Vergessenheit – und damit auch sein eminentes Spiegelungsverhältnis zu den Gedichten.[13]

Symptomatisch für das Programm der „Ausgabe letzter Hand" ist, dass sie den generischen, monumentalen Titel *Goethe's Werke* mit dem Untertitel *Vollständige Ausgabe letzter Hand* verbindet (vgl. Abb. 4). Die Monumentalisierung zu *der* Goethe-Werkausgabe überhaupt ergibt sich aus einem doppelten, die Leser geradezu manipulierenden Anspruch: erstens eine Vollständigkeit zu versprechen, wodurch alle vorangehenden Ausgaben abgelöst werden; zweitens eine testamentarische Letztgültigkeit zu setzen. Mit dieser Ausgabe wurde ein absolutes Deutungsmonopol darüber installiert, wer Goethe war, was sein Werk ist. Diese Ausgabe sollte ‚Goethe' sein, der ‚ganze Goethe' und für immer. Wie ungeheuer nachwirkend die Leserlenkung durch die Ausgabe letzter Hand war, zeigt sich darin, dass ihr Textbestand bis in die 1950er Jahre von *allen* Werk-Ausgaben übernommen wurde – auch von der bis heute einzigen historisch-kritischen Goethe-Ausgabe, der Weimarer Ausgabe (WA).

---

[13] Da auch die beiden Abschlussgedichte ans Ende dieses zweiten Bands kamen, war zugleich die ost-westlich oszillierende Rahmung zerstört – und damit auch die sinnlich-performative Erfahrung, ein Buch ‚à l'occidentale' oder ‚à l'orientale' aufzuschlagen.

3.2 Intramediale Autoreferentialität

Intramediale Autoreferentialität, der Bezug im Buch auf eben dieses Buch, ist im *Divan* geradezu omnipräsent. Ich beschränke mich auf einige wenige Schlüsselstellen, die sich leserlenkend auf das Buch als Medium beziehen. So im Abschlussgedicht an Silvestre de Sacy:

> Unserm Meister, geh! Verpfände
> Dich, o Büchlein, traulich-froh; (vgl. Abb. 2)

Intramedial, im Buch, beziehen sich diese Verse auf eben dieses „Büchlein", das hier mit „Du" sogar zu einem menschlichen Akteur anthropomorphisiert wird.[14] Hier kulminiert ein zuvor quer durch die *Divan*-Gedichte etablierter Buch-im-Buch-Bezug, der dann auch im Prosateil *Besserem Verständniß* fortgeführt wird. Ja, überhaupt verdankt der gesamte Prosateil seine Existenz dem expliziten Wunsch des Autors, „daß nichts den ersten guten Eindruck des gegenwärtigen *Büchleins* hindern möge" (FA I 3.1, 138). Und wenn das Gedicht *Talismane werd' ich in dem Buch zerstreuen* ... dem Leser *Divan*-Gedichte als Talismane mit heilend-schützender Wirkung ankündigt (FA I 3.1, 63), so erläutert der Prosateil *Besserem Verständniß*, wie sich diese Wirkung überhaupt entfalten kann – nämlich in einem speziellen Leseakt, dem „Buch-Orakel". Es geht um die „Orakelfrage an irgendein bedeutendes *Buch*, zwischen dessen *Blätter* man eine Nadel versenkt und die dadurch bezeichnete *Stelle* beym *Aufschlagen* gläubig beachtet", um daraus Rat und Hilfe abzuleiten (FA I 3.1, 208; meine Hervorhebungen, A.B.). Mediengenealogisch setzt das Buch-Orakel Schriftlichkeit voraus, den Buchdruck und das Lesen.[15] Erneut stellt Goethe eine west-östliche Verbindung her, wenn er betont, dass das „bedeutende Buch" im Okzident die Bibel sei, im Orient aber werde die Sitte des *fa'l* auf den *Diwan* des Ḥāfiẓ angewandt (FA I 3.1, 209). Willkommener Anlass, mit Hilfe intramedialer Autoreferentialität auf seinen *eigenen Divan* zu

---

14 Noch mehr: Das „Du" wird aufgefordert, sich zu „verpfände[n]", also als *materielles* Pfand an den außertextuellen Adressaten „Meister" Silvestre de Sacy zu „geh[en]". Goethe inszeniert hier einen Buch-zu-Buch-Dialog: erst inspirierten ihn – neben anderen – de Sacys Publikationen zu seinem *Divan*, nun wendet er sich an de Sacy zurück und widmet ihm eben dieses „Büchlein", den *Divan*.
15 Zur mediengenealogischen Abfolge Oralität (Analphabetismus) – Literalität (Schreiben und Lesen) –,Gutenberg-Galaxis' mit ,alphabetischem Monopol' (Buchdruck) vgl. Kittler 1985. – Da Literalität und Buchdruck die Oralität der analphabetischen Gesellschaften durch Visualität (und ,Sprechen-Hören' durch ,Schreiben/Drucken-Lesen') ersetzten, suchten Offenbarungsschriften wie Bibel und Koran an allen *drei* Mediensystemen zu partizipieren durch orale und schriftliche Performanz.

verweisen: „Der westliche Dichter spielt ebenfalls auf diese Gewohnheit an und wünscht daß *seinem Büchlein* gleiche Ehre wiederfahren möge." (FA I 3.1, 209; meine Hervorhebungen, A.B.) Die Bescheidenheitsgeste des Wunsches sollte nicht darüber hinwegtäuschen, dass Goethe hier mit der Bibel im Hintergrund den Anspruch kundtut, menschlicher Dichtung – vor allem eben *der eigenen* – die ‚Mächtigkeit' von sakralen Offenbarungsschriften anzueignen. Dieser ‚Mächtigkeit' des *eigenen* „Büchleins" soll Permanenz garantiert werden durch des Lesers alltäglichen Gebrauch des *West-östlichen Divans* – im Lesen und im Buch-Orakel.

Macht und damit ‚Mächtigkeit' von Wort, Schrift und Buch waren gerade im Diskurssystem der ‚Goethe-Zeit' immens. Wie sehr dadurch auch die ‚Funktion Autor' eine nie wieder gekannte Macht ausüben konnte, das lassen Goethes Bemerkungen zum ‚Buch-Orakel' bei genauerem Hinsehen durchaus erkennen.[16]

3.3 Intermedialität

Doch der *West-östliche Divan* inszeniert nicht nur die Ermächtigung des Mediums ‚Buch' und damit auch des Autors. Vielmehr inszeniert der *Divan*, indem er Buch und Schrift *intermedial* überschreitet, das durch sie Bedrohte: gesprochene Sprache.

Indem der *Divan* das Leitmedium der Zeit, das Buch, aufruft, stellt er sich in den Kontext buchkultureller Distanzsprachlichkeit, die Autor und Adressat-Leser trennt. Sie wurde Ende des achtzehnten, Anfang des neunzehnten Jahrhunderts so dominant, dass nun mit umso größerem Drang der Kontakt zum Leser gesucht wurde (wie eben erläutert) und dass mit umso größerer Sehnsucht das schwindende Andere von Literatur ins Bewusstsein rückte: ursprüngliche Mündlichkeit. In ihren Ursprüngen war Literatur ja nichts Geschriebenes und Gelesenes, sondern gesprochene, gesungene und gehörte Dichtung,[17] die die gemeinschaftliche körperliche Präsenz von Sprecher und Hörer voraussetzte und stärkte. Je erfolgreicher nun die Buchdruckkultur war, desto häufiger wurden die Versuche, den ‚toten' Buchstaben über eine Mimikry des Mündlichen zu neuem Leben zu erwecken. Ist das Autor-Leser-Verhältnis in der Buchkultur durch gegenseitige Distanz und Absenz bestimmt, so zielt die im Buch fingierte intermediale Mündlichkeit gerade darauf, die Nähe und Präsenz mündlicher Kommunikation

---

16 Friedrich Kittler erläutert dazu, dass im „Aufschreibesystem 1800" das „*Medium ‚Buch'*" begleitet wurde „von einer breiten Alphabetisierung, erstmals (und nur zu dieser Zeit *konkurrenzlos*) *universal.*" Im „Aufschreibesystem 1800 [...] verschwinden [...] alle Diesheiten" vor „der totalitären Diesheit Autor" (Kittler 1985, 147–150, 157, 215; Hervorhebungen im Original).

17 Schon das Wort ‚Literatur' ist an Schrift gebunden, da von lat. ‚littera' = ‚Buchstabe' abgeleitet.

und ,Unmittelbarkeit' zu simulieren. Dies ist möglich, weil im literarischen Text eine körperlose binnentextliche *Stimme* spricht, die sich an ebenso körperlose, weil zwangsläufig nur imaginierte Leser wendet. Lesen wiederum besteht nicht nur im visuellen Entziffern von Buchstaben, sondern im innerlichen Mitsprechen der Wörter. Lesen ist internalisiertes Sprechen, nach innen verlagerte Mündlichkeit. Während der *nur nach außen* ,stillen' Lektüre reaktiviert der Leser die binnentextliche Stimme und vollzieht so eine Mimikry der Mündlichkeit.[18] In Literatur sind Schriftlichkeit und Mündlichkeit also keine völlig getrennten Sphären.

Im Gedicht an Silvestre de Sacy wird dies besonders evident: Durch Lesen reaktivieren wir die binnentextliche Stimme, die sich so emphatisch an das seinerseits vermenschlichte „Büchlein" wendet:

> Unserm Meister, geh! Verpfände
> Dich, o Büchlein, traulich-froh; (vgl. Abb. 2)

Im Lesen sprechen wir also mental zu dem Büchlein, das wir in Händen halten. Und das Wort „froh" zwingt uns über den Reim, das schriftliche „Ω" als „O" zu *sprechen*. Dadurch wird hier am *Ende* des *Divans* ein Bezug auf das *Ende* der Bibel gesetzt, auf die Offenbarung des Johannes. Dort heißt es: „Ich bin das A und O, der anfang und das ende, spricht der Herr" (Joh. 1,8). In den *Ohren* des bibelkundigen Lesers leiht sich das Gedicht die sakrale Aura einer Offenbarung. Da es sich zugleich intramedial autoreferentiell auf das ganze „Büchlein" bezieht, setzt es den *ganzen Divan* gegenüber dem Leser in den Status einer Offenbarung.

Das allerletzte Gedicht, das für Leser einer linksläufigen Schrift das allererste Gedicht ist, erweitert den Fokus dann auf *alle* Menschen:

> Wir haben nun den guten Rath *gesprochen*,
> Und manchen unsrer Tage dran gewandt;
> *Misstönt* er etwa in des Menschen *Ohr* –
> Nun, *Boten*pflicht ist *sprechen*. Damit gut. (vgl. Abb. 3)[19]

---

[18] Wir haben hier die immer schon literarischen Texten inhärente und durch den Leser je wieder aktivierbare Oralität. Ihr entsprechen übrigens übliche textanalytische Kategorien wie ,Erzählstimme', ,Kommentierstimme', ,Sprecher des Gedichts'.

[19] Meine Hervorhebungen, A.B. Vgl. FA I 3.2, 1591: Der persische Vierzeiler ist der letzte (!) Spruch aus Saʿdīs *Gulistān* (*Rosengarten*), der neben Ḥāfiẓ zu den höchstverehrten persischen Dichtern zählt. Ein östlicher Leser würde also als erstes einen original ,orientalisches' Gedicht lesen. Goethes Vorlage war Kosegartens Übersetzung, von der sich Goethes Gedicht kaum unterscheidet (Bosse 1999, 999–1000).

Ein Buch ist primär auf den Sehsinn gepolt. Dieses hier, der *West-östliche Divan*, schließt *intermedial* mit einem Appell an den *Hörsinn* des Lesers. Durchgängig inszeniert dieses letzte *Divan*-Gedicht eine Mimikry an Mündlichkeit. Ja, hier wird sogar ein Medienwechsel suggeriert: Das Buch, der *ganze Divan*, wird als gesprochener „Rath", als *gesprochene* Botschaft in Szene gesetzt – wie ja auch Offenbarungen stets *gesprochene* Botschaften sind.[20] In jeder Lektüre soll sich der *Divan* jedem Leser immer wieder neu als ‚Offenbarung' ‚verkörpern'.

Doch wenn wir von heute, 200 Jahre nach dem Erstdruck des *West-östlichen Divans*, auf seine Wirkungsgeschichte blicken, müssen wir feststellen: Größer kann die Diskrepanz zwischen Anspruch und Wirkung nicht sein. Goethes *Divan* wurde wenig gelesen, weil er seiner Zeit zu sehr voraus war und seine Leser überforderte. Umso fulminanter ging Goethes Wirkungsstrategie Ende des zwanzigsten Jahrhunderts auf: Sein *West-östlicher Divan* wurde wiederentdeckt als *das* Modell für west-östliche, ost-westliche Kulturverbindungen. Und zwar in West und Ost. Ob sich die Deutsch-arabische Gesellschaft „West-östlicher Divan" nennt, das interkulturelle Begegnungsfestival von Autor*innen in Berlin „West-östlicher Divan" heißt oder sich das inzwischen weltberühmte israelisch-palästinensisch-arabische Jugendorchester „West-Eastern Divan Orchestra" nennt.[21] Wer heute im persisch- und arabischsprachigen Raum nach Goethe und dem *Divan* fragt, erhält oft die Antwort, hier endlich habe ein ‚westlicher' Dichter ernsthaft versucht, sich mit der Vielfalt ‚orientalischer' Kulturen und Literaturen auseinanderzusetzen. Dabei spielt natürlich der Name ‚Goethe' als attraktives Label eine nicht unwesentliche Rolle. Bei meiner Iran-Reise auf Einladung der Deutschen Botschaft Teheran konnte ich dies mehrfach erfahren.[22]

4 ‚Goethe' als Modell

‚Goethe als Modell' ist ein unendliches Thema, weshalb ich nur ein einziges Beispiel zum Abschluss präsentiere: Goethe und der *West-östliche Divan* bei Hugo von Hofmannsthal.

„Dieses Buch ist völlig Geist" (Hofmannsthal 1923, 9). Mit dieser Bemerkung beginnt Hofmannsthal seine Einleitung zum *West-östlichen Divan*, zu der ihn der

---

20 Dazu passt, dass der letzte Vers „Nun, Botenpflicht ist sprechen. Damit gut." schon bei Saʿdī eine Koran-Paraphrase ist (5. Sure; vgl. FA I 3.2, 1591).
21 Vgl. http://www.west-eastern-divan.org/ (30. November 2019).
22 Sie fand vom 29. Oktober bis 4. November 2019 statt und hatte das 200-Jahr-Jubiläum des *West-östlichen Divans* zum Anlass. Vgl. dazu unten Abschnitt 5. Coda: ‚Weltliteratur'.

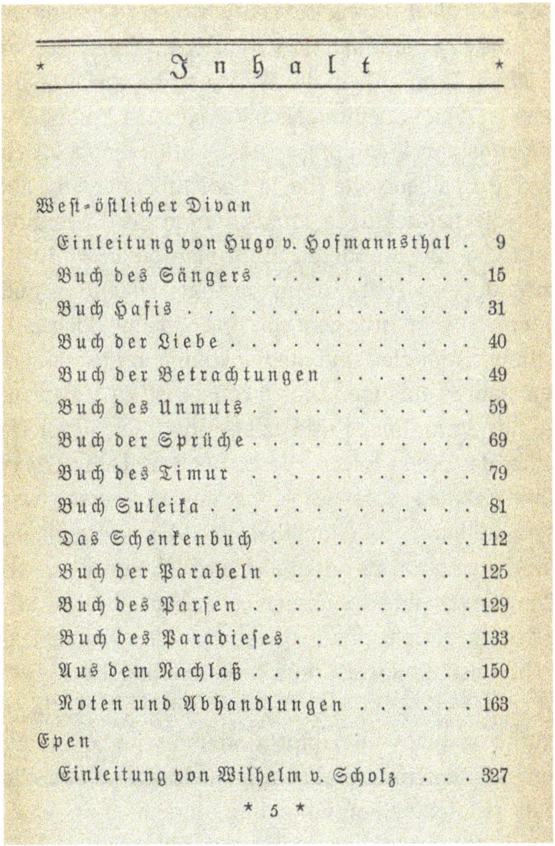

* Inhalt *

West-östlicher Divan
Einleitung von Hugo v. Hofmannsthal . 9
Buch des Sängers 15
Buch Hafis 31
Buch der Liebe 40
Buch der Betrachtungen 49
Buch des Unmuts 59
Buch der Sprüche 69
Buch des Timur 79
Buch Suleika 81
Das Schenkenbuch 112
Buch der Parabeln 125
Buch des Parsen 129
Buch des Paradieses 133
Aus dem Nachlaß 150
Noten und Abhandlungen 163
Epen
Einleitung von Wilhelm v. Scholz . . . 327

* 5 *

Abb. 5: *Goethes sämtliche Werke.* Hg. nach einem von Georg Witkowski aufgestellten Gesamtplan von Curt Noch. Bd. 4. Berlin: Ullstein, 1923. Inhaltsverzeichnis. Klassik Stiftung Weimar. Herzogin Anna Amalia Bibliothek: G 66/4.

Ullstein Verlag eingeladen hatte.[23] Da diese Bemerkung auf totale Immaterialität zielt („völlig Geist"), muss sie jeden aufmerksamen Leser irritieren. Denn während er diese Bemerkung liest, hält er das Buch, auf das sie sich autoreferentiell bezieht, konkret materiell in Händen. Und angesichts der ausgesuchten Materialität

23 Anfang 1913 plante der Ullstein Verlag eine Ausgabe sämtlicher Werke Goethes. Namhafte Schriftsteller, darunter Hofmannsthal, wurden gebeten, Einleitungen zu einzelnen Werkteilen beizusteuern. Den Plan, einen Essay über den *West-östlichen Divan* zu schreiben, verfolgte Hofmannsthal aber schon zuvor, seit 1910. Erste Notizen stammen von 1912, ausgelöst durch die *Divan*-Ausgabe von Hans Gerhard Gräf. Die Goethe-Ausgabe des Ullstein Verlags verzögerte sich wegen des Kriegsausbruchs 1914 bis in die 1920er Jahre.

und Medialität gerade des *West-östlichen Divans* können wir dieser Bemerkung nicht folgen. Wie kommt es zu diesem Paradox? Hofmannsthal beginnt mit ihr seine Einleitung zum *West-östlichen Divan*, die in der Werkausgabe von 1923 abgedruckt wurde. Normalerweise ist eine Einleitung als paratextueller Epitext vor den Haupttext geschaltet. Hofmannsthals Einleitung aber ist, kurios genug, *in* den *Divan* integriert, steht auf derselben Ebene wie die 12 Gedichtbücher und der Prosateil (Abb. 5). Dadurch ist die paratextuelle *Rand*situation der Einleitung aufgehoben, und ihre Herkunft von einem anderen Autor als Goethe wird verwischt.[24] Die mediale ‚Vermischung' zwischen Hofmannsthals Einleitung und Goethes *Divan* kommt Hofmannsthal sehr entgegen, war ihm ‚Goethe' doch zeitlebens *das* Autor-Modell überhaupt. Materiell und medial kommt er hier seinem Modell also denkbar nahe. Ihm kam es auf einen Dialog von ‚Geist' zu ‚Geist' an, daher die Immaterialisierung des *Divan*-Buchs und daher auch der dezidierte intertextuelle Bezug auf Goethe, der direkt folgt. „Dieses Buch ist völlig Geist" weist Hofmannsthal als Goethe-Wort aus: „es ist ein Vorwalten darin dessen, was Goethe das ‚obere Leitende' genannt hat." (Hofmannsthal 1923, 9) Im Prosateil des *Divans* steht allerdings „Der höchste Charakter orientalischer Dichtkunst ist, was wir Deutsche *Geist* nennen, das Vorwaltende des oberen Leitenden" (FA I 3.1, 181, Hervorhebung im Original). Goethe bezieht das „Vorwaltende des oberen Leitenden" auf „*orientalische* Dichtkunst" und weist dessen Benennung als „Geist" als *okzidental* aus („was wir Deutsche Geist nennen"). Eine subtile ost-westliche Konstellation, von der sich Hofmannsthal völlig ablöst, indem er den ‚orientalischen' Bezug und den okzidentalen Benennungsakt kappt. Vielmehr nutzt er die leserlenkende Funktion seiner paratextuellen Einleitung, indem er in einer zweiten Bewegung „Geist" *auf den Leser verschiebt* und auf *seine* – Hofmannsthals – Konzeption, Leben sei erfahrbar durch ästhetisch-produktive Wahrnehmung von Kunst.[25] Der Leser soll sich in einen „erhöhten inneren Zustand" versetzen (Hofmannsthal 1923, 9). Nur dann könne er *erfahren*, dass der

---

24 In dieser *Divan*-Edition ist Goethes finessenreiche *Divan*-Komposition im Erstdruck von 1819 auch anderweitig völlig zerstört. So fehlen das orientalische Titelkupfer und die persischen Titel der 12 Gedichtbücher. Statt „Moghanni Nameh – Buch des Sängers" steht hier nur „Buch des Sängers". Das für den *Divan* wesentliche und konstitutive west-östliche Hin und Her wird verdrängt durch einseitige ‚Okzidentalisierung'.

25 Hofmannsthals Konzept des Erfahrens von Leben durch Kunst beruht auf seiner Überzeugung, dass jeder ästhetische Wahrnehmungsakt eine Neuschöpfung vollzieht. Jeder ästhetisch Wahrnehmende ist insofern Künstler, als er Kunst als symbolische Form des Lebens realisiert. Dahinter steht die von Nietzsche inspirierte Vorstellung, ‚Leben' als vitale psychische Energie könne erst im Medium der Kunst, die ihrerseits formgewordenes Leben ist, erfahren werden. Hofmannsthals Ästhetizismus ist also wesentlich einer Konzeption künstlerisch-produktiver Wahrnehmung verpflichtet. Vgl. Bosse 2001; Bosse 2003.

Divan „eine Bibel" sei, „eines von den Büchern, die unergründlich sind, weil sie wahre Wesen sind" (Hofmannsthal 1923, 9). Was Goethe, wie oben erläutert, im *Divan* mehrfach suggeriert, wird von Hofmannsthal nun affirmativ gesetzt. Er fungiert hier als Verstärker des Goethe'schen Wunsches, der *West-östliche Divan* möge als Bibel, als Offenbarung auf den Leser wirken. Denn: Für Hofmannsthal *ist* der *Divan* Offenbarung – für Leben im und durch das Medium ,Kunst'.

Dies gilt im Grunde für den ,ganzen' Goethe, wie er sich in der Vollständigen Ausgabe letzter Hand *materialisiert*. Die massive Wirkungsstrategie dieser Ausgabe, die oben erläutert wurde, geht also auch und gerade bei Hofmannsthal auf. Schon 1896 notierte er zur Ausgabe letzter Hand: „Meine geliebten 40 Bände, wie kleine Hausgötter. Wie sie immer wieder vollzählig zusammenkommen. Ihr Zusammenkommen hat etwas Olympisches." (Hofmannsthal 1980, 415) Ja, er sieht diese Ausgabe als „ein Kunstwerk! Wie sein Leben ein bewusst komponiertes Kunstwerk ist." (Hofmannsthal 1980, 415) Durch Hofmannsthals Emphase scheint deutlich sein Begehren durch, auch *sein* Leben und *seine* Kunst mögen konvergieren, mögen zu bewusster Komposition, zu ,Ganzheit' gerinnen.[26] Dafür diente ihm ,Goethe' als „Zauberwort" (Hiebler 2003, 119). So projiziert Hofmannsthal auf Goethe und dessen Werk ein Gelingen, wie es unter den Bedingungen der Moderne nicht mehr einlösbar ist (vgl. König 2001, 307–325). Solchen Projektionen und der bis heute anhaltenden Wirkung seiner Werke hat Goethe über die Medialität eben dieser Werke Vorschub geleistet.

Ich hoffe gezeigt zu haben, dass, wer Literatur auf ihre Medialität hin befragt, die drei von mir hier vorgeschlagenen Ansätze kombinieren kann und dabei wesentlich die Wirkung von Literatur auf ihre Leser erkundet – und damit ihr ,Weiterleben'. Literatur auf ihre Medialität hin zu befragen heißt, Antworten zu finden auf die anthropologische Frage: Was *macht* Literatur mit uns? Eine von vielen Antworten ist: Sie transformiert uns, schon an ihren Rändern, sobald wir eintreten.

5 Coda: ,Weltliteratur'

Die Wirkungsmacht Goethes und insbesondere seines *West-östlichen Divans* wurde gerade 2019 evident. Genau 200 Jahre zuvor war der Erstdruck erschienen,

---

26 Symptomatisch dafür ist, dass der Verleger Samuel Fischer – von Thomas Mann sehr bezeichnend als „Cotta des Naturalismus" tituliert – jenen Fischer-Verlag leitet, den Hofmannsthal zur Heimstatt *seiner* ersten, noch von ihm selbst zusammengestellten Werkausgabe ausgewählt hat. So schreibt er im Februar 1922 an Fischer: „[M]ein Lebenswerk soll durch sie erst in Erscheinung treten." (vgl. Hiebler 2003, 274–275)

dessen eminente und wirkungsmächtige Medialität und Materialität nie wieder erreicht wurde und im vorliegenden Aufsatz im Fokus stand. Anlässlich des 200-Jahr-Jubiläums des *West-östlichen Divans* widmete die Goethe-Gesellschaft Weimar ihre 86. Hauptversammlung *Goethes „Divan": 1819–2019*, ich selbst wurde vom Goethe- und Schiller-Archiv Weimar und vom Freien Deutschen Hochstift/Frankfurter Goethe-Museum eingeladen, eine *Divan*-Ausstellung zu kuratieren.[27] Sie fand großen Anklang, wie auch mein Begleitbuch *„Poetische Perlen" aus dem „ungeheuren Stoff" des Orients. 200 Jahre Goethes ‚West-östlicher Divan'*, das schon nach drei Monaten in die zweite Auflage ging (Bosse ²2019). Konträr zum zeitgenössischen Publikum, das 1819 auf den *West-östlichen Divan* mit Überforderung oder Desinteresse reagierte, sind wir heute besser auf Goethe und auf die (auch mediale) Inter- und Transkulturalität seines *Divans* vorbereitet (Grobner 2019). Einander spiegelnd, antwortend, konterkarierend, erläuternd entwerfen die Gedichte und der Prosateil des *Divans* ein west-östliches, ost-westliches Oszillieren, das uns Leser fasziniert und fordert. Sprachen, Literaturen, Kulturen miteinander in Dialog zu bringen – und so auch deren Schöpfer, uns Menschen – das ist das Wirkungsziel des *West-östlichen Divan*. Ausgangspunkt all dessen ist eine Erkenntnis, die schon der junge Goethe hatte und die er Zeit seines Lebens beibehielt: „Dichtkunst ist überhaupt eine Welt- und Völkergabe […], nicht ein Privaterbteil einiger feinen, gebildeten Männer." (FA I 14, 445) Für Goethe ist es ausgemacht, dass die ‚poetische Gabe' jedem Menschen innewohnt, jeder Frau, jedem Mann, und dass Dichten-Können eine Kulturen und Literaturen verbindende menschliche Naturgabe ist. Dies ist Grundlage für sein Konzept einer ‚Weltliteratur'. Denn darunter versteht er keinen Kanon ausgewählter Werke, sondern eine weltumfassende literarisch-kulturelle Kommunikation – den „freyen geistigen Handelsverkehr" (FA I 22, 870).[28] Dank des *West-östlichen Divans* habe ich dazu eine besondere Chance erhalten: Die Deutsche Botschaft Teheran lud mich zur Deutschen Kulturwoche in Shiraz, Iran, ein. Shiraz ist die Geburts- und Lebensstadt Ḥāfiẓ', dort ist er begraben. In den Gesprächen mit den vielen vor allem jungen Interessierten vor Ort – über Goethes *Divan* und weit darüber hinaus –, haben wir gemeinsam realisiert, was sich Goethe als ‚Weltliteratur' erhoffte. Zumindest für einige Tage: ‚Goethe' und sein *West-östlicher Divan* als Modell …

---

[27] Die beiden am Ende durchaus unterschiedlichen Ausstellungen fanden in Weimar vom 18. April bis 21. Juli 2019, in Frankfurt am Main vom 22. August bis 23. Oktober 2019 statt.
[28] Vgl. Bohnenkamp 2016 und Bosse 2019, 13, 18–19.

Literaturverzeichnis

Zu den verwendeten Goethe-Ausgaben FA und WA vgl. das Siglenverzeichnis zu Beginn dieses Bandes.

Bartz, Christina, et al. „Einleitung – Signaturen des Medialen". *Handbuch der Mediologie. Signaturen des Medialen.* Hg. Christina Bartz, Ludwig Jäger, Marcus Krause, Erika Linz. München: Fink, 2012. 7–15.
Bohnenkamp, Anne. „Volkspoesie – Weltpoesie – Weltliteratur". *Goethes Zeitschrift ‚Ueber Kunst und Alterthum'. Von den Rhein- und Mayn-Gegenden zur Weltliteratur.* Hg. Hendrik Birus, Anne Bohnenkamp und Wolfgang Bunzel. Göttingen: Verlag der Kunst, 2016. 87–117.
Bosse, Anke. „Magische Präsenz – zur Funktion von Schrift und Ornament in Goethes ‚West-östlichem Divan'". *Arcadia. Zeitschrift für Allgemeine und Vergleichende Literaturwissenschaft* 33.2 (1998): 314–336.
Bosse, Anke. *„Meine Schatzkammer füllt sich täglich ..." Die Nachlaßstücke zu Goethes ‚West-östlichem Divan'. Dokumentation. Kommentar. Entstehungsgeschichte.* 2 Bde. Göttingen: Wallstein, 1999.
Bosse, Anke. „‚Modern sind alte Möbel und junge Nervositäten'. Maeterlinck und Hofmannsthal revisited". *Kunstgrenzen. Funktionsräume der Ästhetik in Moderne und Postmoderne.* Hg. Alice Bolterauer und Elfriede Wiltschnigg. Wien: Passagen, 2001. 97–114 (Studien zur Moderne 16).
Bosse, Anke. „‚Dichter steht gegen Dichter und Epoche gegen Epoche'. Hofmannsthal zwischen Goethe und Moderne". *Goethezeit – Zeit für Goethe. Auf den Spuren deutscher Lyriküberlieferung in die Moderne.* Hg. Konrad Feilchenfeldt, Kristina Hasenpflug, Gerhard Kurz und Renate Moering. Tübingen: Niemeyer, 2003. 391–403.
Bosse, Anke. „Paratextuelle, medienspezifische Lektüresteuerung und Konjektur". *Konjektur und Krux. Zur Methodenpolitik der Philologie.* Hg. Anne Bohnenkamp, Kai Bremer, Uwe Wirth, Irmgard Wirtz. Göttingen: Wallstein, 2010. 233–251.
Bosse, Anke. *„Poetische Perlen" aus dem „ungeheuren Stoff" des Orients. 200 Jahre Goethes ‚West-östlicher Divan'.* Göttingen: Wallstein, ²2019.
Cassirer, Ernst: *Versuch über den Menschen* [engl. Orig.: *An Essay on Man*, 1944]. Hamburg: Meiner, 2007.
Der Diwan des Mohammed Schemsed-din Hafis. Aus dem Persischen zum erstenmal ganz übersetzt von Joseph v. Hammer. 2 Bde., Stuttgart und Tübingen: Cotta, 1812–1813. Repr. Hildesheim und New York: Olms, 1973.
Fohrmann, Jürgen. „Der Unterschied der Medien". *Die Kommunikation der Medien.* Hg. Jürgen Fohrmann und Erhard Schüttpelz. Tübingen: Niemeyer, 2004. 5–19.
Genette, Gérard. *Palimpseste. Die Literatur auf zweiter Stufe* [frz. Orig. *Palimpsestes. La littérature au second degré*, 1982]. Frankfurt a. M.: Suhrkamp, 1993.
Genette, Gérard. *Paratexte. Das Buch vom Beiwerk des Buchs* [frz. Orig. *Seuils*, 1987]. Mit einem Vorwort von Harald Weinrich, übersetzt von Dieter Hornig. Frankfurt a. M.: Suhrkamp, 2011.
Goethe's Werke. Vollständige Ausgabe letzter Hand. Unter des durchlauchtigsten deutschen Bundes schützenden Privilegien. 40 Bde. Stuttgart und Tübingen: Cotta, 1827–1830.

Grobner, Cornelia. „Wir sind heute besser auf Goethe vorbereitet. 200 Jahre nach ihrem Erscheinen findet Goethes Gedichtsammlung ‚West-östlicher Divan' mehr Anklang beim Publikum als damals. Die Komparatistin Anke Bosse erlaubt den Blick in die poetische Werkstatt des Dichters". *Die Presse. Österreichische Tageszeitung*, 21. September 2019. *Wissenschaft & Innovation*, W5.

Gumbrecht, Hans Ulrich, und K. Ludwig Pfeiffer (Hg.). *Materialität der Kommunikation*. Frankfurt a. M.: Suhrkamp, 1988.

Hiebler, Heinz. *Hugo von Hofmannsthal und die Medienkultur der Moderne*. Würzburg: Königshausen & Neumann, 2003 (Epistemata. Würzburger Wissenschaftliche Schriften. Reihe Literaturwissenschaft 416).

Hofmannsthal, Hugo von. „Goethes ‚West-östlicher Divan'". *Goethes sämtliche Werke*. Hg. nach einem von Georg Witkowski aufgestellten Gesamtplan von Curt Noch. Bd. 4. Berlin: Ullstein, 1923. 9–14.

Hofmannsthal, Hugo von. „Aufzeichnungen aus dem Nachlaß". *Hugo von Hofmannsthal. Gesammelte Werke in Einzelbänden. Reden und Aufsätze III. 1925–1929. Aufzeichnungen 1889–1929*. Hg. Bernd Schoeller und Ingeborg Beyer-Ahlert. Frankfurt a. M.: Fischer, 1980. 303–627.

Iser, Wolfgang. „Die Appellstruktur der Texte". *Rezeptionsästhetik. Theorie und Praxis*. Hg. Rainer Warning. München: Fink, 1975. 228–252.

Jahraus, Oliver. „Was heißt es, Literatur als Medium zu interpretieren?" *Der Begriff der Literatur. Transdisziplinäre Perspektiven*. Hg. Alexander Löck und Jan Urbich. Berlin und New York: De Gruyter, 2010. 189–221.

Jäger, Ludwig. „Sprache als Medium. Über Sprache als audio-visuelles Dispositiv des Medialen." *Audiovisualität vor und nach Gutenberg. Zur Kulturgeschichte der medialen Umbrüche*. Hg. Horst Wenzel, Wilfried Seipel, Gotthard Wunberg. Wien und Milano: Kunsthistorisches Museum. Skira, 2011. 19–42.

Jäger, Ludwig, und Georg Stanitzek (Hg.): *Transkribieren. Medien/Lektüre*. München: Fink, 2002.

Kittler, Friedrich. *Aufschreibesysteme 1800/1900*. München: Fink, 1985.

König, Christoph. „Zur modernen Komplizenschaft zwischen Poesie und Philologie". *Leuchtendes Zauberschloss aus unvergänglichem Material: Hofmannsthal und Goethe*. Hg. Joachim Seng. Eggingen: Isele, 2001. 307–325.

Koschorke, Albrecht. *Körperströme und Schriftverkehr. Mediologie des 18. Jahrhunderts* [1999]. 2., durchgesehene Auflage. München: Fink, 2003.

Krämer, Sybille. „Was haben ‚Performativität' und ‚Medialität' miteinander zu tun? Plädoyer für eine in der ‚Aisthetisierung' gründende Konzeption des Performativen". *Performativität und Medialität*. Hg. Sybille Krämer. München: Fink, 2004. 13–31.

Mersch, Dietmar. „Medialität und Undarstellbarkeit. Einleitung in eine ‚negative' Medientheorie". *Performativität und Medialität*. Hg. Sibylle Krämer. München: Fink, 2004, 75–95.

Naumann, Barbara, Margrit Wyder und Georges Felten. Call zur Doppeltagung *Goethe medial* in Zürich und Marbach. Zürich, 2018. https://networks.h-net.org/node/79435/discussions/3063263/konf-goethe-medial-zürich-15–16112018 (30. November 2019).

Ong, Walter. *Oralität und Literalität. Die Technologisierung des Wortes* [engl. Orig. *Oralty and Literacy. The Technologizing of the Word*, 1982]. Opladen: Westdeutscher Verlag, 1987.

Pfeiffer, K. Ludwig. *Von der Materialität der Kommunikation zur Medienanthropologie. Aufsätze zur Methodologie der Literatur- und Kulturwissenschaften*. Heidelberg: Universitätsverlag Winter, 2009.
Polaschegg, Andrea. „"diese geistig technischen Bemühungen ...'. Zum Verhältnis von Gestalt und Sinnversprechen der Schrift: Goethes arabische Schreibübungen und E.T.A. Hoffmanns ‚Der goldene Topf'". *Schrift. Kulturtechnik zwischen Auge, Hand und Maschine*. Hg. Gernot Grube, Werner Kogge, Sybille Krämer. München: Fink, 2005. 279–304.
Schönert, Jörg. „Literaturwissenschaft – Kulturwissenschaft – Medienkulturwissenschaft. Probleme der Wissenschaftsentwicklung". *Literaturwissenschaft – Kulturwissenschaft. Positionen, Themen, Perspektiven*. Hg. Renate Glaser, Matthias Luserke. Opladen: Westdeutscher Verlag, 1996. 192–208.
Schubert, Martin (Hg.) *Materialität in der Editionswissenschaft*. Berlin und New York: De Gruyter, 2010. (Beihefte zu editio 32).
West-Eastern Divan-Orchestra: http://www.west-eastern-divan.org/ (30. November 2019).

Hans-Jürgen Schrader
„Da ist das Liebchen doppelt gefährdet"
Emblematische Reflexe im *West-östlichen Divan*

Das – mit kontroversen Ergebnissen – meistinterpretierte Gedicht des *West-östlichen Divan* ist „Selige Sehnsucht". Die zur frühesten Schicht des Zyklus[1] gehörenden Verse, niedergeschrieben in Wiesbaden am 31. Juli 1814 bei der Wiederkehr in die Heimatregion an Main und Rhein, hatte Konrad Burdach im Kommentar der „Jubiläums-Ausgabe" programmatisch „vielleicht das schwierigste aller Gedichte Goethes" genannt,[2] und die nachfolgenden Interpreten haben das gern aufge-

---

[1] Den Begriff verwende ich hier freilich nicht im Sinne einer in Abfolge und Abgeschlossenheit geplanten oder zumindest streng festgelegten Komposition, sondern im Bewusstsein der von der jüngeren Forschung klar herausgestellten grundsätzlich für eigene spätere Ergänzungen und Umstellungen offenen Assemblierung, wie sie ja – auf die Moderne vorausweisend – für große Teile des Goethe'schen Alterswerks charakteristisch wurde. Vgl. dazu die grundsätzlichen Bemerkungen im Kommentar von Hendrik Birus zu seiner Edition in der Frankfurter Ausgabe: FA I 3.1, 736–741, und 3.2, 1676–1678. Diese Einsicht war die grundlegende Arbeitshypothese der sie dann detailliert entfaltenden gewichtigen Studie von Anke Bosse (1999a, Bd. 2, 1065–1113, insbes. 1109–1113), angenommen als Thèse N° 420 der Université de Genève, 23. Mai 1997. Exponiert wird sie auch in der exzellenten *Divan*-Einführung, die die Verfasserin in ihrem Katalog zur Weimar/Frankfurter Ausstellung 2019 vorgelegt hat (Bosse 2019, hier 17–18 und 56). Zum „Oszillieren" im der eigenen Tradition bewussten Wechseltausch „zwischen okzidentalen und orientalischen Motiven und Themen" auch schon die exemplarische Darstellung von Goethes leichthändigem Abwandeln und Nostrifizieren von ihn ansprechenden morgenländischen Textpartien und Exzerpten s. Bosse 1999b, 112–129, hier insbes. 112, 122–123, 125.
[2] Ausführlicher, bereits die wichtigsten persischen bzw. arabischen Vorgaben aufführender Kommentar in der „Jubiläums-Ausgabe" (Bd. 5, 1902, 332–338), bei dem Burdach, allein aufgrund „einer gewissen Inkonzinnität des Ausdrucks" (336) die die Blickrichtung ändernde letzte Strophe als „wohl erst später hinzugedichtet" (334) annimmt (worin ihm die Forschung auch aufgrund des durchgängig einheitlichen Handschriftenbefunds nicht gefolgt ist). In recht gewundener, kaum zu Konsistenz gelangender Argumentation resümiert Burdach den Gehalt des Gedichts als „mystischen Ausdruck jenseitiger und diesseitiger Metamorphose" (338). Sowohl die Qualifikation „dieses Gedichtes, eines der schwierigsten der gesamten goetheschen Lyrik" als auch die Annahme, „die letzte und seinen dunklen Grundgedanken offenbar *widerrufende* Strophe des Gedichtes" sei „zu einem späteren Zeitpunkte dem Gedichte hinzugefügt worden" übernimmt (ohne entsprechenden Beleg) Korff (1947, 56–59, 195 u.ö.). Dank dieser Konstruktion kann er es als Ausdruck der „*Sehnsucht nach Verjüngung*" des Autors und frühestes der *Divan*-„Liebesgedichte" deuten (Korff 1947, 59). Goethes vollkommen einheitlich geschriebene Reinschrift aus Wiesbaden, 31. Juli 1814, ist faksimiliert im Katalogband von Birus und Bohnenkamp (2014, 76, vgl. auch 158); abgebildet auch im Vergleich mit der anlassgebenden Hafis-Ghasele bei Chon (2017, 105–107, hier 107, vgl. 35).

nommen. Die im Gestus arkaner Verkündigung eingeführten Bilder und Aussagen ließen sich nur schwer zu einliniger Botschaft zusammenfügen. Einer der orientkundigsten Ausleger, der Kieler Indologe Friedrich Otto Schrader, hat 1952 gemeint, das Gedicht lasse sich dennoch „restlos" verstehen – als bildhafte Offenbarung nämlich der Palingenesie-Überzeugungen ihres Autors (Schrader 1952, 48). Goethes unmittelbare Vorgabe, das erste Ghasel des Buchstabens Sad in Joseph von Hammers Übersetzung des *Diwan von Mohammed Schemsed=din Hafis*, die ihm der Verleger Cotta Mitte Mai überreicht hatte, war bereits dort präsentiert als eine Verkündigung nur an „Eingeweihte", keineswegs an die pöbelhafte Menge. Es hatte Bezug nur auf die Qualen der Liebe:

> Wie die Kerze brennt die Seele,
> Hell an Liebesflammen
> Und mit reinem Sinne hab' ich
> Meinen Leib geopfert.
> Bis du nicht wie Schmetterlinge
> Aus Begier verbrennest,
> Kannst du nimmer Rettung finden
> Von dem Gram der Liebe. [...]
> Sieh' der Chymiker der Liebe
> Wird den Staub des Körpers,
> Wenn er noch so bleiern wäre,
> Doch in Gold verwandeln.
> O *Hafis!* Kennt wohl der Pöbel
> Großer Perlen Zahlwerth?
> Gieb die köstlichen Juwelen
> Nur den Eingeweihten. (Hafis 1813/1973, 90–91)

Dieses Bild vom „Selbstopfer" (so hieß das Gedicht im „Wiesbadener Register" der frühen *Divan*-Gedichte), von der Kerze auf den Schmetterling eingegrenzt, habe Goethe in Anlehnung an die „fanâ, Selbstvernichtung, der persischen Mystik" und an zoroastrische sowie indische Mythen der Reinigung durchs Feuer, im „Flammentod" zu einem Symbol der „Seelenwanderung" hin zur „Vollendung" (alles dies sind von Goethe später erprobte Titel für das Gedicht) ausgebaut. Von einer mystisch-religiösen Verbildlichung des Aufgehens im Göttlichen aber habe es der Dichter entfernt zu einem Bild der „Auslöschung der Persönlichkeit [...] zwecks Erneuerung derselben auf höherer Stufe von der nicht erlöschenden, unbewußt fortbestehenden Individualität (Entelechie, Monade) aus", einer „Entelechie, die in beständiger Metamorphose zu immer höherem Dasein emporsteigt" (Schrader 1952, 57–58).[3] Bald aber wurden Zweifel laut: In Goethes Gedicht

---

3 Vgl. dazu bereits Burdach in der „Jubiläums-Ausgabe" (1902, 335 und 337). Begrifflich verblasen

bleibe, wie doch schon Burdach betont habe, überhaupt nichts lebendig, das vervollkommnet wiedererstehen könne: Der in tragischer Verkennung in die Kerzenflamme flatternde Schmetterling sei und bleibe tot, vielmehr gehe es um das von Goethe gerade an den Entwicklungsstadien des Schmetterlings von der Zeugung bis zum Tod beschriebene ganz unmetaphysische Naturgesetz der Morphologie, in dem der Tod die raumschaffende Voraussetzung sei für neu fortzeugendes Leben (Burdach 1902, 334).[4] All solchen durch Ketten von Selbstäußerungen Goethes untermauerten Lesarten hat am radikalsten Hannelore Schlaffer mit dem Vorschlag widersprochen, „Selige Sehnsucht" gleich so vielen anderen *Divan*-Gedichten als bloße Rollenlyrik zu lesen: Die Eingangsverse „Sagt es niemand, nur den Weisen, | Weil die Menge gleich verhöhnet"[5] inszeniere ja die Rolle eines geheime Weisheit raunend verkündenden Mysten oder Guru:

> Die erste Strophe stiftet das Verhältnis zwischen dem lehrenden Weisen und dem Leser als seinem Jünger. Die Rede unterscheidet zwischen Eingeweihten und Banausen. [...] Wie alle Propheten rechnet auch der des Gedichts mit der Selbstachtung des Zuhörers, der sich Unempfänglichkeit für den Tiefsinn der Lehre nicht eingestehen darf. [...] In *Selige Sehnsucht* spielt Goethe, der ‚vieltönige' Dichter den „eintönigen" Propheten, um auch [...] dessen Sprachgestus als lyrische Möglichkeit zu erproben.(Schlaffer 1983, 336–337).

Dieser Suggestion seien wie die angesprochenen Adepten auch alle Interpreten auf der Suche nach geheimstem, tiefstem Sinn aufgesessen:

---

und argumentativ verwaschen in dieselbe Richtung gedeutet hatte bereits Florens Christian Rang 1922/23, wieder aufgenommen in Lohner 1973.
4 Das hatte so andeutungsweise auch Rudolf Borchardt in einem (vielleicht in Rücksicht auf allerlei interne Widersprüche) zu Lebzeiten unpubliziert gebliebenen Essay gesehen (1957, 472–475, vgl. 535). Eindringlich herausgearbeitet wird es von Rösch 1970, wieder aufgenommen in Lohner 1973. Dorothea Hölscher-Lohmeyer (1982, 19–25) deutet dagegen den in die Kerze strebenden Schmetterling als „Chiffre und Musterfall für die Metamorphose", als „Bewegung der Lebenskraft [...], die in immer neuen Toden, in immer erneutem Hinter-sich-lassen der einmal gewonnenen Gestalt lebt und sich steigert" (Hölscher-Lohmeyer 1982, 23, vgl. 25). Sie liest das Gedicht also als einen „Hymnus auf die sich durch immer neue Tode erneuernde und vergeistigende Lebenskraft" (24).
5 Im *Divan* von 1819 (FA I 3.1, 24), ebd. Versionen im *Neuen Divan* 1819–1827 (FA I 3.1, 316) und zur Vertonung in der Zelter'schen *Liedertafel* (FA I 3.1, 569), vgl. Birus' ausführlichen Kommentar mit Bibliographie der Interpretationen (FA I 3.2, 964–974), zum Schweigegebot gegenüber der Menge (mit Verweis auf die Analogie in *Faust I*, V. 589–593) FA I 3.2, 967–968.

> Die Diskussion übersieht also die Distanz, in die sich der Weise selbst zu seiner Aussage
> rückt. [...] Verführung zum Glauben durch Verwirrung der Erfahrungen ist der Gestus des
> Gedichts, dem selbst die Interpreten verfallen sind. (Schlaffer 1983, 340)[6]

Dieser Lektüreversuch als ein von eigenen Überzeugungen abgerücktes, gar der Adressaten spottendes Rollenspiel übersieht aber wohl doch die offenbaren, berechtigt geltend gemachten Parallelen zu Aussagen Goethes gegenüber eng Vertrauten – sowohl über morphologische Gesetzmäßigkeiten, als auch über die Metamorphosen der Entelechie, Polarität und Steigerung, über die Erwartung schließlich einer Fortdauer in metaphysischer Transgression.

Mir scheint, hier im Einvernehmen mit Gert Ueding, der das Gedicht wiederholt ausgelegt hat,[7] dass die gewählte poetische Form gerade dazu dient, einem festlegenden Entweder-Oder dieser unterschiedlichen Sinnzuschreibungen zu entgehen, gerade, wo es um tiefste Überzeugungen geht, die nicht leichtfertig ausgeplaudert werden sollten. Das *Divan*-„Buch der Sprüche" präsentiert denselben Schutzgedanken:

> Laß dich nur in keiner Zeit
> Zum Widerspruch verleiten,
> Weise fallen in Unwissenheit
> Wenn sie mit Unwissenden streiten. (FA I 3.1, 64)[8]

Das Geheimnis soll nicht „restlos" aufgeklärt werden, insofern es sich der prosaischen Eindeutigkeit logischer Ableitungen entzieht. Gerade hierin entspricht das Gedicht vollständig der – zum beschließenden „Buch des Paradieses" hin gesteigerten – Gesamttendenz des *Divan*-Ensembles, eine zarte Schwebelage zu erhalten zwischen abgründigstem Ernst und seiner Brechung durch kontrastive Gegenentwürfe und durch spielerisch-heitere Ironie.

---

[6] Dass Goethes Dichtungsverständnis auch in den poetologischen Aussagen der „Noten und Abhandlungen" nicht auf den „Verrat von Geheimnissen", sondern eher auf die Präsentation eines ‚Vorrats an Leben' gerichtet war, betont die Verfasserin auch in ihrer im *Goethe-Jahrbuch* erschienenen Studie zu den „Noten und Abhandlungen" (Schlaffer 1984, 227).

[7] Ueding 1994, ²1995, ebenso Ueding 1996. Hier die jüngste Bibliographie der wesentlichsten Beiträge zur Interpretationsgeschichte des Gedichts. Die nicht allein Zulässigkeit, sondern Notwendigkeit, verschiedenartige, durchaus in Spannung zueinander gesetzte und nicht verlustfrei in widerspruchslosen Einklang zu bringende Textfacetten wahrzunehmen, betonte auch die solide textimmanente Erörterung von Wilhelm Schneider 1952/1954, wieder aufgenommen in Lohner 1973, ähnlich unter Heranziehung analoger Strukturen und Aussagen im Gesamtzyklus, doch mit nur geringem weiterführenden Ertrag Lemmel 1987.

[8] Oder ähnlich, wenige Sprüche später, „Wer schweigt, hat wenig zu sorgen, | Der Mensch bleibt unter der Zunge verborgen." FA I 3.1, 65, Versionen im *Neuen Divan* FA I 3.1, 365–367.

Noch eine andere Eigenart des gesamten *Divan*-Buchs scheint mir vergessen bei den isolierenden Auslegungen von „Selige Sehnsucht": Grundlegend nämlich ist das agonale Prinzip zwischen den von Goethe so eindringend studierten Lebenswelten sowie geistigen Konzepten des Ostens und den ihnen konfrontierten der eigenen westlichen Herkunftssphäre. Die Begegnung und einander messende Durchdringung beider Sphären ist ja das erklärte Ziel seines selbstbewussten Wettgesangs mit Hafis und den anderen orientalischen Dichterfürsten („ich mußte mich dagegen produktiv verhalten, weil ich sonst vor der mächtigen Erscheinung nicht hätte bestehen können")[9] – ebenso wie in der Lebensphase zuvor das seines Zwiegesprächs mit der klassisch-griechischen Antike. Bereits in seinem Brief an den Verleger Cotta vom 16. Mai 1815 über die entstehende „Versammlung deutscher Gedichte mit stetem Bezug auf den Divan des persischen Saengers Mahomed Schemseddin Hafis",[10] mit dem er ihm mit Dank für sein „vorjähriges freundliches Geschenk der Übersetzung des *Hafis*" einen eigenen „deutschen Divan" ankündigen wollte, hatte Goethe vor dem Antritt der zweiten Reise in die Rhein-Main-Gegend konzipiert, er habe, angeregt durch Cottas Buchgeschenk,

> Mehreres in Sinn und Art des Orients gedichtet. Meine Absicht ist dabey, auf heitere Weise den Westen und Osten, das Vergangene und Gegenwärtige, das Persische und Deutsche zu verknüpfen und beyderseitige Sitten und Denkarten über einander greifen zu lassen. (FA I 3.2, 1674–1675)[11]

---

9 Äußerung Goethes in den *Tag- und Jahresheften* 1815, vgl. bei Birus in FA I 3.2, 1571. Diese Entgegensetzung der eigenen ('westlichen') Sphäre im faszinierten und nachhaltig bemühten Zugang zu dem angelesenen „Buch-Orient", ein beständig agonales „west-östliches Oszillieren" der daraus entspringenden Gedichte ist geradezu das Leitmotiv der *Divan*-Einführung zur Weimar-Frankfurter *Divan*-Ausstellung von 2019 (Bosse 2019, 7, 10, 12, 18, 21–24, 27, 67, 74). Eine eindringliche Untersuchung des wetteifernden Umgangs Goethes mit den ihm durch Joseph von Hammer übermittelten, gerade auch antiorthodoxen lebens-, liebes- und weinzugewandten Hafis-Anregungen lieferte bereits Ursula Wertheim (1983, insbes. 81–118), aus orientalistischer Perspektive besonders kenntnisreich, bündig und klar im selben Jahr auch Johann Christoph Bürgel. Der Verfasser zollt Goethe seine „Bewunderung dafür, wie er aus einem Wust mittelmäßig bis schlecht übersetzter Texte das Wesen des Hafis erspürt hat [...], sodaß jedes seiner Gedichte sowohl orientalisch wie westlich ist" (Bürgel 1983, 130–131).
10 FA I 3.1, 457, vgl. Birus' Kommentar zur übernommenen Wortbedeutung des pers. *dīwān* = „'Sammlung', 'Versammlung'" FA I 3.2, 1681.
11 Den fertigen Brief hatte Goethe dann doch nicht abgeschickt (vgl. FA I 3.2, 1676), vermutlich, weil er sich der darin erbetenen striktesten Diskretion des Verlegers über den noch niemandem anvertrauten Plan des noch ganz Unfertigen nicht sicher sein konnte.

Abb. 1: Emblem-Pictura der ins Kerzenlicht flatternden Falter aus Corrozet: *HecatonGRAPHIE*, 1540.

Permanent findet ein solches für Goethes Vorstellung einer „Weltliteratur" charakteristisches ‚Übereinandergreifenlassen' auch auf der Bilderebene von „Selige Sehnsucht" statt: Die hier aus Hafis eingeblendeten Bilder des Selbstopfers des in die Kerzenflamme strebenden Nachtfalters ebenso wie der sich im Niederbrennen selbst vernichtenden Kerze waren auf der eigenen westlichen Projektionsfläche längst vorfindlich: Erst die Verspiegelung der orientalischen Vorprägungen und der Neubeleuchtung aus eigener Tradition ergeben das reizvoll Mehrwert stiftende west-östliche Doppelbild. In der langen Serie der Interpreten scheint mir allein Ueding in seiner zwischen den Positionen der dogmatischen Eindeutigkeitssucher vermittelnden Analyse Goethes medialen Bezugspunkt wenigstens angedeutet zu haben, wenn er analogiestiftend erinnert an „das alte Vergänglichkeitsemblem der niederbrennenden Kerze."[12] In ihren Stellenkommentaren haben, prononcierter, wenngleich ähnlich unausgeführt, Hendrik Birus und Anke Bosse neben ihren Hinweisen auf weitere von Goethe exzerpierte orientalische Belege für die Bildlichkeit des sich liebesentbrannt in die Kerze stürzenden Falters darauf aufmerksam gemacht,

> daß sich dieses Motiv nicht nur in der orientalischen Literatur bei Ḥāfiẓ und bei Saʿdī findet […], sondern auch – ideal für die west-östliche Konzeption des *Divans* – mit okzidentalen Traditionen koinzidierte: so mit der antiken Verbildlichung der Psyche als Schmetterling wie auch mit den ins Licht fliegenden Mücken und Schmetterlingen, die […] in der Emblematik als Sinnbild für verderbenbringende Begierde oder für echte Liebe eingesetzt wurden.[13]

---

[12] Ueding 1995, 339 und Ueding 1996/2004, 379. Auf Seite 380 erscheint die jüngste Bibliographie zur Interpretationsgeschichte des Gedichts.
[13] So Bosse 1999a, Bd. 1, 460–461, vgl. weitere Funde und Belege zum orientalischen Quellenbestand ebd. 194 und 459 sowie Bd. 2, 1074. Birus hatte bereits kommentiert (FA I 3.2, 971):

Goethes gerade für den *Divan* vielfältig produktive Erbschaften und Umwandlungen des in seiner Zeit noch allgemein verfügbaren gesamteuropäischen Modemediums vom sechzehnten bis zum frühen achtzehnten Jahrhunderts, der Emblematik, sind einlässlich noch nirgends untersucht worden. Man muss sich bei den beiden Altmeistern der Emblemforschung, Arthur Henkel und Albrecht Schöne (1978, Sp. 910 – 912), umsehen, aus deren monumentalem „Handbuch zur Sinnbildkunst des XVI. und XVII. Jahrhunderts", *Emblemata*, ich hier das dort aus acht unterschiedlichen Emblembüchern belegte Sinnbild der in die Kerzenflamme schwirrenden Mücken bzw. Schmetterlinge in der frühesten Version, aus Gilles Corrozets *HecatonGRAPHIE*, Paris 1540, ²1543, abgebildet habe (Abb. 1), um diese Verbindungslinie wenigstens angedeutet zu finden.

Henkel hatte in seiner Studie über Goethes Sturm-und-Drang-Hymnus „Wandrers Sturmlied" auf dort verarbeitete Emblembildlichkeit hingewiesen:

> Dem Barockzeitalter, das schon Herder das „emblematische" nannte, ist das Seiende nicht bloß es selbst, es bedeutet [...]. Zugleich wurde damit ein riesiger Bildervorrat geschaffen, den Prediger, Redner, Poeten, bildende Künstler nutzten. [...] Die Dichtung des achtzehnten Jahrhunderts noch schöpft bewußt-unbewußt aus dem Born der Emblemata [...]. Erst der klassisch-romantische Symbolbegriff [...] machte der Geltung des analogisch strukturierten Emblems ein Ende. Es wäre eine reizvolle Aufgabe, die Umwandlung überlieferter Embleme in der Symbolik des poetischen Haushalts Goethes zu verfolgen. (Henkel 1982, 36 – 37)[14]

In der langen Kette der Belege für offenbare Emblem-Anknüpfungen Goethes, der in seiner Weimarer Bibliothek die grundlegenden Emblemwerke des Alciato und des Sambuccus verfügbar hatte, vom Frühwerk bis zu den spätesten Altersge-

---

„Nicht minder war ihm dieses Motiv aus der abendländischen Tradition vertraut – vgl. etwa antike Verbildlichungen der Psyche als Schmetterling, vor allem aber die zahllosen ins Licht fliegenden Mücken und Schmetterlinge [...] in der Emblematik." (Vgl. die Hinweise auf emblematische Vorgaben FA I 3.2, 1044 – 1045). Burdach (1902) hatte im Kommentar zur „Jubiläums-Ausgabe", Bd. 5, die ikonographische Tradition nur bis zu antiken Basrelief-Darstellungen ausgezogen, abgeleitet „aus der orphischen Symbolik der *antiken* Kunst, in welcher der Schmetterling, der im Griechischen ψυχή hieß, als Sinnbild der Psyche und diese als Schmetterling oder als Mädchen mit Schmetterlingsflügeln erscheint, von Eros gefaßt, gehascht, oder mit der Fackel gesengt oder gefesselt wird. Namentlich Gemmen mit diesen Darstellungen waren Goethe bekannt und ebenso die sepulkrale Bedeutung des Motivs auf römischen Sarkophagen, die in dem Schmetterling die Jenseitshoffnung der Seele des Verstorbenen versinnlichen." (Burdach 1902, 335, vgl. auch seine „Einleitung" XLVIII).

14 Zu den früheren Versionen dieses Texts in der Gadamer-Festschrift von 1960 und als Einzelpublikation Frankfurt a. M. 1962 vgl. Henkel 1982, 191; als Fußnote zur zitierten Passage über den Funktionswandel von Emblem und Allegorie zum Symbol verweist Henkel (1982, 195) auf Walter Benjamin (1955, bes. 282 – 284).

dichten und zum Zweiten Teil des *Faust*, erwähnt Henkel (1982, 37–38) aus dem *Divan* neben der perlenträneden Muschel auch „die Mücke ums Licht".

Abb. 2: Emblem-Pictura mit Putto vor ins Kerzenlicht strebenden Faltern aus Vaenius: *Amorvm Emblemata*, 1608.

Albrecht Schöne, der in seiner Monographie über *Emblematik und Drama im Zeitalter des Barock* (1968, 102–119) die Serie der Embleme und darunter das der tödlich in die Kerze flatternden Insekten in den Versionen des Corrozet und des Rubens-Schülers Otto van Veen (Otho Vaenius: *Amorvm Emblemata*, 1608) in ihrer literarischen Umsetzung in Daniel Casper von Lohensteins *Sophonisbe* untersucht, spielt dabei auf Goethes „Selige Sehnsucht" an (der Liebende „sieht sich dem Schmetterling gleich, der, des Lichts begierig, den Flammentod findet"; Schöne 1968, 101–102 und 106–107). Dabei hat er die Nachwirkung und Funktionsveränderungen der medialen Mode im achtzehnten Jahrhundert, namentlich bei Goethe, präziser umrissen:

> Goethe [...] wird diese Bilder aus der festen Ordnung der Bedeutungen, in der die Alten sie gesehen hatten, in eine Symbolik überführen, die ihnen unbegrenzte Bedeutungshorizonte öffnet, indem sie [...] den Sinn der Erscheinungen ins Inkommensurable und Unaussprechliche weitet. (Schöne 1968, 52)
>
> Denn die symbolische Poesie stellt, um Goethes Worte aufzunehmen, ein Besonderes dar, „spricht ein Besonderes aus, *ohne* ans Allgemeine zu denken oder darauf hinzuweisen. Wer nun dieses Besondere lebendig faßt, erhält zugleich das Allgemeine mit, ohne es gewahr zu werden, oder erst spät." [...] Wenn im Symbol [...] die Bedeutung des Bildes [...] durch den Schleier der Poesie verhüllt scheint, wirksam und unfaßlich zugleich, wahrhaft unaussprechlich, und „ahnungsvoll" ein unendlicher Bedeutungsspielraum sich öffnet, wird im Emblem eine außerhalb des Dargestellten liegende Bedeutung fixiert, zwischen der res si-

gnificans und ihrer significatio eine feste Beziehung hergestellt und der Sinn des Bildes so aufs jeweils Eindeutige beschränkt. (Schöne 1968, 32)[15]

Angesichts der Allgemeinverfügbarkeit des emblematischen Bilderschatzes hält Schöne (1968, 53) es für eher belanglos, welches der zahllosen Emblembücher eine unmittelbare, meist jedoch vermittelte Vorgabe für die poetische Transformation gegeben haben könne, „im Einzelfalle wird der Sicherheitsgrad solcher Abhängigkeitsnachweise über bloße Wahrscheinlichkeit oder Möglichkeit oft nicht hinausgehen", aber für „die Bildlichkeit der dichterischen Sprache liegen in der Emblematik ohne Zweifel entscheidende Voraussetzungen", denn

> Das Seiende als ein über sich selbst Hinausweisendes, dabei auf eindeutige und formulierbare Weise Bedeutendes zu verstehen, bleibt als eine der Grundmöglichkeiten menschlicher Welterfassung verfügbar, auch nachdem das ‚emblematische Zeitalter' vergangen ist und andere Formen der Betrachtung und Bedeutungsbestimmung das Beobachten und Denken der Menschen bestimmen. (Schöne 1968, 53, 60–61)

Der Befund dieser Überlegungen ist damit für „Selige Sehnsucht": Ebenso die orientalischen Vorgaben wie die emblematische Tradition lieferten Goethe poetische Bildentwürfe respektive sogar graphische Bilder mit jeweils fest umgrenzten Bedeutungen zu, die in der persischen Erzählung ebenso wie im charakteristisch dreiteiligen Emblem durch die Textpartien, die seine Picturae umrahmen, also die mottogebende Inscriptio (auch „Lemma" genannt) und die Subscriptio in Form eines auslegenden Epigramms, eindeutig festgelegt sind. In beiden Traditionen kann die Bedeutung des in die Kerze fliegenden Falters zerstörerische Liebesqual sein (im Emblem „Amoris ingenui tormentum" bzw. „In Amore tormentum", „Brevis et damnosa volvptas") oder (im Subscriptio-Gedicht, bedeutungsmäßig geradeso festgelegt) „Untergang durch Verlangen nach Verbotenem", hier selbstzerstörerische Kriegsbegeisterung („La guerre doulce, aux inexperimentez"):

> Les Papillons se vont brusler
> A la chandelle qui reluict:

---

15 Kontext der ‚aufgenommenen' Goethe-‚Worte' ist die späte Reflexion eines Gesprächs mit Schiller über die beide Klassiker unterscheidende Tendenz zu allegorischer bzw. symbolischer Dichtung, die dieser brieflich fortgesetzt hatte, in Goethes *Maximen und Reflexionen* aus *Kunst und Altertum* (1821–1826) in FA I 13, 368 und Kommentar 963, vgl. gleichsinnig FA I 13, 207 und Kommentar 775–776. Den Vorzug hat für Goethe die symbolische Behandlung, mache sie doch „eigentlich die Natur der Poesie" aus (FA I 13, 368).

> Tel veult à la bataille aller,
> Qui ne sçait combien guerre nuyt.[16]

Aus beiden Traditionen kommt dem *Divan*-Dichter dazu im Bild der sich niederbrennend selbst zerstörenden Kerze die Bedeutung der „Selbstaufopferung" hinzu: „Aliorum absumor in usus" bzw.

> En faisant à aultruy seruice
> Par le vray droit de mon office,
> Pauure Chandelle que je suis,
> Ie me consume, et me destruis.[17]

Nicht nur diese beiden Bedeutungen führt Goethe zusammen, er erweitert sie vielmehr noch um die naturwissenschaftliche Dimension (Schmetterling als Musterbeispiel für morphologische Evolution: Zeugung – Ei – Raupe – Larve – Fluginsekt – Tod) und zugleich um die europäisch-antike mythische (Schmetterling als Imago der Seele mit einer ihr zugeschriebenen Palingenesie-Erwartung). Durch diese Amalgamierung von Grundelementen stiftet er gegenüber der allegorischen bzw. emblematischen Bedeutungsenge den ‚inkommensurablen' Mehrwert seines Symbols, das sich in der aufgerufenen Assoziationsfülle intentional jeder logischen Argumentationsstruktur wie auch der Eindeutigkeit festgelegter Bedeutungen entzieht.

Emblematische Bildvorwürfe, die ‚westlich' den angelesenen orientalischen Poesie-Bildern entsprechen und Grundlage boten für ähnliches Überspiegeln, gibt es weit mehr, als Henkel sie skizziert hat. Ich kann hier nicht auf Treibjagd gehen nach einer Vielfalt von Umdeutungen emblematischer Konstellationen und Figurationen im *Divan* wie der Muschel und Perle, Rose und Nachtigall, Sonne

---

[16] Henkel und Schöne 1978, Sp. 910–911, ebd. Sp. 911 mit der Übersetzung: „Die Falter verbrennen sich in der Kerzenflamme: so möchte derjenige in die Schlacht stürmen, der nicht weiß, wie verderbenbringend der Krieg ist."

[17] Henkel und Schöne 1978, Sp. 1363. „Indem ich arme Kerze anderen diene, wie es meine Bestimmung ist, verzehre und zerstöre ich mich." Beide Bedeutungen zusammengeführt bei Hafis im von den Interpreten von „Selige Sehnsucht" übersehenen 21. Ghasel des Buchs „Der Buchstabe Min", wo es von der „Freundin" des Sängers heißt: „Fodert mir ihr Schmetterling ab die Seele, | Will ich wie die Kerze im Augenblicke | Opfern die Seele." Hafis 1813/1973, 183. Von Goethe im Gedicht „Ergebung" des *Divan*-„Buchs der Liebe" ebenso mit „emblematischer" Einsinnigkeit aufgenommen: „‚Du vergehst und bist so freundlich, | Verzehrst dich und singst so schön.' || *Dichter* | Die Liebe behandelt mich feindlich! | Da will ich gern gestehn, | Ich singe mit schwerem Herzen. | Sieh doch einmal die Kerzen, | Sie leuchten indem sie vergehn." (FA I 3.1, 40, vgl. Kommentar FA I 3.2, 1044–1045).

und Mondsichel, dem singend sterbenden Schwan, dem als Spiegel vorgewiesenen Herzen, der garstigen alten Vettel Frau Welt oder dem Gleichnis Gottes – sei es im Auge der Geliebten oder im Augenabbild der Pfauenfeder. Vielmehr möchte ich ein bislang nie wahrgenommenes Beispiel aus dem Bereich der geistlichen Emblematik in den Blick bringen, wo sich eine eher vage orientalische Anregung mit sehr viel plastischerer westlicher Bildvorlage in ähnlich reizvoller Weise wie für „Selige Sehnsucht" überschneidet und, in umspielender Abwandlung, dieselbe *Divan*-typische Schwebelage von Setzung und Kontrapunkt, tiefem Ernst und heiterem Scherz produziert.

Albrecht Schöne (1968, 59) hatte bereits darauf hingewiesen, dass die *geistliche* Emblematik, deren vielgliedrig-reichhaltige Tradition im *Emblemata*-Handbuch noch gar nicht mit erschlossen wurde, in den Erbauungsbüchern des achtzehnten Jahrhunderts bis in die Goethezeit präsent bleibt.[18] Und deren suggestiver Bildvorwurf und epigrammatische Auslegungen eröffnen fundamentalen Zugewinn zum Verständnis der *Divan*-Gedichte über die im Gefängnis des Körpers eingesperrte menschliche Seele. Anders als „Selige Sehnsucht", mit dem Burdach (1902, 333; 404; 408) diese Gedichte bereits in gehaltlichem Bezug gesehen hatte, hat das auf den ersten Blick leichtverständliche kurze Dialoggedicht im „Schenkenbuch" zwischen Suleika und Hatem, „Warum du nur oft so unhold bist?" keine Einzelinterpreten gefunden:

> *Suleika*
> Warum du nur oft so unhold bist?
> *Hatem*
> Du weißt daß der Leib ein Kerker ist,
> Die Seele hat man hinein betrogen,
> Da hat sie nicht freye Ellebogen.
> Will sie sich da- und dorthin retten:
> Schnürt man den Kerker selbst in Ketten,

---

[18] Neben Christian Scriver erwähnt er hier namentlich die geistlichen Emblemmeditationen von Erasmus Francisci [„Die geistliche Gold=Kammer", Nürnberg 1668, 2. vermehrte Aufl. 1675] und Johann Michael Dilherr [„Dilherr: Göttliche Liebesflamme: Das ist / Andachten / Gebet und Seufzer / über das Königliche Braut=Lied Salomonis", Nürnberg 1651, Nürnberg ⁵1664, insgesamt 12 Auflagen], die beide (neben vielen späteren ebenfalls protestantischen und insbesondere pietistischen Emblembuch-Herausgebern) auch das nachfolgend zu erörternde „anima captiva"-Emblem aufgenommen und neu interpretiert hatten. Vgl. zu der gesamten, hier nur abbreviativ zu umreißenden geistlichen Emblembuchtradition, die dieses Bild und seine Auslegungen weitergetragen haben, meinen Aufsatz „Verba docent, picturae trahunt. Interkonfessionelle Grenzüberschreitungen der geistlichen Emblematik im 17. und 18. Jahrhundert" (Schrader 2020).

> Da ist das Liebchen doppelt gefährdet,
> Deßhalb sie sich oft so seltsam gebärdet.[19]

Das auf Goethes zweiter Anreise von Weimar zum Rhein und Main in Eisenach am 24. Mai 1815 entstandene Poem ist das auf Erden letzte Zwiegespräch zwischen den beiden Liebenden, eine recht missgestimmte Konversation, in der Suleika nur den einen fragmentarischen Satz ausruft, weshalb wohl der Geliebte häufig mürrisch ist und Andere mit seiner schlechten Laune verdrießt. Es ist übrigens eines von insgesamt 44 *Divan*-Gedichten, die mit dem typisch orientalischen Gesprächseinsatz „Warum" beginnen. Für Hatems sieben Verse umfassende Antwort verweisen die Kommentatoren im Bewusstsein, dass es sich beim Bild der in den Körper eingesperrten Seele um „eine in der Antike wie im Christentum und im Islam gängige Vorstellung" handle, doch nur auf Goethes Exzerpt aus den von Hammer herausgegebenen *Fundgruben des Orients* [II, S. 108 f.], hier die persische Vorgabe im „Buch Nigristan" („Buch der Betrachtungen") über eine mit der Seele identifizierte Nachtigall: „Luscinia captiva cui nomen est anima | Non insevit corpori, quod vices retis gerit." („Eine gefangene Nachtigall, die den Namen Seele trägt, | Ist dem Körper nicht zu Willen, welcher die Rolle des Vogelnetzes spielt.").[20] Überdies wird auf die Motivparallele der ersten Strophe in Hafis' 24. Ghasel des Buchstabens Nun hingewiesen, das Hammer übersetzt hat –

---

19 FA I 3.1, 106, nach dem Erstdruck der Sammlung von 1819, vgl. mit nur graphischen Abweichungen in der mit dem Entstehungsvermerk „Eisenach | d. 24 May | 1815." unterzeichneten Manuskriptversion des „Deutschen Divan" von 1815 FA I 3.1, 510, und in der Zusammenstellung für den weiteren Ausbau der Sammlung jenseits der Erstausgabe „Neuer Divan 1819–1827", FA I 3.1, 410. Kommentar von Birus FA I 3.2, 1320–1322.
20 FA I 3.1, 648, dazu Kommentar von Birus FA I 3.2, 1320–1321 und 1359–1360, dazu tiefergreifende Angaben zum Zitatkontext (Übersetzungsproben des Grafen Harrach aus dem auf den frühneuzeitlichen osmanischen Gelehrten Kemāl Paša-zāde zurückgehenden *Nigristan*-Buch) bei Bosse 1999a I, 188). Dort zum lateinischen Gesamttext der *Fundgruben*-Passage vor dem Goethe'schen Exzerpt-Fragment eine deutsche Übersetzung: „Der Seelenvogel sucht mit melodischem Gesang das Nest seiner Geburt zu erreichen, dabei spannt er die Flügelschwingen aus und setzt zum Fluge an, wenn für die Nachtigallen die Vereinigung von Erde und Himmel beginnt. Der Käfig der äußeren Gestalt und das Vogelnetz des Körpers beengt jenen [Vogel] und hält ihn davon ab und fern, in den Genuß des gelobten Vaterlandes und der vorgezeichneten Wohnstatt zu kommen; erfreut über diese Aussicht und entflammt vor Verlangen kann er keine Ruhe im Körper finden und wird von dem Beengtsein wider seinen Willen gequält; er sucht das Netz zu zerreißen und an den Ort seines Ursprungs zurückzufliegen." Bei Bosse 1999a I, 552 auch Reihenfolge der auf Goethes Anreise zwischen Weimar und Frankfurt zwischen dem 21. und 27. Mai 1815 entstandenen Gedichte.

> Der Phönix meines Herzens hat
> Sein Nest im letzten Himmel,
> Im Körperkäfigt eingesperrt,
> Ist er längst satt des Lebens.[21]

– nicht ohne in einer Fußnote auf die interpretierende Übersetzerfreiheit hinzuweisen, dass er dem Herzensvogel entgegen der Vorlage den Namen des mythischen Phönix beigab:

> Im Persischen stehet nur der *Vogel*, weil aber die Stelle [...] augenscheinlich auf die Fabel des Phönix anspielt, schien es erlaubt, seinen Namen zu nennen. Es ist der Geist, der sich hoch über alles Irrdische aufschwingt zur Einheit Gottes.
> Dieser Ode läßt sich hoher mystischer Sinn nicht absprechen. (Hafis 1813/1973, 308)

Hoher mystischer Sinn kennzeichnet ebenso die gesamte suggestiv-sinnenmächtige Tradition der emblematisch-‚westlichen' Text-Bilddarstellungen der *anima captiva in corpore*. Sie begegnen zuerst in dem nicht nur durch zahllose lateinische Auflagen, sondern auch durch Übersetzungen in fast alle Nationalsprachen Europas und später durch ebenfalls massenweise Bearbeitungen und Übernahmen gerade auch von protestantischen – lutherischen wie auch reformierten – Autoren unvergleichlich verbreiteten Erbauungsbuch, das der flämische Jesuit Hermann Hugo 1624 in Antwerpen als gegenreformatorisches Abwehrinstrument gegen die protestantische Verkündigung herausgebracht hatte: *PIA DESIDERIA Emblematis Elegiis& affectibus SS PATRVM illustrata.*[22] Im bewussten Rückgriff auf die mystischen Denk- und Bildtraditionen des Mittelalters sollte ein herzrührendes Medium zur Beförderung individueller Frömmigkeit geschaffen werden. Dazu hatte Hugo einen ebenso frommen wie hochbegabten graphischen Künstler, Boethius à Bolswert, gewinnen können, der später auch noch eine Serie weiterer flandrischer Emblembücher ausgestaltet hat. Seine auf das biblische Hohelied und die anknüpfende Brautmystik des Mittelalters gegründeten Pictu-

---

21 „Murghi dilem tairist kudsiï arsch aschjan". Hafis 1813/1973, 308.
22 Von der Erstausgabe (*Vulgauit Boëtius a Bolswert Typis Henrici Aertssenii ANTVERPIÆ M.DC.XXIIII.*) gibt es einen reprographischen Nachdruck mit einer Einführung von Hester M. Black, London 1971 (Continental Emblem Books Series, Bd. 11). Digitalisiert wurde die Originalausgabe zudem ins Netz gestellt von der BSB München (Asc. 2467) und von der Hochschulbibliothek Gent (Bookerij van Islands, 165 Rq), wobei Differenzen in Paginierungen und einzelne Textumstellungen zeigen, dass es schon im selben Jahr 1624 mehrere Abdrucke gegeben haben muss. Das Emblemkupfer Nr. 38 mit der Darstellung der *anima captiva in corpore* fehlt im Münchner Exemplar, ist aber im Genter vorhanden. In der Ausgabe Antwerpen 1628 erscheint es auf Seite 366 (Deutsche Digitale Bibliothek). Zur traditionsbildenden Wirkung dieses Emblembuchs vgl. Schrader 2019b, 27–35, 38–46.

Infelix ego homo! Quis me liberabit de corpore mortis huius? Ad Rom. 7.
38.

Abb. 3: Emblem-Pictura 38 von Boetius à Bolswert zu Hermann Hugo: *PIA DESIDERIA*, 1624.

rae, die durchgängig den liebenden Umgang zwischen dem in Jesus verkörperten Amor divinus und seiner Braut, der menschlichen Anima (beide in Putto-Gestalt), vor Augen führen, waren zweifellos weit wirksamer und für die nachhaltige transkonfessionelle Wirkung des Andachtsbuchs entscheidender als die langatmige Gelehrtenpoesie der Hugo'schen Subscriptio-Gedichte.

Emblem 38 (Abb. 3) zeigt die auf allen Bildern des Bandes präsente weibliche Figur der Anima (ohne dass ihr hier wie auf den meisten anderen ihr göttlicher Seelenfreund zur Seite stünde) eingesperrt in den Rippenkranz des Brustkorbs eines übermenschengroßen Skeletts zwischen kahlem Gesträuch in einer winterlich-kargen Felslandschaft. Zur lateinischen Inscriptio aus dem Römerbrief 7,24 („Ich elender Mensch! Wer wird mich erlösen von dem Leibe dieses Todes?") hatte Hugo ein stark redundantes Gedicht gestellt, das die Sehnsucht der Seele nach ihrer Erlösung aus dem todesverfallenen Körper ausspricht und summierend endet:

> Ō quis | Qui me mortali corpore soluat, erit?
> O quis erit? [...]
> Mors miseræ quâuis condicione placet. [...]

Corpora corporibus coniunxit mortua viuis
Ille, hominem quem vix dicere fama potest.
Me, viuum cruciat (magis hoc ferale) cadauer;
Nec, quæ dißidium finiat hora, venit.

O Deus, ō superi, patientia vincitur? ō quis
Qui me mortali corpore soluat, erit?[23]

Das Thema ist hier ebenso wie in der persischen Überlieferung allein die Todessehnsucht des auf Erden seiner himmlischen Bestimmung entfremdeten Menschen. Die im Käfig des sterblichen Leibes, des ‚Körpers des Todes', eingesperrte Seele, die sein Unsterbliches, den ‚Körper seines Lebens' ausmacht, sehnt sich danach, der Tod möge ihrem schon zu langen Erdulden dieser Einkerkerung ein Ende machen. Goethe gibt dem Motiv zwei zusätzliche Dimensionen: Zum einen lässt er Hatem die menschliche Zwienatur in der Zwangsverbindung des immateriell-unsterblichen Strebevermögens mit der sterblich-materiellen Körperlichkeit als eine geradezu arglistige Veranstaltung des zu pejorativem „man" anonymisierten Schöpfers denunzieren,[24] zum andern erscheint auch der Körper selbst (vielleicht gerade dadurch) als ein Gefangener, in enge Grenzen Eingesperrter, wodurch sich die arme Anima, das „Liebchen", in doppelter Gefangenschaft und Gefährdung sieht. Also hat sie alle Ursache, „so unhold" und „seltsam" zu reagieren.

---

23 Hugo 1624, 361–362, textnah übersetzt:
„O, wer wird das sein, der mich von diesem sterblichen Leibe erlöst? O, wer wird das sein? [...]
Die unglückliche [Seele] hat Gefallen am Tod, wie immer er kommen mag. [...]
Er hat die Körper des Lebens mit den Körpern des Todes verbunden,
Er, den die Botschaft kaum Mensch nennen kann?
Mag er den Körper des Lebens mir quälen, viel mehr noch den Körper des Todes.
Noch nicht ist sie da, die Stunde, in der die Zwietracht sich endet,
O Gott, Ihr Erhabenen, wird dann das Dulden besiegt?
Wer wird das sein, der mich von diesem sterblichen Leibe erlöst?"
24 Auf denselben Gedanken gründet Mephistopheles im „Prolog im Himmel" seine Theodizee-Anklage im *Faust*, Vs. 279–292; mit ihm verflucht auch Faust die doppelte Einkerkerung im Innern seines materiellen Ich wie in der äußeren Beschränkung seiner Welt und seiner Kräfte, Vs. 398–417 und 652–675, vgl. zu diesem zentralen Thema des *Werther* Alexander Honolds Analyse eines ‚wilden Anrennens gegen das Gegebene' im vorliegenden Band, Seite 115. Die Theodizee-Auseinandersetzung ist weit schärfer in dem „Abraxas"-Gedicht „Süsses Kind, die Perlenreihen", das Goethe den „Unhold"-Versen unmittelbar hatte voranstellen wollen, dann aber verwarf. Die dortige Abwehr des Sassaniden-Herrschers Chosru gegen das als Halsschmuck getragene Kruzifix („Hölzchen queer auf Hölzchen") seiner Christenbraut Schirin ist wohl, als Rollenrede getarnt, Goethes heftigste Auslassung gegen das zum Kult- und Zierobjekt gemachte „Jammerbild am Holze". FA I 3.1, 508–510, Birus-Kommentar FA I 3.2, 1693–1703; Bosse 1999a, 1, 576–588.

Es wäre eine ebenso reizvolle wie aufwändige Aufgabe, die Veränderungen der Pictura-Auslegung dieses Emblems durch die lange Tradition der Abwandlungen von Hugos Emblembuch mit ihren stets veränderten oder ganz neu geschaffenen neulateinischen oder auch nationalsprachlichen Subscriptio-Versen hindurch zu verfolgen, zumindest für die Serie der protestantischen Adaptionen, die zumeist aus dem Geist des mystischen Spiritualismus und (z. T. radikalen) Pietismus entstanden sind. Aus der vielgliedrigen Kette protestantischer Hugo-Aufnahmen und -Umdeutungen nenne ich hier nur in chronologischer Reihung die bildauslegenden Versandachten der Nürnberger Georg Philipp Harsdörffer und Johann Michael Dilherr *Göttliche Liebes=Flamme*, 1651, ⁵1675, ferner des niedersächsischen Nonkonformisten Christian Hoburg *Emblemata Sacra. Das ist / Gottliche Andachten / Voller Flammender Begierden*, 1661, des schlesischen Spiritualisten Wencel Scherffer von Scherffenstein *Gottsäliger Verlangen Drey Bücher*, 1662, der Frankfurter Ekstatikerin Johanna Eleonora Petersen *Hertzens=Gespräch mit GOTT*, 1664, ²1694, des Nürnberger Polyhistors Erasmus Francisci *Die geistliche Gold=Kammer*, 1668, ²1675, des sächsischen theologischen Schriftstellers Johann Georg Albinus *Himmel=flammende Seelenlust*, 1675, des Thüringer streitbaren Pietisten Johann Georg Vockerodt *HVGONIS PIA DESIDERIA, elegantissimo carmine descripta*, 1701, ²1707, von einem anonymen „Deutschlieb", vermutlich dem v. a. in Hessen und Westfalen wirkenden radikalen Wanderprediger Ernst Christoph Hochmann von Hochenau *Gottseelige Begierden und andächtige SEUFZER*, 1706, schließlich des wiederum sächsischen Rektors Johann Augustin Groebel *HVGONIS PIA DESIDERIA novis annotationisbus edita*, 1727. Nach der französischen Version der Mystikerin Madame Guyon *L'Ame amante de son Dieu* von 1717 folgte zwei Jahre später eine anonyme deutsche Übersetzung in Regensburg und Augsburg, *Die ihren Gott liebende Seele* (²1743).²⁵ Schließlich noch hat in der

---

25 *Die Ihren Gott liebende Seele / Vorgestellet in den Sinnbildern ders* HERRN HUGONIS, *über seine* PIA DESIDERIA; *und des* OTTONIS VÆNII *über die Liebe Gottes / mit neuen Kupffern und Versen / welche zielen auf das innere Christenthum; aus dem Frantzösischen ins Teutsche übersetzt*. Regensburg / verlegts Heinrich Jonas Ostertag / Kupffstecher / und allda zu finden bey Andreas Geyern / und zu Augsburg bey Joh. Matthias Steidlin / Kupfferstechern. MDCCXIX (Guyon 1719). Eine Neuausgabe erschien in Regensburg 1743. Die von Carlos Sommervogel: *Bibliothèque de la Compagnie de Jésus*, I. Abt., Nouv. Ed., Bd. 4, Brüssel, Paris 1893, Sp. 517 und von John Landwehr: *German Emblem-Books 1531–1888. A Bibliography*, Utrecht, Leiden 1972 (Bibliotheca Emblematica, Bd. 5), 91, nicht als Übersetzung des Guyon-Poiret-Titels (s. u., Anm. 43) von 1717 erkannte Ausgabe ist identifiziert von Reinhard Breymayer (1977, 27). Dazu auch meine Hinweise (Schrader 2019a, 419–456, hier 438–440). Zur Adressierung der deutschen Ausgaben der von Pierre Poiret herausgegebenen ursprünglich katholischen Erbauungsbücher an eine sowohl katholische als auch protestantische Leserschaft vgl. Spamer 1930, 144–145, und Spamer 1970, 143–144. Das sattsam bekannte und häufig zitierte Buch hat Hansgünter Ludewig (2013) gemeint, entdeckt zu

Goethezeit, 1751, der rheinländische mystische Laientheologe und eindrucksvolle Poet Gerhard Tersteegen aufgrund eines anders bebilderten, jedoch in derselben flandrischen Jesuiten-Emblematik gründenden späteren Emblembuchs der Mme Guyon, *Les efets diferens de l'Amour sacré et profane* von 1722[26] eine deutsche Bearbeitung herausgebracht, die er mit ergänzenden Passagen aus dem umfänglichen Guyon'schen Bibel-Kommentarwerk angereichert hat, *Die heilige Liebe*

---

haben und die deutsche Übersetzung Gerhard Tersteegen als vermeintliches Erstwerk zuweisen zu können (dessen religiöse Schriftstellerei erst viel später einsetzt und der tatsächlich 32 Jahre später ein anderes Emblembuch der Guyon übersetzt, erweitert und neu publiziert hat, s.u. Anm. 28). Für ein so kostbar ausgestattetes Buch freilich hatte Tersteegen 1719 weder die Mittel noch die Kontakte zu den süddeutsch-katholischen Verlegern ganz außerhalb seines Wirkungskreises. Die für eine solche auf intuitive Einsicht gegründete Zuschreibung gegebenen Anhaltspunkte (Parallelen in der Zitierung allgemein verfügbarer mystischer Autoritäten) sind ebenso untriftig wie auch die Angaben zur Druck- und Zensurgeschichte fundamental unrichtig oder konstruiert. Gleichwohl hat der Verfasser seine im Aufsatz noch als sich ihm aufdrängende Vermutung vorgetragene Zuweisung zu Tersteegens Übersetzer- und Herausgeberschaft (nun zugleich mit einer ebenso untriftig zugeschriebenen Fülle weiterer anonymer Guyon-Eindeutschungen, insbesondere aus dem Leipziger Walther-Verlag) ohne neue Indizien abermals wie ein erwiesenes Faktum präsentiert, Ludewig 2019, 96–97, vgl. ebd. 25–26, 87–97, 220–222, dazu auf eine weitere Monographie (Ludewig: *Gerhard Tersteegens verbotene Schriften. Eine Werkbiographie*, 2019) verwiesen, die jedoch nach Mitteilung des Gießener Brunnen-Verlags noch nicht erschienen ist, aber „nachgeliefert" werden soll. Umfänglichere Richtigstellung auf der Grundlage auch neuester, zum 250. Tersteegen-Todesjahr 2019 entstandener Forschungen bei Schrader (2020, 11–12). Ich halte es für wahrscheinlich, dass sowohl die Übersetzung als auch die Regensburger Drucklegung in Wirklichkeit auf den von 1703 bis 1726 als Diplomat am dortigen Immerwährenden Reichstag wirkenden Guyon-Schüler und -Übersetzer Wolf von Metternich zurückgingen, der seine eigenen Werke pseudonym (meist als „Alethophilus") erscheinen ließ. Er verfügte in Regensburg über die erforderlichen sowohl Verbindungen als auch Mittel. Ausführlich über ihn und seine Guyon-Publikationen informiert die Habilitationsschrift von Xenia von Tippelskirch (im Druck), Kapitel 5.

26 In der ebenfalls auf Pierre Poiret zurückgehenden Werkausgabe, Jeanne Marie de La Motte Guyon: *POESIES ET CANTIQUES SPIRITUELS Sur divers sujets qui regardent LA VIE INTERIEURE*, Bd. 4, „Cologne: Jean de la Pierre" [recte: Amsterdam: Wetstein] 1722, Sixième Section [Digitalisat der BCU Lausanne]. Die aus Kostengründen auf jeder der Bildertafeln zu Vierergruppen zusammengestellten deutlich gröber ausgeführten 44 Emblembilder entstammen ebenfalls durchgängig der flämischen Erbauungsemblematik, großenteils auch des Amor-divinus und Anima-Typus, sind aber nur teilweise freie Bearbeitungen der Inventionen des Boetius à Bolswert. Der größte Teil sind Nachstiche aus dem mehrsprachigen emblematischen Andachtsbuch *THEATRVM AMORIS DIVINI ET HUMANI, Emblematis tam qvam scenis expressi, Latinis, Gallicis, Hispanicis & Flandricis versibus illustrati*, Antwerpen: Snyders 1655, Neuausgabe unter dem Titel *AMORIS DIVINI ET HUMANI ANTIPATHIA Siue effetus varij e varijs Sacræ Scripturæ locis deprompti nec non Gallicis, Hispanicis et Flandricis versibus illustrati*, Editio III. aucta et recognita, Antwerpen: Johannes Galleus 1670 [Digitalisat der Bibliothek des Dominikanerklosters Gent]. Vgl. dazu Schrader 2020, 32–33.

Gottes, Und die Unheilige Natur=Liebe, 1751 (²1787).²⁷ Davon gab es deutsche Nachdrucke bei den Pietisten Nordamerikas, noch 1828 in Lancaster, Pennsylvania.²⁸ Die bildlichen und textlichen Uminterpretationen in dieser langen Tradition der geistlichen Emblembücher aber wären ein eigenes Thema.

Ich möchte hier nur die Goethe nächstliegenden Positionen aufrufen, von deren Autoren wir wissen können, dass er Kenntnis von ihnen hatte bzw. sich mit ihnen auseinandergesetzt hat: zum einen die katholisch-quietistische Mystikerin Jeanne-Marie de Guyon, zum andern ihren poetischen Herold in Deutschland, Gerhard Tersteegen. Mit Madame Guyon hatte Goethe sich intensiver 1773/74 auf dem Höhepunkt des eigenen Sturm und Drang auseinandergesetzt, als er sich sogar als Frankfurter Agent für die Schar ihrer deutschen Nachfolger um deren ihm entfernt verwandten Anführer Johann Friedrich von Fleischbein zur Verfügung gestellt hatte.²⁹ Noch im Januar 1804 war nach dem Bericht Carl August Böttigers in der langen Unterredung mit Germaine de Staël über die Frage eines Fortlebens nach dem Tod von „Madam Guyon" die Rede, wodurch sie von Goethe

---

27 Der Übersetzer und Herausgeber Gerhard Tersteegen gibt sich im Untertitel durch sein geläufiges Kryptonym „G.T.ST." ebenso zu erkennen wie auch die Poiret'sche Guyon-Werkausgabe (Guyon 1722) als Grundlage seiner deutschen Bearbeitung: „Aus dem Frantzösischen der MADAME I.M.B. de la MOTHE GUION treulich verteutschet Und mit Ferneren Betrachtungen, Aus ihren sämtlichen Biblischen Schriften erläutert, von G.T. ST." Erste Aufl. Solingen: Johann Schmitz 1751, 2. Aufl. Mülheim: J.C. Eyrich 1787 (Guyon 1751).
28 G[erhard] T[er] ST[eegen]: *Die Heilige Liebe Gottes Und die Unheilige Naturliebe Nach ihren unterschiedenen Wirkungen, In XLIV anmuthigen Sinnbildern Und erbaulichen Versen vorgestellet.* – Aus dem Französischen der *Madame I.M.B. de la Mothe Guion* Treulich verdeutschet, Und mit Ferneren Betrachtungen, aus ihren sämmtlichen Biblischen Schriften erläutert, Lancaster: Zum Druck befördert durch Jacob Schweitzer 1828. – Gedruckt von Johann Bär. (360 S. mit – wie in der Guyon-Vorlage – 44 Emblembildern in Viererblöcken auf 11 beigebundenen Tafeln).
29 Interpretation des im Original wiedergefundenen, einzig erhaltenen Briefs an Fleischbein und Rekonstruktion der Gesamtkorrespondenz und der Zusendungen von Guyon-Werken aufgrund von Fleischbeins Briefwechsel mit seinem Stellvertreter in der Gemeindeleitung, dem Baron Georg Ludwig von Klinckowström bei Schrader (2016a). Auch als Separatpublikation in: „Briefe mit freundschaftlicher Hand". *Für Albrecht Schöne zum 17. Juli 2015.* Hg. Anne Bohnenkamp. Göttingen [2017], [120 S.]. Zu den von Madame Guyon inspirierten Goethe-Gedichten vgl. auch im Katalogbeitrag Schrader (2016b), hier 84 und 96, ebd. 87 Guyon-Porträt und 88–89 die stark simplifizierten Bildertafeln der Neuauflage ihres Emblembuchs von 1722, die die Vorgabe bildeten für Tersteegens deutsche Neuausgabe. Ebd. 91–93 Proben der Emblembilder aus dem Guyon-Emblembuch von 1717 und 90 und 93 Faksimiles von Auszügen eines der Briefe Fleischbeins an Klinckowström über Goethe und von Goethes Brief an Fleischbein vom 3. Januar 1774. Weit vor dem Bekanntwerden dieser Zusammenhänge hatte Konrad Burdach in verschiedenen Publikationen seit 1912 aus Goethes Sturm-und-Drang-Hymnen auf eine Vertrautheit mit den *Torrents spirituels* der Madame Guyon geschlossen, was in der Forschung jedoch übergangen oder bestritten wurde. Vgl. ebd. 74, Anm. 73, auch Schrader 2019a, 454.

den Eindruck mitnahm „il y a un *double Goethe*, le poëte et le métaphysicien. [...] Mais il me semble, que ce lui-même a souvent peur de son autre Soi".[30] Die Lektüre Tersteegen'scher Übersetzungsarbeiten aus der Bibliothek der Susanna von Klettenberg hat er schon 1770 notifiziert,[31] und mit dem Kreis der Tersteegianer, darunter Tersteegens Trauerredner Johann Gerhard Hasenkamp und Biograph Jacob Engelbert Teschemacher, war er durch Vermittlung Lavaters im Sommer 1774 in Elberfeld zusammengekommen.[32] Für Goethes Emblem-Anverwandlung freilich ist es ebenso unerweislich wie unerheblich, ob er just deren Bearbeitungen im Kopf hatte oder irgendein anderes Muster aus der so weit verbreiteten Gliederkette.

Dem von Hugo ohne den dortigen Sinnzusammenhang aus dem Römerbrief 7,24 isolierten Vers ‚Infelix ego homo! Quis me liberabit de corpore mortis huius' konfrontiert Mme Guyon die Anrufung der minnenden Seele an ihren geistlichen Bräutigam, ihre Klage über die Einkerkerung in den Körper, der sie immer wieder verführt, sündhaft den Geboten der somit unerreichbaren Liebe zuwiderzuhandeln:

---

[30] Vgl. Böttigers Erinnerungen „Frau von Staël in Weimar 1804. Aus K. A. Böttigers Nachlaß" im *Morgenblatt für gebildete Leser*, 8. Juli 1855, 659–660. Abgedruckt und kommentiert in FA II 5, 454 und 941–942.

[31] Vgl. Goethes Lektürenotiz zu „Jean de Benieres Louvigni das verborgene Leben mit Christo in Gott" in Tersteegens Übersetzung, das er offenbar zu Beginn des Jahrs 1770 aus der Bibliothek der Susanna von Klettenberg entliehenen hatte, FA II 1, 196 und Kommentar 732. Vgl. Steiger 1982, Bd. 1, 348–349.

[32] Hasenbachs Leben und sein Tagebuch, das dieses Treffen dokumentiert, ist von seinem Sohn Christoph Hermann Gottfried in der Zeitschrift *Die Wahrheit zur Gottseligkeit*, H. II.5 und II.6, Bremen 1836, publiziert. Kontext und detaillierte Belege bei Bach 1923, 119, 130, 142 und 146–147. Auf dieser Reise waren die auch von Tersteegen oft angesprochenen Themen der Gottesbegegnung in der Schöpfung (Goethes Spinoza-Verständnis), ebd. 36, der Einsatz für konfessionelle „Toleranz" (43 und 76), über „Inspiration" und „Divinationskraft der Seele" (102, 125) sowie die „Endlichkeit der Höllenstrafen" (119–120) ein ständig begleitendes Gesprächsthema. Nähere Angaben zu dieser Geniereise und ihren religiösen Kontakten und Gesprächen bei Steiger 1982, 659–674, bes. 667, ebd. zu Goethes Zugang zu Tersteegens schriftstellerischer Übersetzerarbeit 348–349. – Zum Elberfelder Treffen vgl. auch Flasdieck 1970, mit weiterführender Literatur auch Schrader 2003, hier insbes. 57–64, auch bereits Schrader 2001, hier bes. 372–377. Zu Hasenkamps am 6. April 1769 gehaltener Abdankungsrede auf Tersteegen und zur kritischen Erwiderung des Mülheimer Pfarrers Jacob Wurm im öffentlichen Gottesdienst vgl. Kellermann 2019, 13, 21, 30. Die quellenkundigste Darstellung der Elberfelder Zusammenkunft mit Lavater und Goethe gibt jetzt die Monographie über den von Tersteegen hochgeachteten frommen Handwerker Jacob Engelbert Teschemacher, der nach dessen Tod den mystischen Freundeskreis weiterführte, Hübner 2014, dort insbes. 27, 76–78, 110, 117–118, 136, 183–234, 419–426.

Je languis dans une prison,
Où je puis, cher Epoux, vous devenir contraire :
Ah! voyez mon affliction,
Et m'empêchez de vous déplaire.

Je suis, hélas, je suis un homme malheureux.
Encore renfermé dans moi-même,
Qui ne fais rien de généreux
Pour plaire à cet objet que j'adore et que j'aime.

L'Esprit m'attire enhaut; le corps me tire enbas;
Pour moi c'est un combat étrange :
Je voudrois marcher sur vos pas ;
Et malgré moi, mon corps, à ses désirs me range.

Ayez pitié, grand Dieu ! de mon malheureux sort;
Vous connaissez mon extrême foiblesse:
Tirez-moi de ce corps de mort;
Je l'attends de votre sagesse.³³

In der recht geschickten anonymen Übersetzung von 1719 wird die Unlust der Anima an ihrer Einsperrung im Körperkäfig womöglich noch deutlicher als Ursache für eine Störung im Liebesverhältnis exponiert:

Ein harter Kercker schleust mich ein /
Allwo ich fürcht / ich möchte dir zuwider handeln.
Ach! Schaue meine grosse Pein /
Laß mich nach deinem Willen wandeln.

Wie elend bin ich doch / mit Kummer angefüllt /
Ich mach mir selbst das gröste Leiden /
Verstöret ist in mir dein Bild /
Ich liebe dich, kann doch das Gegentheil nicht meiden.

Der Geist zeucht mich hinauff / der Leib beugt mich herab;
Ich find in mir ein Gegen=Neigen:
Ich wünsch zu wandeln deinen Trab.
Ich will nicht, doch der Leib will mich zur Erden beugen

Erbarm Dich mein, o Herr / schaff Hülfe meiner Noth;
Ich bin mit Schwachheit überall umgeben;
Reiß mich vom Leib / von diesem Tod /
Dein weiser Rath kann solches geben. (Guyon 1719, 39).

---

33 Guyon 1717, 38–39, zusammen mit der Emblem-Pictura faksimiliert zum Beitrag bei Schrader 2016b, 93. Ich habe das Zitat der leichteren Lesbarkeit wegen hier umgestellt auf die Orthographie in der Guyon-Werkausgabe: *L'AME AMANTE de son Dieu*, Nouvelle édition, considérablement augmentée. Paris 1790, Emblem XVIII, 39 [Digitalisat der BCU Lausanne].

Abb. 4: Emblem-Pictura 32 der Anima zwischen dem Totengerippe und dem Amor divinus, nach Guyon: *Les efets diferens de l'Amour sacré & profane*, 1722, hier aus Tersteegen: *Die Heilige Liebe Gottes*, 1751.

Die Wiederaufnahme desselben Gedankens im späteren Guyon-Emblembuch *Les efets diferens de l'Amour sacré & profane* von 1722, in Tersteegens Version *Die Heilige Liebe Gottes Und die Unheilige Natur=Liebe* von 1751, jeweils im Emblem Nr. XXXII (vor S. 279 bzw. S. 273) mit der Inscriptio nach Phil 1,23 „Cupio dissolui esse cum Christo" („Je desire être dégagé des liens du corps, et d'être avec JESUS CHRIST" / „Ich habe Lust aufgelöset und bey Christo zu seyn")[34] stellt den Zentralgedanken der erstrebten Erlösung aus den Banden des Körpers unter eine andere, die Zuversicht auf baldige Erlösung stärker betonende Pictura. Der Amor divinus steht hier der Anima bei, die mit hilfeflehend erhobenen Händen in der Gewalt des Totengerippes an eine massive Säule gekettet ist. Zu ihr zurückblickend, scheint er in der Gegenrichtung nach vorn mit beiden Händen eine unsichtbare Schranke zu ihrer Befreiung aus der Not des sterblichen Körpers aufdrücken zu wollen. Ist der Hauptgedanke ganz der nämliche wie im zuvor

---

34 Korrekt lautet der Vulgata-Text „desiderium habens dissolvi, et esse cum Christo" (Nestle 1961, 502).

Abb. 5: Emblem-Pictura 40, Anima im Vogelbauer, hier in der Version der Madame Guyon: *L'Ame amante de son Dieu*, 1717, nach der deutschen Übersetzung, *Die ihren Gott liebende Seele*, 1719.

erörterten Emblem, wird neben dem Liebesmotiv doch stärker das der Gefährdung durch einen Rückfall in die Sünde betont:

> Que la mort est amère au cœur qui n'aime pas !
> Qu'elle est douce, ô Seigneur, pour celui qui vous aime ! [...]
>
> Je puis toujours pécher tant que je suis sur terre,
> Je puis toujours perdre mon Dieu :
> La mort fait tout mon bien, finissant ma misère.
> O mort, c'est toi qui me mets en bon lieu.[35]
>
> Wie bitter ist der Tod, dem, der nicht liebet rein!
> Wie ist er, HErr, so süß, dem, der dich liebt allein: [...]
>
> Stets kann ich sündigen, weil ich auf Erden bin;
> Stets kann ich meinen GOtt verlieren aus dem Sinn:
> Der Tod gibt alles Gut, ist meines Elends Ende,
> Führt mich zum guten Ort, in GOttes Reich und Hände.[36]

---

35 Guyon: POESIES ET CANTIQUES SPIRITUELS (Guyon 1722), Volume IV, Section VI, Emblême 32, 279–280, mit Rückverweis zur Bildertafel vor S. 279.
36 Tersteegen: *Die Heilige Liebe Gottes Und die Unheilige Naturliebe*, 1751 (Guyon 1751), 305–306, mit Rückverweis zur Bildertafel vor S. 273.

Goethe, der das Muster sowohl der persischen als auch der westlich-emblematischen Vorgaben (die er in ihrer religiösen Dignität gar nicht in Frage stellt) zu einem herzhaft irdischen Liebesstreit zwischen Hatem und Suleika säkularisiert und damit unter Markierung der Fallhöhe augenzwinkernd trivialisiert, lässt dem schlechtgelaunten Zwiegespräch seiner exemplarisch Liebenden ein kontrastives Antwortgedicht folgen, das die Einordnung in das „Schenkenbuch" (statt ins „Buch Suleika") veranlasst haben dürfte. Seinem sinnenfroh sündigenden Zecher und zugleich mystischen Liebenden Hatem stellt er darin mit der neuen sinnschweren Leichtigkeit seines nachklassischen Alterstons ein anderes feuchtfröhliches Modell der Misere der Seele in den Gittern ihrer Leibesbefangenheit vor Augen:

> Wenn der Körper ein Kerker ist,
> Warum nur der Kerker so durstig ist?
> Seele befindet sich wohl darinnen
> Und bliebe gern vergnügt bey Sinnen;
> Nun aber soll eine Flasche Wein
> Frisch eine nach der andern herein.
> Seele will's nicht länger tragen,
> Sie an der Thüre in Stücke schlagen.[37]

Hier erscheint Anima grundsätzlich ganz behaglich in ihrer Eingebundenheit in Körper und Sinnlichkeit. Was sie aber gefährdet, ist das Übermaß des vom Körper begehrten Weins, der ihn in Rausch zu versetzen und damit auch ihre Klarheit zu trüben droht. Vor diesem Kontrollverlust warnen ja mehrere der Schenken-Gedichte, sie will ihm hier mit Brachialgewalt Einhalt bieten.[38] Von den Emblemen der gottminnenden Seele her werden zwei in den Kommentaren vermerkte Merkwürdigkeiten in beiden Gedichten klar verständlich: dass die Seele im ersten Gedicht als „Liebchen" angesprochen werden kann, resultiert von ihrem Vorbild, der minnenden Seele, und dass sie im zweiten Gedicht artikellos als „Seele" (nicht

---

37 FA I 3.1, 106, vgl. 410 und („Ff. 27. May 1815.") 511, vgl. Birus-Kommentar FA I 3.2, 1321–1322, 1645 und 1702. Bürgel (1983, 137–138) kennzeichnet den (besonders dann auch im „Buch des Paradieses") mutwilligen Tonfall, „dieses Verschränken von Himmlischem und Irdischem" als gekonnte Adaption der Hafis-Vorlage: Dass es „bei Goethe nur gelegentlich in festlichem Pathos, daneben aber immer wieder in leichtem, spielerischem, ironischem und mitunter übermütigem Ton vorgetragen wird, ist nicht nur echte Hafis-Art, es hat auch mit der für den *Divan* erwähnten Ursprünglichkeit und Frische, dem reinen Sinn zu tun."
38 Dass sich Goethe mit der im *Divan* häufiger anklingenden Warnung gegen ein sinneverwirrendes Übermaß der alkoholischen Getränke klar von der Hafis-Vorgabe abgrenzt (ebenso wie er die homoerotischen Adressierungen der Hafis-Gesänge sublimiert), hat deutlich Bürgel (1983, 138–139) herausgearbeitet.

als ‚*die* Seele') angesprochen wird, erklärt sich aus ihrer emblematischen Personifikation als „Anima".[39]

In Hugos *Pia Desideria* und damit in umgestaltender Übernahme auch in der *Ame amante* von 1717 – bzw. übersetzt in *Die Ihren Gott liebende Seele* von 1719 – gab es zu dem erörterten Emblem 38 von der anima captiva in corpore noch ein Gegenstück, das Emblem 40 unter der Inscriptio aus Ps 142,8 „Tirez mon ame de la prison, afin que je benisse votre Nom." bzw. „Führe meine Seele aus dem Kerker, daß ich danke Deinem Namen."[40]

Goethe hatte sein in den ersten Monaten des Jahrs 1815 entstandenes Gedicht „Bulbuls Nachtlied", in dem er noch einmal das Körper-Kerkerbild aufnimmt und darin „das Seelchen" mit der Nachtigall (persisch „Bulbul") gleichsetzt, vor der Einweisung an den Anfang des „Buchs der Parabeln" (hinter den emblemaufrufenden Versen über die perlenträende Muschel) in der ursprünglichen Zyklusanordnung seines ‚Wiesbadener Registers' zwischen die Gedichte „Warum du nur oft so unhold bist?" und „Wenn der Körper ein Kerker ist" gesetzt,[41] eine Sinneinheit, die er später nach dem Prinzip der gleichgewicht-erzeugenden Talismane zu weiter gespannten Korrespondenzen „in dem Buch zerstreuen" wollte.[42] Die orientalischen Quellen für das Bild vom Seelenvogel Nachtigall werden auch hier augenscheinlich mit der westlichen Emblemtradition verquickt, wodurch auch hier der Gehalt des Gedichts erst viel deutlicher hervortritt.

Die Subscriptio-Verse der Madame Guyon und auch die ihres deutschen Übersetzers lassen die von der Pictura des Boetius à Bolswert gestiftete und so auch in Goethes Gedicht hineinwirkende Parallelisierung der Anima mit der aus einem engen, im Baumwipfel aufgehängten Käfig ins Freie entweichenden Nachtigall unberücksichtigt. In ihrer Auslegung aber des diese Sinnschicht hervorhebenden Bildes klingt vorsichtig der von Goethe ausgeführte (ja auch in „Wenn der Körper ein Kercker ist" angesprochene) Gedanke an, dass sich die Seele doch auch in ihrer gott-verordneten Körpergefangenschaft einrichten und sogar klaglos einigermaßen wohlfühlen kann:

> Helas, mon ame est prisonniere!
> Tu pourrois, cher Epoux, la tirer de prison:
> Tu n'écoutes pas ma priere;
> J'en suis dans la confusion.

---

39 Vgl. zuletzt in Birus' Kommentar zu „Liebchen" und zur „Artikellosigkeit von ‚Seele'", FA I 3.1, 1321–1322. Vermerkt auch schon bei Burdach 1902, 404.
40 Guyon 1717, 41 und direkt davor eingeheftete Bildtafel, ebenfalls in der deutschen Version, Guyon 1719, 41 und direkt davor eingeheftete Bildtafel.
41 FA I 3.1, 116, 422, 510 und Kommentare FA I 3.2, 1349–1352, vgl. 1320–1322.
42 FA I 3.1, 62, 362, 464 und Kommentare FA I 3.2, 1123 sowie 896–897.

> Ah, si par ta bonté tu me tirois de moi,
> Ce seroit un double avantage;
> Car le *moi* n'est qu'un esclavage,
> Qui me rend indigne de toi.
>
> Divin Epoux, doux centre de mon ame,
> Ah! c'est contre ce *moi* que sans fin je reclame;
> Car c'est là la prison trop fatale à mon cœur:
> L'autre se porte en patience:
> Tirez moi de *moi*, cher Vainqueur,
> Et je vivrai, quoique dans la soufrance,
> Sans me plaindre de mon malheur. (Guyon 1717, 41)

Der Übersetzer hat die Guyon-typische Programmatik einer notwendigen Entselbstung, also Vernichtung des Ich-Eigenwillens und die einer Einwohnung des göttlichen Bräutigams im Mittelpunkt (Zentrum) der Seele abgeschwächt und dafür die Vorstellung eines doppelten Kerkers der Seele im Körper und zusätzlich in dessen äußeren Gebundenheiten hervorgehoben, zugleich angedeutet, sie sei schon zufrieden, wenn bloß der innere Kerker sich auftut.

> ACh meine Seele ist gefangen!
> Du köntest sie / mein Freund! vom Kercker machen loß;
> Wann Du nicht hörest mein Verlangen;
> So giebt es mir den grösten Stoß.
>
> Wenn deine Güte / HErr! wegnähme dieses Mein /
> Würd es zweyfachen Nutzen tragen:
> Die Knechtschafft könte mich nicht plagen /
> Dir würd' ich angenehme seyn.
>
> Hilff mir / mein Freund! du Seele meiner Seelen /
> Das Ich das plaget mich / das Ich will mich stets quälen;
> Der Kercker drucket mich / Er druckt mich allzusehr;
> Den andern will ich gerne leiden:
> Reiß mich aus mir zu deiner Ehr /
> Was sonsten auf mich stürmmt will ich nicht meiden
> Und mich ob nichts beklagen mehr. (Guyon 1719, 41)

Goethe hat diesem geistlich-frommen Gedanken auch hier wieder den Theodizeezweifel hinzugefügt, der freien Nachtigall sei ein doch über Lohn zuteil geworden, als Gott sie gerade wegen ihres schönen Gesangs eingesperrt hat. Und weltfromm hat Goethe die beiden Kerker ausgewechselt: Wenn nur die äußeren Beschränkungen des Körpers weggenommen würden, könnte sich die Seele mit ihrer Gefangenschaft im Leibe ganz gut arrangieren und sogar zum Wohllaut ihres Gesanges zurückfinden:

Bulbuls Nachtlied, durch die Schauer,
Drang zu Allahs lichtem Throne,
Und dem Wohlgesang zu Lohne
Sperrt er sie in goldnen Bauer.
Dieser sind des Menschen Glieder.
Zwar sie fühlet sich beschränket;
Doch wenn sie es recht bedenket,
Singt das Seelchen immer wieder.[43]

Literaturverzeichnis

Zu der verwendeten Goethe-Ausgabe FA vgl. das Siglenverzeichnis zu Beginn dieses Bandes.

Bach, Adolf. *Goethes Rheinreise mit Lavater und Basedow im Sommer 1774. Dokumente.* Zürich: Verlag Seldwyla, 1923.
Benjamin, Walter. „Ursprung des deutschen Trauerspiels". Ders. *Schriften*, Bd. I. Frankfurt a. M.: Suhrkamp, 1955. 141–365.
Birus, Hendrik, und Anne Bohnenkamp (Hg.). *„Denn das Leben ist die Liebe…". Marianne von Willemer und Goethe im Spiegel des „West-östlichen Divans".* Frankfurt a. M.: Freies Deutsches Hochstift, 2014.
Borchardt, Rudolf. „Zu Goethes ‚Selige Sehnsucht'". Ders.: *Prosa* I. Hg. Maria Luise Borchardt. Stuttgart: Klett, 1957. 472–475.
Bosse, Anke. *„Meine Schatzkammer füllt sich täglich …". Die Nachlaßstücke zu Goethes „West-östlichem Divan". Dokumentation – Kommentar.* 2 Bde. Göttingen: Wallstein, 1999a.
Bosse, Anke. „‚Reisender' und ‚Handelsmann' in Sachen orientalischer Poesie – zu einer Handschrift aus Goethes Nachlaß zum ‚West-östlichen Divan'". *Goethes Morgenlandfahrten. West-östliche Begegnungen.* Hg. Jochen Golz. Frankfurt a. M. und Leipzig: Insel, 1999b.
Bosse, Anke. *„Poetische Perlen" aus dem „ungeheuren Stoff" des Orients. 200 Jahre Goethes „West-östlicher Divan".* Göttingen: Wallstein, 2019.
Oetinger, Friedrich Christoph. *Die Lehrtafel der Prinzessin* Antonia. Hg. Reinhard Breymayer und Friedrich Häussermann. Teil 1. Berlin und New York: De Gruyter, 1977 (Texte zur Geschichte des Pietismus VII,1,1).
Burdach, Konrad. „Einleitung und Anmerkungen zu *Goethes Sämtliche Werke*" (Jubiläums-Ausgabe). Bd. 5: *West-östlicher Divan.* Stuttgart und Berlin: J.C. Cotta Nachfolger, [1902].

---

[43] Zitiert in der Version der ursprünglichen Konstellierung (30. Mai 1815) im „Wiesbadener Register", „Des deutschen Divans manigfaltige Glieder", Nr. 63–65 (ursprünglich als Einschub zwischen den Gedichten „63. Unhold" und [neu:] „64a. Wenn der Körper" als Nr. „64. Bulbul"). FA I 3.1, 455 und 510, vgl. die Druckversionen der Erstausgabe 1819, 116 und *Neuer Divan* in der Ausgabe letzter Hand von 1827, FA I 3.1, 422, Kommentar FA I 3.2, 1349–1352, zum „Wiesbadener Register" FA I 3.2, 1674–1678 und 1702.

Bürgel, Johann Christoph. „‚Wie zu lieben und zu trinken' – Zum Hafis-Verständnis Goethes". *J.W. Goethe – Fünf Studien zum Werk.* Hg. Anselm Maler. Frankfurt a. M.: Peter Lang, 1983. 115–141 (Kasseler Arbeiten zur Sprache und Literatur 15).

Chon, Young-Ae: *„Sich erbittend ew'ges Leben". Sieben Essays zu Goethes „West-östlichem Divan".* Göttingen: Wallstein, 2017 (Schriften der Goethe-Gesellschaft 77).

Flasdieck, Hermann M. *Goethe in Elberfeld, Juli 1774.* Elberfeld: Martini & Grüttefien, 1929.

Guyon, Madame J.M.B. de la Mothe. *L'Ame amante de son Dieu, représentée dans les emblemes de Hermannus Hugo et dans ceux d'Othon Vænius sur l'Amour Divin.* Cologne [recte: Amsterdam: Wetstein] 1717.

[Guyon, Jeanne Marie de]. *Die Ihren Gott liebende Seele / Vorgestellet in den Sinnbildern des Herrn Hugonis, über seine Pia Desideria; und des Ottonis Vænii über die Liebe Gottes / mit neuen Kupffern und Versen / welche zielen auf das innere Christenthum; aus dem Frantzösischen ins Teutsche übersetzt.* Regensburg: Ostertag, und Augsburg: Steidlin, 1719. Neuausgabe Regensburg: Geyer, 1743.

Guyon, Jeanne Marie de La Motte. Poesies et Cantiques spirituels *Sur divers sujets qui regardent* la Vie Interieure. [Hg. Pierre Poiret]. Bd. 4, „Cologne: Jean de la Pierre" [recte: Amsterdam: Wetstein] 1722, Sixième Section [Digitalisat der BCU Lausanne].

Guyon [Guion, I.M.B. de la Mothe]. *Die heilige Liebe Gottes, Und die Unheilige Natur=Liebe. Aus dem Frantzösischen der* Madame I.M.B. de la Mothe Guion *treulich verteutschet Und mit Ferneren Betrachtungen, Aus ihren sämtlichen Biblischen Schriften erläutert, von G.T. ST.* Solingen: Johann Schmitz 1751, 2. Aufl. Mülheim: J.C. Eyrich 1787 [Digitalisate: StaBi Berlin].

Hafis, Mohammed Schemsed-din. *Der Diwan. Aus dem Persischen zum erstenmal ganz übersetzt von Joseph von Hammer-Purgstall,* Teil II. Stuttgart und Tübingen: Cotta, 1813 (Nachdruck Hildesheim und New York: Georg Olms, 1973).

Henkel, Arthur, und Albrecht Schöne (Hg.). *EMBLEMATA. Handbuch zur Sinnbildkunst des XVI. und XVII. Jahrhunderts.* Sonderausgabe. Stuttgart: Metzler, 1978.

Henkel, Arthur: „Wandrers Sturmlied. Versuch, das dunkle Gedicht des jungen Goethe zu verstehen". Ders.: *Goethe-Erfahrungen. Studien und Vorträge.* Stuttgart: Metzler, 1982. 9–42.

Hölscher-Lohmeyer, Dorothea. „Die Entwicklung des Goetheschen Naturdenkens im Spiegel seiner Lyrik – am Beispiel der Gedichte ‚Mailied' – ‚Selige Sehnsucht' – ‚Eins und Alles'". *Goethe-Jahrbuch* 99 (1982): 11–31.

Hübner, Thomas. *Jacob Engelbert Teschemacher (1711–1782). Der Biograph Tersteegens und Orgelbauer. Eine Darstellung von Glaube und Gabe – Wort und Werk mit einer Edition seiner Briefe und seiner Lebensbeschreibung Tersteegens.* Rheinbach: CMZ-Verlag, 2014.

Hugo, Hermann. *PIA DESIDERIA Emblematis Elegiis& affectibus SS PATRVM illustrata.* Antwerpen: Boëtius a Bolswert & Henricus Aertssenius, 1624. Nachdruck mit einer Einführung von Hester M. Black. London: Scolar Press, 1971 (Continental Emblem Books 11).

Kellermann, Ulrich. *Gerhard Tersteegen. Der Mülheimer Mystiker und die Macht der Liebe Gottes. Ein Tersteegenlesebuch zum 250. Todesjahr.* Mülheim an der Ruhr: Ev. Kirchenkreis an der Ruhr, 2019.

Korff, H[ermann] A[ugust]. *Die Liebesgedichte des West-östlichen Divans in zeitlicher Folge mit Einführung und entstehungsgeschichtlichem Kommentar.* Leipzig: Hirzel, 1947.

Landwehr, John. *German Emblem-Books 1531–1888. A Bibliography*. Utrecht und Leiden: Dekker & Gumbert; A.W. Sijthoff, 1972 (Bibliotheca Emblematica 5).

Lemmel, Monika. *Poetologie im West-östlichen Divan*. Heidelberg: Carl Winter, 1987 (Germanistische Arbeiten. Reihe Siegen 73).

Lohner, Edgar (Hg.). *Interpretationen zum West-östlichen Divan Goethes*. Darmstadt: wbg, 1973 (Wege der Forschung 288).

Ludewig, Hansgünter. „‚Die ihren Gott liebende Seele' – Bericht über das Auffinden von Tersteegens Erstlingswerk". *Jahrbuch für Evangelische Kirchengeschichte des Rheinlandes* 62 (2013): 85–106.

Ludewig, Hansgünter. *„Mein Leben sei ein Wandern". Die geistliche Biografie Gerhard Tersteegens*, Gießen: Brunnen-Verlag, 2019.

Nestle, Eberhard (Hg.). *Novum Testamentum Latine. Textum Vaticanum*. Stuttgart: Württembergische Bibelanstalt, ^{9}1961.

Przybylski, Lothar. „Jung-Stilling in Elberfeld von 1722 bis 1778". *Monatshefte für evangelische Kirchengeschichte des Rheinlandes* 19 (1970): 162–171.

Rang, Florens Christian. „Goethes ‚Selige Sehnsucht'". Lohner 1973, s. oben. 1–38.

Rösch, Ewald: „Goethes ‚Selige Sehnsucht' – Eine tragische Bewegung". Lohner 1973, s. oben. 228–249.

Schlaffer, Hannelore. „Gedichtete Theorie – Die ‚Noten und Abhandlungen' zum ‚West-östlichen Divan'". *Goethe-Jahrbuch* 101 (1984a): 218–233.

Schlaffer, Hannelore. „Weisheit als Spiel. Zu Goethes Gedicht ‚Selige Sehnsucht'". *Gedichte und Interpretationen*, Bd. 3: *Klassik und Romantik*. Hg. Wulf Segebrecht. Stuttgart: Reclam, 1984b. 334–341.

Schneider, Wilhelm. „Goethe: ‚Selige Sehnsucht'". Lohner 1973, s. oben. 72–83.

Schöne, Albrecht. *Emblematik und Drama im Zeitalter des Barock*. Zweite überarb. und erg. Auflage. München: C.H. Beck, 1968.

Schrader, F. Otto. „‚Selige Sehnsucht'. Ein Bekenntnis zur Seelenwanderung". *Euphorion* 46 (1952): 48–58.

Schrader, Hans-Jürgen. „Propheten zur Rechten, Propheten zur Linken. Goethe im pietistischen Geleit". *Rezeption und Reform. Festschrift für Hans Schneider zu seinem 60. Geburtstag*. Hg. Wolfgang Breul-Kunkel und Lothar Vogel. Darmstadt und Kassel: Verlag der Hessischen Kirchengeschichtlichen Vereinigung, 2001. 361–377 (Quellen und Studien zur hessischen Kirchengeschichte 5).

Schrader, Hans-Jürgen. „‚Unleugbare Sympathien'. Roentgen-Schreibtische, Magnetismus und Politik in Goethes ‚Unterhaltungen deutscher Ausgewanderten'". *Dazwischen. Zum transitorischen Denken in Literatur- und Kulturwissenschaft. Festschrift für Johannes Anderegg zum 65. Geburtstag*. Hg. Andreas Härter, Edith Anna Kunz und Heiner Weidmann. Göttingen: Vandenhoeck & Ruprecht, 2003. 41–68.

Schrader, Hans-Jürgen. „Goethes Verbindung zum mystischen Quietismus. Zu seinem Brief an Johann Friedrich von Fleischbein vom 3. Januar 1774". *Jahrbuch des Freien Deutschen Hochstifts* (2016a): 28–97.

Schrader, Hans-Jürgen. „Points de contact entre Goethe et les courants ‚inspirés' et quiétistes". *Goethe et la France. Ouvrage édité à l'occasion de l'exposition Goethe et la France à la Fondation Martin Bodmer à Cologny (Genève) du 12 novembre 2016 au 23 avril 2017*. Hg. Jacques Berchtold. Genf: La Baconnière, 2016b. 80–97.

Schrader, Hans-Jürgen. „Madame Guyon, Pietismus und deutschsprachige Literatur". Ders.: *Literatur und Sprache des Pietismus. Ausgewählte Studien*. Hg. Markus Matthias und Ulf-Michael Schneider. Göttingen: Vandenhoeck & Ruprecht, 2019a. 419–456 (Arbeiten zur Geschichte des Pietismus 63).

Schrader, Hans-Jürgen. „Verba docent, picturae trahunt. Interkonfessionelle Grenzüberschreitungen der geistlichen Emblematik im 17. und 18. Jahrhundert". *Il ‚pensiero per immagini' e le forme dell'invisibile – Das ‚Denken in Bildern' und die Formen des Unsichtbaren*. Atti del Convegno Internazionale, Cagliari 7–9 marzo 2018 / Akten der Internationalen Tagung in Cagliari, 7.–9. März 2018. Hg. Laura Follesa. Berlin: Peter Lang, 2019b. 19–50. (Quellen und Forschungen zur Europäischen Kulturgeschichte 5).

Schrader, Hans-Jürgen. „‚Im Ocean der Gottheit dich verlier'. Tersteegens Importe mystischer Inbrunst in die protestantische Poesie". *Euphorion* 114 (2020): 1–39.

Spamer, Adolf. *Das kleine Andachtsbild vom XIV. bis zum XX. Jahrhundert*. München: F. Bruckmann, 1930.

Spamer, Adolf. *Der Bilderbogen von der „geistlichen Hausmagd": Ein Beitrag zur Geschichte des religiösen Bilderbogens und der Erbauungsliteratur im populären Verlagswesen Mitteleuropas*. Bearb. Mathilde Hain. Göttingen: Schwartz, 1970 (Veröffentlichungen des Instituts für mitteleuropäische Volksforschung A6).

Steiger, Robert. *Goethes Leben von Tag zu Tag. Eine dokumentarische Chronik*, Bd. 1 (1749–1775). Zürich und München: Artemis, 1982.

Tippelskirch, Xenia von. *Spirituelle Kindheit. Religiöses Wissen, Frömmigkeitspraktiken und neue Geschlechterordnungen um 1700 zwischen Frankreich und dem Alten Reich*. Göttingen: Wallstein [im Druck].

Ueding, Gert. „Stirb und Werde! (Zu Johann Wolfgang von Goethe: Selige Sehnsucht)". *1000 Deutsche Gedichte und ihre Interpretationen*. Hg. Marcel Reich-Ranicki („Frankfurter Anthologie"), Bd. 2: *Johann Wolfgang von Goethe*. Frankfurt a. M. und Leipzig: Insel, 1994, ³1996. 337–341.

Ueding, Gert. „Selige Sehnsucht". *Goethe-Handbuch*, Bd. 1: *Gedichte*. Hg. Regine Otto und Bernd Witte. Stuttgart und Weimar: Metzler, 1996. Sonderausgabe Stuttgart und Weimar: Metzler, 2004. 377–380.

Wertheim, Ursula. *Von Tasso zu Hafis. Probleme von Lyrik und Prosa des „West-östlichen Divans"*. Berlin und Weimar: Aufbau-Verlag, 1983.

Caroline Torra-Mattenklott
Sprache der Dinge
Medialität und Präsenz in Goethes *Italienischer Reise*

Dass Goethes Italienerfahrung, so wie er sie in den überlieferten Teilen seines Reisetagebuchs von 1786 und der zwischen 1816 und 1830 publizierten *Italienischen Reise* dokumentiert, eine medial vielfach vermittelte war, ist immer wieder betont worden.[1] Die Sehnsucht, die den 37-Jährigen dazu trieb, Anfang September 1786 fluchtartig nach Süden aufzubrechen, war aus einer annähernd lebenslangen Beschäftigung mit Italienischem erwachsen, beginnend mit den Italien-Erzählungen des Vaters Johann Caspar Goethe, dessen Bibliothek und Kunstsammlung sowie dessen in italienischer Sprache verfasstem Reisebericht. Folgt man Goethes Selbstdiagnose, dann hatte ihn der lange gehegte und unerfüllte Wunsch, das aus Erzählungen, Lektüren und Abbildungen wohlvertraute Land endlich mit eigenen Augen zu sehen, in den Jahren vor der Italienreise in eine Art Medienkrise gestürzt, die ihm jedes an Italien erinnernde Schriftstück oder Bild unerträglich machte: „Denn jetzt darf ich es sagen", notiert Goethe in Venedig, „darf meine Krankheit und Torheit bekennen. Schon einige Jahre her durft' ich keinen lateinischen Autor ansehen, nichts betrachten was mir ein Bild Italiens erneute. Geschah' es zufällig, so erduldete ich die entsetzlichsten Schmerzen." (MA 15, 113, vgl. ähnlich 146)

Als der Wunsch endlich in Erfüllung geht, ist auch die Krise überwunden; vor Ort greifen mediale Vermittlung und Erfahrung des Gegenwärtigen harmonisch ineinander. Goethe beschreibt die Ankunft in Italien emphatisch als ein Wiedersehen und eine Wiedergeburt (vgl. MA 15, 113, 174, 177). Weit davon entfernt, hinter den hochgespannten Erwartungen zurückzubleiben, bestätigt und übertrifft das erlebte Italien seine mediale Repräsentation und die an ihr gebildeten Vorstellungen. So schwärmt Goethe kurz nach seiner Ankunft in Rom:

> Nun bin ich hier und ruhig und wie es scheint auf mein ganzes Leben beruhigt. Denn es geht, man darf wohl sagen, ein neues Leben an, wenn man das Ganze mit Augen sieht, das man teilweise in- und auswendig kennt. Alle Träume meiner Jugend seh' ich nun lebendig, die

---

[1] Vgl. z.B. den Kommentar der Münchner Ausgabe zu Goethes Reise-Tagebuch, der die ersten Tagebucheinträge in den Traditionen der Grand Tour und der Apodemik lokalisiert (MA 3.1, 614–623), sowie van Ingen 2007–2009. Dirk Niefanger betont die Funktion intertextueller und intermedialer Referenzen in der *Italienischen Reise:* Das Verweisen auf Reiseberichte und Bilder sei als ein Verfahren der Evokation zu verstehen, das es den Lesern ermöglichen solle, das nur fragmentarisch Dargestellte gleichwohl plastisch zu imaginieren (Niefanger 1997, bes. 109–112).

ersten Kupferbilder deren ich mich erinnere, (mein Vater hatte die Prospecte von Rom auf einem Vorsaale aufgehängt) seh' ich nun in Wahrheit, und alles was ich in Gemälden und Zeichnungen, Kupfern und Holzschnitten, in Gyps und Kork schon lange gekannt, steht nun beisammen vor mir, wohin ich gehe finde ich eine Bekanntschaft in einer neuen Welt, es ist alles wie ich mir's dachte und alles neu. Eben so kann ich von meinen Beobachtungen, von meinen Ideen sagen. Ich habe keinen ganz neuen Gedanken gehabt, nichts ganz fremd gefunden, aber die alten sind so bestimmt, so lebendig, so zusammenhängend geworden, daß sie für neu gelten können. (MA 15, 147)

Die gegenwärtige Anschauung ist für den Reisenden zugleich Erinnerung an bereits Gesehenes und Verlebendigung des Erträumten. In der sinnlichen Erfahrung konkretisiert sich das bislang nur ausschnitthaft und in abstrahierenden Darstellungen Gekannte, erscheint in einem größeren Zusammenhang und kann daher, wie Goethe schreibt, „für neu gelten". Goethes Bewusstsein davon, dass sein Italienbild auf vorgängige Erfahrungen und Darstellungen anderer zurückgeht, führt also nicht etwa zu einem kompensatorischen Streben nach Unmittelbarkeit und Authentizität oder zu der enttäuschenden Einsicht, dass Idealbild und Realität auseinanderklaffen. Im Gegenteil: Die Blässe und Zweidimensionalität der Vermittlung bildet eine Folie, vor der sich das Gegenwärtige in seiner Körperlichkeit und sinnlichen Fülle, seiner vielgestaltigen Materialität und Farbigkeit als neu Erfahrenes abheben kann.[2]

Als solches wird es nun – unter Goethes Regie – erneut zum Gegenstand medialer Vermittlung, und zwar nicht nur in schriftlicher Form, sondern, reflektiert durch das Medium der Literatur, in derselben Vielfalt medialer Darstellungsformen, von der auch schon die Reisevorbereitungen geprägt sind. Dazu zwei Beispiele. Das erste sind die Palladio-Bauten, die Goethe im September 1786 in Vicenza und Padua besichtigt: Mit Palladio hatte sich Goethe bereits vor seiner Reise beschäftigt, und er lässt sich auch vor Ort von einem „artige[n] Büchelchen mit Kupfern" und einem „kunstverständigen Texte" leiten, das man „zur Bequemlichkeit der Fremden herausgegeben" hat (MA 15, 59). Dem Kommentar der Münchner Ausgabe zufolge handelt es sich um Pietro Baldarinis *Descrizione delle*

---

[2] Von der Bedeutung des Wiedererkennens für Goethes Italienerfahrung geht auch Markus Fischers Analyse der „Kategorie des Erlebnisses" in der *Italienischen Reise* aus. Fischers primäres Augenmerk gilt jedoch nicht der medialen Vermittlung, sondern der erinnerten und wiederholten Wahrnehmung, durch die Goethe die Kontingenz des ersten Eindrucks zugunsten eines ‚reinen' und ‚adäquaten' Erlebnisses zu transzendieren sucht: „Nicht dem ersten, sondern dem reinen Eindruck, nicht der unmittelbaren, sondern der erst allmählich sich herausbildenden Erfahrung kommt das größte Gewicht und die höchste Bedeutung zu." (Fischer 1997, 96) Vgl. in diesem Sinne, aber unter der Perspektive einer Epistemologie der Landeskunde und Urbanistik, auch Hentschel 2007–2009 und 2013.

Architetture e Sculture di Vicenza, con alcune osservazioni, erschienen 1779 in Vicenza (vgl. MA 15, 834–835). Unmittelbar im Anschluss an die lobende Erwähnung dieses Büchleins benennt Goethe die Grenzen, die der Architekturvermittlung durch Stiche und Beschreibungen gesteckt sind:

> Man hat ein sehr artiges Büchelchen mit Kupfern zur Bequemlichkeit der Fremden herausgegeben mit einem kunstverständigen Texte. Wenn man nun diese Werke gegenwärtig sieht, so erkennt man erst den großen Wert derselben, denn sie sollen ja durch ihre wirkliche Größe und Körperlichkeit das Auge füllen, und durch die schöne Harmonie ihrer Dimensionen nicht nur in abstrakten Aufrissen, sondern mit dem ganzen perspektivischen Vordringen und Zurückweichen den Geist befriedigen [...]. (MA 15, 59)

Was die „abstrakten Aufrisse[]" nicht wiedergeben können, ist die „wirkliche Größe und Körperlichkeit" der Gebäude; die Stiche bleiben nicht nur aufgrund ihrer Zweidimensionalität und Abstraktheit, sondern auch schlicht aufgrund ihres verkleinerten Maßstabs hinter der Realität zurück. Damit hat Goethe jedoch kein Urteil über den grundsätzlichen Wert zweidimensionaler Architekturdarstellungen gesprochen, vielmehr gibt ihm die Betrachtung der Originale dazu Anlass, über eine Darstellungsform nachzudenken, die der ästhetischen Erfahrung besser gerecht wird. So heißt es im Eintrag für den 21. September abends:

> Ich ging zum alten Baumeister Scamozzi, der des Palladio Gebäude herausgegeben hat, und ein wackerer, leidenschaftlicher Künstler ist. Er gab mir einige Anleitung, vergnügt über meine Teilnahme. Unter den Gebäuden des Palladio ist eins, für das ich immer eine besondere Vorliebe hatte, es soll seine eigne Wohnung gewesen sein; aber in der Nähe ist es weit mehr als man im Bilde sieht. Ich möchte es gezeichnet und mit den Farben illuminiert haben, die ihm das Material und das Alter gegeben. (MA 15, 62)

Die zwei Sätze über Palladios Wohnhaus beschreiben in konzentrierter Form einen Prozess der medialen Transformation, der sich in verschiedenen Varianten an etlichen Stellen der *Italienischen Reise* wiederfinden lässt. Hier vollzieht sich dieser Prozess in drei Schritten oder Phasen: Den ersten Schritt markiert das Wiedererkennen des von alters her Vertrauten, der Wohnung Palladios, für die Goethe „immer eine besondere Vorliebe hatte". In einem zweiten Schritt konstatiert Goethe die Diskrepanz zwischen den ihm bekannten Abbildungen des Hauses und seiner Erscheinung *in natura*. Der dritte Schritt zielt auf eine neue Form der Darstellung hin, die der Materialität, den Spuren des Alters und der Farbigkeit des Gebäudes Rechnung tragen, die abstrakte Schwarz-Weiß-Zeichnung des Kupferstichs also um konkrete, dem historischen Standpunkt des Betrachters Rechnung tragende Aspekte ergänzen soll.

Das zweite Beispiel ist die Medusenmaske im Palazzo Rondanini in Rom, die Goethe, dessen Wohnung an der Via del Corso direkt gegenüber liegt, mehrfach besucht. Die *Italienische Reise* enthält zwei Textpassagen, die sich auf die Meduse beziehen, die erste eröffnet den Eintrag vom 25. Dezember 1786, die zweite den vom 29. Juli 1787. Trotz des großen zeitlichen Abstands – zwischen den beiden Einträgen liegt die Reise nach Neapel und Sizilien – geht es um das gleiche Thema: Goethe, der die Maske schon im Dezember 1786 zum wiederholten Male sieht und bereits einen Abguss von ihr besitzt, wünscht sich eine bessere Kopie, die er nach Deutschland mitbringen möchte. Wie bei dem Palladio-Gebäude ist es auch hier in erster Linie die Materialität des Originals, die in der Reproduktion – in diesem Falle handelt es sich um ein Duplikat aus Gips – nicht zur Geltung kommt:

> Gegen uns über im Palast Rondanini steht eine Medusenmaske, wo, in einer hohen und schönen Gesichtsform, über Lebensgröße, das ängstliche Starren des Todes unsäglich trefflich ausgedrückt ist. Ich besitze schon einen guten Abguß, aber der Zauber des Marmors ist nicht übrig geblieben. Das edle Halbdurchsichtige des gilblichen, der Fleischfarbe sich nähernden Steins, ist verschwunden. Der Gips sieht immer dagegen kreidenhaft und tot. (MA 15, 178)

Beim zweiten römischen Aufenthalt wird diese Feststellung erweitert zu einer Reflexion über die grundsätzliche Unangemessenheit jeglichen Sprechens über Kunst in deren Abwesenheit – eine enthusiastische Feier der Präsenz und der ästhetischen Erfahrung, die aber paradoxerweise abermals in den Wunsch mündet, eine neue Reproduktion des Medusenhaupts zu besitzen:[3]

> Ihr werdet euch aus meinen ersten römischen Briefen einer Meduse erinnern, die mir damals schon so sehr einleuchtete, jetzt nun aber mir die größte Freude gibt. Nur einen Begriff zu haben daß so etwas in der Welt ist, daß so etwas zu machen möglich war, macht einen zum doppelten Menschen. Wie gern sagt' ich etwas drüber, wenn nicht alles was man über so ein Werk sagen kann, leerer Windhauch wäre. Die Kunst ist deshalb da, daß man sie sehe, nicht davon spreche, als höchstens in ihrer Gegenwart. Wie schäme ich mich alles Kunstgeschwätzes, in das ich ehmals einstimmte. Wenn es möglich ist einen guten Gypsabdruck von dieser Medusa zu haben so bring ich ihn mit, doch sie müßte neu geformt werden. Es sind einige hier zu Kaufe die ich nicht möchte, denn sie verderben mehr die Idee als daß sie uns den Begriff gäben und erhielten. Besonders ist der Mund unaussprechlich und unnachahmlich groß. (MA 15, 453)

Auch in diesen Passagen folgt auf das Wiedersehen zunächst eine Reflexion über die unaufhebbare Differenz zwischen Original und Kopie, Medialität und Präsenz,

---

[3] Goethe konnte seine Reproduktion des Medusenhaupts nicht nach Deutschland mitnehmen, erhielt aber auf seinen Wunsch hin einen Abguss, als Ludwig I. von Bayern das Exemplar des Palazzo Rondanini, eine römische Kopie eines griechischen Originals aus dem fünften Jahrhundert, 1814 für die Münchner Glyptothek erwarb, wo sie sich heute noch befindet. Vgl. den Stellenkommentar in MA 15, 942.

bevor wider besseres Wissen der Wunsch nach einer Reproduktion formuliert wird, die womöglich einen Eindruck von der Materialität des Originals vermitteln könnte. Es scheint, als mischte sich in die Freude des Wiedersehens bereits der Schmerz über den nahenden Abschied, der durch den Besitz einer selbst erstellten oder zumindest in Auftrag gegebenen Kopie zu bannen wäre – die Aura des Kunstwerks als einmaliges Erscheinen einer Ferne soll gleichsam durch eine personalisierte Reproduktion transportabel gemacht werden. Die hier beschriebene Konstellation aus mediatisierter Wahrnehmung, erneuernder Präsenzerfahrung und Re-Mediatisierung bildet, so meine These, ein Strukturprinzip der *Italienischen Reise*, das nicht nur Goethes Umgang mit den Dingen charakterisiert, sondern auch die im Reisetagebuch bereits angelegte, im definitiven Text dann konsequent entwickelte literarische Form.

1 Zueignen, aufladen, aufpacken: Der Reisende als Sammler und Besitzer

In der Forschung ist verschiedentlich die Differenz markiert worden, die Goethes Reisestil von dem enzyklopädischen Habitus früherer bürgerlicher Italienreisender abhebt. „Das Interesse", so fasst Ferdinand van Ingen die Unterschiede zusammen, „verschiebt sich von der Wissenserweiterung und der kritischen Rationalität auf das Bedürfnis der Persönlichkeitsbildung" (van Ingen 2007–2009, 36). Dies trifft zweifellos zu, sollte aber nicht den Blick darauf verstellen, dass Goethes Projekt der ästhetischen Bildung durchaus enzyklopädische Züge aufweist. Goethe reist als Sammler, und er konzipiert seine Auseinandersetzung mit Italien buchstäblich als einen Aneignungsprozess – unabhängig davon, ob er vom Erwerb materieller oder ideeller Besitztümer spricht. So überträgt er etwa in der Aufzeichnung vom 13. Februar 1787 die sich anhand seiner wachsenden Kunstsammlung einstellende Assoziation von materieller Fülle und intellektuellem Gewinn auf das seelische, sich gleichsam von selbst vermehrende Kapital, das er im Laufe der Reise zu akkumulieren hofft:

> Von vielen andern Sachen sammelt sich's auch um mich, und nichts Vergebliches oder Leeres, welches hier unmöglich wäre, alles unterrichtend und bedeutend. Am liebsten ist mir denn aber doch, was ich in der Seele mitnehme, und was, immer wachsend, sich immer vermehren kann. (MA 15, 202)

In einem Brief an Herder aus Neapel vom 17. Mai 1787 spricht Goethe dem immateriellen Reichtum sogar einen Tauschwert zu. Was der Reisende unterwegs an

Eindrücken „erworben" und „aufgeladen" hat, gedenkt er zu Hause gegen die philosophischen Erträge des Freundes einzuhandeln:

> Ich habe unsäglich aufgeladen und brauche Ruhe es wieder zu verarbeiten. [...] Wenn Du diese Zeit her viel aus Dir selbst geschöpft hast, so hab' ich viel erworben und ich kann einen guten Tausch hoffen. (MA 15, 392)

Von herausgehobener Bedeutung für Goethes Italien-Aneignung ist neben dem Kauf von Gipsabgüssen und Stichen das Zeichnen. Es amalgamiert die eigene Wahrnehmung, Gestaltungsintention und manuelle Praxis mit dem abgebildeten Gegenstand und bringt ein Produkt hervor, das zugleich einen Prozess der mentalen Anverwandlung dokumentiert, das Gesehene festhält und als Sammelobjekt im Reisegepäck mitgeführt werden kann. Allerdings ändert sich Goethes Verständnis des Zeichnens als ein Sich-Zueignen des Gezeichneten auch auf der Neapel- und Sizilienreise nicht, für deren Dauer er diese Arbeit an seinen Begleiter Christoph Heinrich Kniep delegiert hat. Im Gegenteil: Hatte er im Februar 1787 in Rom noch beklagt, dass ihm das Gesehene, „will man's sich aber zueignen", aufgrund mangelnder Übung „gleichsam unter den Händen" schwinde (MA 15, 207–208), so konstatiert er in Neapel, zufrieden mit dem ihn entlastenden Arrangement, dass „Kniep nicht säumte uns die genausten Umrisse zuzueignen" (MA 15, 275). Die auf der Reise entstandenen Zeichnungen, deren Entstehung ihn neben Verpflegung und Unterkunft für den Zeichner nur „ein kurzes Stillhalten" kostet (MA 15, 275), rechnet Goethe entsprechend der mit Kniep getroffenen Verabredung ganz selbstverständlich zu seinen „Schätzen" (MA 15, 313). Trotz seiner Erleichterung darüber, den arbeitsteiligen Weimarer Verhältnissen entkommen zu sein und ohne Bedienstete reisen zu können (vgl. MA 15, 25), und trotz der Mühe, die er aufwendet, um seine eigenen zeichnerischen Fähigkeiten weiter zu entwickeln, unterscheidet sein Besitzerstolz nicht zwischen selbst erarbeiteten und käuflich erworbenen Ansichten der italienischen Landschaften und Altertümer.

Goethes berühmte Traumerzählung von den wundersam gefiederten Fasanen, die er auf einer reich bewachsenen Insel einkauft und auf seinen Kahn laden lässt, um sie bei der Rückkehr an seine Freunde zu verteilen (vgl. MA 15, 125–126), verdichtet dieses Konzept des Reisens zu einem poetischen Bild. In einem Brief an Herder vom 17. Februar 1787, wenige Tage vor der Reise nach Neapel und Sizilien, bezieht Goethe selbst den Vogeltraum auf seine zeichnerischen Erträge, die er seinen Lieben mit der Post nach Weimar schickt:

> Ich fühle jedes Wort deines Briefes über deinen Zustand und jede Sorge der Frauen um die Kinder, ich würde in meinem Glücke traurig über euch werden, wenn ich nicht sähe, daß ich auch für Euch genieße und Euch herrliche Gastmäler von Phasanen zubereite.

> Von einer kleinern Art Vögel kommt ein ganzer Transport. Ein Päckchen Zeichnungen oder vielmehr Krabeleyen nach der Natur, um Euch wenigstens einen Blick des Landes im allgemeinsten zu geben. Auf der Reise wird viel gezeichnet werden. Tischbein geht mit mir. (WA IV 8, 186–187)

Als ein Vorgeschmack auf künftige Gaben soll das Päckchen mit den Zeichnungen die Daheimgebliebenen für Goethes langes Ausbleiben entschädigen. Der allegorische Gehalt des Fasanentraums beschränkt sich jedoch nicht auf die Übermittlung von Reisebildern und Andenken. Vielmehr ist in der Erzählung die oben beschriebene dreiteilige Struktur der medialen Vermittlung und Neu-Aneignung vollständig ausgeprägt: Dem Reisenden ist bereits vor seiner Ankunft auf der Insel „bewußt [...], daß daselbst die schönsten Fasanen zu haben seien" (MA 15, 125), und bei den Vögeln, die die Einwohner auf seinen Wunsch hin in großer Zahl herbeitragen, handelt es sich auch tatsächlich um Fasane (Phase des Wiedererkennens). Ihre Schönheit – sie tragen Schweife wie Pfaue oder seltene Paradiesvögel – übertrifft jedoch alle Erwartung (Phase der erneuernden Präsenzerfahrung) und bleibt auch während der Überfahrt erhalten, obwohl die Tiere bereits tot in den Kahn geladen werden (dritte Phase, in der der Reisende die erworbenen Schätze in sein Herkunftsland überführt). Gemessen an der Gegenwart des marmornen Originals, so ließe sich der allegorische Traum auf das Beispiel des Medusenhaupts übertragen, ist selbst der prächtigste Gipsabguss ein toter Vogel – und dennoch obsiegt der Wunsch, ihn zu besitzen und die Freunde in der Heimat damit zu beglücken.

Bei allem Zauber schwingt in diesem Traum auch eine Spur Kolonialgeschichte mit; die Ladung des Seefahrers ist kein selbst erschaffenes oder erjagtes, sondern ein gekauftes Schönes, das offenbar nur um den Preis seines Todes erworben und mitgeführt werden kann. Der Vogeltraum erzählt nicht allein von der Lust des Sammlers und seiner Hoffnung, am Ende der Reise reich beladen nach Hause zurückzukehren. Er zeugt überdies auch von dem Wunsch, das in der Fremde Geschaute *als solches*, nicht bloß als Kopie oder vermittelt durch Zeichen, in Besitz zu nehmen. Dass die exotischen Vögel dem Reisenden getötet übergeben werden, liest sich wie eine Kompromissbildung, in der sich gegen den Willen des Träumers die Differenz zwischen der lebendigen Präsenz der Vögel auf der Insel und ihrer neuen Daseinsform als Ware und Mitbringsel artikuliert.

In der *Italienischen Reise* ist nur von wenigen Gegenständen die Rede, die Goethe sich tatsächlich als Originale aneignet, darunter – passend zum Vogeltraum – eine antike Scherbe mit zwei Greifen an einem Opfertisch, die sein Perückenmacher am künftigen Platz des Obelisken auf der Trinità dei Monti aus dem Schutt gelesen hat (vgl. MA 15, 201). Was Goethe sich jedoch in praktisch unbegrenzter Menge zu eigen machen und nach Hause transportieren kann, sind die

Gesteinsproben, die er teils aus mineralogischem, teils aus ästhetischem Interesse ‚aufpackt'.[4] Zu Beginn der Reise, in Regensburg, befolgt er noch den Vorsatz, sich „auf dieser Reise nicht mit Steinen zu schleppen", und verzichtet auf ein porphyrartiges Gestein, das „gar zu instruktiv und appetitlich" lockt (MA 15, 11–12). Auch in den Tiroler Bergen ist die Versuchung noch nicht groß genug: Musterstücke mancher der hier zu entdeckenden Mineralien hat Goethe bereits im Vorjahr von seinem Freund Carl Ludwig von Knebel erhalten, so dass er sowohl im Münchner Naturalienkabinett als auch am Höhenweg oberhalb der Isar „Geschwister und Verwandte" der „Kabinetsstücke" identifiziert, die er „schon kenne, ja besitze" (MA 15, 12–13). Seine Haltung ändert sich gleich hinter dem Brenner:

> Die Felsen [die Rede ist wieder von Porphyren, C.T.] waren so prächtig, und an der Chaussee die Haufen so gätlich zerschlagen, daß man gleich Voigtische Cabinetchen daraus hätte bilden und verpacken können. Auch kann ich ohne Beschwerde jeder Art ein Stück mitnehmen, wenn ich nur Augen und Begierde an ein kleineres Maß gewöhne. (MA 15, 39)

Unter dem Aspekt der Medialität ist diese Stelle insofern von Interesse, als sie angibt, welcher materiellen Transformation selbst der Stein unterliegt, wenn er vom Felsen zum Kabinettstück wird. Transportabel sind nur die Gesteinsfragmente, die sich am Straßenrand häufen; der Sammler muss „Augen und Begierde an ein kleineres Maß gewöhne[n]" und das Bruchstück als Pars pro toto für den prächtigen Fels akzeptieren.[5] Die Erwähnung der „Voigtische[n] Cabinetchen" akzentuiert nicht nur die für den Transport unabdingbare Miniaturisierung, sondern weist auch auf den gesellschaftlichen und medialen Rahmen hin, in den die Steine sich als Sammelobjekte einfügten: Voigts „Cabinet von Gebirgs-Arten" war eine fertig zusammengestellte Mineraliensammlung, die für Unterrichts- und

---

4 Für die Formulierung vgl. MA 15, 128, 370.
5 Margrit Wyder hat in der Diskussion meines Vortrags zu Recht angemerkt, dass das „kleinere[ ] Maß" sich an dieser Textstelle nicht auf das Verhältnis zwischen Fragment und Fels, sondern auf die Größe der für Goethe transportablen Steine im Vergleich zur üblichen Größe der Gesteinsproben in mineralogischen Sammlungen bezieht. Dass die Größe solcher Gesteinsproben aus pragmatischen Gründen variieren konnte, belegt auch Johann Karl Wilhelm Voigts „Vorerinnerung" zur dritten Auflage des Erklärende[n] Verzeichni[sses] seiner neuesten Cabinets von Gebirgsarten (1797): „Gegenwärtig habe ich ihren Preiß von Einem Louisd'or auf sechs Conventions-Gulden herabgesetzt, weil ich die Anzahl der Stücke vermindert habe, sie auch wegen Erleichterung des Transports etwas kleiner gebe, so, daß die ganze Collection ohngefähr einen Viertels-Centner wiegen wird." (4) Worauf es mir in diesem Zusammenhang ankommt, ist der Kompromiss zwischen dem Wunsch, die Sache selbst zu besitzen, und der dazu nötigen Transformation, den das Pars pro toto ermöglicht.

Liebhaberzwecke zum Kauf angeboten und in einem Kästchen sowie mit Erläuterungen versehen frei Haus geliefert wurde.[6] Mit der – an dieser Stelle nur gedanklich vollzogenen – Einordnung in ein solches Kästchen oder „Cabinetchen" wird der Stein vom Naturgegenstand zum Bestandteil eines kommerziell vertriebenen Bildungsmediums.[7] Der besitzergreifende Blick, mit dem Goethe hier durch die Alpen reist, erinnert nicht zufällig an den Habitus der wohlhabenden Aristokraten in den *Wahlverwandtschaften*, die zur Bildung, Unterhaltung und Selbstbespiegelung ein „chemisches Cabinet" bestellt haben (MA 9, 316).

Die mediale Vermittlung des Gesehenen ist für den Reisenden also notgedrungen mit einer Verkleinerung verbunden, sei es in Form der Fragmentierung, d. h. des Herstellens oder Aufsammelns von Musterstücken, sei es in Form der maßstabgetreuen Abbildung oder Modellierung – man denke an das berühmte Gondelmodell des Vaters, mit dem Goethe als Kind zuweilen spielen durfte und das ihm beim Anblick der ersten venezianischen Gondel sofort in den Sinn kommt (vgl. MA 15, 73). Das verkleinerte Modell fungiert als Andenken und transportable Kopie, in Goethes poetischer Logik des Wiedererkennens aber auch als Vorbote und Präfiguration des Originals. So kann Goethe in München und Umgebung nicht nur die Gesteinsformationen im Großen bewundern, die in klein schon seine Weimarer Sammlung zieren, sondern auch ein verkleinertes Modell der Trajanssäule, deren Original er ein knappes Jahr später bei seinem zweiten römischen Aufenthalt besteigen wird, um die Aussicht zu genießen (MA 15, 12; 452). München – für Bahnfahrer aus dem Nordosten bis heute eine Zwischenstation auf halber Strecke nach Mittelitalien – ist groß und südlich gemessen an Weimar, klein und kimmerisch gemessen an Rom[8], weswegen Goethe hier auch neben mittelmäßigem Obst, das unter einem verregneten Sommer gelitten hat, die erste vortreffliche Feige verzehrt (vgl. MA 15, 12).

---

6 Vgl. MA 15, 823 sowie Voigt 1786, 1792 und 1797. Neben Angaben zum Gewicht, zum Preis und zu den Bezugsquellen der „Cabinetchen" enthält die zweite Auflage der *Drey Briefe über die Gebirgs-Lehre für Anfänger und Unkundige* sogar ein nach Wohnorten gegliedertes Verzeichnis aller bisherigen Käufer (Voigt 1786, o. P.), „theils damit Liebhaber einander kennen, und sich finden möchten, theils damit denen die dergleichen [Cabinetchen] nicht besitzen, Gelegenheit verschaft würde, sie zu sehen." (Voigt 1786, *3v) Unter den Weimarer Kunden ist auch Goethe angeführt.
7 Die Transformation, der die von Goethe aufgelesenen Steine unterliegen, ließe sich mit Hans-Jörg Rheinberger auch als Transformation vom Naturgegenständen in ‚Wissensdinge' oder ‚epistemische Objekte' beschreiben (vgl. dazu Rheinberger 2006, bes. 7–18 und 313–349, über Präparate in der Biologie sowie – mit ähnlichem Erkenntnisinteresse – die Analysen in Latour 2015).
8 In Anspielung auf das Land der Kimmerer, das nach Homer (*Odyss*ee, XI,19) in so dichten Nebel gehüllt ist, dass dort niemals die Sonne scheint, bezeichnet Goethe sein „liebes Vaterland" als „Cimmerien" und dessen Einwohner als „Cimmerier" (vgl. MA 15, 51, 121).

2 Elemente einer Poetik des Reisens: Briefe, Vorboten, Andenken

Bis Rom reist Goethe allein und inkognito; die Freuden des Wiedersehens und Sich-zu-eigen-Machens erlebt er ausschließlich im Umgang mit Dingen. Erst in Rom macht er die für Reisende des achtzehnten Jahrhunderts typische Erfahrung, aus ihren Werken und Briefen bereits bekannten *Menschen* persönlich zu begegnen. Es erscheint daher durchaus folgerichtig, dass die Begegnung mit Johann Heinrich Wilhelm Tischbein, der sich 1782 erstmals mit der Bitte um die Vermittlung eines Stipendiums an Goethe gewandt und als Probestück ein Gemälde nach dem *Götz von Berlichingen* angefertigt hatte (vgl. Reindl 1991, bes. 62–63), in der *Italienischen Reise* über eine Analogie zur Begegnung mit Bildern eingeführt wird. Die beiden aufeinander folgenden Einträge, um die es sich handelt, sind beide auf den 18. November datiert. Im ersten Eintrag heißt es:

> Ich sah in der Farnesina die Geschichte der Psyche, deren farbige Nachbildungen so lange meine Zimmer erheitern, dann zu St. Peter in Montorio die Verklärung von Raphael. Alles alte Bekannte, wie Freunde die man sich in der Ferne durch Briefwechsel gemacht hat, und die man nun von Angesicht sieht. Das Mitleben ist doch ganz was anders, jedes wahre Verhältnis und Mißverhältnis spricht sich sogleich aus. (MA 15, 162)

Und im zweiten:

> Daß ich mit Tischbein schon so lange durch Briefe in dem besten Verhältnis stehe, daß ich ihm so manchen Wunsch, sogar ohne Hoffnung nach Italien zu kommen, mitgeteilt, machte unser Zusammentreffen sogleich fruchtbar und erfreulich. Er hatte immer an mich gedacht und für mich gesorgt. (MA 15, 162–165)

Dass unmittelbar vor der ersten Erwähnung Tischbeins die durch „farbige Nachbildungen" vertrauten Raffael-Fresken der Villa Farnesina wie alte, aus Briefwechseln bekannte Freunde dargestellt werden, gibt dem hier zunächst metaphorisch ins Spiel gebrachten Medium des Briefs ein besonderes Gewicht: Die Korrespondenz wird zu einem Modell der medialen Vermittlung und Antizipation, das einerseits die innige Vertrautheit mit den Kunstwerken in der Ferne plausibilisiert und zur Seelenfreundschaft stilisiert, andererseits die Beziehung zu Tischbein in die übergreifende Wahrnehmungsstruktur des glücklichen Wiedererkennens einbindet und sie dergestalt ästhetisiert. In den folgenden Zeilen wird die brieflich vorbereitete und in Rom neu begründete Freundschaft zu Tischbein als eine emphatische Kommunion des Sammelns inszeniert, bei der marmorne Musterstücke brüderlich geteilt, wie Briefe verschickt und in gemeinschaftlichem Enthusiasmus nach Hause getragen werden:

> Auch was die Steine betrifft, mit welchen die Alten und Neuen gebaut, ist er vollkommen zu Hause, er hat sie recht gründlich studiert, wobei ihm sein Künstler-Auge und die Künstler-Lust an sinnlichen Dingen sehr zu statten kommt. Eine für mich ausgewählte Sammlung von Musterstücken hat er vor kurzem nach Weimar abgesendet, die mich bei meiner Zurückkunft freundlich empfangen soll. Ein bedeutender Nachtrag hat sich indessen gefunden. Ein Geistlicher, der sich jetzt in Frankreich aufhält, und über die antiken Steinarten ein Werk auszuarbeiten dachte, erhielt durch die Gunst der Propagande ansehnliche Stücke Marmor, von der Insel Paros. Diese wurden hier zu Musterstücken verschnitten, und zwölf verschiedene Stücke auch für mich bei Seite gelegt, vom feinsten bis zum gröbsten Korn, von der größten Reinheit und dann minder und mehr mit Glimmer gemischt, jene zur Bildhauerei, diese zur Architektur anwendbar. Wie viel eine genaue Kenntnis des Materials, worin die Künste gearbeitet, zu ihrer Beurteilung hilft, fällt genugsam in die Augen.
> Gelegenheit gibt's genug dergleichen hier zusammen zu schleppen. Auf den Ruinen des Neronischen Palastes gingen wir durch frisch aufgehäufelte Artischockenländer, und konnten uns nicht enthalten die Taschen vollzustecken von Granit, Porphyr und Marmortäfelchen, die zu Tausenden hier herum liegen, und von der alten Herrlichkeit der damit überkleideten Wände noch als unerschöpfliche Zeugen gelten. (MA 15, 165)

Der Marmor, den Goethe in Täfelchen von Tischbein erhält und in den Artischockenfeldern aufsammelt, interessiert ihn weniger in mineralogischer Hinsicht denn als künstlerisches Material und Bauschutt des alten Rom. Die sorgfältig ausgewählten und zugeschnittenen Musterstücke aus Paros und die Überreste des Neronischen Palastes können gewissermaßen als Kompensation für die materiellen Qualitäten dienen, die den Zeichnungen und Gipsabgüssen der antiken Kunstwerke abgehen – Form und Material werden analytisch gesondert; Abguss und Gesteinsprobe exemplifizieren komplementäre Aspekte der antiken Kunst und Architektur. In der komplexen Zeitstruktur, die sich in Goethes Text zwischen antiken Überresten und modernen Betrachtern, Vorausgewusstem und Wiedererkanntem, Entgegengesandtem und Hinterlegtem entspinnt, dienen die Steine zugleich als Andenken und Vorboten, als Reliquien und Belege historischer Kulturbeziehungen wie moderner Korrespondenznetzwerke.

War die Korrespondenz in den *Leiden des jungen Werthers* eine Sprache des Herzens, so ist sie in der *Italienischen Reise* zu einer Sprache der Dinge geworden. Dies gilt nicht nur für den postalischen Austausch zwischen Goethe und Tischbein, sondern auch für das Reisetagebuch in Briefen, das Goethe an Charlotte von Stein adressiert und dem er ausführliche Kataloge der aufgepackten Mineralien anfügt. Das empfindsame Bestreben, im und mit dem Brief zugleich die Sache selbst zu verschicken, den Brief nicht bloß als arbiträres Zeichen, sondern als notwendigen Ausdruck erscheinen zu lassen, ist indessen erhalten geblieben und wird gleichsam zitiert, wenn Goethe einem Brief an Charlotte „zum Scherz" Pflanzen aus dem botanischen Garten von Padua beilegt (MA 3.1, 87) oder ihr „ein an der Ecke angeschmauchtes Couvert" ihres letzten Briefes schickt, „zum Zeugnis daß er mit auf dem Vesuv gewesen" (MA 15, 231). Als ein versachlichter Restbestand empfindsamer Briefkultur kann auch Goethes Bemühen gelten, Sepiatinte in Muscheln zu trocknen, die er am venezianischen Lido aufsammelt (vgl. MA 15, 104): Wie die Tränen der empfindsamen Briefeschreiber ist die Tinte eine Körperflüssigkeit, aber sie entströmt nicht dem Schreibenden selbst, sondern dem Meeresgetier, dessen Anblick vielleicht Goethes unmittelbarste sinnliche Erfahrung der ganzen Reise darstellt und das er mit dem Ausruf „wie wahr, wie seiend!" begrüßt (vgl. MA 15, 108). In der Muschelschale eingetrocknet, ist die Tinte eine konzentrierte und haltbare Spur der lebendigen Natur; in Wasser gelöst dient sie als Medium des Zeichnens und Schreibens. Ein halbes Jahr später erwähnt Goethe eine solche Tuschmuschel in einem Brief aus Palermo:

> In einem öffentlichen Garten stehn weite Beete von Ranunkeln und Anemonen. Die Luft ist mild, warm und wohlriechend, der Wind lau. Der Mond ging dazu voll hinter einem Vorgebirge herauf und schien ins Meer; und diesen Genuß nachdem man vier Tage und Nächte auf den Wellen geschwebt! Verzeiht wenn ich mit einer stumpfen Feder aus einer Tusch-Muschel aus der mein Gefährte die Umrisse nachzieht, dieses hinkritzle. Es kommt doch wie ein Lispeln zu Euch hinüber [...]. (MA 15, 288–289)

Ob es sich bei der gemeinschaftlich genutzten Tusche Goethes und Knieps tatsächlich um selbstgetrocknete Sepiatinte aus einer der am Lido aufgelesenen Muschelschalen handelt, bleibt offen.[9] Deutlich wird indessen, dass Tinte und Schreibgerät in der Wahrnehmung des Schreibenden den Ton des Geschriebenen bestimmen: Das ‚Gekritzel', das dem gängigen Gebrauch der Sepiatinte entsprechend ein dem Zeichnen verwandter Modus des Schreibens zu sein scheint[10], soll die Freunde in der Ferne als ein „Lispeln" erreichen, passend zur zauberhaften Atmosphäre des Gartens, den Goethe wenig später zum Garten des Alkinoos, zu

---

9 Liest man diese Textpassage vor der Folie der empfindsamen Reise- und Medienkultur, so wäre als ein entferntes Modell dieser Schreib- und Zeichenszene die Episode in Sternes *A Sentimental Journey* zu nennen, in der Yorick sein Taschentuch abwechselnd in seine eigenen und Marias Tränen taucht (Sterne 2006, 158). Hier wie dort wird durch das abwechselnde Eintauchen in Körpersekrete eine Kommunion vollzogen, allerdings ist die sentimentale Basis dieser Kommunion bei Goethe und Kniep dem kooperativen und versachlichten Projekt gewichen, in unterschiedlichen, aber verwandten Medien die Atmosphäre eines bestimmten Ortes wiederzugeben.
10 Diese Doppelfunktion der Tinte aus der Tuschmuschel kommt auch schon früher in Frascati zur Sprache: „Die Gesellschaft ist zu Bette, und ich schreibe noch aus der Tusch-Muschel, aus welcher gezeichnet worden ist." (MA 15, 158) Zur „medialen Ambivalenz" der Kritzelei zwischen Bild und Schrift vgl. – mit Bezug auf Gottfried Keller – Naumann 2012, 90–94.

einem bläulich lasierten Gemälde und zum Weltgarten, dem möglichen Hort der Urpflanze stilisieren wird (vgl. MA 15, 299–300; 327). Das Körpersekret des Tintenfischs wird hier zu einem Ausdrucksmedium, das seine authentische Wirkung mindestens ebenso sehr seinem maritimen Ursprung wie seiner künstlerischen Bestimmung verdankt: Die Schrift scheint unmittelbar aus der paradiesischen Umgebung hervorzugehen und ihre Stimmung der Leserin wortlos ins Ohr zu lispeln. Wie die Gesteinsproben und Marmortäfelchen exemplifiziert das Schreibmedium im Gekritzel aus der Tuschmuschel seine eigene Materialität.

Wenn hier in Bezug auf die *Italienische Reise* von einer „Sprache der Dinge" die Rede ist, meint dies Goethes Bestreben, die Willkürlichkeit der Zeichen und den verfremdenden Effekt der medialen Vermittlung zu überwinden, indem er die Dinge selbst zum Sprechen bringt – sei es, dass er Kunstwerke abformen und nachgießen lässt, dass er die Steine von den Gebirgsformationen zeugen lässt, aus denen sie stammen, dass er das Sekret des Tintenfischs konserviert und nutzt, um die Atmosphäre einer mediterranen Mondnacht anzudeuten, oder dass er den Vesuv dazu einlädt, den Umschlag eines Briefes anzuschmauchen. Die Beispiele beziehen sich ebenso auf die Tätigkeit des Sammlers wie auf die mediale Selbstreflexion des Briefeschreibers, und sie lassen sich ergänzen um die Gegenstände, die Goethe erwähnt, um seiner Reise eine literarisch konsistente Gestalt zu verleihen, etwa die Präfiguration der Trajanssäule und der venezianischen Gondel durch ihre verkleinerten Modelle. Zusammengenommen bilden sie Elemente einer Poetik des Reisens, die – vom Zwischenstadium der Briefe bzw. des Reisetagebuches aus gesehen – von Vornherein darauf angelegt ist, in eine adäquate, noch zu entwickelnde literarische Form zu münden.

Ich möchte im Folgenden auf drei thematische Stränge der *Italienischen Reise* eingehen, in denen sich diese Poetik exemplarisch ausprägt, und zwar nicht nur auf der Sujet-Ebene, im beschriebenen Umgang mit den Dingen, sondern auch – und vor allem – auf der Ebene der literarischen Form. Es handelt sich um Goethes Beobachtungen zu den neapolitanischen ‚Lazaroni', um seine Beschreibung des Vesuvs sowie um die Reflexionen zu seinem *Nausikaa*-Projekt. Die bisher dargestellten Muster der Wahrnehmung und medialen Vermittlung kommen in diesen Themensträngen auf unterschiedliche Weise zum Tragen: In seinen Ausführungen zu den neapolitanischen ‚Lazaroni' erprobt Goethe ein Verfahren der Exemplifikation, indem er die zufällige Beobachtung einer Straßenszene – gleichsam ein Fundstück aus der Sphäre des Sozialen – als prägnanten Beleg für eine klimatheoretische These einsetzt, das Konkrete also unmittelbar zum Sprechen bringt. In Bezug auf die Beschreibung des Vesuvs wird sich zeigen, wie die Abfolge von medialer Präfiguration, Wiedererkennen, erneuernder Präsenzerfahrung und Re-Mediatisierung einen größeren, in der Chronologie des Reisejournals durch diverse andere Ereignisse unterbrochenen thematischen Zusammenhang dramaturgisch effektvoll strukturiert. Sowohl in der Beschreibung des Vesuvs als auch in den Überlegungen zu seinem Nausikaa-Projekt konzipiert Goethe die mediterrane Landschaft metaphorisch als zu kommentierenden Text bzw. als Kommentar und kennzeichnet sie auf diese Weise als medial verfasst. Für die Sizilienreise scheint zunächst Homers *Odyssee* als Kommentar zu fungieren. Goethe selbst schreibt die Kommentarfunktion jedoch, umgekehrt, der sizilianischen Landschaft zu, die ihm zu einer neuen, verlebendigenden Lektüre der *Odyssee* verhelfe, stellt die Präsenzerfahrung also in den Dienst der Homer-Interpretation und gibt dem Verhältnis zwischen Medialität und Präsenz auf diese Weise eine texthermeneutische Wendung.

3 Exempel, Text und Kommentar: Hermeneutik des Südens

Die Abschnitte über die Lazaroni gehören in den Kontext von Bemühungen Goethes, die Uwe Hentschel (2007–2009 und 2013) als ‚urbanistisch' bzw. ‚landeskundlich' beschrieben hat und die, wie Hentschel zeigt, im Tableau *Das Römische Carneval* am umfassendsten realisiert sind. Angesichts der überwältigenden Fülle der Eindrücke, so Hentschel, sei die von Goethe angestrebte vorurteilsfreie und strukturierte Darstellung erst nach der wiederholten Beobachtung des Karnevalstreibens im Jahr 1788 möglich gewesen, die zu einer Reinigung und Vertiefung der Eindrücke geführt habe (2007–2009, 50–54). Eine nicht weniger systematische Form der Urbanistik betreibt Goethe in Neapel. Ausgangspunkt seiner Beobachtungen, die auch in diesem Fall vor der Sizilien-Reise beginnen und auf dem Rückweg nach Rom fortgesetzt werden, ist hier die Behauptung in Johann Jakob Volkmanns *Historisch-kritische[n] Nachrichten von Italien*, „daß dreißig bis vierzig Tausend Müßiggänger in Neapel zu finden wären" (MA 15, 404). Wie die Aufzeichnungen zum römischen Karneval, so münden auch die in Neapel betriebenen Studien in eine separate Publikation. Der zuerst 1788 als fünftes Kapitel der *Auszüge aus einem Reise-Journal* im *Teutschen Merkur* abgedruckte Text über die Lazaroni klassifiziert die vermeintlichen Müßiggänger nach ihren Tätigkeiten und weist im Detail nach, dass sie in Wirklichkeit kontinuierlich betriebenen, aber wenig ertragreichen Geschäften und Handlangerdiensten nachgehen (vgl. MA 3.2, 175–182). In der *Italienischen Reise* steht dieser Text im Abschnitt zum zweiten Neapel-Aufenthalts und ist auf den 28. Mai 1787 datiert (MA 15, 404–410).[11] Ihm voran geht – in der Art der Vorboten – ein Eintrag

---

[11] Die im *Teutschen Merkur* publizierte Fassung beginnt mit einem Zitat der Ausführungen

zum selben Thema, der auf den 12. März datiert ist, also in die Zeit des ersten Neapel-Aufenthalts vor der Sizilienreise fällt, und der in der Publikation von 1788 fehlt. Anders als in den *Auszüge[n] aus einem Reise-Journal* bzw. in der Passage vom 28. Mai wird das Thema des Müßiggangs in diesem kurzen Eintrag nicht in Form eines klassifizierenden Tableaus, sondern eines prägnanten Beispiels verhandelt, das weniger eine Wirtschaftsform als die ihr zugrunde liegende klimatisch bedingte Lebenseinstellung exemplifizieren soll:

> Alles deutet dahin: daß ein glückliches, die ersten Bedürfnisse reichlich anbietendes Land auch Menschen von glücklichem Naturell erzeugt, die, ohne Kümmernis, erwarten können der morgende Tag werde bringen was der heutige gebracht und deshalb sorgenlos dahin leben. Augenblickliche Befriedigung, mäßiger Genuß, vorübergehender Leiden heiteres Dulden! – Von dem letzteren ein artiges Beispiel. (MA 15, 244)

Das „artige[ ] Beispiel" ist eine Art Genrebild, dessen Sinn zunächst rätselhaft erscheint:

> Der Morgen war kalt und feuchtlich, es hatte wenig geregnet. Ich gelangte auf einen Platz wo die großen Quadern des Pflasters reinlich gekehrt erschienen. Zu meiner großen Verwunderung sah ich auf diesem völlig ebenen gleichen Boden eine Anzahl zerlumpter Knaben im Kreise kauzend, die Hände gegen den Boden gewendet, als wenn sie sich wärmten. Erst hielt ich's für eine Posse, als ich aber ihre Mienen völlig ernsthaft und beruhigt sah, wie bei einem befriedigten Bedürfnis, so strengte ich meinen Scharfsinn möglichst an, er wollte mich aber nicht begünstigen. (MA 15, 244–245)

Auf seine Nachfrage hin erfährt Goethe, dass ein Schmied auf dem Platz einen Eisenreifen erhitzt habe, um ihn zu erweichen und auf ein Rad zu montieren. Die Jungen freuten sich nun an der Restwärme des dafür entzündeten Feuers, die von den Pflastersteinen aufsteige – in Goethes Augen ein Beispiel der Genügsamkeit und des „aufmerksamen Benutzens dessen was sonst verloren ginge" (MA 15, 245).

Im Unterschied zur später folgenden Typologie der Lazaroni geht das Bild der im Kreise kauernden, sich wärmenden Knaben auf eine singuläre Beobachtung zurück; es handelt sich eher um einen zufälligen Fund als um das Resultat länger andauernder, gezielter Studien. Seine Prägnanz verdankt das Beispiel der auffälligen kreisförmigen Anordnung und Haltung der Knaben, in der die Auflösung des Rätsels und damit das zu Exemplifizierende bereits verborgen liegt. Wie eine Lessing'sche Fabel enthält die kurze Erzählung kein Detail, das nicht in ihrer

---

Volkmanns, die Goethe zu widerlegen versucht; dieses Zitat wird in der *Italienischen Reise* durch die oben zitierte kurze Zusammenfassung von Volkmanns These ersetzt.

Funktion begründet wäre; die narrative Form ist nicht weniger ökonomisch und genügsam als die Lazaroni, zu deren Charakterisierung sie dient. Im Zusammenhang mit Goethes Karnevalstableau zitiert Uwe Hentschel einen Brief an Carl August vom 17. November 1787, in dem Goethe seine spärlichen Briefe mit der Seltenheit „der großen Resultate" und seinen Skrupeln entschuldigt, über die Gegenstände „etwas allgemeines […] zu sagen": „Man möchte lieber die Sache selbst mit allen ihren Theilen ausdrucken oder gar schweigen." (WA IV 8, 292) Die knappe, in sich vollständig abgeschlossene Beispielerzählung von den sich wärmenden Knaben, in der alle für das Verständnis der Szene notwendigen ‚Teile' wiedergegeben werden, realisiert die hier angedeutete Poetik des Konkreten auf vollendete Weise. Sie kann als eine literarische Variante jener Sprache der Dinge verstanden werden, die Goethe im Medium des Briefs kultiviert, wenn er Pflanzenproben verschickt, die mitgeführten Gesteinsproben auflistet oder auf die zum Schreiben verwendete Sepiatinte aus der Tuschmuschel hinweist.[12]

Goethes Beschreibung des Vesuvs ist bereits zum Gegenstand ausführlicher Untersuchungen geworden[13] und soll daher an dieser Stelle nur kurz in Erinnerung gerufen werden. Die in mehreren Anläufen und aus verschiedenen Perspektiven unternommene Darstellung lässt sich leicht in die oben beschriebenen drei Phasen des Wiedererkennens, der erneuernden Präsenzerfahrung und der Re-Mediatisierung gliedern. Zum ersten Mal erwähnt Goethe den Anblick des Vesuvs im Eintrag vom 25. Februar 1787 über den letzten Abschnitt der Fahrt nach Neapel, die nordwestlich an den Hängen des Vulkans vorbeiführt:

> Der Vesuv blieb uns immer zur linken Seite, gewaltsam dampfend! und ich war still für mich erfreut, daß ich diesen merkwürdigen Gegenstand endlich auch mit Augen sah. Der Himmel ward immer klärer und zuletzt schien die Sonne recht heiß in unsere enge, rollende Wohnung. (MA 15, 223)

Goethes Wahrnehmung des Vulkans wird hier in zweierlei Hinsicht als medial vermittelt ausgewiesen. Zum einen setzt die Freude darüber, „diesen merkwürdigen Gegenstand endlich auch mit Augen" zu sehen, eine vorgängige, durch Beschreibungen und Abbildungen vermittelte Kenntnis voraus.[14] Zum anderen

---

12 Hentschel (2007–2009) bringt Goethes urbanistische Studien in diesem Sinne auch mit der Konzeption des Symbols und der „eminenten Fälle" in Zusammenhang, die er in seinem Brief an Schiller vom 16. August 1797 am Beispiel seines Frankfurter Elternhauses entwickelt (60–61). Vgl. MA 8.1, 390–393.
13 Vgl. bes. Niefanger (1997).
14 Mit Blick auf die letzte ausführliche Beschreibung des Vesuvs im Eintrag vom 2. Juni 1787 führt Dirk Niefanger (1997, 120–126) vor allem zwei Vesuv-Darstellungen an, die Goethe gekannt haben muss, aber nicht erwähnt, und an die seine eigene Beschreibung erinnert: Jakob Philipp Hackerts

macht die Erwähnung der in die Kutsche hineinscheinenden Sonne darauf aufmerksam, dass der Reisende dem Berg nicht im Freien gegenübersteht, sondern ihn im Vorbeifahren beim Blick durch den eng begrenzten Raumausschnitt des Kutschenfensters wahrnimmt, aus einer Perspektive also, die August Langen (1934) als ‚Rahmenschau' bezeichnet hat.

Auf diese zweifach vermittelte Wahrnehmung aus der Ferne, die zugleich eine Präfiguration im Kleinen ist, folgen die beiden Vesuv-Besteigungen, bei denen Goethe den Berg nicht nur „mit Augen" sieht, sondern ihn sich mit allen Sinnen förmlich erarbeitet. Auch beim Besteigen des Vulkans erkennt Goethe Bekanntes wieder, bereichert sein Wissen aber durch eigene Beobachtungen und Schlüsse:

> Die Laven die ich fand waren mir meist bekannte Gegenstände. Ein Phänomen hab' ich aber entdeckt das mir sehr merkwürdig schien und das ich näher untersuchen, nach welchem ich mich bei Kennern und Sammlern erkundigen will. Es ist eine tropfsteinförmige Bekleidung einer vulkanischen Össe, die ehemals zugewölbt war, jetzt aber aufgeschlagen ist und aus dem alten nun ausgefüllten Krater herausragt.
>
> Dieses feste, grauliche, tropfsteinförmige Gestein scheint mir durch Sublimation der allerfeinsten vulkanischen Ausdünstungen, ohne Mitwirkung von Feuchtigkeit und ohne Schmelzung, gebildet worden zu sein; es gibt zu weitern Gedanken Gelegenheit. (MA 15, 229–230)

Während Goethes Innovationsgeist sich bei dieser ersten, ‚rekognoszierenden' Vesuv-Besteigung vor allem im Spekulieren über die Entstehung tropfsteinförmiger Lavaformationen äußert, richtet sich sein Ehrgeiz bei der zweiten, in Begleitung des Freundes Tischbein und zweier Bergführer unternommenen Expedition darauf, den Aktivitätsrhythmus des Vulkans auszukundschaften, um in einer Eruptionspause bis an den Rand des Kraters vordringen zu können. Damit begibt er sich zugleich in Rivalität zum Berg und zu seinen Begleitern: Während dem Klassizisten Tischbein „eine solche furchtbare, ungestalte Aufhäufung, die [...] allem Schönheitsgefühl den Krieg ankündigt, ganz abscheulich" vorkommt (MA 15, 235), kann Goethe dem Vulkan kraft seines „Widerspruchsgeist[s]" (MA 15, 236) einen eigenen Reiz, den des Erhabenen, abgewinnen und durch überlegene Berechnung und Wagemut zugleich die von den Bergführern gesetzten Grenzen verschieben. Die sinnliche Präsenz des Vulkans bietet ihm also Gelegenheit zu einer Form der Empirie, die den Anspruch erhebt, sowohl in ästhetischer als auch in vulkanologischer Hinsicht über das Tradierte hinauszugelangen. Das Medium, in dem er die Resultate dieser erneuernden Präsenzerfahrung dokumentiert, ist der Text der *Italienischen Reise*.

Ölgemälde *Vesuvausbruch bei Nacht* (1779) und William Hamiltons illustrierte Studie *Campi Phlegrei* (1776).

Zum letzten Mal sieht Goethe den Vesuv am Ende des zweiten Neapel-Aufenthalts. Zwei Tage vor seiner geplanten Abreise am 3. Juni 1787 erfährt er durch einen Lohnbedienten, „daß eine starke Lava, aus dem Vesuv hervorgebrochen, ihren Weg nach dem Meer zu nehme" (MA 15, 415). Von Abschiedsbesuchen und Reisevorbereitungen absorbiert, kann er die glühende Lava jedoch erst abends aus der Ferne betrachten. Auch am folgenden Tag bleibt keine Zeit für einen Ausflug zum Vesuv; Goethe hat der Herzogin von Giovine einen Besuch auf ihrem Schloss versprochen. Seine Gastgeberin empfängt ihn in einem „großen und hohen Zimmer, das keine sonderliche Aussicht hatte" (MA 15, 417); der Weg dorthin führt über zahlreiche Stufen und durch lange, mit Kisten und Schränken vollgestellte Gänge. Erst nach Einbruch der Dämmerung stößt die Herzogin einen Fensterladen auf und eröffnet ihrem Gast einen spektakulären Blick auf den Vulkanausbruch:

> Wir gingen im Zimmer auf und ab und sie, einer durch Läden verschlossenen Fensterseite sich nähernd, stieß einen Laden auf und ich erblickte was man in seinem Leben nur einmal sieht. [...] Wir standen an einem Fenster des oberen Geschosses, der Vesuv gerade vor uns; die herabfließende Lava, deren Flamme bei längst niedergegangener Sonne schon deutlich glühte und ihren begleitenden Rauch schon zu vergolden anfing; der Berg gewaltsam tobend, über ihm eine ungeheuere, feststehende Dampfwolke, ihre verschiedenen Massen bei jedem Auswurf blitzartig gesondert und körperhaft erleuchtet. Von da herab bis gegen das Meer ein Streif von Gluten und glühenden Dünsten; übrigens Meer und Erde, Fels und Wachstum deutlich in der Abenddämmerung, klar friedlich, in einer zauberhaften Ruhe. Dies alles mit einem Blick zu übersehen und den hinter dem Bergrücken hervortretenden Vollmond als die Erfüllung des wunderbarsten Bildes zu schauen, mußte wohl Erstaunen erregen.
>
> Dies alles konnte von diesem Standpunkt das Auge mit einmal fassen, und wenn es auch die einzelnen Gegenstände zu mustern nicht im Stande war, so verlor es doch niemals den Eindruck des großen Ganzen. War unser Gespräch durch dieses Schauspiel unterbrochen, so nahm es eine desto gemütlichere Wendung. Wir hatten nun einen Text vor uns welchen Jahrtausende zu kommentieren nicht hinreichen. (MA 15, 417–418)

In diesem Schlusstableau des Neapel-Aufenthalts wiederholt sich die gerahmte Ansicht des Vulkans, die Goethe bei seiner Ankunft in Neapel aus dem Kutschenfenster zuteil wurde, in vergrößertem Maßstab. Hier wie dort ist der Anblick durch die Begrenzung des Bildausschnitts und die vorgegebene Betrachterposition vermittelt; in beiden Fällen befindet Goethe sich in einem engen oder zumindest abgeschlossenen, nicht ohne weiteres zugänglichen Innenraum. Während der erste Blick auf den Vesuv jedoch vom ästhetisch kontingenten Verlauf der Landstraße bestimmt wird und sich mit der Bewegung des Fahrzeugs sukzessive ändert, ist das abschließende „Schauspiel" des Vulkanausbruchs „mit einem Blick zu übersehen" und nimmt in Goethes Beschreibung den Charakter eines komponierten, kunstvoll ausgeleuchteten Bildes an. Dabei wird die eruptive Dramatik des Sujets durch statische Elemente ausbalanciert und ästhetisch auf Distanz gehalten. Auf die präfigurierende, durch das Kutschenfenster vermittelte Fernsicht und die anschließende Erkundung des Vulkans aus der Nähe folgt hier eine totalisierende Gesamtschau, die als effektvoll gestaltetes, aufwendig gerahmtes Gemälde inszeniert wird. Indem Goethe das Schlusstableau des ausbrechenden Vesuvs darüber hinaus auch als Schauspiel und als zu kommentierenden Text beschreibt, präsentiert er das Naturereignis nicht nur in erneuter medialer Vermittlung, sondern als intermediales, sich über die Jahrhunderte hinweg anreicherndes kulturelles Artefakt, zu dessen Geschichte er mit seiner eigenen Vesuv-Darstellung einen originären Beitrag leistet.

Das Verhältnis von Text und Kommentar bildet auch ein Denkmodell für die Aufzeichnungen zur *Odyssee* und zum Plan einer Nausikaa-Tragödie, mit denen Goethe seiner Sizilienreise einen poetischen Sinn unterlegt. Im Vergleich zu den übrigen Stationen der *Italienischen Reise* ist der Effekt des Wiedersehens in Sizilien erheblich weniger ausgeprägt: Die südlichste Destination der Grand Tour ebenso wie der bürgerlichen Bildungsreise war für gewöhnlich Neapel, und auch Goethes Vater war nicht bis nach Sizilien gelangt.[15] Selbst Winckelmann kannte die griechischen Tempel Siziliens nur aus zweiter Hand (vgl. Moormann 2017, 180). Goethe orientiert sich deshalb auf diesem Abschnitt seiner Reise vor allem an Johann Hermann von Riedesels *Reise durch Sicilien und Großgriechenland* von 1771 (vgl. MA 15, 333, 343–344) – und an Homers *Odyssee*, deren Landschaften er in Sizilien als einem Teil der antiken Magna Graecia wiederzuerkennen meint. Gleich zu Beginn des Sizilien-Aufenthalts gibt ein Déjà-vu im öffentlichen Garten von Palermo, der mit seiner maritimen Lage und üppigen Vegetation an den Garten des Alkinoos im siebten Gesang der *Odyssee* erinnert, den Impuls zu einer erneuten Homer-Lektüre:

> Aber der Eindruck jenes Wundergartens war mir zu tief geblieben; die schwärzlichen Wellen am nördlichen Horizonte, ihr Anstreben an die Buchtkrümmungen, selbst der eigene Geruch des dünstenden Meeres, das alles rief mir die Insel der seligen Phäaken in die Sinne so wie ins Gedächtnis. Ich eilte sogleich einen Homer zu kaufen, jenen Gesang mit großer Erbauung zu lesen und eine Übersetzung aus dem Stegreif Kniepen vorzutragen [...]. (MA 15, 299–300)

Die *Odyssee* wird von nun an zu einem Hypotext, dessen Goethe sich zur Stilisierung seiner Sizilien-Erfahrung bedient. Anders bei der Erkundung des Vesuvs und anders auch als bei der Auseinandersetzung mit den Kunstgegenständen

---

[15] Zur Entdeckung Siziliens als Reisedestination im letzten Drittel des achtzehnten Jahrhunderts vgl. Aurnhammer 1996.

Oberitaliens und Roms sind die Funktionen von Text und Kommentar in diesem Fall jedoch nicht eindeutig zugeordnet. Einerseits fungiert das Homerische Epos als ein Kommentar, mit dessen Hilfe Goethe sich den fremdartigen ‚Text' Siziliens zu erschließen sucht und nach dessen Modell er seine eigenen zuweilen verunsichernden Reiseerfahrungen in eine sinnhafte Narration überführt (vgl. dazu Meier 1989, Torra-Mattenklott 2019). Andererseits verlagert Goethes Aufmerksamkeit sich – zumindest in der Rückschau – über weite Strecken der Reise auf die Homer-Lektüre selbst und seinen Plan, das Verhältnis zwischen Odysseus und Nausikaa zu einem Nausikaa-Drama auszuspinnen. In einem Abschnitt „Aus der Erinnerung" zwischen den Einträgen zum 7. und 8. Mai 1787 heißt es:

> Ich hatte mir, überzeugt, daß es für mich keinen bessern Kommentar zur Odyssee geben könne, als eben gerade diese lebendige Umgebung, ein Exemplar verschafft und las es nach meiner Art mit unglaublichem Anteil. Doch wurde ich gar bald zu eigner Produktion angeregt, die [...] mir doch immer lieber ward und mich endlich ganz beschäftigte. Ich ergriff nämlich den Gedanken, den Gegenstand der *Nausikaa* als Tragödie zu behandeln. (MA 15, 367–368)

Die erneuernde Wirkung der Präsenzerfahrung bezieht sich in Goethes Darstellung weniger auf Sizilien selbst als auf den Homerischen Stoff, zu dessen kreativer Ausgestaltung sie anregt. In das Dramenprojekt geht allerdings nicht nur die Landschaft Siziliens, sondern auch die Selbstwahrnehmung des Reisenden ein, der sich, durch Kniep von der Aufgabe entlastet, Ansichten der Außenwelt festzuhalten, ohne Angst vor Verlusten der eigenen Subjektivität zuwenden kann:

> War ich nun durch die Gegenwart und Tätigkeit eines geschickten Künstlers und durch eigne, obgleich nur einzelne und schwächere Bemühungen gewiß, daß mir von den interessantesten Gegenden und ihren Teilen feste wohlgewählte Bilder, im Umriß und nach Belieben auch ausgeführt, bleiben würden; so gab ich um so mehr einem nach und nach auflebenden Drange nach: die gegenwärtige herrliche Umgebung, das Meer, die Inseln, die Häfen, durch poetische würdige Gestalten zu beleben und mir auf und aus diesem Local eine Komposition zu bilden [...]. (MA 15, 367)
>
> Es war in dieser Komposition nichts was ich nicht aus eignen Erfahrungen nach der Natur hätte ausmalen können. Selbst auf der Reise, selbst in Gefahr Neigungen zu erregen, die, wenn sie auch kein tragisches Ende nehmen, doch schmerzlich genug, gefährlich und schädlich werden können; selbst in dem Falle in einer so großen Entfernung von der Heimat abgelegne Gegenstände, Reiseabenteuer, Lebensvorfälle zu Unterhaltung der Gesellschaft mit lebhaften Farben auszumalen, von der Jugend für einen Halbgott, von gesetztern Personen für einen Aufschneider gehalten zu werden, manche unverdiente Gunst, manches unerwartete Hindernis zu erfahren; das alles gab mir ein solches Attachement an diesen Plan, an diesen Vorsatz, daß ich darüber meinen Aufenthalt zu Palermo, ja den größten Teil meiner übrigen sicilianischen Reise verträumte. (MA 15, 369)

Die leidenschaftliche Hinwendung zu den Dingen weicht auf Sizilien der träumerischen Versenkung in ein literarisches Projekt, dessen Attraktivität für den Autor nicht zuletzt aus seinem identifikatorischen Verhältnis zur Figur des Odysseus, d. h. aus einem Impuls zur Selbstreflexion entspringt. Die Phasen des Wiedererkennens, der erneuernden Präsenzerfahrung und der Re-Mediatisierung vollziehen sich dabei in der bereits bekannten Abfolge und strukturieren auf diese Weise den Text der *Italienischen Reise*, sind aber weniger auf Gegenstände der Außenwelt gerichtet, die es neu und anders zu vermitteln gälte, als auf die aktualisierende Deutung eines kanonischen Texts. Das dreiphasige Muster, das für Goethes Poetik des Reisens charakteristisch ist, nimmt hier die Form eines hermeneutischen Zirkels an, der im Oszillieren zwischen medial vermitteltem Vorverständnis, Wirklichkeitserfahrung und Lektüre eine aneignende Interpretation der mediterranen Welt ebenso wie der sie modellierenden epischen Erzählung ermöglicht.

Literaturverzeichnis

Zu den verwendeten Goethe-Ausgaben MA und WA vgl. das Siglenverzeichnis zu Beginn dieses Bandes.

Aurnhammer, Achim. „Das Ärgernis der Villa Palagonia. Zum Bedeutungswandel der Antiklassik im deutschen Sizilien-Bild (1770–1820)". *„Italien in Germanien". Deutsche Italien-Rezeption von 1750–1850.* Hg. Frank-Rutger Hausmann. Tübingen: Narr, 1996. 17–36.

Fischer, Markus. „Augenblicke des Wiedererkennens. Zur Kategorie des Erlebnisses in Goethes *Italienischer Reise*". *Von der Natur zur Kunst zurück. Neue Beiträge zur Goethe-Forschung.* Hg. Moritz Baßler, Christoph Brecht und Dirk Niefanger. Tübingen: Niemeyer, 1997. 95–107.

Hentschel, Uwe: „‚Über die Caracteristik der Städte'. Goethe und die urbane Landschaft". *Jahrbuch der Österreichischen Goethe-Gesellschaft* 111–113 (2007–2009): 48–65.

Hentschel, Uwe: „Goethe, Humboldt und die ‚Hydra der Empirie'". *Scientia poetica* 17 (2013): 27–49.

Ingen, Ferdinand van. „Goethes Italienische Reise und Italienreisende seiner Zeit". *Jahrbuch der Österreichischen Goethe-Gesellschaft* 111–113 (2007–2009): 27–47.

Langen, August. *Anschauungsformen in der deutschen Dichtung des achtzehnten Jahrhunderts (Rahmenschau und Rationalismus).* Jena: Diederichs, 1934.

Latour, Bruno. *Die Hoffnung der Pandora. Untersuchungen zur Wirklichkeit der Wissenschaft.* Aus dem Engl. von Gustav Roßler. Frankfurt a. M.: Suhrkamp, [5]2015 (stw 1595).

Meier, Albrecht. „Seekranke Betrachtungen auf der Königin der Inseln. J. W. Goethes Sizilienerfahrung im Zusammenhang der *Italienischen Reise*." *Germanisch-Romanische Monatsschrift* N. F. 39 (1989): 180–195.

Moormann, Eric M. „Winckelmann und die griechischen Tempel von Agrigento". *Winckelmann-Handbuch. Leben – Werk – Wirkung*. Hg. Martin Disselkamp und Fausto Testa. Stuttgart: Metzler, 2017. 180–184.

Naumann, Barbara. *Bilderdämmerung. Bildkritik im Roman*. Basel: Schwabe, 2012.

Niefanger, Dirk. „,Keine Natur mehr, sondern nur Bilder'. Goethes Abschied vom Vesuv." *Von der Natur zur Kunst zurück. Neue Beiträge zur Goethe-Forschung*. Hg. Moritz Baßler, Christoph Brecht und Dirk Niefanger. Tübingen: Niemeyer, 1997. 109–126.

Reindl, Peter. „J. W. Tischbein und Goethes *Goetz von Berlichingen*". *Kunst in Hessen und am Mittelrhein* 31 (1991): 55–67.

Rheinberger, Hans-Jörg. *Epistemologie des Konkreten. Studien zur Geschichte der modernen Biologie*. Frankfurt a. M.: Suhrkamp, 2006 (stw 1771).

Sterne, Laurence. „*A Sentimental Journey*" and „*Continuation of the Bramine's Journal*" with *Related Texts*. Hg. Melvyn New und W. G. Day. Indianapolis und Cambridge: Hackett, 2006.

Torra-Mattenklott, Caroline. „Italienisch-deutsche Fuge. Ein Gastmahl in Goethes *Italienischer Reise*". *Fest/Schrift. Für Barbara Naumann*. Hg. Stéphane Boutin, Marc Caduff, Georges Felten, Caroline Torra-Mattenklott und Sophie Witt. Bielefeld: Aisthesis, 2019. 51–64.

Voigt, Johann Karl Wilhelm. *Drey Briefe über die Gebirgs-Lehre für Anfänger und Unkundige*. 2. verbesserte und vermehrte Aufl. Weimar: bey Carl Ludolf Hoffmanns seel. Wittib und Erben, 1786 [^{1}1785].

Voigt, Johann Karl Wilhelm. *Praktische Gebirgskunde. Mit einem Kupfer*. Weimar: Im Verlage des Industrie-Comptoirs, 1792.

Voigt, Johann Karl Wilhelm. *Erklärendes Verzeichniß seiner neuesten Cabinets von Gebirgsarten*. Dritte verbesserte Auflage. Weimar: Im Verlage des Industrie-Comptoirs, 1797 [^{1}1792].

Barbara Naumann

„... den Anblick durch Ungeduld nicht verderben"

Zeit und Zeichnung in Goethes *Italienischer Reise*

1 „Ich gehe immer herum und herum..."

Die *Italienische Reise* Goethes ist ein Unternehmen geboren aus drängenden heterogenen Motiven; eine Reise mit vielen Facetten, durchgängig geprägt von einer geradezu überbordenden, in verschiedene Richtungen sich zerstreuenden Interessenfülle. Auch die zahlreichen Nachbearbeitungen, die Goethe mit seinen Reise-Aufzeichnungen bis zur ersten Veröffentlichung im Jahre 1816 anstellt, tilgen die Heterogenität der biographischem Umstände und Motive nicht.[1] Bereits zu Beginn der Reise, im Herbst 1786, lassen Goethes Notizen ein Muster erkennen, das die emotionale Disposition des Autors beschreibt und zugleich die Matrix seines Erkenntnismodus darstellt: Überall könne es nur besser sein als in Weimar, unter den dortigen Lebens- und Arbeitsverhältnissen, die er nun hinter sich lassen will. Alles, was nicht mit den Pflichten und dem Eingebundensein in Weimar zu tun hat, scheint neu und interessant.

Einen fest ausgerichteten Reise- und Forschungsplan besitzt Goethe nicht, auch wenn im Nachhinein die beeindruckende Fülle der literarischen, artistischen und wissenschaftlichen Erträge dieser Reise eine solche Vermutung nahelegen könnte. Zusätzlich zu dem schon familiär vorgeprägten[2] und fast als das

---

Anmerkung zum Titel: „Neapel, 1. Juni 1787, abends". (FA I 15.1, 368).

1 Der Erstdruck trug den Titel *Aus meinem Leben. Von Goethe. Zweyther Abtheilung Erster Theil. Auch ich in Arkadien!* Stuttgart und Tübingen in der Cotta'schen Buchhandlung 1816; dieser Text ist Grundlage der hier zitierten Ausgabe FA I 15. 1 und 15.2.
2 Man denke an die Italienbegeisterung des Vaters Johann Caspar Goethe und dessen Italienische Reise, durchgeführt 1740/41, und den auf Italienisch geschriebenen Reisebericht: *Viaggio per l'Italia:* Reise durch Italien im Jahre 1740 (Goethe 1987). – Erinnert sei auch an die Stiche von Ansichten Roms, die Goethe als Kind im Elternhaus ständig vor Augen hatte: „Innerhalb des Hauses zog meinen Blick am meisten eine Reihe römischer Prospekte auf sich, mit welchen der Vater einen Vorsaal ausgeschmückt hatte, gestochen von einigen geschickten Vorgängern des Piranesi, die sich auf Architektur und Perspektive wohl verstanden, und deren Nadel sehr deutlich und schätzbar ist. Hier sah ich täglich die Piazza del Popolo, das Coliseo, den Petersplatz, die

„comme il faut" der Gebildeten und Vermögenden zu bezeichnenden Italien-Interesse bringt Goethe eine ausgeprägte wissenschaftliche und künstlerische Neugier auf das südliche Land mit. Sie ist, zumindest teilweise, noch von einem in Auflösung begriffenen Wissensparadigma geprägt: der Orientierung an einem bunten Gemisch von Natur- und Kunsterfahrungen, wie sie für die Wissenskultur bis zum früheren achtzehnten Jahrhunderts typisch waren.[3] Zugleich nimmt Goethe in Italien aber in höchst individueller Weise die Fäden seiner künstlerischen – d.h. kunst*historischen* wie -praktischen – Weiterbildung auf.[4] Herder bezeichnet Goethe in einem Brief, den er im Dezember 1788 aus Rom an den Freund sendet und in dem er seine eigene Italien-Wahrnehmung mit der Goethes vergleicht, treffend als einen „Tausendkünstler" (Mandelkow 1988, 111). Offen für die Erweiterung seiner Kenntnisse von der Natur und für ästhetische Fragen und Darstellungsformen zugleich –: So könnte man die Disposition Goethes zu Beginn der Italienischen Reise wohl charakterisieren. Diese Disposition prägt nicht zuletzt auch die Zeichnungen der Reise.

Goethe sucht weitgehende Unabhängigkeit: Weder soll ihn ein a priori definierter Wissenschaftsbegriff noch ein präskriptiver Lernmodus einschränken. Vielmehr öffnet er sich, im Gegensatz dazu, einem beinahe abenteuerlichen Geschehenlassen und demonstriert seine größtmögliche Offenheit für Unerwartetes und Unbekanntes. Er akzeptiert nicht nur die Kontingenz; er sucht sie und spielt mit ihr. Die damit verbundene Möglichkeit, auf der Reise jederzeit überrascht und konfrontiert zu werden, wertet er als authentischen Erfahrungsmodus. Dafür finden sich in der *Italienischen Reise* durchgehend beredte Zeugnisse. Das *Tagebuch der Italienischen Reise für Frau von Stein* verzeichnet am 16. September des Jahres 1786 aus Verona folgende Notiz, die Goethe wieder einmal beinahe lässig und ganz im Stil eines Flaneurs zeigt, der das Geschehenlassen und die ästhetische Wahrnehmung übt:

> Ich gehe nach meiner Gewohnheit nur so herum, sehe alles still an, und empfange und behalte einen schönen Eindruck.
> Nun eins nach dem andern. (FA I 15.1, 660)

Peterskirche von außen und innen, die Engelsburg und so manches andere." (*Dichtung und Wahrheit*, FA I 14, 19).
3 Vielfalt und angestrebte Universalität könnte man als Begriffe für diesen Wissenstypus nennen. Paradigmatisch für den Übergang vom universalistischen barocken zum modernen enzyklopädischen und klassifizierenden Wissenstypus stehen etwa die „*Universal*lexika" der Zeit, wie u.a. Johann Heinrich Zedlers *Grosses vollständiges Universal-Lexicon aller Wissenschaften und Künste*, das von 1731 bis 1754 in Halle und Leipzig erschien.
4 Über die zeichnerische Ausbildung und entsprechende Ambitionen des *jungen* Goethe gibt Auskunft: Clausen 2018.

Ein paar Tage später, am 21. September lautet ein Eintrag aus Vicenza an dieselbe Adressatin:

> Ich gehe immer herum und herum und sehe und übe mein Aug und meinen innern Sinn. Auch bin ich wohl und von glücklichem Humor. Meine Bemerckungen über Menschen, Volck, Staat, Regierung, Natur, Kunst, Gebrauch, Geschichte gehn immer fort und ohne daß ich im mindsten aufgespannt bin hab ich den schönsten Genuß und gute Betrachtung. Du weißt was die Gegenwart der Dinge zu mir *spricht* und ich bin den ganzen Tag in einem Gespräche mit den Dingen. Ich lebe sehr mäsig ... (FA I 15.1, 660)

Goethes mäandrierender Neugier widersteht beinahe nichts: Mit Energie wirft er sich auf antike wie neuere Kunstwerke, auf bedeutende Architektur ebenso wie auf zeitgenössische bildende Künstler und Dichter, auf Landschaften, Ackerbautechniken, Kulinarik und Ethnographie, auf Kunst- und Literaturgeschichte sowie auf Botanik und Geologie.[5] Häufig wurde und wird Goethes Wissens- und Erfahrungshunger gesehen als „eine große Bildungsgeschichte des Auges", als Erwerb einer „eminenten künstlerischen Kennerschaft" in „intensiver Anschauung von Gemälden, Skulpturen und Bauwerken" oder auch als gelungenes Selbstbildungsprojekt, als dessen Ergebnis „schließlich die Programmatik des Weimarer Klassizismus" steht (Osterkamp 1997, 141).[6] Von einem solchen stark vereinheitlichten Gesamtbild zeugen die tatsächlichen Aufzeichnungen der *Italienischen Reise*, selbst nach der ca. 20 Jahre später erfolgten umfassenden Redaktion, allerdings kaum.

Goethes Erkundungen sind nicht allein auf Gegenstände, sie sind genau so intensiv auf ihn selbst gerichtet, und seine Gefühle dem ganzen Unternehmen gegenüber sind nicht ohne Ambivalenz. Wissenshistorisch und auch psychologisch nachvollziehbar ist Goethe sich durchaus dessen bewusst, dass er das Ensemble seiner wissenschaftlichen, künstlerischen und selbstreflexiven Neugier und dass er deren zentrifugale Kräfte nicht oder zumindest nicht immer harmonisieren kann. Gerade in Bezug auf die gewünschten Fortschritte in Sachen Kunst und Literatur entspringen seiner Neugier immer wieder komplizierte, in viele Richtungen weisende Situationen. So beschreibt Goethe im Eintrag vom 17. April 1787 in Palermo die Zerstreutheit seiner Interessen und spricht seinem Wissens-

---

5 Das in dieser Aufzählung noch fehlende Gebiet der Optik wird Goethe erst nach der Italienreise studieren.

6 Osterkamp weist an dieser Stelle darauf hin, dass erst die Anschauung von „Originalwerke[n] aus Antike und Renaissance Goethe die Notwendigkeit einer systematischen Beschäftigung mit Architektur, Plastik und Malerei" vermittelte; „erst in Italien bildete er kunsttheoretische Leitvorstellungen aus, an denen er bis an sein Lebensende festgehalten hat, und hier erkannte er auch die Geschichtlichkeit aller Kunst." (Osterkamp 1997, 141).

durst einen dringlichen, sogar *obsessiven* Charakter zu. Statt vom Erkunden und Betrachten ist nun die Rede vom „Unglück", von „Geistern", „Gespenstern" und „Grillen":

> Es ist ein wahres Unglück, wenn man von vielerlei Geistern verfolgt und versucht wird! Heute früh ging ich mit dem festen, ruhigen Vorsatz meine dichterischen Träume fortzusetzen nach dem öffentlichen Garten, allein, eh ich michs versah, erhaschte mich ein anderes Gespenst, das mir schon diese Tage nachgeschlichen. Die vielen Pflanzen, dich ich sonst nur in Kübeln und Töpfen [...] zu sehen gewohnt war, stehen hier froh und frisch unter freiem Himmel... Angesichts so vielerlei neuen und erneuten Gebildes fiel mir die alte Grille wieder ein: ob ich nicht unter dieser Schar die Urpflanze entdecken könnte? (FA I 15.1, 285–286)

Wie hier, so bezeichnet Goethe auch an anderen Stellen der *Italienischen Reise* seine Einfälle als „Grillen" (man mag darin ein Echo des von „Grillen" geplagten Werther vernehmen, der selbst wie ein Gespenst seinen Schöpfer immer noch nicht ganz in Ruhe zu lassen scheint). Vor allem aber äußert sich dieses Wissenwollen wenig programmatisch, vielmehr ganz und gar leidenschaftlich und auch nicht souverän. Dass die *Italienische Reise* schon eine programmatisch vorgeprägte, gewissermaßen teleologische Ausrichtung auf den späteren Klassizismus beinhalte, die sich in Italien nur noch realisieren müsse, diese holistische These sagt viel aus über die Wunschphantasien späterer Leser und Interpreten. Aus heutiger Sicht erkennt man, wie sehr Goethes nahezu grenzenlose Neugier der Diversität offensteht, ja geradezu ausgeliefert ist: ungerichtet, erlebnisoffen und experimentell. Goethe, so könnte man sagen, probiert sich und seine Mitwelt aus.

2 Warum so eilig? – Zeit und Zeichnung

Goethes Zerstreuung aufgrund der Fülle und Heterogenität seiner Interessen ist nicht der einzige Aspekt, der seine Reise so vielgestaltig und zerrissen erscheinen lässt. Angesichts seines Lebensalters und seiner früheren Bildungsmöglichkeiten kommt für ihn die Reise nicht unbedingt zur rechten Zeit. Mehrfach äußert er sein Bedauern darüber, erst so spät nach Italien gelangt zu sein, da er in jüngeren Jahren möglicherweise wichtigere Impulse, prägendere Ergebnisse hätte gewinnen können:

> Rom, den 1. November 1786.
> Ja, ich bin endlich in dieser Hauptstadt der Welt angelangt! Wenn ich sie in guter Begleitung, angeführt von einem recht verständigen Manne, vor funfzehn Jahren gesehen hätte, wollte ich mich glücklich preisen. Sollte ich sie aber allein, mit eignen Augen sehen und besuchen, so ist es gut, daß mir diese Freude so spät zuteil ward. (FA I 15.1, 134–135)

Im Gegensatz zu dem, was Goethe wünscht, nämlich eine originäre Erfahrung Italiens und der Antike, der Kunst und des Landes, steht die Reise deutlich im Modus der *wiederholten* Erfahrung, und überdies einer Erfahrung, die *andere* gemacht und geschildert haben. Es ist alles wie gedacht – und doch ganz anders. Gerade angekommen in Rom, diskutiert er das Problem der unzuverlässigen Erfahrung zweiten Grades am 1. November 1786:

> Alle Träume meiner Jugend seh' ich nun lebendig, die ersten Kupferbilder deren ich mich erinnere, (mein Vater hatte die Prospekte von Rom auf einem Vorsale aufgehängt) seh' ich nun in Wahrheit, und alles was ich in Gemälden und Zeichnungen, Kupfern und Holzschnitten, in Gyps und Kork schon lange gekannt, steht nun beisammen vor mir, wohin ich gehe finde ich eine Bekanntschaft in einer neuen Welt, es ist alles wie ich mir's dachte und alles neu. [...] Ich habe keinen ganz neuen Gedanken gehabt, nichts ganz fremd gefunden, aber die alten sind so bestimmt, so lebendig, so zusammenhängend geworden, daß sie für neu gelten können. (FA I 15.1, 135)

Noch drängender und dringlicher lautet der Eintrag vom 7. Februar [1788] in Rom: „Es rückt alles auf einmal in mir herauf; warum nicht früher, warum nicht wohlfeiler! Wie viele tausend Sachen, manche ganz neu und von vorne, hätte ich mitzuteilen!" (FA I 15.1, 185) Das Gefühl, „tausend Sachen" zugleich zu tun und „mitteilen" zu müssen, führt Goethe nicht nur dazu, sich im Eiltempo umzuschauen und im Dauerzustand des Multitasking um Eindrücke zu ringen. Da ihn das Gefühl verlorener Jahre und verpasster Gelegenheiten ebenso drückt wie der fatale Eindruck, nur zu wiederholen, was andere – nicht zuletzt sein Vater – vor ihm schon getan und gesehen haben, reagiert er unter dem Regime seines Wissensdrangs mit Eile und Ungeduld. Dazu kommt ein weiterer „Fehler":

> [...] daß ich so viel Zeit auf eine Arbeit oder ein Geschäft wenden mochte, als dazu erfordert wird. Da ich die Glückseligkeit genieße, *sehr viel in kurzer Zeit* denken und kombinieren zu können, so ist mir eine schrittweise Ausführung nojos und unerträglich. Nun dächt' ich wäre Zeit und Stunde da sich zu korrigieren. (FA I 15.1, 396; meine Hervorhebung, B.N.)

Dieses Arbeits- und Reaktionsschema wirkt sich in Bezug auf seine dichterische Tätigkeit ebenso gravierend aus. In Rom schreibt er am 10. Januar 1787 über die Versfassung *Iphigenie*, die er gerade fertiggestellt hat und nun an Herder und Wieland in Weimar absendet:

> Und so hat mich denn diese Arbeit, über die ich bald hinauszukommen dachte, ein völliges Vierteljahr unterhalten und aufgehalten, mich beschäftigt und gequält. Es ist nicht das erste

Mal, daß ich das Wichtigste nebenher tue, und wir wollen darüber nicht weiter grillisieren und rechten. (FA I 15.1, 169)[7]

Das „Wichtigste" tut Goethe also „nebenher", eine von ihm als ambivalent empfundene Disposition und Arbeitsweise. Es gelingt Goethe in den Aufzeichnungen der *Italienischen Reise*, die Herausforderungen der Diversität und des heterogenen Reiseverlaufs, seine Interessenfülle und die von ihm selbstkritisch erkannte psychische Voraussetzung seines zerstreuten Arbeitens als grundsätzliche Dynamik seiner Unternehmung darzustellen. In der temporalen und emotionalen Grundstruktur der *Italienischen Reise* kristallisiert sich so eine zuweilen als Qual empfundene Disparatheit heraus: Interessenlage, Emotionen und Temporalität stehen in den Reisenotizen in einem steten Spannungsverhältnis: „Time is out of joint", um es mit einem geflügelten Wort des später in den *Lehrjahren* prominent diskutierten Hamlet zu sagen. Insgesamt ist es diese komplizierte und gespannte Disposition, die Goethes italienische Unternehmungen prägt, und eben auch seine Ambition zu zeichnen und zu malen.

Die privilegierten Medien seiner Selbsterkundung und seiner wissenschaftlichen und artistischen Neugier sind selbstverständlich das regelmäßige Schreiben und Zeichnen. Das erhaltene Corpus der Goethe-Zeichnungen umfasst ca. 2700 Blätter; allein 900 davon sind während der *Italienischen Reise* entstanden.[8] So vielfältig ihre Gegenstände, Sujets und Stile, so vielfältig auch die angewandten Techniken. Ein Blick auf die Blätter zeigt, dass Skizzen von Landschaften und Baulichkeiten sehr häufig sind; dazu kommen naturwissenschaftliche Zeichnungen, anatomische Studien, Skizzen von Personen u.a. – „Bleistift-, Feder- und Pinselzeichnungen, häufig laviert, manchmal auch aquarelliert oder auf farbigem Papier ausgeführt, überwiegen; Kreide, Kohle und Rötel kommen dazu." (Maisak 2004, 1199) Es ist nicht zu übersehen, dass Goethe bei alledem sehr ambitioniert verfährt: Über seine Zeichenpraxis teilt er am 17. Februar 1787 mit: „Die Künstler belehren mich gerne, denn ich fasse geschwind" (FA I 15.1, 185).

Im Folgenden sollen einige der Landschafts-Zeichnungen Goethes unter dem Gesichtspunkt der medialen Reaktion auf die Herausforderungen von Diversität und gespannter Temporalität genauer betrachtet werden.

Diese kleine, eher unauffällige Zeichnung (Abb. 1) ist am 27. Oktober 1786 bei Terni entstanden, einer der letzten Reisestationen kurz vor Rom. Man bemerkt

---

[7] Diese bekenntnishaften Bemerkungen formuliert Goethe zuerst in seinem als Iphigenie-Brief bezeichneten Schreiben an Herder vom 13.1.1787 (s. den Kommentar in FA I 15. 2, 1280, sowie den Kommentar zu *Iphigienie* in FA I 5, bes. 1282–1289). Gedruckt wurde das Drama zuerst im Rahmen der von Herder betreuten Schriften-Ausgabe Goethes bei Göschen, Leipzig, 1787.

[8] Vgl. das *Corpus der Goethezeichnungen* (1960–1965) sowie Maisak 1994 und 2004.

Abb. 1: Goethe: Bei Terni. 27. Oktober 1786, Bleistift, gewischt, Feder in Schwarz. Klassik Stiftung Weimar, GGz/0564.

sofort die äußerste Ökonomie der Darstellung. In offensichtlicher Eile skizzierend, folgt Goethes Stift lediglich der Umrisslinie eines hohen Felsens, deutet ein sich daran anlehnendes kleines Gebäude an – wohl den überdachten Eingang zu einer Höhlenwohnung –, und hält die fernere Hügellandschaft mit kargen Strichen fest. Der schriftliche Eintrag konkretisiert die Situation:

> Wieder in einer Höhle sitzend, die vor einem Jahr vom Erdbeben gelitten; das Städtchen liegt in einer köstlichen Gegend, die ich auf einem Rundgange um dasselbe her, mit Freuden beschaute, am Anfang einer schönen Plaine zwischen Bergen, die alle noch Kalk sind. Wie Bologna drüben, so ist Terni hüben an den Fuß des Gebirgs gesetzt. (FA I 15.1, 129)

Allenfalls kann man auf der Zeichnung die topographische Verteilung der erwähnten Plaine, der Hügel und des Höhleneingangs ahnen. Diese Zeichnung fungiert als eine Art Matrix, die erst zusammen mit den schriftlich festgehaltenen Daten der Topographie (Hügellage), Geologie (Kalk), Ethnographie (Höhlenwohnungen) ein Reisebild ergibt. Sie ist nicht primär künstlerisch orientiert, aber sie stellt doch mehr und anderes dar als ein bloßes Schema. – Den Eintrag über Terni schließt Goethe mit folgenden Worten ab:

> Denn aus Ungeduld weiter zukommen, schlafe ich angekleidet, und weiß nichts hübscheres, als vor Tag aufgeweckt zu werden, mich schnell in den Wagen zu setzen, und zwischen Schlaf und Wachen dem Tag entgegen zu fahren, und dabei die ersten besten Phantasiebilder nach Belieben walten zu lassen. (FA I 15.1, 132)

Solche Phantasiebilder finden keinen Eingang in die letztlich mit mimetischer Absicht verfertigten Zeichnungen, und auch das Mimetische wird hier an einer extrem kurzen Leine gehalten. Zwar zeugt die Technik der Skizze von Eile, aber ihr Gegenstand wird zeit-los, statisch wiedergegeben.[9]

3 Zeichnungen als Intermedien

Doch zeigt sich hier noch etwas anderes: Goethe präsentiert in der Terni-Zeichnung nicht nur Unfertiges im Sinne eines Darstellungsdefizits. Sabine Mainberger hat darauf hingewiesen, dass sich insofern spannungsvolle Interessen und Vermögen Goethes in den Zeichnungen Ausdruck verschaffen, als sie sowohl eine Tendenz zur „Schließung, Abschließung [...]" erkennen lassen als auch eine Tendenz, die jede Abschließung „gerade vermeidet" (Mainberger 2012, 270). Zugleich liegt in der Unfertigkeit ein gestalterisches Credo des Dichters und Naturforschers, der die weitere Ausgestaltung, die Entwicklung und allmähliche Veränderung stets im Blick hat, und auch Analogien zwischen natürlichen und

---

[9] Gewissermaßen aus der Gegenperspektive gestaltet Goethe später das Verhältnis von (gelungener i.S. von dichtender) Malerei und Schreiben in seinem Aufsatz *Ruysdael als Dichter* (veröff. 1816). Johannes Grave (2020) bemerkt dazu: „In der Betrachtung von Ruisdaels Landschaftsbild ergreift Goethe die Möglichkeit, sich stark auf das sinnliche Gegenwartsbewusstsein des im Bild Erscheinenden einzulassen, ohne dabei dessen Bild- und Kunstcharakter zu verleugnen. Weder sieht er sich veranlasst, von dem anschaulich Gegebenen abzusehen, noch reduziert sich das Dargestellte auf ein bloßes Zeichen. Zugleich aber erschöpft sich die Landschaft für ihn nicht in der schlichten Vergegenwärtigung eines Naturausschnitts. Vielmehr scheint der zeitlich erstreckte Prozess der Betrachtung gezielt dazu genutzt zu werden, die Natur in ihrer eigenen Zeitlichkeit und Lebendigkeit erscheinen zu lassen." Dass es ein Erkenntnisziel bereits des jungen Goethe darstellt, Landschaft als Bild sehen zu lernen, betont er auch in *Dichtung und Wahrheit* (FA I 14, 249): „.... welches Talent, welche Übung gehört nicht dazu, eine weite und breite Landschaft als Bild zu begreifen!"

artistischen Vorgängen beachtet.[10] Die Metamorphose der Pflanzen ist vielleicht das bekannteste Zeugnis für dieses von Goethe so gründlich studierte und leidenschaftlich profilierte Prinzip des Übergänglichen. Im Sinne des Übergänglichen stellen die offen und unfertig wirkenden Zeichnungen *Intermedien* dar: Sie sind Bildungen in ihrem eigenen Recht, mit einem gewissen Kunst- und Wissenschaftsanspruch, und sie fungieren *zugleich* als Übergangsstadien, als transitorische Ereignisse, die auf Ergänzungen durch die Schrift ausgelegt sind, etwa durch den Bericht, durch die Ekphrasis, durch die Erzählung und sogar, wie später in den *Römischen Elegien*, im lyrischen Register.

Bevor er Rom erreicht, hat Goethe noch keine Unterweisung von seinen Lehrern Tischbein, Hackert oder Kniep erhalten.[11] Aber auch später, nachdem er mit Hilfe dieser Künstler mehr zeichentechnisches Geschick und ein genaueres Sehen entwickelt, wird sich dieser hastig skizzierte, in einer Art pikturaler Kurzschrift verfertigte Zeichnungstypus nicht ganz verlieren.[12] Immer wieder greift Goethe auf das Medium der unvollendeten, ungeschlossenen raschen Skizze zurück, wissend, dass er damit zwar seinen eigenen ästhetischen Ansprüchen nicht genügt, aber doch einen Gewinn verzeichnen kann:

> Die wenigen Linien, die ich aufs Papier ziehe, oft übereilt, selten richtig, erleichtern mir jede Vorstellung von sinnlichen Dingen, denn man erhebt sich ja eher zum Allgemeinen, wenn man die Gegenstände genauer und schärfer betrachtet. – Mit dem Künstler nur muss man sich nicht vergleichen, sondern nach seiner eigenen Art verfahren, denn die Natur hat für ihre Kinder gesorgt, der Geringste wird nicht, auch durch das Dasein des Trefflichsten an seinem Dasein gehindert (FA I 15.1, S. 185).

Für das Schreiben aber nimmt sich Goethe Zeit; und wie für andere Werke gilt auch in Bezug auf die *Italienische Reise* ein Langzeitmodus der allmählichen Verfertigung des Werks, die sich über mehrere Jahrzehnte hinzieht. Erst in der Überarbeitung der Reisenotizen und -briefe entsteht zwischen 1813 und 1817 ein zu veröffentlichendes Werk. Während der Reise treten Schreiben und Zeichnen in

---

10 Den hier naheliegenden Begriff des „Unzeichnerischen in der Kunst" erläutert ausführlich: Grave 2008.
11 Zu Goethes Zeichenlehrer Hackert während der Italienreise s. Norbert Miller und Claudia Nordhoff 1997.
12 Aus der ausführlichen Literatur zu Goethe als Zeichner sei hier auf die grundlegenden Studien von Petra Maisak hingewiesen, und weiterhin auf: Hecht 1982; Güse und Mildenberger 2009; Chiarini 1988.

ein gegenseitig ergänzendes Verhältnis, wobei stets Defizite des jeweils einen Mediums die ergänzende Darstellungsweise durch das andere motivieren.[13]

Wie Margrit Wyder (2012) und Sabine Mainberger (2012) in Untersuchungen zu Goethes schematischen Zeichnungen zur „Luisenburg" herausgearbeitet haben, entwickelt Goethe vor allem im Rahmen seiner naturwissenschaftlichen Studien eine zum Schematischen tendierende Form der Zeichnung. Dabei geht es um die Erfordernisse der Zeitdarstellung bzw. der Darstellung zeitlicher Abläufe und Entwicklungsstadien, von historischen, morphologischen, physiologischen, optischen etc. Reihen. Die Tendenz zur schematischen Darstellung rührt aus dem Bemühen, erdgeschichtliche Stufen zu verdeutlichen, also eine mehr oder weniger abstrakte geologische Hypothese anschaulich zu machen. Doch auch in diesem Zusammenhang will Goethe auf ästhetisch-mimetische und bildgestalterische Momente nicht verzichten. Offensichtlich hält Goethe selbst dann an dem schon entwickelten Typus der flüchtig-eiligen, den Vordergrund häufig ausblendenden, ungerahmten und zum Schema tendierenden Skizzen fest,[14] wenn er unter direkter Anleitung bedeutender Künstler wie Jakob Philipp Hackert oder Christoph Heinrich Kniep zeichnet und Landschaftsgestaltung, Rahmung und Detaildarstellung studiert.

Die drei folgenden Zeichnungen mit kargem, unfertigem Charakter sollen diese These verdeutlichen:

Die Zeichnung der Bucht von Palermo (Abb. 3) vertraut auf eine Linienführung, die in äußerster Ökonomie das Wesentliche zur Darstellung bringen und für die Erinnerung festhalten soll. Kleine Indikatoren einer bewegten, d.h. schneller vergehenden Zeit bilden hier die Segelschiffe in der Bucht. Allein der Gebirgszug im Hintergrund erhält eine genauere Kontur und Ausführung, gewissermaßen als Signifikant für das Interesse des Zeichners und Geologen. Auch diese Skizze behält den Charakter eines hybriden Mediums bei: Sie ist wissenschaftlich-topographisch engagiert, zeigt ein angedeutetes Landschaftsschema und fungiert zugleich als Erinnerungsbild.

---

13 Dies ist ein Zugang zur Intermedialität, den Goethe in seinem Roman *Die Wahlverwandtschaften* in vielfacher Weise vertiefen und variieren wird. Vgl. dazu auch das Kapitel zu den Tableaux vivants im Roman *Die Wahlverwandtschaften*, in: Naumann (2012), 11–41. Vgl. dazu ebenfalls den Beitrag von Peter Schnyder in diesem Band.
14 Was Goethe für seine eigenen Zeichenpraxis als Problem oder gar Fehler wahrnimmt, wird sich im Typus der „unvollendeten Landschaft" nach 1800 zu einer eigenen Bildästhetik der Landschaftsdarstellung entwickeln, so z.B. in den Landschaftsbildern und -zeichnungen Carl Blechens. Zum Thema „Unvollendete Landschaft" s. den so betitelten Beitrag von Reinhard Wegner (2010). Zu Goethes Eigenart, einen „schöpferischen, zeiterbenden Raum" zu gestalten, s. Bloch (1985), 535.

Abb. 2: Goethe: Skizze der Burgruine von Malcesine. September 1786, Graphit gewischt. Klassik Stiftung Weimar, GGz/0154.

Abb. 3: Goethe: Die Bucht von Palermo, Graphit, Anfang April 1787. Klassik Stiftung Weimar, GGz/0361.

In Sizilien, unter der Anleitung Knieps, nimmt sich Goethe mehr Zeit bei der Verfertigung mancher Zeichnung (Abb. 4) und schult seine Fähigkeit, den Bildausdruck mit Hilfe der proportionierten Gestaltung von Bildvordergrund, Mitte und Hintergrund sowie durch den Einsatz von Farbe bzw. Lavierung prägnanter zu gestalten. Aber auch hier, wo das Auge des Betrachters planvoll zu den einzelnen Bildgegenständen geführt wird, verlieren sich nicht die Spuren der Hast. In dieser Hinsicht sprechen die groben Schraffuren für die Gestaltung von Land, Mauerwerk und Himmel eine deutliche Sprache.

Abb. 4: Goethe: Grabmal des Theron bei Agrigento, ca. 1790?, Feder mit Sepia, Sepialavierung. Klassik Stiftung Weimar, GGz/1289.

Abb. 5a: Kniep: Bucht von Palermo, vom Monte Pellegrino. Skizze. Aus Striehl 1998, 112, Abb. 110.

Oben (Abb. 5b) sieht man eine lavierte Federzeichnung von Goethes Lehrer Kniep, die Darstellung der Bucht von Palermo vom Monte Pellegrino aus (1788), unten (Abb. 6) Goethes Landschaftsskizze vom gleichen Standpunkt aus. Kniep hatte ebenfalls zunächst skizziert (Abb. 5a), die Skizze aber später ausgeführt. Hierbei setzt einen geradezu dramatisch steilen und dunklen Vordergrund in die rechten Bildhälfte, inszeniert den Ausblick auf Bucht und Berge als ein sich allmählich enthüllendes Schauspiel für das Auge, belebt die Szenerie durch die

„... den Anblick durch Ungeduld nicht verderben" —— 259

Abb. 5b: Kniep: Bucht von Palermo, vom Monte Pellegrino. Feder in Schwarz, Pinsel in Braun laviert. Ausführung der vor Ort entstandenen Skizze. Aus Striehl 1998, 113, Abb. 113.

Abb. 6: Goethe: Bei Palermo, Blick vom Monte Pellegrino. Graphit. O.D. [April 1787]. Klassik Stiftung Weimar, GGz/0378[a)a)]Ebenso in *Corpus der Goethezeichnungen* II, Nr. 140.

Staffage: von rastenden Männern mit Reisehut (Goethe und Kniep selbst?) und einem begleitenden Hund.[15] Er wendet sich also von der reinen Naturanschauung ab und einem beliebten Genre, der Staffage im Landschaftsbild zu. Darauf ver-

---

[15] Vgl. Striehl 1998, Abb. 113: „Rechts unten längliche Figurenstaffage, ein Bauer mit einem Korb Hühnern und ein Wanderer oder Hirte mit einem Hund".

zichtet Goethe in seiner Zeichnung ganz. Werner Busch entdeckt darin ebenfalls eine konfligierende Grundsituation: Goethes Streben nach der vollendeten, schönen und idealen Form im Sinne seiner konventionellen klassischen Zeichenausbildung habe stets seiner individuellen Naturerfahrung gegenübergestanden. Diese Diskrepanz zeige sich im zeichnerischen Schaffen Goethes schließlich als unüberwindbar (vgl. Busch 1988, 147).

Jedenfalls behält für Goethe die Zeichnung immer auch den Charakter eines *Intermediums*, einer Darstellungsform, die sich durch die schriftliche Beschreibung und Ergänzung erst zur detailreichen Fülle, zu einer Verbindung von Anschauung und Wissen und zu einer für das „Andenken" bedeutsamen, vollständigen Markierung der Reisesituation entwickelt.

Zeichnungen und schriftliche Aufzeichnungen stehen in der *Italienischen Reise* im intermedialen Verhältnis: Sie bilden eine Korrespondenz von Leere und Fülle, von rascher, kurzer Skizze und entfalteter Ergänzung, von Abstraktion und Konkretion. Diese Auffassung und Praxis Goethes nimmt erstaunlicherweise das Bild nicht vornehmlich als Konkretion und unmittelbar evidente Darstellung des Details in Anspruch. Die von ihm durchgehaltene, auch ausgehaltene Spannung zwischen der Diversität und Vielbezüglichkeit seiner Engagements und der drängenden Zeit hinterlässt in der Kooperation mit Kniep besonders deutliche Spuren. Eine Reisenotiz über das gemeinsame Zeichnen auf der Insel Capri spricht deutlich aus, was sich Goethe von Kniep in bildästhetischer Hinsicht im Grunde wünscht:

> Montag, 14. Mai 1787
> Wir entzückten uns an dem Anblick, Kniep trauerte, daß alle Farbenkunst nicht hinreiche, diese Harmonie [der Insel Capri, B.N.] wiederzugeben, so wie der feinste englische Bleistift die geübteste Hand nicht in den Stande setzte, diese Linien nachzuziehen. Ich dagegen, überzeugt, daß ein weit geringeres Andenken, als dieser geschickte Künstler zu erhalten vermochte, in der Zukunft höchst wünschenswert sein würde, ich ermunterte ihn, Hand und Auge zum letztenmal anzustrengen; er ließ sich bereden und lieferte eine der genauesten Zeichnungen, die er nachher kolorierte und ein Beispiel zurückließ, daß bildlicher Darstellung das Unmögliche möglich wird. (FA I 15.1, 338–339)

Das hoch gelobte „Unmögliche", das in dieser bildlichen Darstellung „möglich wird" (Abb. 7), erinnert deutlich genug an Goethes eigenen Zeichenstil. An dieser fein lavierten, so zu sagen in größter Eile verfertigten Zeichnung Knieps lassen sich genau jene Charakteristika des Bildaufbaus erkennen, die häufig Goethes eigene Zeichentechnik bestimmen. Dazu muss bemerkt werden, dass während der Schifffahrt nach Capri eine „Dampfwolke" des Vesuvs einen „stärksten Ausbruch" befürchten ließ, der dann auch im Verlauf des späteren Abends sichtbar wird (FA I 15.1, 338). Nichts deutet in der Zeichnung jedoch auf diese dramatische – und

Abb. 7: Christoph Heinrich Kniep: Capri und die Sorrentiner Halbinsel. Bleistift, Feder, laviert [1787]. Klassik Stiftung Weimar, GHz/Sch.I.271,0386.

bedrohliche – Naturszenerie hin. Ein beinahe leerer Bildvordergrund, die gerade Horizontlinie, die im „zarten bläulichen Dunst" angedeuteten Umrisse von Land und Wolken, die darin gestaltete optische Doppelinformation über Topographie und Meteorologie, all dies in großer Eile verfertigt, multimedial ausgerichtet und dem „Andenken" dienend, zudem erst nachträglich vervollständigt –: Diese flüchtige und ex post noch ergänzte Skizze, die Goethe hier lobt, enthält im Grunde genau jene Momente, die ihn selbst beschäftigen und viele seiner eigenen Zeichnungen charakterisieren. Das Lob der Zeichnung Knieps ist auch ein Selbstlob des Zeichners Goethe.[16]

---

[16] Goethe blieb Kniep auch nach der Italienreise noch sehr verbunden: „Goethe vermittelte Kniep im Anschluss an die Sizilienreise bedeutende Aufträge für großformatige Veduten. Auch in die herzoglichen Sammlungen von Weimar gelangten dank Goethes Vermittlung solche häufig mit antikischen mythologischen Szenen staffierte Ansichten. Wie beispielsweise „Heroische Landschaft mit Apoll und Midas" und „Heroische Landschaft mit Bacchanal", die von Herzogin Anna Amalia während ihrer Italienreise von 1788 bis 1790 erworben wurden. Seine großformatigen arkadischen Landschaften zählen zu seinen eindrucksvollsten Werken. Die Publizität des überschaubaren Oeuvres von Kniep verdankt sich in erster Linie der Bekanntschaft mit Goethe und dessen Protektion. Die Begrenzung auf das Medium der Zeichnung und auch Druckgraphik, seine Spezialisierung als Porträt- und dann als Landschaftskünstler eröffneten wenig Chancen für eine große Breitenwirkung. Die liebenswürdige Akkuratesse seiner Zeichenweise, die Präzision und Akribie mit einer diskreten Poesie verschmolz, hat ein bemerkenswertes, eher auf den zweiten Blick originelles Oeuvre gestaltet." (Klassik Stiftung Weimar Blog: https://blog.klassik-stiftung.de/christoph-heinrich-kniep-mehr-als-goethes-auftragszeichner/ (16. Mai 2020).

4 Explosion – Scheitern des Zeichenmediums

Kaum einmal folgen Goethes Aufzeichnungen der *Italienischen Reise* dem Modell der Kontinuität, einer fließenden Folge von Stationen, Begegnungen, Erkundungen und Erfahrungen. Stattdessen dominieren da Disparatheit, Diskontinuität und Sprunghaftigkeit, das Missverhältnis von Früherem und Gegenwärtigem, von Dauer und Eile. Dies alles erschwert oder verunmöglicht gar die Harmonisierung der Fülle des Begehrens nach Wissen, Erfahrung und Selbsterkundung. Das unerwartete Ereignis, die ungeplanten Ansprüche der Natur, der Kultur und des eigenen Begehrens, das Eruptive – wie hier der Vulkanausbruch des Vesuvs –, formen in prägnanter Weise das Grundmodell der Reise. Und in der Tat hat der Vesuv, den Goethe drei Mal bestieg, ihn nicht nur als Geologen und generell als Naturforscher herausgefordert. Goethe stilisiert den Vulkan in gewisser Weise zum Modell einer Erfahrung, die notwendig und notgedrungen mit dem Vielgestaltigen und Disparaten zurechtkommen muss.

Am 1. Juni 1787 abends in Neapel ist Goethe wieder einmal hin- und hergerissen zwischen Pflicht- und Abschiedsbesuchen und dem faszinierenden Schauspiel eines Vesuvausbruchs:

> Mein Banquier [...] ließ mich nicht los, das wäre nun alles schön und gut gewesen, hätte nicht die Lava meine Einbildungskraft an sich gezogen. [...] ich aber eilte schnell nach dem Molo. Hier sah ich nun alle die Feuer und Lichter und ihre Widerscheine, nur bei bewegtem Meer noch schwankender, den Vollmond in seiner ganzen Herrlichkeit neben dem Sprühfeuer des Vulkans, und nun die Lava, die neulich fehlte, auf ihrem glühenden ersten Wege. Ich hätte

Abb. 8 Goethe: Nächtlicher Vesuvausbruch. Feder mit Tusche, Aquarellfarben. 1787. Klassik Stiftung Weimar, GGz/1844.

noch hinausfahren sollen aber die Anstalten waren zu weitschichtig, ich wäre erst am Morgen dort angekommen. Den Anblick, wie ich ihn genoß, wollte ich mir durch Ungeduld nicht verderben, ich blieb auf dem Molo sitzen, bis mir, ohngeachtet des Abströmens der Menge, ihres Deutens, Erzählens, Vergleichens, Streitens wohin die Lava strömen werde und was dergleichen Unfug noch mehr sein mochte, die Augen zufallen wollten. (FA I 15.1, 367–368)

Schon bei seiner Besteigung des Vulkans im März 1787 hatte Goethe das Dramatisierungspotential des Berges sogar in Worte gefasst, die an den faustischen Zwiespalt erinnern:

Der herrlichste Sonnenuntergang, ein himmlischer Abend erquickten mich auf meiner Rückkehr; doch konnte ich empfinden, wie sinneverwirrend ein ungeheurer Gegensatz sich erweise. Das Schreckliche zum Schönen, das Schöne zum Schrecklichen, beides hebt einander auf und bringt eine gleichgültige Empfindung hervor. Gewiß wäre der Neapolitaner ein anderer Mensch, wenn er sich nicht zwischen Gott und Satan eingeklemmt fühlte. (FA I 15.1, 233)

Goethe greift für dieses Bild zur Farbe; die aquarellierte Zeichnung zeugt von dem Versuch, das Faszinosum der Eruption, das Farbenspiel, die Bewegung, das Unkontrollierbare, Plötzliche, Überwältigende, den spannungsvollen Augenblick im Bild zu bannen. Da es das rasche Arbeiten zur Voraussetzung hat, scheint ihm das Medium Aquarell hier das geeignete zu sein. Mit unübersehbarer malerischer Ambition, sogar mit dem Mut, das Blatt zu füllen, geht er zu Werke, doch aufgrund unübersehbarer Unbeholfenheit wird der Künstler der Sache nicht Herr. Die finstere Vordergrundszenerie – wahrscheinlich sollen es Boote sein, die im Dunkeln die hornförmigen Konturen abgeben –, hebt den Gegensatz zum farbigen Geschehen am Berg mit schweren Pinselstrichen hervor. Die durchgehaltene Farbpolarität von Rot/Gelb zu Schwarz treibt eine Dramatisierung hervor, die aber durch die ruhige Flächigkeit und Undifferenziertheit der Formen wieder eingeebnet zu werden droht.

Im Eintrag zum 1. Juni 1787 ist die Vesuv-Episode eingebettet in die Klage über das Hin- und Hergerissensein zwischen Pflichtbesuchen und seiner Sehnsucht, in Ruhe und ohne verderbliche Ungeduld das Geschehen am Vesuv beobachten zu können. Goethe sucht die Kontemplation des aufrührenden, erhabenen Sehens. Der Vollmond, den Goethe „in seiner ganzen Herrlichkeit neben dem Sprühfeuer des Vulkans" preist – und der übrigens zum Inbegriff der Bildszenerie der Romantik, ganz besonders bei Caspar David Friedrich, aber auch Philipp Otto Runge

u. a.[17] werden sollte –, versetzt überdies die Beschreibung in einen emotional-sentimentalen Rahmen.

Goethes bildliche Wiedergabe des Ereignisses verzichtet auf den Vollmond; andere Aspekte treten in den Vordergrund. Es geht ihm darum, die unverstellte Wucht des Naturereignisses wiederzugeben. Hieraus ergibt sich nun geradezu ein bildliches Paradox: An dieser Stelle, da Eruption und Diskontinuität die zentrale Bildaussage ausmachen sollen, rundet sich die Zeichnung mit ihrer Farbfülle und geschlossenen Flächigkeit ab. Man hat es mit einem Bild der Stillstellung, Distanzierung und Bannung zu tun. Das Ereignis wird gleichsam mortifiziert. Im Unterschied zu den ‚unfertig' wirkenden, flüchtigen und in ihrer Vorläufigkeit offenen Zeichnungen erlaubt diese auch technisch sehr reduzierte Wiedergabe keine ‚Sinnverwirrung', aber auch keine ‚Einbildungskraft der Lava' und keine Sehnsucht. Bestenfalls hat dieses Blatt dokumentarischen Charakter, doch interagiert es nicht mit der Schrift. Anders als die oben beschriebenen flüchtig hingeworfenen Zeichnungen ist es nicht intermedial orientiert.

Goethe selbst hat gern den von ihm empfundenen Konflikt zwischen Bildkünstler und Dichter als Drama geschildert, bei dem am Ende der Dichter siegt. Man kann leicht erkennen, dass dieser Bildungsgang, den Goethe als Ergebnis der *Italienischen Reise* für sich selbst entworfen hat, eine Formation im Nachhinein ist. Dass Goethe sich in folgendem Eintrag höchstens noch zehn fruchtbare, arbeitsame Jahre zugesteht, erscheint als ein eigentümlicher (und eigentümlich verzweifelter) Anachronismus:

> Täglich wird mir's deutlicher, dass ich eigentlich zur Dichtkunst geboren bin und dass ich die nächsten zehn Jahre, die ich höchstens noch arbeiten darf, dieses Talent exkolieren und noch etwas Gutes machen sollte, da mir das Feuer der Jugend manches ohne großes Studium gelingen ließ. Von meinem längeren Aufenthalt in Rom werde ich den Vorteil haben, dass ich auf das Ausüben der bildenden Kunst Verzicht tue. (FA I 15.1, 556)

Dies notiert Goethe im Februar des Jahres 1788 in Rom. – Die grundlegenden Zweifel am eigenen praktischen Vermögen sind also noch dieselben wie zu Beginn der Italienreise, selbst nach reichlicher künstlerischer Unterweisung und viel zeichnerischer Praxis. Goethes Selbsteinschätzung ist, vielleicht gerade deshalb, von äußerster Nüchternheit: „…. da sage ich mir denn ganz aufrichtig, daß ich von der Kunst, von dem Handwerk des Malers wenig verstehe" (FA I 15.1, 49).

---

17 Vgl. folgende Beispiele aus unzähligen für romantische Mondnächte: *Zwei Männer in Betrachtung des Mondes* von C.D. Friedrich, ca. 1825–1830 (Metropolitan Museum of Art, New York), oder dessen *Mondaufgang am Meer* von 1822 (Berliner Nationalgalerie); ein weiterer Spezialist für Vollmondnächte ist der britische Maler William Turner.

Die Zeichnung des Vesuvs widerlegt diese These nicht, wohl aber ist sie eine gemalte Antithese zu dem vorgeblichen Drama zwischen Maler und Dichter, und sie gibt Goethes skeptischer Selbsteinschätzung vollkommen recht. Aber nicht dieser Umstand scheint mir in dem in diesem Band diskutierten Kontext interessant, sondern vielmehr die Beobachtung, zu welcher Vielgestaltigkeit und intermedialen Offenheit die spezifische Disposition Goethe gegenüber der Zeichnung und dem Gemälde befähigte.

5 Schluss: Hybride Formen

Gern hat man Goethes Selbststilisierung akzeptiert, die seiner *Italienischen Reise* das Muster einer umfassenden, sich bewusst zum Klassischen wendenden Bildungsreise unterlegt. Der Bericht weist in der Tat vielfach aus, auf welchen Gebieten und in welcher Weise der Reisende Fortschritte gemacht hat: Unklares gewann Kontur, historische und stilistische Urteile wurden bestimmter abgewogen als zuvor, und zukunftsweisende Entscheidungen praktischer und künstlerischer Art wurden gefällt. Allerdings ist diese Selbststilisierung erst im Zuge der Erarbeitung der *Italischen Reise* für den Druck im Jahre 1816 mit Deutlichkeit hervorgetreten. Fast ist es überflüssig zu betonen, in welchem Maße es sich dabei um eine Stilisierung ex post handelt, erarbeitet beinahe zwanzig Jahre nach der Reise und ungefähr fünfzehn Jahre, nachdem Goethe in seinem Roman *Wilhelm Meisters Lehrjahre* (1795) ein wirkmächtiges gattungsprägendes Modell eines Bildungsgangs vorgelegt hat. Der Bildungsgang, den Goethe als Ergebnis der *Italienischen Reise* für sich selbst entworfen hat, ist eine Formation im Nachhinein.

Das Medium, oder wie man nun sagen kann, das Intermedium Zeichnung spielt in der *Italienischen Reise* eine tragende Rolle. Es ist nicht nur und nicht einmal primär einem durchgängigen Kunstparadigma verpflichtet. Vielmehr sind sie durch ihren hybriden Charakter und ihre intermediale Funktion gekennzeichnet; beide erwachsen notwendig aus der Fülle und Vielfalt einander überlagernder Interessen und aus einem äußerst gespannten Zeitverhältnis des Künstlers. Daraus resultiert die zweifellos bewundernswerte Aspektvielfalt, die in der *Italienischen Reise* diskutiert wird. Diese Vielfalt zeigt sich paradoxerweise besonders in den unfertigen, kargen, beinahe leeren Zeichnungen Goethes. Nicht der Landschaftszeichnung allein zugehörig, und auch nicht nur dem wissenschaftlichen Schematisieren unterworfen, dokumentieren viele Zeichnungen sein Bemühen, wie mit *einem* Strich vieles auf einmal zu bewerkstelligen. Die Darstellungsökonomie mancher Skizzen gilt der Erinnerung, dem Festhalten-Wollen eines Moments, eines Gefühlseindrucks oder einer Einsicht. Zudem bilden das

Sammeln, Bewahren, Mitnehmen starke Motive für den gemischten Charakter der Zeichnungen.[18]

Auf Fülle, Breite und Kontingenz-Bereitschaft ist der Selbsterfahrungsprozess des Dichters in Italien ausgerichtet. Dies lässt sich nicht zuletzt an der Vielfalt und Gelegenheitsbezogenheit der Zeichnungen erkennen. Auch die von Goethe selbst rund fünfundzwanzig Jahre nach der eigentlichen Reise für die Buchpublikation gründlich redigierte Fassung der *Italienischen Reise* behält den erratischen Charakter der passageren Unternehmung bei, trotz aller editorischen Überformung und gelegentlichen Selbststilisierung, die einem starken Wunsch nach Vereindeutigung entspringt. Insofern dokumentiert die *Italienische Reise* sich selbst als ein Inter-Medium und zeigt dem aufmerksamen Leser das, was die eigentümliche Vielfalt der Skizzen, Zeichnungen und Bilder ganz mühelos zur Anschauung bringt.

Literaturverzeichnis

Zu der verwendeten Goethe-Ausgabe FA vgl. das Siglenverzeichnis zu Beginn dieses Bandes.

Bloch, Ernst. „Goethes Zeichnung ‚Ideallandschaft'". *Literarische Aufsätze*. Werkausgabe Bd. 9, Frankfurt a. M.: Suhrkamp, 1985. 533–538.

Busch, Werner. „Die „große, simple Linie" und die „allgemeine Harmonie" der Farben. Zum Konflikt zwischen Goethes Kunstbegriff, seiner Naturerfahrung und seiner künstlerischen Praxis auf der Italienischen Reise". *Goethe-Jahrbuch* 105 (1988): 144–164.

Chiarini, Paolo (Hg.) *Goethe a Roma. Disegni e acquerelli da Weimar*. Katalog. Roma, Museo napoleonico, 1988.

Clausen, Christina. „Zwischen ‚gutem Trieb' und ‚heiliger Scheu'. Der junge Goethe als zeichnender Denker". *Goethe-Jahrbuch* 135 (2018): 17–30.

Corpus der Goethezeichnungen. Hg. von den Nationalen Forschungs- und Gedenkstätten der klassischen deutschen Literatur in Weimar. Bd. II, III. Bearb. von Gerhard Femmel. Leipzig: VEB E. A. Seemann, 1960–1965.

Goethe, Johann Caspar. *Viaggio per l'Italia: Reise durch Italien im Jahre 1740* (= Viaggio per l'Italia). Hg.: Deutsch-Italienische Vereinigung, Frankfurt a. M., übers. und kommentiert von. Albert Meier; mit 15 Zeichnungen von Elmar Hillebrand. München: dtv Klassik, 1987.

Grave, Johannes. „Zeichnung ohne Zug. Über das Unzeichnerische in der deutschen Kunst um 1800". *Zeitschrift für Ästhetik und allgemeine Kunstwissenschaft* 53 (2008): 233–260.

Grave, Johannes. „Bildpräsenz". *Deutsche Vierteljahrsschrift für Literaturwissenschaft und. Geistesgeschichte* 94 (2020) 219–236. https://doi.org/10.1007/s41245-020-00107-1 (5. Mai 2020).

Güse, Ernst-Gerhard, und Hermann Mildenberger (Hg). *Johann Wolfgang Goethe. Landschaftszeichnungen*. Stiftung Weimarer Klassik. Frankfurt a. M.: Insel, 2009.

---

18 Darauf weist eindrücklich Caroline Torra-Mattenklott in ihrem Beitrag zu diesem Band hin.

Hecht, Wolfgang (Hg). *Goethe als Zeichner*. München: C.H. Beck, 1982.
Klassik Stiftung Weimar Blog: https://blog.klassik-stiftung.de/christoph-heinrich-kniep-mehr-als-goethes-auftragszeichner/ (5. Mai 2020).
Mainberger, Sabine. „Hypothetische Landschaften". *Ein Unendliches in Bewegung. Künste und Wissenschaften im medialen Wechselspiel bei Goethe*. Hg. Barbara Naumann und Margrit Wyder. Bielefeld: Aisthesis, 2012. 265–294.
Maisak, Petra. „Der Zeichner Goethe oder ‚Die practische Liebhaberey in den Künsten'". *Goethe und die Kunst*. Hg. Sabine Schulze. Ostfildern: Hatje, 1994. 104–112, mit Katalogteil 113–148.
Maisak, Petra. *Johann Wolfgang Goethe. Zeichnungen*. Stuttgart: Reclam, 1996.
Maisak, Petra. „Zeichnungen". *Goethe Handbuch*. Bd. IV.2. Hg. Hans-Dietrich Dahnke und Regine Otto. Stuttgart, Weimar: Metzler 2004. 1198–1209.
Mandelkow, Karl Robert (Hg.). *Goethes Briefe und Briefe an Goethe*. Hamburger Ausgabe in 6 Bden. *Briefe an Goethe I (1764–1808)*. München: C.H. Beck, ^{3}1988.
Miller, Norbert, und Claudia Nordhoff. *Lehrreiche Nähe. Goethe und Hackert 1787–1811*. Bestandsverzeichnis der Gemälde und Graphik Jakob Philipp Hackerts in den Sammlungen des Goethe-Nationalmuseums Weimar. Briefwechsel zwischen Goethe und Hackert. Kunsttheoretische Aufzeichnungen aus Hackerts Nachlass. Hg. Stiftung Weimarer Klassik. München: Hanser, 1997.
Naumann, Barbara. *Bilderdämmerung. Bildkritik im Roman*. Basel: Schwabe, 2012.
Osterkamp, Ernst. „Goethes Kunsterlebnis in Italien und das klassizistische Kunstprogramm". *„endlich in dieser Hauptstadt der Welt angelangt!". Goethe in Rom. Publikation zur Eröffnung der Casa di Goethe in Rom*. Hg. Konrad Scheuermann und Ursula Bongarts-Schauer. Bd. 1: *Essays*. Mainz: Philipp von Zabern, 1997. 140–147.
Striehl, Georg. *Der Zeichner Christoph Heinrich Kniep (1755–1825). Landschaftsauffassung und Antikenrezeption*. Hildesheim: Olms, 1998.
Reinhard *Wegner:* „Unvollendete Landschaft". *Landschaft am „Scheidepunkt"*. Hg. Markus Bertsch und Reinhard Wegner. Göttingen: Wallstein, 2010. 437–450.
Wyder, Margrit. „Zeit im Bild". *Ein Unendliches in Bewegung*. Hg. Barbara Naumann und Margrit Wyder. Bielefeld: Aisthesis, 2012. 295–323.
Zedler, Johann Heinrich. *Grosses vollständiges Universal-Lexicon Aller Wissenschafften und Künste, Welche bißhero durch menschlichen Verstand und Witz erfunden und verbessert worden*. 64 Bde. plus Suppl. Leipzig und Halle: Zedler, 1732–1754.

Teil IV: **Goethe-Rezeption als mediale Spiegelung**

Georges Felten
Pulverisierung der Poesie

Wilhelm Buschs groteske Wertheriade *Balduin Bählamm, der verhinderte Dichter*

In einem ebenso material- wie ertragreichen Aufsatz hat Claudia Stockinger die These vertreten, das „literarische, vornehmlich das lyrische Schreiben des 19. Jahrhunderts [geschehe] unter den Bedingungen des Schreibens *nach* Goethe." (Stockinger 2005, 95) Als wichtigste Modalitäten dieses epigonal-agonalen Schreibens arbeitet Stockinger die Anlehnung an den liedhaften Ton von Goethes frühen Gedichten, den emphatischen Bezug auf die ‚Erlebnisdichtung', aber auch die melancholisch-parodistische Brechung heraus.

Meine Überlegungen zu Buschs *Balduin Bählamm, der verhinderte Dichter* (1883) knüpfen an diese wichtigen Befunde an. So arbeitet sich die Bildergeschichte punktuell an Goethes früher liedhafter Lyrik ab: Im Namen des Bauernmädchens Rieke etwa, um deren Gunst Bählamm sich bemüht, klingt ein Echo auf Friederike Brion an. Der eigentliche Clou besteht indes darin, dass die in Knittelversen gehaltene Bildergeschichte lesbar ist als ‚verquere' *réécriture* eines Goethe'schen Prosatextes: der *Leiden des jungen Werthers*.[1] Als groteske Wertheriade persifliert Buschs *Balduin Bählamm* dabei nicht nur die „sentimental verflachte Erscheinungsform der ‚Naturidylle'" bzw. des „empfindsame[n] Naturerlebnis[ses]" (Hetzner 1991, 16–17), dominante Schreibmuster in der Unterhaltungsliteratur des neunzehnten Jahrhunderts also, für die Goethes Briefroman unfreiwillig die Blaupause lieferte. Implizit erhebt die Bildergeschichte auch Einspruch gegen Goethes Stilisierung zum „zeitenthobenen, harmonischen und über jede Kritik erhabenen Dichterheros" (Mandelkow 1980, 201) im jungen Kaiserreich. Buschs von seinem Neffen überlieferter Ausruf: „Widerwärtig, diese Goethe-Schwärmer und [-]Philologen!" (Nöldeke 1909, 185) belegt, wie genau und mit wieviel Unbehagen er diesen Goethe-Kult registriert hat. Sein *Balduin Bählamm* verwurstet Goethes Briefroman dementsprechend mit ebenso respektlosen wie präzisen intertextuellen Bezügen und liest ihn damit erfrischend neu. Unter den zahlreichen Inversionen, denen Goethes Roman-Erstling in Buschs Spätwerk

---

[1] Als solcher ist der Befund nicht neu; im Gegensatz zur bisherigen Busch-Forschung gehe ich jedoch nicht bloß von einer punktuellen *Werther*-Referenz auf den Landschaftsbrief vom 10. Mai aus – vgl. zuerst Marxer 1967 –, sondern von einem ungleich umfassenderen *rewriting*. Den als Werther-Kalauer lesbaren Ausdruck ‚verquer' entlehne ich Buschs Bildergeschichte selbst. Vgl. Busch 1883, V. 401.

unterzogen wird, ist dabei für meine Belange vor allem diejenige zentral, die Goethes lyrische Prosa in prosaische Verse verkehrt.

Im Gegensatz zu seinen gründerzeitlichen Beweihräucherern konnte Goethe selber solchen *rewritings* in Text und Bild übrigens durchaus etwas abgewinnen. So ist in Eckermanns *Gesprächen mit Goethe* festgehalten, wie begeistert der greise Dichter im Jahr 1831 auf eine *histoire en estampes* aus der Feder von Rodolphe Töpffer reagierte, die eindeutig als *Faust*-Parodie angelegt ist:

> Das Heft, welches in leichten Federzeichnungen die Abenteuer des Doktor *Festus* enthielt, machte vollkommen den Eindruck eines komischen Romans und gefiel Goethen ganz besonders. „Es ist wirklich zu toll! rief er von Zeit zu Zeit, indem er ein Blatt nach dem andern umwendete; es funkelt Alles von Talent und Geist! Einige Blätter sind ganz unübertrefflich!" (FA II 39, 731)

1 Kraftverwandlung: Vers/Prosa, *et retour*

Es gehört zu den Topoi der Literaturkritik des neunzehnten Jahrhunderts, in Goethes *Werther* einen Schlüsseltext für das Verhältnis von Poesie und Prosa auszumachen. So ist etwa in Theodor Mundts 1837 erschienener *Kunst der Prosa* von der „höchsten poetischen Steigerung der Prosa" (358–359) die Rede.[2] Gemeint ist damit zunächst, die oftmals lyrische Schreibweise des Romans habe das Darstellungsmedium der Prosa bzw. die im achtzehnten Jahrhundert eher mit Unterhaltung denn mit Dichtung im emphatischen Sinn assoziierte Gattung des Prosaromans zum ersten Mal in der Geschichte der deutschen Literatur als wahrhaft ‚dichterische' – als ‚Poesie-fähige' mithin – ausgewiesen. Warum das Werk überhaupt in Prosa und nicht in Versen abgefasst ist, wird damit begründet, dass Werthers von Empfindungen übervolles und damit eigentlich zum Lyrischen prädestiniertes Herz an den, wie er selber am 24. Dezember 1771 an seinen Freund Wilhelm schreibt, „fatalen bürgerlichen Verhältnisse[n]" zugrunde gehe (GW 96),[3] die ihrerseits spätestens seit Hegel stereotyp als ‚prosaische' bezeichnet werden:

> Der Werther hätte, ungeachtet seiner hohen poetischen Grundlage, nicht in Versen geschrieben werden können, das Element der Prosa, das seine Stellung zur bürgerlichen Wirklichkeit des Jahrhunderts festhält, ist ein nothwendiges in ihm. Die lyrischen Fluctuationen dieser Prosa bezeichnen aber ebenso treffend den gebrochenen Zustand, in dem sich Individualität und Wirklichkeit damit gegen einander abzeichnen. (Mundt 1837, 359)

---

[2] Zu diesen Wertungen vgl. auch Fülleborn 1979, 89–90.
[3] Sämtliche *Werther*-Zitate nach der *Vollständigen Ausgabe letzter Hand*, in der, wie die meisten seiner Zeitgenossen, wohl auch Busch den Text las. Im Folgenden abgekürzt mit der Sigle GW.

Als Busch selber in der drei Jahre nach *Balduin Bählamm* entstandenen autobiographischen Schrift *Was mich betrifft* die Lektüre von Goethes Briefroman empfiehlt, hebt er primär dessen „herz- und sonnenwarme Prosa" hervor (Busch 1886, 157). Die Charakterisierung mag weniger schillernd ausfallen als bei Mundt, erklärt aber ebenfalls eine spezifische Modulierung des Prosa-Begriffs zum zentralen Moment von Goethes Text. Gleich im nächsten Satz, als Busch den „unverwelklichen Scherz" des *Don Quijote* preist, erhält man indes auch einen Einblick in die Kippverfahren, die in seiner Wertheriade permanent zum Einsatz kommen: In Buschs empfindsamem Möchtegern-Dichter Bählamm steckt auch ein Ritter von der traurigen Gestalt, der überkommenen Literaturkonzepten nachhängt.

Bevor ich näher auf diese Kippverfahren eingehe, möchte ich zunächst einen Blick auf das Verhältnis von Prosa und Vers in Goethes Briefroman selber werfen. Vor allem in den berühmten Landschaftsbriefen vom 10. Mai und vom 18. August spielt Klopstocks Hymnenstil bekanntlich massiv in Werthers Schreiben hinein: Goethes Briefroman überträgt hier also sehr konkret Verse in Prosa. Noch dazu die Verse eben jenes Autors, dessen Name in der ebenso berühmten Gewitter-Szene wie ein Codewort zwischen Lotte und Werther fungiert und bei beiden heftigste Empfindungen auslöst: „[I]ch sah ihr Auge thränenvoll, sie legte ihre Hand auf die meinige, und sagte – Klopstock! – Ich erinnerte mich sogleich der herrlichen Ode, die ihr in Gedanken lag, und versank in dem Strome von Empfindungen, den sie in dieser Losung über mich ausgoß." (GW 36)

Nimmt man den Namen ‚Werther' in seiner ganzen Vieldeutigkeit ernst – das Steigerungssuffix ‚-er' sowie seine lautliche Nähe zu ‚Wert(h)', mit ein wenig gutem Willen aber auch zu ‚Vers' –, erweist sich die eben skizzierte Vers/Prosa-Übertragung als zentrales Versatzstück eines auf Steigerung und Überbietung angelegten Schreibprogramms. Es geht hier nicht allein darum, die Romanprosa im Rückgriff auf Klopstocks Verskunst literarisch aufzuwerten. Auf dem Spiel steht vielmehr auch, den Vers in seiner Funktion als Gefühlsgenerator noch zu überbieten.

Der im Brief vom 18. August allgegenwärtige Terminus ‚Kraft' nimmt in diesem Zusammenhang eine Schlüsselstelle ein, sofern man ihn nicht nur als eine naturphilosophische Kategorie begreift, sondern – vor dem Hintergrund spätaufklärerischer Wirkungsästhetik, wo er den alten rhetorischen *energeia*-Begriff übersetzt[4] – auch poetologisch wendet. Träumte Werther einst davon, „in der eingeschränkten Kraft [s]eines Busens [...] einen Tropfen der Seligkeit des Wesens

---

4 Vgl. hierzu, mit Bezug auf Herder, Zumbusch 2017/2018 sowie – mit Blick auf die Bestrebungen, den sogenannten Kanzleistil zu reformieren – Vogel 2019.

zu fühlen, das alles in sich und durch sich hervorbringt", so hat er von den „unergründlichen Kräfte[n]" dieses Wesens nunmehr eine völlig gegenteilige Meinung: „[D]ie verzehrende Kraft, die in dem All der Natur verborgen liegt", reiße alles „in den Strom" mit fort, hinab „in den Abgrund des ewig offenen Grabes" (GW 74–76). Während also der Traum des Maler-Dilettanten Werther von einem „unmittelbaren Zugang" (Thüring 2012, 69)[5] zum Kraftquell der Natur scheitert, erweist sich die Schreibweise des *Romans* – gleichsam im Rücken des Protagonisten – als ästhetisches „Widerspiel",[6] das die als zerstörerisch empfundenen Naturkräfte produktiv zu wenden vermag: So erhebt die *oratio soluta* des Romans den Anspruch, die *Entbindung* der Kräfte – der kraftvollen Affekte –, die Klopstocks sogenannte freie Rhythmen mit der Verabschiedung des Reims und eines einheitlichen Metrums freizusetzen begonnen hatten, noch weiter voranzutreiben.

Als *mise en abyme* dieses poetologischen Steigerungsverfahrens sowie von dessen affektökonomischen Implikationen ist – unter erneuter Mobilisierung der Elementargewalt Wasser – eben jene Szene lesbar, in der sich Werther und Lotte von der Lektüre seiner Prosa-Übertragung der Ossian-„Gesänge"[7] überwältigen und hinreißen lassen: „Ein Strom von Thränen, der aus Lottens Augen brach, und ihrem gepreßten Herzen Luft machte, hemmte Werthers Gesang. Er warf das Papier hin, faßte ihre Hand, und weinte die bittersten Thränen. [...] Die Bewegung beyder war fürchterlich." (GW 175–176) Jenseits der Ironisierung von Werthers allzu identifikatorischem Leseverhalten ist die Szene auch ein poetologisches Statement, da die Vers/Prosa-Übertragung, um die es auf der Ebene des Erzählgeschehens geht, beim lesenden Protagonisten-Paar just die Rührung generiert, die sich der fiktive Herausgeber in seinen einleitenden Sätzen von den Briefen insgesamt verspricht: „Ihr könnt seinem Geiste und seinem Charakter eure Bewunderung und Liebe, seinem Schicksale eure Thränen nicht versagen." (GW 3)[8]

Buschs Bildergeschichte *Balduin Bählamm, der verhinderte Dichter* verkehrt dieses Überbietungsprogramm in sein Gegenteil: Im *Balduin Bählamm* ist kon-

---

[5] Ich übernehme hier in Teilen die Argumentation von Maike Arz (1996, 116–128) und Thüring (2012, 63–64 u. 69–71), die den Kraft-Begriff ebenfalls in den Mittelpunkt ihrer *Werther*-Lektüre rücken. Einen Bezug zur Prosa/Vers-Problematik stellen sie jedoch nicht her.
[6] Zu diesem Begriff des Widerspiels vgl. eine zwei Jahre vor den *Leiden des jungen Werthers* verfasste Rezension aus der Feder von Goethe und Merck, die bis in den Wortlaut hinein Werthers Brief vom 18. August vorwegnimmt (FA I 18, 99).
[7] Sprechenderweise überspielt der Ausdruck ‚Gesänge', dass Werther nicht die Verse des gälischen (Pseudo-)Originals übersetzt haben kann, sondern nur deren Prosa-Übertragungen durch James Macpherson: Die *Fragments of Ancient Poetry* enthalten ja nur den englischen Text.
[8] Zu den emotionalen Identifikationsangeboten, die von diesen *Werther*-Stellen ausgehen, vgl., quer zur gängigen Ironie-These, Bender 2017, 58–66.

sequente Reduktion angesagt. Besonders beredt ist in diesem Zusammenhang der Beginn des sechsten Kapitels, der sich wie eine Parodie des Landschaftsbriefs vom 10. Mai liest:

> In freier Luft, im frischen Grün,
> Da wo die bunten Blümlein blühn,
> In Wiesen, Wäldern, auf der Haide,
> Entfernt von jedem Wohngebäude,
> Auf rein botanischem Gebiet,
> Weilt Jeder gern, der voll Gemüth.
>
> Hier legt sich Bählamm auf den Rücken
> Und fühlt es tief und mit Entzücken,
> Nachdem er Bein und Blick erhoben:

> Groß ist die Welt, besonders oben!
> Wie klein dagegen und beschränkt,
> Zeigt sich der Ohrwurm, wenn er denkt.

Engherzig schleicht er durch das Moos,
Beseelt von dem Gedanken bloß,
Wo's dunkel sei und eng und hohl,
Denn da nur ist ihm pudelwohl.

Grad wie erwünscht und sehr gelegen
Blinkt ihm des Dichters Ohr entgegen.

In diesen wohlerwärmten Räumen,
So denkt er, kann ich selig träumen. (Busch 1883, V. 357–376)

An die Stelle der an Klopstocks freien Rhythmen geschulten „Wenn"-Periode tritt hier der holprige strenge Knittelvers, der wie kein anderes Metrum seit jeher im Ruch steht, im Grunde genommen nur „gereimte Prose" zu sein (Adelung 1793–1801, Bd. 2, 1675). Buschs Knittelvers wird so gar als poetologischer Kalauer lesbar, der den höhere geistige Poesie verheißenden Dichternamen Klopstock auf dessen wortwörtliche Bedeutung ‚Klopf-Stock' reduziert: In aller Regel wird der Ausdruck

‚Knittelvers' nämlich von ‚Knüttel', also ‚Knüppel', hergeleitet.[9] Poetologisch muss der Kalauer aber auch deswegen genannt werden, weil er auf den Begriff bringt, was Buschs Verse unablässig auf der Geschehensebene durchspielen – oder gibt es dafür etwa einen treffenderen Ausdruck als ‚Slapstick'?

Ins Visier von Buschs *réécriture* gerät neben dem Metrum aber auch Werthers hymnischer Ton zur Feier des „Allmächtigen". An dessen Stelle tritt eine ironische Lakonik, die gerade in dem wie ein Oden-Pastiche anhebenden Vers am sinnfälligsten zum Tragen kommt: „Groß ist die Welt, besonders oben!" Schwung verheißen zunächst die schwebende Betonung zum Auftakt sowie die ins Kosmische ausgreifende Bedeutungsfülle des Mastersignifikanten ‚Welt'. Empfindlich gestört wird dieser Schwung indes bereits durch die Kopula ‚ist', die eine mögliche Dynamisierung des Welt-Raums – wie sie im *Werther* etwa durch aktivische Bewegungsverben à la ‚dampfen', ‚weben', ‚wimmeln' usw. geleistet wird[10] –, aufgrund ihres buchstäblich fest-stellenden Charakters eigentlich von vornherein konterkariert. Ganz im Sinn von Albrecht Koschorkes These von der ‚Schließung des Horizonts' in der postromantischen Literatur des Vormärz und des Realismus (vgl. Koschorke 1990, 218–326) setzt der syntaktische Einschnitt nach der zweiten Hebung diese Arretierung dann unüberhörbar auf rhythmischer Ebene, die Spezifizierung „besonders oben" auf der der Semantik fort: Die für den Erhabenheitsdiskurs typische Wechselwirkung zwischen betrachtendem Subjekt und betrachtetem Objekt (hier: der Unermesslichkeit des Himmels) wird bei Busch einseitig aufgelöst zugunsten einer statischen räumlichen Bestimmung. Geradezu schulmeisterlich gibt deren pseudo-explikativer Darbietungsgestus („besonders") überdies zu verstehen, dies sei – für Buschs ironische Schreibweise durchaus charakteristisch – der Weisheit letzter Schluss.[11] Bestens in dieses Bild passt denn auch, dass mit der penetranten „o"-Assonanz die hymnische Partikel schlechthin – die Interjektion „Oh" – graphisch in eine Reihe leerer Kreise überführt wird, in Signifikanten, die nur noch auf die eigene innere Leere verweisen.[12]

Ein solch reduktionistisches Vorgehen, wie Busch es in seinem *Balduin Bählamm* betreibt, musste für jeden Goethe-Verehrer ein Schlag ins Gesicht sein. Die Bildergeschichte selbst hat davon durchaus ein Bewusstsein. Dies belegt eine

---

9 Dass Busch mit dieser Etymologie vertraut war, zeigt einer seiner Sprüche aus dem Nachlass: „Dem Esel, störrisch im Geschäfte, / Verleiht der Knittel neue Kräfte." (Busch 1960, 367)
10 Zu diesem epochentypischen Stilmerkmal vgl. die nach wie vor maßgeblichen Überlegungen bei Langen 1948/49.
11 Vgl., ähnlich, wenngleich ohne Bezug auf den Erhabenheits-Topos, Marxer 1967, 68–69.
12 Zu Kippmomenten zwischen Bild und Schrift bei Busch vgl. insbesondere auch Naumann 2014.

Szene ganz am Ende des sechsten Kapitels, in welcher der Werther-Epigone Bählamm beim Bauernmädchen Rieke abblitzt und von dieser eine schallende Ohrfeige versetzt bekommt:

> Hier strotzt die Backe voller Saft;
> Da hängt die Hand, gefüllt mit Kraft.
> Die Kraft, infolge von Erregung,
> Verwandelt sich in Schwungbewegung.
> Bewegung, die in schnellem Blitze
> Zur Backe eilt, wird hier zu Hitze.
> Die Hitze aber, durch Entzündung
> Der Nerven, brennt als Schmerzempfindung
> Bis in den tiefsten Seelenkern,
> Und dies Gefühl hat Keiner gern.
>
> Ohrfeige heißt man diese Handlung;
> Der Forscher nennt es Kraftverwandlung. (Busch 1883, V. 421–434)

Indem Buschs Text die Ohrfeige im umständlichen Stil naturwissenschaftlicher Lehrbücher als „Kraftverwandlung" konfiguriert, parodiert er nicht nur die spätestens in den 1840er Jahren zur allgegenwärtigen Leitkategorie avancierte Thermodynamik;[13] präzise benennt er zugleich das affektökonomische Moment, das in den *Leiden des jungen Werthers* die Überführung des Verses in Prosa antreibt.

2 Von grotesken Körpern und einigen prosaischen Wahrheiten

Am besten auf den Punkt bringen lässt sich die Stoßrichtung von Buschs reduktionistischer *réécriture* des Landschaftsbriefs vom 10. Mai sicherlich mit dem Begriff ‚grotesk'. Tatsächlich operiert sie auf Schritt und Tritt auch mit Konzeptionen grotesker *Körperlichkeit*, wie Bachtin sie paradigmatisch in seiner Rabelais-Studie herausgearbeitet hat (vgl. Bachtin 1965).

So verkehrt Buschs Umschrift die empfindsamen Schlüsselbegriffe ‚Seele', ‚Gemüt' und ‚Herz' in bloße Physis, mitunter gar ins Triebhafte: Vom Gebaren des Ohrwurms, dem es – ironischerweise in strikter Analogie zu Bählamms Bestreben – letzten Endes allein darum zu tun ist, an einem geeigneten Ort zu „träu-

---

[13] Zur Prävalenz des Kraft-Paradigmas im neunzehnten Jahrhundert und seinen Ambivalenzen vgl. v. a. Rabinbach 1990.

men",[14] heißt es etwa, er sei „*[b]eseelt* von dem Gedanken bloß" (meine Hervorhebung, G.F.): ‚Beseelung' und fixe Idee fallen so in eins. Ähnlich beredt ist das Zeugma „Nachdem er Bein und Blick erhoben". Im Verbund mit der ‚b'-Alliteration „Bein" – „Blick" kündigt es den für die empfindsamen Landschaftsschilderungen des achtzehnten Jahrhunderts charakteristischen Nexus zwischen der Erhebung von Blick und Seele auf,[15] um den nach oben gehenden Blick stattdessen als rein körperlichen Impuls zu markieren.

Auch wird Bählamms Ohr, „des Dichters Ohr", nicht als gleichsam körperloses Organ von ätherischen Klangwellen affiziert, sondern erscheint primär als materiell-leiblicher Hohlraum: als eine Körperöffnung, welche – mit Bachtin zu sprechen – „die glatte Oberfläche, die den [‚zivilisierten', G.F.] Körper abschließt und als einzelnen und vollendeten begrenzt", aufbricht und so „die Welt" ganz konkret „in den Körper eindringen" lässt (Bachtin 1965, 76, 359, 361). Bei Werther hingegen beschränkte sich dieses Durchdringen auf ein vergeistigtes Fühlen, stets an der Grenze zudem zur uneigentlichen bildlichen Rede: „[W]enn ich die unzähligen unergründlichen Gestalten der Würmchen, der Mückchen, näher an meinem Herzen fühle, und fühle die Gegenwart des Allmächtigen [...], [...] wenn[ ] [...] die Welt um mich her und der Himmel ganz in meiner Seele ruhn" (GW 8). Darüber hinaus zerstückelt die auf den Zeichnungen zu beobachtende *close-up*-Technik geradezu den Körper des Dichters, nimmt ihm also auch in der Hinsicht seinen fertigen und abgeschlossenen Charakter. Genauso konsequent ist schließlich, dass die erste dieser Zeichnungen Werthers Notat, er sei „so ganz in dem Gefühle von ruhigem Daseyn *versunken*" (GW 7 [meine Hervorhebung, G.F.]), allzu wörtlich ins Bild setzt.

All diese Verkehrungen lassen sich vor dem Hintergrund programmrealistischer Positionen als Prosaismen begreifen. Wenn die Programmrealisten die ‚Verklärung' des als prosaisch verstandenen Realen einfordern, schlagen sie nämlich exakt den der Bildergeschichte Buschs entgegengesetzten Weg ein: So beschwören sie dabei wiederholt ein kunstreligiös eingefärbtes Apotheosen- bzw. Auferstehungsszenario, in dem das kontingent Leibliche zugunsten des Geistig-Seelischen überwunden werden müsse. Bei Otto Ludwig etwa, der den Begriff ‚poetischer Realismus' entscheidend geprägt hat, liest man:

> Nur was geistig ist, und zwar Ausdruck einer gewissen Idee am Stoffe, und zwar derjenigen, die als natürliche Seele in ihm wirkt und atmet, wird in das himmlische Jenseits der künstlerischen Behandlung aufgenommen; was bloßer Leib, zufällig Anhängendes ist, muß abfallen und verwesen. (Ludwig 1872, 264–265)

---

14 Zu den nivellierenden Implikationen dieser Analogie für Bählamms ‚abgehobenes' Dichtungsverständnis vgl. Willems 1998, 103–104.
15 Zu diesem Nexus vgl. Koschorke 1990, 247.

Das Schlusskapitel von *Balduin Bählamm* macht sich einen Spaß daraus, Literaturprogrammatik solchen Schlags als abgehobenen Wunschtraum auszuweisen und ein paar nüchterne – im Sprachgebrauch der Epoche also: prosaische – Wahrheiten in Erinnerung zu rufen:

Und selig will er sich erheben,
Um mit der Dame fortzuschweben.

Doch ach! Wie schaudert er zusammen!
Denn wie mit tausend Kilogrammen
Hängt es sich plötzlich an die Glieder,
Hemmt das entfaltete Gefieder
Und hindert, daß er weiter fliege.
Hohnlächelnd meckert eine Ziege.
Die himmlische Gestalt verschwindet,
Und nur das Eine ist begründet,
Frau Bählamm ruft, als er erwacht:
„Heraus, mein Schatz! Es ist schon Acht!" (Busch 1883, V. 629–640)

Dass es bei Buschs Spielart des Grotesken zumindest in *Balduin Bählamm* immer auch um das Verhältnis von Poesie und Prosa geht, darauf verweist insbesondere der Auftakt des fünften Kapitels. Dort ist die Mücken- und Wanzenplage Thema, der sich Bählamm während seiner ersten Nacht auf dem Land ausgesetzt sieht:

> Kennst du das Thierlein leicht beschwingt,
> Was, um die Nase schwebend, singt?
> Kennst du die Andern, die nicht fliegen,
> Die leicht zu Fuß und schwer zur kriegen? (Busch 1883, V. 313–316)

Die Mücken stehen hier nicht wie bei Werther für „das Wimmeln der kleinen Welt" (GW 8), für deren Vibrationen und immanente Musikalität – man beachte die ‚w'-Alliteration, die neben dem „Weben des Allliebenden" (1774, 8) implizit auch Werther selbst in das kosmische Vibrieren des Textes mit einbezieht. Bei Busch übersäen die Mücken stattdessen die Oberfläche des Dichter-Körpers mit Stichen und Quaddeln:

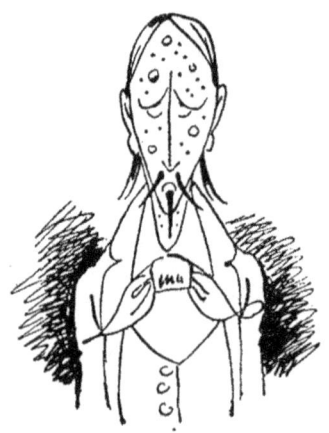

Indem dieser groteske Realismus ausgerechnet im Rückgriff auf Mignons Sehnsuchtsfrage „Kennst du...?" dargeboten wird, kommt das Verhältnis von Poesie und Prosa ins Spiel: Wirkmächtig hat Friedrich Schlegel das Naturkind aus *Wilhelm Meisters Lehrjahren* als Stimme der „Naturpoesie" gedeutet (Schlegel 1798, 146), die angesichts der Übermacht der in Prosa gehaltenen Aufschreibesysteme der Turmgesellschaft – aber auch von Goethes Erzähltext selbst – unweigerlich untergehen müsse. Busch trägt die Problematik seinerseits nicht über die Gegenüberstellung von Prosa und Vers aus, sondern nimmt sie ganz ins Darstellungsmedium des Verses hinein – überführt sie in den traditionell als besonders prosanah empfundenen Knittelvers und moduliert sie, wie im Folgenden noch eingehender zu zeigen ist, über das Wechselspiel poetisierender und prosaisierender Schreibweisen (Töne).

3 Durchstreichen, Überschreiben – Schlussstriche

Das sechste Kapitel aus Buschs Bildergeschichte beschränkt sich jedoch nicht darauf, Werthers euphorisch-hymnischen Brief vom 10. Mai zu parodieren. Es überblendet ihn darüber hinaus mit seinem nicht minder berühmten Pendant vom 18. August. Werther schildert dort, wie er die ihn umgebende Landschaft nicht länger als Zugang zum „innere[n], glühende[n], heilige[n] Leben der Natur" wahrnimmt (GW 74), sondern umgekehrt als ein Werk permanenter Zerstörung: „[D]er harmloseste Spatziergang kostet tausend armen Würmchen das Leben, es zerrüttet Ein Fußtritt die mühseligen Gebäude der Ameisen, und stampft eine kleine Welt in ein schmähliches Grab." (GW 76) Mit Bählamms Reaktion auf den lästigen Störenfried in seinem Ohr nimmt Buschs Bildergeschichte Werthers Klage beim Wort: „Ein Winkelzug / Von Bählamms Bein, der fest genug, / Zerstört die Form" (Busch 1883, V. 379–381). Der in diesem Kontext etwas überraschende Ausdruck „Winkelzug" – Bählamms resolutes Durchgreifen scheint im Gegenteil ja nur allzu verständlich – deutet an, dass bei dieser Aktion mehr auf dem Spiel steht als das Zertreten eines lästigen Insekts. Die Zeichnung weist den Weg, indem sie die Überreste des Ohrwurms überdimensioniert als etwas Ausgestrichenes ins Bild setzt:

In der Tat wird Goethes *Werther* in diesem sechsten Kapitel des *Balduin Bählamm* in gleich zweifacher Weise überschrieben: zum einen, indem Werthers ebenso sinnliche wie metaphysische Naturhymnik ins Materiell-Leibliche, ins Groteske verkehrt wird; zum anderen, indem zwei von ihrer Tonalität her völlig konträre Stellen in einer Art harten Fügung miteinander überblendet werden.

Dass dabei ein durchaus agonales Moment am Werk ist, zeigt gleich im Anschluss die Szene, in welcher der Bauer Krischan (der mit der von Bählamm angehimmelten Rieke buchstäblich unter einer Decke steckt) Bählamms Regenschirm aus Unachtsamkeit mit seiner „scharfen Hippe" zerschlitzt (Busch 1883, V. 402). Bereits auf der Handlungsebene also liegt ein Konflikt vor, der in typisch groteskem Überbietungsgestus über die Allegorie vom Schnitter Tod codiert wird. Bedenkt man nun, dass Bählamms Regenschirm unmittelbar nach Krischans schändlichem Attentat als „Paraplü" bezeichnet wird (Busch 1883, V. 406) – also eine eigenartige Verballhornung aus dem Französischen zum Einsatz kommt – und just in dieser Szene auch die für meine Lektüre entscheidende Werther-Paronomasie „verqueer" auftaucht (Busch 1883, V. 401), so wird der arme Wurm, den Bählamm kurz davor zertreten hat, im Rückblick plötzlich als Alter Ego von Werther selbst lesbar: Wie der Derrida-Schüler Philippe Forget einmal in völlig anderem Zusammenhang angemerkt hat, bewegt sich der Name von Goethes Protagonist im Französischen nämlich in auffälliger lautlicher Nähe zu *ver de terre*.[16] Mit dem *ver* (Wurm), den Bählamm hier zertritt, streicht Buschs Bildergeschichte Goethes *Werther* also ein weiteres Mal aus – und mit diesem den *vers* (Vers), den sich Goethes Prosa in überbietendem Gestus anzuverwandeln bestrebt war. Unleugbar erreicht die Inversion von Goethes lyrischer Prosa damit ihren virtuosen – um nicht zu sagen: ‚vertuosen' – Höhepunkt.

Zugleich ist die Liquidierung des Ohrwurms eine *mise en abyme* des werkbiographischen Schlussstrichs, den Busch mit *Balduin Bählamm, der verhinderte Dichter* – und dem gleich danach verfassten *Maler Klecksel* – zieht. Es handelt sich dabei nämlich um seine letzten Bildergeschichten. Besonders hervorgehoben wird deren innere Zusammengehörigkeit dadurch, dass die beiden Künste, die innerhalb von Buschs Bildergeschichten stets eine spannungsvolle Einheit bilden – Malerei und Dichtung –, hier auf der Handlungsebene separat behandelt werden: in Gestalt eines Malers und eines Dichters. Nach diesen geradezu programmatischen Schlussstrichen verstummt Busch jedoch keineswegs. Vielmehr publiziert er in den nächsten zwanzig Jahren, zumindest was größere

---

16 Mündliche Äußerung im Rahmen eines Seminars am Pariser Lycée Louis-le-Grand (2000/2001).

Werke angeht, nur noch Prosa: eine höchst lakonische, mehrmals überarbeitete Autobiographie sowie die zwei Prosatexte *Eduards Traum* (1891) und *Der Schmetterling* (1895). Auf die Prosaisierung des Verses folgt in Buschs Werkbiographie also durchaus konsequent der Schritt ins Darstellungsmedium der Prosa: *deuil du ver(s)*.

4 Aushöhlung der ‚inneren Form'

Buschs vorletzte Bildergeschichte verfährt bei ihrem Versuch, dem Vers die Poesie auszutreiben, nun aber gerade nicht so wie ihr Protagonist beim Zertreten des Ohrwurms, d. h.: Sie „[z]erstört die Form" des Verses nicht. Ein solches Unterfangen würde ja auch geradezu von einem Sturm-und-Drang-artigen Übermut künden, den die *Werther*-Parodie in Gestalt von dessen traurigem Rest, Bählamm eben, unablässig aufs Korn nimmt. Vielmehr stellt Buschs Schreibweise die Form durch die karikaturartige Überbetonung von Metrum und Reim – als der landläufigen Differenzkriterien zwischen Prosa und Vers – ironisch aus und unterhöhlt damit umso genüsslicher die sogenannte ‚innere Form' des Verses.

Der von niemand anderem als vom jungen Goethe geprägte Ausdruck ‚innere Form' – gemeint ist im Fall der Lyrik eine Form jenseits von äußerlichen Kriterien wie Metrum und Reim, „eine Form […], die nicht mit Händen gegriffen, die gefühlt sein will" (FA I 18, 174) – wird zu Buschs Zeiten insbesondere in Theodor Storms lyriktheoretischen Schriften und poetologischen Gedichten immer wieder aufs Emphatischste beschworen. Die ‚innere Form' dient Storm dazu, seine auf ‚wahrhaftiger Empfindung' beruhende Auffassung von Lyrik von den phrasenhaft-schablonenartigen und dementsprechend innerlich hohlen Gedichten des damaligen Bestseller-Lyrikers Emanuel Geibel abzugrenzen. Einschlägig ist in der Hinsicht sein antithetisch aufgebautes Gedicht *Lyrische Form* (1885):

> *Poeta laureatus:*
> Es sei die Form ein Goldgefäß,
> In das man goldnen Inhalt gießt!
>
> *Ein Anderer:*
> Die Form ist nichts, als der Kontur,
> Der den lebend'gen Leib beschließt. (Storm 1987, 93)

Was in Geibels vor Wohllaut überbordenden Klangteppichen in einer Mischung aus kommerziellem Kalkül und künstlerischem Epigonentum zur Aushöhlung der ‚inneren Form' des Verses führt, wird bei Busch – ins Dissonante gewendet – zum Schreibprinzip schlechthin erhoben und in Stellung gebracht, um auf die Überholtheit des Paradigmas Erlebnislyrik hinzuweisen, das im neunzehnten Jahrhundert geradezu Mantra-artig an den Namen Goethe zurückgebunden wird.

Ironischerweise hat mit Peter Marxer ausgerechnet ein Emil Staiger-Schüler als erster nachdrücklich auf diesen Sachverhalt aufmerksam gemacht: „Je auffälliger und lauter der Reim sich [bei Busch] nach außen hin gibt, umso hohler ist er in seinem Inneren" (Marxer 1967, 102). Das durchgehende Paarreim-Schema „be-ton[e]" den Reim umso „aufdringlich[er]", als Buschs vierhebiger Knittelvers ein „relativ kurze[s]" Metrum sei und in seinem „monotonen und spannungslosen Ablauf" kaum je rhythmische Gegenläufigkeiten aufweise (Marxer 1967, 74–77). Zu dieser plakativen Hervorhebung des Reims gesellten sich immer wieder Missverhältnisse zwischen den Reimwörtern, so etwa wenn „er's" – die Kontraktion zweier Pronomina, von zwei reinen Platzhaltern also – als Reimwort herhalten müsse für den poetologischen Schlüsselausdruck „Vers" (vgl. Busch 1883, V. 301–302). Wenn gar ein Artikel als Reimwort fungiere, so zöge das Enjambements nach sich, die den Eindruck erweckten, „als ob auf einem Prosatext mit der Elle die Zeilenlänge abgetragen, er dann gefaltet und so der Vers gemacht worden sei" (Marxer 1967, 86). Fazit: „Das äußerliche Verhalten des Reims entspricht der gebundenen, sein innerliches der ungebundenen Sprache. […] [E]r zerfällt in Lyrik und Prosa." (Marxer 1967, 102)

Diesen textimmanenten Befunden kann ich im Kern nur beipflichten. Jedoch unterlässt es Marxer, das von ihm herausgearbeitete „parodistische[ ] Widerspiel zwischen Form und Inhalt" (Marxer 1967, 104) zu kontextualisieren und das eigene Vorgehen auf seine Prämissen hin zu befragen. Anders gesagt: Er setzt die ‚innere Form' als zeitlosen literarästhetischen Wert voraus – man ist eben doch nicht ungestraft Staiger-Schüler. Zielscheibe von Buschs Parodie ist für Marxer dementsprechend auch alleine Bählamm in seiner Eigenschaft als Freizeit- und Möchtegern-Dichter, der nicht vom wahrhaft Dichterischen beseelt sei (vgl. Marxer 1967, 62). So präzise Marxer vieles sieht, letzten Endes liest er Buschs Bildergeschichte unausgesprochen aus der Position des Goethe-Epigonen Storm heraus. Mir scheint eine andere Sichtweise ergiebiger: *Ex negativo* macht der plakative Charakter des Gleich- und Einklangs bei Busch auf den zweifelhaften, um nicht zu sagen: gewaltsamen Charakter der Harmonisierungsbestrebungen aufmerksam, wie sie in den programmatischen Aussagen der Vertreter des poetischen Realismus allenthalben zu finden sind.

Im Folgenden möchte ich darum etwas eingehender auf die expliziten Dissonanzen in Buschs Versen zu sprechen kommen. Im Gegensatz zum Reim behandelt Marxer diese eher am Rand,[17] obwohl doch gerade sie entscheidend zur Prosaisierung des Verses bei Busch beitragen. Sie entstehen zum einen dadurch, dass bestimmte Stilregister gegeneinander ausspielt werden: so etwa wenn zu Beginn des sechsten Kapitels von *Balduin Bählamm* die Blümchenpoesie mit dem nüchtern wissenschaftlichen Ausdruck ‚botanisch' ein jähes Ende erfährt, geradezu zerpflückt wird (vgl. Marxer 1967, 67). Zum anderen können diese Dissonanzen aber auch phonetischer Natur sein. So widerfährt Bählamm, als er sich unmittelbar nach seiner Ankunft im ländlichen Logis ans Werk machen will, folgendes Missgeschick:

Er lauscht dem Heerdenglockenklang,
Und ahnungsfroh empfindet er's:
Glückauf! Jetzt kommt der erste Vers!

---

17 Detaillierter analysiert er unter dem Gesichtspunkt lediglich den Auftakt des sechsten Kapitels und bezeichnet diesen als „dissonantisches Wechselbad" (Marxer 1967, 69).

Klirrbatsch! Da liegt der Blumentopf.
Es zeigt sich ein gehörnter Kopf,

Das Maulwerk auf, die Augen zu,
Und blärrt posaunenhaft: Ramuh!!

Erschüttert gehen Vers und Reime
Mitsammt dem Kunstwerk aus dem Leime.
Das thut die Macht der rauhen Töne.

Die Sängerin verläßt die Scene. (Busch 1883, V. 300–310)

Keine lieblichen Naturlaute drängen an „des Dichters Ohr", sondern ein muhender Wiederkäuer – auch dies übrigens eine parodistische *Werther*-Reminiszenz, endet der melancholisch-unheilschwangere Brief vom 18. August doch mit der apokalyptischen Vision eines „ewig verschlingende[n], ewig wiederkäuende[n] Ungeheuer[s]." (GW 76) Der eigentliche Witz dieser Szene – ihr poetologischer Hintersinn – besteht darin, dass nicht der Dichter Bählamm als Alter Ego der Autor-Instanz Busch fungiert, sondern die als „Sängerin" titulierte Kuh: Beide kultivieren auf je eigene Weise die prosaische Dissonanz bzw., mit den Worten des Textes selber gesprochen, „die Macht der rauhen Töne". Die wenig euphonische ‚au'-Assonanz („Das Maulwerk auf, die Augen zu / Und blärrt posaunenhaft") spricht in dem Zusammenhang genauso für sich wie die die gesamte Sequenz grundierende ‚Po'-Anapher („Poesie", „posaunenhaft"), die schließlich darin gipfelt, dass die Kuh den Leser*innen auf dem letzten Bild ihren Popo zeigt – die Poesie also, oder was man landläufig darunter versteht, auf gut Deutsch ‚im Arsch' ist.

Die etwas ungewöhnliche Lautmalerei „Ramuh" – ein einfaches „Muh" hätte es ja eigentlich auch getan – belegt, dass hinter dem Ganzen System steckt. Im ‚Blärren' der Kuh klingt so nämlich der Name von Jean-Philippe Rameau an, der im achtzehnten Jahrhundert nicht nur einer der prominentesten Vertreter des *opéra lyrique* war, sondern auch – und das ist für meine Argumentation das eigentlich Entscheidende – der Verfasser einer der einflussreichsten musiktheoretischen Schriften überhaupt mit dem Titel: *Traité de l'harmonie réduite à ses principes naturels*. Auch bei Busch ist eine Reduktion auf ‚natürliche Prinzipien' zu verzeichnen – nur sind diese nicht von Harmonie geprägt, sondern von Dissonanz.[18]

Der Erzählerkommentar, der auf den ersten Blick nur auf das Schicksal von Bählamms nicht zustande gekommenen Versen gemünzt ist – „Erschüttert gehen Vers und Reime / Mitsamt dem Kunstwerk aus dem Leime" –, ist dementsprechend durchaus poetologisch lesbar als Selbstbeschreibung von Buschs dissonant-prosaisierender Verskunst. Nichts anderes zeigt bei genauerem Hinsehen auch das Bild, auf dem die Kuh den Kopf durch das Fenster von Bählamms Zimmer streckt: Mit ihrem unerwarteten Auftritt geht nicht nur der Blumentopf entzwei, sodass die Blume als topische Stellvertreterin der Poesie über den Haufen geworfen wird.[19] Indem das ausgegossene Wasser auf der Zeichnung in

---

18 Von Rameau aus führt übrigens wieder eine Linie zu Goethe: Diderots philosophischer Dialog *Le Neveu de Rameau*, in dem sich das Erzähler-Ich mit einem verhinderten bzw. gescheiterten Künstler unterhält – wie Buschs Bählamm hat er vor lauter Überschwang nie ein Werk zustande gebracht –, wurde nämlich von Goethe ins Deutsche übertragen (da das Original in Frankreich wegen anstößiger Stellen nicht erscheinen durfte, wurde der Text auf dem Umweg gar überhaupt erst einer lesenden Öffentlichkeit zugänglich). Buschs intertextuelle Anspielungen sind mitunter ebenso weitverzweigt wie die Rezeptionsumstände von Diderots Dialog, führen aber fast immer in der einen oder anderen Form zu Goethe: Verschmitzt honorieren sie ihn so auf ihre Weise, bar jedes gründerzeitlichen Pathos, als unumgänglichen Bezugspunkt. (Für den Hinweis auf *Le Neveu de Rameau* danke ich Barbara Naumann.).
19 So bereits Hetzner 1991, 11.

Form von Strichen über Bählamms Poesiealbum läuft, wird auch die epigonal empfindsame Lyrikkonzeption, für die Bählamm steht, unmissverständlich durchgestrichen.

5 Automatisches Kunstwerk

Was bei all diesen Prosaisierungsverfahren herauskommt, lässt sich vielleicht am treffendsten als „automatisches Kunstwerk" (Busch 1891, 188) bezeichnen. Der Ausdruck findet sich bei Busch selber – in dem bereits erwähnten Prosatext *Eduards Traum* – und bezieht sich dort auf einen von einem Naturwissenschaftler entworfenen Automaten, der Eduard den „Kreislauf der Dinge" (Busch 1891, 189) vor Augen führen soll:

> Es war ein Fischreiher, in einer Schale voll Wasser stehend, worin sich ein Aal befand. Der Reiher bückte sich, erfaßte den Aal, hob ihn in die Höhe, verschluckte ihn und stand dann, gleichsam befriedigt, in Gedanken. Aber bereits im nächsten Augenblicke schlüpfte der geschmeidige Fisch wieder hinten heraus. Wieder mit unfehlbarer Sicherheit ergriff ihn der langgeschnäbelte Vogel, ließ ihn hinuntergleiten und wartete sinnend den Erfolg ab, und wieder kam der Schlangenfisch am angeführten Orte zum Vorschein, um nochmals verschlungen zu werden, und so gings fort und fort. (Busch 1891, 188–189)

Ob das weltanschauliche Statement von der Sache her zutrifft, möge dahingestellt bleiben. Aus literaturwissenschaftlicher Perspektive scheint mir ergiebiger, dass sich mit der Rede vom automatischen Kunstwerk Buschs immergleiche Handhabung von Metrum und Reim genauso wie die serielle Handlungsstruktur seiner Bildergeschichten, die zudem ständig mit den gleichen Kippverfahren operieren[20] –, kurzum: dass sich mit diesem Ausdruck die immanente Poetik von Buschs Bildergeschichten recht präzise fassen lässt.

Ihrem eigenen Selbstverständnis nach bewegt sich Buschs automatenhaft-serielle Poetik auf der Höhe ihrer Zeit: So legt das prologartige erste Kapitel von *Balduin Bählamm* dar, wie technisch reproduzierte, d. h. in Zeitungen abgedruckte Gedichte jeden Morgen aufs Neue auf dem Frühstückstisch landen und von einer ihrerseits in standardisierte Handlungsabläufe eingebundenen, sich aber stets den Anstrich des Neuen gebenden Leserschaft zusammen mit Kaffee und Brötchen – und gar *wie* diese – konsumiert werden (vgl. Busch 1883, V. 91–112).

---

[20] Zur Struktur der immer gleichen Handlungsverläufe bei Busch vgl. u. a. Ueding 2007, 178–179, und Willems 1998, 200–201.

Auch in der Hinsicht revoziert Buschs Schreibweise Goethes Werther, insofern dieser geradezu exemplarisch für eine bioästhetische Position steht, die das Organische gegen das Mechanische ausspielt: Werther zufolge generiert das steife Hofzeremoniell keine Menschen, sondern nur „Marionette[n]" (GW 99), und der ‚unnatürliche' Schreibstil, den sein Dienstherr von ihm verlangt, kommt ihm vor, als sei er immer nur von der gleichen „hergebrachten Melodie herab[ge]orgelt" (GW 93). Es verwundert denn auch nicht, dass die von mir zitierte Szene aus *Eduards Traum* ihrerseits verschmitzt auf Goethes Briefroman Bezug nimmt, apostrophiert der Naturwissenschaftler Eduard doch ausgerechnet mit dem mehrdeutigen Superlativ ‚mein Wertester' (vgl. Busch 1891, 188).

Ins achtzehnte Jahrhundert zurück verweist neben dieser Anspielung aber auch der Fischreiher-Automat selbst, scheint er doch geradewegs aus der Werkstatt von Jacques Vaucanson zu kommen. Aufs Verblüffendste erinnert er an dessen mit einem künstlichen Verdauungsapparat ausgestattete mechanische Ente.[21] Wie etwa ein populärwissenschaftlicher Vortrag von Hermann von Helmholtz zeigt, war diese bis in die zweite Hälfte des neunzehnten Jahrhunderts eine allgemein bekannte Bezugsgröße (vgl. Helmholtz 1854, 5). Es sind wohl genau diese materialistisch angehauchten naturwissenschaftlichen Traditionslinien,[22] die eine andere Figur aus *Eduards Traum* im Sinn hat, wenn sie sich ihrem Gesprächspartner gegenüber ereifert: „Alles pulverisieren sie: Gott, Geist und Goethe." (Busch 1891, 180) Im Grunde genommen macht Buschs Bildergeschichte *Balduin Bählamm, der verhinderte Dichter* das gleiche – nur eben auf dem Gebiet der Literatur. Pulverisiert man das Verb ‚pulverisieren' spaßeshalber einmal selbst, kommen denn auch vielleicht nicht ganz zufällig ‚Pu-e-sie' und ‚Ver-s' heraus.[23]

---

21 Zu Vaucansons epochemachendem Automaten vgl. insbesondere die wissensgeschichtliche Einordnung von Riskin 2003.
22 Zu Helmholtz' komplexem Verhältnis zum Materialismus vgl. Heidelberger 1994.
23 Eine erste Fassung des vorliegenden Textes habe ich im Rahmen der Tagung „La poésie entre vers et prose aux 18e et 19e siècles: un seul récit pour des formes multiples?" vorgestellt. Herzlicher Dank an meine Mitorganisatoren von damals, Niklas Bender und Hugues Marchal, dass sie einem Abdruck im *Goethe medial*-Band zugestimmt haben.

Literaturverzeichnis

Zur Goethe-Ausgabe FA vgl. das Siglenverzeichnis zu Beginn dieses Bandes.

Adelung, Johann Christoph. *Grammatisch-kritisches Wörterbuch der hochdeutschen Mundart.* 2., vermehrte u. verb. Ausgabe. 4 Bde. Leipzig: Breitkopf & Co [Bd. 1–2] / Breitkopf und Härtel [Bd. 3–4], 1793–1801.

Arz, Maike. *Literatur und Lebenskraft. Vitalistische Naturforschung und bürgerliche Literatur um 1800.* Stuttgart: M&P Verlag für Wissenschaft und Forschung, 1996.

Bachtin, Michail. *Rabelais und seine Welt. Volkskultur als Gegenkultur* [1965]. Übers. v. Gabriele Leupold. Hg. Renate Lachmann. Frankfurt a. M.: Suhrkamp, 1987.

Bender, Niklas. „Lesen und Lieben im Zeitalter der Aufklärung. Die emotionale Beispielhaftigkeit von literarischen Texten". *Germanisch-Romanische Monatsschrift* 67 (2017): 47–86.

Busch, Wilhelm. *Balduin Bählamm, der verhinderte Dichter* [1883]. Ders. *Die Bildergeschichten.* Bearbeitet v. Hans Ries, unter Mitwirkung von Ingrid Haberland. 2., überarb. Aufl. Hannover: Schlütersche, 2007, Bd. 3. Sp. 420–496.

Busch, Wilhelm. *Eduards Traum* [1891]. Ders. *Werke.* Bd. 4. Hg. Friedrich Bohne. Zürich: Stauffacher, 1960. 159–201.

Busch, Wilhelm. *Was mich betrifft* [1886]. Ders. *Werke.* Bd. 4. Hg. Friedrich Bohne. Zürich: Stauffacher, 1960. 147–157.

Busch, Wilhelm. *Werke.* Bd. 4. Hg. Friedrich Bohne. Zürich: Stauffacher, 1960.

Fülleborn, Ulrich. „Werther – Hyperion – Malte Laurids Brigge. Prosalyrik und Roman". *Studien zur deutschen Literatur. Festschrift für Adolf Beck zum siebzigsten Geburtstag.* Hg. Ders. und Johannes Krogoll. Heidelberg: Winter, 1979. 86–102.

GW = Goethe, Johann Wolfgang. *Leiden des jungen Werthers* [1774]. Ders. *Werke. Vollständige Ausgabe letzter Hand.* Bd. 16. Stuttgart und Tübingen: J.G. Cotta, 1828. 1–192.

Heidelberger, Michael. „Helmholtz' Erkenntnis- und Wissenschaftstheorie". *Universalgenie Helmholtz. Rückblick nach 100 Jahren.* Hg. Lorenz Krüger. Berlin: Akademie-Verlag, 1994. 168–185.

Helmholtz, Hermann von. *Ueber die Wechselwirkung der Naturkräfte und die darauf bezüglichen neuesten Entwicklungen der Physik. Ein populär-wissenschaftlicher Vortrag gehalten am 7. Februar 1854.* Königsberg: Gräfe & Unzer, 1854.

Hetzner, Michael. *Gestörtes Glück im Innenraum. Über Ehe und Familie bei Wilhelm Busch.* Bielefeld: Aisthesis, 1991.

Koschorke, Albrecht. *Die Geschichte des Horizonts. Grenze und Grenzüberschreitung in literarischen Landschaftsbildern.* Frankfurt a. M.: Suhrkamp, 1990.

Langen, August. „Verbale Dynamik in der dichterischen Landschaftsdarstellung des 18. Jahrhunderts" [1948/49]. *Landschaft und Raum in der Erzählkunst.* Hg. Alexander Ritter. Darmstadt: wbg, 1975. 112–191.

Ludwig, Otto. *Shakespeare-Studien.* Hg. Moritz Heydrich. Leipzig: Knobloch, 1872.

Mandelkow, Karl Robert. *Goethe in Deutschland. Rezeptionsgeschichte eines Klassikers.* Bd. 1: *1773–1918.* München: C.H. Beck, 1980.

Marxer, Peter. *Wilhelm Busch als Dichter.* Zürich: Juris, 1967.

Mundt, Theodor. *Die Kunst der deutschen Prosa: ästhetisch, literargeschichtlich, gesellschaftlich.* Faksimile-Druck nach der 1. Auflage von 1837. Mit einem Nachwort v. Hans Düvel. Göttingen: Vandenhoeck & Rupprecht, 1969.

Naumann, Barbara. „Klecks, Punkt, Schluss. Wilhelm Buschs Raben-Philologie". *Der Witz der Philologie. Festschrift für Wolfram Groddeck zum 65. Geburtstag.* Hg. Felix Christen [et al.]. Frankfurt a. M.: Stroemfeld, 2014. 246–256.

Nöldeke, Hermann. „Aus Gesprächen mit Wilhelm Busch". Hermann, Adolf und Otto Nöldeke: *Wilhelm Busch.* München: Lothar Joachim, 1909. 172–185.

Rabinbach, Anson. *Motor Mensch. Energie, Ermüdung und die Ursprünge der Modernität.* Übers. v. Erik M. Vogt. Wien: Turia + Kant, 2001. (Amerik. Original: *The Human Motor. Energy, Fatigue, and the Origins of Modernity.* New York: Basic Books, 1990).

Riskin, Jessica. „The Defecating Duck, or, the Ambiguous Origins of Artificial Life". *Critical Inquiry* 29 (2003): 599–603.

Schlegel, Friedrich. „Über Goethes Meister" [1798]. *Kritische Friedrich-Schlegel-Ausgabe,* Bd. 2: *Charakteristiken und Kritiken I (1796–1801).* Hg. Hans Eichner. München [et al.]: Schöningh und Thomas Verlag, 1967. 126–146.

Stockinger, Claudia. „Paradigma Goethe? Die Lyrik des 19. Jahrhunderts und Goethe". *Lyrik im 19. Jahrhundert. Gattungspoetik als Reflexionsmedium der Kultur.* Hg. Steffen Martus, Stefan Scherer und Claudia Stockinger. Bern: Peter Lang, 2005. 93–125.

Storm, Theodor. *Lyrische Form* [1885]. Ders. *Sämtliche Werke in vier Bänden.* Hg. Karl Ernst Laage und Dieter Lohmeier. Bd. 1. Frankfurt a. M.: Deutscher Klassiker Verlag, 1987. 93.

Thüring, Hubert. *Das neue Leben. Studien zu Literatur und Biopolitik 1750–1938.* München: Fink, 2012.

Ueding, Gert. *Wilhelm Busch. Das 19. Jahrhundert en miniature.* Erw. u. rev. Neuausg. Frankfurt a. M.: Insel, 2007.

Vogel, Juliane. „Zeremoniell und Effizienz. Stilreformen in Preußen und Österreich". *Prosa schreiben. Literatur – Geschichte – Recht.* Hg. Inka Mülder-Bach, Jens Kersten und Martin Zimmermann. Paderborn: Fink, 2019. 39–53.

Willems, Gottfried. *Abschied vom Wahren – Schönen – Guten. Wilhelm Busch und die Anfänge der ästhetischen Moderne.* Heidelberg: Winter, 1998.

Zumbusch, Cornelia. „,es rollt fort'. Energie und Kraft der Dichtung bei Herder". *Poetica* 49 (2017/2018): 337–358.

Claudia Keller
Schattenlehre

Goethe'sche Nachbild-Poetik bei Peter Handke

In der Journalpublikation *Vor der Baumschattenwand nachts* (2016) formuliert Peter Handke das Desiderat einer „Schattenlehre":

> Die Schattierungen, 1001 Schattierungen, des Schattens: eine „Schattenlehre". Aber wahrscheinlich gibt es die schon längst? Nur seit wann? Wo? Von wem? Und: Jedes Licht auch ist anders: das Licht im Buchenwald; das Licht auf dem Asphalt der Landstraße; das Licht im Bushalt. Es gibt keine objektive Lichtgestalt? Es gibt nur den Abglanz, den Schimmer, da! dort! dort! Tanz den Schimmer, tanz den Abglanz! (VB, 394)[1]

Handke versucht, die Vielfalt der Erscheinungen festzuhalten: Es gibt nicht einfach Licht, sondern ganz verschiedene Formen von Licht und, damit einhergehend, von Abglanz; das Licht im Buchenwald schimmert anders als der Abglanz auf dem Asphalt. Und ebenso unterschiedlich wie die Lichterscheinungen sind auch die Schatten. Sie bilden Schattierungen, die in der Variation so reich sind wie die *Märchen aus tausendundeiner Nacht*. Der Absatz endet mit einem Aufruf an sich selbst, dem Tanz des Schimmerns und des Abglanzes zu folgen – die Erscheinungen sind in Bewegung und sie setzen in Bewegung, sie fordern dazu auf, sich ihnen ähnlich zu machen.

Wie meistens bei Handke handelt es sich um eine äußerst dichte Passage, die von einer genauen Wahrnehmung ausgeht und verschiedene philosophische und ästhetische Traditionen mit ihr verknüpft. So greift sie einen klassischen Topos der Ästhetiktheorie auf: Die objektive Lichtgestalt, die Platon im Höhlengleichnis analog gesetzt hat mit der Idee des Guten als der höchsten Idee, wird durch die Vielfalt der Erscheinungen und eine Phänomenologie des Abglanzes ersetzt. Bei Platon gelten die Erscheinungen als Täuschungen, hier werden sie zur Richtlinie. Sie sind, wie der Tanz, höchst flüchtig, in ständiger Variation und Verwandlung begriffen, sie können kaum erhascht werden. Nur punktuell erfahren sie eine Materialisierung, nehmen in verschiedenen Momenten an unterschiedlichen Orten – „da! dort! dort!" – eine Gestalt an. Handkes Literatur ist in doppelter Weise mit dem Anspruch einer solchen Schattenlehre verbunden: Sie ist eine Poetik des Abglanzes und des Nachbilds, weil in ihr diese Erscheinungen aufgehoben und weitergegeben werden können. Sie ist darüber hinaus auch eine Schattenlehre,

---

[1] Dieser und ein zweiter im Beitrag öfters zitierter Handke-Text werden mit einer Sigle bezeichnet.

https://doi.org/10.1515/9783110732870-016

weil sie dem im Journal formulierten Aufruf folgt, sich dem Abglanz ähnlich zu machen, indem sie die eigenen poetologischen Verfahren nach dem Verfahren des Abglanzes bildet. Dabei setzt sie, wie der vorliegende Beitrag anhand von zwei Stellen aus *Die Obstdiebin oder Einfache Fahrt ins Landesinnere* (2017) zeigt, die körperliche, sinnliche Erfahrung an die Stelle eines epistemologischen Zugangs zur Welt, indem sie die medialen Transformationen im Übergang von der Wahrnehmung in das Nachbild, in die Phantasie und von dort in die Schrift nachvollzieht und damit auch auf eine Wirkungsästhetik zielt, die mehr von einer Übertragung als von einer Vermittlung von Sinn ausgeht.

Mit seiner Schattenlehre und Poetik des Nachbilds knüpft Handke an eine der zentralen Unternehmungen Goethes – seine über Jahrzehnte hinweg betriebene Farbenlehre – an. Die Verschiebung von der Farbe zum Schatten erscheint dabei nur auf den ersten Blick als ein Konkurrenzvorhaben, ist doch auch Goethes Farbenlehre genau besehen eigentlich eine Schattenlehre. Ebenfalls gegen die Tradition Platons und gegen den rationalistischen Zugang Newtons gerichtet, nimmt Goethe eine Aufwertung der Farberscheinungen und der Phänomene des Abglanzes und des Nachbilds vor. Nach Goethe entstehen Farben in der Trübung des Lichts durch die Finsternis, also in Verbindung mit den Schatten: „Die Farbe selbst ist ein Schattiges [...]; und wie sie mit dem Schatten verwandt ist, so verbindet sie sich auch gern mit ihm, sie erscheint uns gern in ihm und durch ihn, sobald der Anlaß nur gegeben ist" (FA I 23.1, 52). Goethe untersucht das breite Spektrum an Phänomenen von den farbigen Schatten über den Abglanz bis zu den verschiedenen Formen der im Auge erzeugten Nachbilder. Dabei interessieren ihn besonders die unter dem Stichwort ‚physiologische Farben' summierten Farberscheinungen, die bislang als „Täuschung und Gebrechen betrachtet" wurden und die man, „weil man ihre Flüchtigkeit nicht haschen konnte", gerne „in das Reich der schädlichen Gespenster" verbannt hatte (FA I 23.1, 31). Demgegenüber betrachtet er solche Farben als integrativen Teil jeden Sehens, ja als dessen „notwendige[] Bedingungen", weil sie auf das „lebendige[] Wechselwirken" des Auges „in sich selbst und nach außen" hindeuten (FA I 23.1, 31). Und noch der Anhang zu den „pathologischen Farben", der diesen Abschnitt der *Farbenlehre* beendet, zeugt von der Haltung, in der Farbenblindheit keine Krankheit zu sehen, sondern eine Anomalie, die gerade das Charakteristische des Farbensehens sichtbar werden lässt, indem auch sie einem „Gesetz" in der „Gesetzwidrigkeit" folgt (FA I 23.1, 64).

Die Erkenntnisse der Farbenlehre gehen verschiedentlich in Goethes literarisches Spätwerk ein, worin er eine Poetik des ‚lebendigen Abglanzes' entwickelt.² In *Wilhelm Meisters Wanderjahren* etwa wird die Thematik der Entsagung in der Lago-Maggiore-Szene mit einem solchen Abglanz überblendet:

> Und so schwammen die Freunde auf zierlichem Nachen von Ufer zu Ufer, den See in jeder Richtung durchkreuzend. In der schönsten Jahreszeit entging ihnen weder Sonnenaufgang noch Untergang und keine der tausend Schattierungen, mit denen das Himmelslicht sein Firmament und von da See und Erde freigebigst überspendet und sich im Abglanz erst vollkommen verherrlicht. (FA I 10, 499)

Das Leben wird in den Passagen am Lago Maggiore zunehmend in die Kunst verschoben: Die Freunde sind auf den Spuren der verstorbenen Mignon, halten ihre Orte in Zeichnungen fest und Hilarie wandelt sich von der Dilettantin zur Künstlerin. Dieser Prozess spiegelt sich in der Umgebung, ist begleitet von der Wahrnehmung des stets wiederkehrenden Auf- und Untergangs der Sonne, der sich in Form von „tausend Schattierungen" am Himmel zeigt. Erst im Abglanz „verherrlicht" sich das Licht und es wird „vollkommen", indem es sich über die Spiegelungen des Sees und von da über die Erde erstreckt. Goethes Erkenntnis, dass „nichts hinter den Phänomenen", sondern alles in diesen selbst liege (FA I 25, 114), äußert sich auch hier in der Ersetzung einer ‚objektiven Lichtgestalt' durch die vielfältigen Schattierungen. Die Trauerarbeit und Entsagungspoetik ist mit der Lebendigkeit des Abglanzes verbunden und erscheint als Arbeit an der Kunst.

Dass es dabei im eingangs zitierten Handke-Notat genau eine Schattierung mehr ist als die von Goethe genannten, macht deutlich, wie selbstbewusst sich Handke als Goethe-Epigone positioniert, der sein Vorbild weiterschreibt und dabei übertrifft. Ein solches Fort- und Umschreiben von Goethes Farben- bzw. Schattenlehre ist insgesamt in Handkes Journal *Vor der Baumschattenwand nachts* zu beobachten. Er zitiert zahlreiche Passagen von Goethe, die sich um die Thematik der Farbenlehre drehen;³ vor allem aber verfolgt er – auch dies durchaus im Sinne Goethes – von seiner eigenen ‚Farbenblindheit' ausgehend eine alternative Farbenlehre: „Ich ‚farbenblind'? Ich habe den Blick für die Andere(n) Farbe(n)" (VB, 199),⁴ heißt es an einer Stelle, und an einer weiteren:

---

2 So der Titel meiner Dissertation, Keller (2018), vgl. dort. Kap. IV.3: „Verheißung der Lebensfülle: Farbe" sowie das Schlusswort.
3 Vgl. bspw.: „‚Ich habe diese Zeit nur im Lichte und in reinen Farben gelebt' (an Carl August, Jan. 1791)" (VB, 354).
4 Vgl. auch: „Ich kann die Farben nicht unterscheiden? Doch: Ich sehe die jeweils andere, die unterschiedliche Farbe" (VB, 399).

„Nasses Herbstblattschwarz färbt sich im Vorbeigehen blau: Andere Farbenlehre" (VB, 161).[5] Diese ‚andere' Farbenlehre wird zu einer grundsätzlichen Wahrnehmungslehre ausgeweitet, die den Fokus auf den Abglanz und das Nachbild legt. Die „Silhouetten hinter den bedunsteten Scheiben der Vormorgenbusse herausgehoben aus der Nacht" werden entsprechend als „ein Wert, ‚mein' Wert" bezeichnet, und das darauf folgende Notat schließt an mit: „‚Und': Das Nachbild der Kerzenflamme hinter den geschlossenen Lidern, und die Vorstellung, der Gedanke, das Wort: ‚Erzgebirge'." (VB, 174–175) Während zunächst die Silhouetten der Passagiere als Schatten auf den ‚bedunsteten' Fensterscheiben erscheinen, beschreibt die zweite Stelle den Übergang von der Wahrnehmung in ein Nachbild. Bei letzterer handelt es sich um eine doppelte Goethe-Rekurrenz, erstens weil die Beobachtung des Nachbilds nach dem Blick in die Kerzenflamme einer Goethe'schen Versuchsanordnung entspricht und zweitens, weil das zeitgleich mit diesem Nachbild entstehende Wort „Erzgebirge" unübersehbar ein Goethe-Wort ist – aufgelesen bei der intensiven Lektüre seiner Texte zu dieser Zeit.[6] Der Zusammenhang zwischen Kerzenflamme und Erzgebirge ist, zumal auf der Gegenstandsebene nicht gegeben, nicht unmittelbar erschließbar. Es handelt sich um eine assoziative Verknüpfung, die auf der Erfahrung des Nachbilds beruht: Ähnlich wie die Kerzenflamme ein sinnliches Nachbild im Auge produziert, schweben Wörter als Nachbilder in der Vorstellung.

So betreibt das Journal nicht nur eine Phänomenologie der verschiedenen Formen von Nachbildern – vom „Nachbild des Schneiens" bis zum „Nachbild der weißen Jet-Spur im Himmel" (VB, 19 und 32) –, es untersucht auch die damit verbundene Wirkungsästhetik: „Laß (nur) gelten, was Abglanz ausstrahlt. Nichts sonst prägt sich dir ja so ein" (VB, 243). Von einem Phänomen, dies kann ein Ding oder ein Wort sein, geht ein ‚lebendiger Abglanz' aus, der sich als Nachbild ‚einprägt' und so weiterwirkt. Dass in der ‚Einprägung' vor allem das Potenzial zur Weitergabe enthalten ist, zeigt sich an einer Stelle im Journal, die direkt auf die berühmte Stelle aus dem zweiten Teil von Goethes *Faust* Bezug nimmt, als sich dieser geblendet von der Sonne abwendet und den Regenbogen im Wasserfall betrachtend konstatiert: „Am farbigen Abglanz haben wir das Leben." (FA I 7.1,

---

5 Vgl. auch: „Eine andere Farbenlehre, frei nach Goethe: die (notwendige, fruchtbare) Trübe in mir fruchten lassen, und so zum klar und rein sich auffächernden syntaktischen, bildsamen, rhythmischen, epischen, zusammenspielenden und zugleich jede einzelne der Farben auseinanderhaltenden Spektrum zu gelangen" (VB, 381).
6 Die Untersuchung von Handkes Notizbüchern im DLA Marbach zeigt, dass Handke in der Zeit der Entstehung des Journals sich wieder intensiv der Goethe-Lektüre zuwendet, so liest er bspw. den gesamten Briefwechsel vom Anfang bis zum Ende und beschäftigt sich mit dem *West-östlichen Divan*.

206) Die Stelle in Handkes Journal lautet sodann: „Am ‚Abglanz' die ‚Welt': Ja, und am Weiterleiten des Lichts – an der Folge – am Folgeraum" (VB, 353). Im Abglanz ist das Verschwindende weiterhin als Nachbild präsent, das ‚Licht' wird weitergeleitet, es hat eine Folge, öffnet Räume und diese Räume – oft auch als ‚Zwischenräume' bezeichnet – schaffen eine neue Erfahrung.[7] Die für Handkes Poetik zentrale Frage lautet folglich, wie Abglanz und Nachbild in den Folgeraum der Literatur eingehen und dort ihre Wirkung entfalten können. Seit Langem beschäftigt sich Handke sowohl in den Notizbüchern als auch in den literarischen Texten mit Schraffuren, die die Textur von Naturgegenständen direkt auf das Papier übertragen,[8] sowie mit verschiedenen Bilderschriften und Notationsformen. Zudem entwickelt er metaphorische Zusammenhänge, die solche Folgeräume bildlich auf die körperliche Erfahrung übertragen: So erscheint öfters die Erzählung als ein ‚Fahrzeug', das Fahrt aufnimmt und mit dem Ende wieder zum Stillstand kommt, wie etwa in *Der Bildverlust* (2002), wo der letzte Satz lautet: „Ein Gefährt hielt an seinem Ziel, am Ende einer langen langen Fahrt und schwankte im Stehen noch nach. Und dieses Schwanken hörte nicht so bald auf; wird nicht so bald aufgehört haben." (Handke 2002, 759) Mit dem Schwanken – auch dies eine genuin Goethe'sche Vorstellung (vgl. Geulen 2016) – ist zunächst einmal die Bewegung des Busses nach dem Stopp gemeint, aber durch den Wechsel ins Futur II wird nicht ein Ausschwingen, sondern eine Verstärkung beschrieben, die in eine lange Dauer übergeht und in der sich eine Übertragung der Schwingungen auf die Leser*innen vollziehen soll. Das Gefühl, dass die bei der Lektüre empfangenen Eindrücke als Nachbilder im Inneren noch lange weiterwirken, ganz so wie das Schwanken, das man noch in den Gliedern verspürt, nachdem man ein Gefährt verlassen hat, wird hier in den Blick genommen.

Die Frage, wie sich das „Weiterleiten" des Abglanzes und des Nachbilds in die bzw. in der Schrift vollzieht, wird im Journal *Vor der Baumschattenwand nachts* am titelgebenden Gegenstand materialisiert: In den Notizbüchern ist immer wieder eine Wand in Handkes Haus in Chaville beschrieben, auf der sich tagsüber wie auch nachts die Sonnen- und Schattenflecken der Bäume draußen abzeichnen. Es ist anzunehmen, dass es auch diese Wand ist, die auf der von Sophie Sémin aufgenommenen Fotografie auf dem Cover des Journals zu sehen ist (Abb. 1). Dass diese verschwommen träumerische Fotografie damit spielt, ob es sich hier um ein Negativ oder ein Positiv, ob es sich um Schatten- oder Lichtflecken handelt, verweist programmatisch auf Handkes Reflexion der Spezifika dieses Me-

---

[7] Vgl. den Eintrag in das Notizbuch vom 7. März 1986: „Der Zeitruck der Dauer umgibt mich mit einem beschreiblichen Raum, und das Beschreiben schafft den Folgeraum (Zwischenräume)", zit. nach: https://handkeonline.onb.ac.at/node/542 [10. April 2020].
[8] Vgl. hierzu Schmitz-Emans 1995, dort das Handke-Kapitel auf den Seiten 235–294.

Abb. 1: Peter Handke: *Vor der Baumschattenwand nachts. Zeichen und Anflüge von der Peripherie 2007–2015*, Salzburg bei Jung und Jung, 2016. Cover unter Verwendung einer Fotografie von Sophie Sémin.

diums: „Photographieren könnte auch ein Schreiben mit Licht sein. Und was ist es oft (geworden)? ein Ab-Lichten" (VB, 354). Nicht die abgebildeten Gegenstände stehen im Zentrum, sondern der Übertragungsvorgang selbst, der im Falle der Fotografie nicht nur ikonisch, sondern indexikalisch funktioniert, d. h. als direktes ‚Einprägen' einer Spur in ein Medium. Handke hält diese Licht- und Schattenflecken auch zeichnerisch in vielen Variationen fest und verbindet sie mit Vorstellungen und Ideen zu Texten – so steht auch die eingangs zitierte Überlegung zu einer „Schattenlehre" in direktem Zusammenhang mit einer solchen Zeichnung. Bild und Schrift, Wahrnehmung und Vorstellung rücken so zusammen (Abb. 2). Der Übergang in die Schrift ist bereits dadurch markiert, dass Handke die Licht- und Schattenspiele in einem Eintrag vom 30. März 2015 als eine von links nach rechts laufende „jagende Baumschattenschrift" bezeichnet;[9] hinzukommt, dass jener Ort auch derjenige ist, an dem, wie es im Untertitel heißt, als „Zeichen und Anflüge von der Peripherie" die literarischen Nachbilder entstehen.

---

9 Peter Handke: Notizbuch vom 21. Januar – 13. Mai 2015, Eintrag vom 30. März. Zitate aus den Notizbüchern hier und im Folgenden mit freundlicher Genehmigung von Peter Handke.

Abb. 2: Peter Handke: *Zeichnungen*. Mit einem Essay von Giorgio Agamben. Aus dem Italienischen von Marianne Schneider, München 2019, Seite 125.

1 Sonnenblick und Lichtkreis: Nachbild zwischen Wirklichkeit und Phantasie

Handkes epische Großerzählung *Die Obstdiebin oder Einfache Fahrt ins Landesinnere* steht sowohl werkgenetisch als auch inhaltlich in engem Zusammenhang mit dem Journal *Vor der Baumschattenwand nachts*. Anhand zweier Stellen aus dieser Erzählung soll nun gezeigt werden, wie diese Schatten- und Abglanzlehre in einem literarischen Text in (Nach-)Bildern verdichtet wird, die sowohl ihre performative Umsetzung als auch eine poetologische Kritik der eigenen ästhetischen Verfahren darstellen. *Die Obstdiebin* handelt von einem Ich-Erzähler, der auf der Suche nach der Obstdiebin – als Protagonistin mit dem Namen Alexia wie auch als Allegorie der Erzählung – in die Picardie aufbricht, sich sodann, als sie Kontur angenommen hat, in der Landschaft auflöst und ihr als auf der dreitägigen Wanderung folgt. Am Schluss treffen sich Alexia und ihre zuvor überall verstreuten Familienmitglieder sowie die anderen Figuren aus der Geschichte zu einem Fest und auch der Erzähler gesellt sich wieder *in personam* dazu, indem die

Erzählperspektive, wie so oft bei Handke, zu einem plötzlichen ‚wir' übergeht. Gemeinsam treten alle vor das Festzelt zur Betrachtung des Sonnenuntergangs:

> Man brauchte dazu die Augen nicht abzuschirmen. Die Sonne, im Versinken am hinteren Plateaurand, wurde dabei halb verdeckt durch ein fernes Filigran von Bäumen. Die Augen von uns Zuschauern konnten so offenbleiben und weiteten sich im Betrachten womöglich noch, ohne ein Blinzeln. Dabei war gerade so, durch den Baumkronenfilter davor, die Rundung des Sonnenballs umso offenbarer. Das Blatt-, Zweig- und Astwerk der Bäume davor brachte das Licht der letzten Sonne zum Flimmern. Es flirrte nur so von tiefgelbem, dann orangem, dann rotem Sonnenlicht hinter dem Laub, mit einem Glitzern, auf und ab, hin und her, wie von einem Widerschein auf einem fernen Gewässer. Im Abwenden und Zurückkehren ins Zelt hatten wir alle noch eine Zeitlang, kreuz und quer hüpfend, einen Lichtkreis vor Augen, das Nachbild der Sonne größer als zuvor ihr Anblick. (DO, 546–547)

Es wird hier ein Wahrnehmungsprozess beschrieben, der vom Blick in die Sonne über den Abglanz der Farben bis zum Nachbild vor dem inneren Auge führt. Der Vorgang teilt sich in zwei Phasen: Zunächst geht es um die Erscheinung der Wirklichkeit beim Betrachten der Sonne, sodann wird mit der Entstehung des Nachbilds der Übergang in die Phantasie dargestellt. Im ersten Teil des Vorgangs wird ein Bild geschildert, wie es Handke wiederum in Zeichnungen aus der Picardie in seinen Notizbüchern festhält – und die diese Stelle zunächst in der realen Erfahrungswelt des Autors verorten lassen (Abb. 3): Zu sehen sind dunkle Silhouetten von Bäumen, und durch die Zwischenräume ihrer Äste und Blätter leuchtet der Abendhimmel in den Farben, Gelb, Orange, Rot, Violett und Blau; an anderer Stelle werden diese leuchtenden Zwischenräume als „Baum‚glas'fenster" bezeichnet (Handke 2019, 57). Zumindest bei der oberen Zeichnung, die auf einer Seite des Briefwechsels zwischen Goethe und Schiller entstanden ist, handelt es sich um eine doppelte Form von *Goethe medial*, wenn Goethe auf dem Material über-schrieben, wie er auch hinsichtlich der Farbwahrnehmung fort-geschrieben wird.[10] Sowohl in diesen Zeichnungen als auch in der obigen Textstelle sind zwei Elemente zentral: Die Wahrnehmung der Sonne und der Farben des Abglanzes wird durch den Filter des Baumes ermöglicht, der als Teil der Natur erscheint. Gleichzeitig wird er durch die Worte ‚Baumglasfenster' bzw. ‚Filigran' in eine kulturelle bzw. künstlerische Perspektivierung einbezogen, und stellt so die Überlagerung der Wahrnehmung durch ästhetische Traditionen heraus.

So handelt es sich bei dieser Passage nicht einfach um die Beschreibung eines Sonnenuntergangs, sondern auch sie ist wiederum vielfältig an eine Geschichte

---

10 Handke benutzt stets die Frankfurter Klassiker-Ausgabe. Zu entziffern sind die Worte „die in der Erde unter dem Schnee liegt", die aus Goethes Brief an Schiller vom 6. März 1799 stammen, vgl. FA II 4, 648.

Abb. 3: Peter Handke: *Zeichnungen*, Seite 55.

und Theorie der Ästhetik anschließbar. Sie rekurriert zunächst deutlich auf Goethe, indem sie an die Versuchsanordnungen in der *Farbenlehre*, aber auch an die bereits erwähnten Texte der *Wanderjahre* und des *Faust* anknüpft: Anders als Faust, der nach seinem Erwachen aus dem Heilschlaf seinen Blick von der Sonne geblendet abwenden muss, handelt es sich hier um einen indirekten Blick: Zwischen die Sonne und die Augen der Betrachter*innen schiebt sich ein „Baumkronenfilter", der es ermöglicht, den Sonnenball ohne Blinzeln anzuschauen und der „das Licht der letzten Sonne" als „Flimmern" wahrnehmbar macht, das in der Trübung die Farben, ein tiefes Gelb, Orange und Rot, hervorbringt. Dabei wird auch eine sehr ähnliche Szenerie geschildert wie in der Lago Maggiore-Stelle aus den *Wanderjahren*, bis hin zum Ausdruck „kreuz und quer", der das ‚Durchkreuzen' des Sees wörtlich aufnimmt. Der Abglanz des Himmels auf dem Gewässer kommt hier in Form eines Vergleichs hinzu: Durch die Analogie mit dem Wellenspiel erfahren die flüchtigen Erscheinungen des Lichts eine zusätzliche Materialisierung durch die metaphorische Übertragung in ein dichteres, aber noch immer bewegliches Medium, das das Flimmern des Lichts in ein „auf und ab" wiegendes Glitzern verwandelt. Dadurch, und durch die mehrfache Betonung der konkreten räumlichen Entfernung – ist doch vom „hinteren Plateaurand", vom „ferne[n] Filigran" und dem „fernen Gewässer" die Rede – wird die Überwältigung gebrochen, die dem faustischen Streben inhärent ist. Es wird geschildert, wie ein ‚Zwischenraum' entsteht, aus dem sodann ein ‚Folgeraum' hervorgehen kann.

Bereits an der Gegenüberstellung von *Faust* und den *Wanderjahren* zeigt sich, dass in diesem Abschnitt die Tradition der Überwältigungsästhetik und ihre Kritik aufgerufen und eine eigene Position gefunden wird. So verweist das Schauen „ohne ein Blinzeln" bei weit geöffneten Augen auf eine überwältigende Seherfahrung, wie sie Heinrich von Kleist mit Blick auf Caspar David Friedrichs *Mönch am Meer* (1808–1810) beschrieben hat. Die fehlende Unterscheidung in Vorder-, Mittel- und Hintergrund in diesem Bild hebt jegliche Begrenzung und damit jegliche Distanzierung auf, eine Entrahmung des panoramatischen Blicks nach sich ziehend, die Kleist mit dem Gefühl beschreibt, „als ob Einem die Augenlider weggeschnitten wären" (Kleist 1980, 47).[11] Hugo von Hofmannsthal variiert das Bild der lidlosen Augen, in dem für Handke – gerade für die *Obstdiebin* – nachweislich zentralen Essay *Der Dichter und diese Zeit* (1906), wo der unerkannt „unter der Stiege" im eigenen Haus lebende Alexius von Edessa zum Beispiel eines Dichters wird, der alles aufnimmt und von allem betroffen ist, der jedoch auch keine Sortierung vornehmen kann:

> Er kann nichts auslassen. Keinem Wesen, keinem Ding, keinem Phantom, keiner Spukgeburt eines menschlichen Hirns darf er seine Augen verschließen. Es ist als hätten seine Augen keine Lider. Keinen Gedanken, der sich an ihn drängt, darf er von sich scheuchen, als sei er aus einer anderen Ordnung der Dinge. (Hofmannsthal 1906, 67)

Indem die Zuschauer*innen in Handkes Sonnenuntergangsszene ebenfalls ohne Blinzeln in die Sonne schauen, wird das von Hofmannsthal formulierte Ideal eines unbedingten Aufnehmens auch hier zum Vorbild. Zum Kleist'schen Schwindel kommt es bei diesem schrankenlosen Blick in die Sonne nicht, weil bereits eine mediale Vermittlung durch den „Baumkronenfilter" sich dazwischen geschoben hat. Indem er von den Bäumen herrührt, ist dieser Filter natürlich; er hat aber zugleich auch eine kulturelle bzw. künstlerische Dimension, wird doch mit „Filigran" der gekörnte Draht einer Goldschmiedearbeit bezeichnet. Auch hier lässt sich eine Verbindung zur Überwältigungsästhetik herstellen, namentlich zu Benvenuto Cellini, dessen Autobiographie von Goethe übersetzt und auch von Hofmannsthal rezipiert wurde. Letzterer beschreibt im Essay *Über Charaktere im Roman und im Drama* (1902), wie Cellini mit gebrochenem Bein, ausfallenden Zähnen und „seit Tagen ohne Nahrung" im Kerker liegt, zu sterben meint, sich ihm aber dann plötzlich „seine qualvollen Delirien zu einem schönen tröstenden Traum [verdichten], er sieht die Sonne, aber ohne blendende Strahlen, als ein Bad

---

[11] Vgl. hierzu Schneider 2006, 45–46.

des reinsten Goldes", und die Figuren Christus und Maria entstehen daraus. „Er lag", so heißt es weiter, „in der Agonie, aber er war der größte Goldschmied seines Jahrhunderts, und die Vision [...] war die Vision einer Goldschmiedearbeit. Auf der Schwelle des Todes hingekrümmt, waren seine Träume aus keinem anderen Material als aus dem, in welchem seine Hände ein Kunstwerk zu schaffen vermochten." (Hofmannsthal 1902, 488–489)[12] Durch die Einstrahlung der Sonne in den trüben Kerker transformiert sich das Licht in das flüssige Gold von Cellinis Arbeitsmaterial und wird zur Grundlage beweglicher, in ständiger Metamorphose begriffener Phantasiebilder. Auch er sieht die Sonne ohne geblendet zu werden, aber dies geschieht im Traum seiner Visionen und im freien Spiel der Phantasie mit dem verflüssigten Material seiner Kunst.

An die Stelle der Verflüssigung setzt Handke mit dem Filigran die feste Form zwischen die Sonne und die Augen der Betrachtenden. Geformte Materie macht das Flirren des Lichts und die Farberscheinungen sichtbar, lässt dabei gleichzeitig die „Rundung des Sonnenballs [...] offenbarer" hervortreten und diesen sodann in Form des „Lichtkreis[es]" als Nachbild auf der Netzhaut abzeichnen. Gerade weil dies eigentlich nicht möglich ist – der Sonnenball kann durch das Filigran ja gerade nicht unverstellt gesehen werden und im Nachbild müsste sich auch das Filigran abzeichnen – handelt es sich hierbei auch um eine Stelle, die das Verhältnis von Wirklichkeit und Phantasie thematisiert. Die bei Cellini anklingende Inspirationslehre, die noch zwischen göttlicher Eingebung und künstlerischem Genie oszilliert, ist bei Handke gänzlich säkularisiert und materialistisch gewendet: Auch bei ihm stellt das Anwehen bisweilen ein zentrales poetologisches Verfahren dar,[13] es geht dabei jedoch wie bei der Betrachtung des Sonnenuntergangs um das tatsächliche Einprägen eines Sinneseindrucks, aus dem dann das Nachbild hervorgeht. Damit rückt Handke in die Nähe eines Inspirations-Begriffs, wie er u.a. auch von den Surrealisten vertreten wurde, und demzufolge der Künstler, so Max Ernst, ein „Zuschauer" ist, der vorhandenen Spuren nachgeht und so der Entstehung eines Kunstwerks beiwohnt.[14]

Indem sich bei Handkes Sonnenuntergang eine ‚Einprägung' vollzieht, wird die Gefahr einer subjektivistischen inneren Bilderflut abgewehrt. Und doch beschränkt sich seine Nachbild-Poetik nicht auf eine reine Übertragung, die ein fotografisches ‚Ablichten' wäre, sondern die Eigentätigkeit der Phantasie als Möglichkeit, neue Räume zu öffnen, gehört dazu. Auch dies kann zunächst an-

---

12 Vgl. hierzu ebenfalls: Schneider 2006, 46. Sowie: Schneider und Pfotenhauer 2006, 60–61 (Pfotenhauer) und 125–127 (Schneider).
13 So heißt es bspw. gleich auf der ersten Seite der *Obstdiebin*, dass ein „leichter, beflügelnder Wind" in die „Niemandsbucht" hineinwehte (DO, 9).
14 Hornig und Rath, DOI: 10.24894/HWPh.5192 [10. April 2020].

hand von Hofmannsthals Variation von Cellinis Kerkervision im Essay *Die Bühne als Traumbild* (1903) gezeigt werden: Ein Kranker sieht auf der Wand einer Hospitalskapelle die in abwechselnden Farben leuchtenden Reflexe des Sonnenuntergangs spielen und er wendet die unglückliche Situation, nicht dem ‚echten' Sonnenuntergang beiwohnen zu können, ins Positive, indem er im Abglanz eine Steigerung der Realität erkennt: „Denn die Welt ist nur Wirklichkeit, ihr Abglanz aber ist unendliche Möglichkeit" (Hofmannsthal 1903, 492).[15] Im Abglanz der Sonne auf der Wand vollzieht sich eine Abstraktion von den konkreten Gegenständen und macht so die Möglichkeitsdimension in der Wirklichkeit sichtbar. An den Abglanz der realen Sonnenuntergangsszene gebunden, setzt die Bewegung der Phantasie ein und erschließt imaginäre Räume. Das Nachbild bei Handke ist eine abstrahierte Form der Sonne – von der dreidimensionalen Rundung auf den zweidimensionalen Kreis reduziert. Es ist jedoch auch verwandelt, erscheint es doch „größer" ist als zuvor der Anblick der Sonne und anders als diese befindet es sich in ständiger Bewegung, es hüpft vor dem inneren Auge „kreuz und quer". Damit verbindet das Nachbild die Form der Sonne mit der Hin- und Her-Bewegung des flimmernden Lichts; es wiederholt diese Bewegungen, lässt sich von ihnen anstecken und führt sie weiter. In der Abstraktion und der Bewegung stellt sich so eine Verwandlung ein, die den Übergang von der Wahrnehmung in die Eigentätigkeit der Phantasie markiert und damit auch das ‚Weiterleiten des Lichts' bzw. das dem fotografischen Abbild entgegenstehende Weiterschreiben darstellt. Damit wird auch hier die epigonale Position des Nachgeborenen positiv umgedeutet und zugleich eine starke Bezugnahme auf das Vorhandene formuliert, das sich auch auf die nun angeführten zahlreichen intertextuellen Bezüge übertragen lässt: Das „Filigran" des „Baumkronenfilter[s]" ist – handelt es sich doch mit dem darin enthaltenen *filus* wiederum um eine poetologische Metapher – nicht zuletzt das Textgewebe, das sich in den Wahrnehmungsvorgang hineinschiebt, die unmittelbare, direkte Betrachtung der Sonne verunmöglichend. Diese Gleichzeitigkeit von Bedingtheit und Fortschreiben bezieht Handke im Film *Bin im Wald. Kann sein, dass ich mich verspäte* (2016) explizit auf die Phantasie. Er variiert eine Aussage von Ludwig Hohl, wenn er in der Phantasie keine „Gaukelei" sieht, sondern in ihr „die Erwärmung, ich füge vielleicht hinzu – die herzliche Erwärmung des Vorhandenen" sieht. ‚Erwärmung' meint dabei sowohl die Bewegung, die daraus entsteht, als auch den mit der Inspiration verbundenen Enthusiasmus, der seinerseits die Bedingung dafür ist, um eine weitergehende Wirkung und Ansteckung zu erreichen.

---

15 Vgl. hierzu Schneider 2006, 52 und 358.

Wenn die Sonnenuntergangsszene also eine Übertragung darstellt, in der sich ein Zwischen- und ein Folgeraum öffnen, so stellt sich die Frage, inwiefern hier eine spezifische Wirkungsästhetik angelegt ist. Denn nicht umsonst findet diese Szene bei einem Fest statt, das mit einem Gefühl von Gemeinschaft verbunden ist. Im gemeinsamen Blick in die Sonne synchronisiert sich die Wahrnehmung: Nicht nur sehen alle beteiligten Figuren das Gleiche, sie haben auch alle das gleiche Nachbild vor Augen und die individuellen Vorstellungen treten zugunsten einer gemeinsamen physiologischen Erfahrung in den Hintergrund. Der nächste Abschnitt überträgt diese Erfahrung dann sogleich – und in einem Übersprung von der Kunst ins Leben – auf die Perspektive der Leser*innen. Es setzt Musik ein, wobei nur gesagt wird, dass diese aus einem „batteriebetriebenen Gerät – Name nicht erinnerlich, eher ein Schimpfname, mit etwas wie ‚Ghetto' darin –" stammte, „in ihrem Klang mehr Blech als Klang" (DO, 547). Dabei kommt es nicht auf den Inhalt, sondern auf die Musik als solche an und insbesondere auf den Rhythmus, der Enthusiasmus erweckt und damit ansteckend wirkt: „Es tut wenig zur Sache, welche Musik gespielt wurde. Jeder, der das liest, möge sich die gerade von ihm erwünschte dazudenken." (DO, 547) Durch die direkte Ansprache und Aufforderung, sich durch die eigene Vorstellung in diese Szene hineinzuversetzen, werden auch die Leser*innen in die gemeinsame Erfahrung und in die Gemeinschaft einbezogen, wobei die Grenzen der Synchronisierungsleistung durch den ironischen Kommentar, dass die Musik gewünscht werden könne, mitbedacht werden. Sobald der Übergang von der Wahrnehmung in die Vorstellung stattgefunden hat, setzt die Variation ein, doch indem explizit betont wird, dass es „wenig zur Sache" tue, um welche Musik es sich handelt, wird auch markiert, dass die inhaltliche Variation für die poetologischen Verfahren, sowohl produktions- als auch rezeptionsästhetisch, gar nicht relevant ist. Die Musik macht ein zuvor ‚unbewusstes Entbehren' sichtbar und erfüllt dieses sogleich; sie selbst, ihre Wirkung, wird zum Inhalt bzw. zum Stoff: „Stoff war die Musik in diesem Moment, Stoff der Stoffe, und ihre Stofflichkeit stillte einen zuvor ungeahnten Hunger, welchen sie zugleich weckte, einen allumfassenden, elementaren." (DO, 548). Es wird kein bestimmter Inhalt vermittelt, sondern mit der Nachbild-Poetik ist eine durchaus invasive, in Körper und Vorstellungen eindringende Praktik der Übertragung verbunden. Sie ruft bei den Leser*innen die Erinnerung wach an lange Sommerabende mit Musik aus den scheppernden Geräten, deren Name Handke nicht nennen mag, und dem mit ihnen verbundenen Gemeinschaftsgefühl. Sie lässt die Erinnerung (wieder) real werden und indem sie sie mit dem gelesenen Text verbindet, überträgt sie auf ihn auch das Gefühl der Gemeinschaft.

2 Sternenblick und Schriftornament: Körperlicher Nachvollzug

Die scheinbar nebensächliche Betrachtung des Sonnenuntergangs legt also zentrale Aspekte von Handkes Poetik offen. Anhand einer weiteren Szene, die wenige Seiten auf den Sonnenuntergang fast ganz am Ende der *Obstdiebin* folgt, soll nun gezeigt werden, wie nach der Darstellung des Übergangs von der Wahrnehmung zum Nachbild in einem weiteren poetologisch dichten Bild der Zusammenhang von Nachbild und Schrift dargestellt wird.

Nach der Rede des Vaters im Festzelt tritt Alexia wieder ins Freie. Sie ist mit sich allein, hört Klänge aus der Ferne und fokussiert bei einer Selbstumarmung ihre inneren Bilder:

> Sie tat die Arme um sich; drückte sich selber an sich. Bei geschlossenen Augen waren die Schriftzüge frisch zurück, helle Handschrift auf schwarzem Grund, Wiederholung der Milchstraße bei offenen Augen. Dann sprangen die Schriftzüge um in Schwarz, während der Grund weiß wurde: viel leerer Platz, in Gestalt von hellen Buchten um die unentzifferbaren Worte. (DO, 558–559)

In einer phänomenologischen Geste der Selbstberührung durch die eigene Umarmung wird die Unterscheidung von Aktivität (Berühren) und Passivität (Berührtwerden) ebenso aufgehoben wie innen und außen ineinander übergehen. Hier wird keine Wahrnehmung der Umgebung beschrieben, sondern es handelt sich um unwillkürliche, unfreiwillige Vorstellungsbilder – eine unlesbare Handschrift bei geschlossenen und die „Wiederholung der Milchstraße" bei offenen Augen. Die von Alexia beobachtete Schrift ist ein Phänomen, das sie bereits öfters im Verlauf der Erzählung bemerkt hatte: eine sich allmählich vor ihren Augen verfertigende Handschrift, die für sie klar erkennbar ist, die sie jedoch nicht entziffern kann. Sie ist, so wird betont, „kein Nachbild", denn es gab kein „Vor-Bild" in der „Tages- und Außenwelt". Sie hatte auch „nichts von einem Negativ, die Buchstaben schlangen sich dunkel in dunkel auf einem hellen Grund" und sie wurden erst „in der Gegenwart, und das in einem fort, in einem Zug, eine Zeile nach der anderen, vor, nein, hinter ihren Augen" geschrieben (DO, 237–238).[16] Diese Schrift ist der deutlichste Hinweis darauf, dass die „Obstdiebin" sowohl die Protagonistin als auch die gleichnamige Erzählung bezeichnet und also im Text der Prozess seiner allmählichen Verfertigung noch sichtbar ist. Die Darstellung ist damit gleichzeitig immer auch ästhetische Kritik der Darstellung, etwa dort, wo

---

16 Vgl. hierzu weiter unten, Seite 312.

Alexia erstaunt fragt: „[B]in ich den anderen nur noch ein Medium?" (DO, 488) Damit bringt mit gewissem Widerwillen die Erzählhaltung zur Sprache, die ihr Namenspatron, der Heilige Alexius von Edessa, ihr zunächst auferlegt.

Es wird in dieser kurzen Passage eine dichte Abfolge beschrieben, die sich in drei Schritte gliedern lässt: Zunächst sieht die Obstdiebin bei geschlossenen Augen die Handschrift, hier jedoch im Gegensatz zu ihrer ersten Erwähnung, zuerst tatsächlich als Negativ (helle Schrift auf dunklem Grund). Bei geöffneten Augen erscheint sodann die nicht näher spezifizierte „Wiederholung" der Milchstraße. Der elliptische Teilsatz macht es dabei unmöglich zu entscheiden, in welchem Verhältnis genau diese Wiederholung zur – nicht erwähnten, aber doch zwingend mitzudenkenden – äußeren Wahrnehmung des Sternenhimmels sowie zum Bild der Schrift steht. Als Alexia die Augen wieder schließt, erscheinen die Schriftzüge erneut, nun jedoch springt das Negativ, das den leuchtenden Sternen der Milchstraße auf dem Dunkel des Universums entspricht, ins Positiv um, sie sieht, wie normalerweise bei der Wahrnehmung dieser Schrift, dunkle Buchstaben, die von „hellen Buchten" umgeben sind. So wie innen und außen in der Selbstumarmung verschränkt werden, sind hier Schrift- und Sternenbild miteinander verbunden, wobei zunächst die Milchstraße als Nachbild der Schrift und im nächsten Moment die ins Positiv gewendete Schrift als Nachbild der Milchstraße erscheint.

Die Analogie von Schrift und Milchstraße ist dabei nicht unmittelbar erschließbar, ist die Ähnlichkeit doch auf den Hell-Dunkel-Kontrast beschränkt. Man kann sich dem Bild der Milchstraße, das in der Erzählung nur an dieser Stelle vorkommt, jedoch auf verschiedenen Ebenen annähern. Ein Weg führt wiederum über Handkes Notizbücher. In einem auf den 26. Oktober 2015 datierten Eintrag heißt es: „Nachbild der Milchstraße. ‚Heute Nacht hat die Milchstraße durch mich geführt'".[17] Dieses Notat findet sich in der Publikation *Vor der Baumschattenwand nachts* nicht, dort heißt es jedoch: „Nachbild, immer wieder, bei geschlossenen Augen: das Schweißtuch der Veronika; und das ebenso häufige: die Milchstraße" (VB, 404). Beide Notate enthalten einen Aspekt, der in der späteren Passage der *Obstdiebin* erscheint, setzen aber jeweils einen anderen Fokus. Das erste Bild thematisiert die Verschränkung von innen und außen in einem Traum und evoziert damit die Vorstellung, dass sich kosmische Zusammenhänge in den Men-

---

17 Peter Handke: Notizbuch vom 10. Juli – 9. November 2015, Eintrag vom 26. Oktober. Auch das Bild einer unentzifferbaren Schrift findet sich variiert in einem Traumnotat zum 19. Februar 2015: „Vielschlafnacht, gegen Morgen ein Mann, Portugiese?, der von mir die Schrift auf seinen Augenlidern, gar klein, entziffert haben wollte – ich fand den Leseabstand aber nicht zu nah verschwammen d. Buchstaben über seinen Augen, etwas entfernt waren sie winzig, aber klar, zugleich unentzifferbar" (Peter Handke: Notizbuch vom 21. Januar – 13. Mai 2015)

schen einschreiben. Das zweite akzentuiert die Vorstellung einer Einprägung, indem es das Nachbild der Milchstraße mit dem Abdruck von Jesus auf dem Schweißtuch verknüpft und als eine indexikalische Übertragung dargestellt wird – auch das Nachbild der Milchstraße wird so zum ‚vera icon'. Auch hier werden Natur und Kultur assoziativ überblendet und es zeigt sich, dass es sich bei den physiologischen Nachbildern durchaus auch um symbolische Vorstellungsbilder mit normativer Kraft handelt.

Ein weiterer zentraler Aspekt der Schrift vor den Augen Alexias besteht darin, dass sie auch nach dem Umspringen vom Negativ ins Positiv unentzifferbar bleibt. Die Aufmerksamkeit wird nicht auf die Buchstaben, sondern auf die Zwischenräume gelenkt, die als „viel leerer Platz, in Gestalt von hellen Buchten" um die Buchstaben herum erscheinen. Auch diese Vorstellung wird bereits in den Notizbüchern umkreist, insbesondere am Beispiel einer Kritzelei, die zumindest auf der Ebene der Materialität wiederum mit Goethe verbunden ist: Erneut ist es eine Seite aus Goethes Briefwechsel mit Schiller, die gefaltet in das Notizbuch eingeklebt wurde und von beiden Seiten betrachtet werden kann (Abb. 4).[18] Hier sind die Zwischenräume der Buchstaben blau ausgemalt, wodurch sich genau der Effekt einstellt, dass der ansonsten neutrale weiße Hintergrund in den Vordergrund rückt. Auf ihm erscheinen die Worte wie Schaumkronen auf dem Meer, oder aber als Wortwolken, wenn man dem Hinweis folgt, der auf der Vorderseite des Streifens mit dem Datum 11. Juni 2015 vermerkt ist: „Früher Sommermorgenhimmel rue du Bac".[19] Auch hier also ein Himmelblick, der auf den zweideutigen semiotischen Status der Schriftzüge in der *Obstdiebin* verweist, die nicht gelesen werden können, sondern betrachtet werden wollen.

Eine solche Verbindung der Schrift mit dem Ornament ist für Handkes Werke zentral. Dass es ein Himmelblick ist, der sowohl im Notat als auch in der *Obstdiebin* zur ornamentalen Chiffrenschrift führt, lässt an Walter Benjamin denken, der das mimetische Vermögen des Menschen von da herleitet:

> Darf man annehmen, daß der Blick der erste Mentor des mimetischen Vermögens war? daß die erste Anähnlichung sich dem Blick vollzieht? Darf man endlich den Kreis mit der Annahme schließen, daß Sternkonstellationen an der Entstehung des Ornaments Anteil hatten? daß das Ornament Sternenblicke festhält? (Benjamin 1977, 2.1, 958)[20]

Benjamins Überlegungen *Über das mimetische Vermögen* und *Die Lehre vom Ähnlichen* basieren auf der Annahme, dass der Mensch Ähnlichkeiten weniger

---

18 Goethes Brief an Schiller vom 11. April 1798, FA II 4, 523.
19 Peter Handke: Notizbuch 29. Mai – 9. Juli 2015, Eintrag vom 11. Juni 2015.
20 Vgl. hierzu Brandstetter 2012, 66.

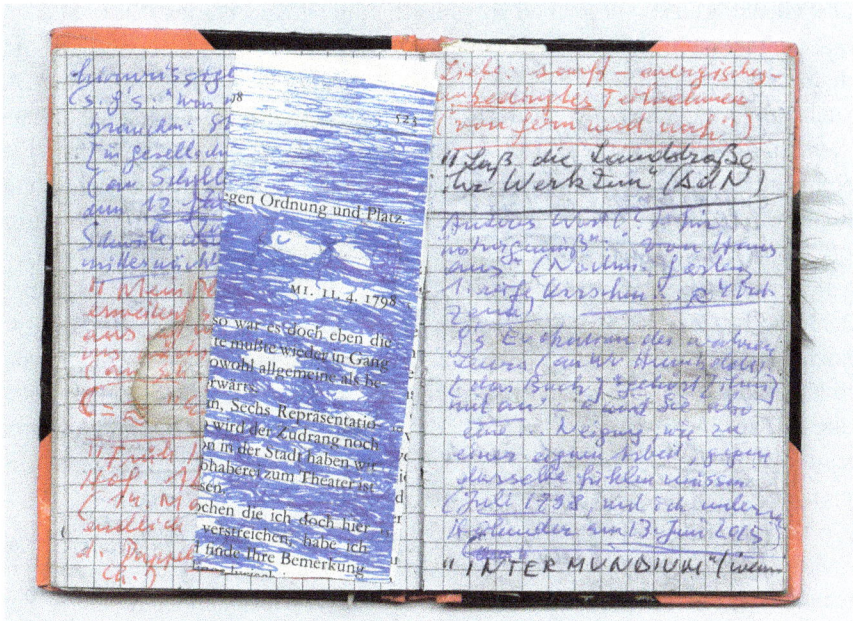

Abb. 4: Peter Handke: Notizbuch vom 29. Mai – 9. Juli 2015. © DLA Marbach, mit freundlicher Genehmigung von Peter Handke.

vorfinde als vielmehr produziere und damit Sinn herstelle. Früher sei dieser Bereich der Ähnlichkeiten sehr viel größer gewesen und zudem habe sich das mimetische Vermögen mit der Zeit verschoben, vom Blick in den Himmel über den Körper in die Sprache:

> „Was nie geschrieben wurde, lesen." Dies Lesen ist das älteste: das Lesen vor aller Sprache, aus den Eingeweiden, den Sternen oder Tänzen. Später kamen Vermittlungsglieder eines neuen Lesens, Runen und Hieroglyphen in Gebrauch. Die Annahme liegt nahe, daß dies die Stationen wurden, über welche jene mimetische Begabung, die einst das Fundament der okkulten Praxis gewesen ist, in Schrift und Sprache ihren Eingang fand. (Benjamin 1977, 2.1, 958)

Es geht hier um ein Lesen, welches Bedeutungen nicht anhand logischer Prinzipien herstellt, sondern durch Ähnlichmachen mit Assoziation, Analogie, Übertragung.

Wenn Alexia, kurz bevor sie zum ersten Mal die Handschrift sieht, in den Himmel blickt, sich aber weigert, aus der Fülle an Sternen einzelne Sternbilder ‚zusammenzuschauen' und also einen Zusammenhang herauszulesen, dann entzieht sie sich dem ‚Zusammenlesen' und der Herstellung einer Bedeutung, hält aber ebenfalls an einem solchen Vorgang des Ähnlichmachens fest. Sie lässt „den Sternenhimmel in einem [...] auf sich einwirken" – sich ihr also einprägen – und dadurch vollzieht sich, wie es im Text heißt, eine Verwandlung von „Wort" in „leibhaftige Wirklichkeit", mit der Folge, dass die Sterne „momentlang" auf sie ‚herabblickten' (DO, 235). Dieser „Blickaustausch" (DO, 236) genügt ihr als eine sinnliche, beinah körperliche Erfahrung, ohne dass eine spezifische Bedeutung damit verbunden wäre. Gleich darauf erscheint die unentzifferbare Handschrift vor ihrem inneren Auge. Obwohl Alexia kein Nachbild erwartet, steht diese Erscheinung mit dem Himmelblick offensichtlich doch in Verbindung. Erst in der Schlusspassage wird die lose assoziative Folge von Sternenblick und Handschrift doch noch in einen genealogischen Zusammenhang gebracht, obwohl ja auch da unklar bleibt, was Vorbild und was „Wiederholung" ist. Entscheidend ist in beiden Passagen, dass ein sich verdichtender Prozess mimetischer Übertragung von statten geht, der sich nicht über Bedeutung, sondern über Wahrnehmung, körperliche Erfahrung und Übertragung vollzieht.

Der Zusammenhang von Nachbild, Schrift und körperlicher Erfahrung wird in den Notizbüchern und Journalen immer wieder umkreist. Neben der bereits erwähnten ‚jagenden Baumschattenschrift' stehen solche Phänomene oft in Zusammenhang mit der arabischen Schrift, die bei Handke immer wieder eine ornamentale Verbindung mit der Natur eingeht: „Die Sonne tanzt hinter den geschlossenen Lidern als arabische Schriftgirlande".[21] Und in einem in *Vor der Baumschattenwand nachts* publizierten Notat heißt es: „Und wieder der Schnee: Die Schneeflocken, wie sie langsam, manchmal auf der Stelle, durcheinanderwirbeln, -spiralen, als arabische Schrift – und ich ziehe, im Schauen, sie in meinem Innern nach, mitsamt dem ‚Punktieren'" (VB, 234). Nicht als romantische Chiffre, die auf die inneren Zusammenhänge der Natur verweist, interessieren diese Phänomene hier, sondern als visuelle Ähnlichkeiten. Durch den Nachvollzug im Inneren beziehen sie den eigenen Körper ein, lassen ihn zum Träger dieser Ähnlichkeit werden. Auch damit knüpft Handke an Goethe an, denn nicht zufällig geht es hier um die arabische Schrift: Goethe hat zur Zeit des *West-östlichen Divans*, und also im Zusammenhang jenes Werks, das Handke in der Zeit von *Vor der Baumschattenwand nachts* besonders intensiv liest, wiederholt arabische Schriftzeichen ‚nachgemalt' (Abb. 5). Wie Andrea Polaschegg gezeigt hat, ist für Goethe in der arabischen Schrift Wort und Geist „uranfänglich zusammengekörpert"; ihr Reiz liege für ihn hauptsächlich in der Materialität und zwar weder als ikonische Qualität noch als Selbstreferenzialität, sondern als etwas, das „überhaupt keine referenzielle Funktion hat": „In Goethes Umgang mit ihr [der arabi-

---

21 Peter Handke: Notizbuch Nr. 175, April – Juli 2011, Eintrag vom 9. Mai.

schen Schrift, C.K.] bezeichnet sie weder sich selbst noch etwas anderes, noch bildet sie etwas ab, sondern sie *birgt etwas in sich*."[22] Es gehe Goethe bei seinen Schreibübungen um einen Nachvollzug im Prozess, in der Bewegung und also darum, durch den körperlichen Akt jenen ursprünglichen ‚echten Sinn' zu inkorporieren, der jenseits von Kontingenz und Arbitrarität liege und mit dem „reinen Urzustand" verbunden sei.[23] Goethe „orientalisiert" sich über ein performatives Ähnlichmachen mit der Schrift, um so „Teilnahme an jener idealischen orientalischen Vergangenheit" zu erhalten und diese, so der Anspruch, als eine besondere Form der „Einwirkung" an die Leser*innen weiterzugeben (Polaschegg 2005, 384). Auch bei Handke geht es, dies wurde bereits am Beispiel der Sonnenuntergangsszene deutlich, um eine solche Form der Teilhabe und der damit verbundenen Stiftung von Gemeinschaft. Sowohl in den arabischen Schriftgirlanden, die im Inneren nachvollzogen werden, als auch in der unlesbaren Schrift vor dem inneren Auge der Obstdiebin Alexia findet eine solche Teilhabe durch Wiederholung statt. Diese Teilhabe ist nicht auf ‚Orientalisierung' gerichtet und sie zielt auch nicht auf das Wiedererlangen eines verlorenen „reinen Urzustand[s]" – fehlt doch dieser Schrift gerade das direkte Vor-Bild. Gleichwohl ist mit ihr der Vorgang verbunden, die Schrift von der Arbitrarität und Konventionalität zu befreien und stattdessen den Nachvollzug an der Schwelle zwischen Wahrnehmung und körperlicher Erfahrung hervorzuheben.

Diese Form der Übertragung zeigt sich auch, wenn man die Unlesbarkeit der Schrift als Anweisung versteht, ihr Verhältnis zur Milchstraße visuell zu betrachten: Die Milchstraße hat bekanntlich die Gestalt einer Spirale, und diese Ornamentform ist ein stets wiederkehrendes Element von Handkes Poetik. Sie ist bereits in den Notizbüchern assoziativ mit der *Obstdiebin* verbunden: In einem Eintrag vom Juli 2015 findet sich eine Zeichnung, die mit verschiedenen farbigen Stiften wirbelnde Kreisbewegungen darstellt und mit folgendem Hinweis ergänzt ist: „[D]er Zigarettenrauchspiralnebel als SPHÄRE (= Einfache Fahrt)" (Abb. 6). Durch die Ergänzung in Klammern stellt Handke einen Zusammenhang zwischen dem gezeicheneten spiralförmigen Zigarettennebel und der sich in Konzeption befindenden *Obstdiebin* her. Bei der Ausarbeitung des literarischen Textes wird dann keine direkte Umsetzung vorgenommen, sondern vielmehr geht es auch hier um eine assoziative Verdichtung verschiedener Zusammenhänge. So werden in dieser Zeichnung die Bewegungen des Zigarettenrauchs in der Zeichnung nachvollzogen, aus der Bewegung dieser vielen farbigen, mit unterschiedlichen Stiften gezeichneten Striche entsteht die Umdeutung zum Spiralnebel und es vollzieht

---

22 Polaschegg 2005, 332. Hervorhebung im Original.
23 Polaschegg 2005, 342–343 sowie 384.

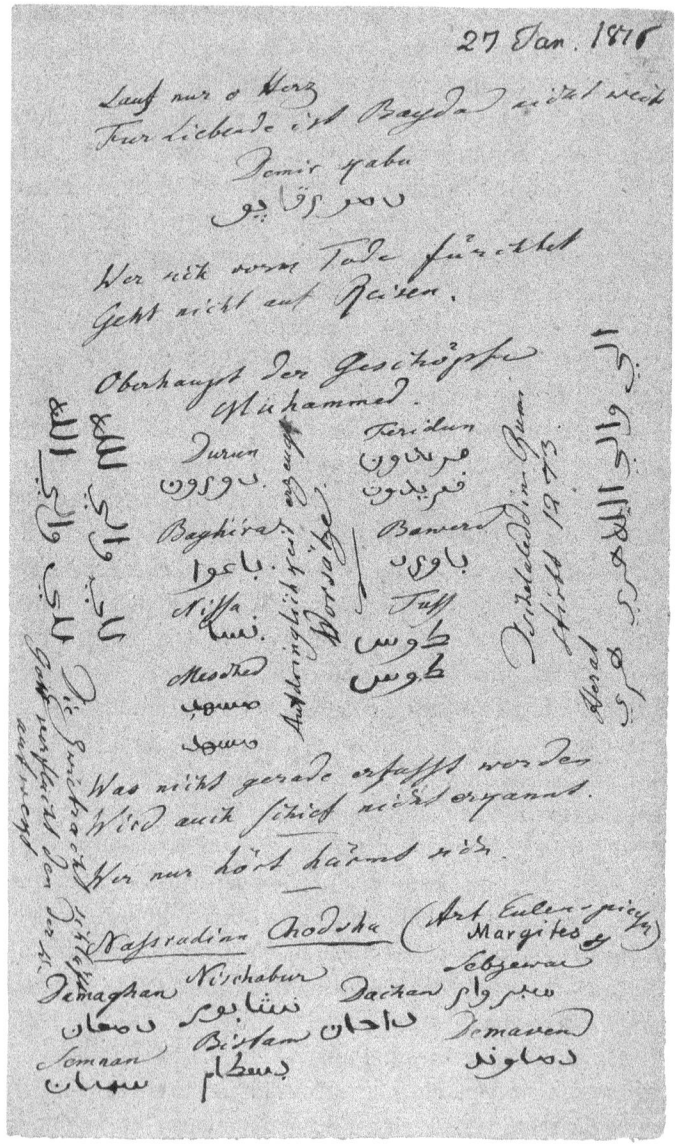

Abb. 5: Johann Wolfgang Goethe: Arabische Schreibübungen aus der Zeit des *West-östlichen Divans*, 1816. © Klassik Stiftung Weimar.

sich ein Ausgreifen vom Alltag in eine weitere Sphäre. Der Zusammenhang mit der Milchstraße wird hier nicht explizit benannt, klingt aber in den Formulierungen des Spiralnebels und der Sphäre an. Dabei geht es auch hier wieder um den

Abb. 6: Peter Handke: Notizbuch vom 10. Juli – 9. November 2015. © DLA Marbach, mit freundlicher Genehmigung von Peter Handke.

körperlichen Nachvollzug einer Bewegung – es entsteht eine Kritzelei, die sich zwischen Bewegungsspur, Form und Darstellung bewegt. Diese Zeichnung gibt einen Hinweis darauf, dass auch bei dem Bild der Milchstraße ihre Spiralform zentral ist. Denn wie in der Zeichnung lässt sich auch die Analogie von Schrift und Milchstraße als Nachvollzug einer Spiralform in der Körperbewegung lesen.

Versteht man der poetologischen Lesart gemäß Alexia als Personifikation der Erzählung und folglich die Schrift vor ihrem inneren Auge als den Text der *Obstdiebin*, so entsteht ein Entsprechungsverhältnis zwischen der Spiralform und den körperlichen Bewegungen Alexias auf der einen und den Bewegungen des Textes auf der anderen Seite.[24] Die Erzählung beschreibt immer wieder die Bewegungen Alexias durch die Landschaft in Linienformen, wobei der Spirale eine herausragende Stellung zukommt: Bisweilen droht sie in „immer engeren Spira-

---

[24] Vgl. zu dieser poetologischen Lesart und den damit verbundenen Bewegungsmustern Keller 2020.

len" ohnmächtig zu stocken (DO, 266–267), während sie in einer anderen Episode „Spirale um Spirale" mit einer jungen Briefausträgerin „ein Duo" bildet (DO, 478). Sie bleibt mitunter stehen, geht ruckartig vorwärts und läuft auf Diagonalen, Schlangen- und Zickzacklinien „hin und her" und „kreuz und quer". Schließlich bezeichnet die Form der sich ausweitenden Spirale die Bewegung, die für die Figur wie auch für die Erzählung angemessen erscheint: „Nicht kreuz und quer ging die Obstdiebin über das Plateau, sondern in sich weitenden Spiralen, als eine Art Wiederholung, unten auf dem Boden, der oben im Himmel einander umkurvenden und dabei sich doch stetig fort- und vorwärts bewegenden Milane." (DO, 474–475) In Kontrast zu dem früheren Umherirren, mit dem immer auch die Sprachlosigkeit und die Unmöglichkeit des Erzählens verbunden ist, sind es die Bewegungen einer immer weiter ins Unendliche ausgreifenden Spirale, die für ein Erzählen stehen, das ‚einbezieht' (vgl. DO, 55), das im Vor und Zurück Teilhabe und Gemeinschaft stiftet. Alexia vollzieht mit ihren Bewegungen durch die Landschaft am Boden die Flugbahnen der spiralisierenden Milane und zeichnet in der „Wiederholung" ihr Schattenbild nach. Sie hat sich den Bewegungen der Briefträgerin, der Milane, aber auch der Form der Milchstraße ähnlich gemacht. Und so lässt sich auch die Uneindeutigkeit der Ellipse auflösen: Der Text stellt in seinen Bewegungen eine „Wiederholung" der Milchstraße dar und gleichzeitig entsteht aus diesen Bewegungen ein solches Nachbild, das wiederum die Leser*innen in diese Wiederholung einbezieht.

Wie bei der Sonnenuntergangsszene schreibt sich diese Übertragung, die den Prinzipien des Schattens bzw. des Nachbilds gehorcht, von der Wahrnehmung und Erfahrung der Natur her; sie ist dabei jedoch keineswegs symbolisch neutral. So wie bei der ersten Passage die Überwältigungsästhetik mitverhandelt wurde, so klingen auch hier zahlreiche intertextuelle Referenzen an. Handke beobachtet nicht nur die Spiralformen in seiner Umgebung, im Journal *Vor der Baumschattenwand nachts* trägt er auch verschiedene Textstellen zusammen, in denen Goethe auf die Spirale zu sprechen kommt: Er notiert, dass Goethe „das Gemeinsame an den [...] Flugbahnen" der Spatzen und der Falterpaare untersuchen würde, die beide „Spiralflüge" darstellen und verweist darauf, dass es sich dabei um die ‚vollkommenste' Flugbahn handle.[25] Dabei ist die Spirale bei Goethe nicht

---

[25] So lautet ein Eintrag: „Die Spiralflüge der Spatzen, v. a. der Paare, luftwärts, im Vergleich zu den Spiralflügen der Falterpaare: Goethe würde das *Gemeinsame* an den beiden Flugbahnen erforschen wollen, s. ‚Die Metamorphose der Pflanzen', z. B.: ‚Die Spirale, die Flugbahn in Vollendung aller der geflügelten Wesen', oder: ‚Der Spiralflug, Erfüllung und Vollkommenheit der Bahnen alles geflügelten Lebens', oder: ‚Spiralbewegung, der reinste Ausdruck und die vollkommenste Ausformung sämtlicher ihre Existenz erfüllenden Flugwesen' etc. ...; und als Gedichtzeilen: ‚Zum Spiralflug braucht es zwei: / Uns beide, / Und wie die Sufis sprechen wir beiden

nur Zugang zum Bau der Pflanzen,[26] sie hat auch bei ihm kosmologische Dimensionen – wenn es auch hier nicht um die tatsächliche Form der Galaxie geht (von der Goethe noch nichts wusste), sondern um die symbolische Funktion: Wiederum in *Wilhelm Meisters Wanderjahre* ist es Makarie, die „seit ihrer Kindheit um die Sonne [wandelt], und zwar, wie nun entdeckt ist, in einer Spirale, sich immer mehr vom Mittelpunkt entfernend und nach den äußeren Regionen hinkreisend." (FA I 10, 734) Wie indirekt der Bezug zu Makarie in der *Obstdiebin* auch sein mag,[27] so verdichten sich in ihr doch verschiedene Elemente, die für die besagte Stelle von Bedeutung sind: Sie ist Vorbild für diejenige „Sphärenerweiterung"[28], die auch in der *Obstdiebin* das Kleine mit dem Großen, das Individuum mit dem All verbindet. Makarie ist bei Goethe, auch indem sie durch ihre Spiralbahn mit den innersten Geheimnissen der Natur verknüpft ist,[29] die Figur, die das Zusammenspiel von Kosmos, Natur und Mensch verbürgt, wie es im Dichter zum Ausdruck komme: Ihr sind „die Verhältnisse unsres Sonnensystems [...] gründlich eingeboren" und sie verhält sich also ganz so wie der „Dichter", in dessen „Natur" die „Elemente der sichtlichen Welt [...] innerlichst verborgen" seien (FA I 10, 390). Ähnlich wie auch in der *Farbenlehre*, wo die Verse „Wär' nicht das Auge sonnenhaft, / Wie könnten wir das Licht erblicken?" (FA I 23.1, 24) die Analogie von Mensch und Natur beschreiben, geht es mit Makarie um eine Literatur, die an der antiken, u.a. auf Empedokles zurückgehenden Vorstellung festhält, dass Gleiches durch Gleiches erkannt werde.[30] Auf diese Traditionen nimmt auch Handkes Schlusspassage sichtlich Bezug und die Frage der Analogie-Bildung ist eine, die er mit seinem Schaffen immer wieder neu umkreist. Doch tritt hier auch die Differenz offen zu Tage: Beide analysierten Passagen der *Obstdiebin* beruhen zwar in hohem Maß darauf, dass die Literatur nicht nur in Analogie zur Natur steht, sondern über die Poetik des Abglanzes und des Nachbilds als Schattenlehre von ihr angesteckt ist, sich anstecken lässt und weiter ansteckt. Dabei wird jedoch dieses Ähnlichmachen als ein Prozess ausgestellt, der sich

---

dann im Dual ...' Und zurück zur ‚Theorie': ‚Jedoch nicht mehr als zwei. Mehr als zwei – schon drei, vier – linieren gleichsam die Spirale, indem sie diese, so oder so, in eine Strecke überführen, einen vielgestaltigen Pfeil, ein Pfeilen anstelle des Spiralisierens ...' (s.: ‚Alles Poetische sollte rhythmisch behandelt werden!', an Schiller, Nov. 1797)" (VB, 360–361).
26 Vgl. insbesondere Goethes späten Aufsatz *Über die Spiraltendenz*, s. Wenzel und Zaharia 2012, 647–648.
27 In *Mein Jahr in der Niemandsbucht* ist der Bezug sehr viel konkreter, vgl. Vogel 2006.
28 So der Begriff, den Juliane Vogel von Peter Sloterdijk entlehnt, vgl. Vogel 2006, 169.
29 Goethe rekurriert auf eine lange hermetisch-alchemistische Tradition kosmologischer Vorstellungen, von der Reise der Seele durch die Sphären wie auch der Entstehung der Planeten aus Mond und Sonne; vgl. hierzu Brüggemann 1999, 32–33 sowie Hunfeld 2004, 180.
30 Vgl. bspw. Rehbock 1995, 16.

schrittweise und in Form einer medialen Übertragung von der Wahrnehmung in die Vorstellung und in die Schrift vollzieht. Handkes Literatur handelt in diesem Sinne von der Unmöglichkeit, an solch naturgegebenen Zusammenhängen festzuhalten, aber sie handelt ebenso von der Notwendigkeit, durchlässig zu sein und Verbindungen in mimetischer Angleichung herzustellen.

3 Fazit

Bei Handkes Literatur, die sich den Licht-, Farb- und Schattenerscheinungen und ihren „1001 Schattierungen" zuwendet, handelt es sich um ein Erzählen aus dem Abglanz, um ein Erzählen des Nachbilds. Eine solche Literatur betrachtet die kleinen, punktuellen Erscheinungen und konserviert sie. Indem sie dabei anhand vielfältiger intertextueller Bezüge auch mitverhandelt, wie die Wahrnehmung von literarischen und künstlerischen Assoziationen ‚geprägt' ist, nimmt sie zudem das kulturelle Archiv in sich auf. Ähnlich wie Goethes mit dem Abglanz verbundene Entsagungspoetik ist sie eine Form der Trauerarbeit im Bewusstsein, dass das, wovon der Abglanz ausgeht, im Entschwinden begriffen ist – und dazu gehört der momentane Schimmer des Lichts im Bushalt ebenso wie der noch bei Makarie anklingende, nun jedoch obsolet gewordene Glaube, dass die Ordnung des Kosmos auch im Menschen angelegt sei. Doch die Phänomene des Schattens, der Farb- und Lichtspiele sind nicht nur flüchtige Erscheinungen und Reflexe, sie haben in ihren Bewegungen selbst eine Wirkung. Die im (eingangs zitierten) Notat formulierte Aufforderung „Tanz den Schimmer! Tanz den Abglanz!" überträgt das Verschwindende in die körperliche Erfahrung durch mimetische Angleichung und gibt es so weiter.

Dabei steht das, was für Goethes ‚sonnenhaftes' Auge eine Selbstverständlichkeit war, bei Handke grundsätzlich in Frage. Eine direkte Entsprechung von innen und außen, eine bereits vorhandene Analogie zwischen dem Menschen und den Phänomenen der Natur sind nicht gegeben. Wenn die Natur gänzlich entzaubert ist, wenn gar keine Bedeutung mehr in sie gelegt wird, die mit einem selbst zu tun hat, dann vollzieht sich jene modernistische Trennung, die u. a. Bruno Latour in den letzten Jahren konsequent kritisiert hat.[31] Handke umkreist dieses Problem – teilweise mit kulturpessimistischem Einschlag, jedoch nie eindimensional – anhand des Stichworts der ‚Unerreichbarkeit', die er sowohl unter den Menschen als auch zwischen Mensch und Natur konstatiert. Sein Wahrnehmungsprojekt des Abglanzes und seine Poetik des Nachbilds mit ihren wir-

---

31 Vgl. bspw. Latour 2010, bes. zur Frage des „Animismus", 481–485.

kungsästhetischen Konsequenzen erhalten in diesem Sinne durchaus gesellschaftliche Tragweite. Sie umkreisen nicht die Frage, wie ein brüchig gewordener Zusammenhang wieder restauriert, sondern wie eine Teilhabe im Prozess mimetischer Übertragung hergestellt werden kann. Von Goethe lernt Handke insbesondere, anhand des Abglanzes die Verbindung von Wahrnehmung, Phantasie, Schrift und Wirkung in einen poetisches Bildzusammenhang zu fassen, der seinerseits Teilhabe stiftet. So schreiben sich auch die beiden Passagen der *Obstdiebin* vom Abglanz her, verbinden aber mit dem Nachbild ein „Weiterleiten des Lichts", das einen Übergang in die Phantasie bildet und sodann auf die Leser*innen ausstrahlt.

Beide Passagen verbleiben ganz in der Anschaulichkeit der Erzählung und doch legt der Text seine eigenen Verfahren offen, sowohl hinsichtlich der Übertragungsprozesse als auch der damit verbundenen symbolischen Bedeutungsgenese. Der Text betreibt so auch eine Kritik der eigenen Ästhetik, indem er anhand der intrikaten Grenze zwischen Wahrnehmung und Vorstellung sowohl die Gefahr eines platten Materialismus als auch der projektiven Überdetermination thematisiert: Zum einen scheinen die beiden analysierten Passagen eine Legitimation der eigenen poetologischen Verfahren aus der Natur zu ziehen, dabei wird jedoch gleichzeitig die kulturelle Codierung dieses Naturbezugs stets mitbedacht. Zum anderen wird auch die bei Analogiebildungen stets drohende Gefahr der Bedeutungsprojektion verhandelt, weiß doch der Autor, dass gerade die Spirale, die bereits ein esoterisch konnotiertes Symbol mit einer langen Tradition darstellt, in seinen Texten in ein so vielfältiges und dichtes Vorstellungsnetz eingebunden ist, dass man ihr den Status eines idiosynkratischen *mythe personnel* zuschreiben kann – ein Vorwurf, der auch wiederholt an Goethe herangetragen wurde. Doch dass es sich beim Bild der Milchstraße eben nicht um die „Anrufung des heiligen Bimbams" handelt, wie es Paul Jandl in einer Rezension (2017) der *Obstdiebin* formuliert, zeigt sich vornehmlich an zwei Punkten: Gegenüber hermetischen Traditionen, die das Geheimnis nicht auflösen, aber gleichzeitig auf dessen wahren Gehalt beharren, ist für Handkes Bilder erstens zentral, dass sie nicht eindeutig entschlüsselbar sind und es auch gar nicht sein wollen. Zwar können, so wie dies im vorliegenden Beitrag durch das Herbeiziehen der Zeichnungen, Notizbücher und Journale versucht wurde, einige Schichten und Verknüpfungen dieser Bilder offengelegt werden, doch geht es weniger darum, die Bedeutung dieser Bilder aufzuzeigen, als die auch im Text wirksamen Verfahren ihrer Herstellung zu beschreiben. Auch hier liegt „nichts hinter den Phänomenen", sondern ausgehend von Eindrücken der Wahrnehmung und dem Nachvollzug in der körperlichen Erfahrung entsteht ein Nachbild, das in den assoziativen Verknüpfungen der Phantasie Verwandlungen durchlebt. Handkes Texte setzen ein praxeologisches Verfahren an die Stelle eines epistemologischen Zugangs, indem sie jenseits eines eindeutig festgelegten Sinns Erfahrungs- und Assoziationsketten sichtbar machen. Die Bedeutungssucht, die Handkes Literatur im Zusammenhang einer absoluten Innerlichkeit oft unterstellt wird, hält immer dort Einzug, wo bspw. der Ich-Erzähler in unbedingtem Willen Früchte in den leeren Baum hineinstarren will, wo sie also von der körperlichen Erfahrung ganz losgelöst ist; sie wird dort zurückgenommen, wo eine Wahrnehmung am Anfang steht (vgl. DO, 28). Eine Aktualität von *Goethe medial* liegt in Bezug auf diesen Autor darin, dass Handke mit Goethe eine Schattenlehre entwickelt, die nicht nur die Phänomene gegenüber einer platonischen Vorherrschaft der Episteme aufwertet, sondern die aus dem Abglanz und dem Nachbild ein Verfahren entwickelt, das im Weiterleiten das Weiterschreiben ermöglicht.

Literaturverzeichnis

Benjamin, Walter. *Gesammelte Schriften*, Bd. 2.1. Hg. Rolf Tiedemann und Hermann Schweppenhäuser. Frankfurt a. M.: Suhrkamp, 1977.
Bin im Wald. Kann sein, dass ich mich verspäte. Reg. Corinna Belz. Zero one film, 2016.
Brandstetter, Gabriele. „Schriftbilder des Tanzes. Zwischen Notation, Diagramm und Ornament". *Schriftbildlichkeit. Wahrnehmbarkeit, Materialität und Operativität von Notaten.* Hg. Sybille Krämer, Eva Cancik-Kirschbaum und Rainer Totzke, Berlin: Akademie-Verlag, 2012. 61–78.
Brüggemann, Diethelm. *Makarie und Mercurius. Goethes ‚Wilhelm Meisters Wanderjahre' als hermetischer Roman.* Bern: Peter Lang, 1999.
Geulen, Eva. *Aus dem Leben der Form. Goethes Morphologie und die Nager.* Köln: August Verlag, 2016.
Handke, Peter. *Der Bildverlust oder Durch die Sierra de Gredos.* Berlin: Suhrkamp, 2002.
Handke, Peter. *Vor der Baumschattenwand nachts.* Salzburg und Wien: Jung und Jung, ²2016 [im Beitrag mit der Sigle „VB" bezeichnet].
Handke, Peter. *Die Obstdiebin oder Einfache Fahrt ins Landesinnere.* Berlin: Suhrkamp, 2017 [im Beitrag mit der Sigle „DO" bezeichnet].
Handke, Peter. *Zeichnungen.* Mit einem Essay von Giorgio Agamben. Aus dem Italienischen von Marianne Schneider. München: Schirmer/Mosel, 2019.
Hofmannsthal, Hugo von. „Der Dichter und diese Zeit" [1906]. Ders. *Gesammelte Werke in zehn Einzelbänden. Reden und Aufsätze I.* Hg. Bernd Schoeller. Frankfurt a. M.: S. Fischer, 1979. 54–81.
Hofmannsthal, Hugo von. „Die Bühne als Traumbild" [1903]. Ders. *Gesammelte Werke in zehn Einzelbänden. Reden und Aufsätze I.* Hg. Bernd Schoeller. Frankfurt a. M.: S. Fischer, 1979. 490–493.
Hofmannsthal, Hugo von. „Über Charaktere im Roman und im Drama. Gespräch zwischen Balzac und Hammer-Purgstall in einem Döblinger Garten im Jahre 1842" [1902]. Ders. *Gesammelte Werke in zehn Einzelbänden. Erzählungen, Erfundene Gespräche und Briefe.* Hg. Bernd Schoeller. Frankfurt a. M.: Fischer, 1979. 484–494.

Hornig, Gottfried, und Helmut Rath: „Inspiration". *Historisches Wörterbuch der Philosophie*. Hg. Joachim Ritter und Karlfried Gründer. Basel, DOI: 10.24894/HWPh.5192 (10. April 2020).

Hunfeld, Barbara. *Der Blick ins All. Reflexionen des Kosmos der Zeichen bei Brockes, Jean Paul, Goethe und Schiller*. Tübingen: Niemeyer, 2004.

Jandl, Paul. NZZ, 14. November 2017. https://www.nzz.ch/feuilleton/peter-handke-uebt-die-anrufung-des-heiligen-bim-bam-ld.1328105?reduced=true (10. April 2020).

Keller, Claudia. *Lebendiger Abglanz. Goethes Italien-Projekt als Kulturanalyse*. Göttingen: Wallstein, 2018.

Keller, Claudia. „Zeitfiguren des Epischen. Peter Handkes ‚Die Obstdiebin' als Theorie des Erzählens im Erzählen". *Zeitschrift für deutsche Philologie* 4 (2020): 591–619.

Kleist, Heinrich von. „Empfindungen vor Friedrichs Seelandschaft". *Berliner Abendblätter*, 12. Blatt, 13. Oktober 1810. Hg. Heinrich von Kleist. Nachwort u. Quellenregister H. Sembdner. Wiesbaden: VMA-Verlag, 1980. 47–48.

Latour, Bruno. „An Attempt at a ‚Compositionist Manifesto'". *New Literary History* 41 (2010): 471–490.

Polaschegg, Andrea. *Der andere Orientalismus. Regeln deutsch-morgenländischer Imagination im 19. Jahrhundert*. Berlin und New York: De Gruyter, 2005.

Rehbock, Theda. *Goethe und die „Rettung der Phänomene". Philosophische Kritik des naturwissenschaftlichen Weltbilds am Beispiel der Farbenlehre*. Konstanz: Verlag am Hockgraben, 1995.

Schmitz-Emans, Monika. *Schrift und Abwesenheit. Historische Paradigmen zu einer zu einer Poetik der Entzifferung und des Schreibens*. München: Fink, 1995.

Schneider, Sabine. *Die Verheißung der Bilder. Das andere Medium der Literatur um 1900*. Tübingen: Niemeyer, 2006.

Schneider, Sabine, und Helmut Pfotenhauer. *Nicht völlig Wachen und nicht ganz ein Traum. Die Halbschlafbilder der Literatur*. Würzburg: Königshausen & Neumann, 2006.

Vogel, Juliane. „‚Wirkung in die Ferne'. Handkes ‚Mein Jahr in der Niemandsbucht' und Goethes ‚Wanderjahre'". *Peter Handke. Poesie der Ränder*. Hg. Klaus Amann, Fabjan Hafner und Karl Wagner. Wien, Köln und Weimar: Böhlau, 2006. 167–180.

Wenzel, Manfred und Mihaela Zaharia. „Spiraltendenz". *Goethe-Handbuch, Supplemente 2: Naturwissenschaften*. Hg. Manfred Wenzel. Stuttgart und Weimar: Metzler, 2012. 646–648.

Gerhard Lauer
Goodread Goethe

Zu den gut gepflegten Topoi der Kulturkritik gehört die Rede vom Ende des Buchs und des Lesens. Viele konstatieren, dass besonders das vertiefte Lesen verloren gehe (Carr 2010; Durant und Horava 2015, 9; Wolf 2019). Mit dem Verlust des vertieften Lesens ist ein Spektrum an Kulturdiagnosen umschrieben, das von der Annahme, dass generell längere Texte nicht mehr gelesen würden über die Vorstellung, dass nicht mehr intensiv und selbstvergessen gelesen würde, bis zu der These, dass klassische Literatur keine Leser mehr fände, reicht. Die Diagnosen liefern die Ursache für den konstatierten Kulturverfall gleich mit: das Internet. Mit seinem schier endlosen Angebot und seinen Ablenkungen führe das Internet dazu, dass Bücher, zumal anspruchsvolle Bücher, keine Leser mehr fänden. Der Börsenverein des Deutschen Buchhandels veröffentlichte 2017 Verkaufszahlen, nach denen dem Buchhandel zwischen 2012 bis 2016 mehr als sechs Millionen Buchkäufer verloren gegangen seien, und dies vor allem in den jüngeren Generationen. Der Anteil der Bevölkerung, der noch Bücher kaufe, sei auf unter fünfzig Prozent gefallen (Roesler-Graichen 2018). Deutlicher kann man kaum vom Ende des Buchs reden.

Das alles findet in der Öffentlichkeit viel Aufmerksamkeit, gerade weil es kulturkritische Topoi der Moderne sind, die hier aufgerufen werden. Was früher über das haltlose Lesen von Romanen anstelle des guten Buchs gesagt wurde, wird heute über das flache Surfen im Internet behauptet. Wenn 1809 der Pädagoge, Verleger und Grammatiker Joachim Heinrich Campe vor der „Sucht, d. h. die unmäßige, ungeregelte auf Kosten anderer nöthiger Beschäftigungen befriedigte Begierde zu lesen, sich durch Bücherlesen zu vergnügen", warnt (Campe 1809, 107), und wenn es im neunzehnten Jahrhundert nicht geringe Bedenken etwa gegen die Einrichtung von Jugendbibliotheken gab, so sind Lesesucht und Jugendbibliotheken austauschbare Vokabeln für das, was wir heute Internet und Computer zuschreiben. Und auch die Warnung vor ‚digitaler Demenz' durch Internetkonsum (Spitzer 2012) wurde schon vor zweihundert Jahren als Warnung vor der körperlichen Erschlaffung, der Ratlosigkeit der Seele oder gar der „Zerrüttung des Gehirns" (Beneken 1788) durch das Lesen konstatiert. Die Muster der Kulturkritik sind die gleichen, nur ihre Gegenstände ändern sich.

Die Muster sind bei näherem Hinsehen Standardsituationen der Technologiekritik, wie sie Kathrin Passig (2013) mit Sinn für die Wiederkehr einander gleichender Argumente aufgeschlüsselt hat. Das Ergebnis dieser und ähnlicher Kulturkritik ist immer das gleiche und verwechselt auch gegenwärtig zumeist die eigenen Vorurteile mit der Analyse. Denn tatsächlich hat sich der Umsatz der deutschsprachigen Buchbranche nicht in Korrelation mit dem Aufkommen des Internets verändert, sondern ist zum Jahrhundertbeginn angestiegen, als das Internet begonnen hat, unsere Gesellschaft zu bestimmen, und liegt derzeit in etwa wieder dort, wo der Umsatz schon vor 20 Jahren lag. Die Zahl der Neuübersetzungen ins Deutsche ist unverändert hoch und die Titelproduktion von Erstauflagen bei weit über 200 Neuerscheinungen am Tag. Größere Veränderungen in den Gattungen wie Belletristik, Kinder- und Jugendbücher oder Ratgeberliteratur gibt es kaum, und der Fachbuchmarkt wächst ungebremst. Das E-Book spielt in den deutschsprachigen Ländern dagegen nur eine kleine Rolle. Auch erwirtschaftet der stationäre Buchhandel immer noch etwa die Hälfte des Umsatzes am Buch. Kurz, die Buchbranche verändert sich nur langsam (Börsenverein 2019) und die Einschätzung des CEOs der größten Verlagsgruppe weltweit, Penguin Random House, Markus Dohle, von 2017 – „Das globale Buchgeschäft erlebt die beste Zeit seit seinem Bestehen, also seit mehr als 500 Jahren" – ist kaum eine Übertreibung (Anonymus 2017).

Kulturkritik ist daher nicht geeignet zu verstehen, was sich in Sachen Lesen ändert, gerade auch ändert für das Lesen kanonischer Literatur wie etwa der Werke Goethes. Sich dagegen den Sachen selbst zuzuwenden lohnt, wie ich im Folgenden zu zeigen versuche. Ich möchte aufschlüsseln, dass sich in den sozialen Medien längst eine Lesewelt auch der Klassiker formiert hat, die in der Perspektive der Kulturkritik kaum sichtbar ist. Wir reden nicht über ein kleines Phänomen, sondern über sehr viele, vor allem junge Leserinnen und Leser.

1 Lesen digital

Auf der Literatur-Plattform *Wattpad* finden sich jeden Tag weltweit mehr als zwei Millionen Leser ein. Insgesamt sind auf Wattpad mehr als 90 Millionen junge Menschen angemeldet, vor allem junge Frauen zwischen 15 und 25 Jahren, die jeden Tag mehr als hunderttausend Geschichten miteinander teilen. Aber nicht nur junge Frauen, sondern auch ältere Leserinnen und Leser nutzen etwa Fanfiction-Plattformen wie *Archive of Our Own*. Dort ist fast die Hälfte der zweieinhalb Millionen Nutzer älter als 25 Jahre, meldet die Plattform nach einer Umfrage unter 10.000 ihrer Mitglieder (Archive 2020). Etwa die Hälfte ist jeden Tag auf den Seiten der Plattform. Sie verbringen dort mehr als fünf Stunden pro Woche und sind der Plattform schon mehr als anderthalb Jahre verbunden.

Und sie lesen, lesen sehr viel. Das hängt vor allem damit zusammen, dass die Literatur-Plattformen ihre Leser ermutigen, Lesen, Schreiben und Kommentieren von Literatur weitgehend selbstbestimmt zu gestalten. Schon die Plattformen selbst wie etwa *Fanfiction.net* bzw. *Fanfiktion.de* oder *BücherTreff* sind Gründungen von Literaturenthusiasten, die vor den etablierten Verlagen verstanden haben, dass das Internet geeignet ist, begeisterte Leser zusammenzubringen, um sich über Bücherthemen auszutauschen, neue Bücher vorzustellen und Rezensionen über Neuerscheinungen zu schreiben, Leserunden zu veranstalten, Autoreninterviews zu veröffentlichen, Termine von Lesungen zu posten und immer wieder auch Listen von Lieblingsbüchern zu veröffentlichen. Während bei *BücherTreff* oder auch auf kommerziellen Seiten wie *Goodreads, LibraryThing, Shelfari* oder *Lovelybooks* vor allem der Austausch über Bücher im Mittelpunkt stehen, sind *Wattpad, Sweek* oder *Archive of Our Own* Seiten, auf denen vor allem selbst geschriebene Bücher veröffentlicht und von der Lesegemeinschaft kommentiert werden. Ein eigenes Buch zu schreiben ist für viele ein faszinierendes Unterfangen und sich darüber auszutauschen ein wichtiger Teil der Identitätsfindung. Anders als es die Kulturkritik behauptet, sind die Bücher dann auch noch umfangreich, oft als Serien sehr lang angelegt. Gerade lange Romane werden unverändert gelesen und das in großer Zahl, auch wenn alle diese Leser nicht in die Statistik des Börsenvereins Eingang finden.

Das breite Spektrum der Tätigkeiten auf den Plattformen ist nicht als solches neu. Lesekabinette und Lesegesellschaften, literarische Salons und Lyrikvereine (s. Lauer 2005) gehören zur Geschichte der Verbürgerlichung seit dem 18. Jahrhundert. Wie damals so auch heute ist die produktive Engführung von Lesern, Büchern und ihrer Kritik das Merkmal dieser Einrichtungen. Sie sind zumeist auf Eigeninitiative von Leserinnen und Lesern gegründet worden, so 1998 *Fanfiction.net*, 2003 *BücherTreff* als Hobbyprojekt, *LibraryThing* 2005 als Buchverwaltungsprogramm, 2007 *Wattpad* als Plattform um die auf Gutenberg verfügbaren Bücher auf mobilen Geräten zugänglich zu machen, *Archive of Our Own* als Gegengründung gegen die Kommerzialisierung des Fanfiction-Schreibens 2008, 2009 *Goodreads* als Orientierung für Buchneuerscheinungen, um nur die vielleicht wichtigsten der Plattformen zu nennen. Sie sind die Lesevereine und Kaffeehäuser unserer Zeit.

Wie erfolgreich sie sind, spiegelt sich auch in der Tatsache, dass sie mit *LovelyBooks* kommerzielle Konkurrenz haben, die von der Holtzbrinck-Tochter *Aboutbooks GmbH* gegründet wurde. *Abebooks* ist bei *LibraryThink* eingestiegen, die zu Amazon gehört, auch *Goodreads* wurde 2013 von Amazon übernommen und *Wattpad* ist längst schon mehr als nur eine mobile Bibliothek für die auf *Projekt Gutenberg* bereitgestellten Bücher. Die Site arbeite mit professionellen Verlagen wie Macmillan, Anvil und Penguin Random House und neuerdings auch mit Netflix zusammen, denn unter ihren Autorinnen und Autoren ist etwa Anna Todd, deren *After*-Serie millionenfach verkauft wurde (vgl. Bosker 2018). Verfilmungen von Bestsellern gehören zu den Standardverfahren in der Verlagsindustrie. Die Digitalisierung lässt noch enger Buchschreiben, Lesen und Verfilmungen zusammenrücken. Dass hinter solchen auch kommerziellen Erfolgen Laienautoren stehen, die zunächst in Eigenverlagen jenseits der etablierten Verlage eben auf *Wattpad* beginnen und dort ihre Millionen Lesern und besonders Leserinnen gewinnen, ist erst im digitalen Zeitalter möglich. Denn in der digitalen Industriegesellschaft ist der Weg vom Schreiben auf die Handybildschirme, zum Buch und zum Film kürzer als jemals zuvor, wenn auch nur wenige jene märchenhafte Erfolge feiern können wie etwa Anna Todd. Hier von einer Popindustrialisierung des Verlagswesens zu sprechen, scheint mir eine angemessene Beschreibung für das Ineinander von Digitalisierung und Kultur zu sein, die noch vor kurzem kaum vorstellbare Zahlen an Lesern und Büchern zusammenbringt und wenige Autoren eine Viertelstunde lang berühmt macht (vgl. Lauer 2020).

Die Grundidee all dieser Plattformen ist immer noch, Leser und Bücher zusammenzubringen, so unterschiedlich sie dies im Einzelnen tun: „[...] to help people find and share books they love", so fasst der Mitgründer von *Goodreads* die eigene Aufgabe zusammen (Chandler 2020). Aber Bücher und Leser sind nicht einfach individuell verschieden. Vielmehr gehören Bücher schon historisch zu den Bedingungen der bürgerlichen Individualisierung (Nipperdey 1998), treiben sie an, wie umgekehrt die Individualisierung auch das Schreiben der Bücher antreibt. Das gilt auch für soziale Medien, wenn sehr spezialisierte Leseinteressen die jeweils passenden Bücher finden und darüber Gleichgesinnte treffen. Denn die Lesekommentare auf den sozialen Plattformen sind nicht an eine allgemeine Öffentlichkeit gerichtet und wollen nicht andere zu bestimmten Büchern oder Autoren überreden. Sie sind an Seelenverwandte adressiert, Fans der jeweiligen Gattung, dieser Autorin oder jenes Cross-over Twists bisher getrennter Erzählwelten (Pinder 2012). Die Kommunikation in den Lesegemeinschaften ist mal formell, mal informell, persönlich oder eher neutral abgefasst, reicht von oberflächlich bis tiefsinnig, ist ausführlich oder nur knappgehalten (Kuhn 2015). Bob Stein vom Institute for the Future of the Book unterscheidet die Plattformen danach, ob sie informell sind und das Gespräch unter vor allem offline miteinander verbundenen Lesern befördern oder ob sie dies vor allem online tun, ob sie dies an festen Orten wie Buchclubs oder Schulen vertieft tun oder online in den Kommentarfunktionen dynamisch entlang des gelesenen Textes (Stein 2010). Ob dabei vor allem subjektive Wertungen ausgetauscht werden oder auch die Details besseren Schreibens miteinander besprochen werden, ist je nach Plattform und innerhalb der Plattformen wieder nach Lesegruppe verschieden (Kutzner et al. 2019). Im Bereich der Fanfiction etwa sind sogenannte Betaleser eine feste Größe, um die erste Fassung eines Kapitels oder Buchs auf Rechtschreibung und Grammatik, aber auch auf typische erzähltechnische Fehler durchzusehen, wie etwa die Verwendung übertrieben perfekter Figuren – der sogenannte Mary Sue-

Fehler. Eigene Wikis listen die Begrifflichkeiten von Mary Sue über Slash bis Plot Bunny auf (Hellekson und Busse 2006).[1]

Aber viele lesen einfach nur für sich. Das ganz auf sich selbst gestellte Lesen zwischen Geschichte und Leser, es findet sich auch auf den ansonsten nicht nur beiläufig unter die sozialen Medien gezählten Plattformen. Vergleicht man die Zahlen der Leser mit denen der Kommentatoren, dann sieht man, dass die meisten ganz einfach nur die Bücher lesen, ohne darüber ins Gespräch kommen zu wollen. Lesen ist unverändert auch eine private Tätigkeit.

Zugleich umgibt das Lesen und Schreiben auf den sozialen Plattformen der Beigeschmack, bloße Unterhaltung zu sein oder das, was man früher auch als Schundliteratur bezeichnet hätte und immer wieder auch öffentlich verbrannt hat. Teenfiction wie *The Bad Boy's Girl* ist keine Hochliteratur und will das auch nicht sein. Vieles kann eher zur Jugendkultur gerechnet werden, was hier geschrieben, gelesen und kommentiert wird und ist als solches nicht neu. Eher wird man feststellen müssen, dass im Druckzeitalter die Fanfiktion-Welt noch ungeregelter geworden ist oder auch Platz gelassen hat für vielfach unerfreuliche Erwachsenenphantasien, was heute unter Slash Fiction firmiert und dort weniger explizit Sexualität darstellt, als dies in früherer Fanfiction der Fall war. *Harry Potter* und die so viel breitere Öffentlichkeit der sozialen Medien haben das Fanfiction-Schreiben eingehegt und zu ihrer Verbürgerlichung beigetragen. Auch das gehört zu den kontraintuitiven Folgen der digitalen Ausweitung von Schreiben und Lesen. Wir können daher die Kulturkritik und ihre Rede vom Ende von Buch und Lesen als unzutreffend zurückweisen.

2 Klassiker auf den virtuellen Bücherregalen

Stehen auf den Bücherregalen der sozialen Medien auch Klassiker? Die kurze Antwort ist ‚Ja', die längere fällt wie so oft komplizierter aus. Zunächst einmal spielen Bücher aus dem Kanon auf verschiedenen Ebenen eine Rolle. Auf *Goodreads*, der größten Plattform für Lesegruppen und Rezensionen, finden sich zahllose Kreise, mal kleinere mit nur 20 bis 50 Mitgliedern, mal größere mit mehr als 20.000 Mitgliedern, die sich im weiteren Sinne über kanonische Bücher austauschen. Wer etwa Mitglied der mehr als 4.000 Leser umfassenden Gruppe „Never too late to read classics" beitritt, wird hier auf eine Neuübersetzung von Gogols *Toten Seelen* oder eine illustrierte Neuausgabe von Kafkas *Betrachtung* aufmerksam gemacht. Kafka hat auf *Goodreads* mehr als 18.000 Follower. Mehr

---

[1] https://fanfiktion.fandom.com/de/wiki/Fanfiktion_Wiki (30. Juli 2020).

als 1.800 verschiedenen Ausgaben und Übersetzungen wurden in knapp 40.000 Rezensionen und in mehr als einer Million Bewertungen mit 3.84 von 5 möglichen Sternen bewertet. Die *Verwandlung* ist dabei das am meisten diskutiert Buch. Die Gruppe diskutiert über Dumas ebenso wie über Montesquieu, die Dramen Corneilles oder die Gedichte Rimbauds, über die großen Bücher der argentinischen Literatur oder der Literatur Französisch-Guayanas, die Literatur Surinams oder Haitis, da man mehr will, als nur den Kanon zu besprechen, auch wenn am Ende der etablierte Kanon dominiert – auch der Kanon der deutschen Literatur. Aber man kümmert sich hier nicht um die üblichen Hierarchien, sondern zählt Michael Ende oder Johanna Spyri genauso unter die deutschen Klassiker wie Friedrich Schiller oder Alfred Döblin.

Goethe ist nun in dieser und in ähnlichen Lesezirkeln stets unter den vielfach genannten Autoren und sein *Werther* führt die Listen an. Sein *Wilhelm Meister* kommt nach Kafka, Michael Ende oder auch Hermann Hesse, der auch auf anderen Plattformen zu den wichtigen Autoren gezählt wird. Selbst originalsprachliche Ausgaben von *Hermann und Dorothea* werden auf der ganz überwiegend englisch orientierten Literaturplattform diskutiert. Besonders interessant sind die Debatten um eines der schwierigen Werke Goethes, dessen Erfolg er selbst eher herabgestimmt hat, seine *Farbenlehre*. Deren Übersetzungen werden in verschiedenen Sprachen, wenn auch überwiegend in Englisch, in über 800 Bewertungen und mehr als 30 Rezensionen mit mehr als 4 Sternen bewertet und von *Goodreads* mit Büchern von Arthur C. Danto, Ernst Gombrich, Heraklit oder Friedrich Schiller in einen gebildeten Kontext gestellt. „Only book on colors you'll ever read"[2], schreibt ein Leser nicht ohne Emphase und viele der Kommentare sind solche enthusiastischen Äußerungen wie beispielsweise „I need to read this book"[3], die niemanden überzeugen, aber Gleichgesinnte gewinnen wollen. Andere wiederum gehen ausführlich etwa auf die vielfältige Rezeptionsgeschichte ein, zitieren Kandinskys und Wittgensteins Äußerungen in Bezug auf Goethes Farbtheorie und erläutern mit längeren Textauszügen Goethes Konzept.[4] Andere betonen die Bezüge zur Phänomenologie und zur Ästhetik, zitieren Beethovens Interesse an Goethes Werk, um dann ebenso selbstverständlich zu schließen: „Other people are still lining up to read this. I'm only halfway through but I can't

---

2 https://www.goodreads.com/review/show/167335752?book_show_action=true&from_review_page=1 (30. Juli 2020).
3 https://www.goodreads.com/review/show/712775623?book_show_action=true&from_review_page=1 (30. Juli 2020).
4 https://www.goodreads.com/review/show/2546181972?book_show_action=true&from_review_page=1 (30. Juli 2020).

renew the book because someone else has requested it. I'll wear my pink coat and red hat to return it to the library."[5]

Auch wenn nur wenige und dann kaum belastbare Zahlen zu den Kommentaren und Rezensionen bei *Goodreads* vorliegen, ist im Zusammenhang mit den Klassikern wie Goethe deutlich, dass hier ästhetische wie auch wirkungsbezogene Wertungen vorgenommen werden. Während im Umgang mit den populären Gattungen wie Romanzen und Fantasy die wirkungsbezogenen Wertungen klar dominieren, so finden wir im Umgang mit der kanonischen Literatur auch ästhetische und kulturgeschichtliche Wertungen, warum Goethes Farbenlehre so besonders sei, wie sie in Relation zu anderen Theorien zu verstehen sei oder wie Goethes Theorie historisch rezipiert wurde. Dass für die Leserinnen und Leser Goethes Buch ein persönlicher Wert zukommt, Erkenntnisse vermittelt und Reflexionen auslöst, ist eine Selbstverständlichkeit, ebenso immer wieder die schlichte Freude am Lesen auch Goethes. Anders gesagt evozieren klassische Bücher wie Goethes *Farbenlehre* ein sehr viel breiteres Spektrum an Wirkungen, Werten und Wertungen, umfassen eben die ästhetischen wie die wirkungsbezogenen Werte (Heydebrandt und Winko 1996), als dies populäre Lesestoffe tun. Damit geben die Plattformen vermutlich ein genaueres Bild von der Vielfalt der Lesepraxen wie mit Goethes Werken schon immer umgegangen wurde; ein Bild, das der etablierte Literaturbetrieb kaum vermittelt.

Und noch etwas fällt auf. Die Pflege der Gattungsunterschiede und Stilhöhen spielt auf Plattformen wie *Goodreads* eine untergeordnete Rolle. Man wechselt von Beethoven zur eigenen Kleidung so unbeschwert wie von Franz Kafka zu Michael Ende oder *Harry Potter*. Entsprechend zählen unter die als ‚Classics' firmierenden Bücher Goethes *Werther* wie Endes *Momo* oder die *Tribute von Panem*. In diesem sehr viel weiteren Sinne kanonischer Bücher zählen dann die ‚Classics' neben Fiction und Fantasy zu den drei wichtigsten Gattungen unter den 400 am höchsten bewerteten Büchern und haben den höchsten Anteil an den 100 wichtigsten Büchern. Die Klassiker sind zwar, gemessen an der Gesamtmenge der Bücher auf den Regalen von *Goodreads* selten, unter den am höchsten bewerteten Titeln aber überdurchschnittlich vertreten (Kaeser 2017), darunter Werke wie *To Kill a Mockingbird*, *Don Quixote* oder auch *Romeo and Juliet*. Der Kanon auf den sozialen Leseplattformen unterscheidet sich also nur etwas von dem, wie er etwa an Schulen und Universitäten gepflegt wird. Der Hauptunterschied ist die prominente Rolle, die Kinder- und Jugendliteratur spielen und Bücher mit einem starken weiblichen Protagonisten (Bourrier und Thelwall 2020). Das markiert

---

5 https://www.goodreads.com/review/show/1512596823?book_show_action=false&from_review_page=1 (30. Juli 2020).

auch den Unterschied zum Literaturbetrieb in Feuilletons und Literaturhäusern (Cima 2020).

Auf anderen Plattformen wie etwa der deutschsprachigen *LovelyBooks*-Plattform sind Bücher aus dem so erweiterten Kanon ebenfalls zu finden. Verglichen mit den Titeln der Teenfiction- oder Fantasy-Genres sind es wenige, ihre Wertung ist aber hoch. Goethe steht dort in mehr als 5.000 virtuellen Bibliotheken, und die Meinungen über den *Faust* gehen stark auseinander, aber kaum über den *Werther*. „Ich habe das Werk in der Oberstufe gelesen", schreibt ein Leser über den *Faust*, „und mich direkt verliebt. Sich Zeit zu nehmen und das Werk zu analysieren lohnt sich. Die Sprache ist wunderschön und kunstvoll, doch auch der Inhalt dieses Stückes ist tiefgehend und bleibt wohl immer aktuell und regt zum nachdenken an: Was hält die Welt im Innersten zusammen?"[6] Während die einen den Ausnahmerang des Dramas herausstellen, ist Goethes Werk für andere „Grottenschlecht erzählt – weder die Handlung noch die Sprache oder die Themen konnten mich abholen".[7] Solche und ähnliche Bewertungen rekurrieren auf unterschiedliche axiologische Werte. Die Betonung ästhetischer Werte und die reflexive Anlage des *Faust* stehen in Konkurrenz mit handlungsbetonten, auf aktuelle Themen abgestellte wirkungsbezogenen Werten. Dabei spielt die Erfahrung mit *Faust* im Schulunterricht eine wichtige Rolle, denn dort schon treffen diese beide Wertungen aufeinander, sind aber von der Institution Schule in ihrer Hierarchisierung klar vorgegeben.

Auf der größten sozialen Plattform für das Schreiben und Lesen von Literatur, auf *Wattpad*, spielen Kommentare zu kanonischen Werken ebenfalls eine Rolle. *Pride and Prejudice* etwa hat hier nicht nur mehr als sieben Millionen Leser gefunden, sondern wird von mehr als 40.000 Kommentaren begleitet. Einzelne Sätze haben hier mehrere tausend Kommentare auf sich gezogen. Selbst Hesses *Demian* hat über 700 Kommentare (Pianzola, Rebora und Lauer 2020). Das ist verglichen mit *Teen Fiction* und ihren für Spitzentitel mehr als zwei Millionen Kommentaren wenig, zumal diese Bücher, wie *She's with me,* auch intensiver über den gesamten Textverlauf kommentiert werden. Dafür sind die Leser der Klassiker enger mit einander vernetzt, als es die Leser der Romanzen und Fantasy-Bücher sind. Schließlich werden auf *Wattpad* auch Klassiker wie Goethe als Vorlage genommen, um selbst etwa Gedichte zu schreiben. Schöne Stellen aus dem *Faust* oder aus Goethes Balladen werden von begeisterten Leserinnen und Lesern zusammengestellt und dann von Tausenden gelesen, kommentiert und eben auch

---

[6] https://www.lovelybooks.de/autor/Johann-Wolfgang-von-Goethe/Faust-145093390-w/ (30. Juli 2020).

[7] https://www.lovelybooks.de/autor/Johann-Wolfgang-von-Goethe/Faust-145093390-w/ (30. Juli 2020).

als Vorlage, ob für parodistische Nachahmungen oder für eigene Gedichte, genutzt.[8] Entgegen Adornos Verdikt leisten die schönen Stellen den Beginn einer Auseinandersetzung mit der klassischen Literatur (Braungart und Jacob 2012). Goethe wird gelesen und kommentiert, ja sogar nachgeahmt, wenn auch nicht immer in den Palisaden bildungsbürgerlicher Vorstellungen des Kanons.

3 Zwei Kulturen des Lesens?

Klassiker haben ihre Leser auch heute. Ob es mehr oder weniger sind als in früheren Zeiten, ist aufgrund fehlender Zahlen kaum zu entscheiden. Auf sozialen Medien wie Twitter jedenfalls werden Namen wie Shakespeare oder Jane Austen, Kafka oder Goethe konstant genannt. Dabei werden Klassiker deutlich regelmäßiger diskutiert als etwa Erfolgsautoren wie Anna Todd. Goethe wird mit einer erstaunlichen Gleichmäßigkeit immer wieder als Name genannt (Alshaabi et al. 2020). Auch in dieser Hinsicht sind die Klassiker schon Teil der digitalen Welten geworden. Goethe ist zweifellos im mehrfachen Sinne gutes Lesen. Viel spricht für die These, dass die sozialen Plattformen das Spektrum der Lesepraktiken viel genauer abbilden, als dies der etablierte Literaturbetrieb tut. Wohl schon sehr viel länger wurde Goethe nicht nur unter ästhetischen Vorzeichen gelesen, wie etwa die Postkarten-Illustrationen zum *Werther* beispielhaft zeigen (Grimm 2014).

Dennoch drängt sich die Frage auf, wie die hier zusammengetragenen Befunde genauer zu verstehen sind. Ist die klassische Literatur ein Nischenphänomen und sind ihre Leser nur eine kleine Gruppe, die wenig mit dem Lesen der vielen anderen zu tun hat, oder haben sich die populären Rezeptionsformen vom Druck und Lesekabinett ins Internet verlegt? Was nach einer Oberstudienratsfrage klingt, ist in systematischer Absicht die Frage, was unter Lesen zu verstehen ist, denn schon historisch war es so, dass der Kanon auch deshalb ein Kanon war, weil er sich nicht von selbst versteht, sondern der institutionalisierten Pflege bedarf. Lesebiographien haben die Klassiker wohl schon immer weniger bestimmt, als es die Karl-May-Romane, Harry-Piel-Hefte oder ein Autor wie Karl Gustav Nieritz getan haben, der in Dresden nicht auf die Straße treten konnte, ohne von Jugendlichen umringt zu werden.

Idealerweise wünschen wir uns, dass die eine Lesekultur mit der anderen zusammenhängt und die Lesebiographien mit diesen Schmökern beginnen und

---

[8] https://www.wattpad.com/story/26283479-goethe und https://www.wattpad.com/story/151031717-goethe-2-0-oder-so-%C3%A4hnlich-nicht (30. Juli 2020).

dann doch auch *Goodread Goethe* entdecken. Damit wären die populären Rezeptionsformen nur die andere Seite des immer noch relevanten Kanons. Unsere Forschung (Lauer 2020) wie auch die verwandter Projekte wie etwa das „Riddle of Literary Quality"-Projekt (Koolen et al. 2020) oder das „Contemporary Fiction Database Project" (English et al. 2020) zeigen, dass Leser sehr wohl einen Sinn für literarische Qualität haben und gute von weniger guten Texten unterscheiden können, und das nicht nur aufgrund von sozialen Vorannahmen, sondern auch anhand der Texte. Die Leserinnen und Leser auf *Goodreads* oder *Wattpad* kennen die Unterschiede und thematisieren diese. Aber der Wechsel zwischen Anna Todd und Jane Austen, *The Bad Boy's Girl* und *Faust* findet nur in kleinem Maßstab statt (Thelwall und Kousha 2016; Pianzola, Rebora und Lauer 2020). Zugleich sind die Lesewelten auf den sozialen Plattformen nicht von den allgemeinen Debatten über Bücher und Autoren abgekoppelt, sondern gehen eng zusammen (Verboord 2011) – so eng, dass Verlage in diese sozialen Plattformen im großen Umfang investieren und Scouts ausschicken, um den nächsten Spitzentitel zu finden. Der Kanon und seine Popularisierung hängen also zusammen, aber ihr Verhältnis ist nicht so eng, wie es sich nicht nur Oberstudienräte wünschen.

Tatsächlich haben wir es mit einer diverser gewordenen Leselandschaft zu tun, für die Großinstitutionen wie Kanon und Schule nicht mehr dieselbe Bedeutung haben wie noch im neunzehnten Jahrhundert. Je nach Leseplattform, Literaturgattung und Genre, je nach Lesegruppe und Thema sind die Leser verschieden, mal jünger, mal älter, mal eher weiblich, mal auch männlich. Und die Intensität wie die Rollen sind nicht weniger verschieden. Wenn in Fanfiction-Subreddits[9] acht verschiedene Geschlechtszuordnungen von den Lesern genannt werden, dann hat das nicht nur mit gegenwärtigen Genderdebatten zu tun, sondern mehr noch mit der Identitätsthematisierung Jugendlicher. Solche Selbstaussagen sind weit entfernt von dem Spitzenrezensenten bei Amazon oder den Instapoeten und unterstreichen die verschiedenen Funktionen des Lesens von Büchern für verschiedene soziale Gruppen. Gerade für Jugendliche ist der Austausch über Bücher und Autoren immer auch eine Möglichkeit, die eigene Identität auszuprobieren und den eigenen sozialen Status zu erkunden (Glüer 2018). Denn die online- und offline-Freundschaften sind längst nicht mehr getrennt, vielmehr intensivieren die sozialen Medien auch die realen sozialen Beziehungen, jedoch mit unterschiedlichen Effekten je nach Persönlichkeitstyp. Extrovertierte Jugendliche sind aktiver in den sozialen Medien, haben dort mehr Freunde, mehr Bücher auf den virtuellen Regalen und geben mehr von sich preis als andere, eher

---

9 https://docs.google.com/forms/d/1 h7wMyT8 g-Zi25QLn-3XCqbth2lYdhy5y6E-G7 t_3uLE/view-analytics (30. Juli 2020).

introvertierte Jugendliche (Błachnio et al. 2013). Da Literatur wesentlich mit der Darstellung von sozialen Beziehungen zu tun hat und gerade in jungen Jahren stark in der Perspektive des Selbstschemas gelesen wird, sind soziale Leseplattformen ein ideales Medium für jüngere Menschen (Kuzmičová und Bálint 2019).

In diesen Funktionszusammenhang gehört dann auch das Fan-Verhalten, das enthusiastische, oft identifikatorische Lesen, das die eigene Biographie bis nach Hogwarts erweitert und alles um sich herum vergisst. Für dieses immersive Lesen ist aber ein guter Teil der Hochliteratur nicht geschrieben. Der *Werther* taugt noch für diese, so eng an die eigene Befindlichkeit gebundene Leseweise, auch manches Gedicht Goethes, aber kaum der *Faust* oder *Hermann und Dorothea*. Insofern kann es nicht verwundern, wie weit die zwei Lesekulturen auseinanderliegen. Und dennoch wissen wir auch aus den sozialen Plattformen, dass die starken Leser diejenigen sind, die zwischen den Gattungen, Genres und Lesegruppen vergleichsweise flexibel hin und her wechseln können und wissen, für welchen Zwecke welches Buch und welcher Autor taugt. Auf diese metakognitive Befähigung kommt es an.

In der Summe hat Goethe seine Leser und Kommentatoren auch jenseits des Literaturbetriebs wie wir ihn kannten. Wie er schon früher nicht nur ein Gegenstand der ästhetischen Verehrung und des Schulkanons war, sondern Anlass für Parodien und eigene Schreibversuche, so ist er dies erst recht auf den sozialen Plattformen. Goethe gehört zur digitalen Ästhetisierung unser Lebenswelt. Er ist Goodread Goethe.

Literaturverzeichnis

Alshaabi, Thayer, Jane Adams, Michael Arnold, Joshua Minot, David Dewhurst, Andrew Reagan, Christopher Danforth und Peter Sheridan Dodds. „Storywrangler: A Massive Exploratorium for Sociolinguistic, Cultural, Socioeconomic, and Political Timelines Using Twitter". *arXiv*:2007.12988 [cs.SI] 2020.

Anonymus. „Penguin Random House sieht das gedruckte Buch nicht am Ende. Messe eröffnet mit Rekordausstellerzahl". *Frankfurter Allgemeine Zeitung*. 11. Oktober 2017, 18.

Archive of Our Own. *Census: Demographics*. 2020
https://archiveofourown.org/works/16988199/chapters/39932349 (30. Juli 2020).

Beneken, Friedrich Burchard. *Weltklugheit und Lebensgenuß; oder praktische Beyträge zur Philosophie des Lebens*. 3 Bde. Hannover: Christian Ritscher, 1788. Zit. nach König, Dominik. „Lesesucht und Lesewut". *Buch und Leser*. Hg. Herbert G. Göpfert. Hamburg: Hauswedell, 1977. 89–112.

Błachnio, Agata, Aneta Przepiórka und Patrycja Rudnicka. „Psychological Determinants of Using Facebook: A Research Review". *International Journal of Human-Computer Interaction* 29.11 (2013): 775–787.

Börsenverein des Deutschen Buchhandels. *Zurück zu den Lesern – Der Buchmark in Deutschland 2018/2019*, https://www.boersenverein.de/markt-daten/marktforschung/wirtschaftszahlen/ (30. Juli 2020).

Bosker, Bianca. „The One Direction Fan-Fiction Novel That Became a Literary Sensation". *The Atlantic*. Dezember 2018. https://www.theatlantic.com/magazine/archive/2018/12/crowdsourcing-the-novel/573907/?utm_source=newsletter&utm_medium=email&utm_campaign=atlantic-daily-newsletter&utm_content=20200220&silverid-ref=NDYyOTM4Mzk3NjY1S0 (30. Juli 2020).

Bourrier, Karen, und Mike Thelwall. „The Social Lives of Books: Reading Victorian Literature on *Goodreads*". *Journal of Cultural Analytics*. Februar 2020. DOI: 10.22148/001c.12049

Braungart, Wolfgang, und Joachim Jacob. *Stellen, schöne Stellen. Oder: Wo das Verstehen beginnt*. Göttingen: Wallstein, 2012.

Campe, Joachim Heinrich. Art. „Die Lesesucht". Joachim Heinrich Campe. *Wörterbuch der deutschen Sprache*. Dritter Theil L – R. Braunschweig: Schulbuchhandlung, 1809. 107.

Carr, Nicholas. *Wer bin ich, wenn ich online bin ... und was macht mein Gehirn solange? Wie das Internet unser Denken verändert* (engl.: *The Shallows: Mind, Memory and Media in the Age of Instant Information*). Aus dem amerikanischen Englisch von Henning Dedekind. München: Blessing, 2010. Neuauflage unter dem Titel: *Surfen im Seichten. Was das Internet mit unserem Hirn anstellt*. München: Pantheon, 2013.

Chandler, Otis. *About Goodreads*. https://www.goodreads.com/about/us (30. Juli 2020).

Cima, Rosie. „Bias, She wrote. The Gender Balance of the New York Review of Book List". *The Pudding* 2020. https://pudding.cool/2017/06/best-sellers/ (30. Juli 2020).

Durant, David M., und Tony Horava. „The Future of Reading and Academic Libraries". *Portal: Libraries and the Academy* 15.1 (2015): 5–27. https://doi.org/10.1353/pla.2015.0013 (30. Juli 2020).

English, Jim, Lyle Ungar, Rahul Dhakecha und Scott Enderle. *Mining Goodreads. Literary Reception Studies at Scale*. 2020. https://pricelab.sas.upenn.edu/projects/goodreads-project 30. Juli 2020).

Glüer, Michael. „Digitaler Medienkonsum". *Entwicklungspsychologie des Jugendalters*. Hg. Arnold Lohaus. Berlin und Heidelberg: Springer, 2018. 197–222.

Grimm, Gunter. „Goethe-Bilder in Populär-Medien des 19. und 20. Jahrhunderts". *Literaturgeschichte und Bildmedien*. Hg. Achim Hölter und Monika Schmitz-Emans. Heidelberg: Synchron, 2014. 129–144.

Hellekson, Karen, und Kristina Busse. *Fan Fiction and Fan Communities in the Age of the Internet: New Essays*. North Carolina: McFarland, 2006.

Heydebrandt, Renate, und Simone Winko. *Einführung in die Wertung von Literatur*. Paderborn: Schöningh, 1996.

Kaeser, Claire. „How to make Goodreads.com Top 400 List?". *Towards Data Science*. 2017 https://towardsdatascience.com/how-to-make-goodreads-com-top-400-list-8e3a26e509bf (30. Juli 2020).

Koolen, Corina, Karina van Dalen-Oskam, Andreas van Cranenburgh und Erica Nagelhout. „Literary Quality in the Eye of the Dutch Reader: The National Reader Survey". *Poetics* 79 (2020). 101439.

Kuhn, Axel. „Lesen in digitalen Netzwerken". *Lesen. Ein interdisziplinäres Handbuch*. Hg. Ursula Rautenberg und Ute Schneider. Berlin und Boston: De Gruyter, 2015. 427–444.

Kutzner, Kristin, Kristina Petzold und Ralf Knackstedt. „Characterising Social Reading Platforms – A Taxonomy-Based Approach to Structure the Field". *Proceedings of the 14th International Conference on Wirtschaftsinformatik*. Siegen: Universitätsverlag, 2019. 676–690.

Kuzmičová, Anežka, und Katalin Bálint. „Personal Relevance in Story Reading. A Research Review". *Poetics Today* 40.3 (2019): 429–451.

Lauer, Gerhard. „Lyrik im Verein. Zur Mediengeschichte der Lyrik des 19. Jahrhunderts als Massenkunst". *Lyrik im 19. Jahrhundert. Gattungspoetik als Reflexionsmedium der Kultur*. Hg. Steffen Martus, Stefan Scherer und Claudia Stockinger. Bern: P. Lang, 2005. 183–204.

Lauer, Gerhard. „Kunst und Kultur im digitalen Zeitalter". *Digitalisierung. Privatheit und öffentlicher Raum*. Hg. Akademie der Wissenschaften zu Göttingen. Göttingen: Universitätsverlag, 2020. 47–60. http://library.oapen.org/handle/20.500.12657/37372 (30. Juli 2020).

Lauer, Gerhard. *Lesen im digitalen Zeitalter*. Darmstadt: wbg, 2020.

Nipperdey, Thomas. *Wie das Bürgertum die Moderne fand*. Stuttgart: Reclam, 1998.

Passig, Kathrin. *Standardsituationen der Technologiekritik*. Frankfurt a. M.: Suhrkamp, 2013.

Pianzola, Federico, Simone Rebora und Gerhard Lauer. „Wattpad as a resource for literary studies. Quantitative and qualitative examples of the importance of digital social reading and readers' comments in the margins". *PLOSONE* (2020) https://doi.org/10.1371/journal.pone.0226708 (30. Juli 2020).

Pinder, Julia. „Online Literary Communities. A Case Study of LibraryThing". *From Codex to Hypertext. Reading at the Turn of the Twenty-first Century*. Hg. Anouk Lang. Amherst: University of Massachusetts, 2012. 68–87.

Roesler-Graichen, Michael. „Studie des Börsenvereins: Der Buchmarkt verliert vor allem jüngere Käufer". *Börsenblatt. Das Fachmagazin der Buchbranche*, 18. Januar 2018. https://www.boersenblatt.net/artikel-studie_des_boersenvereins.1422566.html (30. Juli 2020).

Spitzer, Manfred. *Digitale Demenz. Wie wir uns und unsere Kinder um den Verstand bringen*. München: Droemer, 2012.

Stein, Bob. „A Taxonomy of Social Reading. A Proposal. Institute for the Future of the Book". 2010. http://futureofthebook.org/social-reading/matrix/index.html, http://futureofthebook.org/social-reading/categories-1–2–3/index.html, http://futureofthebook.org/social-reading/category-4/index.html (30. Juli 2020).

Thelwall, Mike, und Kayvan Kousha. „Goodreads: A Social Network Site for Book Readers". *Journal of the Association for Information Science and Technology* 68.4 (2017): 972–983.

Verboord, Marc. „Cultural Products Go Online. Comparing the Internet and Print Media on Distributions of Gender, Genre and commercial Success". *Communications* 36.4 (2011): 441–462.

Wolf, Maryanne. *Schnelles Lesen, langsames Lesen. Warum wir das Bücherlesen nicht verlernen dürfen*. Aus dem Amerikanischen von Susanne Kuhlmann-Krieg. München: Penguin, 2019.

Teil V: **Goethe digital: Editionen im Netz**

Thomas Richter
Der Briefwechsel zwischen Goethe und Lavater

Überlegungen zur digitalen Neuedition im Rahmen des Projekts *Johann Caspar Lavater: Historisch-kritische Edition ausgewählter Briefwechsel (JCLB)*

1 Einleitung

Im Verlauf der wissenschaftlichen Diskurse vor allem der letzten beiden Jahrzehnte hat auch eine auf den ersten Blick so klar definierte und konservative Disziplin wie die Editionswissenschaft tiefgreifende Veränderungen und Innovationsprozesse durchlaufen. Zwar hatte sie zum Thema „Re-Philologisierung der Geisteswissenschaften"[1] noch wenig Nachholbedarf, da Grundlagenforschung und Textkritik seit jeher zu ihren Kernkompetenzen gehörten. Auch der „material turn", die Betonung der Materialität der Überlieferung, konnte der Editionswissenschaft nur willkommen sein[2] und brachte allenfalls geschärftes Bewusstsein und Vergewisserung der eigenen Methoden und Gegenstände mit sich. Die nachhaltigste Herausforderung kam und kommt wohl mit dem Medialitätsdiskurs, der in den letzten Jahren auch in der Editionswissenschaft eine intensive Diskussion des „Medienwandels" und des „Medienwechsels" befördert hat,[3] so dass man auch in der Disziplin des wissenschaftlichen Edierens von einer „digitalen Revolution" sprechen kann. Die Digitalisierung stellt auch in den Editionswissenschaften herkömmliche Verfahren und Darstellungsweisen in Frage und setzt, indem sie neue Möglichkeiten bietet, neue Standards.[4] Dies gilt beispielsweise für die Darstellung einer komplexen Textüberlieferung mit umfangreicher Varianz[5] und textgenetischen Prozessen,[6] aber auch für die Herausforde-

---

[1] Vgl. Erhart 2004; Schwindt 2009; Elze et al. [2011]: http://publikationen.ub.uni-frankfurt.de/frontdoor/index/index/docId/22779 (31. August 2020).
[2] Vgl. Giuriato und Kammer 2006; Schubert 2010; Hilgert 2010, 87–126; Hänselmann 2018, 27–52. Vgl. auch: https://www.materiale-textkulturen.de/teilprojekte.php (31. August 2020).
[3] Vgl. Bücher 2003, 59–58; Sahle 2013; Lukas und Nutt-Kofoth 2014; Bohnenkamp und Richter 2013; Kinnebrock und Schwarzenegger 2015.
[4] Vgl. Bosse und Fanta 2019.
[5] http://www.parzival.unibe.ch/home.html (31. August 2020).

https://doi.org/10.1515/9783110732870-018

rung, den Kommentar als integralen Bestandteil historisch-kritischen Edierens neu zu denken.

Betrifft dies alles die Editionswissenschaft im Gesamten, so gilt es vor allem für die Edition von Briefen und Briefwechseln.[7] Die digitale Edition erscheint hier als das am besten geeignete Medium, um weitverzweigte Netzwerke adäquat nachvollziehbar und erfahrbar zu machen, ohne dass dadurch auf der anderen Seite die herkömmliche Buchedition obsolet werden würde. Es gibt nach wie vor gute Gründe für die „Hybridedition",[8] also die gegenseitige Ergänzung der beiden Komponenten Digital- und Buchedition.

Die folgenden Überlegungen sollen am Beispiel der historisch-kritischen Neuedition des Briefwechsels von Goethe und Lavater im Rahmen des umfangreichen Projekts „Johann Caspar Lavater: Historisch-kritische Edition ausgewählter Briefwechsel" (*JCLB*) die aktuellen Herausforderungen und Neukonzeptionen der Briefwechseledition skizzieren und den Mehrwert des digitalen Edierens aufzeigen. Für Goethe und Lavater waren sowohl Freundschaft als auch Briefwechsel, der bisher aber nur einmal ediert wurde (Funck 1901), entscheidende Jahre lang von zentraler Bedeutung. Wie stellt sich dieser Briefwechsel nun im Kontext der digitalen Edition der Netzwerke Lavaters dar? Wird seine Rolle verändert, vielleicht deutlicher wahrgenommen? Welche gegenseitigen Erhellungen mit anderen Korrespondenzen ergeben sich durch die Einbettung in das Projekt *JCLB*? Und schließlich: Welche Folgerungen resultieren aus diesem Pilotprojekt im Hinblick auf die Darstellung und Erforschung anderer zeitgenössischer Gelehrten-Netzwerke, etwa Johann Georg Zimmermanns, oder auch Goethes?

2 Goethe und Lavater: Phasen der Freundschaft und des Austausches

Die Beziehung zwischen Goethe und Lavater war für beide sehr wichtig, und ebenfalls der Briefwechsel; er zeigt verschiedene Phasen: vom emphatischen Freundschaftsdiskurs, der paradigmatisch für den „Sturm und Drang" stehen

---

[6] http://www.faustedition.net/ (31. August 2020).
[7] Vgl. dazu auch: Bohnenkamp 2008; Wiethölter und Bohnenkamp 2010; Bohnenkamp und Richter 2013.
[8] Pionier im CD-Rom-Zeitalter: *Der junge Goethe in seiner Zeit. Texte und Kontexte* (Eibl et al. 1998; zuletzt die Hybridedition von Goethes *Faust*-Dichtungen: http://www.faustedition.net/ (31. August 2020).

kann, über eine enge Zusammenarbeit vor allem in Sachen Physiognomik, bis hin zur wachsenden Entfremdung und Entwicklung in verschiedene Richtungen, die schließlich zum Abbruch der Beziehung durch Goethe in der zweiten Hälfte seines ersten Weimarer Jahrzehnts führte.

Man kann die verschiedenen Phasen der Freundschaft und des Briefwechsels exemplarisch an drei Zitaten aus den Briefen aufzeigen. Das erste Zitat stammt aus einem Brief Goethes an Lavater: „Es ist ohnmöglich in Meynungen so verschieden zu seyn ohne sich zu stossen".[9] Zeitlich ist es das mittlere der drei Zitate (vom August 1782): Die erste Phase der engen Freundschaft und des emphatischen Freundschaftsdiskurses ist bereits vorbei, erste Irritationen und Zeichen der Entfremdung sind in den Briefen unübersehbar. Deren unmittelbarer Anlass war das Erscheinen von Lavaters *Pontius Pilatus*, woraufhin Goethe Lavater „Ausschließliche Intoleranz!"[10] vorgeworfen hatte. Einerseits also die klar markierte Differenz, andererseits der fortgesetzte freundschaftliche Austausch. Das „Stossen" ist natürlich ein Warnsignal, denkt man an das fünf Jahre später geäußerte Goethezitat, mit dem von seiner Seite der Bruch endgültig vollzogen ist.[11] Die Aussage: „Es ist ohnmöglich in Meynungen so verschieden zu seyn ohne sich zu stossen"[12] von 1782 steht somit für die Phase der klar bewussten Unterschiede und Differenzen in der Freundschaft, andererseits den fortgesetzten Versuch, doch noch Brücken von Weimar nach Zürich zu bauen.

Auch das zweite Zitat ist aus einem Brief Goethes: „Die Stille von Sonntagsfrüh will ich benutzen um mich mit dir mein lieber zu unterhalten."[13] Dieses Goethezitat (März 1781) bezeichnet die erste Phase der Freundschaft und des Briefwechsels zwischen Lavater und Goethe, seit dem Anfang von 1773: die enge Freundschaft und Vertrautheit, die freundschaftliche Sprache, den intimen Aus-

---

9 Goethe an Lavater, 9. August 1782 (Funck 1901, Nr. 117; 213), im gleichen Brief (zu Lavaters *Pontius Pilatus*): „Du findest nichts schöner als das Evangelium, ich finde tausend geschriebene Blätter alter und neuer von Gott begnadigter Menschen eben so schön, und der Menschheit nützlich und unentbehrlich. Und so weiter! [...] Ausschließliche Intoleranz! Verzeih mir diese harte Worte! –" (212).
10 Funck 1901, Nr. 117; 212.
11 „Lüge zur Wahrheit zu machen kan ich nicht gut und du kommst mit deiner Saalbaderey an den unrechten. ich bin kein Nathanael und die Nathanaele unter meinem Volcke will ich selbst zum besten haben, ich will ihnen nach Bequemlichkeit oder Nothdurft selbst etwas aufbinden, also pack dich Sophist. Oder es gibt Stöße" (Konzept Goethes, ca. Oktober 1787; WA IV 8, 415).
12 Goethe an Lavater, 9. August 1782 (Funck 1901, Nr. 117; 213).
13 Goethe an Lavater, 18. März 1781 (Funck 1901, Nr. 98; 159).

tausch. Ein anderes Mal ist die Schreibsituation im nächtlichen Gartenhaus an der Ilm verortet.[14]

Der Briefwechsel setzt ein mit einem Brief Lavaters, in dem er sich bei Goethe für den *Götz von Berlichingen* bedankt (14. August 1773). 1774 folgen der Dank für *Werthers Leiden* und im Juni die gemeinsame Reise von Frankfurt nach Bad Ems. Goethes Besuche in Zürich bei Lavater finden in den Jahren 1775 und 1779, während seiner ersten und zweiten Schweizerreise statt.

Abschließend das dritte Zitat – nun von Lavater – und das zeitlich letzte in dieser Reihe: „Du gabst dir mehr – Mühe, mir zuschreiben, als ich erwarten durfte."[15] Mitte der achtziger Jahre sind die Differenzen um Wunderglauben, Auslegung und Bewertung der biblischen Zeugnisse – auch zwischen Lavater und Goethe – unüberwindlich geworden. Öffentliche Kontroversen in den Periodica der Zeit steigern sich 1786: Lavater nimmt zweimal in der *Rechenschaft an seine Freünde* Stellung zu den Vorwürfen, die ihm vor allem von den Berliner Aufklärern gemacht werden.[16] Es kommt zum Abbruch von Freundschaften; auch Goethe hat den Kontakt zu Lavater bereits abgebrochen.[17]

Das Zitat von 1784 zeigt, dass Lavater noch andere Töne beherrscht als den freundschaftlichen oder den der christlichen Nächstenliebe; er kann auch ironisch-polemisch schreiben. In seinen Briefwechseln mit Nicolai, Leuchsenring, Biester und anderen ist das deutlich: Lavater setzt „punctum" (wie er es nennt, oder „punctum finale")[18] und bricht den Umgang und Austausch ab. In seinem Briefwechsel mit Goethe findet sich dieser Ton nicht (nur an dieser einen zitierten Stelle vielleicht eine Andeutung davon): Goethe bleibt für ihn zeitlebens der sehr geschätzte Freund, das überragende Genie, das er neidlos anerkennt und um das er sich bemüht. Goethe aber ignoriert Lavater ab Mitte der achtziger Jahre (sein

---

14 Goethe an Lavater, [25.–30. August 1776]: „Sontags Nachts. Ich will wenigstens wieder einmal einen Brief an dich anfangen, dass wir uns nur einmal wieder berühren. Eine herrliche Mondennacht! ich bin über die Wiese nach meinem Garten eben heraus gegangen, habe mich in Nacht Dämmer gelezt und dencke an dich. –" (Funck 1901, Nr. 48; 68–69).
15 Lavater an Goethe, 17. Januar 1784 (Funck 1901, Nr. 121; 229).
16 Vgl. *JCLW* VII [erscheint 2021].
17 Der letzte nachweisbare Brief Goethes an Lavater ist von Ende Dezember 1783 (Funck 1901, Nr. 128; 236–237, vgl. Anm. 20). Lavaters Widmung des *Nathanaél* (Anm. 12) als Grund für den Bruch aufzufassen, wie in der Sekundärliteratur häufig geschehen (zuletzt Martin Stern 2018), ist zeitlich zu spät (dazu ausführlich in *JCLW* VII [erscheint 2021]).
18 Vgl. Lavater an J. Valentin Meyer, 4. Februar 1787 (ZB Zürich, FA Lav Ms 574.95): „Mit Nikolai und Biester mag ich nun nichts weiter zuthun haben […]. Die abgenöthigte Rechenschaft warum sey mir Punctum Finale". – Die „Rechenschaft" bezieht sich auf Lavaters *Rechenschaft an seine Freünde* von 1786 (in *JCLW* VII; [erscheint 2021]).

letzter bekannter Brief ist von 1783),[19] um dann erst in *Dichtung und Wahrheit* – aus historischer Perspektive – die wohl schönste zeitgenössische Darstellung und Würdigung des einstmaligen Freundes zu verfassen.[20]

„Zeitlebens": Lavaters Bemühen um die Freundschaft mit Goethe ist übrigens – anders als das Funck 1901 wusste[21] – wortwörtlich aufzufassen. So gibt es unter den Billets, die Lavater für enge Freunde nach seinem Ableben als Vermächtnis und letzte Worte des Verstorbenen vorgesehen hatte, auch eins an Goethe.[22]

3 Der Briefwechsel zwischen Goethe und Lavater: Überlieferung und Editionsgeschichte

Zur Überlieferung der Briefe kann man feststellen, dass der Briefwechsel zwischen Lavater und Goethe umfangreicher, dichter war als das, was heute überliefert ist. Dies gilt für die meisten Briefwechsel der Zeit, wobei die Gründe vielschichtig sind: Briefe wurden im Freundeskreis weitergegeben, sind verlorengegangen, wurden abgelegt, zurückverlangt (Charlotte von Stein) – oder bewusst vernichtet (so bei Goethes „Autodafé" vor seiner Abreise 1797, bei dem offensichtlich unter den seit 1772 eingegangenen Briefen auch die Originalbriefe Lavaters an Goethe verbrannt worden sind).[23]

Der Briefwechsel zwischen Goethe und Lavater setzt 1773 ein. Aus diesem Jahr haben sich keine Briefe Goethes erhalten, die es aber gegeben haben muss. Hier zeigt sich schon, dass in jeder Briefedition der Nachweis „erschlossener" Briefe ganz zentral ist, um Umfang und Dichte des Austausches deutlich zu machen (vgl. Woesler 1989). Häufig sind auch inhaltliche Angaben zu diesen, bis auf Weiteres verlorenen Briefen möglich.

Die maßgebliche Ausgabe des Briefwechsels ist bis heute: *Goethe und Lavater. Briefe und Tagebücher* (Funck 1901). Davor hatte es nur eine Veröffentlichung von Briefen Goethes an Lavater gegeben (Hirzel 1833), und auch nach Funcks Ausgabe wurde der Briefwechsel bisher nicht wieder ediert: Die Briefe Lavaters liegen als

---

19 Goethe an Lavater, [Ende Dezember 1783] (Funck 1901, Nr. 128, 236–237).
20 *Dichtung und Wahrheit*, FA I 14: Dritter Teil, Buch 14 und Vierter Teil, Buch 18 und Buch 19. Vgl. dazu auch: Richter 2019.
21 „Deshalb fehlt der Name Goethes auch im Verzeichnis der Menschen, die nach Lavaters Tod friedliche ‚Denkzeilen' zum Valet empfangen sollten wie einen letzten Alles beschwichtigenden Händedruck, obgleich das Leben sie von ihm geschieden hatte" (Funck 1901, X).
22 GSA_28_556_7_8; genauer dazu: Richter 2021.
23 „Juli 2–9: Goethe verbrennt alle bis 1792 erhaltenen Briefe (das große Autodafé)." (Gajek und Götting 1966, 56).

inhaltliche Zusammenfassungen in der Regestausgabe vor,[24] die Briefe Goethes teilweise bereits in der Neuedition der Briefabteilung der „Weimarer Ausgabe" (WA).[25]

Lavaters Briefe an Goethe befinden sich in der Zentralbibliothek Zürich (Abschriften aus Lavaters Nachlass; vgl.: Weigelt 2001) und sind bereits digitalisiert worden. Glücklicherweise existieren diese Abschriften, sonst wäre – da die Originalausfertigungen, wie ausgeführt, vernichtet worden sind –, eine Edition des Lavater-Goethe-Briefwechsels 1901 für Funck nicht möglich gewesen und auch heute unmöglich. In Goethes Nachlass im GSA in Weimar sind dagegen nur vier Briefausfertigungen Lavaters vorhanden (drei davon Billets, 1778–1800; GSA 28/556; Goethe hat im Jahr 1797 seit 1772 eingegangene Briefe verbrannt); Briefabschriften oder Konzepte ausgegangener Briefe liegen dort nicht vor.

Die (Original-)Briefe Goethes an Lavater befanden sich ursprünglich im Nachlass Lavaters in Zürich und gingen im neunzehnten Jahrhundert in den Besitz von Heinrich Hirzel (Zürich) über. Hirzel edierte diese Briefe mit zeittypischen Eingriffen und Auslassungen zum ersten Mal: *Briefe von Goethe an Lavater. Aus den Jahren 1774 bis 1783* (Hirzel 1833). Der Band enthält 43 Briefe Goethes an Lavater. 57 (Original-)Briefe Goethes an Lavater sind 1877 mit der „Sammlung [Salomon] Hirzel" in den Bestand der Universitätsbibliothek Leipzig übergegangen.[26]

4 Das Projekt *Johann Caspar Lavater: Historisch-kritische Edition ausgewählter Briefwechsel (JCLB)*

Im Zusammenhang der Edition der Lavater-Werke (*JCLW*)[27] hat sich immer wieder ergeben, dass Lavaters Briefwechsel ein ganz entscheidender Teil seines Lebenswerkes und unerlässlich für ein tiefergehendes Verständnis der Diskurse achtzehnten Jahrhunderts sind. Johann Caspar Lavaters zentrale Rolle im Zeitalter der Aufklärung, des Sturm und Drangs und der Empfindsamkeit zeigt sich im enormen Netzwerk seiner Korrespondenzen, das sich über ganz Europa und hier und da bis in die Neue Welt Nordamerikas spannte.

---

24 https://ores.klassik-stiftung.de/ords/f?p=403 (31. August 2020).
25 GB; vgl. https://www.degruyter.com/view/serial/234625 (31. August 2020); dazu Elke Richter 2013.
26 Gedrucktes Verzeichnis: Fink 1932, bes. 193.
27 https://lavater.com/werke (31. August 2020).

Mehr als vierzig Jahre lang korrespondierte Lavater von Zürich aus mit Repräsentanten der Aristokratie, Literaten, Publizisten und Übersetzern, Künstlern, Theologen, Juristen, Ärzten, Philosophen, Pädagogen, Philologen, Mathematikern und Naturwissenschaftlern in der Schweiz, in Deutschland und anderen Ländern. Der überlieferte Briefbestand bietet insofern nicht nur inhaltsreiches Quellenmaterial für die Auseinandersetzung mit Leben und Werk Lavaters, seinem persönlichen Briefstil und seinen religiösen, philosophischen oder politischen Vorstellungen; er gibt darüber hinaus vor allem auch Auskunft über gelehrte Kommunikationsnetze und -strukturen, über Veränderungen der Briefkultur sowie über Phänomene des intellektuellen Kulturaustausches im achtzehnten Jahrhundert. Bemerkenswert ist das breit gefächerte Themenspektrum, das sich an Lavaters Briefwechsel ablesen lässt: Er korrespondierte mit den bedeutendsten deutschsprachigen Autoren seiner Zeit (u. a. Wieland, Klopstock, Herder, Goethe, Gleim und Claudius) über Fragen der Dichtung und Poetik, er suchte im Kontext der großangelegen *Physiognomischen Fragmente* (1775–1778; vgl. Weigelt 2001) – an denen auch Goethe mitarbeitete[28] – brieflichen Kontakt zu Malern und Kupferstechern, er tauschte sich mit führenden Pädagogen seiner Zeit (Rousseau, Pestalozzi, Basedow, Campe) aus und nahm – insbesondere nach Ausbruch der Französischen Revolution – Stellung zu gesellschaftlichen und politischen Fragen.

Es wurde schon im Verlauf von *JCLW* deutlich, dass eine Erschließung dieses Netzwerks ein dringendes Desiderat für jede Beschäftigung mit dem achtzehnten Jahrhundert darstellt. Zur Vorbereitung eines Antrags auf ein vom Schweizerischen Nationalfonds gefördertes, längerfristiges Erschließungs- und Editionsprojekt wurden sämtliche Briefe von und an Lavater im Nachlass in der Zentralbibliothek Zürich durchgesehen (vgl. Eggenberger und Stähli 2007); auf dieser Grundlage wurde das Konzept einer Auswahledition von Briefwechseln erstellt, das modular um weitere Teileditionen erweiterbar ist. Es war von vornherein klar, dass nur eine historisch-kritische Edition ausgewählter Briefwechsel realisierbar sein würde. Gleichzeitig sollte aber das gesamte Material digitalisiert und mit Metadaten versehen zugänglich gemacht werden.

Zum 1. Januar 2017 begann das Erschließungs- und Editionsprojekt *JCLB* als Kooperation unter einer gemeinsamen Leitung durch die Forschungsstiftung Johann Caspar Lavater (Zürich) und das Deutsche Seminar der Universität Zürich.[29] Es umfasst zum einen die Digitalisierung und den Import sämtlicher heute auffindbarer Briefe von und an Johann Caspar Lavater und deren Erschließung durch

---

28 Vgl. von der Hellen 1888; Fliedl 1994, 192–218.
29 https://lavater.com/ (31. August 2020).

Metadaten. Auf der Internetseite des Projekts werden diese Briefimporte als Digitalisat mit den Metadaten zugänglich gemacht. Auf dieser Grundlage der möglichst kompletten Erfassung der Briefe von und an Lavater findet die historisch-kritische Edition ausgewählter Briefwechsel statt. Zur Vorbereitung wurde seit April 2016 eine Vorauswahl relevanter Briefwechsel vorgenommen, die in die historisch-kritische Auswahledition aufgenommen werden sollen. Es wurden zwei Listen geführt: Eine erste enthält diejenigen Briefwechsel, die von ihrer Bedeutung her unbedingt aufgenommen werden sollten, um einen adäquaten Zugang zu Lavaters Korrespondentennetzwerk zu ermöglichen. Eine zweite Liste enthält weitere Briefwechsel, die gleichfalls eine hohe Priorität im Hinblick auf eine Edition aufweisen. Dazu wurde ein Editionsmodell von Briefwechseln entwickelt, das ohne durchgehende Bandzählung auskommt und prinzipiell modular erweiterbar ist. Neben dem aus verschiedenen Gründen zentralen Briefwechsel mit Johann Georg Zimmermann (1728–1795) wird eine thematische Aufteilung verfolgt. Ein „Band", der auch als Abteilung bezeichnet werden könnte, kann mehrere Teilbände umfassen, die später oder von anderer Seite noch durch die Edition weiterer Briefwechsel ergänzt werden können.

In der ersten Förderungsphase (2017–2020) steht vor allem die historisch-kritische Edition dreier Briefwechsel Lavaters im Vordergrund. Es ist dies zuerst der bereits erwähnte mit Johann Georg Zimmermann (= Band I, in mehreren Teilbänden, der bei weitem umfangreichste seiner Briefwechsel; er umfasst ca. 670 Briefe, mit einem Schwergewicht vor allem in den sechziger und siebziger Jahren des achtzehnten Jahrhunderts). Auch der Briefwechsel mit Goethe (= Teilband II.1, ca. 120 Briefe) wird in der ersten Phase ediert, genauso wie Lavaters Korrespondenz mit dem frühverstorbenen Philosophen Gottlob David Hartmann (= Teilband IV.1, ca. 100 Briefe).

Die Ziele für die zweite Phase von *JCLB* richten sich auf die Edition der Bände II (Dichter; Teilband II.2), III (Schriftsteller), IV (Philosophen; Teilband IV.2) und Künstler V historisch kritisch, als digitale und als Printedition. Im Einzelnen sind dies die Bände:

II. Briefwechsel mit Dichtern:
Teilband II.2: Jens Immanuel Baggesen, Johann Jakob Bodmer, Johann Jakob Breitinger, Friederike Brun, Matthias Claudius, Johann Wilhelm Ludwig Gleim, Jakob Michael Reinhold Lenz, Nikolai v. Karamzin, Friedrich Maximilian v. Klinger, Friedrich Gottlieb Klopstock, Karl Ludwig v. Knebel, Johann Heinrich Merck, Christian Friedrich Schubart

III. Briefwechsel mit Schriftstellern:
Joachim Heinrich Campe, Friedrich Heinrich Jacobi, Johann Heinrich Jung-Stilling, Karl Ludwig v. Knigge, Christian Gottfried Körner, Heinrich Matthias Marcard, Christoph Meiners, Friedrich Nicolai, Friedrich Leopold zu Stolberg, Johann Heinrich Sulger, Johann Georg Sulzer

IV. Briefwechsel mit Philosophen:
Teilband IV.2: Johann Gottlieb Fichte, Christian Garve, Albrecht v. Haller, Johann Georg Hamann, Johann Gottfried Herder, Immanuel Kant, Moses Mendelssohn, Johann Heinrich Pestalozzi, Karl Leonhard Reinhold
V. Briefwechsel mit Künstlern:
Daniel Nikolaus Chodowiecki, Johann Heinrich Füssli, Johann Heinrich Lips, Johann Heinrich Wilhelm Tischbein, Carl Philipp Emanuel Bach, Johann Friedrich Reichardt

Das Projekt *JCLB* wird in enger Zusammenarbeit mit dem TCDH (Trier Center for Digital Humanities, Dr. Thomas Burch) realisiert, das eine Software zum Transkribieren (Transcribo) und eine zur Inventarisierung und Kommentierung (FuD) zur Verfügung stellt.[30] Bei diesen Arbeitsinstrumenten handelt es sich um „freeware", das heißt sie sind nach dem Prinzip „open access" öffentlich zugänglich und nutzbar; gemeinsame Weiterentwicklungen in einem Projekt stehen allen späteren zur Verfügung.[31]

Transcribo bietet die Möglichkeit, die Transkription von Briefhandschriften auf den Digitalisaten zeichengenau anzuzeigen. Die Edition wird eine Ansicht enthalten, in der auf der linken Seite das Digitalisat der Briefseite und auf der rechten Seite die Transkription angeordnet ist. Zusätzlich soll *JCLB* einen edierten Text bieten, in dem die Wiedergabe der Topographie der Briefseiten aufgehoben ist.

Im bisherigen Verlauf des Projekts *JCLB* waren intensive Arbeitsprozesse nötig, um die beiden Tools an die Erfordernisse einer digitalen Briefwechseledition anzupassen. Transcribo war für die Schnitzler-Edition[32] entwickelt worden und musste in Abstimmung mit dem TCDH für die Erfordernisse einer Edition von Briefwechseln aus dem achtzehnten Jahrhundert umgebaut und weiterentwickelt werden. Dieser Prozess ist noch nicht abgeschlossen; Weiterentwicklungen und Verbesserungen werden laufend implementiert. – Auch die Parameter der digitalen Edition werden zusammen mit dem TCDH weiterentwickelt. Damit verbunden werden die ersten Bände der Printedition erscheinen.

---

30 https://www.kompetenzzentrum.uni-trier.de/de/ (31. August 2020).
31 http://transcribo.org/de/ueber-transcribo/; https://fud.uni-trier.de/ (31. August 2020).
32 https://www.arthur-schnitzler.de/edition/genetisch/ (31. August 2020).

348 — Thomas Richter

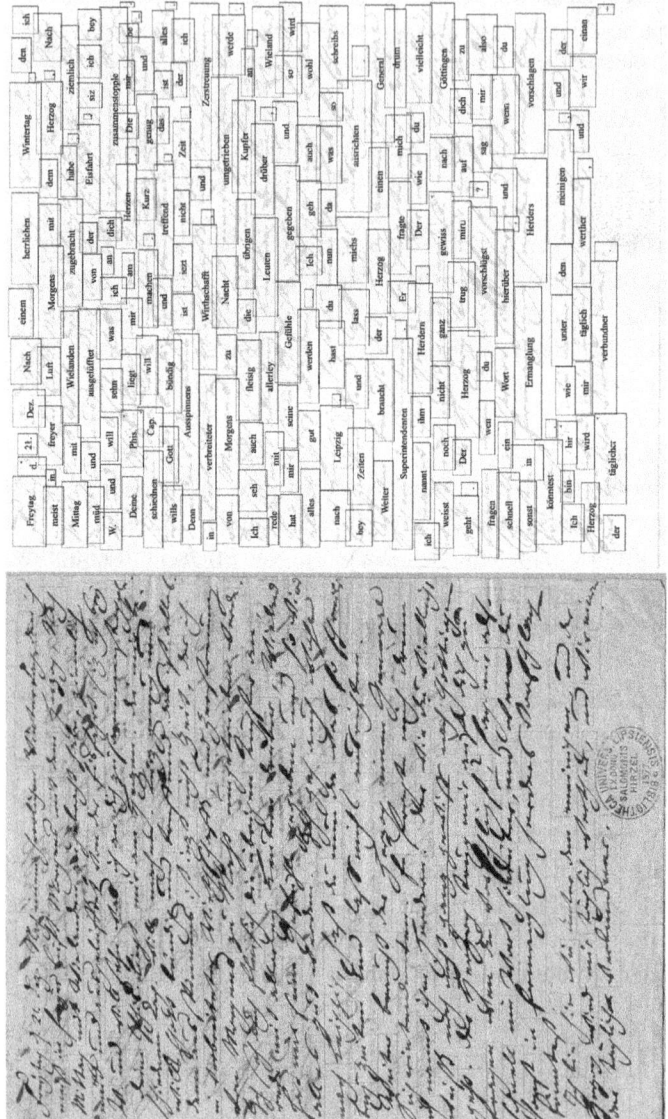

Abb. 1: Goethe an Lavater, Weimar, 21. Dezember 1775: Digitalisat der ersten Seite der Handschrift (UB Leipzig, Sammlung Hirzel B 60) und Transkription mit Transcribo.

5 Die (digitale) Neuedition des Lavater-Goethe-Briefwechsels im Rahmen von *JCLB*

Durch die Einbettung in den größeren Zusammenhang von *JCLB* und die Realisierung als digitale Edition ergeben sich eine ganze Reihe von Mehrwerten gegenüber einer herkömmlichen Buch-Edition. Je nach Interessenlage können die Benutzenden verschiedene Zugänge als Einstieg in das Material und die Edition wählen. Eine mögliche Ansicht ist dreigeteilt; in der linken Spalte findet sich das Digitalisat der jeweiligen Briefhandschrift, in der Mitte die diplomatische Umschrift und auf der rechten Seite eine Übersicht der Registereinträge, der Stellenkommentar und der textkritische Apparat, wobei jedes dieser Elemente auch ausblendbar ist.

Digitalisat und Transkription sind zeichengenau aufeinander bezogen, auch ein „Mouseover" ist möglich, wobei die Transkription des jeweiligen Wortes eingeblendet wird. Darüber hinaus steht eine Ansicht nur des edierten Textes zur Verfügung.

Die Edition umfasst die kompletten Digitalisate aller Briefhandschriften in hervorragender Qualität. Dadurch ist die Überprüfbarkeit der Transkription und ein Höchstmaß an Transparenz aller editorischen Entscheidungen gegeben, und an den Digitalisaten können Studien zur Materialität der Überlieferung betrieben werden, wie zum Beispiel zu den Siegeln oder Postzeichen. Auch hier profitiert die Edition von der Einbettung in *JCLB*, das Digitalisate sämtlicher Briefe von und an Lavater und ihre Metadaten bereitstellen wird. Verlinkungen (intern mit Stellenkommentaren und Registereinträgen, extern mit Manuskripten, gedruckten Büchern, Bildern und anderen Kunstwerken in anderen Bibliotheken, Archiven, Museen u. ä.) ermöglichen den schnellen Zugriff auf relevante Materialien, die die Brieftexte umfassend kontextualisieren.

Über herkömmliche Suchfunktionen hinaus lässt sich das gesamte aufbereitete Material strukturieren; so sind zeitliche Darstellungen (z. B. alle Briefe Lavaters aus dem Mai 1774), räumliche Darstellungen und Verknüpfungen (z. B. alle Briefe Lavaters, die er bei seinem letzten Besuch Goethes in Weimar im Sommer 1786 geschrieben und empfangen hat) möglich. Vielfältige Visualisierungen dienen gleichfalls zur Erschließung des Materials; beispielsweise wird eine Europakarte aus dem achtzehnten Jahrhundert, auf der die Postwege eingezeichnet sind, als Grundlage verwendet. *JCLW* ist modular aufgebaut und ediert eine Auswahl der Briefwechsel Lavaters, während das gesamte Material als

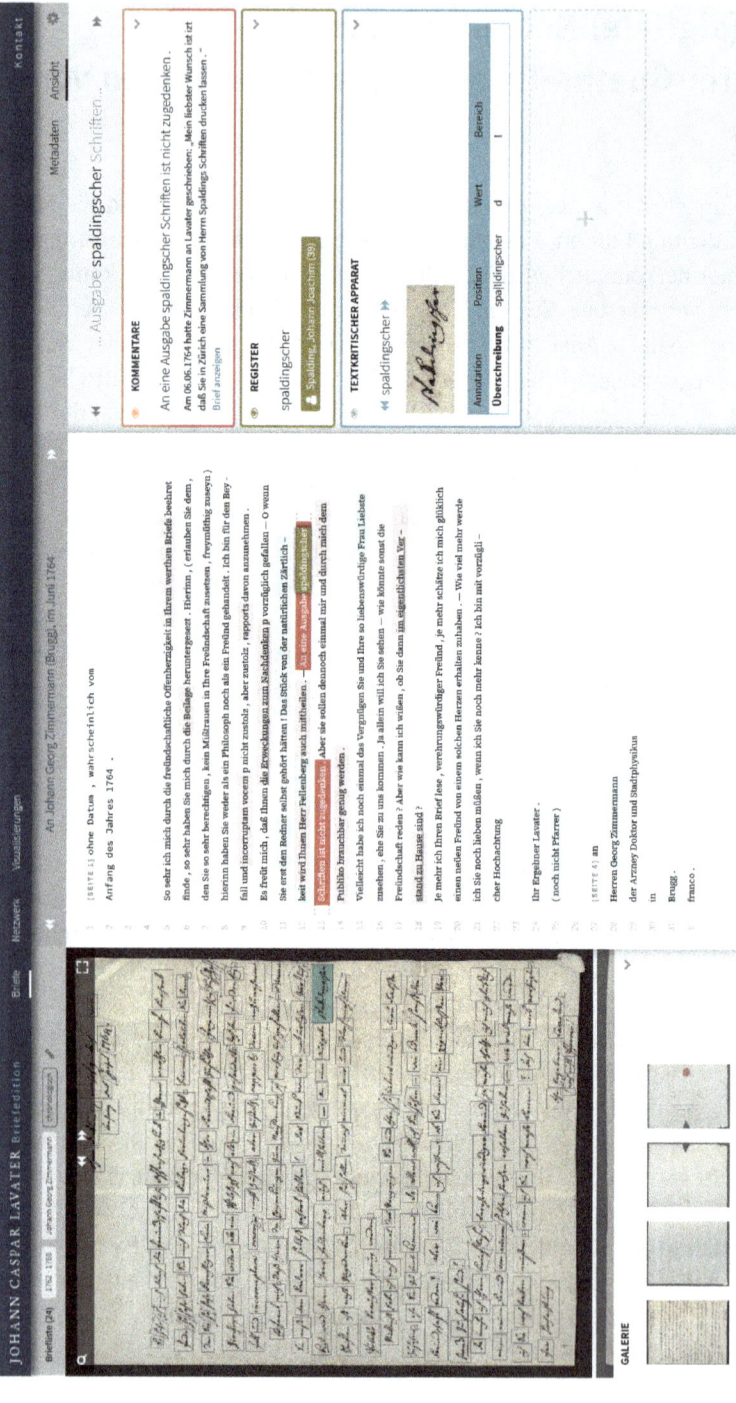

Abb. 2: Ein erstes „Mockup" der dreispaltigen Ansicht in der digitalen Briefwechseledition (TCDH Trier)

Netzwerk zugänglich ist. Es ist damit anschlussfähig für Editionen weiterer Lavater-Briefwechsel, die später hier anknüpfen können.

Ein zusätzlicher Mehrwert der Briefwechseledition auf digitaler Basis ist die Vernetzung mit anderen Projekten. Während jetzt bereits eine Verlinkung der Metadaten und der Digitalisate mit der Plattform *e-manuscripta* besteht,[33] soll es in Zukunft möglich sein, auch externe Editionsprojekte (z. B. die Edition der Goethe-Briefe in Weimar),[34] miteinander zu vernetzen und damit einen entscheidenden Beitrag zur Nachhaltigkeit zu leisten: Nicht jedes neue Projekt wird dann wieder von vorne beginnen müssen.[35]

6 Fazit

Es ist deutlich geworden, dass die digitale Edition mehr Möglichkeiten bietet, die Briefnetzwerke des achtzehnten Jahrhunderts wiederzugeben und erfahrbar zu machen, als eine reine Buchedition. Die digitale Edition ist heute nicht Zugabe oder Ergänzung, sondern das Medium, ohne die historisch-kritisches Edieren nicht sinnvoll erscheint.

Trotzdem ist aber die Printedition nicht obsolet geworden. Beide Medien haben ihre eigenen Vorzüge und Berechtigungen, die man in der Editionswissenschaft nicht gegeneinander ausspielen sollte. Das Buch wird gelesen und muss als Editionsmedium die Nachhaltigkeit nicht mehr unter Beweis stellen: Das gedruckte Buch wird auch in 100 Jahren greifbar sein, während die Langzeitarchivierung elektronischen Edierens noch eine Herausforderung ist und intensiv diskutiert wird. Angesichts häufiger Wechsel der Speichermedien und ständiger Weiterentwicklung der Software und Browserstandards sind 15 Jahre hier bereits ein langer Zeitraum.

Auf absehbare Zeit ist daher die Hybridedition – die gegenseitige Ergänzung von Buchedition und digitaler Edition –[36] das adäquate Verfahren nachhaltigen Edierens großangelegter und langfristiger historisch-kritischer Editionsprojekte.

---

33 https://www.e-manuscripta.ch/ (31. August 2020).
34 https://www.klassik-stiftung.de/forschung/forschungsaktivitaeten/forschungsprojekte/johann-wolfgang-goethe-briefe/ (31. August 2020).
35 Vgl. https://www.nie-ine.ch/ (31. August 2020).
36 Vgl. die Faust-Edition, Anm. 8.

Literaturverzeichnis

Zu den verwendeten Goethe-Ausgaben FA, GB und WA vgl. das Siglenverzeichnis zu Beginn dieses Bandes.

Bohnenkamp, Anne (Hg.). *Der Brief – Ereignis und Objekt. Katalog der Ausstellung.* Frankfurt a. M.: Stroemfeld, 2008.
Bohnenkamp, Anne, und Elke Richter (Hg.). *Brief-Edition im digitalen Zeitalter.* Berlin und Boston: De Gruyter, 2013 (Beihefte zu editio 34).
Bohnenkamp, Anne (Hg.). *Medienwandel / Medienwechsel in der Editionswissenschaft. Internationale Fachtagung der Arbeitsgemeinschaft für germanistische Edition.* Berlin und Boston: De Gruyter, 2013 (Beihefte zu editio 35).
Bücher, Rolf. „Historisch-kritische Edition und ihre Medien". *Literarische Trans-Rationalität. Für Gunter Martens.* Hg. Wolfgang Wirth. Würzburg: Königshausen & Neumann, 2003. 59–68.
Bosse, Anke, und Walter Fanta (Hg.). *Textgenese in der digitalen Edition. Internationale Fachtagung der Arbeitsgemeinschaft für germanistische Edition.* Berlin und Boston: De Gruyter, 2019 (Beihefte zu editio 45).
Boutin, Stéphane, Marc Caduff, Georges Felten, Caroline Torra-Mattenklott und Sophie Witt (Hg.). *Fest/Schrift. Für Barbara Naumann.* Bielefeld: Aisthesis, 2019.
Caflisch-Schnetzler, Ursula, und Thomas Richter. „Lenz in Schinznach. Edition und Kommentar zu einem neu gefundenen Manuskript". *Lenz-Jahrbuch* 26 (2019): 7–39.
Eggenberger, Christoph, und Marlis Stähli (Hg.). *Lavater, Johann Caspar. Ausgewählte Werke in historisch-kritischer Ausgabe. Ergänzungsband: Verzeichnisse der Korrespondenz und des Nachlasses in der Zentralbibliothek Zürich.* Zürich: NZZ Verlag, 2007.
Eibl, Karl, Fotis Jannidis und Marianne Willms (Hg.). *Der junge Goethe in seiner Zeit. Texte und Kontexte.* 2 Bde. und CD-ROM. Frankfurt a. M. und Leipzig: Insel, 1998.
Elze, Jens, Zuzanna Jakubowki, Lore Knapp, Stefanie Orphal und Heidrun Schnitzler (Hg.). *Möglichkeiten und Grenzen der Philologie. Friedrich Schlegel Graduiertenschule für literaturwissenschaftliche Studien: Arbeitstagung 2010.*
http://publikationen.ub.uni-frankfurt.de/frontdoor/index/index/docId/22779 (31. August 2020).
Erhart, Walter (Hg.). *Grenzen der Germanistik. Rephilologisierung oder Erweiterung? DFG Symposium 2003.* Stuttgart: Metzler, 2004.
Falk, Rainer. „Crowdsourcing: Möglichkeiten der (Zusammen-)Arbeit an Brief-Editionen im Internet". Bohnenkamp und Richter 2013, s. oben. 35–42.
Fink, Reinhard (Hg.). *Verzeichnis von Salomon Hirzels Goethe-Sammlung der Universitäts-Bibliothek zu Leipzig. Nach Hirzels Verzeichnis von 1874.* Leipzig: Hirzel, 1932.
Fliedl, Ilsebill Barta. „Lavater, Goethe und der Versuch einer Physiognomik als Wissenschaft". *Goethe und die Kunst.* Hg. Sabine Schulze. Ostfildern: Hatje, 1994. 192–218.
Funck, Heinrich (Hg.). *Goethe und Lavater. Briefe und Tagebücher.* Weimar: Verlag der Goethe-Gesellschaft, 1901 (Schriften der Goethe-Gesellschaft 16).
Funck, Heinrich (Hg.). *Die schöne Seele. Bekenntnisse, Schriften und Briefe der Susanne Katharina von Klettenberg.* Leipzig: Insel, 1911.
Gajek, Bernhard, und Franz Götting (Hg.). *Goethes Leben und Werk in Daten und Bildern.* Frankfurt a. M.: Insel, 1966.

Giuriato, Davide, und Stephan Kammer (Hg.). *Bilder der Handschrift. Die graphische Dimension der Literatur.* Frankfurt a. M. und Basel: Stroemfeld/Nexus, 2006.

Hänselmann, Matthias C. „Das Gemachte als Bewusst-Gemachtes. Produktive und rezeptive Dimensionen von Materialität und Materialtransparenz im Film". *Ästhetik des Gemachten. Interdisziplinäre Beiträge zur Animations- und Comicforschung.* Hg. Hans-Joachim Backe, Julia Eckel, Erwin Feyersinger, Véronique Sina, Jan-Noël Thon. Berlin und Boston: De Gruyter, 2018. 27–52.

Hartwig, Maja, und Johannes Kepper. „Die Spuren des Digitalen – Über die Nachnutzbarkeit digitaler Inhalte". Richts und Stadler 2016, 319–330.

Hellen, Eduard von der. *Goethes Anteil an Lavaters Physiognomischen Fragmenten.* Frankfurt a. M.: Literarische Anstalt Rütten & Loening, 1888.

Hilgert, Markus. „‚Textanthropologie'. Die Erforschung von Materialität und Präsenz des Geschriebenen als hermeneutische Strategie". *Mitteilungen der Deutschen Orientgesellschaft* 142 (2011): 87–126.

Hirzel, Heinrich (Hg.). *Briefe von Goethe an Lavater. Aus den Jahren 1774 bis 1783.* Leipzig: Weidmann'sche Buchhandlung, 1833.

Joost, Ulrich. „‚Chatoullen …, welche den vertrauten Briefwechsel … enthielten'. Die Erschließung großer Briefkorpora der Goethezeit. Probleme, Aufgaben und Möglichkeiten". Bohnenkamp und Richter 2013, s. oben. 7–23.

Kamzelak, Roland S. „Digitale Editionen im ‚semantic web'. Chancen und Grenzen von Normdaten, FRBR und RDF". Richts und Stadler 2016, 423–435.

Keil, Reinhard. „Gestaltung virtueller Forschungsumgebungen für die philologische Detailarbeit". Richts und Stadler 2016, 437–461.

Kinnebrock, Susanne, und Christian Schwarzenegger (Hg.). *Theorien des Medienwandels.* Köln: Herbert von Halem, 2015.

Koltes, Manfred, Ulrike Bischof und Sabine Schäfer (Hg.). *Briefe an Goethe. Gesamtausgabe in Regestform.* https://ores.klassik-stiftung.de/ords/f?p=403 (31. August 2020).

Lavater, Johann Caspar. *Ausgewählte Werke in historisch-kritischer Ausgabe.* Ergänzungsband: *Verzeichnisse der Korrespondenz und des Nachlasses in der Zentralbibliothek Zürich.* Hg. Christoph Eggenberger und Marlis Stähli. Zürich: NZZ Verlag, 2007.

Lavater, Johann Caspar. *Pontius Pilatus.* 4 Bde. Zürich: Füeßli, 1782–1785; *Ausgewählte Werke in historisch-kritischer Ausgabe.* Bd. VI/1. Hg. Christina Reuter. Zürich: Verlag Neue Zürcher Zeitung, 2013.

Lavater, Johann Caspar. *Nathanaél. Ausgewählte Werke in historisch-kritischer Ausgabe.* Bd. VII: *Werke 1786–1793.* Hg. Thomas Richter. Zürich: Verlag Neue Zürcher Zeitung [erscheint 2021].

Lukas, Wolfgang, und Rüdiger Nutt-Kofoth (Hg.). *Text – Material – Medium. Zur Relevanz editorischer Dokumentationen für die literaturwissenschaftliche Interpretation. Internationale Fachtagung der Arbeitsgemeinschaft für germanistische Edition.* Berlin und Boston: De Gruyter, 2014 (Beihefte zu editio 37).

Nutt-Kofoth, Rüdiger. „Briefe herausgeben: Digitale Plattformen für Editionswissenschaftler und die Grundfragen der Briefedition". Richts und Stadler 2016, 575–586.

Richter, Elke. „Goethes Briefhandschriften digital – Chancen und Probleme elektronischer Faksimilierung". Bohnenkamp und Richter 2013, s. oben. 53–74.

Richter, Thomas. „Goethes Gedicht ‚Das Diné zu Coblenz im Sommer 1774' in der Gestaltung von 1815". *Fest/Schrift. Für Barbara Naumann.* Hg. Stéphane Boutin, Marc Caduff,

Georges Felten, Caroline Torra-Mattenklott, Sophie Witt. Bielefeld: Aisthesis, 2019. 284–288.
Richts, Kristina, und Peter Stadler (Hg.). „Ei, dem alten Herrn zoll' ich Achtung gern". Festschrift für Joachim Veit zum 60. Geburtstag. München: Allitera Verlag, 2016.
Sahle, Patrick. Digitale Editionsformen. Zum Umgang mit der Überlieferung unter den Bedingungen des Medienwandels. 3 Bde. Norderstedt: BoD 2013 (Schriften des Instituts für Dokumentologie und Editorik 7–9).
Schubert, Martin (Hg.). Materialität in der Editionswissenschaft. Internationale Fachtagung der Arbeitsgemeinschaft für germanistische Edition. Berlin und Boston: De Gruyter, 2010 (Beihefte zu editio 32).
Stern, Martin. „Noch einmal Lavater und Goethe. Über das Ende ihrer Freundschaft". Jahrbuch des Freien Deutschen Hochstifts (2018): 39–45.
Schwindt, Jürgen Paul (Hg.). Was ist eine philologische Frage? Beiträge zur Erkundung einer theoretischen Einstellung. Frankfurt a. M.: Suhrkamp, 2009.
Weber, Jutta. „Briefnachlässe auf dem Weg zur elektronischen Publikation. Stationen neuer Beziehungen". Bohnenkamp und Richter 2013, s. oben. 25–33.
Weigelt, Horst (Hg.). Lavater, Johann Caspar. Ausgewählte Werke in historisch-kritischer Ausgabe. Ergänzungsband: Bibliographie der Werke Lavaters. Verzeichnis der zu seinen Lebzeiten im Druck erschienenen Schriften. Zürich: NZZ Verlag, 2001.
Wiethölter, Waltraud, und Anne Bohnenkamp (Hg.). Der Brief – Ereignis und Objekt. Frankfurter Tagung. Frankfurt a. M.: Stroemfeld, 2010.
Woesler, Winfried. „Vorschläge für eine Normierung von Briefeditionen". editio 2 (1988): 8–18.

Bernhard Fischer und Dominik Kasper
Goethes Biographica

Präsentation und Werkstattbericht zur Forschungsplattform
PROPYLÄEN

1 Zur Einführung

So imposant die 143 Bände der ‚Sophien'- oder Weimarer Ausgabe (WA) sind – was die Biographica angeht, bieten sie nur einen ersten Zugriff. Den 16 Bänden (inklusive 3 Registerbänden) der Tagebücher und den 50 Briefbänden fehlen so gut wie alle Erläuterungen; es fehlen ganz die Gegenbriefe und Goethes Gespräche. Keine der neuen Studienausgaben hat diese Defizite auch nur im Ansatz behoben.

Erst die im Goethe- und Schiller-Archiv laufenden historisch-kritischen Editionen der Tagebücher (GT) und der Briefe von Goethe (GB), die Ausgabe der Briefe an Goethe in Regestform (RA) und die Grumach'schen *Begegnungen und Gespräche* (BuG) erarbeiten eine sichere Grundlage für die Forschung und das interessierte Publikum. Alle diese biographischen Textcorpora, die je spezifische Dimensionen der Goethe'schen Biographie hervortreten lassen, sollen nun mit Kommentaren und Registern und digitalen Faksimiles als segmentierbares Ganzes auf einer digitalen Forschungsplattform, den PROPYLÄEN, im *open access* zugänglich gemacht werden (Abb. 1).

Der folgende Beitrag führt knapp die ‚traditionellen' editorischen Herausforderungen und Leistungen vor Augen und benennt ihre spezifischen Beiträge an strukturierten Textsorten wie konstituiertem Text, Kommentar, Register, die auf der digitalen Forschungsplattform integriert und vielfältig segmentierbar sowie durch Digitalisate der Handschriften ergänzt präsentiert werden. Die digitale Forschungsplattform, deren Konzeption und Arbeitsstand wir ins diesem Beitrag

---

Anmerkung: Bei diesem Beitrag handelt es sich um die verschriftliche Form des Vortrags und der Präsentation, die am 24. Mai 2019 im DLA Marbach von Dr. Bernhard Fischer und Dominik Kasper gehalten wurde. Eine Videoaufzeichnung der Präsentation kann unter https://www.adwmainz.de/mediathek/medien/ansicht/propylaeen-praesentation-der-entwicklungen-an-der-digitalen-forschungsplattform-zu-goethes-biogr.html eingesehen werden (19. Mai 2021). Die Präsentation und der Vortrag basieren auf Texten und Folien, die Dr. Bernhard Fischer, Dr. Ariane Ludwig, Dr. Manfred Koltes, Dr. Elke Richter, Dr. Bastian Röther und Dominik Kasper für eine Evaluation des PROPYLÄEN-Projektes im Jahr 2017 ausgearbeitet und referiert haben.

https://doi.org/10.1515/9783110732870-019

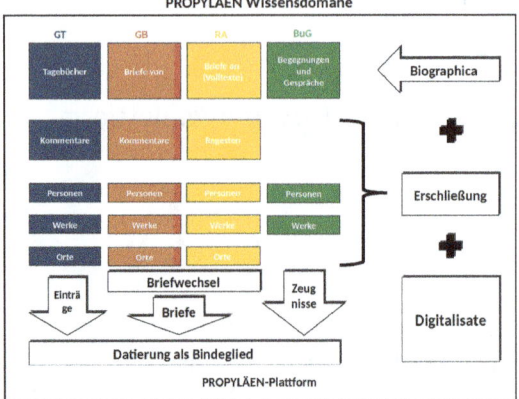

Abb1: Die PROPYLÄEN-Wissensdomäne.

vorstellen, wird dadurch einen erheblichen Mehrwert gegenüber den einzelnen Editionen bieten.

Ein Tag aus Goethes Leben veranschaulicht, was das Ensemble in der Zusammenschau an Vielfalt bietet: der 10. Oktober 1820, von dem Goethe in sein Tagebuch diktierte:

> Dienstag, den 10^n ej.
>
> Das Unterbrochene wieder angeknüpft. Concepte und Munda. Im Garten bey Baumann. Manches durchgesehen und durchgesprochen. Mit Blumenbach welcher die Veterinairschule besucht hatte, auf die Bibliothek. Mittag für mich. Zu Knebel. Mit demselben gegen Winzerle gefahren. Zu Blumenbach den ich nicht antraf. Briefe von Anspach und Reval. Nebenstehende Expeditionen. Anderes auf Morgen vorbereitet.
>
> An Hℓ. Conta, mitgetheilte schriftliche Politika zurück.
> Sereniẞimo, Blumenbachs Abschied und Birnsendung nach Weimar.
> Eingeschloßen an meinen Sohn. (GT VII 1, 228)

Soweit „die tägliche Buchführung mit sich selbst" (BuG 1956, 156; 23. August 1827), Goethes knappes Referat des Denkwürdigen, das er als Stoff für die gebundeneren *Tag- und Jahreshefte* bereitlegte.

„Concepte und Munda", das Gebiet der Goethe-Brief-Ausgabe. – Am 10. Oktober schrieb Goethe Briefe – nicht viele, wie an anderen Tagen, aber in Jena musste er das sonst bequem Mündliche nun schriftlich vereinbaren. Es waren drei Briefe: an seinen Sohn August, an seinen Großherzog und an den Freund Karl Friedrich Anton von Conta. Wie fast immer diktierte er, bevor er das Konzept überlas und dann zur Ausfertigung abschreiben ließ. Beherrschendes Thema war der Besuch des Göttinger Naturforschers Johann Friedrich Blumenbach in Jena, den er mit dem Großherzog durch die dortigen wissenschaftlichen Einrichtungen geführt hatte.

Aus der Welt trafen Briefe ein – das Gebiet der Regestausgabe der Briefe an Goethe. Sie kamen von der 70-jährigen Rentbeamten-Witwe Elisa Benckher in Ansbach und von Bernhard Gottlob Wetterstrand in Reval. Goethe begegnete seinem Ruhm und werdenden Nachruhm. Elisa Benckher dankte in einer achtseitigen Ergießung für „Trost und Erheiterung", den sie „in dem Lauf meines ziemlich verwundeten Lebens" in seinen „vortrefflichen Schriften": in den *Wahlverwandtschaften* und im *Wilhelm Meister*, gefunden habe; sie bat um sein „unendlich schätzbares Bild", um es am Geburtstag, „der Sie der Welt schenkte", mit Blumen zu bekränzen (GSA 28/185, St. 1). – Der für Verehrung empfängliche Goethe wird ihr noch von Jena aus am 14. Oktober seinen Zuspruch für die „sonderbaren und oft peinlichen Zustände des Lebens" (WA IV 33, 304) ausdrücken und tatsächlich ein Bild schicken.

Goethes Korrespondent Wetterstrand aus Reval dagegen führte ihn in seine Jugend zurück. Er wollte Goethe dahingehend beruhigen, dass eine in Lenz' Nachlass gefundene Handschrift des Goethe'schen *Prometheus* publik werden könnte. Dabei unterrichtete er Goethe über den Nachlass wie über den Stand einer Werkausgabe und einer Biographie von Lenz, für die man auch Maximilian Klinger angesprochen habe. Er glaubte wohl, Goethe mit den Nachrichten über den „Jugendgenossen und Freund" (GSA 28/90, Bl. 511–512) zu erfreuen.

Einmal in Jena, besuchte Goethe den „Ur-Freund" Knebel – das Gebiet der *Begegnungen und Gespräche* –, mit dem er sich ins kleine Örtchen Winzerla aufmachte. Das Wetter war günstig, und Knebel vermerkte in sein Tagebuch: „Mit G. spazierengefahren." (GSA 54/396).

2 Goethes Tagebücher

Im Tagebucheintrag vom 10. Oktober 1820 – hier (Abb. 2) im PROPYLÄEN-*wireframe*[1] – begegnet uns Goethe als Briefschreiber und -empfänger, als Freund, in den Treffen mit Blumenbach als naturwissenschaftlich Interessierter und in der Rücksendung von „Politika" an Conta als Staatsmann. Andere Tagebuchnotate zeigen den Dichter, Maler, Lesenden, Musikfreund, Kunstbetrachter, den Samm-

---

[1] Der visuelle Prototyp für den Tagebucheintrag vom 10. Oktober 1820 wurde eigens für den Vortrag erstellt. Goethes Biographica werden sukzessive in sog. Zeitscheiben publiziert, die sich an Ereignissen in Goethes Leben orientieren. Das Tagebuch von 1820 wird in der 7. Zeitscheibe („Zeit der Autobiographischen Schriften") ab dem Jahr 2033 publiziert werden.

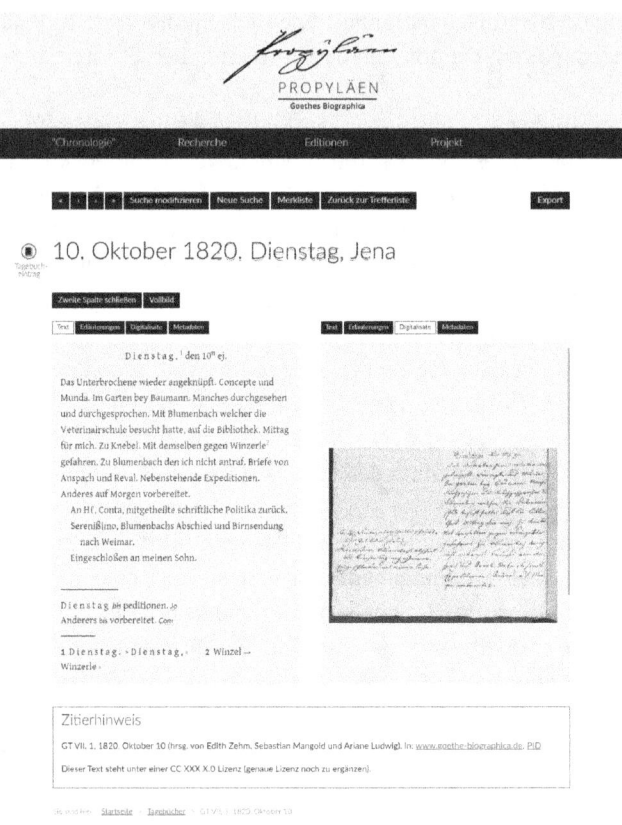

Abb. 2: Goethes Tagebuch, Eintrag vom 10. Oktober 1820, Screenshot des visuellen Prototyps.

ler, Theaterdirektor, den Reisenden, Liebenden, Naturforscher, den Herausgeber seiner mit Friedrich Schiller gewechselten Briefe und den Schöpfer des eigenen Archivs – kurz: den Weltbürger und Weimaraner.

Die ca. 25.000 Blatt Tagebücher (vgl. Golz 1997, 396) machen rund zehn Prozent von Goethes ‚Archiv' aus. Sie spannen sich von den *Ephemerides* aus den Jahren 1770 und 1771 bis zum letzten Notat vom 16. März 1832: „Den ganzen Tag wegen Unwohlseyns im Bette zugebracht." (WA III 13, 234). Über insgesamt 57 Jahre war das Tagebuch ihm Bilanz und Stimulans sinnvoller Zeiteinteilung.

Die ersten Jahrzehnte führte Goethe seine Tagebücher nicht konsequent. Vor allem nach biographischen Zäsuren wie dem Tod der Schwester Cornelia oder dem des Freundes Schiller setzen die Aufzeichnungen aus – Ausdruck von Lebenskrisen. Erst vom März 1817 an ist so gut wie jeder Tag dokumentiert. Dieser fortan ununterbrochenen Dokumentation eines reichen Wirkens entspricht die Veränderung des ‚Materials': Bis 1817 hatte Goethe meist vorgedruckte Schreibkalender genutzt (Abb. 3), die den Raum für die Einträge beschränkten – ein solcher Kalendereintrag ist der von Friedrich Wilhelm Riemer geschriebene vom 19. Oktober 1806; dem Tag von Goethes „Trauung" mit Christiane Vulpius. Von 1817 an bis zuletzt verwendete Goethe große Bogen, die ihm größte Freiheit gaben und die er ‚halbbrüchig' beschrieb: Die rechte Spalte für Aufzeichnungen zum Verlauf des Tages, die linke für Expedienda: Brief- und Paketabgangsnotizen.[2]

Was man hier *nicht* sieht, ist Goethes Handschrift. Denn während er die frühen Tagebücher meist eigenhändig schrieb, diktierte Goethe (auch) diese Lebenszeugnisse ab 1797 so gut wie immer. Hier etwa bis einschließlich der Datumszeile „Montag den 9ten ej." dem Jenaer Bibliotheksschreiber David Compter, dann Goethes Sekretär Johann John. Anders als die Weimarer Ausgabe, die alles, was von Schreibern ‚falsch' oder ‚unüblich' geschrieben wurde, korrigiert, folgt unsere Tagebuchedition der historischen Quelle und erlaubt eine unverzerrte Synopse mit den auf der PROPYLÄEN-Plattform beigegebenen Faksimiles.

Unterscheidet man in der formalen Anlage der Tagebücher *zwei* Phasen, erkennt man in stilistischer Hinsicht im Großen und Ganzen *vier* (vgl. Reuter 1961, 101). Sie korrelieren mit denen von Goethes dichterischem Werk: Der stilistische Reichtum der Tagebücher reicht von so glutvoll, stürmerisch-drängerisch und so introspektiven Passagen, dass sie in den *Leiden des jungen Werthers* (oder in frühen Briefen) stehen könnten, bis zu aphoristischen Notaten wie „der Mensch ist immer mehr oder weniger ein Organ seiner Zeit",[3] einem Notat aus dem Januar 1831, das an „Makariens Archiv" aus den *Wanderjahren* erinnert. Mit den Jahren werden die Einträge immer spröder und lakonischer. Dies, verbunden mit den vielseitigen Interessen, Korrespondenzen, Gesprächen, Tätigkeiten und ‚Verflochtenheiten' mit Zeitereignissen begründet einen außerordentlichen Kommentierungsaufwand: Von der letzten Tagebuchphase an, also ab 1817, sind ca. 3.000 Lemmata pro Jahr zu erläutern und durch detaillierte Registereinträge zu erschließen.

Als „eine tägliche Buchführung" charakterisiert Goethe das Führen von Tagebüchern: „Eine tägliche Übersicht des Geleisteten und Erlebten [so Goethe gegenüber Kanzler Friedrich von Müller im August 1827] macht erst, daß man seines Thuns gewahr und froh wird [...]. Wir lernen den Moment würdigen, wenn wir ihn alsobald zu einem historischen machen." (BuG 1956, 156; 23. August 1827).

---

2 Des Weiteren für Verbesserungen und Ergänzungen.
3 16. Januar 1831; WA III 13, 11; „Diese Erkenntnis dürfte die Grundlage der Goetheschen Tagebuchnotizen überhaupt sein. Sie werden immer mehr als *Bestandteil seiner historischen Existenz, seiner geschichtlichen Selbstgestaltung* betrachtet. Biographien anderer Zeitgestalten ziehen ihn nach wie vor an." (Jurgensen 1979, 68).

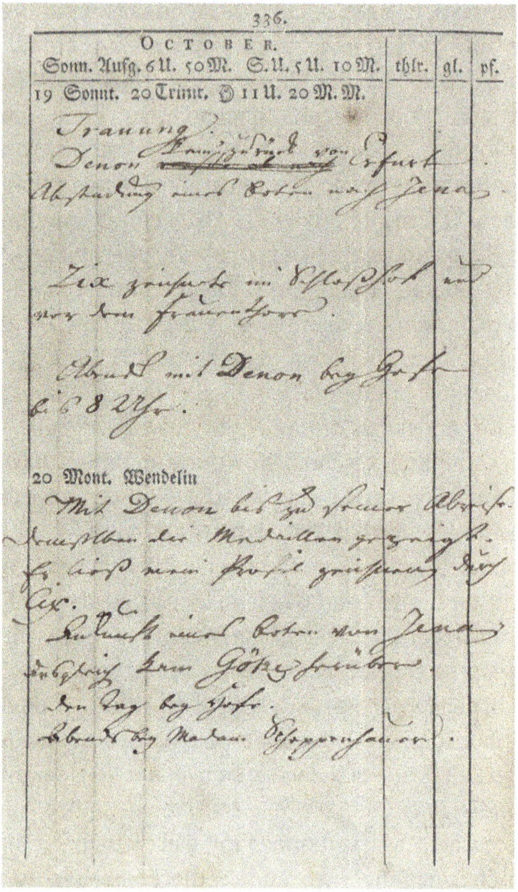

336.

OCTOBER. Sonn. Aufg. 6 U. 50 M. S. U. 5 U. 10 M.	thlr.	gl.	pf.
19 Sonnt. 20 Trinit. ☽ 11 U. 20 M. M.			
Trauung. Denon von Erfurt. Absendung eines Boten nach Jena. Zix zeichnete im Schloßhof und vor dem Frauenthor. Abends mit Denon bey Hofe bis 8 Uhr.			
20 Mont. Wendelin			
Mit Denon bis zu seiner Abreise Medaillen gezeigt. Er ließ mein Profil zeichnen durch Zix. Ankunft eines Boten von Jena. Durchzug der Gökschen Truppen. Den Tag bey Hofe. Abends bey Madame Schoppenhauer.			

Abb. 3: Goethes Tagebuch, Eintrag vom 19. Oktober 1806; GSA 27/23, Bl. 170v.

3 Goethes Briefe

Im Tagebucheintrag vom 10. Oktober 1820 begegnet der Brief an „Serenißimo“, in dem sich Goethe eingangs „für den gestrigen allerschönsten Tag“, den der Herzog ebenfalls in Jena zugebracht hatte, bedankt und meldet, „daß unser fröhlicher Naturforscher [Blumenbach], [...] ganz entzückt, auf das allerangelegentlichste dankt und sich empfiehlt“. Morgen reise er ab, verspreche aber, wieder zu kommen; „er hat gar manches mitgetheilt und angeregt. Ich hab ihm einiges versprochen, was seiner Sammlungslust Freude macht.“ (WA IV 33, 299)

Der Göttinger Professor Johann Friedrich Blumenbach (1752–1840) war einer der führenden Vergleichenden Anatomen seiner Zeit. Goethe stand mit ihm seit 1793 im Briefwechsel;[4] mehrfach waren sich beide persönlich begegnet. Der Besuch vom Oktober 1820 war ihm besonders denkwürdig, wie das von Goethe angelegte Faszikel: „Des Herrn O. M. R. Blumenbach Aufenthalt in Weimar und Jena im Oktober 1820; und das mit demselben näher angeknüpfte Verhältnis" (GSA 29/55) zeigt, offensichtlich eine Dokumentation der auf Goethes Initiative zurückgehenden Preisverleihung. Es enthält u. a. das Konzept zu Goethes Bericht über Blumenbachs Besuch, Konzepte zu Goethes Briefen, Briefe von Blumenbach an Goethe von 1820 und 1821, einen Vermerk Goethes über die von Carl August zu Neujahr 1821 verliehene goldene Verdienstmedaille, Blumenbachs Dankesbrief vom Januar 1821 sowie Goethes Brief an den Großherzog vom 18. Januar 1821.[5]

Für Goethes Lebensführung, für sein Streben nach umfassender Bildung, Welterfahrung und Selbsterkenntnis war der mündliche und briefliche Austausch mit seinen Zeitgenossen zentral. Briefe schreibend verarbeitete Goethe Lebenskrisen, gibt Einblicke in die Entstehung seiner Werke, den Fortgang seiner Amtsgeschäfte und seiner wissenschaftlichen Studien. Die parallelen Korrespondenzen eines Zeitraums zeigen Goethes Genie, sich auf den jeweiligen Partner einzulassen. Dem Quellenwert entspricht die Größe des bekannten Quellencorpus: Das online zugängliche „Repertorium sämtlicher Goethe-Briefe"[6] der Briefausgabe führt etwa 15.000 Briefe an mehr als 1.400 Adressaten auf.[7]

Die neue historisch-kritische Gesamtausgabe ediert die Texte erstmals diplomatisch nach den Handschriften, wobei sie die Chronologie (ca. 30 % sind nicht oder nur unvollständig datiert) revidiert. Erstmalig auch werden alle Briefe mit Einzelstellenlemmata und übergreifenden Kommentaren erläutert und so als biographische wie zeitgeschichtliche Zeugnisse kontextualisiert. Welche Möglichkeiten dabei die parallele Ausgabe im Druck *und* digital auf der Forschungs-

---

[4] Mehr als 30 Briefe über osteologische, botanische und geologische Themen sind überliefert.
[5] Gesprochen wurde u. a. über vergleichende Anatomie und über Goethes Gedicht *Urworte Orphisch* (WA I, 3, 95). – Am 19. Dezember 1820 hatte Carl August an Goethe geschrieben: „Gelegentlich dencke ich Blumenbachen die goldene Medaille zu senden, bey einem so berühmten Manne wirckt so ein Andencken vor- und rückwärts." Goethe antwortete am 20. Dezember: „Blumenbachen wird die Medaille zur größten Freude gereichen und zur höchsten Belohnung seines unermüdeten Bestrebens und Wirkens. Auch wird dadurch das erneuerte gute Verhältniß erst recht lebendig, erfreulich und nützlich erhalten." (WA IV 34, 47).
[6] Vgl. https://ores.klassik-stiftung.de/ords/f?p=402:1 (19. Mai 2021).
[7] Weltweit werden sie an etwa 200 Standorten aufbewahrt, wobei das GSA allein 5.000 Ausfertigungen und 20.000 Konzepte und Abschriften birgt.

plattform PROPYLÄEN⁸ der Nutzung – etwa durch das Zusammenschalten mit den Briefen an Goethe zu Briefwechseln – und der Edition schafft, zeigen eben die 15 erhaltenen, oft naturwissenschaftlichen Themen gewidmeten Faszikel, neben dem zu Blumenbachs Besuch etwa die „Correspondenzen mit Wilhelm von Humboldt oder mit dem Minister Schuckmann in Berlin, die Wiederbelebung der Künste und Wissenschaften in den Rheingegenden betreff. [...]" (GSA 29/68) oder die mit dem Dresdner Mediziner, Naturforscher und Maler Carl Gustav Carus (GSA 28/57) oder die „mit Herrn von Henning, in Berlin wegen der Farbenlehre. 1822" (GSA 29/58), oder das Faszikel „Herrn von Knebels Uebersetzungen des Lukrez 1821" (GSA 29/61), das einen Teil der umfangreichen Korrespondenz⁹ Goethes mit seinem „Urfreund" (WA I 4, 82) enthält.

Alle früheren Briefeditionen druckten die hier überlieferten Zeugnisse bloß als „Einzelteile" ab und zerstörten die vom Autor geschaffenen inhaltlichen Bezüge innerhalb der Faszikel. Die PROPYLÄEN bieten erstmals eine Möglichkeit, über die Digitalisate der einzelnen Briefhandschriften hinaus die Faszikel in ihrem Zusammenhang zu präsentieren. Dasselbe gilt für die im Tagebuch erwähnten „Concepte und Munda". Goethe hat von den 1790er Jahren an seinen Schreibern die Briefe im Konzept diktiert (vgl. Abb. 4), so auch die drei am 10. Oktober 1820 dem Sekretär Johann John diktierten Briefkonzepte, die in einem 400 Blatt starken Faszikel „Abgesendete Briefe / Oktober / November / Dezember 1820" überliefert sind. Goethe revidierte diese Konzepte in der Regel noch einmal, bevor sie ein Schreiber ins Reine brachte: die schließlich von Goethe unterfertigten ‚Munda'.

Allerdings sind viele Briefe nur im Konzept überliefert, manchmal gar in mehreren, unterschiedlichen.¹⁰ Die Edition trägt dem Rechnung: Sind Konzepte und Ausfertigung überliefert, werden alle Textzeugen mitgeteilt, wobei dies angesichts der Masse von mehr als 20.000 erhaltenen Konzepten und Abschriften gegenüber etwa 15.000 überlieferten Briefen Goethes der digitalen Plattform vorbehalten sein wird.

---

8 Das PROPYLÄEN-Projekt wurde 2014 als langfristiges Kooperationsvorhaben der Klassik Stiftung Weimar, der Sächsischen Akademie der Wissenschaften zu Leipzig und der Akademie der Wissenschaften und Literatur in Mainz in das Akademienprogramm aufgenommen. Der Projektstart erfolgte Ende April 2015; vgl. http://www.goethe-biographica.de/ (19. Mai 2021).
9 Bereits 1774 begonnen und fast bis zu Goethes Lebensende geführt, umfasst sie rund 700 Briefe Goethes.
10 Die Konzepte wurden im Archiv abgelegt, wo sich aus der Zeit von 1792 bis zu Goethes Tod im März 1832 157 chronologische Quartalshefte erhalten haben.

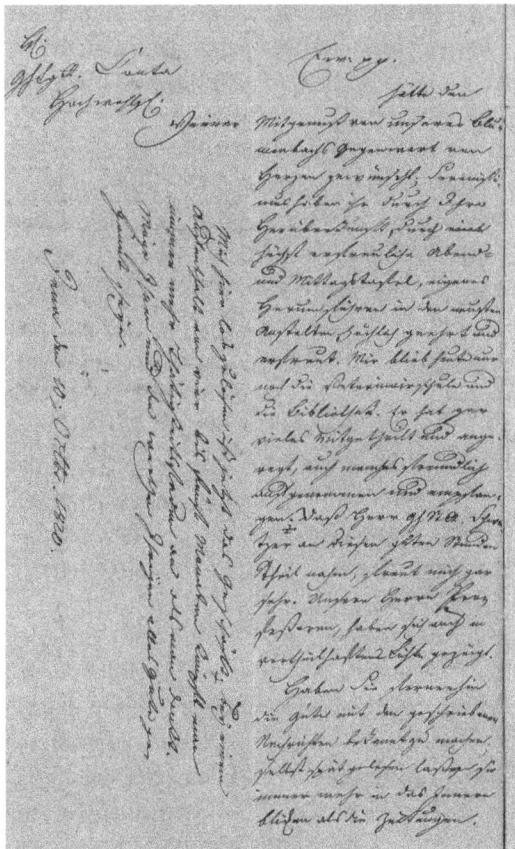

Abb. 4: Briefkonzept an Karl Friedrich Christian Anton von Conta, 10. Oktober 1820; GSA 29/23, Bl. 284v.

4 Regestausgabe Briefe an Goethe

Goethes Archiv enthält über 20.000 Briefe an Goethe von etwa 3.500 Schreibern, die Goethe selbst seit den 1790er Jahren zunehmend systematisch aufbewahrt hat; den Großteil der früheren hatte er in zwei großen Autodafés von 1770 vor der Abreise nach Straßburg und 1797 verbrannt.[11] Die deshalb dünne Überlieferung der ersten Jahre nimmt nach der Jahrhundertwende kontinuierlich zu. Auffällig ist

---

[11] Nicht ohne im Tagebuch festzuhalten: „Briefe verbrannt. Schöne grüne Farbe der Flamme wenn das Papier nahe am Drahtgitter brennt." (GT II 1, 120).

die höhere Briefdichte nach 1816, der Zeit der politischen Konsolidierung in Europa: Die Kommunikationslinien sind offen und verlässlich, das Netz verdichtet sich, der Austausch wird schneller, was Goethes immer vielfältigeren Interessen entgegenkommt.

Abgesehen von den Sachkonvoluten, die Von- und An-Briefe gleichermaßen enthalten, hat Goethe die Briefe entweder vierteljahrsweise in chronologischen Faszikeln oder – bei besonderen Briefpartnern – in einer personenbezogenen Ordnung archiviert. Alle drei Überlieferungsfolgen dienten ihm als Quelle für seine autobiographischen Schriften. Welcher Fundus bei den „Eingegangenen Briefen" weitgehend unerschlossen vorliegt, zeigt sich daran, dass bislang vom Gesamtbestand der 20.000 Briefe nur etwa 9.000 ediert sind, wenngleich darunter eine Reihe herausragender Briefwechsel zu finden ist. Allein in den 14.200 bislang in Regestform publizierten Briefen an Goethe werden 64.000-mal Personen mit ihren Taten, Werken oder mit ihrem Ableben thematisiert oder erwähnt. In den unterschiedlichen sozialen Zugehörigkeiten der Briefschreiber, ihrer topographischen Verbreitung über Europa und die ganze Welt, aber auch in der zeitlichen Erstreckung spiegelt sich Goethes Bedeutung als Bezugspunkt seiner Zeitgenossen und Leitfigur seiner Welt.[12]

Das Goethe- und Schiller-Archiv nahm schon in den 1980er Jahren statt einer historisch-kritischen Gesamtedition eine Regestedition der An-Briefe in Angriff (Abb. 5), um der Forschung den Zugriff auf einschlägige Einzelstücke zu erleichtern. Die Einträge geben normierte Angaben zu Verfasser, Datierung, Einordnung in den Korrespondenzzusammenhang. Das Regest referiert den Briefinhalt – gegebenenfalls mit Erläuterungen und Verweisen und Hinweisen auf Beilagen. Vervollständigt werden die Regesten durch die individualisierten Namen der erwähnten Personen und die Titel der Werke bzw. Goethe-Werke, die in Registern zusammengeführt werden. Seit 2003 ist diese Ausgabe auch in einer digitalen Version online zugänglich (Abb. 6).[13]

---

[12] In den Briefen wird über Entdeckungen, Erfindungen und Naturbeobachtungen berichtet, werden Kunstwerke und Menschen charakterisiert und beurteilt, um Empfehlungen oder ein Vorwort gebeten, werden Tagesnachrichten übermittelt, der Lauf der Dinge kommentiert und Meinungen über den Zustand der Wissenschaften, Künste und staatlichen Verfassungen mitgeteilt. Einen großen Teil begleiten Waren, Sammlungsgegenstände und Bücher, bestellte und geschenkte. Mit den Briefen kamen Hosenträger und Pantoffeln (von Marianne von Willemer), aber auch – wie bei uns allen – offene Rechnungen, unter anderem für bei Stimmel oder Weigel in Leipzig georderte Kupferstiche und Graphiken. Kurz: all das, was Menschen von jeher Briefen anvertraut haben, findet sich auch in den Briefen an Goethe.
[13] Vgl. RA-Online.

491 BENCKHER, MARIA ELISABETH

1820 Oktober 2   Ansbach   S: 28/185 St. 1   D: GT VII, 1299f. (T)   B: —   A: 1820 Oktober 14 (33, Nr. 222)   TB: 1820 Oktober 10

Detaillierte Schilderung ihres schweren, an Not und Krankheit reichen Lebens, in dem sie *Trost und Erheiterung* in G.s Werken gefunden habe; erwähnt: B.s früh verstorbener Mann sowie ihr Sohn und ihre Tochter. Anspielungen und Zitate aus G.s Werken, u. a. »Erklärung eines alten Holzschnittes vorstellend Hans Sachsens poetische Sendung«, »Faust«, »Harfenspieler« und »Bekenntnisse einer schönen Seele« aus »Wilhelm Meisters Lehrjahre«, »Briefe aus der Schweiz«, »Dichtung und Wahrheit«, »Die Wahlverwandtschaften«, »Italienische Reise« und »Bei allerhöchster Anwesenheit Ihro Majestät der Kaiserin Mutter Maria Feodorowna in Weimar Maskenzug«; dabei erwähnt: F. Brion, J. H. Jungs Schriften, Passagen aus geistlichen Liedern und ein Zitat nach dem NT, Matthäus 26, 39 (vgl. auch in: Jung »Das Heimweh«). — Bitte um ein Bildnis von G.

Abb. 5: Briefe an Goethe, Gesamtausgabe in Regestform, Bd. 8, 1818–1819, Weimar 2011, Seite 201.

Abb. 6: Briefe an Goethe. Gesamtausgabe in Regestform online.

Mit der Aufnahme der Regestausgabe in die PROPYLÄEN verändert sich das Profil der Edition markant. Die Regesten waren ein Behelf, der dem Umstand Rechnung trug, dass die Volltexte durch ihren schieren Umfang eine gedruckte Edition gesprengt hätten. Die digitale Forschungsplattform bietet dagegen grundlegend bessere Präsentations- und Nutzungsbedingungen. Sie ist frei von Umfangsbeschränkungen, sodass nun die diplomatisch erfassten Volltexte, die Regesten und Register, samt den digitalen Faksimiles der Handschriften im Zusammenhang präsentiert werden können.

Die Wiedergabe des Volltextes weist nun dem Regest und den angeschlossenen Registern die Bedeutung von erschließenden Erläuterungen zu. Die Volltexte dagegen liefern einen neuen bedeutenden Mosaikstein für das Gesamtbild der Goethe'schen Lebenswelt: Vernehmbar wird die eigene Stimme der Briefschreiber, was wiederum den spezifischen Adressatenbezug von Goethes Briefen hervortreten lässt.

Künftig kann jeder Leser für sich selbst entscheiden, ob Maria Elisabeth Benckher mit ihrer umständlichen, achtseitigen Beschreibung ihres schweren Schicksals (vgl. Abb. 7) und dem Trost, den sie aus ihrer Goethe-Lektüre zog, tatsächlich nur ein Bildnis Goethes erhoffte oder ob sie nicht vielmehr, auf den milden Goethe setzend, sich auch eine andere Zuwendung für sich und ihre Tochter versprach.

5 Begegnungen und Gespräche

Goethes Tagebuch ist ein knappes Referat des Denkwürdigen. In diesem Sinne denkwürdig waren ihm für den 10. Oktober 1820 die Begegnungen mit dem Gärtner Baumann, mit Freund Knebel und eben besonders mit Blumenbach. Mit ihm, so hielt er kurz fest, besuchte er die Jenaer Bibliothek, während ein zweites

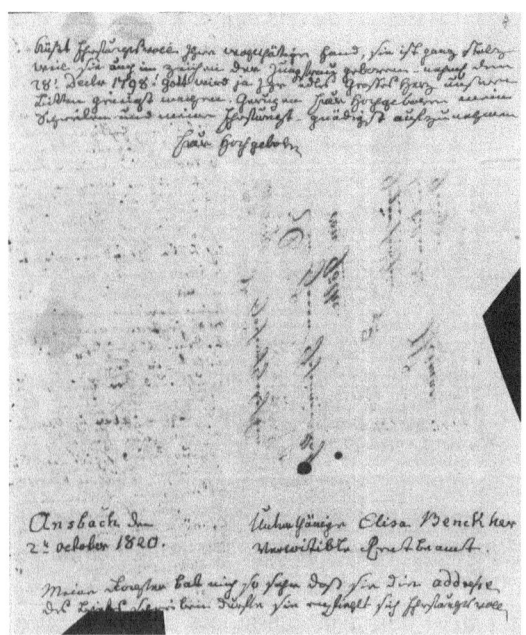

Abb. 7: Brief Maria Elisa Benckhers an Goethe, 2. Oktober 1820; GSA 28/185, St. 1.

Treffen nicht zu Stande kam (Abb. 8). Wie die Begegnungen dieses Tages verliefen und worüber man sprach, bleibt hier offen.

Die *Begegnungen und Gespräche* können für diesen Tag insgesamt zwölf Zeugnisse anführen, die einen tieferen Einblick in Goethes Interaktionen und Kommunikation dieses Tages gestatten, darunter neben dem Tagebucheintrag fünf weitere Selbstzeugnisse Goethes – wie beispielsweise das bereits erwähnte Schreiben an Carl August –, aber auch sechs Zeugnisse von Gesprächspartnern und Berichterstattern – darunter die Diensttagebucheinträge aller drei mit der Bibliothek Jena verbundenen Angestellten, die zeigen, welch große Bedeutung der gemeinsame Besuch Goethes und Blumenbachs für die Jenaer Bibliothek hatte, sowie einen Bericht von Blumenbachs Tochter Adele an Therese Huber.

Die seit vielen Jahren von Renate Grumach herausgegebenen *Begegnungen und Gespräche* bilden in den PROPYLÄEN ein eigenes Quellencorpus. Die bislang vorgesehenen weit über 25.000 Nachweise, obgleich vielfach mit den anderen biographischen Quellengattungen verbunden, präsentieren eine ganz eigene Facette von Goethes intellektuellem Leben und Nachleben – denkt man bloß daran, wie viele Zeugnisse aus dem späteren, von posthumer Verklärung geprägtem

Abb. 8: Begegnungen und Gespräche Goethes am 10. Oktober 1820, Auswahl.

Gedächtnis niedergelegt worden sind und welchen bewussten Anteil der Olympier selbst etwa an den Gesprächen mit Eckermann nahm.

Das Gespräch ist – so Ernst Grumach (BuG 1956, Vorwort) – eine „besondere Existenzform Goethes", es eröffnet einen „eigenen Zugang zu seinem Wesen". Goethes sprachlicher Ausdruck war wie bei kaum einem anderen Schriftsteller dem mündlichen Ausdruck verpflichtet. Dies gilt für sein Werk, das er zu einem Gutteil diktierend im „Gespräch", „mit einem imaginierten Gegenüber" entstehen ließ, das „die Gedanken aus ihm herauslockt"; dies gilt für seine Briefe und naturgemäß noch mehr für seine Gespräche, bei denen er seine Gedanken im „lebendigen Umgang", in der direkten Auseinandersetzung mit seinem Gegenüber entwickelt und die ihm „von jeher die Würze des Lebens" waren.

Die Bedeutung der Gespräche für Goethe, seiner gesprächsweisen Äußerungen zu allen seinen Arbeitsgebieten und Interessen gegenüber seinen Vertrauten wie gegenüber den vielen Besuchern und Bekannten für seine Biographie und sein Werk wurde in der Forschung nicht übersehen. Woldemar von Biedermanns zehnbändige Gesprächsausgabe (von 1889 bis 1896) genügte allerdings nur bedingt wissenschaftlichen Ansprüchen. Sie bot nur die Zeugnisse der Gesprächspartner und dies in der chronologischen Folge der Gespräche. Die Quellenbasis war lückenhaft und unzureichend ausgeschöpft, und die Texte wurden unzureichend ediert.

Die Edition der *Begegnungen und Gespräche* bietet nun neben den Selbstzeugnissen Goethes aus Briefen und Tagebüchern eine Vielzahl neuer Quellen aus zweiter und dritter Hand. Dabei referieren ihre unter den jeweiligen Gesprächsdaten zusammengestellten Zeugnisse neben überraschenden, von Goethe selbst nicht verzeichneten Begegnungen auch die Umstände der Begegnungen, im Bewusstsein, wie sehr sich Goethe im Gespräch von Ort, Stimmung, Anlass und Gesprächspartnern samt deren Ein- und Gegenreden inspirieren ließ.

6 Forschungsplattform

In der PROPYLÄEN-Plattform führen wir eine Vielheit als Einheit zusammen. Die bereits zu Beginn des Beitrags gezeigte Visualisierung der PROPYLÄEN-Wissensdomäne (vgl. Abb. 1) wird im Folgenden näher erläutert.

Die vier Säulen der Tagebücher, Briefe von und an Goethe sowie der Begegnungen und Gespräche sind die Grundpfeiler der Forschungsplattform. Sie bestehen aus den edierten Texten sowie verschiedenen Erschließungsformen wie Kommentaren, Regesten, Personen-, Orts- und Werkregistern. Die edierten Texte und Erschließungsformen werden informationstechnisch als Datenobjekte, sog. Entitäten gedacht: Tagebücher und Tagebucheinträge, Briefe, Zeugnisse von Begegnungen und Gesprächen, Kommentare, Personen, Ort- und Werk-Objekte und natürlich Digitalisate der Biographica.

Bindeglieder zwischen diesen Objekten sind: Briefwechsel, erwähnte Personen, Orte, Werke und Verbindungen über Verweise innerhalb von Kommentaren. Als zentrales Bindeglied haben wir die Datierung der verschiedenen Textsorten identifiziert. Zusammen bilden diese Teile die PROPYLÄEN-Plattform.

In mehreren Workshops hat das PROPYLÄEN-Team sog. dynamische Wireframes mit HTML, CSS und JavaScript für die Oberfläche der Plattform mit Beispielen aus verschiedenen Zeitscheiben entworfen. Dynamische Wireframes (zu Deutsch: Drahtgittermodelle) sind Prototyp-Webseiten, die bereits Klickerfahrungen ermöglichen und erste Verknüpfungen beinhalten. Ausgehend von einer allgemeinen Schablone, einem sogenannten Template, erhalten Sie nun einen Überblick anhand von verschiedenen Gestaltungsbeispielen.[14]

Den Kopf der Seite bildet das gemeinsam entworfene PROPYLÄEN-Logo. Ein Stück Goethe-Handschrift diente hier als Basis. Darunter befindet sich die Hauptnavigation. Unter „Chronologie" wird das Portal einen Einstieg in die Le-

Abb. 9a: Logo, Hauptnavigation und Inhaltsbereich der Plattform)

---

[14] Der folgende Teil wurde während des Vortrags durch ein Bildschirmvideo unterstützt. Wir empfehlen zur Lektüre dieses Teils die Videoaufzeichnung der Gesamtpräsentation (https://www.adwmainz.de/mediathek/medien/ansicht/propylaeen-praesentation-der-entwicklungen-an-der-digitalen-forschungsplattform-zu-goethes-biogr.html; siehe auch Anm. 1) ab 00:30:05 zu verfolgen. Für den hier gedruckten Beitrag wurde auf Abbildungen (Screenshots) der Webseiten-Entwürfe zurückgegriffen. Leider können nicht alle Aspekte der Videopräsentation statisch abgebildet werden.

benszeugnisse über eine zeitliche Visualisierung bieten. „Recherche" wird zu einer Maske mit Suchfunktionen führen. Über den Weg „Editionen" gelangt man zu einer Ordnung der Biographica, wie sie die Teilvorhaben intern vornehmen. Außerdem finden sich hier die zugehörigen Paratexte wie Vorworte, Einleitungen und Editionsrichtlinien. „Projekt" wird allgemeine Informationen zum Vorhaben liefern (vgl. zu diesem Absatz Abb. 8).

Die Titelzeile ist teilvorhabenspezifisch, beinhaltet aber immer ein Datum und einen Ort. Ein projektspezifisches Icon auf der linken Seite hilft dem Benutzer bei der Orientierung. Kern des Inhaltsbereichs ist die Zwei-Spalten-Ansicht mit verschiedenen teilvorhabenspezifischen Kombinationsmöglichkeiten (vgl. zu diesem Absatz Abb. 9a):

– Texte der Tagebücher und Briefe von und an Goethe,
– Text mit Zeilenfall beim Volltext der Briefe an Goethe,
– das Regest der Briefe an Goethe,
– Erläuterungen und Überlieferung zu Tagebüchern und Briefen
– zugehörige Digitalisate und Metadaten. Letztere sind Angaben zum Druckort und beispielsweise Bezugs- und Antwortbriefe.
– Bei den ‚Begegnungen und Gesprächen' unterscheiden wir zwischen Zeugnissen, Ankündigungen und verwandten Dokumenten (s. Abb. 14).

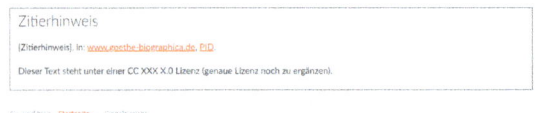

Abb. 9b: Zitierhinweis und Fußbereich der Website.

Der Zitierhinweis im unteren Bereich besteht aus einem teilvorhabenspezifischen Titel, einer Angabe zum Herausgeber und einer stabilen URL für die sichere Zitierfähigkeit (vgl. Abb. 9b). Der Benutzer kann bei Bedarf die Anzeige auf den gesamten Bildschirm ausdehnen. Die zweite Spalte ist generell weg- und zuschaltbar. Im Fußbereich finden sich die verlinkten Logos der Projekt- und Kooperationspartner sowie die Kontaktadressen der Arbeitsstellen.

In Abbildung 10 ist Goethes edierter Tagebucheintrag vom 1. Januar 1819 in der PROPYLÄEN-Plattform zu sehen. Das Icon auf der linken Seite identifiziert den Datensatz als Tagebucheintrag. Die Titelzeile besteht aus dem ausgeschriebenen Eintragsdatum, dem zugehörigen Wochentag und Goethes Übernachtungsort. In diesem Beispiel wird im Inhaltsbereich das Zusammenstehen von Tagebuchtext (links) und Digitalisat (rechts) verdeutlicht. Das Digitalisat ist hier aktuell noch eine einfache Abbildung. In der Plattform wird es in einem Viewer mit Zoomfunktion eingebunden sein.

Verschiedene Teile eines edierten Briefs Goethes an Cornelia und Johann Caspar Goethe vom 12. und 13. Oktober 1765 in der PROPYLÄEN-Plattform zeigen die Abbildungen 11 und 12. Das Icon auf der linken Seite identifiziert den Datensatz als Brief Goethes. Die Titelzeile besteht aus den Empfängern, darunter dem Absendeort, den ausgeschriebenen Datumsangaben, den zugehörigen Wochentagen und dem Empfangsort. Textvarianten sind über einen Fußnotenap-

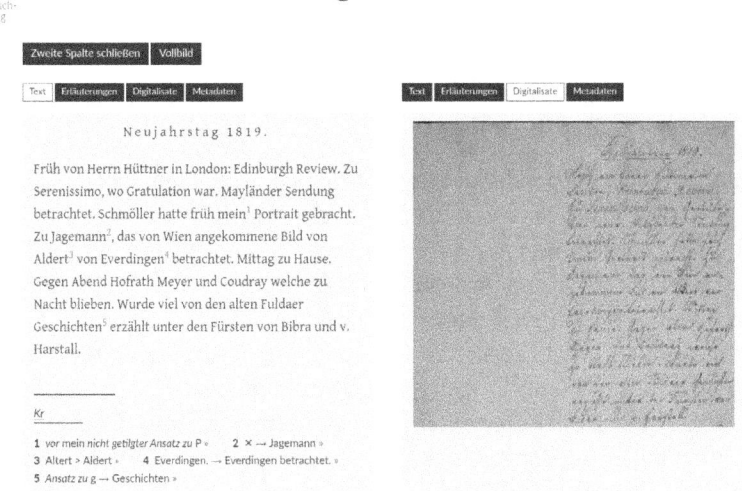

Abb. 10: Goethes Tagebucheintrag vom 1. Januar 1819.

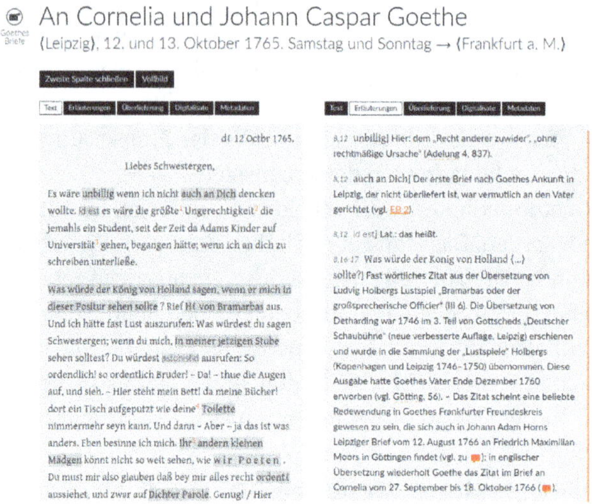

Abb. 11: Brief Goethes an Cornelia und Johann Caspar Goethe vom 12. und 13. Oktober 1765, Kopf, Text- und Kommentar auszugsweise.

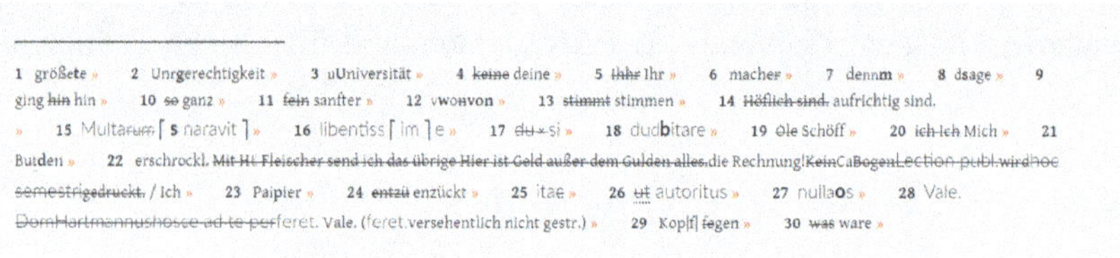

Abb. 12: Textkritischer Apparat.

parat mit dem Text verbunden und werden im so genannten *Tooltipp* dem Benutzer angezeigt, wenn die Maus über die hier rot markierten Fußnotenzeichen bewegt wird. Der volle Apparat kann über einen Klick angesteuert werden. In diesem Beispiel wird im Inhaltsbereich das Zusammenstehen von Brieftext mit textkritischem Apparat (links) und Einzelstellenerläuterungen (rechts) verdeutlicht. Kommentierte Textstellen sind grau unterlegt; bewegt man die Maus darüber, wird in der rechten Spalte der zugehörige Kommentar ebenfalls grau unterlegt. Befindet sich der Kommentar nicht im Sichtbereich des Benutzers, kann dieser durch einen Klick aufgerufen werden und wird automatisch nach oben gerückt.

Ein durch ein Regest mit Volltext in der PROPYLÄEN-Plattform repräsentierter Brief an Goethe von Friedrich Theodor David Kräuter vom 12. April 1817 ist in

Von Friedrich Theodor David Kräuter
12. April 1817, Samstag, Weimar

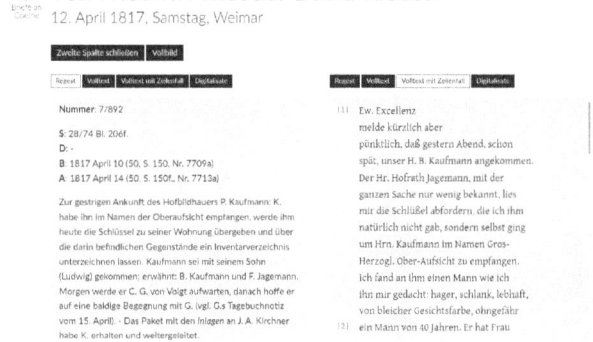

Abb. 13: Brief an Goethe von Friedrich Theodor David Kräuter vom 12. April 1817.

3. Mai 1811, Freitag, Weimar

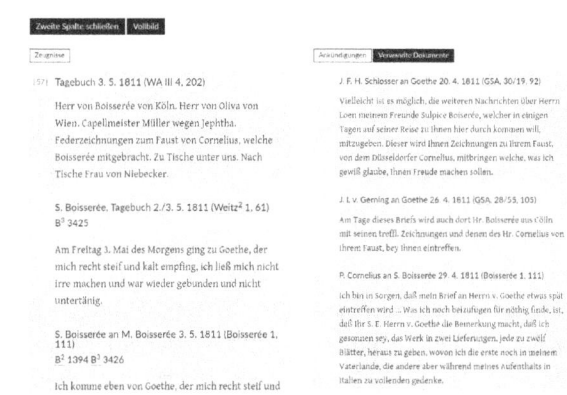

Abb. 14: Zeugnisse von Begegnungen und Gesprächen zum 3. Mai 1811, Auszug.

Abbildung 13 sichtbar. Das Icon auf der linken Seite identifiziert den Datensatz als Brief an Goethe. Die Titelzeile besteht aus dem Adressaten, der ausgeschriebenen Datumsangabe mit Wochentag und dem Empfangsort. In der linken Spalte wird der Regesttext mit zugehörigen Kopfdaten wie Nummer, Signatur, Druckort, Bezugs- und Antwortbrief präsentiert. Die rechte Spalte enthält die Transkription des vollen Briefs an Goethe mit dem Zeilenfall des Originals. Der Volltext von allen Briefen der Regestausgabe wird zukünftig in der PROPYLÄEN-Plattform präsentiert werden.

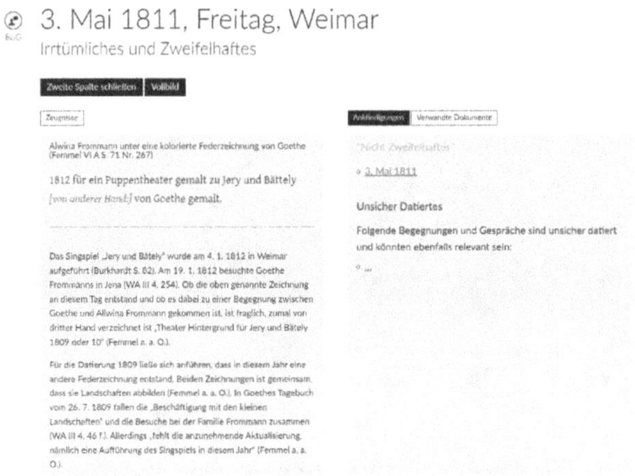

Abb. 15: Irrtümliche und zweifelhafte Zeugnisse von Begegnungen und Gesprächen zum 3. Mai 1811.

Abbildung 14 und 15 illustrieren die Wiedergabe von Zeugnissen von Begegnungen und Gesprächen Goethes zum 3. Mai 1811. Das Icon auf der linken Seite identifiziert den Datensatz als Zeugnisse von Begegnungen und Gesprächen Goethes. Die Titelzeile besteht aus einer ausgeschriebenen Datumsangabe mit zusätzlichem Wochentag und dem Begegnungs- bzw. Gesprächsort. Da die Edition der Begegnungen und Gespräche sowohl Zeugnisse von Begegnungen als auch Ankündigungen derselben aufnimmt, finden sich die zum Datum gehörenden Ankündigungen in der rechten Spalte. Einen Sonderfall bilden irrtümliche und zweifelhafte Zeugnisse zum entsprechenden Datum (vgl. Abb. 15). Diese werden durch einen deutlichen Untertitel markiert. In der rechten Spalte werden dann unter „Verwandte Dokumente" Verweise auf die nicht zweifelhaften Datensätze des entsprechenden Datums sowie unsicher datierte Zeugnisse gelistet.

Literaturverzeichnis

Zu den verwendeten Goethe-Ausgaben GB, GT und WA vgl. das Siglenverzeichnis zu Beginn dieses Bandes.

BuG = Goethe. *Begegnungen und Gespräche*. Hg. Ernst Grumach und Renate Grumach. [Ab Bd. III:] Begründet von Ernst Grumach und Renate Grumach. Hg. Renate Grumach. Berlin 1965– [BuG].

Goethe, Johann Wolfgang. *Repertorium sämtlicher Briefe 1764–1832*. Hg. von der Klassik Stiftung Weimar, Goethe- und Schiller-Archiv. https://ores.klassik-stiftung.de/ords/f?p=402:1 (10. September 2020).

Golz, Jochen. „Tagebücher". *Goethe-Handbuch*. Bd. 3: *Prosaschriften*. Hg. Bernd Witte und Peter Schmidt. Stuttgart und Weimar: Metzler, 1997. 396–409.

Müller, Kanzler von. *Unterhaltungen mit Goethe*. Kritische Ausgabe besorgt von Ernst Grumach. Weimar: Hermann Böhlau, 1956.

Jurgensen, Manfred. *Das fiktionale Ich. Untersuchungen zum Tagebuch*. Bern [u.a.]: Francke, 1979.

RA = *Briefe an Goethe. Gesamtausgabe in Regestform*. Hg. Karl-Heinz Hahn, Redaktor Irmtraut Schmid. [ab Bd. 6:] Hg. von der Stiftung Weimarer Klassik, Goethe- und Schiller-Archiv, [ab Bd. 8:] Hg. von der Klassik Stiftung Weimar, Goethe- und Schiller-Archiv. Weimar: H. Böhlaus Nachfolger, 1980–.

RA-Online = *Briefe an Goethe. Gesamtausgabe in Regestform*. Hg. von der Klassik Stiftung Weimar, Goethe- und Schiller-Archiv in Kooperation mit dem Verlag Hermann Böhlaus Nachfolger. https://ores.klassik-stiftung.de/ords/f?p=403:1 (11. September 2020).

Reuter, Hans Heinrich: „Goethe im Spiegel seiner Tagebücher". *Goethe-Jahrbuch NF* 23 (1961): 90–140.

Erich Kästner
Das Goethe-Derby (1949)

Die Bleistifte sind messerscharf gespitzt. Die Federhalter haben frisch getankt. Die neuen Farbbänder zittern vor Ungeduld. Die Schreibmaschinen scharren nervös mit den Hufen. Die deutsche Kultur und die umliegenden Dörfer halten den Atem an. Es kann sich nur noch um Sekunden handeln. Da! Endlich ertönt der Startschuss! Die Federn sausen übers Papier. Die Finger jagen über die Tasten. Die Rotationsmaschinen gehen in die erste Kurve. Die Mikrophone beginnen zu glühen. Ein noch gut erhaltener Festredner bricht plötzlich zusammen. Das Rennen des Jahres hat begonnen: das Goethe-Derby über die klassische 200-Jahr-Strecke! Das olympische Flachrennen! Ein schier unübersehbares, ein Riesenfeld! (Hinweis für den Setzer: Vorsicht! Nicht Rieselfeld!) Ein Riesenfeld! Was da nicht alles mitläuft!

„Goethe und der Durchstich der Landengen", „Faust II, Law und die Emission von Banknoten", „Klopstock, Goethe und der Schlittschuhsport", „Weimar und der historische Materialismus", „Erwirb ihn, um ihn zu besitzen", „Das Genie und die zyklische Pubertät", „Goethe und die Bekämpfung der Kleidermotten", „Die abgerundetste Persönlichkeit aller Zeiten", „Sesenheim, ein Nationalheiligtum", „Goethe und die Leipziger Messe", „Goethe als Christ", „Goethe als Atheist", „Goethe als Junggeselle", „War Johann Wolfgang ein schwererziehbares Kind?", „Goethe und der Sozialismus", „Goethe und der Monopolkapitalismus", „Goethe auf Carossas Spuren", „Ist Oberst Textor, USA, ein Nachkomme von Goethes Großvater Textor?", „Goethe und die doppelte Buchführung", „Goethes Abneigung gegen Hunde auf der Bühne", „Von Lotte in Wetzlar zu Lotte in Weimar", „Goethe und die Feuerwehr", „Goethe und der Zwischenkiefer", „Wo stünde Goethe heute?", „Voilà c'est un homme!", „Spinozas Einfluss auf Goethes Pantheismus", „Genie und Kurzbeinigkeit", „Vom Mütterchen die Frohnatur", „Goethe als Weltbürger Nr. I", „Faust als …", „Cotta und Göschen über …", „Newtons Farbenlehre und …", „Tiefurt zur Zeit …", „Die Freimaurerei und ihr Einfluss auf …", „Goethe in …", „Goethe mitnachnächstnebstsamtbeiseit …"

Es dürfte ziemlich schrecklich werden. Keiner wird sich lumpen lassen wollen, kein Redakteur, kein Philologe, kein Pastor, kein Philosoph, kein Dichter, kein Rektor, kein Bürgermeister und kein Parteiredner. Seine Permanenz, der Geheimrat Goethe! In Göttingen verfilmen sie den Faust. In München verfilmen sie den Werther. Von allen Kalenderblättern dringt seine Weisheit auf uns ein. Kaufen Sie die herrlichen Goethe-Goldorangen! Skifahrer benutzen die unverwüstlichen Berlichingen-Fausthandschuhe! Davids Goethe-Büste für den gebildeten Haushalt! Der Goethebüstenhalter, Marke Frau von Stein, in jedem Fachgeschäft erhältlich! O Mädchen, mein Mädchen, die Schallplatte des Jahres! Goethe-Tropfen erhalten Sie bis ins hohe Alter jung und elastisch!

Sind diese Befürchtungen übertrieben? Von der falschen Feierlichkeit bis zur echten Geschmacklosigkeit wird alles am Lager sein, und wir werden prompt beliefert werden. Am Ende des Jubiläumsjahres – wenn uns bei dem Wort „Goethe" Gesichtszuckungen befallen werden – wollen wir's uns wieder sagen. Die Schuld trifft das Vorhaben. Goethe, wie er's verdiente, zu feiern, mögen ein einziger Tag oder auch ein ganzes Leben zu kurz sein. Ein Jahr aber ist zu viel.

Verzeichnis der Autorinnen und Autoren

PD Dr. Sebastian Böhmer: Wissenschaftlicher Mitarbeiter an der Martin-Luther-Universität Halle-Wittenberg (D) mit dem von der Fritz Thyssen Stiftung geförderten Forschungsprojekt „Wer's baut, wird selig. Von der Selbstdarstellung zur Legende in literarischen Selbstzeugnissen deutscher Ingenieure zwischen 1880 und 1933".

Univ.-Prof.in Dr. Anke Bosse: Institutsvorständin: Musil-Institut/Kärntner Literaturarchiv, Alpen-Adria-Universität Klagenfurt (A).

PD Dr. Georges Felten: Privatdozent für Neuere deutsche sowie Allgemeine und Vergleichende Literaturwissenschaft, Universität Zürich (CH).

Dr. Bernhard Fischer: Direktor des Goethe- und Schiller-Archivs in der Klassik Stiftung Weimar (D).

Prof. Dr. Nacim Ghanbari: Professorin für Neuere deutsche Literatur, Universität Siegen (D).

Prof. Dr. Alexander Honold: Professor für Neuere deutsche Literaturwissenschaft, Universität Basel (CH).

Dominik Kasper: Wissenschaftlicher Mitarbeiter im Projekt „Propyläen. Forschungsplattform zu Goethes Biographica" in der Arbeitsstelle der Digitalen Akademie im Frankfurter Goethe-Haus (Akademie der Wissenschaften und der Literatur Mainz) (D).

Dr. Claudia Keller: Oberassistentin am Deutschen Seminar der Universität Zürich, Neuere deutsche Literaturwissenschaft, Lehrstuhl Sabine Schneider (CH).

Prof. Dr. Andreas Kilcher: Professor für Literatur- und Kulturwissenschaft, ETH Zürich (CH).

Prof. Dr. Gerhard Lauer: Lehrstuhl für Digital Humanities, Universität Basel (CH).

Prof. em. Dr. Barbara Naumann: Professorin für Neuere deutsche Literatur, Universität Zürich (CH).

Dr. Thomas Richter: Wissenschaftlicher Mitarbeiter an der Lavater-Briefwechsel-Edition der Universität Zürich (JCLB) (CH).

Prof. Dr. Peter Schnyder: Professor für Neuere deutsche Literaturwissenschaft, Université de Neuchâtel (CH).

Prof. em. Dr. Hans-Jürgen Schrader: Professeur honoraire (Neuere deutsche Literatur), Université de Genève (CH).

Prof. Dr. Marisa Siguan: Lehrstuhl (cátedra) für Deutsche Philologie (Literaturwissenschaft) an der Universitat de Barcelona (E).

Prof. Dr. Caroline Torra-Mattenklott: Lehrstuhl für Germanistische und Allgemeine Literaturwissenschaft mit dem Schwerpunkt Wissensformen, RWTH Aachen (D).

Prof. Dr. Sophie Witt: SNF-Professur (PRIMA), Neuere deutsche Literaturwissenschaft, am Deutschen Seminar der Universität Zürich (CH).

Dr. Margrit Wyder: Präsidentin der Goethe-Gesellschaft Schweiz, Assoziierte Wissenschaftlerin am Institut für Systematische und Evolutionäre Botanik der Universität Zürich, Publizistin und Ausstellungskuratorin (CH).

... sowie Erich Kästner (1899–1974): Schriftsteller, Publizist, Drehbuchautor und Kabarettdichter. Textabdruck *Das Goethe-Derby* (1949) mit freundlicher Genehmigung des Atrium Verlags, Zürich.

www.ingramcontent.com/pod-product-compliance
Lightning Source LLC
Chambersburg PA
CBHW061928220426
43662CB00012B/1839